FORSCHUNGEN ZUR DDR-GESELLSCHAFT
Udo Grashoff
»In einem Anfall von Depression ...«

D1663535

Udo Grashoff

»In einem Anfall von Depression ...«

Selbsttötungen in der DDR

Ch. Links Verlag, Berlin

Die Drucklegung erfolgte mit freundlicher Unterstützung
der Bundesstiftung zur Aufarbeitung der SED-Diktatur.

Die Deutsche Bibliothek verzeichnet diese Publikation
in der Deutschen Nationalbibliographie;
detaillierte bibliographische Daten sind im Internet
über http://dnb.ddb.de abrufbar.

1. Auflage, September 2006
© Christoph Links Verlag – LinksDruck GmbH
Schönhauser Allee 36, 10435 Berlin, Tel.: (030) 44 02 32-0
www.linksverlag.de; mail@linksverlag.de
Umschlaggestaltung: KahaneDesign, Berlin,
unter Verwendung eines Fotos von Harald Hauswald
Lektorat: Ingrid Kirschey-Feix, Berlin
Satz: Günter Hertel, Berlin
Druck und Bindung: AZ Druck und Datentechnik, Kempten

ISBN-13: 978-3-86153-420-4
ISBN-10:   3-86153-420-7

Inhalt

Einleitung

Die DDR hatte eine der höchsten Selbsttötungsraten der Welt. »Noch ist nicht eingehend geklärt, ob und wie viele dieser Selbstmorde einen politischen Hintergrund hatten. Aber es gibt auch kein Land in Europa, in dem so viele Selbstmorde im Zusammenhang mit der Politik der Kommunisten stehen«, vermutete Ehrhart Neubert im »Schwarzbuch des Kommunismus«.[1] Wie tief reichte die SED-Diktatur mit ihrer im Grunde unbegrenzten »Verfügungsgewalt über die Gesamtheit der Lebenschancen des Einzelnen [...], über Bildungschancen und Berufschancen, über die Chancen der Befriedigung materieller Bedürfnisse und Kommunikationschancen« in das Privatleben hinein?[2] Und welche Rolle spielten DDR-Spezifika wie die »Mauer« oder das Ministerium für Staatssicherheit?

Mediziner haben den psychischen Zustand derjenigen, die in den Tod gehen, als »präsuizidales Syndrom« bezeichnet.[3] Als typische Bestandteile des Syndroms benannten sie eine extreme Einengung der Wahrnehmung, starres Denken, Hemmung von Aggressionen. Mit diesen Eigenschaften könnte man auch das politische System der DDR, die SED-Parteidiktatur charakterisieren. Kann daher aus der hohen Selbsttötungsrate ein hoher Grad an »sozialer Pathologie« in der sozialistischen Gesellschaft der DDR abgelesen werden?

Antworten auf diese und andere Fragen nach dem »Warum« von Selbsttötungen in der DDR werden im ersten Teil dieser Arbeit[4] auf verschiedenen Wegen gesucht. Die Untersuchung beginnt, nach einer einführenden Sichtung wichtiger Ergebnisse der soziologischen und medizinischen Selbsttötungsforschung, mit einer Überprüfung der vorhandenen Erklärungsansätze der hohen Suizidneigung in der DDR. Dazu wird das quantifizierende methodologische Paradigma Emile Durkheims aufgegriffen und für eine auf –

---

1 Ehrhart Neubert, Politische Verbrechen in der DDR, in: Stéphane Courtois u.a., Das Schwarzbuch des Kommunismus, München 1998, S. 829–884, zit. 859.
2 Peter Graf Kielmannsegg, Krise der Totalitarismustheorie?, in: Eckhard Jesse (Hg.), Totalitarismus im 20. Jahrhundert, Baden-Baden 1999, S. 286–304, zit. 299.
3 Vgl. Erwin Ringel, Der Selbstmord. Abschluß einer krankhaften psychischen Entwicklung, Wien-Düsseldorf 1953.
4 Es handelt sich um eine von der Fakultät für Geschichte, Kunst- und Orientwissenschaften der Universität Leipzig angenommene Dissertation. Termin der Verteidigung: 22. Juni 2006. Gutachter: Prof. Ortrun Riha, Prof. Günther Heydemann, Prof. Alf Lüdtke.

zum größten Teil erstmals veröffentlichtes – statistisches Material gestützte Kritik der Selbsttötungsdiskurse fruchtbar gemacht.

Gleichzeitig wird in synchronen und sektoralen Vergleichen die Bundesrepublik verstärkt in den Blick genommen, die als Norm vielen Untersuchungen zur DDR-Geschichte ohnehin inhärent ist und hier als Bezugsgröße sichtbar und produktiv gemacht wird. Damit wird teilweise auch eine deutsch-deutsche Beziehungsgeschichte geschrieben, indem zum Beispiel die Instrumentalisierung von Selbsttötungen in den Auseinandersetzungen des Kalten Krieges hinterfragt wird. Im dritten Kapitel werden Einzelfälle analysiert; dabei steht die Frage im Mittelpunkt, welche Rolle politischen Maßnahmen und repressiven Sozialstrukturen im konkreten Suizidfall beizumessen ist. Das vierte Kapitel erweitert die Fragestellung, indem der Einfluss der politischen bzw. ökonomischen Verhältnisse der SED-Diktatur, die im zweiten Kapitel als statisches Gebilde behandelt wurde, nun unter dynamischen Gesichtspunkten untersucht wird.

Grundlage der Erörterungen im ersten, quantifizierenden Teil bilden die jeweils zeitgenössischen Repräsentationen von Suizidalität. Selbsttötungen werden in der westlichen Industriegesellschaft vor allem durch den Prozess der statistischen Erfassung als solche konstituiert. Diesem liegt eine pragmatische Selbsttötungsdefinition zugrunde, deren Determinanten die Identität von Handlungssubjekt und -objekt, ein knapper Zeithorizont und eine erkennbare Intention zu sterben sind. Zweifelsohne zieht diese Definition eine willkürliche Grenze, indem sie tragische Unfälle, riskante Lebensstile oder langfristige Selbstzerstörung (wie zum Beispiel durch Überarbeitung oder Drogensucht) ausklammert; andererseits bildete sie die Grundlage des Selbsttötungsdiskurses des 20. Jahrhunderts, und erscheint deshalb als angemessen für die vorliegende Untersuchung.

Der zweite Teil dieser Arbeit untersucht den Umgang mit Selbsttötungen in den 40 Jahren des Bestehens der DDR. Insgesamt werden fünf Aspekte analytisch getrennt. Zunächst werden Deutungsvorgänge, d. h. ethisch-moralische Bewertungen von Selbsttötungen und deren Entwicklung untersucht. Danach werden die Praktiken des Verbots herausgearbeitet. Die Entstehung und Entwicklung dieser Praktiken stand, wie sich im siebenten Kapitel zeigen wird, in engem Bezug zum politischen Protestpotenzial von Selbsttötungen.

Neben den Tendenzen zur Tabuisierung gab es in der DDR aber auch Tendenzen der Enttabuisierung. Dazu zählten die Bemühungen um Suizidprävention, die vor allem im medizinischen Bereich stattfanden; vergleichbare Anstrengungen gab es zudem in anderen gesellschaftlichen Bereichen. Als Beleg für allgemeine Enttabuisierungstendenzen in der DDR-Gesellschaft wird schließlich im neunten und letzten Kapitel die Verwendung des »Selbstmord«-Themas in der DDR-Literatur untersucht.

I
Ursachen und Häufigkeit von Selbsttötungen in der SBZ / DDR

1 Selbsttötung als Gegenstand wissenschaftlicher Forschung

Herausbildung und Gebrauch der in der deutschen Alltagssprache synonym verwendbaren Begriffe Freitod, Selbstmord, Selbsttötung und Suizid standen jeweils in enger Beziehung zu bestimmten Deutungskonzepten des Todes durch eigene Hand. »Selbstmord« transportiert in seiner Wortgestalt noch die moralische Verurteilung von Selbsttötungen durch die christliche Kirche als Todsünde, während der Begriff des »Freitodes« in bewusster Antithese dazu geprägt wurde und im Zusammenhang mit einer philosophischen Überbetonung des Freiheitsaspektes suizidalen Handelns entstand. Das im 17. Jahrhundert erfundene neulateinische Wort »Suizid« ist spätestens seit den 1970er Jahren eng mit dem medizinischen Bereich verbunden, während dessen deutsche Übersetzung »Selbsttötung« vor allem im juristischen Bereich in Gebrauch ist; der letzte Begriff wird wegen seiner sachlich-neutralen Form auch in der vorliegenden Arbeit favorisiert.

So nahe die Umgangssprache bestimmten wissenschaftlichen Konzepten kommt, so fern sind die in Presse, Rundfunk und Fernsehen anzutreffenden Erklärungen und Wertungen suizidaler Handlungen oft den Ergebnissen wissenschaftlicher Selbsttötungsforschung. Während Psychiater und Psychologen davon ausgehen, dass bei normalen Persönlichkeiten Schicksalsschläge allein keinen Suizid auslösen, sondern erst dann, wenn damit eine krankhafte psychische Entwicklung verknüpft ist, dominiert in der Öffentlichkeit ein additives Stressmodell, das Selbsttötungen aus einer Kumulation negativer Lebensereignisse erklärt, die jemanden »in den Selbstmord treiben«. Aber auch zwischen den verschiedenen Richtungen der Selbsttötungsforschung bestehen gravierende Unterschiede in der Herangehensweise, die eine Verständigung erschweren.

Während Ärzte in der täglichen Praxis mit einzelnen Hilfsbedürftigen konfrontiert werden und das Suizidproblem vor allem als ein akutes und individuelles wahrnehmen, überblicken Soziologen größere Populationen und längere Zeiträume. Gemeinsam ist beiden, dass die Suizidhandlung als Effekt von Wahrscheinlichkeiten und Risikofaktoren erscheint, was als dritte Perspektive die Frage nach dem Freiheitsaspekt von Selbsttötungen aufwirft.

Will man suizidales Verhalten in seiner vielschichtigen Bedingtheit verstehen, entsteht nahezu zwangsläufig die Forderung nach interdisziplinärer Forschung. Deshalb steht am Beginn dieser Untersuchung ein Überblick über wichtige Ergebnisse der modernen Selbsttötungsforschung.

1.1 Selbstmord und Gesellschaft

Die Makro-Soziologie des Selbstmords, als deren Begründer der französische Soziologe Emile Durkheim (»Le Suicide«, 1897) gilt, stellt die Häufigkeit von Selbsttötungen in den Mittelpunkt. Durkheim blendete die Frage, warum sich einzelne Menschen das Leben nehmen, völlig aus; stattdessen arbeitete er soziale Parameter heraus, die für Unterschiede der Selbsttötungshäufigkeit verantwortlich gemacht werden können: den Grad an sozialer Integration und die soziale Reglementierung. In Durkheims strukturalistischer Perspektive bestimmten allein diese die Höhe der Selbsttötungsrate. Während die Suizidgefährdung bei moderaten Werten von sozialer Integration bzw. Reglementierung minimal war, stieg sie bei extremer Intensität eines der beiden Faktoren.[1]

Durkheims Untersuchung entstand in einer besonderen historischen Situation – im Verlauf des 19. Jahrhunderts stiegen die registrierten Selbsttötungsraten in Westeuropa stetig an. Der Soziologe erklärte den Anstieg vor allem als Folge der Individualisierung (Desintegration) im Zuge des Zivilisationsprozesses. Durkheim stellte fest, dass nicht alle Menschen in gleichem Maße empfindlich sind für soziale Veränderungen. Er wies nach, dass vor allem eine intakte Familienstruktur und eine feste religiöse Einbindung das Suizidrisiko vermindern und im Fall eines kritischen Lebensereignisses oder einer pessimistischen Zukunftsperspektive die Realisierung von Suizidgedanken verhindern können.[2]

Durkheims These gilt in modernisierter Form bis heute, wobei man statt von Familie oder Religion allgemein von »sozialen Netzwerken« spricht, welche imstande sind, belastende Lebensereignisse »abzupuffern«. Soziologen in der Tradition Durkheims, vor allem im angloamerikanischen Sprachraum, haben im 20. Jahrhundert versucht, die suizidhemmende Kraft sozialer Beziehungen genauer zu spezifizieren, um sie messen zu können. Das stellte sich als schwierig heraus, da bei sozialen Netzwerken keineswegs automatisch »aus den Merkmalen Größe, Dichte und Komplexität direkt auf das Unterstützungspotential geschlossen« werden kann; das tatsächliche Ausmaß an sozialer Unterstützung ist nicht allein aus formalen Parametern ermittelbar: »Es ist jeweils genau zu untersuchen, welche Teile des sozialen

---

1 War die normierende Funktion der Gesellschaft beeinträchtigt, sprach Durkheim von »anomischen Selbstmorden«. Lagen mangelhafte zwischenmenschliche bzw. religiöse Bindungen vor, bezeichnete Durkheim diese als »egoistische Selbstmorde«.
Eher vormodernen Gesellschaften ordnete Durkheim die »altruistischen Selbstmorde« zu, die sich in Folge einer sehr engen Bindung der Individuen an die Gesellschaft, etwa zur Wiederherstellung der Familienehre oder als Selbstopferung, ereignen. Schließlich gab es noch einen vierten, von Durkheim nur in einer Fußnote erwähnten »fatalistischen Selbstmordtyp«, der auf eine zu starke gesellschaftliche Reglementierung zurückzuführen ist. Vgl. Emile Durkheim, Der Selbstmord, Frankfurt/M. 1973, (frz. EA 1897).
2 Umstritten ist bis heute der dritte Faktor, der zur Senkung der Selbsttötungsraten beiträgt: Krieg. Vgl. Jean Baechler, Tod durch eigene Hand, Frankfurt/M. u.a. 1981, S. 237–242.

Kontakt- und Beziehungsnetzwerkes einer Person wirklich als ›Unterstüt-zungs‹-Netzwerk bezeichnet werden können und welche anderen Teile e-ventuell nichtunterstützend oder sogar belastend sein können.«[3]

Bis in die jüngere Vergangenheit fortgesetzt hat sich auch jener diskursive Topos, der seit Durkheim und seinen Zeitgenossen dominierte: die selektive Wahrnehmung von Anstiegen der Selbsttötungsrate, die als »Maß sozialer Pathologie« angesehen und zur Kritik eines als »dekadent« wahrgenomme-nen Zivilisationsprozesses instrumentalisiert wurde.[4] Demgegenüber hat das seit zwei Jahrzehnten in vielen westlichen Industrieländern beobachtete Absinken der Selbsttötungsraten dazu geführt, dass langfristige Wellenbe-wegungen diskutiert wurden, so von dem Soziologen Oliver Bieri und dem Historiker Reinhard Bobach.[5] Beide stellten fest, dass der Verlauf der Selbst-tötungsraten in Westeuropa, den USA und Australien zeitlich mit Konjunk-turzyklen bzw. Lebenszyklen bestimmter Gesellschaftsmodelle korrelierbar ist. Obwohl sich daraus keine direkten Aussagen zur Kausalität ableiten las-sen, ist die parallele Entwicklung von ökonomischen Parametern und Suizid-häufigkeit doch bemerkenswert und eröffnet neue Forschungsperspektiven.

Bisher ist zum Beispiel ungeklärt, in welchem Maße die Schwankungen der Selbsttötungsraten Ausdruck eines spezifischen Suizidrisikos bestimmter Geburtsjahrgänge (Kohorten) sind. Eine Kohortenanalyse in der Schweiz kam zu dem Ergebnis, dass »das kohortenspezifische Suizidrisiko sich nicht während des Lebenslaufs sukzessive aufbaut, sondern bereits früh – also in der Kindheit oder beim Eintritt ins Erwachsenenalter – festgelegt wird«.[6] Das heißt, bestimmte Generationen prägten eine größere Suizidanfälligkeit aus, lange bevor die Individuen, bei jeweils individuellen Anlässen, die Selbsttötung ausführten (die stets aus einem Zusammenspiel von äußerem Leidensdruck und innerer Suiziddisposition resultierte).[7]

Die Dynamik der Schwankungen der Selbsttötungsraten hat neben diesen langfristigen Effekten auch kurzfristige Aspekte, die Durkheim als Folge plötzlicher gesellschaftlicher Regellosigkeit (Anomie), beispielsweise in Zeiten ökonomischer Umbrüche, erklärte. Auch diese Erklärung findet bis

---

3 Vgl. Klaus Hurrelmann, Sozialisation und Gesundheit, Weinheim–München 1988, S. 110–114, zit. 113; Rainer Welz, Soziale Unterstützung und die Struktur des sozialen Netzes bei Suizidenten, in: Suizidprophylaxe 13 (1986) 4, S. 281–294.

4 Unberücksichtigt blieb bei Durkheim, dass sich allein durch die Zunahme der durchschnitt-lichen Lebenserwartung die Selbsttötungsraten erheblich erhöht hatten; insofern erscheint die Krisenstimmung des 19. Jahrhunderts zumindest teilweise Folge eines statistischen Ar-tefakts zu sein.

5 Vgl. Reinhard Bobach, Der Selbstmord als Gegenstand historischer Forschung, Regensburg 2004; Oliver Bieri, Suizid und sozialer Wandel in der westlichen Gesellschaft, Zürich 2005.

6 Vladeta Adjacic-Gross, Suizid, sozialer Wandel und die Gegenwart der Zukunft, Bern u.a. 1999, S. 117.

7 Dieses Ergebnis ist auch deshalb bemerkenswert, weil es mit medizinischen Studien, nach denen suizidales Verhalten (übrigens im Unterschied zu depressivem Verhalten) weniger von konkreten Lebensschwierigkeiten als vielmehr von Stressbedingungen des familiären Klimas abhängt, kompatibel ist. Vgl. Armin Schmidtke, Verhaltenstheoretisches Erklä-rungsmodell suizidalen Verhaltens, Regensburg 1988, S. 559.

heute Anwendung, beispielsweise hinsichtlich der gestiegenen Selbsttötungsraten in den Staaten der ehemaligen Sowjetunion in den 1990er Jahren.[8]

Ein Vorwurf, der Durkheim oft gemacht wurde, betraf dessen relativ unkritisches Arbeiten mit Selbsttötungsstatistiken. In der Tat hat Durkheim die Prozesse der statistischen Erfassung selbst nicht problematisiert und sich auch wenig Gedanken um die Dunkelziffer gemacht. Daraus jedoch in einem Anflug von fundamentalem Skeptizismus die Brauchbarkeit von Statistiken zu verwerfen, hieße wichtige Erkenntnismöglichkeiten zu verschenken. Zwar ist bei jedem Vergleich von Selbsttötungsraten der Modus der Erfassung zu beachten, und es ist eine nicht unbeträchtliche Dunkelziffer zu veranschlagen. Andererseits legen aber bestimmte Eigenschaften der Selbsttötungsraten wie die langfristige Konstanz von Höhe, Geschlechterverhältnis und Motivstruktur den Schluss nahe, dass gravierende Veränderungen bei konstanten Erfassungsbedingungen durchaus eine Folge gesellschaftlicher Prozesse sein können.

Insofern können gut recherchierte Selbsttötungsraten einerseits als Indikatoren für die existenzielle Intensität gesellschaftlicher Entwicklungen und Krisen gelten, andererseits können sie als »Prüfsteine« für zeitgenössische Ideen und Erwartungen eingesetzt werden.

1.2 Suizid als Krankheitssymptom

Während die Makro-Soziologie in der Tradition Durkheims in »Selbstmördern« vor allem Opfer von Störungen der sozialen Beziehungen sieht (ohne darauf auf der individuellen Ebene genauer einzugehen), behandelt die medizinische Suizidforschung Suizidenten als »anbrüchige« Persönlichkeiten, deren psychische Labilität als Ursache suizidaler Handlungen herausgestellt wird. Die im 19. Jahrhundert von dem französischen Psychiater Jean Etienne Dominique Esquirol formulierte und damals weithin akzeptierte These, nahezu alle Selbsttötungen müssten als Symptom einer psychischen Erkrankung angesehen werden, wurde allerdings im Verlauf des 20. Jahrhunderts relativiert und in eine Vielfalt von Erklärungsansätzen aufgelöst. Besonders einfluss- und folgenreich war die psychoanalytische Spekulation von Sigmund Freud, der Selbsttötungen von Neurotikern als Lösung eines Aggressionskonfliktes interpretierte. Nach Freud richten Suizidenten im Zuge einer Aggressionsumkehr einen initialen Mordimpuls schließlich (im Wortsinn von »Selbst-Mord«) gegen die eigene Person. An die Psychoanalyse anknüpfend, formulierte der Wiener Psychiater Erwin Ringel, ein Pionier der internationalen Bewegung zur Suizidprävention, Anfang der 1950er Jahre

---

8 Vgl. Elizabeth Brainerd, Economic reform and mortality in the former Soviet Union. A study of the suicide epidemic in the 1990s, Bonn 2001.

die einflussreiche These, Suizide seien Resultate krankhafter psychischer Fehlentwicklungen. Das von Ringel beschriebene »präsuizidale Syndrom« (Einengung, Aggressionshemmung und suizidale Phantasien) diente vor allem dazu, den psychischen Zustand im Vorfeld des Suizids zu beschreiben, um Suizidalität wie eine somatische Krankheit diagnostizierbar und behandelbar zu machen.[9]

Der Ulmer Psychotherapeut Heinz Henseler, der sich ebenfalls auf Freud bezog, fokussierte dagegen stärker auf die Herkunft der Suizidgefahr, die er in gestörten Mutter-Kind-Beziehungen in der frühen Kindheit und einer daraus resultierenden »narzisstischen Persönlichkeitsstörung« ausmachte.[10] Der fundamentale Einfluss der Kindheit auf spätere suizidale Verhaltensweisen, den Henseler auf der individuellen Ebene bei Suizidpatienten herausgearbeitet hatte, wurde auch in zahlreichen statistischen Erhebungen bestätigt.

Gestörte familiäre Verhältnisse und unvollständige Familien wurden in weltweiten Erhebungen bei etwa 40 bis 60 Prozent der Suizidenten festgestellt.[11] Das damit verknüpfte Schlagwort »broken home« erwies sich zwar insgesamt (ebenso wie die »narzisstische Störung«) als zu unspezifisch zur Erklärung suizidaler Verhaltensweisen, da »eine sog. ›broken-home-Familie‹ ein typisches Charakteristikum für die meisten normabweichenden Verhaltensweisen sein könnte«.[12] Nichtsdestotrotz spielten kindliche Todeserfahrungen durch Verlust eines Elternteils als Risikofaktor für suizidales Handeln eine wichtige Rolle. So fand zum Beispiel eine Untersuchung in Karl-Marx-Stadt unter den Suizidtoten einen Anteil von Waisenkindern von 14,1 Prozent, während deren Anteil an der DDR-Bevölkerung nur durchschnittlich 3,2 Prozent betrug.[13]

Gestörte Familienstrukturen führen zwar keineswegs kausal zum Suizid, aber sie können den Nährboden für suizidale Entwicklungen bilden. Wichtig ist dabei die Art und Weise des familiären Umgangs mit Verlusterfahrungen, wobei die Tabuisierung eher unheilvolle Wirkungen entfaltet. In den letzten Jahrzehnten hat der familientherapeutische Ansatz verschiedene Varianten familiärer Pathologie herausgearbeitet. So vollstrecken manche Suizidenten mit ihrer Handlung einen unbewussten Todeswunsch von Familienangehörigen.[14] Ein weiterer wichtiger Aspekt wurde mit dem Begriff

9 Vgl. Ringel, Selbstmord.
10 Heinz Henseler, Narzißtische Krisen, Reinbek b. Hamburg 2000, S. 56.
11 Vgl. Herbert Ernst Colla-Müller, Suizidales Verhalten von Jugendlichen, in: Suizidprophylaxe 9 (1982) 3, S. 118–146, hier 140.
12 Vgl. Manfred Klemann, Zur frühkindlichen Erfahrung suizidaler Patienten, Frankfurt/M. 1983, S. 66–77, zit. 66.
13 Vgl. Ehrig Lange/Christine Garten, Eltern-, Mutter- oder Vaterverlust in der Kindheit und suizidales Verhalten im Erwachsenenalter, in: Psychiatrie, Psychologie und medizinische Psychologie 41 (1989) 4, S. 218–223.
14 Vgl. Eckhard Sperling, Das therapeutische Gespräch mit Suicidalen, in: ders./Jürgen Jahnke (Hg.), Zwischen Apathie und Protest, Bd. 1, Bern u. a. 1974, S. 160–166, hier 164.

»erlernte Hilflosigkeit«[15] bezeichnet; im Kontext dieses psychologischen Konzeptes werden suizidale Handlungen als Auswirkung schwerer Gewalterfahrungen in der Kindheit (und einer dadurch erzeugten Tendenz zur Selbstbestrafung) oder der Vorbildwirkung einer suizidalen Mutter (als Rückgriff auf eine vertraute Form der Konfliktbewältigung) beschrieben.[16]

Angesichts der Menge und Vielgestalt von Untersuchungen kann als wissenschaftlich gesicherte Tatsache gelten, dass eine Disposition (d. h. eine partielle Determination) für depressive Reaktionen, Verzweiflungstaten und Todeswünsche oft durch Störungen der elementaren menschlichen Beziehungen in frühen Phasen der Individualentwicklung, in Kindheit und Jugend entsteht.

Darüber hinaus hat die psychiatrisch-psychologische Suizidforschung in der zweiten Hälfte des 20. Jahrhunderts eine ganze Reihe von Erklärungsansätzen entwickelt, die erkennen lassen, dass es sich bei Selbsttötungen um ein vielschichtiges, nicht auf einen Nenner zu bringendes Phänomen handelt.

Nach 1950 dominierte in der stark von Erwin Ringel beeinflussten medizinischen Suizidforschung zunächst ein Kontinuitätsmodell suizidaler Verhaltensweisen. Ringel hatte Phänomene wie Suizidgedanken, Suizidankündigung, nicht ernsthaften Suizidversuch und finalen Suizid als unterschiedliche Intensitäten einer »Erkrankung des Lebenswillens« interpretiert, die es dann therapeutisch zu heilen galt.[17]

In den letzten Dekaden des 20. Jahrhunderts kam es dann aber zu einer Ausdifferenzierung der Theorien über suizidales Verhalten. So wurde festgestellt, dass »verschiedene stabile Subgruppierungen ermittelbar sind, die sich hinsichtlich verschiedener biographischer Variablen und Variablen, die mit dem suizidalen Verhalten kovariieren, signifikant unterscheiden«.[18] Vor allem wurde in der medizinischen Suizidforschung zunehmend zwischen den durch eine starke Todesabsicht gekennzeichneten Suiziden und den sogenannten »parasuizidalen Handlungen« unterschieden; bei Letzteren handelte es sich um ambivalente Handlungen mit begrenzter Todesabsicht (wie Suiziddrohungen oder demonstrative Suizidversuche). Schon in den frühen 1960er Jahren hatte der Suizidforscher Erwin Stengel auf statistisch nachweisbare Unterschiede zwischen der Population der Suizidversuchspatienten

---

15 Vgl. Martin Hautzinger, Depressive Reaktionen aus psychologischer Sicht, in: ders./ Nikolaus Hoffmann (Hg.), Depression und Umwelt, Salzburg 1979, S. 15–94, hier 38–46.
16 Vgl. Klemann, Frühkindliche Erfahrung, S. 45.
17 In der Praxis standen jedoch denjenigen, die ihren Suizidversuch längere Zeit erwogen und ihn, mehr oder weniger direkt, auch den Mitmenschen ankündigten (ihr Anteil betrug je nach Untersuchung zwischen 30 und 60 Prozent), auch sehr viele »Lebensmüde« gegenüber, die dies nicht taten, und spontan handelten. Vgl. Gernot Sonneck/Martin Schjerve, Die Krankheitsthese des Suizides, in: Walter T. Haesler/Jörg Schuh (Hg.), Der Selbstmord/Le Suicide, Grüsch 1986, S. 39–52.
18 Vgl. Armin Schmidtke, Suizidologie – von der Domain- zur Doctrinforschung?, in: Suizidprophylaxe 15 (1988), S. 87–106, zit. 97.

und der Population der an Suizid Verstorbenen hingewiesen.[19] Um das Jahr 1970 wurden Modelle diskutiert, die (entsprechend unterschiedlicher Anteile von Appell-, Flucht- oder Autoaggressionstendenzen) parasuizidale Gesten und parasuizidale Pausen von vorwiegend autoaggressiven Suizidversuchen unterschieden.[20] Parasuizidales Verhalten wurde zudem auch als Extremform menschlicher Kommunikation beschrieben.[21] Psychologen wiesen dabei auch auf die oft aktive Rolle des Suizidenten innerhalb einer suizidalen Konfliktpartnerschaft hin.[22]

Mit der Ausdifferenzierung der Suizidforschung kamen psychosoziale Aspekte und verhaltenstheoretische Modelle verstärkt in den Blick.[23] Erwin Ringel selbst relativierte seine apodiktische Aussage, dass alle Suizidanten entweder Psychotiker oder Neurotiker seien; er räumte ein, dass auch Suizide von Menschen vorkommen würden, die nicht neurotisch gestört seien.[24]

Aber auch hinsichtlich der psychisch Kranken im engeren Sinne (mit denen sich Ringel nicht befasst hatte) wurde deutlich, dass Suizide von Psychiatrie-Patienten zumeist ganz »normale« Ursachen (Hoffungslosigkeit, Beziehungsverlust, Verzweiflung, sozialer Abstieg) hatten, während direkt durch die psychische Krankheit verursachte Selbsttötungen (beispielsweise infolge »imperativer Stimmen«) seltene Ausnahmen darstellten.[25] Die relativ hohe Selbsttötungsrate psychisch Kranker erklärt sich daraus, »daß die Psychose lebensgeschichtlichen Ereignissen erst jenes Gewicht verleiht bzw. die Toleranz seelischen Belastungen gegenüber so herabsetzt, daß sich nur mehr der Ausweg des Selbstmordes anzubieten scheint.«[26]

---

19 Vgl. Erwin Stengel, Selbstmord und Selbstmordversuch, in: Hans W. Gruhle u. a. (Hg.), Psychiatrie der Gegenwart, Bd. III, Berlin u. a. 1961, S. 51–74.
20 Vgl. Karl-Joachim Linden, Der Suizidversuch. Versuch einer Situationsanalyse, Stuttgart 1969; Wilhelm Feuerlein, Selbstmordversuch oder parasuicidale Handlung, in: Nervenarzt 42 (1971) 3, S. 127–130.
21 Parasuizidale Handlungen sind in ihrem Kern paradox, weil sie Tod und Weiterleben zugleich anstreben, sie haben, neben der zweifellos vorhandenen Verzweiflung, auch eine strategische Komponente und sind daher stark auf die Mitmenschen bezogen. Die derart handeln, wollen noch etwas vom Leben, sie wollen nicht wirklich den Tod, sie wollen in den meisten Fällen nur dieses Leben nicht mehr. Vgl. Gerd Wiendieck, Zur appellativen Funktion des Suizid-Versuchs – eine sozialpsychologische Studie, Diss. Köln 1972, S. 53–56.
22 Vgl. F. Balck/C. Reimer, Warum Partnerkonflikte zum Suizid führen können, in: Psycho 8 (1982) 2, S. 92–96.
23 Vgl. das Editorial von Hermann Pohlmeier in: Münchener medizinische Wochenschrift 122 (1980) 18, S. 665–681 (Themenheft Selbstmord), hier 665.
24 Einen Versuch, soziale Einflussgrößen zu integrieren, unternahm zum Beispiel der Psychiater Klaus Böhme, indem er eine Differenzierung des neurotisch-psychologischen Krankheitsbegriffes in »narzisstische Störungen« und »depressive Störungen« vorschlug. Mit dem ersten Begriff sollte das Scheitern an der Unmöglichkeit, das idealisierte Bild von sich selbst zu realisieren, benannt werden, der zweite Begriff sollte das Leiden am Verlust einer Bezugsperson bezeichnen. Vgl. Klaus Böhme, Krankheit zum Tode? Suizidalität ist auch ein Krankheitssymptom, in: Michael Haller (Hg.), Freiwillig sterben – freiwillig?, Reinbek b. Hamburg 1986, S. 163–178, hier 176.
25 Vgl. Asmus Finzen, Der Patientensuizid, Bonn 1988, S. 36.
26 Sonneck/Schjerve, Krankheitsthese des Suizides, S. 49.

Anderseits wurden seit den 1980er Jahren, nicht zuletzt auch wegen der Unspezifität der psychiatrisch-psychologischen Erklärungsansätze, physiologische und genetische Faktoren wieder verstärkt diskutiert. Bei der Auswertung von Zwillingsstudien und Untersuchungen zur Suizidneigung von adoptierten Kindern war schon seit längerem vermutet worden, dass auch genetische Faktoren für eine Disposition zum Suizid mit verantwortlich sein könnten. Neurobiologische Untersuchungen fanden bei Suizidenten häufig Veränderungen des Hirnstoffwechsels, die zu der These führten, dass mangelhafte Verfügbarkeit des Neurotransmitters Serotonin (dessen Mangel mit Verhaltensweisen wie Impulsivität und Risikoverhalten verbunden ist) suizidale Handlungen begünstigt.[27] Eine genetische Disposition zum Suizid hieße aber »auf keinen Fall, dass dieser unvermeidlich ist. Es heißt nur, dass bei sich häufenden Belastungen oder in einer verheerenden akuten Stresssituation der Selbstmord eher zur Option werden kann.«[28]

Als wichtigster Ertrag der medizinischen Suizidforschung erscheint bis heute die Kenntlichmachung von Risikofaktoren: Menschen sind überdurchschnittlich suizidgefährdet, wenn sie an einer psychischen Krankheit (Schizophrenie, Depression) leiden, wenn sie von Alkohol, Drogen oder Medikamenten abhängig sind, wenn sie alt und körperlich schwer krank sind. Ein hohes Suizidrisiko haben zudem Patienten mit vorhergehenden Suizidversuchen.[29]

Komplementär zur Selbsttötungshäufigkeit, die im Zentrum der makrosoziologischen Forschung steht, interessiert sich die medizinische Suizidforschung vor allem für die individuelle Suizidwahrscheinlichkeit. Es gab sogar das Vorhaben, das Zusammenspiel verschiedener Risikofaktoren in Testverfahren zu erfassen, zu quantifizieren und daraus Prognosen zur Suizidgefährdung konkreter Patienten abzuleiten. Das ehrgeizige und vor allem Ende der 1960er, Anfang der 1970er Jahre betriebene Projekt blieb jedoch weit hinter den Erwartungen zurück. Ein quantifizierendes Modell zur Abschätzung des Suizidrisikos, das der Schweizer Psychiater Walter Pöldinger entwickelt hatte, erwies sich als wenig praktikabel.[30]

Weitgehend wirkungslos blieb auch die Behandlung von Suizidpatienten mit Psychopharmaka. »Die Zahl der Suizide hat in der psychopharmakologischen Ära nicht abgenommen«, musste ein Psychiatrie-Lehrbuch im Jahr

---

27 Vgl. T(homas) Bronisch/J(ürgen) Brunner, Neurobiologie, in: Thomas Bronisch u.a. (Hg.), Suizidalität, Stuttgart 2002, S. 25–47.
28 Kay Redfield Jamison, Wenn es dunkel wird. Zum Verständnis des Selbstmordes, Berlin 2000, S. 191. Vgl. ebd., S. 166–168.
29 Vgl. H. J. Bochnik, Verzweiflung, in: Randzonen menschlichen Verhaltens. Beiträge zur Psychiatrie und Neurologie. Festschrift zum fünfundsechzigsten Geburtstag von Prof. Dr. Hans Bürger-Prinz, Hamburg, Stuttgart 1962, S. 201–227; Barbara Schneider, Risikofaktoren für Suizid, Regensburg 2003.
30 Vgl. Werner Pöldinger, Die Abschätzung der Suizidalität, Bern–Stuttgart 1968; kritisch dazu Asmus Finzen, Leiter des psychiatrischen Krankenhauses Wunstorf/Niedersachsen: »Versuche, Risikofragebögen zur Identifizierung besonders gefährdeter Patienten zu erstellen, sind durchweg gescheitert.« In: Finzen, Patientensuizid, S. 35.

1987 konstatieren.[31] Erfolgsmeldungen über medikamentöse Heilung Suizidgefährdeter, wie sie etwa der West-Berliner Psychiater Klaus Thomas publizierte, erwiesen sich langfristig als trügerisch.[32] Eine Langzeitstudie von 1993 bestätigte, dass in ganz Europa weder der verstärkte Einsatz psychotherapeutischer Methoden noch die Entwicklung einer Vielzahl von Psychopharmaka einen nachweisbaren Effekt auf die Häufigkeit von Selbsttötungen hatte.[33] Offenbar kamen die Psychiater selten über »konfliktzudeckende oder symptomatische Therapie« hinaus.[34] Lediglich das klassische Antidepressivum Lithium konnte bei Patienten das Suizidrisiko absenken. Demgegenüber bestand der Effekt der neu entwickelten Psychopharmaka lediglich darin, das (in vielen Regionen seit Jahrhunderten nachweisbare) Maximum der Suizide im Frühling abzudämpfen.[35]

Der Beitrag der medizinischen Suizidforschung zum Verständnis suizidalen Verhaltens besteht somit vor allem darin, dass nach der individuellen Disposition gefragt wird. Dadurch wird erklärbar, wieso in der gleichen Situation ein Menschen Suizid begeht, ein anderer hingegen nicht, wodurch ein besseres Verständnis konkreter Einzelfälle möglich und das oberflächliche Klischee eines durch äußere Umstände in den Tod getriebenen Suizidenten relativiert wird.

1.3 Suizidale Handlung als Problemlöseverhalten

Jenseits der funktionalistisch ausgerichteten medizinischen Suizidforschung und der strukturalistischen Makro-Soziologie bleibt ein unverstandener Rest: Eine Selbsttötung, so sehr sie durch äußere oder innere Zwangslagen bedingt sein mag, stellt schließlich eine menschliche Handlung dar, die nicht vollständig kalkulierbar ist. Seelische Schmerzen sind nicht messbar, die subjektiven Zukunftsperspektiven stimmen selten mit den objektiven Möglichkeiten überein. Der menschliche Wille, im Begriff des »Freitods« unzulässig verabsolutiert, vereitelt als Zufallsfaktor alle Prognosen, weil die entscheidende Sinnperspektive des Individuums mit statistischen Methoden nicht erfassbar ist.[36]

Zudem gerät der aktive, intentionale Aspekt suizidalen Handelns, wenn man das Individuum nur als Opfer von Situation oder Disposition ansieht, sehr leicht aus dem Blickfeld. Deshalb gab es in den letzten Jahrzehnten

31 Gerd Huber, Psychiatrie. Systematischer Lehrtext für Studenten und Ärzte, Stuttgart–New York 1987, S. 179.
32 Vgl. Klaus Thomas, Handbuch der Selbstmordverhütung, Stuttgart 1964, S. 90f.
33 Vgl. Carlo La Vecchia et al., Trends in suicide mortality in Europe, 1955–1989, in: Soziale Präventivmedizin 38 (1993), S. 379–397.
34 Bernhard Bron, Suizidale Entwicklungen bei jungen Menschen in der heutigen Zeit, in: Praxis der Kinderpsychologie und Kinderpsychiatrie 27 (1978), S. 15–21, zit. 20.
35 Vgl. Jamison, Verständnis des Selbstmordes, S. 202.
36 Colla-Müller, Suizidales Verhalten von Jugendlichen, S. 122.

verstärkt Anstrengungen, Theorien zu entwickeln, die »auch die spezifische Problematik des einzelnen suizidgefährdeten Menschen verstehen helfen«.[37] Um auch den Einfluss des Individuums auf die Situation zu erfassen, forderte zum Beispiel Richard Lazarus im Kontext seines transaktionalen Stressmodells, statt einer Verabsolutierung von äußerer Situation oder innerer Disposition die jeweiligen Interaktionsprozesse zwischen Individuum und Situation zu beschreiben.[38] Nach Lazarus entsteht Stress, wenn ein Individuum seine subjektiven Gestaltungsmöglichkeiten gegenüber einer mit einem Anforderungscharakter versehenen Situation als gefährdet ansieht. Das wiederum wird nicht nur durch Faktoren bestimmt, die das Suizidrisiko erhöhen, sondern auch durch Möglichkeiten des Individuums, äußere Einflüsse abzupuffern.

Mehrere verhaltenstheoretische Ansätze setzten deshalb bei den Perzeptionen und Kognitionen des Individuums an.[39] Die Soziologin Christa Lindner-Braun beispielsweise kennzeichnete suizidale Handlungen als einerseits durch »Kausalprinzipien«, wie die Fähigkeit zur Verknüpfung von Verlust- und Misserfolgserfahrungen mit Schuldzuschreibungen an die eigene Person, andererseits durch »Moralprinzipien« wie Anspruchsniveaupräferenzen bestimmt.[40] In ihrem Modell wurden zudem auch das Vorhandensein geeigneter Suizidmittel und die Verfügbarkeit alternativer Handlungsmöglichkeiten (wie Flucht, Suchtverhalten oder Aggression) als Einflussfaktoren auf die Realisierung suizidaler Intentionen berücksichtigt.

Während jedoch bei Lindner-Braun suizidales Handeln auf das Vermeiden erwarteter Misserfolge verengt wurde, fächerte der französische Soziologe Jean Baechler die Vielfalt der möglichen Ziele und Absichten auf. In Baechlers Typologie stand der aktive Aspekt der Selbsttötung im Mittelpunkt; suizidale Handlungen wurden vor allem als Versuche beschrieben, ein bestimmtes Problem zu lösen. Das Spektrum der Formen dieses Problemlöseverhaltens reicht nach Baechler von Flucht, Aggression, Appell, Rache, Erpressung über Selbstopferung bis zu Risikoverhalten.[41]

Aber auch den Freiheitsaspekt suizidalen Handelns sollte man nicht verabsolutieren, denn durch die instrumentale Perspektive wiederum nur ein Teilaspekt erhellt, der die Ergebnisse der medizinischen und soziologischen Selbsttötungsforschung ergänzt, nicht in Frage stellt, da äußere, oft auch unbewusste Aspekte eine suizidale Reaktion zwar nicht vollständig determinieren, aber doch stark beeinflussen.

37 Schmidtke, Verhaltenstheoretisches Erklärungsmodell, S. 1.
38 Vgl. Richard Lazarus, Psychological Stress and the Coping Process, New York u. a. 1966. Eine prinzipiell ähnliche Herangehensweise leitete Kulawik aus der marxistischen Dialektik ab. Vgl. Helmut Kulawik, Zur Psychopathologie der Suizidalität, in: Psychiatrie, Neurologie und medizinische Psychologie 29 (1977) 5, S. 257–265.
39 Vgl. Manfred Amelang, Sozial abweichendes Verhalten, Berlin u. a. 1986, S. 344–409, hier 370–374.
40 Vgl. Christa Lindner-Braun, Soziologie des Selbstmords, Opladen 1990.
41 Vgl. Baechler, Tod, S. 59–64.

1.4 Selbsttötung als Gegenstand der Geschichtswissenschaft

Suizidales Handeln, das als Ergebnis einer »Erkrankung des Lebenswillens«, als Produkt sozialer Ursachen oder als Resultat einer individuellen menschlichen Entscheidung beschrieben werden kann, hat zudem auch eine historische Komponente, deren Erforschung lange Zeit fast ausschließlich den Sozialwissenschaften vorbehalten blieb und erst in neuester Vergangenheit von Historikern als Forschungsfeld entdeckt wurde.

Nachdem die Schule der »Annales« in den 1960er Jahren den Umgang mit elementaren Gegebenheiten der menschlichen Existenz zum Forschungsgegenstand erhoben hatte, wurde auch der Umgang mit Sterben und Tod, im Anschluss an bahnbrechende Arbeiten wie die von Phillippe Ariès,[42] etablierter Bestandteil des Themenspektrums sozial- und kulturhistorischer Forschung. Erst mit einiger zeitlicher Verzögerung ging die historische Wissenschaft daran, durch regional und zeitlich differenzierende kulturwissenschaftliche Untersuchungen auch dem Phänomen Selbsttötung ein »konkrethistorisches Gesicht« zu geben. In den 1980er Jahren begann im angloamerikanischen ebenso wie im deutschen Sprachraum eine »Phase der kulturgeschichtlichen Ausdifferenzierung und der auf die Abbildung von Diskursen konzentrierten Forschung«.[43] In der Tradition der »Annales« publizierte Georges Minois Mitte der 1990er Jahre eine »Geschichte des Selbstmords«, die sich auf historische, juristische und literarische Quellen stützte und deren Schwerpunkt in England und Frankreich in der Zeit vom 16. bis zum 18. Jahrhundert lag.[44] Spurensuche bezüglich suizidaler Handlungen im Mittelalter und in der frühen Neuzeit betrieb ein von Gabriela Signori herausgegebener Sammelband.[45] Markus Schär ging der Frage nach, inwiefern der Calvinismus Zwinglis in Zürich, der Sündenbewusstsein und Triebunterdrückung gefördert hatte, auch das Ansteigen der Selbsttötungsrate bis 1800 (bei gleichzeitigem Absinken der Mordrate) mit verursacht haben könnte.[46]

---

42 Vgl. Phillippe Ariès, Geschichte des Todes, Darmstadt 1996 (dt. EA München–Wien 1980).
43 Wie Reinhard Bobach herausgestellt hat, vollführte das Thema Selbsttötung in den letzten Jahrhunderten eine »Wanderung« durch verschiedene Wissenschaftsdisziplinen, wo es (wie z.B. um 1900 in der Soziologie) vorübergehend von größerer Bedeutung war; in den letzten Jahrzehnten ist es in der Kultur- und Geschichtswissenschaft »angekommen«. Vgl. Bobach, Selbstmord, S. 25 f.
44 Vgl. George Minois, Geschichte des Selbstmords, Düsseldorf 1996.
45 Vgl. Gabriela Signori (Hg.), Trauer, Verzweiflung und Anfechtung. Selbstmord und Selbstmordversuche in mittelalterlichen und frühneuzeitlichen Gesellschaften, Tübingen 1994.
46 Vgl. Markus Schär, Seelennöte der Untertanen. Selbstmord, Melancholie und Religion im Alten Zürich, 1500–1800, Zürich 1985.

Diese These blieb nicht unwidersprochen.[47] Für das ebenfalls protestantische Schleswig-Holstein rekonstruierte Vera Lind aus geistes- und ideenge-schichtlicher Sicht die Diskussionen um Bewertung und Erklärung von Selbsttötungen zur Zeit der Aufklärung.[48] Ursula Baumann stellte den ge-sellschaftlichen Bedeutungswandel von Selbsttötungen in Deutschland für 1800 bis 1950 anhand ausgewählter Problemkomplexe wie der Beerdigungs-und Obduktionspraxis sowie durch kritische Rekonstruktion verschiedener medizinischer, juristischer und kulturkritischer Diskurse dar.[49]

Die vorliegende Arbeit knüpft an die durch diese Arbeiten konstituierte Forschungsrichtung an, indem sie ebenfalls das Selbsttötungsgeschehen durch eine Kombination von Einzelfallschilderungen (Mikroebene), Rekon-struktion von Diskursen und kritische Sichtung statistischen Zahlenmaterials (Makroebene) analysiert und beschreibt.[50]

Für viele der kulturgeschichtlichen Darstellungen zu Suizidalität in frühe-ren Jahrhunderten stellte das Fehlen verlässlicher und in statistisch relevanter Menge vorhandener Quellen ein großes Problem dar. Daher blieb oft unsi-cher, ob es sich bei den geschilderten Einzelfällen um zeittypische Ereignis-se gehandelt hatte, von allgemeinen Quantifizierungen ganz zu schweigen. So zweifelte Vera Lind, ob es angesichts der unzuverlässigen Erfassungsbe-dingungen überhaupt möglich sei, Aussagen über die Entwicklung der Selbst-tötungshäufigkeit vor 1800 zu treffen.[51]

Dieses Problem hat die vorliegende Untersuchung nicht. Im Unterschied zu den angeführten Studien konnte auf wesentlich mehr Einzelfälle (mehrere tausend) und auf ein ungleich besser abgesichertes Zahlenmaterial zurück-gegriffen werden, so dass differenzierte Untersuchungen des Selbsttötungs-geschehens in der DDR möglich sind.

47 Vgl. Andreas Bähr, Zur Einführung: Selbsttötung und (Geschichts-)Wissenschaft, in: Andreas Bähr/Hans Medick (Hg.), Sterben von eigener Hand. Selbsttötung als kulturelle Praxis, Köln u.a. 2005, S. 1–19, hier 9f. Vgl. auch ders., Der Richtrer im Ich, Göttingen 2002.
48 Vgl. Vera Lind, Selbstmord in der frühen Neuzeit. Diskurs, Lebenswelt und kultureller Wandel am Beispiel der Herzogtümer Schleswig und Holstein, Göttingen 1999.
49 Vgl. Ursula Baumann, Vom Recht auf den eigenen Tod, Köln u.a. 2001.
50 Mikroebene heißt hier: Der unmittelbare Umgang mit konkreten Einzelfällen. Makroebene heißt: Behandlung und Thematisierung von Selbsttötungen als Massenerscheinung.
51 Vgl. Lind, Selbstmord, S. 283.

2 Zur Häufigkeit von Selbsttötungen in der SBZ/DDR

2.1 Die hohe Selbsttötungsrate der DDR – Folge vorbildlicher statistischer Erfassung?

Die DDR gehörte zu den Staaten, in denen überdurchschnittlich viele Menschen durch eigene Hand starben. Im weltweiten Vergleich der Selbsttötungsraten (d.h. der Anzahl von Selbsttötungen pro 100 000 Einwohner pro Jahr) nahm der »erste sozialistische Staat auf deutschem Boden« seit seinem Bestehen einen Spitzenplatz ein. Jährlich beendeten etwa 5000 bis 6000 DDR-Bürger ihr Leben durch eigene Hand. Zwar waren Selbsttötungen in ganz Deutschland recht häufig, die Statistiken verzeichneten aber in der DDR durchgängig höhere Selbsttötungsraten als in der Bundesrepublik.

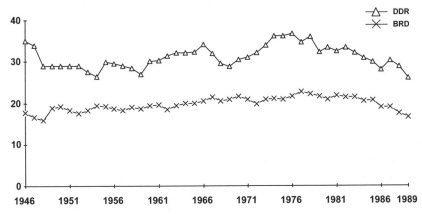

Abb. 1: Selbsttötungsraten in den Westzonen/BRD und in der SBZ/DDR 1946–1989.[1]

1 Wenn nicht anders angegeben, entsprechen die in den Diagrammen auf der vertikalen Achse angegebenen Zahlenwerte stets der Anzahl von Selbsttötungen pro 100 000 Personen pro Jahr. Zahlen für die DDR aus: Rainer Leonhardt/Rolf Matthesius, Zu suizidalen Handlungen in der Hauptstadt der Deutschen Demokratischen Republik, Berlin, Diss. Berlin 1977, Tabellen-Anhang 4a; Werner Felber/Peter Winiecki, Suizide in der ehemaligen DDR zwischen 1961 und 1989 – bisher unveröffentlichtes Material zur altersbezogenen Suizidalität, in: Suizidprophylaxe 25 (1998) 2, S. 42–49. Zahlen für die Bundesrepublik aus: Armin Schmidtke, Entwicklung der Suizid- und Suizidversuchshäufigkeit in der Bundesrepublik Deutschland 1970–1988, in: Suizidprophylaxe 16 (1989), S. 271–280, hier 277 sowie Statistisches Bundesamt (www.gbe-bund.de).

Generell wirft das die Frage auf: Kann man den Statistiken glauben? Haben sich Menschen in der DDR tatsächlich häufiger das Leben genommen als in der Bundesrepublik, oder handelte es sich hierbei möglicherweise um eine Folge unterschiedlicher Erfassungsmodi? Prof. Hans Girod, bis 1994 Dozent für Kriminalistik an der Humboldt-Universität, hat mehrfach die These vertreten, dass der Unterschied zwischen den Selbsttötungsraten von DDR und Bundesrepublik im Wesentlichen auf eine höhere Dunkelziffer in der Bundesrepublik zurückgeführt werden kann:

»Die DDR-Zahlen sind zwangsläufig deshalb höher, weil mehr Selbsttötungen aufgedeckt wurden. Eine vorbildlich geregelte Leichenschauanordnung, die gerichtsmedizinische Leichenöffnungspraxis (im Vergleich zur Bundesrepublik wurden wesentlich mehr Autopsien vorgenommen) und eine hohe Qualität der kriminalistischen Untersuchung gewährleisteten, das Dunkelfeld auf ein sehr geringes Niveau zu begrenzen.«[2]

Gründlichkeit und Pflichterfüllung im realsozialistischen Osten, Vertuschung und Ungenauigkeit im demokratischen Westen?

Girod begründete seine Skepsis gegenüber den Statistiken der Staatlichen Zentralverwaltung für Statistik (SZVS), die auf ärztlichen Angaben der Todesursache basierten, mit eigenen Erfahrungen: In einer von Girod betreuten kriminalistischen Diplomarbeit aus dem Jahr 1981 konstatierten die Autoren eine übertriebene Neigung der Ärzte der Dringlichen Medizinischen Hilfe, einen unnatürlichen Tod zu bescheinigen; bei »23 Prozent aller als nichtnatürlicher Tod angegebenen Sachverhalte« stellte die Obduktion dann aber einen natürlichen Tod fest.[3] Allerdings lieferten die Autoren einer anderen, ebenfalls von Girod betreuten Diplomarbeit auch ein gegensätzliches Beispiel: »Beim Abtransport einer weiblichen Leiche stellte man fest, daß diese Person eines nichtnatürlichen Todes gestorben war. Die Schnüre eines Wäscheständers waren fest um den Hals der Frau geschlungen. Erst jetzt wurde die Kriminalpolizei benachrichtigt.« Im Gegensatz zu der Ärztin, die »die ›Leichenschau‹ von der Zimmertür aus durchgeführt hatte«, ermittelten die Polizisten dann das Vorliegen einer Selbsttötung.[4] Es könnte sein, dass sich die Irrtümer in der großen Menge der Suizidfälle wieder ausgeglichen haben: Berichte der Staatlichen Zentralverwaltung für Statistik und der Volkspolizei, die Mitte 1977 unabhängig voneinander für Staats- und Parteichef Erich Honecker angefertigt wurden, lassen jedenfalls erkennen, dass sich die

2 Hans Girod, Leichensache Kollbeck und andere Selbstmordfälle aus der DDR, Berlin 2000, S. 23.
3 Gerald Höfer/Wolfgang Opitz, Aktuelle Probleme der Untersuchung nichtnatürlicher Todesfälle, dargestellt am Beispiel der Gruppe ›Unnatürliche Todesfälle‹ (UT) des Modells PdVP Berlin, Diss. Berlin 1981, S. 50.
4 Hans-Georg Eichhorn/Jürgen Zech, Zur kriminalistischen Untersuchung von Suiziden unter dem Aspekt der Aufdeckung latenter Tötungsverbrechen, Diplomarbeit Berlin 1977, S. 26, in: BStU, MfS, JHS, MF zu Tgb.Nr. 169/77, Bl. 30.

durch die Kriminalpolizei ermittelten und die auf ärztlichen Angaben beruhenden Suizidzahlen kaum unterschieden:

Jahr	1973	1974	1975	1976
Zahlen der SZVS	5775	6122	6098	6142
Zahlen der Volkspolizei	5618	6129	6064	6186

Tab. 1: Gegenüberstellung der durch kriminalistische bzw. medizinische Untersuchungen ermittelten absoluten Zahl der Suizide in der DDR in den Jahren 1973–1976.[5]

Diese auch durch andere Quellen bestätigten Zahlen, die in der Größenordnung von 6000 pro Jahr lagen, lassen nur eine Schlussfolgerung zu: Girods Zahlenmaterial, das nur ca. 3700 Selbsttötungsfälle pro Jahr ausweist, basiert auf unvollständigen Recherchen.[6] Damit wird auch die Behauptung, die bessere Todesursachenermittlung in der DDR sei für die Differenz zur bundesdeutschen Selbsttötungsrate verantwortlich, obsolet; dafür war der Unterschied zwischen DDR und Bundesrepublik einfach zu groß.

In einem Punkt ist Girod jedoch zuzustimmen: Im Prinzip war die in der DDR praktizierte Untersuchung der Todesursache auf zwei Wegen, durch medizinische Leichenschau und kriminalpolizeiliche Ermittlung, optimal. Bereits im Jahr 1883, als dieser Erfassungsmodus in Preußen eingeführt wurde, hatte sich gezeigt, dass dadurch die Dunkelziffer reduziert und die Statistik genauer wurde. Das schlug sich in einer höheren Zahl registrierter Selbsttötungen nieder: 1883 wurden in Preußen gegenüber dem Vorjahr immerhin 3,4 Prozent mehr Selbsttötungen registriert.[7]

Es stimmt auch, dass die Obduktionsrate in der DDR sehr hoch war. Zwar wurde die von der »Anordnung über die ärztliche Leichenschau«[8] erhobene Forderung, Suizide »sollten« obduziert werden, mancherorts nur als Empfehlung interpretiert. So stellte die Bezirksbehörde der Volkspolizei Cottbus fest, dass in den Kreisen Hoyerswerda und Spremberg die Gerichtsmedizin nur selten in die Untersuchung von Selbsttötungen einbezogen wurde.[9] Im

5 Vgl. Anlage »Entwicklung der Anzeigen zu Selbsttötungen« zum Schreiben von Generalleutnant Riss (MdI) an Willi Stoph vom 7. Juni 1977 sowie Information des amtierenden Leiters der Staatlichen Zentralverwaltung für Statistik, Dr. Hartwig, über die Erfassung, Organisation und Aufbereitung der Todesursachenstatistik, in: BArch Berlin, DC 20, 13015, n. pag.
6 Die Zahlen sind zu DDR-Zeiten mit Hilfe von Studenten zusammengetragen worden. Telefonische Auskunft von Prof. Hans Girod am 28. Januar 2002.
7 Vgl. Ferdinand Tönnies, Der Selbstmord in Schleswig-Holstein, Breslau 1927, S. 40. Vgl. auch Baumann, Vom Recht, S. 202–204.
8 »Eine Leichenöffnung soll vorgenommen werden«, hieß es zum Vorgehen bei Suiziden gegenüber der auf andere Fälle bezogenen Formulierung »muß«. Vgl. Anordnung über die ärztliche Leichenschau vom 4. Dezember 1978, Gesetzblatt Teil I Nr. 1 – Ausgabetag: 5. Januar 1979, S. 4–8, zit. 5. In: BArch Berlin, DE 2, 60141.
9 Vgl. Einschätzung des erreichten Standes bei der Bearbeitung von abgeschlossenen unnatürlichen Todesfällen vom 6.2.1980, in: BLHA, BdVP Cottbus, Rep. 871/17.2, Nr. 276, n. pag.

Bezirk Dresden wurde im Jahr 1975 bei 42,6 Prozent, im Jahr 1976 nur bei 37,6 Prozent aller Suizidleichen eine Gerichts- bzw. Verwaltungssektion durchgeführt.[10] Das war weniger als gefordert. Andererseits lagen diese Obduktionsraten immer noch entschieden höher als in der Bundesrepublik.[11] Der Ost-West-Unterschied wurde besonders im Umbruch 1989/90 deutlich: Im Kreis Senftenberg beispielsweise wurden im Jahr 1987 ca. 91 Prozent aller Suizidleichen obduziert, nach der Umstellung auf bundesdeutsche Gepflogenheiten fiel die Rate der Sektionen im Jahr 1991 auf 18 Prozent.[12]

Schlüsselt man die Selbsttötungsraten nach Geschlechtern auf, dann fällt die Differenz bei den Frauen größer als bei den Männern aus. Während die registrierte Selbsttötungshäufigkeit bei den Männern im Osten Deutschlands 1,5-fach höher war als im Westen, erreichte sie bei den Frauen in der DDR im Durchschnitt 1,7-fach höhere Werte. Möglicherweise ist die hohe Obduktionsrate in der DDR eine Teilerklärung für diese Geschlechterunterschiede. Ursula Baumann hat darauf verwiesen, dass Selbsttötungen von Frauen durch die Präferenz für »weichere« Methoden (wie Tabletten oder Gas) »schon strukturell mehr Möglichkeiten zur Verschleierung« bieten.[13] Insofern könnte die, betrachtet man die Relationen, um etwa zehn Prozent größere Differenz der Selbsttötungsraten bei den Frauen eine Folge nicht erkannter Suizide in der Bundesrepublik gewesen sein.

Aus der hohen Obduktionsrate in der DDR kann jedoch nicht gefolgert werden, dass dort nahezu alle Selbsttötungen als solche erkannt und registriert wurden. Bereits zu DDR-Zeiten wiesen stichprobenartige Untersuchungen eine erhebliche Untererfassung durch die Staatliche Zentralverwaltung für Statistik nach. Rainer Leonhardt und Rolf Matthesius analysierten Mitte der 1970er Jahre in einer Geheimstudie die Selbsttötungshäufigkeit in der DDR-Hauptstadt, wobei ihre eigenen, anhand von Obduktionsprotokollen ermittelten Zahlen 9 bis 29 Prozent über den amtlichen Zahlen lagen.[14]

Neuere, nach 1989 durchgeführte Untersuchungen ergaben ähnliche Abweichungen. Im Landkreis Sebnitz erwiesen sich die amtlichen Suizidzahlen zwischen 1987 und 1991 um durchschnittlich 24 Prozent, in der Stadt Rostock ebenfalls um 24 Prozent, im Kreis Rostock-Land um 19 Prozent zu

---

10 Vgl. Analyse der im Bezirk Dresden in den Jahren 1975 und 1976 durch die Kriminalpolizei untersuchten Suicide, in: BStU, MfS, BV Dresden, Leiter der BV, Nr. 10260, Bl. 34.

11 Insgesamt wurden Ende der 1980er Jahre in der BRD etwa acht Prozent der Leichen obduziert. Vgl. Suizidalität in Ost und West: Daten vorschnell interpretiert? Zuschrift von R. Wegener, in: Münchener medizinische Wochenschrift 133 (1991) 13, S. 21f.

12 Vgl. Sonja Lippmann, Analytische Betrachtung zum Suizidgeschehen des Kreises Senftenberg in den Jahren 1987–1991, Diss. Dresden 1999, S. 37.

13 Baumann, Vom Recht, S. 254. Vgl. dazu auch Armin Schmidtke, Probleme der zuverlässigen Erfassung, Reliabilität und Validität von Suizid- und Suizidversuchsraten als Indikatoren »psychischer Gesundheit«, in: Psycho 17 (1991) 4, S. 234–247.

14 Vgl. Leonhardt/Matthesius, Zu suizidalen Handlungen.

niedrig.[15] Im Kreis Senftenberg lag die »wahre« Selbsttötungsrate in den Jahren 1987 bis 1989 sogar um 41 Prozent höher als die offiziellen Zahlen.[16] Wie konnte es in der DDR trotz »vorbildlich geregelter Leichenschauanordnung« und »hoher Qualität der kriminalistischen Untersuchung« zu so beträchtlichen Dunkelziffern kommen?

Eins ist sicher: Es lag nicht daran, dass die Daten im Staatsapparat manipuliert wurden. Absichtliche Verschleierungen hat es nicht gegeben, da sind sich alle Autoren, die sich mit dem Thema befasst haben, einig – es gab angesichts der jahrzehntelangen Geheimhaltung der Statistiken auch keinen Anlass dafür.[17]

Die Ursache war stattdessen ein »hausgemachtes« Problem der DDR, das sich aus dem mangelhaften Zusammenspiel der verschiedenen Instanzen bei der Suiziderfassung ergab: Der Arzt, der die Leichenschau durchführte, musste bei einem unnatürlichen Todesfall die Kriminalpolizei benachrichtigen und den Totenschein an die Polizisten übergeben, die ihrerseits auszuschließen hatten, dass kein Tötungsverbrechen vorlag. Bei unsicheren oder zweifelhaften Fällen wurde eine gerichtsmedizinische Untersuchung durchgeführt, in manchen Regionen wurde nahezu jede Suizidleiche obduziert. Innerhalb von einer Woche, in den 1980er Jahren sogar binnen 48 Stunden, musste der ausgefüllte Totenschein an das Standesamt geschickt und von dort an die Staatliche Zentralverwaltung für Statistik (SZVS) weitergeleitet werden. Zumeist aber wurden die Ergebnisse der Obduktionen, weil sie nicht rechtzeitig vorlagen, nachträglich mittels »Sektionskarten« an die SZVS geschickt. Theoretisch hatte bereits der Kreisarzt die Pflicht, die Totenscheine zu korrigieren, praktisch war das jedoch selten der Fall.[18] Noch schwieriger war es für die SZVS. Dort konnte »ein großer Teil der Ergebnisse von den Sektionskarten [...] nicht eingearbeitet werden, weil die von den Pathologen oder Gerichtsmedizinern von den Totenscheinen auf die Sektionskarten zu übertragenden PKZ [Personenkennzahlen,[19] U. G.] fehlten, unvollständig

---

15 Vgl. Steffen Heide, Der Suizid im Landkreis Sebnitz in den Jahren 1987–1991, Diss. Dresden 1997, S. 74; Jana Laskowski, Zum Problem der »wahren« Suizidziffern – Zusammenstellung der im Stadt- und Landkreis Rostock obduzierten Suizide (1980–1990) im Vergleich mit der offiziellen Todesursachenstatistik, Diss. Rostock 1999, S. 81.
16 Vgl. Lippmann, Suizidgeschehen des Kreises Senftenberg.
17 Vgl. G. Wiesner/W. Casper/K. E. Bergmann, Alterssuizidalität in West und Ost: Trend der Suizidmortalität 1961–1989, in: Bundesgesundheitsblatt 35 (1992) 9, S. 442–447, hier 443; Statistisches Bundesamt (Hg.), Sonderreihe mit Beiträgen für das Gebiet der ehemaligen DDR, Heft 27, Gesundheits- und Sozialwesen in Übersichten (Teil IV), Wiesbaden 1995, S. 11–13; Reiner Hans Dinkel/Edmund Görtler, Die Suizidsterblichkeit der Geburtsjahrgänge in beiden Teilen Deutschlands, in: Soziale Präventivmedizin 39 (1994), S. 198–208; Olga Jacobasch, Wissenschaftliche Suizidliteratur der DDR als Verschlußsache, Diss. Dresden 1996, S. 61; Felber/Winiecki, Material.
18 Vgl. Axel Wendland, Untersuchungen zur Validität der amtlichen Mortalitätsstatistik der ehemaligen DDR (Untersuchungsstichprobe: Sterbefälle der Stadt Rostock des Jahres 1988), Diss. Rostock 2001, S. 111.
19 In den 1980er Jahren wurde jeder DDR-Bürger über eine 12-stellige Personenkennzahl (PKZ) identifiziert.

bzw. fehlerhaft waren«.[20] So blieb die Obduktion, die oft wesentlich genauere Kenntnisse über die Todesursache erbrachte, wie auch vieles andere in der DDR eine isolierte »Errungenschaft«, die vielleicht im Einzelfall eine größere Rechtssicherheit bewirken konnte, aber hinsichtlich der Qualität der Statistiken nahezu wirkungslos blieb. Da sich die Obduktionsergebnisse nur in geringem Maße bei der Erstellung der Statistik auswirken konnten, war die Selbsttötungsstatistik der DDR im internationalen Vergleich dann auch nur von durchschnittlicher Genauigkeit.

Dennoch ist es durchaus wahrscheinlich, dass die Erfassung von Selbsttötungen in der DDR genauer war als in der Bundesrepublik. Eine von westdeutschen Wissenschaftlern durchgeführte nachträgliche Überprüfung der DDR-Todesursachenstatistik von 1989 stellte eine »weit überdurchschnittlich hohe Übereinstimmung von Totenschein und Sektionsergebnis« fest. Die den Totenschein ausstellenden Ärzte in der DDR könnte das Wissen darüber, dass sich in den meisten Fällen eine Obduktion anschloss, davon abgehalten haben, einen »erkannten oder vermuteten Suizidfall nicht als solchen in den Totenschein einzutragen«.[21] Vor allem aber dürfte in der DDR mit ihren protestantisch bzw. atheistisch geprägten Milieus seltener ein Interesse von Familienangehörigen an einer Verschleierung von Selbsttötungen aus versicherungsrechtlichen oder religiösen Motiven bestanden haben.

Allgemein gehen Suizidforscher davon aus, dass Verschleierungen dort erheblich intensiver betrieben werden, wo »Suizid als besonders schimpflich gilt«.[22] So könnten Mediziner in der Bundesrepublik, wo der Anteil der Katholiken an der Bevölkerung wesentlich größer war, in einer statistisch relevanten Zahl von Fällen eine andere Todesursache in den Totenschein eingetragen haben, um eine soziale Ächtung der Angehörigen zu vermeiden. Da nur selten eine Obduktion stattfand, war die Aufdeckung eines solchen »Irrtums« wenig wahrscheinlich.

Die bundesdeutsche Polizei, die noch bis 1965 eine eigene Selbsttötungsstatistik erstellte, kam fast durchgängig zu höheren Selbsttötungsziffern als die (auf den Angaben der Totenscheine basierenden) amtlichen Statistiken. Das kann als Indiz für die Bereitschaft der Ärzte in der Bundesrepublik interpretiert werden, Suizide auf dem Totenschein anders zu klassifizieren, und gleichzeitig als Maß für die Dimension dieser Verschleierungen: Die Abweichungen betrugen, wie in Abbildung 2 dargestellt ist, maximal vier Prozent. Jedoch muss auch bei den polizeilichen Ermittlungsergebnissen eine Dunkelziffer angenommen werden, da vor allem in katholisch geprägten Gegenden Angehörige häufig versuchten, Selbsttötungen zu vertuschen, wie aus einem Bericht von Düsseldorfer Polizeibeamten aus dem Jahr 1985 anschaulich hervorgeht:

20 Statistisches Bundesamt (Hg.), Sonderreihe, S. 9.
21 Dinkel/Görtler, Suizidsterblichkeit, S. 201.
22 Gerhard Simson, Die Suizidtat. Eine vergleichende Untersuchung, München 1976, S. 19.

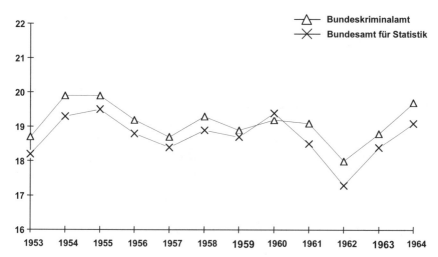

Abb. 2: Selbsttötungsraten der Bundesrepublik 1953–1964 nach den Angaben des Bundeskriminalamtes und des Bundesamtes für Statistik.[23]

»Angehörige der Toten tun oft alles, um das scheinbar Schändliche solchen Tuns zu verschleiern, zumal sie sich häufig genug der moralischen Schuld nicht entziehen können, die doch oft deutlichen Signale der bevorstehenden Selbsttötung, die Hilferufe der Betroffenen, nicht ernstgenommen zu haben. So geschieht es immer wieder, daß sie Abschiedsbriefe, Gefäße mit Tablettenresten und andere Auffälligkeiten verschwinden lassen, Erhängte vom Strangulationswerkzeug abnehmen, den Leichenfundort verändern, die Wohnung in einen ›unverdächtigen‹ Zustand bringen und damit die Arbeit der Kriminalpolizei erschweren.«[24]

Bereits im Jahr 1959 hatte der Dresdner Sozialhygieniker Lengwinat (unter Verwendung bundesdeutscher Publikationen) vermutet, dass »in der BRD aus religiösen oder versicherungsrechtlichen Gründen, infolge gesellschaftlicher Rücksichtnahme u.ä. ein stärkeres Bestreben nach Dissimulation eines Selbstmordes besteht als in der DDR«.[25] Als Indiz dafür, dass es sich bei

23 Zahlen aus: Reinhard Rupprecht, Nimmt die Zahl der Selbsttötungen zu?, in: Kriminalistik 27 (1973) 4, S. 153–155, hier 153.
24 Rudolf Niederschelp/Jürgen Koch, Wenn Menschen nicht mehr weiter wissen, in: Polizeipräsident Dr. Hans Lisken (Hg.), Polizei in Düsseldorf 1985, Düsseldorf 1985, S. 42–47, zit. 42.
25 Vgl. A. Lengwinat, Vergleichende Untersuchungen über die Selbstmordhäufigkeit in beiden deutschen Staaten, in: Das deutsche Gesundheitswesen 16 (1961) 19, S. 873–878, hier 877. Der Hinweis auf versicherungsrechtliche Motive zur Verschleierung von Suiziden basierte auf der Tatsache, dass in der Bundesrepublik Lebensversicherungen bei Suizid nicht oder nur dann, wenn eine bestimmte Zeit zwischen Vertragsabschluss und Tod vergangen war, ausgezahlt wurden.

»Unfällen« teilweise um verschleierte Selbsttötungen gehandelt haben könnte, führte Lengwinat an, dass Unfälle als Todesursache bei alten Menschen (älter als 75 Jahre) in der Bundesrepublik etwa dreimal häufiger waren als in der DDR. Diese Differenz verminderte sich in der Folgezeit. Im Jahr 1965 war die Unfallrate der über 75-Jährigen in der Bundesrepublik nur noch anderthalbfach höher,[26] in den folgenden Jahren stieg die Unfallhäufigkeit in der DDR weiter an, während es in der Bundesrepublik zu einem Absinken kam.[27] In den 1980er Jahren schließlich war die Häufigkeit »häuslicher Unfälle«, hinter denen man Selbsttötungen vermuten könnte, in der DDR etwas größer, dafür waren in der Bundesrepublik »sonstige Unfälle« etwas häufiger; insgesamt bestand also bei den Unfallzahlen kaum noch ein Unterschied.

Dafür wiesen in den 1980er Jahren aber andere, vergleichsweise unklare Todesursachenkategorien wie »Altersschwäche« oder »Plötzlicher Tod aus unbekannter Ursache« in der Bundesrepublik vergleichsweise hohe Werte auf.

Todesursachenkategorie	Bundesrepublik	DDR
Plötzlicher Tod aus unbekannter Ursache	6,3	2,8
Sonstige mangelhaft bezeichnete und unklare Ursachen	8,7	3,4
Altersschwäche	10,7	4,2
Verletzungen, unbestimmt, ob unbeabsichtigt oder vorsätzlich	1,9	4,5

Tab. 2: Häufigkeit der Angabe einiger Todesursachen in der Bundesrepublik und der DDR im Jahr 1980. Angegeben sind Relativzahlen pro 100 000 Einwohner.[28]

Die in Tabelle 2 angegebenen Unterschiede des Jahres 1980 können als repräsentativ für die 1980er Jahre gelten; eine Stichprobe für 1985 ergab ähnliche Werte. Die in Relation zur DDR fast doppelt so große Häufigkeit von unklaren Todesursachen auf den Totenscheinen in der Bundesrepublik und die hohe Zahl der unklaren Angaben (sie betrafen in der Bundesrepublik ca. 17 000 Tote pro Jahr) eröffnen theoretisch die Möglichkeit, den Ost-West-Unterschied vollständig auf diese »Unschärfe« zurückzuführen. Für West-Berlin wies eine Studie auch tatsächlich nach, dass Mitte der 1970er Jahre eine Ko-Variation zwischen dem (vermeintlichen) Absinken der Selbsttötungsrate und der gleichzeitigen Zunahme der Kategorie »Plötzlicher Tod

26 Vgl. Gisela Ehle, Die depressive Entwicklung zum Suizidversuch, Diss. Berlin 1969, S. 3.
27 Vgl. W[erner Felber] u. a., Old-Age Suicide in 40 Years Former GDR, in: Klaus Böhme u. a. (Hg.), Suicidal behaviour, Regensburg 1993, S. 146–150.
28 Zahlen vom Statistischen Bundesamt (www.gbe-bund.de). Auffällig ist auch der Unterschied der Sterbeziffern in der Kategorie »Symptome und schlecht bezeichnete Affektionen« von 27,1 (BRD) zu 11,9 (DDR).

aus unbekannter Ursache« bestand.[29] In dieser unklaren Kategorie »verbargen« sich unter anderem Herzinfarkte, Unfälle und Vergiftungen; es wäre daher falsch, hinter den unklaren Angaben allein Selbsttötungen zu vermuten. Letztlich ereigneten sich in West-Berlin etwa 25 Prozent mehr Selbsttötungen als amtlich ausgewiesen.[30] So lag die Untererfassung in West-Berlin »nur« in einer ähnlichen Größenordnung wie in der DDR-Hauptstadt.

In katholisch geprägten Gebieten hingegen könnte die Dunkelziffer größer ausgefallen sein; umfassend beweisbar ist das nicht, aber es gibt Indizien. Eine Untersuchung in Aachen zum Beispiel fand für den Zeitraum 1972 bis 1981 heraus, dass die tatsächlichen Selbsttötungsraten mehr als doppelt so hoch waren wie die offiziellen Zahlen des Statistischen Amtes der Stadt.[31] »Die Hypothese, daß die Dunkelziffer in katholischen Gebieten höher ist und daß sich unter ›Unfällen‹ von Katholiken mehr Suizide verbergen, ist nicht von der Hand zu weisen«, urteilte auch der bundesdeutsche Suizidforscher Armin Schmidtke.[32] Allerdings sollte man das Ausmaß solcher Manipulationen nicht überschätzen, denn es genügte für katholische Familien, die eine christliche Beerdigung für einen an Suizid Verstorbenen bewirken wollten, eine ärztliche Bescheinigung vorzulegen, dass der Suizident zum Zeitpunkt der Tat nicht im Vollbesitz seiner geistigen Kräfte war.[33]

Verschleierungen in der Bundesrepublik könnten also in begrenztem Maße zu den Unterschieden der Selbsttötungsraten der beiden deutschen Staaten beigetragen haben; zumal es offenbar vergleichbare Anstrengungen zur Vertuschung von Selbsttötungen in der DDR nicht gegeben hat. Insgesamt bleibt aber festzuhalten, dass die unterschiedliche Selbsttötungshäufigkeit allein durch Unterschiede in der kriminalistischen Ermittlungsarbeit und der Obduktionsrate nicht zu erklären ist. Auch in der DDR trat bei der Erfassung der Selbsttötungen eine relativ hohe Dunkelziffer auf, weshalb als gesichert gelten kann, dass die Selbsttötungsrate der DDR tatsächlich höher war als die der Bundesrepublik.[34]

---

29 Vgl. Annemarie Wiegand, Rückgang der Todesfälle durch Suizid in Berlin – das Ergebnis einer statistischen Fehlerfassung, in: Suizidprophylaxe 14 (1987), S. 199–224.
30 Vgl. Schmidtke, Erfassung; N. Heim/N. Konkol, Suizidverteilung in der Bundesrepublik Deutschland (1981–1986), in: Öffentliches Gesundheitswesen 51 (1989), S. 608–613.
31 Vgl. Michael Zientek, Suizide und Suizidversuche. Eine Untersuchung der Einflußgrößen und Erscheinungsformen im Gebiet der Stadt Aachen auf der Basis der Dokumentation des Notarztdienstes und weiterer Ermittlungen im Zeitraum vom 1. Januar 1978 bis 31. Dezember 1982, Diss. Aachen 1985.
32 Schmidtke, Erfassung, S. 237.
33 Vgl. Walter Schulte, Das Selbstmordproblem in der ärztlichen Praxis und seelsorgerlichen Arbeit, in: Junge Kirche 10 (1949) 7/8, S. 195–213, hier 208.
34 Die größere Häufigkeit von Selbsttötungen bedeutet nicht automatisch, dass es in der DDR mehr verzweifelte Menschen gab als in der Bundesrepublik. Hier muss auch berücksichtigt werden, dass in der Bundesrepublik ambivalente bzw. langfristigere Wege der Selbstzerstörung häufiger waren. In den 1980er Jahren erreichte zum Beispiel die Quote von alkoholbedingten Todesfällen (z.B. durch Leberzirrhose) in Bundesrepublik und DDR etwa gleiche Werte. Dem standen jedoch in der Bundesrepublik jährlich zusätzlich etwa 2000 Rauschgifttote gegenüber, für die es in der DDR keine Entsprechung gab.

2.2 Erklärungsansätze für die hohe Selbsttötungsrate der DDR

Wie kann die hohe Selbsttötungsrate der DDR erklärt werden? »Hat die DDR – entgegen der weitverbreiteten Meinung, daß alle ›in einem Boot saßen‹ und ein guter Zusammenhalt bestand – mit ihrer paternalistischen und bevormundenden Fürsorge die Menschen in die von Durkheim postulierte Anomie und Desintegration getrieben und dadurch die vorbestehende Suizidneigung ihrer Bevölkerung begünstigt?« fragte 1996 die Dresdner Ärztin Olga Jacobasch.[35] Historiker und Soziologen haben in der Vergangenheit mehrfach auf diktaturspezifische Rahmenbedingungen hingewiesen, die Selbsttötungen begünstigt haben könnten. So postulierte der Kirchensoziologe und Historiker Ehrhart Neubert angesichts der hohen Selbsttötungsrate »suizidale Strukturen«[36] in der DDR. Auch der bundesdeutsche Journalist Michael Haller hielt es für wahrscheinlich, dass »der totalitäre Marxismus-Leninismus gerade in Verbindung mit der Tradition des preußischen Etatismus nach Art der DDR ›erhebliche suicidogene Faktoren‹«[37] erzeugt haben könnte. Und der Soziologe Peter Müller vermutete »Vergesellschaftungsstörungen, soziokulturelle Blockierungen der Herausbildung individueller Handlungsfähigkeit«[38] als Ursache der relativ hohen Selbsttötungsrate der DDR.

Im Umfeld dieser allgemeinen Befunde wurde eine ganze Reihe möglicher konkreter Ursachen in Betracht gezogen; neben »Zwang und Terror« der SED-Diktatur wurde auf den weitverbreiteten Alkoholismus verwiesen, auf die stärkere Einbeziehung der Frauen in die Berufstätigkeit, auf die schlechte soziale Lage der alten Menschen, zudem wurden Besonderheiten der Mentalität der Sachsen und Thüringer sowie der Einfluss des Protestantismus diskutiert. Diese Erklärungsansätze sollen im Folgenden nacheinander einer kritischen Prüfung unterzogen werden.

2.2.1 Zwang, Terror und die daraus folgenden Belastungen

Die Stresstheorie hat herausgearbeitet, dass unter bestimmten gesellschaftlichen Bedingungen das Stressniveau (zum Beispiel in sogenannten »Scham«-Kulturen) allgemein höher liegt. Das wirft die Frage auf, ob sich in der DDR ein (durch Faktoren wie ideologische Bevormundung, Justizwillkür, durch das MfS erzeugtes Misstrauen, Diskriminierung von Christen und Anders-

---

35 Jacobasch, Wissenschaftliche Suizidliteratur, S. 59.
36 Vgl. Ehrhart Neubert, Geschichte der Opposition in der DDR 1949–1989, Berlin 1997, S. 282–284.
37 Michael Haller (Hg.), Freiwillig sterben – freiwillig?, Reinbek b. Hamburg 1986, S. 32 f.
38 Peter Müller, Suizid in Sachsen. Soziologische Annäherung an ein brisantes Thema, in: Mensch, Medizin. Gesellschaft 16 (1991), S. 136–145, zit. 138.

denkenden, Reisebeschränkungen etc.) möglicherweise allgemein erhöhtes Stressniveau auf die Höhe der Selbsttötungsrate ausgewirkt hat.

Dass »die aus den Zwangs- und Terrormaßnahmen der kommunistischen Machthaber sich herleitenden Belastungen«[39] zumindest mitverantwortlich waren für die hohe Selbsttötungsrate der DDR, davon waren bundesdeutsche Publizisten wie Georg Siegmund[40] oder Konstantin Pritzel[41] in den 1960er und 1970er Jahren überzeugt. Analog zu den grundlegenden Arbeiten Durkheims interpretierten sie die hohe Selbsttötungsrate der DDR als Maß für soziale Pathologie und machten die sozialistische Gesellschaftsordnung für die Höhe der Selbsttötungsrate verantwortlich.[42]

Als 1990 die Selbsttötungsstatistik der DDR offengelegt wurde, glaubten Mediziner darin einen »Ausdruck der bisherigen gesellschaftlichen Stagnation und gesellschaftlichen Isolierung« erkennen zu können.[43] »Allem Anschein nach haben also die psychosozialen Verhältnisse in der früheren DDR der Lebenszufriedenheit und -qualität, der Integration, der Wertschätzung und der aktiven Daseinsbewältigung Schaden zugefügt«, interpretierte »Psychologie heute« die hohe Selbsttötungsrate.[44]

Diese Sichtweise stieß 1990 auf vehementen Widerspruch, und sie war auch schon in der Zeit um 1960 unter Fachleuten umstritten.[45] Der westdeutsche Bevölkerungswissenschaftler Roderich von Ungern-Sternberg hatte 1959 die höhere Selbsttötungsrate der DDR damit erklärt, dass »die Lebensverhältnisse in der Ostzone schwieriger sind als in der Bundesrepublik«.[46] In ähnlicher Argumentation hatte etwa zur selben Zeit der emeritierte Dresdner Medizinprofessor W. F. Winkler in einem Vortrag auf die »weltanschauliche Umstellung«, auf »Verluste und Neuordnung sozialer Bindungen« in der SBZ/DDR verwiesen, und einen abnehmenden Widerstand gegen Suizidhandlungen bei gleichzeitig zunehmendem Konfliktreichtum konstatiert.[47]

---

39 Konstantin Pritzel, Der Selbstmord im sozialistischen Paradies, in: Berliner Ärzteblatt 90 (1977) 24, S. 1108–1114, zit. 1114.
40 Georg Siegmund (geb. 1903) war seit 1946 Professor für Philosophie an der Philosophisch-Theologischen Hochschule Fulda.
41 Dr. Konstantin Pritzel war bis 1961 als leitender Mitarbeiter beim Ostbüro der SPD tätig; nach dem Mauerbau arbeitete er als Publizist u.a. für den RIAS. Vgl. Wolfgang Buschfort, Das Ostbüro der SPD, München 1991, S. 80.
42 Vgl. Georg Siegmund, Die Selbstmordhäufigkeit als Index für den Stand der seelischen Gesundheitslage, in: Hippokrates 32 (1961), S. 895–899.
43 H. Hoffmeister/G. Wiesner/B. Junge/H. Kant, Selbstmordsterblichkeit in der DDR und in der Bundesrepublik Deutschland, in: Münchener medizinische Wochenschrift 132 (1990) 39, S. 603–609, zit. 609.
44 Rolf Degen, Ex-DDR: Hohe Selbstmordrate, in: Psychologie heute 18 (1991) 2, S. 14f.
45 Vgl. u.a. Lengwinat, Vergleichende Untersuchungen; Selbstmord. Krankheit zum Tode, in: Der Spiegel 17 (1963) 5, S. 32–44; R[einhard] Cordes, Die Selbstmorde in der DDR im gesamtdeutschen und internationalen Vergleich, in: Zeitschrift für ärztliche Fortbildung 58 (1964), S. 985–992.
46 Roderich von Ungern-Sternberg, Die Selbstmordhäufigkeit in Vergangenheit und Gegenwart, in: Jahrbücher für Nationalökonomie und Statistik 171 (1959), S. 187–207, zit. 200.
47 Vgl. W. F. Winkler, Über den Wandel in Häufigkeit, Bedingungen und Beurteilung des Suicides in der Nachkriegszeit, in: Der öffentliche Gesundheitsdienst 22 (1960) 4, S. 135–145.

In der Folgezeit kam es zu mehreren Publikationen von DDR-Sozial-hygienikern, in denen vor allem ein Sachverhalt herausgearbeitet wurde: In den Gebieten, die nach 1945 zur SBZ/DDR gehörten, registrierten bereits die Statistiken des Kaiserreiches Ende des 19. Jahrhunderts eine hohe Selbsttötungshäufigkeit. Bereits um 1900 betrug das Verhältnis der Selbsttötungsraten in den korrespondierenden Gebieten, wie später in DDR und Bundesrepublik, drei zu zwei.[48] So wurde die Auffassung des französischen Suizidforschers Jean Baechler, dass die Selbsttötungsrate – in der Terminologie der politischen Ökonomie – ein »unelastisches Phänomen« darstellt, auch für die DDR bestätigt.[49]

So einfach, wie es die polemische Formulierung »in den Tod getrieben« suggerieren möchte, war der Zusammenhang zwischen den Zwängen der Diktatur und der Häufigkeit individueller Verzweiflungstaten offenbar nicht. Vielmehr muss die Persistenz »alter« Wertesysteme und Mentalitäten bezüglich des Suizidgeschehens in der SBZ/DDR als wichtige »Grenze der Diktatur«[50] berücksichtigt werden. Die unmittelbar nach dem Ende der DDR geführte Debatte bestätigte das noch einmal: Die Unterschiede zwischen Ost- und Westdeutschland waren fast 100 Jahre lang relativ stabil.[51]

Als zusätzliches Argument gegen eine Erklärung der Höhe der Selbsttötungsrate durch aktuelle Lebensbedingungen hatte Lengwinat bereits in der ersten Debatte um 1960 auf die Situation im geteilten Berlin verwiesen: Dort waren die Raten im Ost- und Westteil in den 1950er Jahren nahezu gleich.

Auch dieser Sachverhalt erwies sich als dauerhaft; der Umstand, dass die Selbsttötungsrate dann in den 1980er Jahren in Ost-Berlin sogar niedriger ausfiel, ist durch eine »Verjüngung« der DDR-Hauptstadt (durch den Zuzug junger Menschen in die Plattenbausiedlungen) erklärbar.[52]

Dass die langfristig hohe Selbsttötungsrate der DDR ein starkes Argument »gegen die Existenz systemimmanenter Selbstmordmotivationen«[53] darstellt, wurde Anfang der 1960er Jahre selbst von Skeptikern in der Bun-

---

48 Vgl. Peter Müller, Suizid in der DDR – Ausfluß politischer Repression?, in: Hans Günter Meyer (Hg.), Soziologen-Tag in Leipzig 1991. Soziologie in Deutschland und die Transformation großer gesellschaftlicher Systeme, Berlin 1992, S. 1310–1316.
49 Baechler, Tod, S. 35.
50 Bessel und Jessen nennen »mentale Tiefenschichten« sogar als ersten einer Reihe von Faktoren, die die Realisierung totalitärer Herrschaftsansprüche begrenzen. Vgl. Richard Bessel/Ralph Jessen, Einleitung, in: dies. (Hg.), Die Grenzen der Diktatur. Staat und Gesellschaft in der DDR, Göttingen 1996, S. 7–23, hier 10.
51 Hoffmeister u.a., Selbstmordsterblichkeit, sowie dies.: Suizidalität in Ost und West: Stabile Unterschiede seit 1910, in: Münchener medizinische Wochenschrift 133 (1991) 45, S. 16–18.
52 Für die in der DDR als Gerücht kursierende Vermutung, dass die Selbsttötungsrate in Plattenbausiedlungen überdurchschnittlich hoch war, gibt es keine Belege. Möglicherweise handelt es sich hierbei um einen falschen Verdacht, der dadurch entstand, dass die in der vorwiegend jungen Bevölkerung der Neubausiedlungen häufigeren Suizidversuche mehr Aufsehen erregten als die »stillen« Suizide älterer Menschen. Zudem prägten auch die Hochhäuser als Orte öffentlichkeitswirksamer Suizide dieses Image.
53 Wolf Oschlies, Selbstmorde in der DDR und in Osteuropa, in: Deutschland Archiv 9 (1976) 1, S. 38–55, zit. 54.

desrepublik anerkannt, und das nicht nur im wissenschaftlichen Diskurs;[54] auch die Springer-Zeitung »Die Welt« würdigte Lengwinats Untersuchung 1961 in einem großen, sachlichen Artikel.[55]

2.2.2 Alkoholismus

Die Zunahme des Alkoholmissbrauchs wurde in Untersuchungen zur Höhe der Selbsttötungsrate der DDR mehrfach als ein Faktor benannt, der ursächlich mit zur Erhöhung beigetragen haben könnte. So wies Lengwinat bereits im Jahr 1959 auf die Zunahme des Alkoholkonsums in den Nachkriegsjahren hin und machte diesen ungünstigen Lebensumstand mitverantwortlich für die hohe Selbsttötungsrate.[56]

Während von DDR-Medizinern ein Zusammenhang von Alkoholismus und Suizidalität stets nur konstatiert, aber nicht erklärt wurde, wurde im Westen vor allem unter Bezugnahme auf den weit verbreiteten Alkoholmissbrauch in der Sowjetunion vermutet, dass es sich hierbei um ein Phänomen handelt, das in Gesellschaften mit eingeschränkten Handlungsspielräumen für die Individuen stärker ausgeprägt ist als in relativ freien Gesellschaften.[57]

Tabelle 3 vermittelt, basierend auf Motiv-Angaben von Ärzten und Kriminalisten, einen Eindruck davon, in welchem Umfang Alkoholismus bei der Genese suizidaler Entwicklungen eine Rolle gespielt hat.[58]

Ort	Zeit	Anteil des Motivs »Alkoholmissbrauch/Trunksucht«
Stadt/Landkreis Dresden	1955–1958	15,7 %
Stadt Magdeburg	1954–1959	10,7 %
Bezirk Potsdam	1971	14,6 %
Bezirk Potsdam	1974	17,0 %
Bezirk Potsdam	1980	24,2 %

Tab. 3: Anteil des Motivs »Alkoholmissbrauch« an der Gesamtzahl der Selbsttötungen.[59]

54 Vgl. z.B. Clemens Amelunxen, Der Selbstmord. Ethik – Recht – Kriminalistik, Hamburg 1962, S. 54; Hans Harmsen (Hg.), Sozialhygienische Analyse der unterschiedlichen Selbstmordverhältnisse unter besonderer Berücksichtigung der Bundesrepublik Deutschland, der »DDR« und West-Berlin, Hamburg 1966; Anna-Dorothea Hopp, Untersuchungen zu Suicid und Suicidversuch, in: Psychologische Beiträge IX (1967) 4, S. 536–587, hier 554.
55 Christoph Wolff, Selbstmord – die letzte Möglichkeit der Flucht?, in: Die Welt vom 9. September 1961, n. pag.
56 Vgl. A. Lengwinat, Sozialhygienische Gesichtspunkte zum Selbstmordproblem, in: Zeitschrift für ärztliche Fortbildung 53 (1959) 16, S. 1008–1020, hier 1019.
57 Vgl. Armin Schmidtke u.a., The impact of the reunification of Germany on the suicide rate, in: Archives of Suicide Research 5 (1999) S. 233–239, hier 234.
58 Eine kritische Sichtung des Aussagewertes von Motiv-Ermittlungen wird in Abschnitt 2.7. vorgenommen.
59 Angaben aus: Lengwinat, Sozialhygienische Gesichtspunkte; K.H. Parnitzke, Bemerkungen zum Selbstmordgeschehen der letzten Jahre, in: Psychiatrie, Neurologie und medizini-

Die Stichproben erwecken den Eindruck, als hätte der Einfluss des Alkoholmissbrauchs in der DDR als Ursache suizidaler Handlungen in den 1970er und 1980er Jahren zugenommen. Die Frage ist jedoch, inwiefern Alkoholismus tatsächlich ein Motiv oder eine Ursache für suizidales Verhalten sein kann. Die medizinische Suizidforschung hat herausgearbeitet, dass der Einfluss des Suchtverhaltens ambivalent ist.[60] Zum einen ist Alkoholismus in vielen Fällen eine Ursache für Konflikte, die nach Ehescheidung, Entlassung und sozialer Desintegration mit einer Selbsttötung enden. Zum anderen stellt das Sich-Betrinken aber auch eine Alternativhandlung zum Sich-Umbringen dar, eine Reaktion auf die gleiche Ursache; das könnte zum Beispiel erklären, wieso gerade in den für den starken Alkoholmissbrauch bekannten Nordbezirken der DDR die Selbsttötungsrate niedriger war als in Thüringen und im Erzgebirge.[61] Allein diese komplizierte Sachlage macht einfache Korrelationen unmöglich.

Zudem lässt sich auch der Umfang des Alkoholmissbrauchs nicht genau erfassen (in der Mangelwirtschaft der DDR wurde der Alkoholkonsum stark durch das Produktionsvolumen bestimmt),[62] weshalb ein möglicher Zusammenhang zwischen Alkoholmissbrauch und Selbsttötungsneigung nicht weiter quantifiziert werden kann.

2.2.3 Die relativ häufige Berufstätigkeit von Frauen

In der Bundesrepublik entfielen auf 100 männliche Suizidenten durchschnittlich 48 weibliche, in der DDR waren es 59.[63] Konservative, kulturkritische Suizidforscher, zu denen Roderich von Ungern-Sternberg zählte, führten das Ansteigen der Selbsttötungsraten der Frauen auf deren zunehmende Emanzipation von traditionellen Rollen zurück.[64] Auch der Magdeburger Psychiater Parnitzke suchte die Erklärung »in ihrer stärkeren Beteiligung an der Erwerbstätigkeit und der Gleichstellung in der gesellschaftlichen Ordnung«.[65] Bereits in den 1950er Jahren lag der Anteil der berufstätigen Frauen in der DDR mit 44 Prozent deutlich höher als in der Bundesrepublik (36 Prozent).[66]

---

sche Psychologie 13 (1961) 11, S. 397–406; BLHA, Rep. 471/15.2, BdVP Potsdam, Nr. 1051, 1167, 1260, 1261.
60 Vgl. W[ilhelm] Feuerlein, Sucht und Suizid, in: C[hristian] Reimer (Hg.), Suizid. Ergebnisse und Therapie, Berlin u.a. 1982, S. 43–50; Heidemarie Hugler, Alkoholismus und Suizid, in: Zeitschrift für ärztliche Fortbildung 83 (1989), S. 823f.
61 Vgl. Lothar Hahn, Über das Suizidgeschehen im chirurgischen Krankengut, Diss. Leipzig 1965, S. 17.
62 Auskunft von Thomas Kochan, Berlin.
63 Vgl. Reinhard Cordes, Das Selbstmordgeschehen in der DDR im gesamtdeutschen und internationalen Rahmen, Diss. Berlin 1963, S. 25.
64 Vgl. von Ungern-Sternberg, Selbstmordhäufigkeit.
65 Parnitzke, Bemerkungen, S. 403.
66 Vgl. Müller, Suicid, S. 18.

Den kulturkritischen Mutmaßungen hielt der Dresdner Sozialhygieniker Lengwinat jedoch das Faktum entgegen, dass der Schwerpunkt des (bereits in den 1920er Jahren beobachteten) Anstiegs der Selbsttötungsraten der Frauen in den Altersgruppen jenseits des Arbeitsalters lag.[67] Lengwinat gab zwar keine Erklärung für den in seiner Darstellung sichtbaren leichten Suizid-Peak bei den berufstätigen Frauen der SBZ / DDR in den Jahren 1949 bis 1952, aber selbst in dieser Zeit waren es vor allem die älteren Frauen, die zu der überdurchschnittlich hohen Selbsttötungsrate der SBZ / DDR beitrugen. Zahlen aus den 1980er Jahren bestätigen das noch einmal; in den drei sächsischen Bezirken der DDR trugen vor allem die Frauen im Rentenalter zur der höheren Selbsttötungsrate bei.

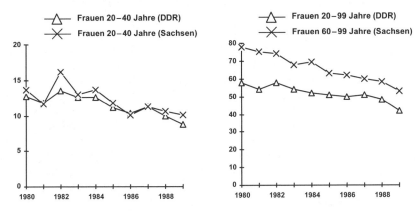

Abb. 3: Selbsttötungsraten von jungen Frauen (Alter 20–40 Jahre) und Rentnerinnen auf dem Territorium des heutigen Bundeslands Sachsen und in der gesamten DDR 1980 bis 1989.[68]

Lengwinat schlussfolgerte: »Es soll nicht bestritten werden, daß in der beruflichen Tätigkeit Konfliktsituationen entstehen können, die im Einzelfall bis zum Selbstmord führen. Auf die Höhe der Selbstmordziffer wirken sich diese Einzelgeschehen jedoch nicht entscheidend aus.«[69] Der Gerichtsmediziner Friedrich Wolff kam 1983 für die Stadt Magdeburg zu einem ganz ähnlichen Ergebnis. Für den Zeitraum 1966 bis 1978 konstatierte Wolff, dass der Anstieg der Selbsttötungsrate von Frauen »nicht durch die berufstätigen Frauen, sondern durch die Frauen über 60 bewirkt worden ist.«[70]

67 Vgl. Lengwinat, Sozialhygienische Gesichtspunkte, S. 1008.
68 Zahlen vom Statistischen Bundesamt (www.gbe-bund.de). Altersabhängige Bevölkerungszahlen für Sachsen waren erst ab 1990 verfügbar; der jeweilige Wert von 1990 wurde als Bezugsgröße verwendet.
69 Lengwinat, Vergleichende Untersuchungen, S. 875.
70 Friedrich Wolff, Untersuchungen zum Suizidgeschehen in Magdeburg von 1881–1982, Vortrag vor der Medizinischen Gesellschaft Magdeburg am 9. Februar 1983, S. 16. Das Manuskript wurde vom Verfasser dankenswerterweise zur Verfügung gestellt.

Die Zahlen für die gesamte DDR bestätigen diese Befunde: Im Zeitraum 1961 bis 1978 schwankte die Selbsttötungsrate der 20- bis 40-jährigen Frauen nur wenig um einen Mittelwert von 14,3.[71] In den 1980er Jahren sank diese Selbsttötungsrate auf etwa 20 Prozent niedrigere Werte ab (Mittelwert: 11,45).[72] Auch das ist ein Indiz dafür, dass die Doppelbelastung werktätiger Frauen durch Beruf und Familie höchstwahrscheinlich keine Steigerung der Selbsttötungshäufigkeit bewirkt hat, zumal, wie schon Lengwinat bemerkt hatte, die soziale Einbindung in die Arbeitskollektive auch positive Effekte gehabt haben dürfte.

2.2.4 Die schlechten Lebensbedingungen der Rentner in der DDR

Selbsttötungen traten in der DDR bei alten Menschen, wie sich bereits im vorhergehenden Abschnitt gezeigt hatte, in überdurchschnittlicher Frequenz auf. Fast die Hälfte aller Selbsttötungen in der DDR entfiel Mitte der 1970er Jahre auf Menschen im Rentenalter; in der Bundesrepublik betrug der Anteil der über 60-Jährigen (in den 1980er Jahren) ca. 30 Prozent.[73] Zudem kam es bei den DDR-Rentnerinnen (Alter ab 61 Jahre) nach dem Mauerbau noch zu einem Anstieg, im Zeitraum 1961 bis 1965 waren 48 Prozent, im Zeitraum 1984 bis 1988 sogar 57 Prozent der durch eigene Hand gestorbenen Frauen im Rentenalter. Bei den Männern im Rentenalter (Alter ab 66 Jahre) sank hingegen der Anteil im gleichen Zeitraum von 31 auf 28 Prozent.

Lengwinat hatte zur Relativierung des hohen Rentneranteils an den Selbsttötungen auf die »Überalterung« der DDR verwiesen. Das war zwar nicht falsch, die demografischen Unterschiede zwischen Ost- und Westdeutschland konnten die unterschiedlichen Selbsttötungsraten aber nur zu einem kleinen Teil erklären.[74] Die unter Berücksichtigung der demografischen Entwicklung berechneten Selbsttötungsraten waren nämlich trotzdem sehr hoch; zudem kam es zwischen 1961 und 1989 bei den Männern zu einem weiteren Anstieg der Suizidhäufigkeit. Die Selbsttötungsrate der Frauen stieg ebenfalls Mitte der 1960er sowie Mitte der 1970er Jahre an, sank danach aber jeweils wieder ab.

---

71 Zahlen aus: Felber/Winiecki, Material.
72 Zahlen vom Statistischen Bundesamt (www.gbe-bund.de). Diese Werte lagen aber immer noch deutlich über der Selbsttötungsrate der gleichen Altersklasse in der Bundesrepublik (8,74) im gleichen Zeitraum.
73 Vgl. auch das Beispiel Tirol, wo der Rentneranteil etwa ein Drittel betrug: Karl Hagenbuchner, Der Selbstmord des alten Menschen, Wissenschaftliches Beiblatt zu Materia Medica Nordmark Nr. 58, Hamburg März 1967, S. 1–48, zit. 13. Oder das Beispiel West-Berlin: Tödlicher Rekord, in: Der Spiegel 26 (1972) 23, S. 50f.
74 Vgl. »Vergreisung« in der Zone nimmt zu, in: Die Welt vom 10. Oktober 1962, S. 1.

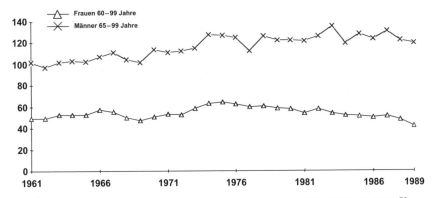

Abb. 4: Entwicklung der Selbsttötungsraten der Rentner in der DDR 1961 bis 1989.[75]

Die Differenz zur Bundesrepublik war dabei, zumindest in den 1980er Jahren, bei beiden Geschlechtern gleich groß. Die Selbsttötungshäufigkeit der DDR-Rentner lag bei Frauen wie Männern um den Faktor 2,15 höher als in der Bundesrepublik. Das war deutlich mehr als im Durchschnitt: Die Gesamt-Selbsttötungsraten der DDR waren lediglich um den Faktor 1,5 höher als in der Bundesrepublik.[76]

War das eine Folge der höheren Dunkelziffer bei alten Menschen? Bei der Erörterung des Einflusses der höheren Obduktionsfrequenz in der DDR auf die Höhe der Selbsttötungsrate hatte sich gezeigt, dass bei alten Menschen in der Bundesrepublik besonders viele fehlklassifizierte Suizide vermutet wurden. Lengwinat hatte auf die in den 1950er Jahren bis zu dreifach höhere Unfallrate älterer Menschen in der Bundesrepublik hingewiesen,[77] in den 1980er Jahren konnte die größere Häufigkeit der Todesursache »Altersschwäche« in der Bundesrepublik als Indiz für möglicherweise unbemerkte Selbsttötungen älterer Menschen angesehen werden.[78]

Nichtsdestotrotz kann jedoch auch angenommen werden, dass der christliche Glaube gerade bei älteren Menschen, im Bewusstsein des nahenden Lebensendes, die Häufigkeit der Selbsttötungen in erheblichem Maße mit beeinflusst hat. »Religiöse Überzeugungen und Aktivitäten haben offenbar eine wichtige Funktion in der intrapsychischen Bewältigung von Altersproblemen«, urteilte der Psychologe Norbert Erlemeier nach Sichtung mehrerer wissenschaftlicher Studien.[79] Gerade bei den alten Menschen müssten sich

75 Zahlen aus: Felber/Winiecki, Material. Nur am Rande sei bemerkt, dass die deutlich höhere Selbsttötungsrate von Männern eine weltweit anzutreffende Tatsache darstellt.
76 Zahlen vom Statistischen Bundesamt (www.gbe-bund.de).
77 Lengwinat, Vergleichende Untersuchungen, S. 876.
78 Vgl. A[rmin] Schmidtke/B[ettina] Weinacker, Suizidraten, Suizidmethoden und unklare Todesursachen alter Menschen, in: Zeitschrift für Gerontologie 24 (1991), S. 3–11.
79 Norbert Erlemeier, Suizidalität im Alter. Studie im Auftrag des Bundesministeriums für Familie und Senioren, Stuttgart u.a. 1992, S. 76.

die je nach Konfession unterschiedlichen Bewertungen von Selbsttötungen am stärksten ausgewirkt haben; es gibt in der Tat Beispiele für eine suizid-prophylaktische Wirkung christlicher »Kirchenzucht«.[80] Dieser Umstand macht es wahrscheinlich, dass sich in der Bundesrepublik ältere Menschen tatsächlich seltener das Leben genommen haben als in der protestantisch ge-prägten und stärker säkularisierten DDR.[81]

Weiterhin ist einschränkend festzustellen, dass es nachweislich auch in der DDR zu Fehlklassifizierungen von Selbsttötungen alter Menschen ge-kommen ist.[82] Unter Abwägung aller Einwände kann als wahrscheinlich gel-ten, dass die Selbsttötungsrate alter Menschen in der DDR tatsächlich höher war als in der BRD.[83]

Wie kann dieser Sachverhalt erklärt werden? Das Nachrichtenmagazin »Der Spiegel« sah die Ursache im Jahr 1963 ganz eindeutig in den politischen Verhältnissen in der DDR:

>»Tatsächlich zeigt die Statistik, daß ein nicht unbeträchtlicher Teil der Selbst-morde in der DDR zu Lasten des Regimes geht: Die Altersklasse der über 70jährigen [...] wird im deutschen Arbeiterparadies als ziemlich nutzlos an-gesehen. Ergebnis: In der Sowjetzone nehmen sich von hunderttausend Men-schen dieses Alters 93 das Leben – ein nie zuvor erreichter Prozentsatz.«[84]

Während »Der Spiegel« vor allem die schlechten Lebensbedingungen der Rentner im Blick hatte, sahen DDR-Sozialhygieniker in der hohen Selbsttö-tungsrate der alten Menschen eine Spätfolge des gesellschaftlichen Um-bruchs nach 1945. So verwies der Ost-Berliner Sozialhygieniker Reinhard Cordes ebenfalls im Jahr 1963 auf »ein besonderes Problem, das eventuell auch für die ČSSR, Ungarn, Polen und die übrigen Volksdemokratien gilt. Es ist die notwendige Umerziehung der Menschen, die noch im Kapitalis-mus aufgewachsen sind und das Vertrautmachen mit den Problemen unserer

---

80 Vgl. W. Schröder, Suizidprophylaxe und kirchliche Bestattung, in: Suizidprophylaxe 5 (1978) 3, S. 140–142.

81 Eine eingehende Untersuchung dieser Fragestellung unter Einbeziehung aller in Frage kommenden Fehlklassifizierungen ist bisher jedoch nicht erfolgt, so dass diese Problema-tik nicht abschließend geklärt werden kann.

82 So dokumentiert eine Sammlung von Abschlussberichten kriminalpolizeilicher Suizid-Ermittlungen im Bezirk Dresden, dass hier bei Gasvergiftungen, wenn zum Beispiel noch ein Topf auf dem Herd stand, im Zweifelsfall mehrfach das Vorliegen eines Unfalls ange-nommen wurde. Vgl. HStADD, BdVP Dresden, MUK, Nr. 1487, n. pag.

83 Auf den ersten Blick mag die anhaltend hohe Selbsttötungsrate der alten Menschen in der DDR erstaunen, die Rentner kamen doch in den Genuss jener Reisefreiheit, die den DDR-Bürgern im arbeitsfähigen Alter verwehrt wurde; sie durften auch nach West-deutschland umsiedeln. Aber wahrscheinlich hieße es die Lebenswelt alter Menschen ver-kennen, wenn man sie allein an den Reisemöglichkeiten in die Bundesrepublik messen würde. Nicht alle Rentner hatten Verwandte im Westen, viele verfügten über wenig Be-sitz, und gerade unter den über 70-Jährigen waren viele, die sich nicht mehr in der Lage sahen, allein zu reisen.

84 Selbstmord. Krankheit zum Tode, in: Der Spiegel 17 (1963) 5, S. 32–44, zit. 32.

Zeit. Gerade bei den älteren Menschen findet man häufig noch Mißtrauen, das meistens auf Unwissenheit und falscher Propaganda beruht.«[85] Beide Thesen beruhten auf Mutmaßungen, wissenschaftliche Untersuchungen gab es dazu nicht. Zwar entstand in den 1960er Jahren eine international beachtete, sehr umfangreiche Studie.[86] Aber der Psychiater Karl Seidel, der den Alterssuizid im Bezirk Dresden untersuchte, kam über allgemeine Erklärungen nicht hinaus; Fragen wie die, ob sich Isolierung und Vereinsamung der alten Menschen infolge der beschränkten Öffentlichkeit, der behinderten Kommunikation in der Diktatur verstärkt hatten, oder welche Rolle die Zustände in den Pflegeheimen und die medizinische Versorgung der alten Menschen spielten, blieben in der DDR tabu.[87]

Erst nach der Wiedervereinigung wurde von einigen Suizidforschern die sehr hohe Selbsttötungsneigung der ostdeutschen Rentner thematisiert, wobei vor allem auf soziale Missstände verwiesen wurde.[88] Der Psychiater Helmut Kulawik bemerkte: »Die größere Lebensqualität älterer Menschen in den alten Bundesländern offenbart sich eindrucksvoll im Suizidgeschehen.«[89] Und die Historikerin Ursula Baumann mutmaßte in einem Interview:

»Die Ursachen dafür liegen eindeutig im sozialen Bereich. [...] Wenn Menschen, die schon lange allein gelebt hatten, weil der Partner gestorben war, im Altersheim in ein Viererzimmer kamen, nahmen sie sich oft das Leben. Die neue Situation empfanden sie einfach als unerträglich. Oder denken Sie an die soziale Misere der alten Menschen in der Provinz, die in der DDR eine telefonfreie Zone war. Ich nehme an, daß diese sozial motivierten Alterssuizide der Hauptgrund für die deutlich höhere Suizidrate der DDR sind.«[90]

Eigene Stichproben deuten jedoch darauf hin, dass der Einfluss von Betreuungsmissständen und anderen sekundären sozialen Faktoren auf die Selbsttötungsrate älterer Menschen begrenzt war. Unter allen polizeilich erfassten Selbsttötungen im Bezirk Potsdam waren im Jahr 1983 sieben Insassen von Altersheimen, hinzu kam die Selbsttötung eines Rentners, der gegen seinen

85 Cordes, Selbstmordgeschehen, S. 106.
86 Vgl. Karl Seidel, Der Suicid im höheren Lebensalter unter sozialpsychiatrischem Aspekt, Habil. Dresden 1967.
87 Lengwinat sah hier einen Zusammenhang und forderte, als eine Konsequenz aus seiner Analyse der Suizidmotive, eine bessere gesundheitliche Versorgung: »In der gegenwärtigen Phase muß dies besonders betont werden, da zur Zeit gesundheitliche Komplikationen ungleich häufiger zum Selbstmord führen als solche z.B. wirtschaftlicher Art.« Lengwinat, Sozialhygienische Gesichtspunkte, S. 1019.
88 Indes erwähnte eine 1990 in Auftrag gegebene Studie der Bundesregierung, die künftigen Forschungsbedarf in Deutschland ermitteln sollte, in bemerkenswerter Ignoranz zwar die sehr hohe Suizidalität alter Menschen auf dem Gebiet der Ex-DDR, ohne daraus jedoch Handlungsbedarf abzuleiten. Vgl. Erlemeier, Suizidalität im Alter.
89 Helmut Kulawik, Suizidalität älterer Menschen, in: Heilberufe 44 (1992) 6, S. 294f., zit. 295.
90 »Das Phänomen des guten Sterbens wird zunehmend an Bedeutung gewinnen«. Interview mit der Berliner Sozialhistorikerin und Suizid-Forscherin Dr. Ursula Baumann, in: Ärzte-Zeitung vom 24./25. Mai 2002, S. 15.

Willen in ein Altersheim eingewiesen werden sollte.[91] In vier dieser Fälle wurde von der Kripo Krankheit als Motiv ermittelt; aber selbst wenn man diesen Angaben misstraut, bedeuteten acht Fälle nur einen Anteil von weniger als fünf Prozent an den Selbsttötungen älterer Menschen.

Zu einem ganz ähnlichen Ergebnis kam eine Untersuchung in den Bezirken Rostock und Schwerin; hier ereigneten sich in den 1980er Jahren etwa sechs Prozent aller Selbsttötungen von Rentnern in Altersheimen.[92]

Neben der eher seltenen Suizidalität in Altersheimen muss noch ein zweiter Aspekt berücksichtigt werden, der einen möglichen Einfluss der Lebensbedingungen im realen Sozialismus relativiert: Die Selbsttötungsraten der Rentner wiesen innerhalb der DDR deutliche regionale Unterschiede auf.

	Bezirk Schwerin 1980–1982	Sachsen 1980–1982	Bezirk Rostock 1986–1988	Sachsen 1986–1988
Frauen 61–99 Jahre	36,6	75,7	58,2	59,9
Männer 66–99 Jahre	97,3	174,0	123,8	144,5

Tab. 4: Selbsttötungsraten von Rentnern in Sachsen und Mecklenburg im Vergleich.[93]

Besonders in Sachsen war die Selbsttötungshäufigkeit der älteren Menschen sehr hoch. Zur Erklärung dafür ist in der Vergangenheit auf die Industrialisierung und den sehr großen Anteil von Stadtbevölkerung verwiesen worden (angenommen wurde, dass in Städten die Gefahr der Vereinsamung größer war und es deshalb häufiger zu Selbsttötungen von alten Menschen kam).

Zwar wurde zu DDR-Zeiten gerade in den Städten versucht, durch Einrichtungen der »Volkssolidarität« der Vereinsamung der Rentner entgegenzuwirken. Medizinische Untersuchungen zum Alterssuizid haben jedoch nachgewiesen, dass solche zweitrangigen sozialen Kontakte generell kaum Einfluss auf suizidale Verzweiflungshandlungen haben: Bestimmend für Einsamkeitsgefühle ist das Verhältnis zu engen Verwandten, insbesondere den Ehepartnern und Kindern.[94]

Angesichts dessen muss die im vorigen Abschnitt diskutierte These, dass die Berufstätigkeit von Frauen die Selbsttötungsrate erhöht haben könnte,

---

91 Vgl. BLHA, Rep. 471/15.2, BdVP Potsdam, Nr. 1294, n. pag.
92 Vgl. Katja Steffen, Der Alterssuizid in Mecklenburg, Diss. Rostock 1994, S. 80. Die Verfasserin schätzt diesen Anteil als eher gering ein und führt als Beispiel eine Studie aus der Schweiz an, in der ein wesentlich höherer Heiminsassen-Anteil von 14 Prozent aller Alterssuizide ermittelt wurde.
93 Zahlen aus: Ebd., S. 18f. und vom Statistischen Bundesamt (www.gbe-bund.de).
94 »Unter qualitativer Isolation, verbunden mit Suizidgedanken, leiden in erster Linie diejenigen, die ihre Ehe als unbefriedigend oder das Verhältnis zu den Kindern als schlecht bewerten. Qualitativ positiv bewertete Kontakte zu Verwandten, Freunden oder Nachbarn wirken nur in wenigen Fällen kompensatorisch.« W. Bungard, Isolation, Einsamkeit und Selbstmordgedanken im Alter, in: Aktuelle Gerontologie 7 (1977), S. 81–89, zit. 85.

noch einmal neu überdacht werden. Die etwa von dem Soziologen Peter Müller vermuteten »Zusammenhänge zur Berufsstruktur – in der traditionell bedeutsamen Textil- und Leichtindustrie mit einem hohen Anteil von Frauenarbeit«, mit denen er zu erklären suchte, dass »fast 45 % der Selbstmörderinnen Sachsens aus dem erheblich durch diesen Erwerbszweig geprägten Bezirk Karl-Marx-Stadt stammen«,[95] könnten auf einen indirekten Effekt, nämlich auf die Schwächung familiärer Bindungen zurückzuführen sein.

Betrachtet man die Frauenerwerbstätigkeit als Teilaspekt der Auflösung der traditionellen Großfamilie, dann ergeben damit verbundene Auswirkungen für die alten Menschen wie Einsamkeit und ein Gefühl der Nutzlosigkeit eine zumindest in Ansätzen plausible Erklärung für das Ansteigen der Selbsttötungsraten der Altersklassen über 60 Jahre. Ein Indiz für diese These ist eine Beobachtung im Deutschland der 1920er Jahre: In dieser Zeit war die Selbsttötungsrate der Frauen auf dem Land nur halb so hoch wie die in der Stadt.[96]

Da die Frauenarbeit in den sächsischen Textilbetrieben keine Erfindung der DDR war, eröffnet sich hier jedoch wiederum eine langfristige Perspektive, die »Der Spiegel« bei seiner Recherche im Jahr 1963 übersehen hatte: Im Königreich Sachsen betrug die durchschnittliche Selbsttötungsrate der Männer im Alter zwischen 60 und 80 Jahren im Zeitraum 1903–1907 ca. 163, in den drei DDR-Bezirken Dresden, Karl-Marx-Stadt und Leipzig im Jahr 1985 ca. 78. Bei den Frauen der gleichen Altersgruppe betrugen die Raten ca. 37 für das Königreich bzw. 64 auf dem korrespondierenden Territorium im Jahr 1985. Diese Zahlen zeigen, dass im Verlauf des 20. Jahrhunderts eine gewisse Angleichung der Geschlechter stattgefunden hat, insgesamt ging die Selbsttötungsrate der Menschen im Alter zwischen 60 und 80 Jahren sogar leicht zurück, von ca. 90 zu Beginn des Jahrhunderts auf ca. 70 Mitte der 1980er Jahre.[97]

Eine hohe Selbsttötungsrate wurde bei alten Menschen auch in anderen Teilen des Deutschen Reiches, die zumindest partiell später zur DDR gehörten, registriert. In Preußen zum Beispiel betrugen die Selbsttötungsraten der korrespondierenden Altersgruppen im Zeitraum 1904–1911 bei den Männern 97 und bei den Frauen 23.[98]

Das heißt: Die außergewöhnlich hohe Suizidhäufigkeit der alten Menschen auf dem Gebiet der DDR stellte eine Fortsetzung regionaler »Traditionen« dar; nur sehr begrenzt spielten spezifische soziale Bedingungen (wie die Zustände in den Altersheimen) eine Rolle.[99]

95 Müller, Suizid in Sachsen, S. 141.
96 Vgl. Julie Dorothea Wessinger, Ueber den Selbstmord bei Frauen in den ersten zehn Jahren nach dem Kriege, Diss. Berlin 1933, S. 9.
97 Zahlen aus: Oscar Kürten, Statistik des Selbstmords im Königreich Sachsen, Leipzig 1913, S. 118 f.; Statistisches Bundesamt (www.gbe-bund.de).
98 Vgl. Gerhard Füllkrug, Der Selbstmord, Schwerin 1919, S. 57.
99 Mit dieser Aussage korrespondiert auch die Beobachtung, dass trotz »Ausbau von sozialstaatlichen Leistungen und einer neu entstandenen Altenkultur« die Selbsttötungsraten der über 74-Jährigen in den meisten westlichen Industrieländern angestiegen sind. Vgl. Bieri, Suizid und sozialer Wandel, S. 187.

2.2.5 Mentalität der Thüringer und Sachsen

Die hohen Selbsttötungsraten in der DDR können, soviel kann festgehalten werden, im Großen und Ganzen nicht aus politischen oder ökonomischen Rahmenbedingungen erklärt werden. Dass dem gegenüber der Verweis auf

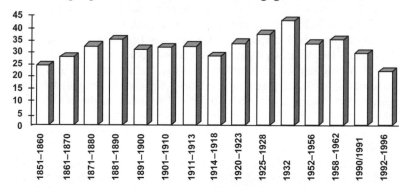

Abb. 5: Selbsttötungsraten in Sachsen im 19. und 20. Jahrhundert.[100]

mentale Prägungen eine ernsthafte Alternative darstellt, zeigt bereits ein Blick auf die Geburtsorte der »prominenten« Suizidtoten der DDR, die nicht selten entweder in Sachsen oder in Thüringen aufwuchsen: ZK-Wirtschaftssekretär Gerhart Ziller stammte aus Dresden, Anton Ackermann (ehemaliges ZK-Mitglied) aus dem Kreis Stollberg im Erzgebirge; der Vorsitzende der Staatlichen Plankommission, Erich Apel, aus dem thüringischen Kreis Sonneberg, der Literaturideologe Prof. Hans Koch aus einem Ort bei Gera.

Die überdurchschnittlich hohen Selbsttötungsraten in Thüringen und Sachsen sind der medizinischen Suizidforschung bis heute ein Rätsel geblieben, so dass etwa die »Deutsche Gesellschaft für Suizidprävention« im Jahr 2000 konstatieren musste: »Die Interpretation dieser Befunde mit wissenschaftlichen Methoden ist bis heute nicht gelungen.«[101] Da medizinische

---

100 Zahlen für das Deutsche Reich in: Stephan Rupprecht, Das Suizidgeschehen im Kreis Freital in den Jahren 1988 bis 1992, Diss. Dresden 2000, S. 12; für die DDR (Bezirke Dresden, Karl-Marx-Stadt, Leipzig): Leonhardt/Matthesius, Zu suizidalen Handlungen, Tabellen-Anhang 4a; nach 1989: Statistisches Bundesamt (www.gbe-bund.de). Für 1932–1952 lagen keine Zahlen für Sachsen vor. Für das Deutsche Reich insgesamt blieb das hohe Niveau von 1932 bis 1938 erhalten; mit Kriegsbeginn endete die statistische Erfassung von Selbsttötungen. Stichproben zeigen jedoch, dass der Rückgang der Selbsttötungsrate ab 1939 nicht so eindeutig ausfiel wie im Ersten Weltkrieg. Zu Kriegsende 1945 ereignete sich eine in der deutschen Geschichte beispiellose »Selbsttötungsepidemie« (vgl. Kap. 4). Die Selbsttötungsraten der DDR-Bezirke Karl-Marx-Stadt, Leipzig und Dresden sind nicht vollständig überliefert, die vorhandenen Werte lagen im Bereich zwischen den Werten von 1962 und 1990.
101 Werner Felber, Presseerklärung zur Herbsttagung der Deutschen Gesellschaft für Suizidprävention – Hilfe in Lebenskrisen e. V. (DGS), in: Manfred Wolfersdorf/Christoph Franke (Hg.), Suizidforschung und Suizidprävention am Ende des 20. Jahrhunderts, Regensburg 2000, S. 15–18, zit. 17.

Erklärungen hier nicht weiterhelfen, muss in der »gegenüber systemisch-politischen Eingriffen relativ immune[n] und im Zeitverlauf einigermaßen stationäre[n] Lebenswelt und Alltagspraxis der Menschen«[102] nach Erklärungen für die hohe Selbsttötungsrate der DDR gesucht werden. Welche längerfristigen mentalen Prägungen – es wurde in den 1930er Jahren auf »Stammescharakter«,[103] »Volkscharakter«, »sächsisch-thüringische Wesensart«,[104] in den 1960er Jahren auf eine »psychische Eigenart der Bevölkerung«[105] und in den 1990er Jahren auf »depressiv-zwanghafte Typuseigenschaften«[106] der Sachsen verwiesen – könnten sich im Selbsttötungsgeschehen ausgewirkt haben?

Bisherige Erklärungsversuche haben keine schlüssigen Verbindungen zwischen einer vermeintlichen »Wesensart« und der Suizidhäufigkeit aufgezeigt. Julie Dorothea Wessinger charakterisierte Sachsen und Thüringer in ihrer Dissertation im Jahr 1933 sogar als »Mischbevölkerung, die auch heute noch keinen einheitlichen Volkscharakter besitzt«.[107] Kritisch äußerte sich auch der aus Österreich stammende, 1938 nach England emigrierte Suizidforscher Erwin Stengel:

»Die sozialen Faktoren, die in der Selbstmordhäufigkeit eine Rolle spielen, sind so zahlreich und so schwer isolierbar, daß es verfrüht ist, zu einem so vagen Begriff wie Volkscharakter Zuflucht zu nehmen. Die Erbforschung […] spricht gegen eine Existenz einer angeborenen Selbstmordneigung und eine kollektive primäre Prädisposition ist unwahrscheinlich.«[108]

Zur Erklärung der regionalen Besonderheiten kann jedoch immerhin auf eine statistisch nachweisbare Aggressionshemmung verwiesen werden. Der Psychiater Hans W. Gruhle hatte schon vor dem Zweiten Weltkrieg festgestellt, dass die Kriminalitätsstatistiken des Deutschen Reiches eine relativ geringe Neigung der Sachsen zu Gewalttaten auswiesen, und erklärt: »Zum Selbstmord bedarf es nämlich der gleichen gehemmten Renitenz, die sich an den typisch sächsischen Strafdelikten – Beleidigung, Verleumdung, Widerstand gegen Vollstreckungsbeamte – ablesen läßt.«[109] Zu DDR-Zeiten verwies der Psychologe Andreas Schulze auf »die sächsische Vorliebe für alles Kleine, eher Unbedeutende« und eine »ausgeprägte Defensivhaltung in Konfliktsi-

102 Müller, Suizid in Sachsen, S. 138.
103 Hans Dornedden, Der Selbstmord in Deutschland, in: Deutsche medizinische Wochenschrift (1931) 41, S. 1750–1752.
104 Hans W. Gruhle, Selbstmord, Leipzig 1940, S. 55.
105 Vgl. K[urt] Winter (Hg.), Lehrbuch der Sozialhygiene, Berlin 1964, S. 507.
106 Bernhard Honnigfort, Die wenigsten Freitode gab es zur Wendezeit, in: Frankfurter Rundschau vom 27. September 1993, S. 24.
107 Vgl. Wessinger, Selbstmord bei Frauen, S. 7.
108 Stengel, Selbstmord und Selbstmordversuch, S. 53.
109 Selbstmord. Krankheit zum Tode, in: Der Spiegel 17 (1963) 5, S. 32–44, zit. 38.

tuationen«.[110] »Der Spiegel«-Journalist Michael Haller rückte die Mentalität der Sachsen wegen deren Unfähigkeit, Konflikte offen auszutragen, gar in die Nähe der asiatischen »Scham-Kultur«.[111] Neuere Untersuchungen bestätigten die Aggressionshemmung der Sachsen; noch 1997 hatte Sachsen gegenüber dem Bundesdurchschnitt eine um 43 Prozent niedrigere Mordrate.[112]

Es ist daher anzunehmen, dass diese Eigenschaft zwar nicht in der DDR entstanden ist, aber doch konserviert wurde, zumal sich, wie Oliver Bieri festgestellt hat, generell »in Ländern mit breit abgestützten sozialen Sicherungssystemen und umfassenden wohlfahrtsstaatlichen Leistungen eine konsensorientierte Konfliktkultur entwickelt, bei der eine nach außen gerichtete Artikulation von Konflikten gesellschaftlich nicht akzeptiert wird«.[113]

Die These einer tendenziell Selbsttötung fördernden Mentalität von Sachsen und Thüringern ist sicher noch ausbaufähig.[114] Eine Aggressionshemmung kommt aber zumindest als Teilerklärung für die hohe Suizidneigung in Frage.

2.2.6 Die protestantische Tradition

Es ist eine inzwischen vielfach verifizierte Tatsache, dass die Selbsttötungsraten in Regionen mit vorwiegend protestantischer oder atheistischer Bevölkerung höher sind als dort, wo Katholiken überwiegen. Gerhard Füllkrug stellte zu Beginn des 19. Jahrhunderts (die Protestantismus-These leicht modifizierend) fest, dass »das rege kirchliche Leben beider Konfessionen« eine ähnlich starke suizidhemmende Wirkung entfaltete wie der Katholizismus, demgegenüber galten »der überwiegende oder reine Protestantismus und kirchliche Gleichgültigkeit«[115] als »selbstmordfördernd«, wobei man exakter sagen müsste: weniger hemmend, denn Protestanten hatten stets noch niedrigere Selbsttötungsraten als Atheisten. Das zeigt ein Beispiel aus Berlin. Dort betrug in den 1920er Jahren die Selbsttötungsrate der Katholiken 32,

---

110 Andreas Schulze, Selbstmord und Selbstmordversuch in Leipzig. Zur Erklärung suizidaler Handlungen in der DDR, Regensburg 1986, S. 103.
111 Vgl. Haller, Freiwillig sterben, S. 43–45.
112 Steffen Heide/Erich Müller, Suizid – Sachsen bleibt seiner Tradition treu, Poster. Privatarchiv Steffen Heide.
113 Vgl. Bieri, Suizid und sozialer Wandel, S. 183.
114 Möglicherweise könnten ethnologische oder linguistische Forschungen, die sich zum Beispiel mit lokalen Redewendungen befassen, hierfür neues Material erschließen. Bei eigenen Recherchen berichtete ein Pfarrer über eine suizidbejahende Redewendung in einem Dorf bei Saalfeld. Zudem hieß es in einer Akte, dass in Mühlhausen die Redewendung existierte: »Du kannst von mir aus auch mit einem Strick an der Unstrut entlang gehen.« ThHStAW, BT/RdB Erfurt, Abt. Volksbildung, 027154, n. pag.
115 Füllkrug, Selbstmord, S. 15. (Das Buch ist vor dem Ersten Weltkrieg entstanden, erschien aber wegen der Zensur erst 1919.)

die der Protestanten 42; bei nicht konfessionell gebundenen Atheisten wurde eine noch deutlich höhere Rate von 54 registriert.[116]

Die suizidhemmende Wirkung des Katholizismus ist in der Vergangenheit oft mit Verweisen auf die katholische Glaubenslehre und das damit verbundene strenge Selbsttötungsverbot erklärt worden. Schon die Ausprägung des »präsuizidalen Syndroms« sei bei gläubigen Katholiken erschwert, glaubte der Hamburger Psychoanalytiker Ulrich Ehebald: »Die Androhung des ewigen Fegefeuers hindert sie, auch wenn ihnen das irdische Leben unerträglich erscheint, eine tröstliche Selbstmordphantasie zu entwickeln«.[117]

Emile Durkheim machte hingegen nicht die Glaubens-Inhalte, sondern die sozialen Beziehungen für die konfessionellen Unterschiede verantwortlich. Der französische Soziologe schrieb der katholischen Religion eine hohe Bindungskraft zu, die suizidgefährdete Menschen im Leben zu halten vermag.[118] Der Theologe Adrian Holderegger arbeitete drei mögliche Wirkungen der katholischen Religion heraus:

1. Entlastung in Krisensituationen, weil die nie ganz gelösten Konflikte der Kindheit einer allgemeinen Lösung zugeführt werden können.
2. Bereitstellung von Symbolen (Trauerrituale, Bußformen) zur Minderung von Leidensdruck.
3. Eröffnung von Chancen für einen Neubeginn durch gesunde »Regression« (gemeinschaftliche Vollzüge, Meditation).[119]

Neben diesen positiven Merkmalen muss aber auch das strenge Verdikt der römischen Kurie, die »Selbstmord« als Todsünde einstufte und oft die Beerdigung von »Selbstmördern« auf katholischen Friedhöfen (offiziell bis 1983) untersagte, als Einflussfaktor berücksichtigt werden.[120] Wie Gruhle herausgearbeitet hat, war vor allem die »Rücksicht auf das Eingeschätztwerden bei den anderen Glaubensgenossen im Umkreis kompakter Katholizität«[121] entscheidend, denn dort, wo die Katholiken in der Minderheit waren, wich deren Selbsttötungshäufigkeit nicht so stark vom sozialen Umfeld ab.

Die »Selbstmord«-Ächtung konnte sich in katholischen Gegenden auf verschiedene Weise auf die Selbsttötungsrate auswirken: einerseits durch echte suizidhemmende Wirkungen auf die Betroffenen, andererseits durch Verschleierungen der Todesursache.

Bereits Anfang des 20. Jahrhunderts stellte eine Untersuchung in der Schweiz fest, dass die Rate der tödlichen Unfälle bei Katholiken bedeutend höher ausfiel als bei Protestanten. Im Zeitraum 1901–1910 betrug die Diffe-

116 Vgl. Wessinger, Selbstmord bei Frauen, S. 18.
117 Ulrich Ehebald, Über Konflikte selbstmordgefährdeter Menschen, in: Wege zum Menschen 18 (1966) 7/8, S. 283–307, zit. 296.
118 Vgl. Hans Rost, Die katholische Kirche, die Führerin der Menschheit, Westheim b. Augsburg 1949.
119 Vgl. Adrian Holderegger, Suizid und Suizidgefährdung, Freiburg i. Ue. 1979, S. 264–266.
120 Vgl. Artur Reiner, Wegfall des Verbotes des kirchlichen Begräbnisses für Suizidtote, in: Suizidprophylaxe 14 (1987) 3, S. 235f.
121 Gruhle, Selbstmord, S. 144.

renz bei den Frauen 100 Prozent der Differenz bei der Selbsttötungsrate, bei den Männern 71 Prozent. Im folgenden Jahrzehnt sank dieser Prozentsatz bei beiden Geschlechtern auf die Hälfte. Damit wurde deutlich, dass der Unterschied zwischen den Konfessionen nicht allein mit verfälschenden Angaben bei der Leichenschau erklärbar war, dass diese aber durchaus eine Rolle spielten.[122]

Was hat das alles mit der DDR zu tun, die zunehmend vom Atheismus geprägt wurde? Waren hier im Jahr 1949 noch 80 Prozent evangelischen Glaubens und 11 Prozent katholisch, so sanken die Anteile bis 1964 auf 60 (Protestanten) bzw. acht Prozent (Katholiken), in den 1980er Jahren schließlich waren nur noch 25 Prozent der DDR-Bevölkerung evangelisch und fünf Prozent katholisch.[123] Trotz dieser nachhaltigen Säkularisierung kann ein langfristiger Einfluss der konfessionellen Prägung auch in der DDR angenommen werden, zumindest was das Suizidverhalten betrifft. So lag die Selbsttötungsrate im katholischen Eichsfeld (Kreise Heiligenstadt, Mühlhausen und Worbis) mit 25,5 in den 1970er Jahren deutlich unter dem Durchschnitt der DDR (ca. 35), dafür aber nahe an den Werten in der Bundesrepublik.[124] Andererseits stand in der Bundesrepublik das protestantische Schleswig-Holstein mit seiner Selbsttötungsrate an der Spitze der Flächenländer.[125]

Dass die suizidhemmende Wirkung der katholischen Konfession andererseits aber auch Grenzen hatte, zeigen die Selbsttötungsraten von Österreich und Ungarn im 20. Jahrhundert.[126] Obwohl sich die Bevölkerung beider Länder mehrheitlich zum katholischen Glauben bekannte, gehörten Ungarn und Österreich zu den Staaten mit den weltweit höchsten Selbsttötungsraten.[127] Offenbar bestimmten hier, möglicherweise sogar noch stärker als in Sachsen und Thüringen, langfristig stabile mentale Prägungen die Häufigkeit von Selbsttötungen.

---

122 Vgl. Erich Waldstein, Der Selbstmord in der Schweiz, Diss. Basel 1934, S. 57.

123 Vgl. Detlef Pollack, Kirche in der Organisationsgesellschaft. Zum Wandel der gesellschaftlichen Lage der evangelischen Kirchen in der DDR, Stuttgart u. a. 1994, S. 373 f.

124 Vgl. Heinz Peter Arndt, Suizide bei psychisch Kranken im Krankenhaus und nach ihrer Entlassung, Diss. Berlin 1981, S. 62.

125 Im Zeitraum von 1950 bis 1980 lag die Selbsttötungsrate in Schleswig-Holstein nichtsdestotrotz niedriger als in der DDR und erreichte Werte zwischen 24 und 28. Vgl. Horst Krüger, Männer erhängen, Frauen vergiften sich, in: Kriminalistik 40 (1986) 1, S. 19 f., 37–40.

126 Wenn überhaupt, waren hier nur sehr schwache Effekte der Religion vorhanden. In Wien beispielsweise waren in den 1950er Jahren 77 Prozent der Einwohner Katholiken, ihr Anteil an den Suizidtoten betrug 68 Prozent. Vgl. Österreichisches Statistisches Zentralamt (Hg.), Selbstmordhandlungen, Wien 1961, S. 78.

127 Ein Rätsel für die Suizidforschung ist auch der Schweizer Kanton Appenzell, dessen vorwiegend katholische Bevölkerung eine vergleichsweise hohe Selbsttötungsrate aufweist.

Es wäre daher zu einfach, die Erklärung allein auf konfessionelle Unterschiede zu verengen, zumal Selbsttötung auch von den meisten protestantischen Theologen prinzipiell abgelehnt wurde. Vielmehr müssen weitere Faktoren, bei denen es sich zumeist um mit der Religion assoziierte Sekundärphänomene handelt,[128] betrachtet werden: So spielen persönliche Verantwortung und individuelle Schuld in der protestantischen Ethik eine größere Rolle.[129] Der Ungar Jenö Kollarits glaubte, eine »protestantische Mentalität« herausarbeiten zu können, die »ruhig, ernst, relativ kälter und düster« sei.[130] Auch das Vorherrschen von Erziehungsstilen, die das Ausleben von Aggressionen sehr stark hemmen, könnte sich ausgewirkt haben. Entsprechend einer (zur Erklärung der hohen Selbsttötungsrate in Dänemark entwickelten) Hypothese der Suizidforschung entwickeln Kinder eher Schuldgefühle, wenn mangelhafte Fürsorge (Liebe) der Eltern mit strikter Führung einhergeht; das wiederum erhöht das Suizidrisiko der Kinder.[131]

Neben diesen auf eine individuelle Disposition abzielenden Erklärungsversuchen gibt es aber auch soziale Unterschiede zwischen Katholiken und Protestanten, die für die unterschiedlichen Selbsttötungsraten verantwortlich gemacht werden können; ein besonders wichtiger Faktor ist die wesentlich höhere Ehescheidungsrate in vorwiegend protestantischen Regionen. Bereits Durkheim hat nachgewiesen, dass Menschen, die in einer stabilen Ehe leben, deutlich weniger suizidgefährdet sind als Geschiedene, Verwitwete und auch Ledige, und dass in Gebieten, in denen die Scheidungsrate hoch war, auch die Selbsttötungsrate von Verheirateten höher war.[132]

Schon im Jahr 1910 hatte Sachsen eine Scheidungsrate, die dreimal so hoch war wie in Westfalen und anderthalbmal so hoch wie der Durchschnitt des Deutschen Reiches.[133] Die jährliche Zahl der Ehescheidungen in der SBZ/DDR war in den 1950er Jahren ebenfalls anderthalbmal so hoch wie in der Bundesrepublik; und die weitere Entwicklung verlief nahezu parallel. So

---

128 Durkheim wies für das 19. Jahrhundert darauf hin, dass es bei Protestanten Präferenzen für höhere Bildung und dementsprechende Berufe gab. Protestanten hatten meist weniger Kinder – was einerseits wegen der geringeren Suizidwahrscheinlichkeit junger Menschen zu niedrigeren Selbsttötungsraten in katholischen Gebieten geführt haben kann, andererseits hatten Menschen mit Kindern allgemein ein geringeres Suizidrisiko. Vgl. Durkheim 1997, S. 183, 205–209.

129 »Der Protestantismus, der keine Möglichkeit bietet, für eine Missetat zu büßen und sich damit zu entlasten, kann die Sünder in Verzweiflung stürzen und gar in den Tod treiben«, schrieb Markus Schär in seiner Studie über den Calvinismus des 18. Jahrhunderts. Möglicherweise hat sich diese Spur davon in der Mentalität der DDR-Bevölkerung fortgesetzt. Vgl. Schär, Seelennöte der Untertanen, S. 252. Vgl. aber auch konträr dazu: Lind, Selbstmord in der frühen Neuzeit, S. 283, 467.

130 Vgl. Jenö Kollarits, Ein Erklärungsversuch für die Selbstmordhäufigkeit der Protestanten, in: Zeitschrift für die gesamte Neurologie und Psychiatrie 49 (1919), S. 357–372.

131 Vgl. Kulawik, Zur Psychopathologie, S. 262; Baechler, Tod, S. 199.

132 Vgl. Durkheim 1997, S. 313.

133 Vgl. Gruhle, Selbstmord, S. 61.

lag die Scheidungsrate in der Bundesrepublik um das Jahr 1960 bei 10, in der DDR bei 15; und sie verdoppelte sich in den folgenden 20 Jahren sowohl in der DDR als auch in der Bundesrepublik.[134]

Angesichts der Tatsache, dass viele dieser sozialen »Sekundärphänomene« des Protestantismus auch in der zunehmend säkularisierten Gesellschaft der DDR bestehen blieben, könnte es sich bei der hohen Selbsttötungshäufigkeit auf dem Territorium der DDR um die auf Familienebene tradierte Spätfolge einer protestantischen bzw. kirchenfernen Lebenshaltung handeln. Diese war offenbar durch ein Minimum initiale Suizidimpulse hemmender Einflussgrößen gekennzeichnet. Das ist bis heute der tragfähigste Erklärungsansatz für die langfristig relativ stabilen Unterschiede der Selbsttötungsraten in beiden deutschen Staaten.

Die hohen Selbsttötungsraten in Sachsen und Thüringen lassen sich zudem auch durch eine gewisse Eigendynamik erklären, denn diese reproduzieren sich in bestimmtem Maße selbst. Bekannt ist, dass Selbsttötungen in der Familiengeschichte einen Risikofaktor für suizidales Verhalten darstellen.[135] In manchen Familien wurde suizidales Verhalten zur »Tradition« – das berühmteste Beispiel ist die Familie Mann.[136] Die Tradierung erhöhter Suizidalität auf der Ebene der Familien – also weit unterhalb der politischen Ebene – wäre im Übrigen auch eine Teilerklärung dafür, dass die tief greifenden gesellschaftlichen Veränderungen im Verlauf des 20. Jahrhunderts sich nur geringfügig auf die Selbsttötungsraten ausgewirkt haben.

Indes: Eine der Komplexität des Themas angemessene, die Gesamtheit der Phänomene einbeziehende Erklärung auf der Grundlage medizinischer oder mikrosoziologischer Analysen steht noch immer aus.[137]

2.3 Zwischenbilanz

Die in Sachsen zur Zeit des Kaiserreichs, der Weimarer Republik, im Nationalsozialismus und in der DDR etwa gleich große Selbsttötungshäufigkeit wirft die Frage auf, ob ein Zusammenhang von Selbsttötungen und den gesellschaftlichen, politischen und ökonomischen Verhältnissen in der SED-Diktatur – sofern er existiert – mit statistischen Mitteln überhaupt erfassbar ist. Dazu ist anzumerken, dass Statistiken nicht nur bestimmte Phänomene

---

134 Vgl. Bernhard Klose, Ehescheidung und Ehescheidungsrecht in der DDR – ein ostdeutscher Sonderweg? Baden-Baden 1996, S. 289; Zahlen: Statistisches Bundesamt (www.estatis.de) vom 28. Februar 2005.
135 Vgl. Klemann, Zur frühkindlichen Erfahrung, S. 164–167.
136 Vgl. Marianne Krüll, Im Netz der Zauberer, Frankfurt/M. 1999.
137 In den letzten Jahren wurden auch genetische Faktoren diskutiert, die mit verantwortlich sein könnten für die Gebiete erhöhter Suizidneigung in Osteuropa, deren Verteilung auf der Landkarte der Form des Buchstabens »J« ähnelt. Die Hypothese ist jedoch stark umstritten; es bedarf weiterer empirischer Forschung. Vgl. P. Hrdina, Genetic variation in European suicide rates, in: The British Journal of Psychiatry 181 (2002), S. 350.

verdeutlichen können; sie können auch Entwicklungen überdecken, zum Beispiel, wenn sich nur die Selbsttötungshäufigkeit einer Minderheit ändert. Möglich sind schichtenspezifische Verhaltensweisen; so sahen US-amerikanische Soziologen im Suizid eine typische Reaktionsform der Mittelschicht in Krisenzeiten.[138] Auch generationsspezifische Entwicklungen sind in Betracht zu ziehen. So zeigte eine nach Altersgruppen aufgeschlüsselte Analyse der Selbsttötungsraten in der Bundesrepublik, dass ein insgesamt steigender Trend aus unterschiedlichen Tendenzen zusammengesetzt war.[139]

Für die SED-Diktatur wäre denkbar, dass repressive Maßnahmen bestimmte Teile der Bevölkerung betrafen bzw. in einzelnen Sektoren der Gesellschaft die Selbsttötungshäufigkeit gesteigert haben, während anderen Bevölkerungsschichten gleichzeitig Aufstiegschancen eröffnet und Privilegien in Aussicht gestellt wurden, was die Selbsttötungsrate vermindert haben könnte.

Um solche Entwicklungen nachzuweisen, bedarf es einer differenzierten Herangehensweise.

Deshalb werden in den folgenden Abschnitten bestimmte Sektoren der DDR-Gesellschaft, in denen eine Auswirkung politischer Rahmenbedingungen als besonders wahrscheinlich gilt, genauer betrachtet. Das sind im Einzelnen: Die Gefängnisse, die Nationale Volksarmee, die Schulen sowie die Sozialistische Einheitspartei.

2.4 Sondierung Nr. 1: Selbsttötungen in Gefängnissen der DDR

2.4.1 Zur Höhe der Selbsttötungsrate Strafgefangener

»Die Dunkelziffer von Suiziden politischer Gefangener in der DDR ist nicht abschätzbar«, schrieb Karl Wilhelm Fricke im Jahr 1986 in einer Dokumentation zur Menschen- und Grundrechtssituation politischer Gefangener in der DDR. Da Selbsttötungen in DDR-Haftanstalten der strengen Geheimhaltung unterlagen, konnte vor 1990 nur vermutet werden, dass die Selbsttötungsrate in den Gefängnissen in Bautzen, Brandenburg, Cottbus etc. sehr hoch war. Westdeutsche Fernsehsendungen wie zum Beispiel das »ZDF-Magazin« bestärkten, gestützt auf Interviews mit freigekauften Häftlingen, den Eindruck, dass die politische Repression zu Verzweiflungstaten unter Inhaftierten in hoher Zahl geführt hätte. Mehrfach waren in der bundesdeutschen Presse Schlagzeilen wie »›DDR‹ treibt Häftlinge zum Selbstmord« oder »Politische Häftlinge begingen Selbstmord« zu lesen. Auch Karl Wilhelm Fri-

---

138 Vgl. Colla, Suizid, S. 1168.
139 Vgl. R. Welz/G. Vössing, Suizide im Alter: Veränderungen der Suizidziffern älterer Menschen in der BRD im zeitlichen Verlauf von 1953 bis 1986, in: Nervenarzt 59 (1988), S. 709–713.

cke, seit 1972 Redakteur beim Deutschlandfunk, sprach in seiner Dokumentation von der »Tatsache, daß der DDR-Strafvollzug eine offenbar hohe Quote an versuchten oder vollendeten Suiziden ausweist«.[140]

Eine eigene Auswertung der in den Nachweisbüchern der Verwaltung Strafvollzug des Ministeriums des Innern registrierten Selbsttötungen stützt diese Vermutungen bzw. Behauptungen nicht. Zwischen 1972 und 1988 wurden der Verwaltung Strafvollzug 169 Selbsttötungen gemeldet, was bei durchschnittlich 32 000 Inhaftierten einer Selbsttötungsrate von 31,2 entspricht. Die mittlere Selbsttötungsrate der männlichen DDR-Bevölkerung betrug im selben Zeitraum 43,9, die der weiblichen 23,6; die Selbsttötungsrate der Strafgefangenen in der DDR lag also nahe am DDR-Durchschnitt.

Allerdings gilt diese Aussage nur für die Regierungszeit Erich Honeckers. Um das Jahr 1960 hingegen war die Selbsttötungsrate in den Gefängnissen beinahe dreimal so hoch wie die Gesamt-Selbsttötungsrate der DDR. Wie es in der Zeit davor aussah, muss offenbleiben; für die Zeit vor 1959 konnten keine statistischen Unterlagen ausfindig gemacht werden.[141]

Sind die Zahlenangaben für die Ära Honecker realistisch? Zunächst ist zu betonen, dass die Angaben nicht auf Statistiken des MdI beruhen, sondern auf einer eigenen Auszählung der Vorkommnismeldungen. Zwar ist nicht auszuschließen, dass einige Selbsttötungen als Unfälle oder natürliche Todesfälle gemeldet wurden; Anzeichen für eine systematische Verschleierung

Zeitraum	Zahl der Selbst- tötungen	durchschnitt- liche Belegung	Selbsttötungs rate DDR- Gefängnisse	Selbsttötungs- rate DDR-Bevöl- kerung
1959–1963	120	30 123	79,7	30
1972–1976	43	38 400	22,4	35
1977–1981	58	30 429	38,1	34,5
1982–1986	52	31 740	32,8	32,5

Tab. 5: Selbsttötungsraten in DDR-Gefängnissen (ohne MfS-Untersuchungshaft), bezogen auf die durchschnittliche Jahresbelegung.[142]

von Selbsttötungen ließen sich aber für die 1970er und 1980er Jahre nicht auffinden. Dafür gab es innerhalb des Meldesystems des DDR-Strafvollzuges auch keinen Grund; abgesehen von den wenigen Fällen, bei denen ek-

140 Karl Wilhelm Fricke, Zur Menschen- und Grundrechtssituation politischer Gefangener in der DDR, Köln 1986, S. 82.
141 Für die SBZ ist bekannt, dass die Selbsttötungsrate in den sowjetischen Speziallagern ausgesprochen gering war. (Persönliche Mitteilung von Achim Kilian.)
142 Durchschnittsbelegungszahlen aus: Uwe Bastian/Hildigund Neubert, Schamlos ausgebeutet, Berlin 2003, S. 35 (Jahre 1959–1963 und 1977–1987) sowie Falco Werkentin, Politische Strafjustiz in der Ära Ulbricht, Berlin 1997, S. 378. Selbsttötungszahlen aus Akten der Verwaltung Strafvollzug, in: BArch Berlin, DO 1, 3356, 3357, 3358, 3359, 3768, n. pag.

latante Pflichtverletzungen von Angehörigen des Strafvollzugs vorlagen. Solche Fälle warfen ein schlechtes Licht auf die jeweilige Einrichtung; dennoch gibt es Beispiele dafür, dass Selbsttötungen auch in einem solchen Fall nicht einfach vertuscht, sondern lediglich mit einer gewissen Verzögerung berichtet wurden. So meldete das Haftkrankenhaus Leipzig im März 1983 die Selbsttötung eines Inhaftierten, der nicht vorschriftsgemäß kontrolliert worden war, erst elf Tage später an das MdI. Man hatte die Meldung zurückgehalten, um gleich die Vollzugsmeldung über disziplinarische Bestrafungen beifügen und auf diese Weise bei der Verwaltung Strafvollzug von vornherein den Eindruck erwecken zu können, das Problem sei bereits vor Ort vollständig geklärt worden.[143]

Auch die Aussage eines 1979 in Bützow inhaftierten Arztes, nach der Selbsttötung eines jungen Mannes sei auf dem Totenschein »Herzversagen« angegeben worden,[144] bedeutet nicht zwangsläufig, dass diese Selbsttötung im MdI verschleiert wurde. So befindet sich unter den Vorkommnismeldungen des Jahres 1979 an das MdI eine Meldung über eine Selbsttötung eines jungen Mannes in der Haftanstalt Bützow; es könnte durchaus sein, dass die falsche Codierung auf dem Totenschein durch die Ergebnisse der Obduktion korrigiert wurde.[145]

Insgesamt erwiesen sich die Zahlen der Verwaltung Strafvollzug ab 1972 auch im Abgleich mit Akten verschiedener Volkspolizei-Bezirksbehörden und des Staatssicherheitsdienstes als ausgesprochen zuverlässig: In den ausgewerteten MfS-Akten fand sich kein einziger vollendeter Suizid, der nicht auch in den Meldekarteien der Hauptverwaltung Strafvollzug enthalten war. Auch die in bundesdeutschen Medien gemeldeten Selbsttötungen von Inhaftierten ließen sich (abgesehen von einem Fall aus den 1980er Jahren, wo der angebliche Suizident – einer Karteikarte des MfS zufolge – ein halbes Jahr später noch lebte)[146] in den Akten des DDR-Staatsapparates nachweisen. Damit kann eine relativ niedrige Selbsttötungsrate in den Strafvollzugsanstalten in der Regierungszeit Honeckers als gesicherte Tatsache gelten.

Wie ist demgegenüber die Fehlperzeption in bundesdeutschen Medien zu erklären? Wichtigste Quelle für die dort häufig vorgebrachte Behauptung hoher bzw. steigender Selbsttötungsraten in DDR-Gefängnissen waren Aussagen von Häftlingen, die von der Bundesregierung freigekauft worden waren. Diesen wiederum war das Thema Selbsttötung präsenter als noch Mitte der 1970er Jahre, weil sich zum Beispiel nach dem Fanal des Pfarrers Brüsewitz in mehreren DDR-Haftanstalten aufsehenerregende Selbstverbrennungen ereignet hatten, die zum Teil politisch motiviert waren. Zudem er-

143 Vgl. BArch Berlin, DO 1, 3683, n. pag.
144 Klaus-Dieter Müller/Annegret Stephan (Hg.), Die Vergangenheit läßt uns nicht los, Berlin 1998, S. 101.
145 Vgl. BArch Berlin, DO 1, 3681, n. pag.
146 BStU, MfS, Karteikarte HA VII/8, VSH; BStU, MfS, BV Dresden, Karteikarte Abt. VIII, VSH.

hängten sich in Bautzen II in den 1980er Jahren zwei wegen Spionage für westliche Geheimdienste Inhaftierte.[147] Auch diese von bundesdeutschen Medien stark beachteten Todesfälle könnten die irrtümliche Vermutung begünstigt haben, Selbsttötungen seien in DDR-Gefängnissen besonders häufig vorgekommen.

Noch bemerkenswerter erscheint der Irrtum, wenn man einen Vergleich zur Situation in der Bundesrepublik zieht: In bundesdeutschen Gefängnissen war die Selbsttötungsrate in der Ära Honecker drei- bis viermal so hoch wie in der DDR.[148]

Grundsätzlich gibt es jedoch wenig Berechtigung dafür, aus der Höhe der Selbsttötungsrate in bundesdeutschen Gefängnissen eine Kritik an den Zuständen in den Haftanstalten abzuleiten, wie das in den 1970er Jahren im Kontext linker Gesellschaftskritik bisweilen geschah.[149] Bereits Anfang der 1970er Jahre hat eine Analyse von 90 Einzelfällen in Gefängnissen im Bundesland Schleswig-Holstein nachgewiesen, dass »es nicht hafttypische Lebensumstände sind, die den Selbstmord im Gefängnis bedingen«.[150] Stattdessen fand die Studie bei fast allen Suizidenten »eine Anzahl typischer Risikofaktoren, von denen bekannt ist, daß sie zur Suicidbereitschaft disponieren«.

Auch die Tatsache, dass die Selbsttötungsrate im bundesdeutschen Strafvollzug nach Hafterleichterungen und der Einführung eines liberaleren Strafvollzugsgesetzes im Jahr 1977 nahezu unverändert blieb, kann als Beleg für den geringen Einfluss der Haftbedingungen gelten.

Zu erklären ist also nicht die relativ hohe Selbsttötungsrate in den bundesdeutschen Haftanstalten, sondern die niedrige Rate in den Gefängnissen der DDR. Nachdem die Selbsttötungshäufigkeit in den Gefängnissen der Bundesrepublik und der DDR um das Jahr 1960 noch ähnlich hoch gewesen war, setzte in der DDR eine Abwärtsentwicklung ein, bei der sich die Selbsttötungsrate um fast zwei Drittel verringerte und später noch mehr absank. So war auch die von Menschenrechtsorganisationen verbreitete Behauptung, »daß sich offenkundig die Zahl versuchter und vollendeter Selbsttötungen im DDR-Strafvollzug in den achtziger Jahren erhöht hat«, nicht zutreffend.[151] Zwischen 1976 und 1980 wurden im DDR-Strafvollzug insgesamt 61 Selbsttötungen registriert, im Zeitraum 1981 bis 1985 waren es lediglich 50.

---

147 Vgl. Karl Wilhelm Fricke/Silke Klewin, Bautzen II. Sonderhaftanstalt unter MfS-Kontrolle 1956 bis 1989, Leipzig 2001, S. 117f.
148 Erich Thole, Suicid im Gefängnis, in: Zeitschrift für Strafvollzug 25 (1976), S. 110–114.
149 Vgl. z.B. Karin Schliep/Edwin Schliep (Hg.), »Selbst«mord in U-Haft. Briefe und Dokumente, Berlin 1976; C. H. Eikenbusch, Anomie als Ursache des Selbstmordes in den Haftanstalten, in: Suizidprophylaxe 4 (1977) 3, S. 181–187.
150 Harte Methoden, in: Der Spiegel 26 (1972) 51, S. 44.
151 Jürgen Schmied, Verschärfter DDR-Strafvollzug an politischen Gefangenen, in: Menschenrechte 10 (1986) 5, S. 6.

Jahr	Selbsttötungsrate Inhaftierte	Selbsttötungsrate Bevölkerung[152]	Quelle
1947–1967	46 (nur Nordrhein-Westfalen)		Schweitzer/ Heisterborg[153]
1955–1970	ca. 100–130 (nur Baden-Württemberg)		Kürschner 1973[154]
1958–1969	ca. 198 (nur Schleswig-Holstein)		Burgmayer 1975[155]
1968–1972	136 (nur Männer)	25,5 (nur Männer)	Thole 1976
1971–1975	144	20,7	Wiegand 1984[156]
1973	158	20,8	Becker 1977[157]
1976–1978	140	22,2	Swientek 1982[158]
1976–1980	133	21,8	Wiegand 1984
1984	168,2 (nur Bayern)	20,5	Rosner 1986[159]

Tab. 6: Selbsttötungsraten in bundesdeutschen Gefängnissen, bezogen auf die durchschnittliche Jahresbelegung.

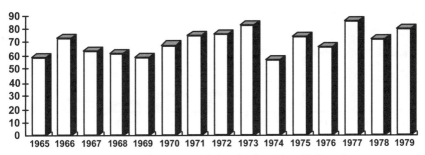

Abb. 6: Absolute Zahl der Selbsttötungen in bundesdeutschen Gefängnissen 1965 bis 1979.[160]

152 Zahlen aus: Schmidtke, Suizid- und Suizidversuchshäufigkeit, S. 277.
153 Hans Schweitzer/Bernd Heisterborg, Der Selbstmord im Strafvollzug des Landes Nordrhein-Westfalen in den Jahren 1947–1967, zit. bei Kurt Weis, Freitod in Unfreiheit, in: Zeitschrift für Rechtspolitik 8 (1975) 4, S. 83–92.
154 Johannes Kürschner, Suicide Inhaftierter in Baden-Württemberg, Diss. Tübingen 1973, zit. bei Kurt Weis, Freitod in Unfreiheit, in: Zeitschrift für Rechtspolitik 8 (1975) 4, S. 83–92.
155 Angelika Burgmayer, Suicid im Gefängnis, Diss. Kiel 1975.
156 Annemarie Wiegand, Selbstmord im Justizvollzug, in: Deutsches Ärzteblatt 81 (1984) 6, S. 341–344.
157 M. Becker, Selbstmordhandlungen im Strafvollzug, in: Suizidprophylaxe 4 (1977), S. 161–180.
158 Christine Swientek, Autoaggressivität bei Gefangenen aus pädagogischer Sicht, Göttingen 1982, S. 22.
159 Anton Rosner, Suicid im Strafvollzug der Bundesrepublik Deutschland – wirklich ein Problem?, in: Kriminalpädagogische Praxis 14 (1986) 21–22, S. 42–49.
160 Quellen: Siehe Tabelle 6.

Was könnte die Ursache für die überraschend niedrige Selbsttötungsrate in DDR-Gefängnissen und die relativ hohe in bundesdeutschen Gefängnissen gewesen sein?»Bisherige Untersuchungen zeigen, daß Selbstmord[e] in Gefängnissen in engem Zusammenhang stehen mit dem Statusverlust, Rollenverlust, dem Bruch sozialer Beziehungen, der Isolierung, der Erschütterung des Normen- und Wertgefühles des Gefangenen, seine[r] Herabwürdigung und Demütigung in der Einweisungsphase und mit den Kommunikationsbeschränkungen durch die Einzelhaft«, hieß es 1977 in einer bundesdeutschen Arbeit über Selbsttötungen Inhaftierter.[161] In der Bundesrepublik ereigneten sich bis zu 80 Prozent aller Selbsttötungen in der Untersuchungshaft, und die Selbsttötungswahrscheinlichkeit von Untersuchungshäftlingen war durchschnittlich etwa zehnmal so hoch wie die im normalen Gefängnis. In der DDR der Honecker-Zeit hingegen ereigneten sich nur wenige Selbsttötungen in U-Haft, so dass die Selbsttötungsrate der Untersuchungshäftlinge nur noch doppelt so hoch war wie die der Strafgefangenen. Das heißt, die in der Bundesrepublik häufigeren Selbsttötungen in Untersuchungshaft (die als spontane Affektreaktionen besonders schwer zu verhindern sind, da ihnen

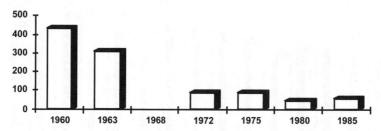

Abb. 7: Selbsttötungsraten von Untersuchungshäftlingen in der DDR (ohne MfS) zwischen 1960 und 1985.[162]

keine längeren Vorbereitungshandlungen oder Verhaltensauffälligkeiten vorangehen) haben wesentlich zur höheren Selbsttötungsrate in bundesdeutschen Haftanstalten beigetragen.

Die Erklärung für das Absinken der Selbsttötungsraten in den DDR-Gefängnissen ist also nicht auf der Ebene des Entstehens von Resignation und Suizidimpulsen, sondern auf der Ebene der Realisierbarkeit dieser Hand-

161 Eikenbusch, Anomie, S. 181. Vgl. zur initialen Kränkung und Demütigung in totalen Institutionen durch Enteignung, Kontaktsperre, Entblößung und den Verlust bürgerlicher Rechte: Erving Goffmann, Asyle. Über die soziale Situation psychiatrischer Patienten und anderer Insassen, Frankfurt/M. 1973.
162 Durchschnittsbelegungszahlen aus: Bastian/Neubert, Schamlos ausgebeutet, S. 35 (Jahre 1959–1963 und 1977–1987) sowie Werkentin, Politische Strafjustiz, S. 378. Selbsttötungszahlen aus Akten der Verwaltung Strafvollzug, in: BArch Berlin, DO 1, 3356, 3357, 3358, 3359, 3768, n. pag.

lungsintentionen zu suchen. Als Ursache kommen vor allem die konkreten Praktiken der Überwachung und Kontrolle in Frage. Hierbei gab es offenbar entscheidende Unterschiede zwischen dem Strafvollzug der Bundesrepublik und dem der DDR.

2.4.2 Überwachung und Kontrolle in den DDR-Gefängnissen

Im Strafvollzug der DDR galt die »Richtlinie«, dass Selbsttötungen »unter allen Umständen und mit allen Mitteln zu verhindern« waren.[163] Berichte aus der Zeit um 1960 enthalten noch Beispiele für die Nichteinhaltung von Bewachungsvorschriften und andere Missstände. So stellte sich bei der Untersuchung einer Selbsttötung eines Gefangenen in der Untersuchungshaftanstalt Potsdam im November 1960 heraus, dass ein Wachtmeister die nächtlichen Sichtkontrollen im Voraus eingetragen hatte. Er wurde mit drei Tagen Arrest bestraft.[164] Im gleichen Jahr wurden der »Verwaltung Strafvollzug« auch Probleme in kleineren Untersuchungshaftanstalten bekannt, die sich aus Personalmangel ergaben. Nach Dienstschluss sei dort ein sofortiger »Notaufschluß bei Selbstmord« nicht möglich, es würden »bis 30 Minuten vergehen zur Öffnung der Zelle in solchen Fällen«, hieß es in einer »Einschätzung des gegenwärtigen Zustands im U-Haftvollzug«.[165] Dadurch war die Erste-Hilfe-Leistung oft nicht möglich.

Angesichts solcher Zustände wurden in vielen Haftanstalten die Anstrengungen zur Verhinderung von Selbsttötungen verstärkt; offenbar mit Erfolg. So schätzte beispielsweise die Abteilung Strafvollzug der BdVP Gera im Jahr 1964 ein:

»Selbstmordversuche und andere Vorkommnisse, durch die sich die U-Gefangenen der Verantwortung entziehen wollten, sind stark zurückgegangen. Sie konnten in jedem Fall verhindert werden. Dazu trugen wesentlich die Aufnahmegespräche, die mit allen U-Gefangenen geführt wurden, bei.«[166]

Suizidgefahr musste in den Häftlingsakten vermerkt werden. In der Haftanstalt Brandenburg war es zum Beispiel üblich, der Häftlingsakte eine besondere »Rote Karte« beizufügen.[167] Als im Mai 1976 ein stark suizidgefährdeter Häftling dem Arzt vorgestellt wurde, warnte dieser: »Der geringste äußere Konflikt kann Anlaß zum Suicid geben.« In einem umfangreichen Plan zur »Suicidprävention« forderte der Mediziner neben der täglichen

---

163 Ernst Jung, Analyse von 100 Selbstmordversuchen Strafgefangener aus psychiatrischer Sicht, Diss. Leipzig 1982, S. 5 f.
164 Vgl. Meldekarteikarten der Verwaltung Strafvollzug des MdI, in: BArch Berlin, DO 1, 3358, n. pag.
165 MdI, Abteilung III/2, Berlin, 17. September 1960, Disposition: Einschätzung des gegenwärtigen Zustands im U-Haftvollzug, in: BArch Berlin, DO 1/11, 1476, Bl. 132.
166 ThStAR, BdVP Gera 21.1, Nr. 259, Bl. 70.
167 Vgl. BLHA, Rep. 471/15.2, BdVP Potsdam, Nr. 1710, n. pag.

Verabreichung von Medikamenten, der regelmäßigen Durchsuchung auf suizidtaugliche Gegenstände und der ständigen Anwesenheit anderer Personen bei dem Inhaftierten auch »psychagogische Gespräche«.[168] Ein Ergebnis dieser Gespräche war eine schriftliche Verpflichtung des Strafgefangenen: »Erklärung! Ich gebe hiermit mein Wort, in Zukunft von weiterer Selbstmordabsichten bzw. Versuchen Abstand zu nehmen.«[169] Eine langfristige Wirkung hatte diese Erklärung aber nicht, der Verfasser suizidierte sich einige Monate später.

Eine Besonderheit des DDR-Strafvollzuges waren die häufigen Amnestien, die jene Gefangenen, die nicht entlassen wurden, nicht selten in große Verzweiflung stürzten. Möglicherweise ist das eine Erklärung für eine auffallend große Zahl von Suizidversuchen im Vorfeld der Amnestie im Jahr 1972. Auf jeden Fall stellte Verzweiflung über das Ausbleiben einer Entlassung (bzw. eines Freikaufs durch die Bundesregierung) eine relativ häufige Ursache für Selbsttötungen in DDR-Gefängnissen dar, insbesondere bei den zu langen Haftstrafen verurteilten politischen Häftlingen. Das muss auch den Verantwortlichen bewusst gewesen sein, als sie während der Amnestie des Jahres 1987 spezielle Vorbeugemaßnahmen ergriffen. Die »sehr große Enttäuschung«, nicht amnestiert zu werden, hätte bei den betroffenen Häftlingen Reaktionen »von der Ankündigung bzw. dem Schreiben von Eingaben über kurzzeitige Arbeitsverweigerungen, Stellen eines Ersuchens auf Übersiedlung in die BRD bis zum Suizidversuch« ausgelöst, hieß es in einem MfS-Bericht. Um Vorkommnisse zu verhindern, wurden persönliche Gespräche mit den Gefangenen geführt. »Neben dem Leiter waren dabei anwesend der Leiter der Operativgruppe MfS, der Leiter der Arbeitseinrichtung K I/4, der zuständige Vollzugsabteilungsleiter und der Strafvollzugs-Psychologe.«[170]

»Gespräche« waren aber insgesamt eher die Ausnahme bei der Verhinderung von Selbsttötungen im Gefängnis.[171] In der Regel blieb die Suizidprävention äußerlich und seelenlos. Bei akuter Suizidgefährdung wurde der Betreffende intensiv kontrolliert und in der Zelle überwacht. In der MdI-Untersuchungshaftanstalt Leipzig wurde 1978 bei einem Inhaftierten festgelegt, dass er alle fünf bis zehn Minuten kontrolliert werden sollte, zudem blieb das Licht über Nacht eingeschaltet.[172] Kam es dennoch zu suizidalen Handlungen, drohten dem Wachpersonal Disziplinarstrafen.[173] Für die Ver-

168 BLHA, Rep. 471/15.2, BdVP Potsdam, Nr. 1189, n. pag.
169 Ebd., Nr. 1227, n. pag.
170 BStU, MfS, BV Potsdam, Abt. VII, Nr. 747, Bd. 2, Bl. 226.
171 Jung stellte fest, dass nur ein geringer Prozentsatz der suizidalen Strafgefangenen Kontakt zum Strafvollzugs-Psychologen gehabt hatte. Vgl. Jung, Analyse, S. 92.
172 Vgl. StAL, BdVP Leipzig 24.1, Nr. 2506, n. pag.
173 Vgl. BStU, MfS, Abt. XIV, Nr. 1324, Bl. 109–112.

hinderung eines Suizidversuchs wurden Prämien von 100 bis 150 Mark gezahlt »für gute Wachsamkeit«, gegebenenfalls auch an Mitgefangene.[174] Nach ihrer Rettung wurden Strafgefangene in der Regel in ein Haftkrankenhaus verlegt. Angesichts der vielen Suizidpatienten gab es zum Beispiel Anfang des Jahres 1981 im Haftkrankenhaus Leipzig-Meusdorf zwei Stunden »Unterricht über Suizidprophylaxe« für Wachtmeister und Offiziere.[175] Vergleicht man diese Maßnahmen mit den Gepflogenheiten in bundesdeutschen Gefängnissen, dann zeigt sich, dass viele Dinge ähnlich geregelt waren. Auch in den bundesdeutschen Häftlingsakten musste Suizidgefährdung mit roter Farbe vermerkt werden, und auch hier galt die Forderung, Selbsttötungen möglichst zu verhindern. Ein wichtiger Unterschied bestand jedoch in der Intensität der Überwachung. »Sicherungsmaßnahmen, wie sie früher *usus* waren, indem man die ganze Nacht das Licht der Einzelzelle brennen läßt und stündlich durch den Spion kontrolliert, dienen eher dazu, den Selbstmordkandidaten in den Freitod zu treiben, denn als wirkliche Vorsorge«, schrieb ein Gefängnisarzt aus West-Berlin im Jahr 1977.[176] Etwa zur gleichen Zeit zeigten sich hessische Strafvollzugspsychologen in einem »Merkblatt zur Suicidprophylaxe« überzeugt: »Durch Perfektionierung der Kontrolle geht jede menschliche Atmosphäre verloren. Gerade die positiven mitmenschlichen Beziehungen sind jedoch Voraussetzung dafür, Suicidneigungen und Suicidhandlungen entgegenzuwirken.«[177] In bundesdeutschen Gefängnissen wurde im Unterschied zur DDR darauf geachtet, dass es nicht zu »unmenschlichen Überwachungsmethoden« kam.[178]

Dementsprechend brachten Strafvollzugsbedienstete der DDR, die in den bundesdeutschen Strafvollzug übernommen worden waren, in einer Befragung Ende der 1990er Jahre einhellig zum Ausdruck, dass die »Durchsetzung der Sicherheit« in DDR-Gefängnissen »auf jeden Fall radikaler« praktiziert wurde. So gab es in DDR-Gefängnissen eine »Durchsuchungsgruppe«, die »regelmäßig Kontrollen der Zellen auch zur Nachtzeit, der Arbeitsbetriebe sowie körperliche Durchsuchungen der Inhaftierten durchführten. [...] Nach dem Empfang von Besuch hätte sich jeder Inhaftierte entkleiden müssen und sei genau überprüft worden. Heute würden nur noch Stichproben durchgeführt. Für die Haftraumkontrollen sei es insbesondere günstiger gewesen, daß die Inhaftierten nur eine gesetzlich vorgeschriebene Normausstattung

---

174 So wurden im August 1976 zwei MfS-Untersuchungshäftlinge, die einen Syrer am Suizid gehindert hatten, »für ihr gutes Verhalten aktenkundig belobigt und mit je einer Geldprämie ausgezeichnet.« Vgl. BStU, MfS, Abt. XIV, Nr. 45, Bl. 193–195, zit. 195.
175 Vgl. StAL, BdVP Leipzig 24.1, Nr. 2512, n. pag.
176 Joachim Hiob, Suicide und Suicidversuche im Strafvollzug, in: Evangelische Akademie Hofgeismar (Hg.), Suizidprobleme im Strafvollzug, Protokoll Nr. 126/1977, Hofgeismar 1977, S. 3–11, zit. 7.
177 Arbeitskreis hessischer Vollzugspsychologen, Merkblatt zur Suizidprophylaxe, in: Evangelische Akademie Hofgeismar (Hg.), Suizidprobleme im Strafvollzug, Protokoll Nr. 126/1977, Hofgeismar 1977, S. 12–32, zit. 25.
178 Armin Mechler, Psychiatrie des Strafvollzugs, Stuttgart u. a. 1981, S. 23.

hatten und die Zellen dadurch viel überschaubarer und leichter zu kontrollieren gewesen seien.«[179]

Inhaftierte in der Bundesrepublik hingegen durften ihre Zelle individuell gestalten. In bundesdeutschen Gefängnissen begegnete man Suizidgefahr in erster Linie dadurch, dass man den Betreffenden mit anderen, psychisch stabilen Gefangenen zusammenlegte. »Man muß natürlich versuchen, die Selbstmordrate so gering wie möglich zu halten, jedoch ist eine absolute Suicidprophylaxe nicht durchführbar«, hieß es im Jahr 1988 pragmatisch und nüchtern in einer Dissertation.[180]

Es gibt zudem auch Indizien dafür, dass im Zuge eines liberaleren Strafvollzuges in der Bundesrepublik Selbsttötungen in bestimmten Fällen akzeptiert wurden; vor allem die RAF-Selbsttötungen lösten eine größere Debatte aus. »Jeden und unter allen Umständen von einem Selbstmord abzuhalten, heißt, einem falschen Humanismus zu huldigen«, schrieb zum Beispiel der Berliner Strafrechtsprofessor Joachim Wagner.[181] Justizbeamte in einer norddeutschen Haftanstalt äußerten mehrheitlich Unverständnis für das Bemühen zur Verhinderung von Suiziden; manche Beamten sahen den Suizid sogar als eine »legitimierte Form der Todesstrafe« an.[182] Auch in einer Studie aus Mannheim hieß es:

> »Ein Großteil der Beamten zeigt wenig Interesse an der Materie der Suizidprophylaxe und ist der irrigen Ansicht, daß man ›niemanden halten kann, der sich umbringen will‹ und glaubt daher, daß Maßnahmen zur Erkennung suicidgefährdeter Insassen überflüssig sind.«[183]

2.4.3 Zu Suizidversuchen in den DDR-Gefängnissen

Festzuhalten bleibt, dass in den DDR-Gefängnissen durch eine nahezu totale Kontrolle sehr wenige Selbsttötungen realisiert werden konnten. Das wirft die Frage auf, wie hoch die Zahl derjenigen war, die vergeblich versuchten, sich das Leben zu nehmen. Wenn in den DDR-Gefängnissen viele Selbsttötungen verhindert wurden, gab es dann vielleicht insgesamt mehr Suizidversuche als in bundesdeutschen Gefängnissen?

Zur Beantwortung dieser Frage kann nicht auf Vorkommnismeldungen zurückgegriffen werden, da die Versuche, anders als die vollendeten Suizide,

---

179 Karen Essig, Die Entwicklung des Strafvollzuges in den neuen Bundesländern, Mönchengladbach 2000, S. 179.

180 Ursula Christine Beck, Todesfälle in Bayerischen Justizvollzugsanstalten in den Jahren 1975 bis 1983 unter besonderer Berücksichtigung der Suizide, Diss. München 1988, S. 55.

181 Stammheim. Jedem bewußt, in: Der Spiegel 31 (1977) 46, S. 24f., zit. 25.

182 Swientek, Autoaggressivität, S. 330f.

183 Paul Schaffer, Einstellung und Befinden von Inhaftierten unter besonderer Berücksichtigung der Suicidalität, Frankfurt/M. 1986, S. 114.

nicht der Meldepflicht an das Ministerium des Innern unterlagen.[184] Einige polizeiliche Statistiken auf der Ebene der Bezirke ermöglichen es jedoch, die Zahl der Suizidversuche wenigstens abzuschätzen: Im 1. Halbjahr 1979 registrierte die BdVP Erfurt 16 Suizidversuche von Strafgefangenen. Im Haftkrankenhaus Meusdorf, das im Wesentlichen für die Bezirke Halle, Leipzig und Karl-Marx-Stadt zuständig war, wurden 1980/81 insgesamt 101 Suizidpatienten behandelt.[185] Das entspräche, da bis zu 70 Prozent der Patienten aus Haftanstalten der genannten Bezirke kamen, etwa 12 Suizidversuchen pro Bezirk im Jahr.[186]

Allerdings wurde nicht jeder Inhaftierte nach Suizidversuch in das Haftkrankenhaus eingewiesen. Das verdeutlichen Statistiken der BdVP Leipzig, in denen die Zahl der Suizidversuche bereits für die ersten acht Monate 1979 mit 28 angegeben wurde; im Vergleichszeitraum 1980 waren es dann immerhin noch 17. Hochgerechnet auf ein Jahr entspräche das, ähnlich wie im Bezirk Erfurt, durchschnittlich 30 Suizidversuchen pro Jahr.

Aber nicht in allen Bezirken lag die Zahl der Suizidversuche in dieser Größenordnung. In den MdI-Gefängnissen des Bezirks Potsdam wurden im Jahr 1981 lediglich 12 derartige Vorkommnisse registriert, im Folgejahr waren es 17.[187] Die Untersuchungshaftanstalt Dresden registrierte im Jahr 1978 12 Suizidversuche.[188]

Setzt man als Schätzwert pro DDR-Bezirk 12 Suizidversuche, dann entspräche das einer Suizidversuchsrate von 514, geht man von 30 Suizidversuchen aus, wäre die Suizidversuchsrate 1285. Es ist anzunehmen, dass die tatsächliche Zahl zwischen diesen beiden Schätzwerten lag.[189]

Für einen Vergleich zur Bundesrepublik liegen offizielle Zahlen vor: In den Jahren 1970 bis 1979 wurden in bundesdeutschen Haftanstalten 3739 »ernsthafte« Suizidversuche gezählt. Bei einer durchschnittlichen Belegung von 51 728 ergibt sich daraus eine Suizidversuchsrate von 723.[190] Dieser Wert liegt im unteren Bereich der Schätzwerte für die DDR.

Da es immer eine Ermessensfrage ist, eine Handlung als »ernsthaften Selbstmordversuch« oder nichtsuizidale »Selbstbeschädigung« zu werten,

---

184 Vgl. Jung, Analyse, S. 12. Zwar wurden dem MfS zahlreiche Suizidversuche gemeldet, doch ist auch hier keine lückenlose Erfassung vorhanden.
185 Jung, Analyse, S. 19.
186 Vgl. Analyse der Gefangenenbewegung im Haftkrankenhaus Leipzig, in: Achim Berg, Die politisch-operative Sicherung des Haftkrankenhauses Leipzig als zentrale medizinische Einrichtung des Strafvollzuges der Deutschen Demokratischen Republik, Fachschulabschlußarbeit Potsdam 1982, in: BStU, MfS, JHS, MF VVS 001-778/81, Bl. 37.
187 Vgl. BLHA, Rep. 471/15.2, BdVP Potsdam, Nr. 739, n. pag.
188 Vgl. BStU, MfS, HA IX, Nr. 10097, Bl. 373.
189 Die durchschnittliche Belegung der DDR-Gefängnisse betrug 1977 bis 1981 etwa 35 000. Vgl. Müller/Stephan (Hg.), Vergangenheit, S. 121. Die bei Müller zitierte Aussage von einem ehemaligen Häftling in Cottbus, die Ärzte wären dort »ein- bis zweimal pro Woche zu Notversorgungen von Selbstmordversuchen herangezogen« worden, ergäbe für dieses Gefängnis eine noch wesentlich höhere Suizidversuchsziffer von ca. 7500.
190 Vgl. Dünkel/Rosner, Entwicklung des Strafvollzuges, S. 463.

sollen auch noch die Selbstbeschädigungen in den Vergleich einbezogen werden: In der Bundesrepublik wurden, neben den Suizidversuchen, in den Jahren 1970 bis 1979 durchschnittlich 2000 Selbstbeschädigungen pro Jahr registriert.[191] Das entspricht einer Gesamtrate der Selbstverletzungen und Suizidversuche von 4,6 Prozent. Das liegt zwar höher als die für den gesamten DDR-Strafvollzug nur mit 1,3 Prozent angegebenen Rate, korrespondiert dafür aber sehr gut mit der Angabe einer (exakt recherchierten) Rate der Selbstbeschädigungen und Suizidversuche in der DDR-Haftanstalt Regis-Breitingen von 4,7 Prozent.[192]

Die Schätzungen lassen also vermuten, dass es bezüglich der Häufigkeit suizidaler Handlungen in den Gefängnissen beider deutscher Staaten keine größeren Unterschiede gab.

2.4.4 Strukturelle Einflussgrößen

Als Zwischenergebnis bleibt festzuhalten, dass in den Haftanstalten der DDR durch das strenge Überwachungs- und Kontrollsystem viele Suizidversuche frühzeitig entdeckt und verhindert worden sind. Neben den intensiveren, um nicht zu sagen: zudringlicheren Kontrollmaßnahmen in den DDR-Gefängnissen müssen aber auch strukturelle Aspekte berücksichtigt werden.

a)   Der höhere Anteil von Untersuchungshäftlingen in den Gefängnissen der Bundesrepublik

Während in der DDR der Anteil der Untersuchungshäftlinge von knapp einem Viertel (im Jahr 1960) auf Werte um zehn Prozent in den 1970er Jahren sank, saßen in der Bundesrepublik in den 1970er Jahren etwa 25–30 Prozent der Inhaftierten in Untersuchungshaft.

Da das Selbsttötungsrisiko von Untersuchungshäftlingen erfahrungsgemäß höher ist, kann der unterschiedliche Anteil der Untersuchungshäftlinge zumindest als ergänzende Teilerklärung für die unterschiedliche Höhe der Selbsttötungsraten in den ost- und westdeutschen Gefängnissen herangezogen werden, zumal auch eine zeitliche Korrelation zwischen dem Sinken des Anteils von Untersuchungshäftlingen und der Selbsttötungsrate in den DDR-Gefängnissen bestand.

---

191 Vgl. Ebd, S. 465.
192 Vgl. Ludwig Wolf, Erfassung und Auswertung normabweichender Verhaltensweisen Strafgefangener in einer Strafvollzugseinrichtung, Diss. Bad Saarow 1987, S. 73.

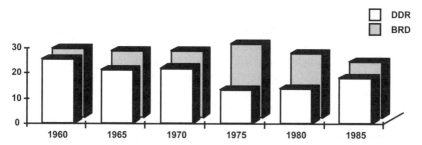

Abb. 8: Prozentualer Anteil der Untersuchungshäftlinge an der Gesamtzahl der Gefangenen.[193]

b)   Die Art der Unterbringung

Zu den einfachsten Methoden der Suizidprävention gehört es, Suizidgefährdete mit anderen Häftlingen zusammenzulegen. Sei es durch den menschlichen Kontakt, sei es durch die schnellere Meldung erfolgter Suizidversuche – die Selbsttötungsraten sind bei gemeinschaftlicher Unterbringung erfahrungsgemäß niedriger. Bereits Ende des 19. Jahrhunderts hat der italienische Suizidforscher Enrico Morselli auf die Abhängigkeit der Selbsttötungsraten in Gefängnissen von der Art der Unterbringung hingewiesen; die höchsten Raten fand er bei Unterbringung in Einzelzellen und in Isolierhaft. So erklärte Morselli auch, dass die Selbsttötungsrate in preußischen Gefängnissen (Gemeinschaftsunterbringung) mit 70 nur halb so hoch war wie in Sachsen (136), wo ein gemischtes System praktiziert wurde.[194]

Was die Situation in beiden deutschen Staaten anbelangt, so entsprach hier die Unterbringung im Großen und Ganzen den unterschiedlichen Gesellschaftsordnungen: Im Osten kollektiv, im Westen individuell. In der DDR galt die Gemeinschaftsunterbringung als die übliche und vorherrschende Unterbringungsform; noch 1995 wurden in den neuen Bundesländern etwa 80 Prozent der Strafgefangenen gemeinschaftlich untergebracht.[195]

193 Zahlen aus: Justus Krümpelmann, Aktuelle Probleme des Haftrechts in empirischer und verfahrensrechtlicher Sicht, in: Hans Göppinger/Günther Kaiser (Hg.), Kriminologie und Strafverfahren, Stuttgart 1976, S. 44–55; Dünkel/Rosner, Entwicklung des Strafvollzuges, S. 16, 392; Günther Kaiser/Heinz Schöch, Strafvollzug, Heidelberg 2002, S. 68, 396; Reinhold Schlothauer, Untersuchungshaft, Heidelberg 1992, S. 3, sowie Falco Werkentin, Politische Strafjustiz in der Ära Ulbricht, Berlin 1997, S. 378–380. In die Werte der DDR ist die Untersuchungshaft des MfS (geschätzte Belegung der MfS-UHA mit 1000 Gefangenen) einberechnet.
194 Enrico Morselli, Il Suicidio. Saggio di statistica morale comparata, Milano 1879. (Deutsche Ausgabe: Leipzig 1881.) Referiert in: Füllkrug, Selbstmord, S. 108 f.
195 Vgl. Essig, Entwicklung des Strafvollzuges, S. 147.

In der Bundesrepublik hingegen waren etwa zwei Drittel der Inhaftierten in Einzelzellen und nur ein Drittel in Gemeinschaftszellen untergebracht.[196]

Als weiterer die Suizidgefahr eher mindernder Faktor muss die Arbeitspflicht für Strafgefangene in der DDR in Betracht gezogen werden. »Insgesamt war ihre Freizeit geringer und es war weniger Zeit zum Grübeln und Nachdenken über suizidale Handlungen vorhanden.« Die enge Gemeinschaft in Arbeit und Unterbringung »hatte zur Folge, dass sie sich untereinander gut kannten und sich teilweise auch privat vertrauten«. Auch das könnte die Häufigkeit von Selbsttötungen gemindert haben.[197]

Die offene Vollzugsform, die es nur in der Bundesrepublik gab, kann hingegen nichts zur Erklärung der Ost-West-Unterschiede beitragen.[198]

c)   Der höhere Anteil von politischen Häftlingen in der DDR und die Aussicht auf Freikauf

Die Zahl der jährlich aus politischen Gründen Inhaftierten wurde für die 1980er Jahre von Johannes Raschka mit ca. 3000, von Falco Werkentin für Anfang der 1960er Jahre mit ca. 6000 angegeben. Damit waren etwa 10 bis 20 Prozent der Gefängnisinsassen politische Häftlinge.[199] Für diese Inhaftierten gab es eine realistische Chance auf Freikauf durch die Bundesrepublik: Zwischen 1963 und 1989 kaufte die Bundesregierung insgesamt 33 755 Inhaftierte gegen ein Kopfgeld frei, das waren durchschnittlich fast 1300 pro Jahr.[200]

Die in der Ära Honecker deutlich gesunkenen Selbsttötungsraten in den Gefängnissen könnten dadurch mit verursacht worden sein. Viele der politischen Häftlinge hielt die Aussicht auf Freikauf durch die Bundesrepublik möglicherweise von einer Verzweiflungstat ab: »Wenn wir das im Gefängnis nicht gewußt hätten, daß so und so viele wieder auf Transport gehen

196 Im Verlauf der 1970er Jahre stieg der Anteil der Gemeinschaftsunterbringung von 33,1 (1979) auf 39,4 Prozent (1980) an. Vgl. Dünkel/Rosner, Entwicklung des Strafvollzuges, S. 403. Im Jahr 1989 betrug der Anteil ca. ein Drittel. Vgl. Essig, Entwicklung des Strafvollzuges, S. 99.
197 Vgl. Schreiben von Vollzugsinspektor Gert Meisel, Bautzen, an den Autor vom 18. August 2005, S. 2.
198 In der Bundesrepublik verbüßten in den 1970er Jahren etwa zehn Prozent aller Inhaftierten ihre Strafe im offenen Vollzug. Hier war eine Verhinderung von Suizidabsichten nahezu unmöglich, praktisch jedoch fanden Dünkel und Rosner bei einer Stichprobe im offenen Vollzug eine sehr geringe Selbsttötungsrate, die kaum über dem Niveau der Bevölkerung lag. Daher ist anzunehmen, dass dieser Aspekt für die Erklärung der hohen Selbsttötungsrate bundesdeutscher Strafgefangener keine Rolle spielt. Vgl. Dünkel/Rosner, Entwicklung des Strafvollzuges, S. 44 sowie 132.
199 Vgl. Johannes Raschka, »Für kleine Delikte ist kein Platz in der Kriminalitätsstatistik«. Zur Zahl der politischen Häftlinge während der Amtszeit Honeckers, Dresden 1997, S. 45; Werkentin, Politische Strafjustiz, S. 379.
200 Vgl. Ludwig A. Rehlinger, Freikauf. Die Geschäfte der DDR mit politisch Verfolgten 1963–1989, Berlin 1991, S. 247.

nach dem Westen [...], dann hätte es sehr viel mehr Selbstmorde gegeben«, erinnerte sich eine Zeitzeugin. »Das gab Hoffnung für uns, und das hat viele von uns aufrechterhalten, daß wir nicht selber Hand an uns gelegt, daß wir uns nicht das Leben genommen, daß wir durchgehalten haben.«[201] In ähnlicher Weise äußerten sich auch andere politische Häftlinge bei einer Befragung.[202]

Dass es sich hierbei um eine repräsentative Aussage handelte und dass politische Häftlinge (»Straftaten gegen die staatliche Ordnung«) in der Tat ein geringeres Selbsttötungsrisiko als Kriminelle (vor allem Delikte Diebstahl und Mord) aufwiesen, stellte auch ein Strafvollzugs-Psychiater in einer im Jahr 1982 verfassten, damals geheimen Dissertation fest.[203] Auch dieser Aspekt kommt also als Teilerklärung für die niedrigeren Selbsttötungsraten in DDR-Gefängnissen in Betracht.

Aber auch unabhängig vom konkreten Delikt könnte es, angesichts der Tatsache, dass die Gefangenenziffer (also die Zahl der Inhaftierten je 100 000 Einwohner) in der DDR im Vergleich zur Bundesrepublik trotz niedrigerer Kriminalitätsrate mehr als doppelt so hoch war,[204] in der Bundesrepublik zu einer Akkumulierung suizidgefährdeter Menschen in den Gefängnissen gekommen sein, während in der DDR durch die politischen Delikte ein größerer Anteil psychisch »normaler« und nicht suizidal disponierter Menschen inhaftiert wurde.

Auch dafür gibt es Anhaltspunkte. So hat der DDR-Psychiater Jung ermittelt, dass nur knapp über 20 Prozent der von ihm untersuchten Suizidpatienten des Haftkrankenhauses Meusdorf bereits vor der Haft Suizidversuche ausgeführt hatten.[205] Demgegenüber fand eine fast zeitgleich erfolgte Studie der bundesdeutschen Sozialpädagogin Swientek einen weitaus höheren Anteil Suizidgefährdeter unter Verhafteten in der BRD. Hier hatten über 50 Prozent bereits im zivilen Leben Suizidversuche durchgeführt und im Gefängnis lediglich ihre »suicidale Karriere« fortgesetzt.[206]

---

201 Protokoll der 69. Sitzung, Beitrag von Ellen Thiemann, in: Deutscher Bundestag (Hg.), Materialien der Enquete-Kommission »Aufarbeitung von Geschichte und Folgen der SED-Diktatur in Deutschland« (12. Wahlperiode des Deutschen Bundestages), Bd. VII/1, Baden-Baden–Frankfurt/M. 1995, S. 358–365, zit. 364.
202 Vgl. Johannes Raschka, Zwischen Überwachung und Repression – Politische Verfolgung in der DDR 1971 bis 1989 (= Hannsjörg F. Buck/Gunter Holzweißig (Hg.), Am Ende des realen Sozialismus, Bd. 5), Opladen 2001, S. 133.
203 Vgl. Jung, Analyse, S. 39.
204 Im Jahr 1980 zum Beispiel lag die Gefangenenziffer in der BRD bei 94,5. (Dünkel/Rosner, Entwicklung des Strafvollzuges, S. 65.) In der DDR, wo die Zahl der Gefängnisinsassen stärkeren Schwankungen unterlag, lag sie im gleichen Jahr bei 238; im Jahr 1970 betrug die Gefangenenziffer der DDR 177. (Zahlen aus: Werkentin, Politische Strafjustiz, S. 378f. sowie Felber/Winiecki, Material.)
205 Vgl. Jung, Analyse, S. 55.
206 Vgl. Christine Swientek, Der Gefangenenselbstmord zwischen Zahlenspielereien und der Suche nach einem Schuldigen, in: Suizidprophylaxe 11 (1984) 3, S. 212–218.

2.4.5 Selbsttötungen in den Untersuchungshaftanstalten des MfS

Ein weiterer Aspekt, der bei der Diskussion der relativ niedrigen Selbsttötungsraten in DDR-Gefängnissen beachtet werden muss, ist die Tatsache, dass Selbsttötungen im Machtbereich des MfS bisher nicht berücksichtigt wurden. In die Statistiken des MdI gingen lediglich die Todesfälle in Bautzen II ein (das trotz starkem MfS-Einfluss formal dem MdI unterstand), Selbsttötungen in MfS-Untersuchungshaftanstalten wurden jedoch nicht an das MdI gemeldet.

Anhand einiger bruchstückhafter Informationen über Suizide bzw. Suizidversuche in MfS-Untersuchungshaftanstalten ist es jedoch möglich, deren Ausmaß abzuschätzen.

Für die MfS-Untersuchungshaftanstalt Leipzig sind zwischen 1953 und 1974 vier Selbsttötungen nachweisbar.[207] Daraus ergäbe sich für die Leipziger Untersuchungshaftanstalt, in Abhängigkeit von der Durchschnittsbelegung,[208] eine geschätzte Selbsttötungsrate, die zwischen 225 und 400 lag.

In der MfS-Untersuchungshaftanstalt Berlin-Hohenschönhausen sollen sich zwischen 1951 und 1989, nach Angaben des Leiters der MfS-Abteilung XIV, sechs Menschen das Leben genommen haben.[209] Bei einer Durchschnittsbelegung von 60 Verhafteten[210] ergäbe das eine Selbsttötungsrate von 256.

In Bautzen II ereigneten sich zwischen 1980 und 1989 vier Selbsttötungen, was bei einer Durchschnittsbelegung von 161 einer Selbsttötungsrate von ca. 250 entsprechen würde.

Das sind, im Vergleich zu den MdI-Gefängnissen, sehr hohe Selbsttötungsraten. Die Selbsttötungsrate im MdI-Gefängnis Bautzen I beispielsweise betrug im Zeitraum 1968 bis 1989 lediglich 35.

Andererseits erreichten die Selbsttötungsraten in bundesdeutschen Untersuchungsgefängnissen ganz ähnliche Größenordnungen. Im Westberliner Untersuchungsgefängnis Berlin-Moabit beispielsweise betrug im Jahr 1960 die auf die Jahresdurchschnittsbelegung bezogene Selbsttötungsrate 254.[211]

Die MfS-Untersuchungshaftanstalten hatten insgesamt eine Kapazität für über 1500 Gefangene, waren jedoch im Durchschnitt nur zu 50 Prozent mit

---

207 Vgl. BStU, MfS, BV Leipzig, Abt. XIV, Nr. 13, 338, 339 und 765/04.
208 Unter Zugrundelegung der Angaben zur durchschnittlichen Belegung mit 45 bzw. 81 Verhafteten bei: Johannes Beleites, Anatomie der Staatssicherheit, Geschichte, Struktur und Methoden (= MfS-Handbuch, Teil III/9), Abteilung XIV: Haftvollzug, Berlin 2003, S. 62f.
209 Siegfried Rataizick, Der Untersuchungshaftvollzug im MfS, in: Reinhard Grimmer u.a. (Hg.), Die Sicherheit. Zur Abwehrarbeit des MfS, Bd. 2, Berlin 2003, S. 495–519, zit. 517.
210 Vgl. die Angaben zur durchschnittlichen Belegungsstärke im Jahr 1987 in: BStU, MfS, Abt. XIV, Nr. 1747, Bl. 317.
211 Vgl. Wilhelm Glaubrecht, Zur Frage der Abwendung der Selbstmordgefahr bei Untersuchungsgefangenen, in: Zeitschrift für Strafvollzug 10 (1961) 4, S. 248–250.

Untersuchungshäftlingen belegt.[212] Extrapoliert man die Selbsttötungszahlen von Bautzen II, Leipzig und Berlin auf alle MfS-Untersuchungshaftanstalten, ergibt sich ein Mittelwert von ca. zwei Selbsttötungen pro Jahr. Das heißt, die Selbsttötungsraten in MfS-Haft waren zwar erheblich höher als in den Gefängnissen des MdI, die Gesamt-Selbsttötungsrate erhöht sich aber durch das Einbeziehen der Selbsttötungen im Machtbereich des MfS nur geringfügig, um ca. 15 bis 20 Prozent.

Dieses Ergebnis steht in einem gewissen Widerspruch zu dem Bild, das etwa Ehrhart Neubert im »Schwarzbuch des Kommunismus« gezeichnet hat, wonach weit mehr Selbsttötungen zu erwarten gewesen wären.[213] In Darstellungen zur MfS-Untersuchungshaft wird auch manchmal der menschenverachtende Ausspruch Erich Mielkes zitiert, der am 24. Mai 1979 auf einer Dienstberatung gesagt hatte:

»Und wenn sich ein Verbrecher, ein verkommenes Subjekt deshalb etwas antut, weil er merkt, daß wir ihn erkannt haben und mit aller Konsequenz gegen ihn vorgehen, dann ist das noch tausendmal besser, als wenn es ihm gelingt, seine verbrecherischen Absichten zu verwirklichen oder uns weiter anderen Schaden zuzufügen.«[214]

Auch dieses Zitat lässt eine eher hohe Selbsttötungsrate in den MfS-Gefängnissen erwarten.

Die verfügbaren Quellen zeigen indes, dass sich in den Untersuchungsgefängnissen des MfS ein Kampf auf Leben und Tod abspielte, bei dem es den Inhaftierten nur selten möglich war, den angestrebten Tod auch tatsächlich selbst herbeizuführen. »Es darf keinem der Inhaftierten gelingen, sich durch geeignete Mittel und Methoden dem Strafverfahren und der gerechten Bestrafung zu entziehen«, forderte ein MfS-Offizier in seiner Diplomarbeit im Jahr 1973:

»Es sind Feinde der Deutschen Demokratischen Republik. Dieser Personenkreis handelt bewußt aus innerer Überzeugung heraus gegen unseren Arbeiter-und-Bauern-Staat und den Sozialismus. Diese Inhaftierten verkörpern die bürgerliche Ideologie und versuchen auch in der Haft, durch ihr Verhalten dem imperialistischen System nützlich zu sein.«[215]

Das waren keineswegs leere Worte, wie die zahlreichen Vorkommnismeldungen über verhinderte Suizidversuche zeigen. Die Überwachung der Verhafte-

---

212 Im Jahr 1987 wurden durchschnittlich 702 Verhaftete plus 325 Strafgefangene in den Untersuchungshaftanstalten des MfS gezählt. Vgl. BStU, MfS, Abt. XIV, Nr. 1747, Bl. 317.
213 Vgl. Neubert, Politische Verbrechen, S. 859f.
214 BStU, MfS, BdL/Dok., Nr. 006828, Bl. 91.
215 Erich Lange, Psychologische Probleme des politisch-operativen Wach- und Sicherungsdienstes der Abteilung XIV unter Berücksichtigung des Verhaltens der Untersuchungshäftlinge, Diplomarbeit Potsdam 1973, in: BStU, MfS, JHS, MF VVS 160-254/74, Bl. 10.

ten in den MfS-Untersuchungshaftanstalten war nahezu lückenlos. Am Tag »klickte« der Spion, durch den die Wachleute die Zelleninsassen beobachteten, alle fünf bis zehn Minuten, nachts etwas seltener, dafür aber unter Einschaltung der Beleuchtung.[216] Diese Bewachung wurde bei Suizidgefahr noch verschärft. Als beispielsweise in Leipzig ein Wachmann entdeckte, dass ein Untersuchungshäftling versuchte, »mit den Fingernägeln die Blutadern am Handgelenk zu verletzen«, wurde die Zelle »durchgehend beleuchtet und verschärft kontrolliert«.[217] Das rechtzeitige Einschreiten war oft auch deshalb möglich, weil den Bewachern schon vorher bekannt war, dass sich der Häftling in einer verzweifelten Stimmung befand. Ein Beispiel: Das MfS beobachtete bei einem Verhafteten unmittelbar nach seiner Verurteilung »ein ausgeprägtes depressives Verhalten«, zudem wurde bei der Briefkontrolle festgestellt, dass er in einem Schreiben an seine ebenfalls verhaftete Ehefrau Selbsttötungsabsichten äußerte. »Auf der Grundlage dieser Information wurden für den [...] verstärkte Kontrollmaßnahmen festgelegt. In der Zeit zwischen 22.30 Uhr und 22.37 Uhr unternahm der Verhaftete den Versuch, sich mit seiner Trainingshose an der Heizung zu strangulieren. Durch das sofortige taktisch richtige Handeln des Sicherungs- und Kontrollpostens gelang es, den Suizidversuch zu unterbinden. Die eingeleiteten Maßnahmen der Ersten Hilfe führten zum Erfolg.«[218]

Die in zahlreichen Einzelfällen nachweisbaren Maßnahmen zur Suizidprävention erfolgten systematisch. Im MfS wurde umfangreiches Anschauungsmaterial zur Suizidprävention erarbeitet und zum Einsatz gebracht; 1977 kursierte zum Beispiel ein Dia-Ton-Lehrvortrag, der Informationen zu verschiedenen Suizidmethoden und die jeweiligen Präventions- bzw. Rettungsmöglichkeiten sehr genau schilderte.[219] Als geeignete Mittel galten Wachsamkeit (zum Beispiel beim Nassrasieren), Sichtkontrolle, Zellendurchsuchung und Umbaumaßnahmen; eine psychologische Betreuung zog man hingegen nicht in Betracht.

Das MfS wertete zur Verbesserung seiner Überwachungspraktiken auch negative bundesdeutsche Erfahrungen aus. So enthalten die Akten der MfS-Abteilung XIV eine Sammlung von Zeitungsartikeln über die Selbsttötungen von RAF-Terroristen und die Zustände in Stuttgart-Stammheim und anderen Gefängnissen.[220] »Versäumnisse« wie das Belassen des Messers in der Zelle von Irmgard Möller mit der Begründung »falls sie nachts einmal Hunger gehabt hätte«, das »Vergessen« des Kabels, mit dem sich Gudrun Ensslin strangulierte, aber auch die durch einen Psychiater erfolgte Feststellung von

216 Vgl. Johannes Beleites, Schwerin, Demmlerplatz. Die Untersuchungshaftanstalt des Ministeriums für Staatssicherheit in Schwerin, Schwerin 2001, S. 141–146.
217 Meldung vom 31. Oktober 1971, in: BStU, MfS, BV Leipzig, Abt. XIV, Nr. 180/01, Bl. 113.
218 Information 9/85 vom 10. September 1985, in: BStU, MfS, BV Halle, Abt. XIV, Nr. 334, Bl. 66–69, zit. 67.
219 Vgl. BStU, MfS, Abt. XIV, Nr. 1747, Bl. 117–120.
220 Vgl. BStU, MfS, Abt. XIV, Nr. 1562.

»Unruhe und manchmal tiefen Depressionen« bei den RAF-Häftlingen wurden von MfS-Mitarbeitern als »wichtige Informationen« gekennzeichnet. Mit einem Ausrufezeichen versah das MfS die Aussage, eine selbstmordsichere Zelle müsse »nüchtern, sparsam möbliert, mit wenigen Blicken überschaubar« sein. Angestrichen wurde zudem auch die für das MfS offenbar befremdlich wirkende Begründung, weshalb die Gefangenen nicht regelmäßig Tag und Nacht kontrolliert wurden: Das hätte »gegen die Menschenwürde verstoßen«. Vor allem aber wurden die Pannen und Nachlässigkeiten im bundesdeutschen Strafvollzug aufmerksam registriert, um den eigenen Strafvollzug zu perfektionieren. Es darf angenommen werden, dass sich diese Selbsttötungen in MfS-Gefängnissen, wo Inhaftierte häufig und überraschend auf andere Zellen gelegt und Suizidgefährdete auch nachts regelmäßig kontrolliert wurden, kaum so ereignet hätten.

Wofür die eingangs zitierte Äußerung von Erich Mielke nichtsdestotrotz als symptomatisch gelten kann, ist die menschenverachtende Art und Weise des Umgangs mit suizidgefährdeten Verhafteten. Eine Dienstanweisung für eine Haftanstalt der Staatssicherheit aus dem Jahr 1958 schärfte den Bewachern ein, den inhaftierten »Klassenfeinden« keinerlei Mitleid entgegenzubringen. Die Gefangenen sollten korrekt behandelt werden, aber das Verhältnis zu ihnen sollte sein »wie das zu einem Gegenstand, der zwar gepflegt werden muß, aber außerordentlich gefährlich ist«.[221] Für die Verhafteten war die Grenze zwischen Suizidprävention und Bestrafung oft kaum noch erkennbar. »Es ist untersagt, sich körperliche Selbstbeschädigungen zuzufügen«, legte die Hausordnung für Untersuchungshäftlinge der MfS-Haftanstalt in Erfurt fest. Ein Verstoß gegen diese Festlegung führte zum Anlegen einer »Fesselungsjacke« oder von Handschellen.[222] Mit suizidpräventiven Maßnahmen wie der »Durchsetzung einer ›Schlafhaltung‹ während der Nachtruhe, bei der die Hände sich auf der Bettdecke befinden sollten«,[223] und den in der Nacht durchgeführten ständigen Lichtkontrollen überschritt das MfS die Grenze zur »psychischen Misshandlung«.[224]

Ein Zeugnis des »seelenlosen« Umgangs mit suizidalen Verhafteten enthalten Akten der MfS-Untersuchungshaftanstalt Suhl. Dort saß eine wegen eines Republikfluchtversuchs Verhaftete am Morgen des 30. Januar 1983 auf ihrem Bett und weinte. Den Aufforderungen, sich zu waschen und anzuziehen, kam sie nicht nach. »Sie steigerte sich immer mehr in einen Wein-

221 BStU, MfS, BV Leipzig, Abt. XIV, Nr. 30, Bl. 10.
222 Andrea Herz/Wolfgang Fiege, Untersuchungshaft und Strafverfolgung beim Staatssicherheitsdienst Erfurt/Thüringen. I. Die MfS-Haftanstalt Andreasstraße 37 (1952/54 – 1989), Erfurt 2000, S. 40.
223 »Die Durchsetzung einer ›Schlafhaltung‹ während der Nachtruhe, bei der die Hände sich auf der Bettdecke befinden sollten, hatte vor allem den Sinn, Suizid-Handlungen vorzubeugen.« Vgl. Rataizik, Untersuchungshaftvollzug, S. 517.
224 In der Bundesrepublik lehnte man diese Praktiken ab und konnte sich nicht vorstellen, dass solche Schikanen tatsächlich nur der »Sicherung gegen Suizid« dienen sollten. Vgl. Fricke, Menschen- und Grundrechtssituation, S. 47.

krampf und sagte, es ginge nicht, sie könnte nicht aufstehen, wir sollten ihr doch glauben.« Daraufhin versuchte eine Angehörige des Wachpersonals zunächst, die Frau hochzuziehen, die sich jedoch an das Bett klammerte. Die weiteren Ereignisse schilderte die Strafvollzugsangehörige wie folgt:

>»Die Beschuldigte steigerte sich immer mehr, und fing an zu schreien. Darauf sagte ich ihr das[s] ich ihr ihren Zustand nicht glaube, sie organisch gesund sei und sie uns hier nur etwas vormache, sie sei durchaus in guten gesundheitlichen Zustand und könne ihr Bett verlassen sowie aufstehen. Sie steigerte sich immer mehr und konnte sich nicht beruhigen. Wir sollten ihr helfen, sie könne doch nicht mehr. Daraufhin fas[s]te Gen. [...] und ich das Bette an und wir drehte[n] es um, wovon die Beschuldigte herunterrutschte. Sie blieb jedoch auf dem Fußboden liegen und wurde immer verrückter. Daraufhin nahm ich eine Schüssel mit Wasser und übergoß die Beschuldigte damit. Wir setzten sie auf einen Stuhl und erklärten ihr, das[s] sie sich an die Hausordnung zu halten habe, und vernünftig sein soll.«[225]

Erst einen Tag später entdeckte man, dass die Verhaftete in der Nacht versucht hatte, sich mit ihren Fingernägeln die Pulsadern zu öffnen. Die eingeleitete »Suizidprophylaxe« bestand im Wesentlichen darin, zu kontrollieren, dass die Frau eine vorgeschriebene Schlafhaltung einnahm. Am folgenden Tag wurde vermerkt:

>»Die Beschuldigte [...] sagte zu mir, sie habe diese Nacht nicht schlafen können. Sie würde immer in Bauchlage schlafen, und jetzt dürfe sie es nicht. Sie könne das nicht aushalten, ich solle ihr helfen, ich weiß doch warum. [...] Ich sagte zu ihr: sie soll sich nicht so viele unnütze Gedanken machen und sich etwas zusammennehmen. Der Arzt hätte ihr doch gestern erklärt, daß sie keine Medikamente bekommt. Die Beschuldigte zitterte heftig.«[226]

In einer aufgrund dieses Vorkommnisses geführten Aussprache wurde bekannt, dass die Frau in den zurückliegenden Wochen bereits dreimal versucht hatte, sich das Leben zu nehmen. Anstatt die Frau zu schonen, wollten die MfS-Vernehmer die seelische Krise der Verhafteten offenbar für weitere Geständnisse ausnutzen. Bereits zwei Tage später wurde sie zu einer Vernehmung geholt, die (mit zwei Unterbrechungen) von 8.15 Uhr bis 18 Uhr dauerte.[227]

Die funktionale Art und Weise des Umgangs mit Suizidalität setzte sich bis in die Vorkommnis-Berichte fort, in denen nur selten auf das Motiv der Verzweiflungstat eingegangen und zumeist nur der äußere Ablauf des Suizidversuches geschildert wurde.

---

225 BStU, MfS, BV Suhl, AU 147/84, Bd. II, Bl. 57f. Orthografische Fehler teilweise korrigiert.
226 Ebd., Bl. 61.
227 Vgl. ebd., Bl. 206.

Manchmal wurden Suizidgefährdete beim MfS aber auch in suizidprophylaktischer Absicht zu Hilfsarbeiten herangezogen. So kam eine besonders gefährdete Frau im MfS-Untersuchungsgefängnis in Halle/Saale eine Woche lang bei Reinigungsarbeiten und beim Einschlagen von Büchern zum Einsatz.[228] Einen als sensibel geltenden Inhaftierten in der MfS-Untersuchungshaftanstalt Potsdam setzte man, »um durch eine Nebenbeschäftigung vom übermäßigen Grübeln abgelenkt zu werden«, als Kalfaktor ein.[229]

Insgesamt unterschied sich der Umgang mit Suizidversuchen in den Gefängnissen des MfS von dem in den Gefängnissen des MdI nur graduell; wichtigster Unterschied war die intensivere Bewachung, die ein noch stärkeres Gefühl erzeugte, total ausgeliefert zu sein und selbst noch die letzte Freiheit, sich das Leben nehmen zu können, verloren zu haben.[230]

Vergleicht man die vorhandenen Vorkommnismeldungen über Suizidversuche, dann erwecken die Meldungen aus MfS-Gefängnissen den Eindruck, als ob Suizidversuche dort eine wesentlich stärkere Todesintention aufwiesen als in den Gefängnissen des MdI. Demonstrative Suizidversuche jedenfalls kamen beim MfS so gut wie nicht vor.

Tätigkeitsbücher aus dem MfS-Untersuchungsgefängnis in Halle/Saale vom Jahr 1984 lassen auch eine quantitative Abschätzung des Ausmaßes suizidaler Verzweiflung unter den Inhaftierten zu. Innerhalb eines halben Jahres wurden dort 18 Insassen wegen Suizidgefahr zu Kontrollschwerpunkten erklärt, also fast ein Fünftel aller Neuzugänge.[231]

Der enormen Selbsttötungsneigung der Häftlinge stand aber, und beim MfS sogar noch in stärkerem Maße als in den Gefängnissen des MdI, der totale Kontrollanspruch des Sicherheitsapparates gegenüber. So berichtete eine interne Forschungsarbeit des MfS, dass »im Zeitraum von 1978 bis 1982 in den Untersuchungshaftanstalten des MfS 149 Suizidversuche Verhafteter erkannt und damit Suizide verhindert wurden«.[232] Das entspräche einer extrem hohen Suizidversuchsrate von knapp 4000.

228 Vgl. BStU, MfS, BV Halle, Abt. XIV, Nr. 863, Einträge vom 13. bis 27. Juni 1984.
229 BStU, MfS, Abt. XIV, Nr. 42, Bl. 138f., zit. 139. Trotzdem unternahm der Betreffende im April 1976 einen Suizidversuch.
230 Durch die totale Kontrolle wurde Suizidalität in der MfS-Untersuchungshaft, statt das entwürdigende System von Desorientierung, Isolierung und permanenter Überwachung zu durchbrechen, selbst Teil der Ausweglosigkeit. Jürgen Fuchs hat beschrieben, dass MfS-Mitarbeiter in Einzelfällen ihre totale Macht demonstrierten durch »Hinterlegen von Glas, um ›Suizid zu testen‹«. Vgl. Klaus Behnke/Jürgen Fuchs (Hg.), Zersetzung der Seele, Hamburg 1995, S. 75.
231 Vgl. BStU, MfS, BV Halle, Abt. XIV, Nr. 863. Im Jahr 1986 waren es 193 Neuzugänge. Vgl. BStU, MfS, BV Halle, Abt. XIV, Sachakte Nr. 1238, Bl. 18.
232 [Siegfried] Rataizick u.a., Die aus den politisch-operativen Lagebedingungen und Aufgabenstellungen des MfS resultierenden höheren Anforderungen an die Durchsetzung des Untersuchungshaftvollzuges und deren Verwirklichung in den Untersuchungshaftanstalten des MfS, Potsdam 1984, in: BStU, MfS, JHS 21961, Bl. 302.

2.4.6 Zwischenbilanz

Als Ergebnis der ersten Sondierung kann festgehalten werden: Die wichtigste Erklärung für die vergleichsweise niedrige Selbsttötungsrate in den DDR-Gefängnissen ist die nahezu totale Überwachung. Während sich in der Bundesrepublik zunehmend eine Hemmschwelle bei der Anwendung menschenunwürdiger Sicherheitsvorkehrungen (bei gleichzeitigen Bestrebungen, den Strafvollzug strukturell zu reformieren) herausbildete und seit den 1970er Jahren die psychologische Betreuung eine stärkere Rolle spielte, wurde in der DDR die zwangsweise Lebenserhaltung durch Medikamentengabe, Fesselung, Arrest und verschärfte Überwachung ständig »perfektioniert«.

Daneben dürften auch strukturelle Unterschiede wie der höhere Anteil von Untersuchungshäftlingen in der Bundesrepublik, der größere Anteil politischer Häftlinge in der DDR (sowie deren Hoffen auf Freikauf) und das Vorherrschen gemeinschaftlicher Unterbringung in der DDR eine Rolle gespielt haben. Die Selbsttötungsraten in den MfS-Untersuchungshaftanstalten, die deutlich höher waren als in den Gefängnissen des MdI, beeinflussen – wegen der kleinen Zahl der beim MfS Inhaftierten – die Gesamt-Selbsttötungsrate der DDR-Gefängnisse nur geringfügig.

Damit ergibt sich als vielleicht etwas überraschendes Ergebnis dieser ersten Sondierung, dass für die Gefängnisse der DDR der Allgemeinplatz »hohe Selbsttötungsrate = soziale Pathologie« nicht gilt. Vielmehr ist hier eine im deutsch-deutschen Vergleich besonders niedrige Selbsttötungsrate als Folge repressiver Überwachung und Kontrolle festzustellen.

»Im Gefängnis, wie in jeder ›totalen Institution‹, gehört das eigene Leben nicht mehr einem selbst. Es unterliegt vielmehr der totalen sozialen Kontrolle der Anstalt, die mit der Entscheidungsgewalt über das Leben sich auch die Entscheidung über den Tod vorbehält.« Diese Worte, geschrieben von einem bundesdeutschen Soziologen[233] unter Bezugnahme auf Erving Goffman,[234] der den Begriff der »totalen Institution« geprägt hat, galten für die Gefängnisse der DDR in weit stärkerem Maße als für die Bundesrepublik.

---

233 Weis, Freitod, S. 89f.
234 Vgl. Goffman, Asyle.

2.5 Sondierung Nr. 2: Selbsttötungen in der Nationalen Volksarmee

2.5.1 Selbsttötung und Wehrpflicht

Hat die Einberufung zur Nationalen Volksarmee (NVA) Selbsttötungen begünstigt oder gar junge Rekruten »in den Tod getrieben«? – Die Wahrscheinlichkeit, dass diese Frage bei einer repräsentativen Meinungsumfrage unter ehemaligen NVA-Soldaten mit »Ja« beantwortet würde, ist groß. Bereits die bevorstehende Einberufung bewirkte bei nicht wenigen jungen Menschen ein Gefühl der unerträglichen Einengung. Die Aussicht auf eine mindestens 18-monatige Trennung von Freundin oder Ehefrau, auf permanentes Eingesperrtsein, Drangsalierungen und zwischenmenschliche Härte sowie die bevorstehende Ausbildung zum Töten weckten Widerwillen und Angst. Und so finden sich in den kriminalpolizeilichen Akten der DDR auch Beispiele dafür, dass junge Männer im Tod eine letzte Möglichkeit sahen, die drohende Einberufung abzuwenden: Im März 1981 erhängte sich zum Beispiel in Nauen ein 19-jähriger Arbeiter, nachdem er eine Postkarte mit der Aufforderung zur Musterung erhalten hatte. Im November 1982 sprang ein 23-jähriger Elektromonteur in Berlin unmittelbar vor dem Einberufungstermin vor eine fahrende S-Bahn; die Polizei ermittelte, dass er Angst vor der NVA hatte und davor, während dieser Zeit seine Freundin zu verlieren.[235]

Nach der Einberufung der zumeist 18- oder 19-Jährigen zur NVA, nach der Fahrt zur Kaserne, dem Abspringen vom Lkw, nach der »Begrüßung« im Befehlston, den Pfiffen und Befehlen auf dem Kasernenflur, dem hektischen Essen, dem Drill während der Grundausbildung, den Schikanen durch das dritte Diensthalbjahr – nach dieser »Einführung« in den militärischen Alltag mag wohl mancher beim Zurücksenden der Zivilsachen in dem mitgebrachten Pappkarton gezweifelt haben, ob er das achtzehn Monate lang aushalten würde. So erging es wohl jenem jungen Mann, der sich wenige Tage nach seiner Einberufung zu den Grenztruppen die Pulsader aufschnitt, weil, wie es im unmittelbar nach dem Vorkommnis vom MfS aufgesetzten Telegramm hieß, »ihn die vielen neuen ereignisse (einberufung) sehr anstrengen und er sich den anforderungen der bevorstehenden ausbildung nicht gewachsen fuehlt.«[236] Er wurde allerdings gerettet.

In den Akten der SED-Bezirksleitung Potsdam ist der Bericht eines Parteisekretärs enthalten, der Mitte der 1960er Jahre einen Kollegen nach der Einberufung besucht und sich mehrere Stunden mit ihm unterhalten hat.[237] »Ich muß ehrlich gestehen, daß ich von dem Gehörten erschüttert bin«,

---

235 Vgl. BLHA, Rep. 471/15.2, BdVP Potsdam, Nr. 1272 und 1285, n. pag.
236 BStU, MfS, HA I, Nr. 16, Bl. 507.
237 Vgl. BLHA Potsdam, SED-BL Potsdam, Rep. 530, Nr. 3362, n. pag.

schrieb der Parteisekretär. Postkontrolle, Briefzensur, häufige Diebstähle, Härte und Rücksichtslosigkeit hätten »ein sehr schlechtes politisches Klima« erzeugt. Zum Essen würde es im Laufschritt gehen, sein Kollege hätte deswegen schon Sodbrennen bekommen. Ein anderer Soldat hätte sich nach dem Essen übergeben müssen, dafür ließ man ihn zehn Türen abschrubben – als Erziehungsmaßnahme. »Es sind nach meiner Meinung ausgesprochene Barrassmethoden, die es doch bei unserer Armee nicht geben sollte«, schrieb der empörte Genosse, der auch darauf hinwies, »daß sich im vorigen Jahr ein Soldat wegen der dort herrschenden Zustände auf dem Boden der Kaserne aufgehangen hat«. Letzteres wurde zwar vom Regimentskommandeur dementiert, in den letzten zwei Jahren hätte es angeblich keine Selbsttötung in der Kaserne gegeben. Aber immerhin macht der Bericht deutlich, dass Selbsttötungsgedanken zu Beginn des Wehrdienstes weit verbreitet waren.

Während der gesamten Zeit des Bestehens der NVA gab es hierzu keine wissenschaftliche Untersuchung. Lediglich eine Diplomarbeit des Militärkriminalisten Ernst-Armin Pickert, der als Untersuchungsführer beim Militärstaatsanwalt tätig war, ging am Rande darauf ein: »Eine auffallende Tatsache ist die außerordentliche Häufigkeit der Suicide im 19. Lebensjahr«, stellte der Autor fest, der 349 Selbsttötungen von NVA-Angehörigen ausgewertet hatte.[238] 52 Selbsttötungen waren durch Angst vor Strafe bzw. dienstliche Probleme motiviert; um welche dienstlichen Probleme es sich im Einzelfall handelte und wie diese Probleme Selbsttötungen bewirkt oder zumindest begünstigt hatten, darauf ging diese Diplomarbeit, die sich auf eine psychopathologische Erklärung beschränkte, nicht näher ein. Andere Quellen, vor allem Einzelfall-Meldungen des MfS, lassen hingegen einige typische Suizid-Konstellationen bei jungen Rekruten erkennen.

a)   Drangsalierungen

Ein Chiffriertelegramm des MfS berichtete im Mai 1989 davon, dass ein neu einberufener Soldat versucht hatte, sich zu erschießen, weil er vom Stubenältesten drangsaliert wurde. Einerseits verwies der berichtende Offizier auf den »labile[n] und sensible[n] Charakter« des Soldaten und bezeichnete das als »Ursache«, andererseits sah er »begünstigende Bedingungen« in den Schikanen des Stubenältesten. (Dass es tatsächlich zu Drangsalierungen gekommen war, ist daraus ersichtlich, dass der Stubenälteste einen »strengen Verweis« erhielt.)[239]

Ein anderes Telegramm meldete am 20. Oktober 1980 den Suizidversuch eines Unteroffiziersschülers, der in zwei Abschiedsbriefen als Grund für

238 Vgl. Ernst-Armin Pickert, Eine Untersuchung zur Problematik der Selbsttötung, Diplomarbeit Berlin 1971. Privatarchiv Prof. Werner Felber.
239 Vgl. BStU, MfS, HA I, Nr. 10216, Bl. 500, 502.

sein Handeln die ständigen Schikanen durch einen Unteroffizier angegeben hatte. Bei der Untersuchung bestätigten sich die Vorwürfe, so war der 20-Jährige von seinem Vorgesetzten grundlos für längere Zeit an einem Mast festgebunden worden. Die Vorgesetzten reagierten auf die »gestörten sozialistischen Beziehungen«, indem sie den Unteroffizier degradierten und den Unteroffiziersschüler in eine andere Einheit versetzten. Bei der Untersuchung kam aber auch heraus, dass sich die Situation für den jungen Unteroffiziersschüler durch zwei familiäre Todesfälle innerhalb von zwei Tagen zugespitzt hatte: Seine Großmutter war gestorben, und ein Cousin hatte sich das Leben genommen, um auf diesem Wege dem Wehrdienst zu entgehen.[240]

b) Rüder Umgangston

Ein 29-jähriger Reservist nahm sich im Februar 1988 das Leben, nachdem er während eines Alarms mit Worten wie: »Sind Sie dazu nicht in der Lage [...] Sie brauchen das doch nur ablesen« lautstark zurechtgewiesen wurde, obwohl er nicht eingewiesen war und insofern, wie es im MfS-Telegramm hieß, »objektiv nicht in der lage war, die aufgaben zu erfuellen«. Danach war der Reservist mit dem Vorwurf der »Unfähigkeit« von seinem Posten abgelöst worden. Hinzu kam, dass ein für das darauf folgende Wochenende eingereichtes Gesuch um Kurzurlaub ohne Angabe von Gründen abgelehnt worden war. Zwar handelte es sich laut MfS-Bericht nicht um eine Schikane; es wurden für dieses Wochenende wegen Wachgestellung generell keine Urlaubsscheine ausgestellt. Dennoch muss es bei dem ruhigen, zurückhaltenden und sensiblen Menschen das Gefühl der Demütigung noch verstärkt haben. Obwohl die Untersuchungskommission einen Zusammenhang zwischen der rüden Behandlung und dem Suizid ohne Angabe von Gründen verneinte, gelang es ihr nicht, andere Gründe für die Selbsttötung zu ermitteln, auch nicht nach Öffnung des letzten Briefes der Ehefrau, der kurz nach dem Todesfall in der Kaserne eintraf.[241]

c) Probleme mit der Freundin

Ein Unteroffizier auf Zeit, der seit fünf Monaten bei der »Fahne« war, erschoss sich Anfang August 1989, nachdem sich bereits die zweite Freundin während der Armeezeit von ihm getrennt hatte.[242]

240 Vgl. BStU, MfS, HA I, Nr. 5998, Bl. 81, 83.
241 Vgl. BStU, MfS, BV Karl-Marx-Stadt, Mb-271, Bd. I, Bl. 317–321.
242 Vgl. BStU, MfS, HA I, Nr. 10216, Bl. 355f.

Ein anderer Soldat richtet im Juni 1980 die Waffe auf sich, weil er Probleme mit seiner Freundin hatte, aber wegen einer Pflichtverletzung nicht in den Urlaub fahren durfte.[243]

Ein Unteroffiziersschüler, der sich für eine zehnjährige Dienstzeit verpflichtet hatte, vergiftete sich im September 1987. Er hatte sich unter der Maßgabe verpflichtet, die Armeezeit in Leipzig, wo seine Verlobte studierte, zu absolvieren. Dann aber wurde er entgegen dieser Zusage an einem anderen Ort stationiert. Wenige Monate später trat das ein, was er befürchtet hatte: Seine Verlobte teilte ihm mit, dass sie sich wegen der Beziehung zu einem Studenten von ihm trennen wolle. Daraufhin unternahm er den Versuch, sich zu töten.[244]

Auch bei einem Soldaten, der Ende April 1981 versuchte, sich mit Hilfe seines Bandmaßes aufzuhängen, spielten Probleme mit der Freundin eine Rolle. Der Soldat hatte sich eine Flasche Schnaps besorgt, um sich während des Wachdienstes zu betrinken. Der Schnaps wurde bei einer Kontrolle entdeckt und der Soldat umgehend in eine Arrestzelle eingesperrt, wo er einen Suizidversuch unternahm. Nach seiner Rettung gab der 24-Jährige an, Probleme mit der Verlobten zu haben, weshalb ihn die am selben Tag erfolgte Entlassung der Soldaten des dritten Diensthalbjahres seelisch besonders stark belastet hätte.[245]

Damit steht wohl außer Zweifel, dass die Lebensumstände in den NVA-Kasernen in Einzelfällen ursächlich oder verschlimmernd für suizidale Konfliktlagen sein konnten. Die Frage, die es im Folgenden zu beantworten gilt, ist aber, wie viele der jungen Männer ihrem Leben tatsächlich deshalb ein Ende setzten. Berichte des MfS aus den Jahren 1978 bis 1980, in denen Motive für Selbsttötungen aufgelistet wurden, erwecken den Eindruck, dass Missstände nur in wenigen Fällen eine Rolle spielten.[246] So enthielt der Bericht für 1979, der 32 Fälle auswertete, nur eine Motivangabe »wurde drangsaliert«. Die Analyse zum Jahr 1980 gab bei zwei Suizidversuchen als Motiv »Drangsalierungen« an.

Demgegenüber stufte das MfS im Jahr 1978 allein 12 der 28 ausgewerteten Fälle als familiär bzw. persönlich motiviert ein. Auf den Armeedienst bezogene Gründe fand dieser MfS-Bericht bei zwei Selbsttötungen, wo als Motiv »Vernachlässigung der Dienstpflichten« angegeben wurde, sowie bei drei Selbsttötungen, für die »Finanzbuchungen und Schulden« ursächlich

---

243 Vgl. BStU, MfS, HA I, Nr. 5998, Bl. 216f.
244 Vgl. BStU, BV Karl-Marx-Stadt, AKG, Nr. 6130, Bl. 145f.
245 Vgl. BStU, MfS, HA I, Nr. 15, Bl. 73–76.
246 Vgl. BStU, MfS, HA I, Nr. 5911, Bl. 59–64. Ausgewertet werden jeweils die ersten acht Monate des Jahres.

gewesen sein sollen – wobei auch hier das MfS die eigentliche Schuld den Betroffenen selbst zuwies.[247] Den Analysen des MfS zufolge hat das militärische Umfeld also nur wenig zur Erhöhung der Häufigkeit von Selbsttötungen beigetragen. Statistische Angaben in Sitzungsprotokollen des »Kollegiums«, des höchsten Führungsgremiums der NVA, bestätigen diese Vermutung. So wurden im Zeitraum von Dezember 1975 bis November 1984 in der NVA insgesamt 444 Selbsttötungen registriert. Daraus ergibt sich eine durchschnittliche Selbsttötungsrate von 29,5, die in etwa der Selbsttötungsrate der männlichen DDR-Bevölkerung in der Altersgruppe 20 bis 24 Jahre entsprach (32,4). Das Zusammenspiel solcher Faktoren wie Herausgerissensein aus der gewohnten Umgebung, Unausweichlichkeit der Kaserne, knappe und willkürliche Verteilung von Urlaubsgenehmigungen, militärischer Drill, Wachestehen, Politschulungen und andere als sinnlos empfundene Beschäftigungen haben offenbar entgegen der Anfangsvermutung nicht zu Selbsttötungen in statistisch relevantem Ausmaß geführt. Auch Drangsalierungen im Zuge der »EK-Bewegung« scheinen keinen größeren Einfluss gehabt zu haben.[248]

Lediglich Ende der 1950er Jahre kam es in der 1956 aus der Kasernierten Volkspolizei hervorgegangenen NVA zu letztlich nicht erklärbaren Schwankungen. Im 1. Halbjahr 1958 ereigneten sich 22 Selbsttötungen, im Vergleichszeitraum 1959 waren es 29. Gleichzeitig stieg die Zahl der registrierten Suizidversuche von 5 auf 14.[249] Damit erhöhte sich die Zahl der Selbsttötungen gegenüber dem 1. Halbjahr 1958 um fast ein Drittel, die Zahl suizidaler Handlungen (Suizide + Suizidversuche) sogar um 60 Prozent. Wirklich vergleichbar wären nur die auf die jeweilige Truppenstärke bezogenen Selbsttötungsraten.[250] Da für das Jahr 1958 eine Statistik der Truppenstärke vorliegt, lässt sich die Selbsttötungsrate der NVA für dieses Jahr relativ exakt bestimmen, sie betrug 44,6.[251] Im gleichen Jahr wurden in der DDR 36,7 Selbsttötungen pro 100 000 männliche Einwohner registriert, die

---

247 Im Jahr 1979 sah die ermittelte Motivverteilung ähnlich aus. In 14 von 32 Fällen wurden persönliche oder familiäre Konflikte als Motiv angegeben, zweimal scheiterten Offiziere an dienstlichen Aufgaben.

248 Ein deutliches Indiz hierfür ist, dass die Selbsttötungsraten bei der NVA im Verlauf der 1960er Jahre den Selbsttötungsraten des zivilen Bereiches nahekamen, während sie vor Einführung der allgemeinen Wehrpflicht (1958–1961) die Selbsttötungsrate der männlichen Bevölkerung im Alter von 20 bis 24 Jahren überschritten.

249 BA-MA Freiburg, DVW 1, 55503, Bl. 3, 52 und 157.

250 Das Umrechnen auf Relativzahlen ist vor allem in den ersten Jahren des Bestehens der NVA unerlässlich, denn in dieser Zeit unterlag die Truppenstärke erheblichen Schwankungen. Zunächst wurde sie von 104 000 (KVP 1956) etwas abgesenkt, um dann auf 147 000 (inklusive Grenztruppen) im Jahr 1963 anzusteigen. Vgl. Schreiben von Dr. Rüdiger Wenzke, Militärgeschichtliches Forschungsamt Potsdam, an den Verfasser vom 19. November 2001.

251 Der starke Anstieg der Selbsttötungen im darauf folgenden Frühjahr 1959 könnte Folge einer forcierten Rekrutierung gewesen sein. Um diesen Effekt genau zu quantifizieren, fehlt jedoch das erforderliche Zahlenmaterial.

Selbsttötungsrate der Armeeangehörigen lag also in diesem Jahr deutlich über dem Landesdurchschnitt.

Das für die Jahre nach 1960 nicht lückenlos überlieferte Zahlenmaterial lässt keine generelle Aussage zu, die vorhandenen Daten machen es jedoch sehr wahrscheinlich, dass die Selbsttötungsraten in der NVA nach 1961, wie auch später in den 1970er und 1980er Jahren, nicht höher als im zivilen Bereich lagen.

Um zufällige Schwankungen, die sich aufgrund der geringen Zahlen sehr stark auf den Kurvenverlauf auswirken, auszugleichen, wurden für die Darstellung in Abbildung 10 die Selbsttötungsraten jeweils als Mittelwert aus zwei Jahren (des vorhergehenden und des angegebenen) berechnet. Hier zeigt sich noch deutlicher, dass die Selbsttötungsraten im zivilen und militärischen Bereich ab 1970 nahezu gleich verliefen. Die scheinbar recht niedrigen Werte in den 1960er Jahren sind nicht vergleichbar, da sie (für die ersten beiden Jahre) auf MfS-Angaben basieren.[252] Da die karteimäßige Erfassung der Vorkommnisse durch die MfS-Hauptabteilung I erst im Jahr 1965 begann, ist anzunehmen, dass die niedrigen, aber ansteigenden Suizid-Zahlen in diesen Jahren den Prozess der Etablierung des Meldesystems widerspiegeln, dass also eine zeitweise Untererfassung der Armee-Suizide vorlag. In den 1970er Jahren lagen die unabhängig voneinander erhobenen Suizid-Zahlen von NVA und MfS dann in gleicher Größenordnung.[253]

Allein die Übereinstimmung der Resultate zweier unabhängiger Erfassungswege legt nahe, dass die Statistiken der NVA als relativ zuverlässig einzuschätzen sind. Zwar gilt keine Selbsttötungsstatistik der Welt als absolut vollständig, und auch bei der NVA ist, trotz strenger Meldeordnung,[254] eine Untererfassung nicht auszuschließen. So gab es innerhalb der NVA eine Regelung, dass man in unklaren Fällen (das heißt, wenn kein Motiv und keine Selbsttötungsabsicht zu ermitteln war) als offizielle Todesursache »Unfall« angeben konnte, was eine Möglichkeit für »Umklassifizierungen« darstellte. Im Einzelfall hatte das die Konsequenz, dass ein Soldat, der sich erschossen hatte, als »Unfalltoter« registriert wurde. Da die Zahl der tödlichen Unfälle bei der NVA größer war als die Zahl der Selbsttötungen, kann die Dunkelziffer der als Unfälle deklarierten Selbsttötungen theoretisch sehr hoch gewesen sein.

Ob solche – vermuteten – Verschleierungen aber in so großer Zahl stattfanden, dass sie statistisch ins Gewicht fallen, ist eher anzuzweifeln; bei der NVA wurden jedenfalls zahlreiche Selbsttötungen, bei denen das Motiv nicht geklärt werden konnte, auch als solche registriert. Ihr Anteil an den re-

---

252 Bernd Eisenfeld sei für die Auszählung der Suizid- und Suizidversuchsmeldungen in der MfS-Vorkommniskartei und die Überlassung der Ergebnisse ganz herzlich gedankt.
253 Ein exakter Vergleich ist nicht möglich, da NVA und MfS die jeweiligen Bezugszeiträume anders festgelegt haben.
254 Vgl. Meldeordnung vom 7. Dezember 1964, in: BA-MA Freiburg, VA-01, 5622, Bl. 24.

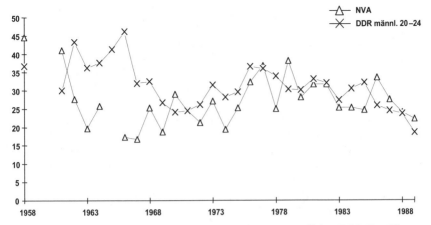

Abb. 9: Selbsttötungsraten in der NVA im Vergleich zur männlichen DDR-Bevölkerung im Alter von 20 bis 24 Jahren im Zeitraum 1958 bis 1989.[255]

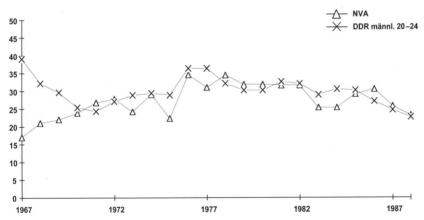

Abb. 10: Selbsttötungsraten in der NVA im Vergleich zur männlichen DDR-Bevölkerung im Alter von 20 bis 24 Jahren im Zeitraum 1967 bis 1988.[256]

255 Zahlen aus Kollegiumsprotokollen der NVA: BA-MA Freiburg, DVW 1, 55503, 55511, 55523, 55526, 55532, 55553, 55576, 55595, 55601, 55608, 55615, 55621, 55631, 55636, 55641, 55647, 55654, 55660 sowie VA-01, 13388, Bl. 2–7. Zur DDR allgemein: Felber/Winiecki, Material.
256 Zahlen der NVA ab 1968 aus Kollegiumsprotokollen: BA-MA Freiburg, DVW 1, 55553, 55576, 55595, 55601, 55608, 55615, 55621, 55631, 55636, 55641, 55647, 55654, 55660. Zahlen der NVA 1967 und 1968: Schreiben von Bernd Eisenfeld, BStU Berlin, an den Verfasser vom 23. Juli 2001. Zur DDR allgemein: Felber/Winiecki, Material.

gistrierten Selbsttötungen lag im Jahr 1978 bei 14 Prozent, im Jahr 1979 bei knapp 19 Prozent.[257] Zivile Motivstatistiken enthielten ganz ähnliche prozentuale Anteile von Suiziden mit nicht geklärtem Motiv.[258] Auch die MfS-Akten, die ja teilweise der Kontrolle der Ermittlungen der Militärstaatsanwaltschaft dienten, lassen den Schluss zu, dass die »Umklassifizierung« zum Unfall nur in einer geringen, statistisch nicht relevanten Zahl von Fällen erfolgt ist.

Im Rahmen dieser Untersuchung waren zwei Fälle nachweisbar, bei denen eine offensichtliche Selbsttötung vom Militärstaatsanwalt als »Unfall« eingestuft wurde. Im ersten Fall aus dem Jahr 1982 handelte sich um einen Berufsunteroffizier, der in einer Konfliktsituation ein Unkrautbekämpfungsmittel eingenommen hatte, um »einmal für längere Zeit auszuspannen«. Er hatte das getan, ohne die tödliche Wirkung des Mittels zu kennen, insofern ist die Einstufung als »Unfall« zumindest partiell nachvollziehbar.[259] Im zweiten Fall ging der Klassifizierung als »Unfall« eine längere Kontroverse innerhalb der Militärstaatsanwaltschaft voraus, was als Zeichen dafür gewertet werden kann, dass die Angabe einer falschen Todesursache eine Ausnahme darstellte.[260] Es kam sogar vor, dass die Militärstaatsanwaltschaft zunächst einen Unfall vermutete, im Verlauf der eingehenden Untersuchung dann aber doch zahlreiche Anzeichen für eine Selbsttötung feststellte.[261] Auch im Fall eines Stabsoffiziers, der sich im August 1984 erschoss, dabei aber einen Unfall vortäuschte, indem er sein Waffenreinigungsgerät ausbreitete und die Waffe teilweise auseinanderbaute, wurde die Selbsttötung klar nachgewiesen.[262] Alles in allem ist bei der Militärstaatsanwaltschaft keine Intention erkennbar, Selbsttötungen systematisch oder in größerem Umfang zu vertuschen.[263]

Die internen statistischen Angaben der NVA, die der strengen Geheimhaltung unterlagen, sind daher als relativ zuverlässig einzuschätzen. Eine Dunkelziffer von zehn bis dreißig Prozent liegt im Bereich des Vorstellba-

257 BStU, MfS, HA I, Nr. 5911, Bl. 59–62.
258 19 Prozent Suizide ohne klares Motiv registrierten z.B. G. Wessel/W. Koch, Über das Suizidgeschehen im Kreise Quedlinburg, in: Zeitschrift für die gesamte innere Medizin 18 (1963) 15, S. 677–686, hier 681.
259 Vgl. BStU, MfS, HA I, Nr. 18, Bl. 66–69.
260 Nachdem der Militärstaatsanwalt den Fall am 19. Mai 1988 aufgrund des äußerlichen Handlungsablaufs als Selbsttötung eingeschätzt hatte, deklarierte der Militäroberstaatsanwalt den Todesfall am 8. September 1988 als Unfall. Es handelte sich aber, auch wenn das Motiv unklar blieb, mit großer Wahrscheinlichkeit um eine Selbsttötung. Der Unteroffizier erschoss sich unmittelbar nach einem Telefongespräch mit einer weiblichen Person. Vgl. BA-MA Freiburg, GT-Ü-006205, Bl. 91.
261 Vgl. BStU, MfS, AS 187/66, Bl. 133–135.
262 Vgl. BStU, MfS, HA I, Nr. 10355, Bl. 808, 810.
263 In den Statistiken der Todesfälle verzeichneten NVA und MfS ähnliche Werte, die Zahl der erfassten Suizidversuche lag hingegen beim MfS deutlich niedriger. Offenbar hat das MfS alle Suizide bei der NVA, aber nur eine Auswahl der nicht tödlichen suizidalen Handlungen registriert.

ren, ähnliche Werte ermittelte eine Geheimstudie in Ost-Berlin aber auch im zivilen Bereich, so dass festzuhalten ist: Die Selbsttötungsrate in der NVA war generell nicht höher als die der Zivilbevölkerung.[264]

2.5.2 Selbsttötung und Dienststellung

In den deutschen Streitkräften vor 1945 war mehrfach eine im Vergleich zur Zivilbevölkerung erhöhte Selbsttötungsrate registriert worden; insbesondere war das in den Jahren um 1880 und in den 1920er Jahren der Fall.[265] In der Zeit zwischen 1873 und 1895 erreichte die Selbsttötungshäufigkeit im deutschen Heer Werte, die anderthalb- bis zweimal so hoch waren wie die der 20- bis 25-jährigen Männer im Zivilleben. Danach kam es zu einer Normalisierung der Selbsttötungshäufigkeit; in der Zeit zwischen 1895 und 1912 lag die Selbsttötungsrate des deutschen Heeres mit Werten um die 40 in ähnlicher Größenordnung wie die Selbsttötungsrate der 20- bis 25-jährigen Männer (die in Preußen zwischen 30 und 40 betrug).[266]

Auch in der NVA hatte es in den Anfangsjahren (allerdings nur um etwa ein Drittel) erhöhte Selbsttötungsraten gegeben, die sich rasch normalisierten. Seit 1961 fiel die Selbsttötungshäufigkeit in der NVA im diachronen Vergleich verhältnismäßig moderat aus.

Lediglich im synchronen Vergleich mit der Bundeswehr erschien die Selbsttötungsrate der NVA als erhöht; denn die Suizidalität war in der Bundeswehr stets niedriger als in der Zivilbevölkerung. Zwischen 1957 und 1981 pendelte die Selbsttötungsrate der 20- bis 24-jährigen Bundeswehr-Soldaten relativ konstant um einen Mittelwert von etwa 15, während die Rate der gleichen Altersgruppe im zivilen Bereich zwischen den Zeiträumen 1957 bis 1961 und 1977 bis 1981 von 22,9 auf 33,0 stieg; das war ein Anstieg um 44 Prozent. »Dieses relativ gute Ergebnis der Bundeswehr bei jüngeren Soldaten kann an der qualitativen Auslese vor und während der Dienstzeit, an der [...] gesicherten materiellen Existenz der Soldaten oder an einem besseren Zusammenhalt von militärischen gegenüber zivilen Gruppen liegen«, vermutete Klaus-Jürgen Preuschoff.[267] Anders als in der NVA wurde in der Bundeswehr die Entlassung als Maßnahme zur Verminderung der Selbsttötungen angesehen; so versuchte die Bundeswehr, zwischen 1977 und 1980 durch großzügige vorzeitige Entlassungen die Zahl der Suizidver-

264 Vgl. Leonhardt/Matthesius, Zu suizidalen Handlungen, S. 74–80.
265 Vgl. R. Brickenstein, Suicidprävention in der Bundeswehr, in: Nervenarzt 43 (1972) 4, S. 11–216.
266 Vgl. Bernd Aedtner, Der Selbstmord im deutschen Heer von 1873 bis 1913, Diss. Leipzig 1998, S. 19; Füllkrug, Selbstmord, S. 57.
267 Vgl. Klaus-Jürgen Preuschoff, Suizidales Verhalten in deutschen Streitkräften, Diss. Regensburg 1988, S. 259.

suche zu senken.[268] Inwiefern in der Bundeswehr ein besserer Zusammenhalt tatsächlich vorhanden war, bleibt spekulativ; zumindest aber war das Zusammenleben in den Kasernen offenbar »in den allermeisten Fällen so menschlich und loyal, daß keinen jungen Soldaten mehr die Verzweiflung zu packen braucht.«[269]

Für eine solche Behauptung spricht zum Beispiel ein von der Bundesregierung im Jahr 1984 auf Anfrage der »Grünen« erstellter Vergleich der Selbsttötungsraten von Bundeswehr-Soldaten und Zivildienstleistenden. Im Zeitraum 1980 bis 1983 betrug die durchschnittliche Selbsttötungsrate für Wehrpflichtige 16,4, für Zivildienstleistende 29,3. Zwar sank die Differenz stark ab, im Zwei-Jahres-Intervall 1982/83 lag die Selbsttötungsrate der Zivildienstleistenden mit 24,4 aber immer noch um ein Drittel höher als die der Bundeswehrsoldaten (18,4).[270]

Die Frage, die sich angesichts dessen für die NVA ergibt, ist also vor allem, wieso in der NVA nicht auch eine niedrigere Selbsttötungsrate im Vergleich zur Zivilgesellschaft zu verzeichnen war. Eine mögliche Antwort ist, dass hier die Bedingungen für Ausgang und Urlaub wesentlich restriktiver waren als in der Bundeswehr, wodurch sich im Einzelfall das Gefühl der unentrinnbaren Einengung verstärkt haben könnte.

Eine andere Erklärung wäre, dass es in der NVA kaum eine »qualitative Auslese« gegeben hat. Man musste schon schwere gesundheitliche Schäden nachweisen, um nicht eingezogen zu werden. Das Beispiel eines suizidalen Soldaten, der einen frühkindlichen Hirnschaden erlitten und bereits vor der Armeezeit mehrere Suizidversuche unternommen hatte (die er überlebte), belegt diese Einberufungspraxis auf drastische Weise – erst nachdem der Soldat sich 1982 während eines Wachdienstes in die Brust geschossen hatte, wurde er aus der NVA entlassen.[271]

Drittens könnten sich in der Summe der Selbsttötungen aller Dienstgrade auch noch einmal gravierende Unterschiede »verbergen«; denkbar wäre, dass bei Offizieren eine geringe, bei Wehrpflichtigen eine höhere Suizidhäufigkeit registriert wurde. (Ein »besserer Zusammenhalt« dürfte bei den Wehrpflichtigen der NVA kaum vorhanden gewesen sein; hier machte man sich durch die sogenannte »EK-Bewegung«[272] das Leben eher doppelt schwer.)

Um Vergleichswerte zu gewinnen, zunächst ein Blick auf die Selbsttötungsraten in verschiedenen Dienststellungen in der Bundeswehr:

268 Vgl. M. Heuser/J. Scherer, Prävention von Suizid und Suizidalität in der Bundeswehr, in: G. A. E. Rudolf/R. Tölle, Prävention in der Psychiatrie, Berlin u.a. 1984, S. 81–83.
269 Joachim G. Görlich, Verzweifelte Rekruten, in: Rheinischer Merkur 32 (1977) 37, S. 14.
270 Vgl. Preuschoff, Suizidales Verhalten, S. 260.
271 Vgl. BStU, MfS, HA I, Nr. 21, Bl. 20f.
272 Vgl. Klaus-Peter Möller, Der wahre E. Ein Wörterbuch der DDR-Soldatensprache, Berlin ²2000.

	1967–1971	1972–1983
Offiziere	22,8	19,1
Unteroffiziere	16,4	21,3
Wehrpflichtige	12,9	16,6

Tab. 7: Selbsttötungsraten in verschiedenen Dienststellungen
in der Bundeswehr.[273]

	1967–1971	1972–1981
20–59 Jahre	35,9	35,5
20–24 Jahre	27,0	31,1

Tab. 8: Selbsttötungsraten der männlichen Bevölkerung der
Bundesrepublik.[274]

Wie die Selbsttötungsrate in der Bundeswehr insgesamt, so lagen auch die
Selbsttötungsraten der einzelnen Dienststellungen unterhalb der Raten in der
korrespondierenden männlichen Zivilbevölkerung. Bei den Wehrpflichtigen
wurde im Zeitraum 1967 bis 1971 eine Selbsttötungsrate registriert, die nur
knapp halb so groß war wie die der Altersgruppe der 20- bis 24-jährigen
Männer. Diese Differenz verringerte sich in den folgenden zehn Jahren nur
geringfügig.

Die höhere Selbsttötungsrate der Offiziere kann ganz einfach mit dem
höheren Durchschnittsalter der Offiziere erklärt werden; bekanntlich steigt
das Selbsttötungsrisiko mit zunehmendem Alter an. Letztlich erreichte die
Differenz der Selbsttötungsrate der Offiziere zur vergleichbaren zivilen Altersgruppe der 20- bis 59-jährigen Männer ähnliche Werte wie bei den
Wehrpflichtigen. Im Zeitraum 1967 bis 1971 betrug die Selbsttötungsrate
der Offiziere 63,5 Prozent, im Zeitraum 1972 bis 1981 nur noch 53,8 Prozent der Rate der 20- bis 59-jährigen Männer im zivilen Leben.

Die Selbsttötungsrate der Unteroffiziere bewegte sich zwischen den beiden Werten, nahe an der Selbsttötungsrate der Offiziere, und bedarf damit
keiner gesonderten Interpretation.

Wie sahen die entsprechenden Selbsttötungsraten in der NVA aus? Bezogen
auf die Gesamtzahl der Selbsttötungen in der NVA, konstatierte eine MfS-
Studie im Jahr 1970 einen unterdurchschnittlichen Anteil der Soldaten im
Grundwehrdienst.[275] Nur knapp 38 Prozent der suizidalen Handlungen entfielen auf Wehrpflichtige, während deren Anteil an der Truppenstärke etwa

273 Zahlen aus: Preuschoff, Suizidales Verhalten, S. 258, 279.
274 Zahlen aus: Armin Schmidtke, Zur Entwicklung der Häufigkeit suizidaler Handlungen
im Kindes- und Jugendalter in der Bundesrepublik Deutschland 1950 bis 1981, in: Suizidprophylaxe 11 (1984) 1, S. 45–79.
275 Vgl. Information über die Entwicklungstendenzen der Selbstmorde und Selbstmordversuche in der NVA im Zeitraum vom 1.1.1969 bis 20.2.1970, in: BStU, MfS, HA I,
Nr. 13241, Bl. 253–260.

54 Prozent betrug.[276] Diese punktuelle Beobachtung lässt sich für die 1970er und 1980er Jahre mehrfach bestätigen. In der NVA lag die Selbsttötungsrate der Wehrpflichtigen in der gleichen Größenordnung wie die der 20- bis 24-jährigen Männer, beide beliefen sich auf Werte im Bereich von 20 bis 25 Selbsttötungen auf 100 000 Personen pro Jahr.[277] Wenn also der Schock der Kasernierung, der Drill der Grundausbildung und die Schikanen der »EK-Bewegung« Selbsttötungen bewirkt haben, so haben diese höchstens die möglicherweise »positiven« Effekte der Armee auf andere potenzielle Suizid-enten kompensiert, das Endergebnis lautete in etwa »plus minus null«.

Die Selbsttötungsrate der Offiziere war zumeist leicht niedriger als bei der Vergleichsgruppe der 20- bis 59-jährigen Männer der DDR.[278] Als Gründe für die geringfügig geminderte Suizidhäufigkeit kommen »Auslese« und »Zusammenhalt« ebenso wie soziale und materielle Absicherung in Frage.

Die Selbsttötungsraten der zweiten Gruppe von Vorgesetzten, der Unteroffi-ziere und Fähnriche, sind wegen der starken Schwankungen nur schwer ein-zuschätzen. Die verfügbaren Zahlen erwecken den Eindruck, als hätte die Suizidwahrscheinlichkeit in dieser mittleren Dienststellung nicht nur deut-lich höher gelegen als bei den Soldaten, sondern auch höher als bei den Of-fizieren. Diese Vermutung wird durch die schon erwähnte MfS-Information von 1970 bestärkt, die ebenfalls einen auffallend hohen Anteil von Berufs-soldaten und Soldaten auf Zeit feststellte.

Führte der Umstand, dass es für NVA-Angehörige, die sich für zehn oder 25 Jahre verpflichtet hatten, nahezu unmöglich war, diesen Weg vorzeitig zu verlassen, auch wenn er sich für sie ganz klar als Irrweg erwies, zu einer er-höhten Suizidalität bei den Berufssoldaten? Warum aber nicht bei den Offi-zieren, die nicht nur zehn, sondern 25 Jahre zu dienen hatten? Kompensierte bei den Offizieren das größere Sozialprestige und die höhere Stellung in der militärischen Hierarchie die lange Dienstzeit?

Einige Beispiele stützen diese Vermutungen: Am 9. November 1982 er-schoss sich ein Feldwebel, der in seiner Dienststelle für die Verschlusssa-chen verantwortlich war. Im Verlauf der Untersuchung stellte sich heraus, dass sowohl der Stabschef als auch der Kommandeur der Einheit laufend gegen Dienstvorschriften verstoßen hatten. Die Hinweise des offenbar sehr pflichtbewussten Feldwebels auf solche Verstöße wurden unterdrückt; auf die Ankündigung einer Eingabe reagierte der Stabschef mit den Worten: »Sie können schreiben / ich bin Ihr Vorgesetzter / zuerst lese ich die Ein-

---

276 Zur Truppenstärke: GKdos Nr. A/05086, in: BA-MA Freiburg, VA-01, 18973.
277 Eine Ausnahme bildeten lediglich die Anfangsjahre der NVA. Zu dieser Zeit erreichte die Selbsttötungsrate der Soldaten einen (allerdings nur geschätzten) Wert von ca. 40. Über die Ursachen kann nur spekuliert werden. Möglicherweise war das ein Effekt der anderen Altersstruktur, da zu dieser Zeit noch keine Wehrpflicht bestand und daher auch ältere Jahrgänge Soldat wurden.
278 Ausnahme auch hier die Jahre 1958/59. Vgl. BA-MA Freiburg, DVW 1, 55503, Bl. 153–160, hier Bl. 158.

	1958+1959[279]	1972/73	1985/86	1986/87	1987/88	1986–1988
Offiziere	51,4	42,8	38,5	42,8	47,1	42,8
Uffz./Fähnriche	56,2	39,4	64,7	47,8	30,9	47,8
Soldaten	40,5	18,4	29,5	23,3	22,1	25,0

Tab. 9: Selbsttötungsraten in verschiedenen Dienststellungen in der NVA.[280]

	1961	1972	1986
20–24 Jahre	30,04	26,16	25,91
25–29 Jahre	41,44	4,72	28,91
30–34 Jahre	31,49	40,82	38,68
20–59 Jahre	41,42	45,06	44,18

Tab. 10: Selbsttötungsraten verschiedener Altersgruppen
der männlichen Bevölkerung der DDR.[281]

gabe usw.«[282] Diese offensichtliche Ausweglosigkeit war es, die den Feldwebel zu seiner Verzweiflungstat bewegte.

Ein Berufssoldat, der mit 18 Jahren in die SED eingetreten war und sich, in der Aussicht auf ein Medizinstudium auf der Militärakademie, zu einem zehnjährigen Dienst verpflichtet hatte, reichte Anfang 1966 ein Entlassungsgesuch ein, »da ihn die Armee in seiner Persönlichkeitsentwicklung einenge und er jetzt auch andere politische Ansichten vertrete«. Als das Gesuch abgelehnt wurde, unternahm er im März 1966 einen Suizidversuch mit Tabletten.

»Die Ablehnung des Entlassungsgesuches traf ihn schwer, da er keine Möglichkeit sah, den weiteren sieben Jahren Armeedienst, den er nur noch widerwillig ausführte, zu entgehen. Ihm war klar, daß er nach den politischen Schwierigkeiten von dort auch nicht zum Studium delegiert würde, er wollte sich damit nicht abfinden. Unternahm den Suicidversuch als Protest gegen die Vorgesetzten, war dabei aber echt verzweifelt, wie die hohe Dosis beweist.«[283]

279 Hier lagen Zahlen jeweils nur für das 1. Halbjahr vor. Es handelt sich also nicht um eine »echte« Selbsttötungsrate, die sich immer auf ein ganzes Jahr bezieht: Da im Frühjahr die Suizidhäufigkeit ein Maximum erreicht, lag die tatsächliche Selbsttötungsrate wahrscheinlich etwas niedriger. Vgl. Ministerium für Nationale Verteidigung, Einschätzung der Selbstmorde und Selbstmordversuche im 1. Halbjahr 1959, in: BA-MA Freiburg, DVW 1, 55503, Bl. 153–160, hier Bl. 158.
280 Berechnet auf der Basis der Soll-Truppenstärke von 1964 mit 23 348 Offizieren, 35 565 Unteroffizieren und Fähnrichen und 81 455 Soldaten. Vgl. GKdos Nr. A/05086, in: BA-MA Freiburg, VA-01, 18973. Zahlen zu Suiziden aus Kollegiumsprotokollen: BA-MA Freiburg, DVW 1, 55576, Bl. 65; DVW 1, 55641, Bl. 114; DVW 1, 55647, Bl. 164; DVW 1, 55654, Bl. 179.
281 Zahlen aus: Felber/Winiecki, Material.
282 BStU, MfS, HA I, Nr. 13279, Bl. 172f.
283 Vgl. Ehle, Entwicklung, S. 41–43, zit. 43.

Am 4. Oktober 1982 erschien ein Unterfeldwebel nicht zum Dienst. Als ein Offizier ihn von zu Hause holen wollte, zeigte er diesem seine aufgeschnittenen Arme. Nach dem Motiv befragt, brachte er neben persönlichen Problemen (Scheidung der Eltern) zum Ausdruck, dass er »dienstlich überfordert sei«. Er bekomme »nur Druck von oben und unten«.[284]

Wahrscheinlich wirkten bei den Offizieren die größeren Machtbefugnisse und die damit verbundene Möglichkeit des Ausagierens von Aggressionen insgesamt suizidhemmend, während sich in den mittleren Diensträngen Frustrationen akkumulierten. Möglicherweise liegt hier die Erklärung für die relativ hohe Selbsttötungsrate der Berufsunteroffiziere.

2.5.3. Suizidversuche in der NVA

Bisher wurden nur die »erfolgreichen« Suizide betrachtet, deren Häufigkeit in der NVA zwischen 1958 und 1973 um 40 Prozent absank. Hinsichtlich der nicht eindeutig auf einen tödlichen Ausgang angelegten Suizidversuche muss indes ein gegenläufiger Trend konstatiert werden.[285] Deshalb stieg die Gesamtzahl der erfassten suizidalen Handlungen (Suizide und Suizidversuche) in der NVA zwischen 1958 und 1973 auf das Dreifache. Zwar kam es gleichzeitig zu einer Erhöhung der Truppenstärke (von 100 000 auf 167 000), die starke Zunahme der Suizidversuche ist damit aber nur teilweise erklärbar.

Zudem muss bei den Suizidversuchen eine erheblich höhere Dunkelziffer veranschlagt werden. Während es in der NVA nur schwer möglich war, Selbsttötungen zu verheimlichen, war das bei Suizidversuchen (die ebenso wie vollendete Selbsttötungen der Meldepflicht unterlagen) etwas einfacher. Ein Beispiel hierfür ist dem MfS im Juni 1988 berichtet worden. Ein Soldat hatte sich geweigert, die Nachtruhe einzuhalten, und wurde nach einer tätlichen Auseinandersetzung mit einem Vorgesetzten arretiert. In der Arrestzelle versuchte er zunächst, sich zu erhängen. Dann schlug er eine Scheibe ein und »zerkratzte sich mit Scherben den Unterarm«, was zu einer Verbringung in den »Medpunkt«[286] führte. Der Bataillonskommandeur, der am nächsten Tag von dem Vorkommnis erfuhr, wies an, »über die Vorkommnisse in der Arrestanstalt Stillschweigen zu bewahren. Die dort sich selbst zugefügten Verletzungen seien im Handgemenge [...] auf dem Kompanieflur entstanden.« Er begründete seine Anweisung damit, auf diese Weise »unnötigem Ärger aus dem Weg gehen zu können«.[287]

284 Vgl. BStU, MfS, HA I, Nr. 13279, Bl. 703, 705.
285 Der Militärpsychiater Gestewitz kam 1978 zu dem Ergebnis, dass bei einem Viertel der Suizidversuche in der NVA überhaupt keine Tötungsabsicht verfolgt wurde. Vgl. Bernd-Joachim Gestewitz, Zur Erkennung, Behandlung und militärmedizinischen Begutachtung selbstmordgefährdeter Armeeangehöriger, Diss. Greifswald 1978, S. 111.
286 Vom sowjetischen Militär übernommene Bezeichnung für die medizinische Behandlungsstätte in der Kaserne.
287 BStU, MfS, HA I, Nr. 13273, Bl. 521 f.

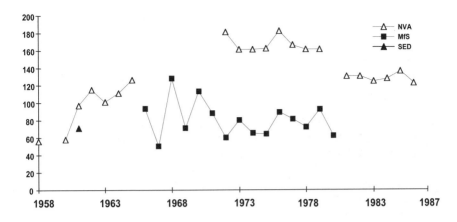

Abb. 11: Gesamtzahl der durch NVA, MfS sowie die SED-Abteilung für Sicherheitsfragen erfassten suizidalen Handlungen von NVA-Angehörigen.[288]

Auch andere Gründe könnten zur Vertuschung von Suizidversuchen geführt haben. Im Mai 1981 stürzte ein Obermatrose betrunken vom Balkon der Wohnung seiner ehemaligen Freundin. Er hatte die Ex-Freundin aufgefordert, in ein Nachtlokal mitzukommen, was diese abgelehnt hatte; daraufhin hatte er sich über die Balkonbrüstung gebeugt und war auf den Rasen gestürzt. Diese Handlung wurde zunächst als Selbsttötungsversuch gemeldet, in der Abschlussinformation dann aber »als Unfall gewertet«. Wahrscheinlich geschah diese Uminterpretation aus versorgungsrechtlichen Gründen, denn der Obermatrose wurde wegen der schweren Verletzungen aus der NVA entlassen.[289] Im Falle einer Bewertung des »Vorkommnisses« als Suizidversuch hätte er laut NVA-Begutachtungsordnung kaum eine Chance gehabt, Versorgungsansprüche durchzusetzen.[290]

Wie ist die Verdreifachung der Zahl suizidaler Handlungen von 1960 bis 1972 zu bewerten? Die Auswertung von Einzelfällen erweckt den Eindruck, dass Drangsalierungen oder ungerechte Behandlung als Motive für Suizidversuche möglicherweise sogar eine größere Rolle gespielt haben als bei vollendeten Suiziden. Beispielsweise fügte sich kurz vor Weihnachten 1977 ein Soldat mit einer Rasierklinge Verletzungen am Unterarm zu. Anlass für die Verzweiflungstat war eine kollektive Demütigung: Der junge Soldat war nach dem Abendessen von 15 »Kameraden« gezwungen worden, auf einen

288 Für die Jahre 1959, 1966–1971, 1980 und 1987–1989 sind keine vollständigen Statistiken der NVA vorhanden. Die Vorkommniskartei des MfS konnte nur für 1965–1980 herangezogen werden.
289 Vgl. BStU, MfS, HA I, Nr. 16, Bl. 468f., 473f.
290 Vgl. Ordnung Nr. 060/9/002 des Ministers für Nationale Verteidigung, in: BA-MA Freiburg, DVW 1, 44052, Bl. 111.

Schrank zu steigen und zu bellen. Bei einer Befragung gab er an, dass »er durch seine Handlung auf sich aufmerksam machen wollte«, weshalb die Tat als »vorgetäuschter Selbstmordversuch« bewertet wurde.[291]

Dass Suizidversuche und -drohungen teilweise nach Drangsalierungen erfolgten, blieb der Armeeführung nicht verborgen. Am 15. Juni 1978 wurde in einem Protokoll des »Kollegiums« vermerkt, dass »in nicht wenigen Einheiten [...] eine Atmosphäre der Angst und Unsicherheit bei jüngeren Soldaten und Unteroffizieren« bestehen würde. Die Reaktionen würden bis zu »Selbsttötungsgedanken« reichen.[292] Das Kollegiumsprotokoll vom 24. September 1975 enthält einen Bericht darüber, dass in einer Mot.-Schützen-Division »ein Soldat des 1. Diensthalbjahres von Angehörigen des 2. und 3. Diensthalbjahres psychisch gequält und zu menschenunwürdigen Handlungen genötigt« wurde, »bis er einen Nervenzusammenbruch mit erheblichen Angstzuständen erlitt, der eine längere Behandlung im ZAL [Zentrales Armeelazarett; U. G.] notwendig machte.« In einer anderen Einheit »führte ein Unterfeldwebel mit einem Soldaten ›Strafexerzieren‹ bis zum physischen Zusammenbruch durch, weil der Soldat sich weigerte, eine Tasse Bohnenkaffee für den Unterfeldwebel zu kochen.« Der Soldat musste danach medizinisch behandelt werden.[293]

Die allen Idealen einer sozialistischen Menschengemeinschaft widersprechenden Zustände waren den Offizieren bekannt, wurden aber toleriert:

> »Bedenklich und zugleich politisch verantwortungslos ist, daß neben einem Teil der Soldaten und Unteroffiziere auch Vorgesetzte, Politoffiziere und Parteimitglieder die Störungen kennen und als nicht veränderbar hinnehmen. [...] Begünstigend wirkt, daß Vorgesetzte ungerechtfertigte Forderungen von Soldaten und Unteroffizieren des letzten Diensthalbjahres tolerieren, weil sie darin ein Mittel der selbstregulierenden Disziplinierung sehen.«[294]

Wie groß der Anteil der durch Drangsalierungen ausgelösten Verzweiflungstaten war, ist nicht ermittelbar. Zeitzeugen berichteten mehrfach von Suizidversuchen bei der NVA, deren Ziel nicht der Tod, sondern die Ausmusterung war. Auch in den MfS-Akten finden sich Beispiele dafür. So nahm ein Soldat im November 1983, eine Woche nach seiner Einberufung, 30 Tabletten eines Beruhigungsmittels, um sich der Grundausbildung zu entziehen. Ein inoffizieller Mitarbeiter, der ihm im Krankenhaus begegnete, berichtete an das MfS:

> »Er betrieb im Krankenhaus offen Werbung und Propaganda für die Friedensbewegung. Hat eine absolute Abneigung gegen die NVA. Ihm wäre je-

---

291 Vgl. BStU, MfS, HA I, Nr. 7, Bd. 2, Bl. 599f.
292 BA-MA Freiburg, DVW 1, 55608, Bl. 79.
293 BA-MA Freiburg, DVW 1, 55595, Bl. 348f.
294 Kollegiumsprotokolle vom 24. September 1975, in: BA-MA Freiburg, DVW 1, 55608, Bl. 79f.

des Mittel recht um entlassen zu werden, er würde sogar bis zur Selbstver-stümmelung gehen, so seine eigenen Worte. Er war auch sehr stark auf Simu-lantentum eingestellt, was ihm zum Teil auch gelang.«[295]

Diese Strategie war erfolgreich: Im Januar 1984 wurde der Soldat ausge-mustert.

In einer Kollegiumssitzung am 9. April 1962 wurde berichtet, dass etwa zehn Prozent der Selbstmordversuche erfolgt wären, »um eine vorzeitige Entlassung aus der Armee zu erreichen«.[296] Das waren jedoch nur die Fälle, bei denen eine solche Motivation nachgewiesen werden konnte.

Auf Ausmusterung angelegte Suizidversuche kamen nicht nur bei Wehr-pflichtigen vor. Aus einer Motivstatistik des MfS von 1970 ging hervor, dass acht von 87 Suizidenten das Ziel verfolgt hatten, mit dem Suizidver-such die Verpflichtung als Berufssoldat bzw. Soldat auf Zeit rückgängig zu machen.[297]

Zieht man den Vergleich mit der Bundeswehr, dann erscheint die Zunahme der Suizidversuche nicht als Spezifikum der NVA. In der Bundeswehr stieg die Häufigkeit der registrierten Suizidversuche zwischen 1957 bis 1961 und 1977 bis 1980 von 65,1 auf 235,8, also auf das Dreieinhalbfache.[298]

Anders als in der DDR löste diese Entwicklung aber öffentliche Diskus-sionen aus. Dabei stellte sich heraus, dass (im Unterschied zu den Selbsttö-tungen) bei den Suizidversuchen »die jährlichen Ziffern der Mannschaften – insbesondere der Wehrpflichtigen – diejenigen von Unteroffizieren und Of-fizieren bei weitem übertreffen«.[299] Zudem zeigte sich noch einmal eine Häufung in den ersten drei Monaten der Dienstzeit.

Trotzdem glaubte etwa »Der Spiegel« im Jahr 1978 feststellen zu können:

»Ursachen sind nach Ansicht von Militärseelsorgern weder der Umgang mit der Waffe noch der rauhe Kasernenton, sondern vielmehr die Angst, nach der Dienstzeit den Arbeitsplatz zu verlieren, sowie die Furcht, daß menschliche Beziehungen im Heimatort zerbrechen.«[300]

Der Bundeswehrpsychologe Hermann Flach sah in den Suizidversuchen vor allem Anpassungsreaktionen an einen als extrem empfundenen Stress:

295 BStU, MfS, HA I, 5974, Teil 1, Bl. 306f., 309, zit. 307.
296 BA-MA Freiburg, DVW 1, 55511, Bl. 56.
297 Information über die Entwicklungstendenzen der Selbstmorde und Selbstmordversuche in der NVA im Zeitraum vom 1.1.1969 bis 20.2.1970, in: BStU, MfS, HA I, Nr. 13241, Bl. 253–260.
298 Vgl. Preuschoff, Suizidales Verhalten, S. 261.
299 Hermann Flach, Ergebnisse der 9. Herbsttagung der Deutschen Gesellschaft für Selbst-mordverhütung vom 02.–04. Oktober 1981 in Lüneburg, Arbeitsgruppe Suizidales Ver-halten in der Bundeswehr, in: Suizidprophylaxe 9 (1982) 3, S. 169–184, zit. 172.
300 Soldaten in Not, in: Der Spiegel 32 (1978) 46, S. 19.

»In unserer jetzigen permissiven und toleranten Gesellschaft wird eine primär anbrüchige, zu abnormen Reaktionen neigende Persönlichkeit – ein Leistungsverweigerer, ein Versager – nicht so leicht auffällig bzw. sogar straffällig wie in einer hierarchisch gegliederten und straff geführten Armee. Hier ist ›Blaumachen‹, eigenmächtige Abwesenheit, Alkohol am Arbeitsplatz ein Dienstvergehen und Aufsässigkeit kein Kündigungsgrund, sondern Anlaß für eine disziplinare Maßnahme. Da alle im Zivilleben bewährten Ausweichmechanismen hier versagen bzw. mit Strafen bedroht sind, bieten sich für den ichschwachen, empfindsamen und ängstlichen Soldaten parasuizidale Gesten geradezu an, zumal wenn er erfahren hat, daß andere damit Erfolg hatten – hinsichtlich vermehrter Fürsorge, Versetzung oder sogar vorzeitige[r] Entlassung aus dem Wehrdienst.«[301]

Wie eine 1976/77 durchgeführte Fragebogenaktion des Wehrbeauftragten des Bundestages ergab, war die Suizidversuchsrate in der Bundeswehr mit 293,5 zwar hoch, lag aber noch an der Obergrenze der geschätzten Suizidversuchsrate Jungerwachsener im zivilen Bereich.[302] Offenbar war die Zunahme der Suizidversuche, in der Bundeswehr ebenso wie in der NVA, nur teilweise durch das militärische Umfeld bedingt. Im Wesentlichen aber war diese Entwicklung Teil eines allgemeinen Trends, der zur gleichen Zeit in weiten Teilen der westlichen Zivilisation registriert wurde (vgl. auch Abschnitt 4.7).

2.5.4 »Opfer des Grenz- und Terrorregimes der DDR?« – Zur Suizidalität in den Grenztruppen

Dietmar Schultke behauptete in einem 1997 publizierten Aufsatz über das Grenzregime der DDR, dass »die Atomisierung in den Grenzkompanien einen psychischen Druck auf die Grenzsoldaten erzeugte, der bis ins Pathologische forciert werden konnte. Viele litten unter dem Psychoterror der Stasi, und nicht wenige zerbrachen daran.«[303] Zum Beweis dieser These zitierte Schultke armeeinterne Fernschreiben über Suizide und Suizidversuche. Obwohl aus diesen Dokumenten kausale Zusammenhänge zum Grenzdienst oder zur MfS-Bespitzelung kaum ersichtlich wurden, spekulierte Schultke:

»Auffallend häufig ist bei den Fernschreiben von angeblich charakterschwachen Soldaten die Rede. Da diese unter die Kriterien der ›personellen Schwerpunkte‹ des MfS fielen, ist mit hoher Wahrscheinlichkeit anzuneh-

---

301 Flach, Ergebnisse, S. 175.
302 Franz Xaver Lochbrunner, Die Ergebnisse der Fragebogenaktion des Wehrbeauftragten des Deutschen Bundestages über die Selbsttötungsversuche von wehrpflichtigen Soldaten in der Zeit vom 1. Juni 1976 bis 31. Mai 1977, in: Suizidprophylaxe 7 (1980) 4, S. 215–233, hier 217.
303 Dietmar Schultke, Das Grenzregime der DDR. Innenansichten der siebziger und achtziger Jahre, in: Aus Politik und Zeitgeschichte, B 50/97, S. 43–53, zit. 52.

men, daß die Soldaten bereits vor ihrer Tat auf der Liste ihrer ›IM-Kameraden‹ standen. Das eine bedingte das andere: Die Isolierung wurde durch die Stasi-Spitzel gefördert; sie steigerte sich innerhalb der monotonen Grenzdienste – einschließlich der damit empfundenen Sinnlosigkeit – und führte letztlich nicht selten zur Selbstaufgabe. Ein Teufelskreis in der friedliebenden DDR.«[304]

Auf den ersten Blick mag das einleuchtend klingen. Indes, bei aller berechtigten Abscheu gegenüber der Tätigkeit der Stasi ist es angebracht, genauer hinzusehen. Bespitzelung allein war noch kein »Psychoterror«, schon deshalb nicht, weil sie so angelegt war, dass die Opfer in der Regel lange Zeit nichts bemerkten. Gegen die These, dass der Spitzeleinsatz des MfS in Verbindung mit dem Rotationssystem der Zu- und Abführung von Soldaten und der kurzfristigen Posteneinteilung (wobei befreundete Soldaten kein Postenpaar bilden durften) zu einer »Atomisierung der Soldaten« geführt hat, die wiederum Selbsttötungen begünstigt haben soll, spricht vor allem die Tatsache, dass die Selbsttötungsrate der Angehörigen der Grenztruppen sich nicht wesentlich von anderen Bereichen der NVA unterschied.

Der Aktenbestand der Grenztruppen enthält für den Zeitraum vom 1. Dezember 1987 bis zum 30. November 1988 Meldungen über 21 Suizidversuche, von denen neun tödlich endeten.[305] Für die relative Verlässlichkeit der Zahlen spricht, dass die innerhalb der Grenztruppen gemeldeten Selbsttötungen mit den beim MfS registrierten Fällen bis auf zwei übereinstimmen. Eine geringfügige Untererfassung kann nichtsdestotrotz dadurch entstanden sein, dass Todesfälle im Urlaub nicht immer erfasst wurden. So fehlt in den Akten die Selbsttötung eines Grenzsoldaten, die durch einen Zeitzeugen berichtet wurde; da dieser Todesfall sich im Heimatort ereignete, fiel er möglicherweise in den Verantwortungsbereich der lokalen Kriminalpolizei.

Dokumentiert ist sowohl in den Akten von Grenztruppen als auch vom MfS der bereits oben erwähnte Fall, bei dem es zu Unstimmigkeiten zwischen verschiedenen Kompetenzebenen der Militärstaatsanwaltschaft kam. Dieser schließlich als Unfall deklarierte Todesfall war höchstwahrscheinlich eine Selbsttötung.[306]

Zählt man zu den neun Selbsttötungen, die in den Akten der Grenztruppen vermerkt sind, die zwei in den MfS-Akten zusätzlich enthaltenen Selbsttötungen sowie den durch einen Zeitzeugen mitgeteilten hinzu, so ergibt sich die Zahl von 12 Todesfällen, was einer Selbsttötungsrate von 24 entspricht. Zum Vergleich: Die Rate betrug in der NVA 24,0 im Zeitraum vom 1. Juni

---

304 Ebd., S. 53.
305 Vgl. BA-MA Freiburg, GT-Ü-006205, Bl. 56–114.
306 Vgl. BStU, MfS, HA I, Nr. 14957, Teil 3, Bl. 566 sowie BA-MA Freiburg, GT-Ü-006205, Bl. 91.

1987 bis 31. Mai 1988, und 22,1 im Zeitraum vom 1. Juni 1988 bis 31. Mai 1989.[307]

Auch der von Schultke behauptete Zusammenhang von Bespitzelung und Selbsttötung erweist sich im Lichte der Zahlen als Fehleinschätzung. Ein Einfluss des MfS auf die Suizidhäufigkeit ist nicht zu erkennen, nicht in negativer, und auch nicht in positiver Hinsicht. Zwar war es das erklärte Interesse des MfS, durch den massiven IM-Einsatz Störungen jeglicher Art, seien es Fluchtversuche, Disziplinprobleme, Alkoholmissbrauch oder eben Selbsttötungen zu verhindern. Die hohe Zahl der trotzdem verzeichneten Vorkommnisse zeigt jedoch, wie begrenzt der Einfluss des MfS war. Der Fall eines Unteroffiziers, der sich im März 1988 auf der Wache erschoss, mag das belegen. Grund für die Selbsttötung war, dass die Freundin des Unteroffiziers beabsichtigte, einen Ausreiseantrag zu stellen. Der junge Mann wollte sich dem Antrag anschließen; seine Chancen standen aber schlecht, da er als Angehöriger der Grenztruppen Träger militärischer Geheimnisse war. Die Hintergründe der Selbsttötung wurden aber nicht etwa durch die Briefkontrolle oder die Telefonüberwachung des MfS bekannt, sondern dadurch, dass der Unteroffizier darüber mit seinem Zugführer gesprochen hatte; die Postkontrolle hingegen hatte keine Hinweise erbracht.[308]

Die Akten der MfS-Hauptabteilung I lassen den Anspruch der Staatssicherheit erkennen, über alles, was von der Norm abwich, bis ins Detail informiert zu sein. Weil das MfS in suizidalen Handlungen Störungen des Dienstablaufs sah, die es zu neutralisieren galt, wurde nach Suizidversuchen die Spitzeltätigkeit verstärkt. So hieß es angesichts eines Hauptmanns, der sich im Februar 1975 nach einem Ehestreit das Leben nehmen wollte: »Einsatz des IMS/GMS-System[s] zur Feststellung des Stimmungsbildes in der Einheit und zur weiteren Absicherung des Hptm. [...] nach Rückkehr aus dem Armeelazarett«.[309] Auch nach der versuchten Selbsttötung eines Postens an einem Grenzübergang im November 1976 lautete der Maßnahmeplan des MfS: »Einsatz und Befragung der IMS [...] zur Feststellung des Motivs der versuchten Selbsttö[t]ung und Erarbeitung eines konkreten Stimmungsbildes unter dem Personalbestand der Kompanie«[310]. Das MfS besaß die uneingeschränkte Informationshoheit und »gewährleistete« durch das Wirken hinter den Kulissen »die Funktion der Grenzsicherung«, nicht weniger, aber auch nicht mehr.

Teilweise wurden Suizidversuche durch das System der Bespitzelung überhaupt erst bekannt. So berichtete ein IM am 26. August 1976, dass ein Soldat fünf Tage zuvor angetrunken aus dem Ausgang zurückgekehrt war, eine Überdosis Spalttabletten eingenommen und zu seinen Zimmerkameraden gesagt hatte, dass er die »Schnauze von der Armee voll hat und nach Hause

307 Vgl. BA-MA Freiburg, DVW 1, 55654, Bl. 179, 277.
308 Vgl. BStU, MfS, HA I, Nr. 14957, Teil 3, Bl. 586–588.
309 BStU, MfS, HA I, Nr. 13444, Bl. 32.
310 BStU, MfS, HA I, Nr. 13723, Bl. 208. Ein Rechtschreibfehler wurde korrigiert.

will«. Danach war er in den Keller des Stabsgebäudes gegangen, um sich zu erhängen, was durch die Kameraden verhindert wurde. Der Soldat war bereits seit Anfang August »operativ bearbeitet« worden, weil er seine SED-Mitgliedschaft rückgängig machen wollte. Zudem hatte er Sympathie zu seinem Bruder bekundet, der wegen Staatsverleumdung verurteilt worden war. Ein Zusammenhang zwischen IM-Einsatz und Suizidversuch ist aus dem MfS-Bericht nicht erkennbar. Die MfS-Hauptabteilung I wurde jedoch nach dem Suizidversuch sofort aktiv, meldete das Vorkommnis dem Regimentskommandeur, dessen Untersuchung die Informationen des IM bestätigte. »Ausgehend von der vorliegenden Information muß der Soldat [...] als ein Unsicherheitsfaktor mit potentieller Bereitschaft zu strafbaren Handlungen eingeschätzt werden und ein weiterer Selbstmordversuch unter Alkoholeinfluß bei dem [...] kann nicht ausgeschlossen werden«, resümierte das MfS. Wenige Tage später wurde der Soldat offiziell »für den Einsatz an der Linie abgelehnt«.[311]

Das war kein Einzelfall. Insgesamt unterschied sich der Umgang mit suizidgefährdeten Soldaten an der Grenze deutlich von dem, was in der NVA allgemein üblich war.[312] Während bei den Landstreitkräften als »appellativ-demonstrativ« sowie »kurzschlüssig« eingestufte Suizidversuche kaum mehr bewirkten als einen Lazarettaufenthalt oder, im ungünstigen Fall, ein paar Tage Arrest, genügte es bei den Grenztruppen in manchen Fällen schon, dass Vorgesetzte davon erfuhren, dass sich ein Soldat in einer schweren persönlichen Krise oder in einer Konfliktsituation befand, um ihn aus der Grenzkompanie abzuziehen.

Ein Beispiel: Am 6. Januar 1988 reichte ein Berufsunteroffizier ein Entpflichtungsgesuch ein. In den daraufhin mit ihm geführten Aussprachen gab er nicht nur zu verstehen, dass die enorme dienstliche Belastung mit Einsätzen, die von ihm oft als sinnlos empfunden wurden, zu Spannungen in seiner Ehe geführt hätte. Er äußerte auch die Befürchtung, genau wie sein Vater zu enden, der sich aufgrund persönlicher Probleme das Leben genommen hatte. Im Ergebnis der Aussprachen wurde der Unteroffizier in den Stab versetzt, wo inoffizielle MfS-Mitarbeiter auf ihn angesetzt wurden, um zu berichten, wie er auf die Versetzung reagiert hatte und was die tatsächlichen Motive seines Entpflichtungsgesuches waren.[313]

---

311 Ebd., Bl. 198–200.
312 Ein extremes Beispiel ist der Fall eines »lebensmüden« Unterfeldwebels, der bei den Landstreitkräften trotz eines vorangegangenen Suizidversuches und einer Suizidankündigung zum »Unteroffizier vom Dienst« eingeteilt wurde (was mit dem Zugang zu munitionierten Waffen verbunden war), und der die erste Gelegenheit nutzte, um sich mit der MPi in den Bauch zu schießen. Der Suizidversuch erfolgte aufgrund von Eheproblemen. Ob der Unteroffizier die schweren Verletzungen überlebt hat, ist nicht bekannt. Vgl. BStU, MfS, HA I, Nr. 9, Bl. 732–735.
313 Vgl. BStU, MfS, HA I, Nr. 13272, Bl. 653 f.

Ein 23-jähriger Grenzsoldat, der, wie er angab, einen starken Widerwillen dagegen verspürte, darauf trainiert zu werden, Menschen zu töten, und der sich stattdessen lieber selbst das Leben nehmen wollte, und dieser Aussage Nachdruck verlieh, indem er sich betrunken auf ein Bahngleis stellte, wurde im November 1967 auf einen Truppenübungsplatz versetzt.[314]

Ähnlich fiel die Reaktion auf den Suizidversuch eines Oberleutnants aus, der versuchte, sich zu erhängen, wobei jedoch das verwendete Kabel riss. Er versah seinen Dienst ab Juli 1988 in einer Stabskompanie.[315]

Vor allem die Stabskompanien dienten als »Auffangbecken« für suizidgefährdete Soldaten und Offiziere. Auch der bereits erwähnte junge Soldat, der sich den Unterarm aufgeschnitten hatte, nachdem ihn seine »Kameraden« gezwungen hatten, auf einen Schrank zu steigen und zu bellen, wurde in einen Stab abkommandiert.

Das MfS registrierte Suizidfälle nicht nur, es unternahm teilweise sogar Anstrengungen zur Beseitigung der Ursachen. So warf der »Leiter Abwehr« des Grenzkommandos im zuletzt angeführten Fall von Drangsalierung den Vorgesetzten und der Politabteilung mangelnde ideologische Arbeit und Unterschätzung der »Störung der sozialistischen Beziehungen« (wie die EK-Bewegung offiziell umschrieben wurde) vor, und er forderte eine »disziplinare Ahndung«. Auch dafür wurde die »einleitung notwendiger inoffizieller absicherungs- und bearbeitungsmasznahmen« angewiesen.[316]

Mehr als die »Wegdelegierung« der Problemfälle bewirkten solche Interventionen allerdings kaum. Laut Dietmar Schultke kam es allein im Jahr 1980 »durch die Schnüffelarbeit des MfS zu 237 Versetzungen bei den Grenztruppen«.[317] Ein Berufsunteroffizier, der am 6. Dezember 1977 versucht hatte, sich zu vergiften, wurde nach seiner Rettung auf Betreiben des MfS degradiert, in den Grundwehrdienst eingegliedert und vorzeitig in die Reserve versetzt.[318] Ein anderer Berufsunteroffizier – der aus einem defekten Panzerschrank eine Pistole gestohlen hatte, um sich aufgrund von Beziehungsproblemen zu erschießen, es aber dann doch nicht getan hatte – wurde im Juli 1969 in ein Pionierbataillon abkommandiert.

Ein Soldat hingegen, der wegen geäußerter »Absichten der Wehrdienstverweigerung sowie Suizidgedanken« in die Untersuchungshaftanstalt Erfurt überstellt worden war und sich dort Schnittwunden zufügte, wurde Mitte 1988 in eine geschlossene psychiatrische Klinik eingewiesen.[319]

Ein weiteres Element, das zu einer gewissen »Auslese« führte, war die »Diensttauglichkeits- und Eignungsordnung«. Die Version von 1987 legte fest, dass Suizidgefährdete möglichst gar nicht erst zur Grenze kamen: Bei

314 Vgl. BStU, MfS, HA I, Nr. 5932, Bl. 370 f.
315 Vgl. BA-MA Freiburg, GT-Ü-006205, Bl. 82 f.
316 Vgl. BStU, MfS, HA I, Nr. 7, Bl. 599 f.
317 Schultke, Grenzregime, S. 50.
318 Vgl. BStU, MfS, HA I, Nr. 43, Bl. 119.
319 Vgl. BA-MA Freiburg, GT-Ü-006205, Bl. 82 f.

allen NVA-Angehörigen war nach einem Suizidversuch in der Akte zu vermerken: »Als Grenzsicherungskräfte nicht geeignet«.[320]

Auf der anderen Seite schuf der Grenzdienst mit dem »Schießbefehl« aber auch ethisch-moralische Konfliktsituationen, die für sensible Menschen Anlass zu Verzweiflungstaten sein konnten. Ein solcher Fall ereignete sich am 21. August 1979 in einer Grenzeinheit im Bezirk Suhl. Ein 19-jähriger Wachposten hatte am Tag zuvor auf einen Flüchtling geschossen, der versucht hatte, die Grenzsperren zu überwinden. Schwer betroffen von den Konsequenzen des eigenen Handelns schrieb der junge Soldat in Briefen an seine Freundin und an seinen Vater, dass ihm der »Grenzverletzer« leidtun würde, da er sich so stark an den Beinen verletzt hätte. In seiner Einheit sah er keine Möglichkeit, jemandem seine Schuldgefühle mitzuteilen. Beim nächsten Wachdienst erschoss er sich.[321]

Insgesamt scheinen alle genannten Faktoren nicht so massiv gewesen zu sein, dass sie die Selbsttötungsrate bei den Grenztruppen beeinflussen konnten; oder sie haben sich in ihrer Wirkung gegenseitig neutralisiert. Es gibt jedenfalls keine Anhaltspunkte dafür, dass die Selbsttötungsrate der Grenzsoldaten in den 1980er Jahren höher war als in den anderen Truppenteilen der NVA. Die Selbsttötungsrate der Grenztruppen lag damit auch nicht höher als die Rate der vergleichbaren Altersklassen im zivilen Bereich.[322]

Eine moralische Anklage des Militärs oder der Staatssicherheit kann bei der NVA, ebenso bei den Grenztruppen, nicht mit der Selbsttötungshäufigkeit begründet werden. Vielmehr ist als Ergebnis der zweiten Sondierung festzuhalten, dass die Häufigkeit von Selbsttötungen im Bereich der Nationalen Volksarmee, entgegen der Anfangsvermutung, nicht signifikant höher war als in der korrespondierenden Zivilbevölkerung.

Wie kann dieses Ergebnis erklärt werden? Man könnte in der Tatsache, dass Selbsttötungen in der DDR der Ära Honecker sowohl in den Gefängnissen als auch in der Armee nicht häufiger waren als in der Gesellschaft insgesamt, das Resultat von allgemeinen Homogenisierungsprozessen in der SED-Diktatur sehen, was mit der Annahme der Totalitarismustheorie korrespondiert, »daß totale Herrschaft mit der Entdifferenzierung der Subsysteme einhergeht.«[323]

Zum anderen relativiert die »normale« Selbsttötungsrate in der NVA den Einfluss der aktuellen Lebensbedingungen und verweist auf die grundlegende Bedeutung psychopathologischer Deutungen, die den in der Kindheit

320 BA-MA Freiburg, DVW 1, 44051, Bl. 165.
321 Vgl. BStU, MfS, HA I, Nr. 5003, Bl. 434f.
322 Erst recht unhaltbar ist die Bezugsetzung von Wehrdienst und Selbsttötungsfrequenz, denn nur die Hälfte der Selbsttötungen im angegebenen Zeitraum wurde von Grenzsoldaten im Grundwehrdienst begangen.
323 Sigrid Meuschel, Totalitarismustheorie und moderne Diktaturen. Versuch einer Annäherung, in: Klaus-Dietmar Henke (Hg.), Totalitarismus, Dresden 1999, S. 61–77, zit. 66.

erlittenen seelischen Verletzungen ein weitaus stärkeres Potenzial für die Ausprägung von Suizidalität zubilligen als späteren Lebenskonflikten.

Im Kontrast zur Bundeswehr lag die Selbsttötungsrate der NVA aber auch nicht deutlich niedriger als die der Gesamtbevölkerung. Das lag vermutlich daran, dass bei der NVA weder »Auslese« noch »Zusammenhalt« die Häufigkeit suizidaler Handlungen vermindern konnte.

2.6 Sondierung Nr. 3: Selbsttötungsraten von Schülern und Jugendlichen in der DDR

In einer frühen, als Pioniertat einzuschätzenden Studie hat Wolf Oschlies bereits in den 1970er Jahren die Entwicklung der Selbsttötungsraten Jugendlicher in den Ländern des Ostblocks untersucht, wobei er zu dem Schluss kam, dass hier die gesellschaftlichen Rahmenbedingungen im Vergleich zu westlichen Industrieländern eine wesentlich stärkere Rolle gespielt haben. Laut Oschlies wurden in den sozialistischen Ländern schulische Konflikte öfter (teilweise in mehr als der Hälfte aller Fälle) als Suizidmotiv angegeben, weshalb er annahm, dass der durch das Schulsystem erzeugte Leistungszwang im Osten eine größere Rolle spielte als im Westen, wo häufiger Liebes- und Partnerkonflikte als Motiv für Suizidversuche Jugendlicher ermittelt wurden.[324]

Gelten diese allgemein für den Ostblock getroffenen Aussagen auch für die DDR? Die Entwicklung der Selbsttötungshäufigkeit der Jugend der DDR ist aufgrund des vorliegenden, als relativ verlässlich einzuschätzenden Zahlenmaterials gut quantifizierbar. Wie die Selbsttötungsraten insgesamt, so lagen seit den 1950er Jahren auch die Raten der Altersgruppe der 15- bis 24-Jährigen in der DDR deutlich höher als in der Bundesrepublik.[325]

Setzt man die durchschnittlichen Selbsttötungsraten der bundesdeutschen Jugendlichen im Zeitraum 1957 bis 1961 (7,6 weiblich, 18,5 männlich) als 100 Prozent, dann waren die entsprechenden Raten der männlichen Jugend in der DDR um 31, die der weiblichen Jugend um 49 Prozent höher. Damit könnte die Einschätzung von Oschlies zutreffend sein.

Eine nochmalige Steigerung trat zeitgleich zum Mauerbau ein: Zu Beginn der 1960er Jahre verdoppelte sich die Ost-West-Differenz für die männlichen Jugendlichen sprunghaft auf 63 Prozent, für die weiblichen auf 103 Prozent.[326] Der in Tabelle 11 vorgenommene Vergleich der Verhältnis-

---

324 Vgl. Wolf Oschlies, Jugendselbstmorde in Osteuropa und im intersystemaren Vergleich, Köln 1979, S. 2 f.

325 Für die Zeit vor 1961 muss aufgrund der statistischen Datenbasis die größere Altersgruppe der 15- bis 24-Jährigen als Indikator für die Selbsttötungsrate der Jugend herangezogen werden.

zahlen der Selbsttötungsraten in Bundesrepublik und DDR zeigt, dass dieser Anstieg Teil einer generellen Erhöhung der Differenz der Selbsttötungshäufigkeit beider deutscher Staaten in den 1960er Jahren war. Gleichzeitig wird erkennbar, dass sich das Verhältnis bei den Jugendlichen im Vergleich zum Durchschnitt aller Altersklassen ungünstiger entwickelte: Während das Verhältnis der Selbsttötungsraten in der Altersgruppe »15–24 Jahre« vor 1961 noch leicht unterdurchschnittlich war, lagen die Selbsttötungsraten der Jugendlichen ab 1962 im Vergleich zur Bundesrepublik höher als bei anderen Altersklassen.

Der sprunghafte Anstieg macht einen spezifischen Einfluss des Mauerbaus wahrscheinlich, der ein Ereignis darstellte, das besonders für den sehr mobilen Bevölkerungsanteil im Jugend- und Jungerwachsenenalter – so war 1961 die Hälfte der Republikflüchtlinge unter 25 Jahren alt[327] – eine Einschränkung von Fluchtmöglichkeiten und Zukunftschancen bedeutete (vgl. dazu Abschnitt 4.6). Die Jahre nach dem Mauerbau waren in der DDR zu-

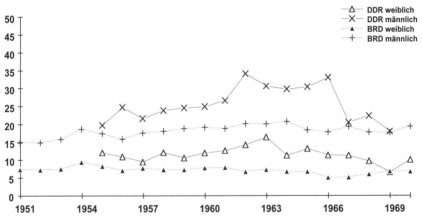

Abb. 12: Selbsttötungsraten von Jugendlichen (Alter 15 bis 24 Jahre) in Bundesrepublik und DDR in den 1950er und 1960er Jahren.[328]

326 Dabei stieg die Selbsttötungsrate bei der männlichen Bevölkerung in der Altersgruppe 15–24 Jahre in beiden deutschen Staaten, allerdings in sehr verschiedenem Ausmaß. In der DDR stieg die Selbsttötungsrate, die 24,3 im Zeitraum 1957–1961 betragen hatte, auf 31,6 im Zeitraum 1962–1966, d.h. um 30 Prozent. Bei den männlichen Jugendlichen in der Bundesrepublik hingegen belief sich der Anstieg nur auf knapp fünf Prozent.
Die Vergrößerung der Differenz bei den Frauen war das Resultat gegenläufiger Tendenzen; in der Bundesrepublik sank die Selbsttötungsrate weiblicher Jugendlicher im betrachteten Zeitraum um 14 Prozent ab, während sie in der DDR um 17 Prozent anstieg.
327 Vgl. Marc-Dietrich Ohse, Jugend nach dem Mauerbau. Anpassung, Protest und Eigensinn (DDR 1961–1974), Berlin 2003, S. 28.
328 Zahlen aus: Marita Schulze, Eine sozialhygienische Studie zur Erforschung der Selbstmordziffer der Deutschen Demokratischen Republik, die in internationalen Vergleichen zahlenmäßig relativ hoch erscheint, Diss. Berlin 1969, S. 77, 79; Felber/Winiecki, Mate-

Selbsttötungsrate DDR / Selbsttötungsrate BRD	1957–1961	1962–1966
Frauen 15–24 Jahre	1,49	2,03
Frauen alle Altersklassen	1,67	1,90
Männer 15–24 Jahre	1,31	1,63
Männer alle Altersklassen	1,41	1,55

Tab. 11: Verhältnis der Selbsttötungsraten in der Bundesrepublik und der DDR vor und nach dem Mauerbau.

dem Jahre verstärkter innerer Zwänge; neben der unmittelbar nach dem 13. August 1961 einsetzenden und bis ca. Mitte 1962 andauernden Repressionswelle waren für Jugendliche vor allem die 1962 eingeführte allgemeine Wehrpflicht sowie die Einrichtung von Arbeitslagern als »neues Instrument der Erziehungsdiktatur«[329] relevant.[330]

Das Maximum der Selbsttötungshäufigkeit von DDR-Jugendlichen dauerte etwa fünf Jahre an und erreichte bei den männlichen Jugendlichen (nach 1962) noch einmal im Jahr 1966 ein Maximum. Das könnte eine Folge der 1965/66 erfolgten staatlichen Repressionen gegen die an westlichen Vorbildern orientierte Beat-Jugendkultur gewesen sein, wodurch es zu einer temporären Überfüllung der Gefängnisse kam.[331] Allein in Leipzig wurden nach der Beat-Demo 1965 insgesamt 357 Jugendliche verhaftet, zudem löste die Volkspolizei in der Messestadt 14 Jugendcliquen auf.[332]

Möglicherweise hat sich nach dem Mauerbau auch der Leistungs- und Anpassungsdruck in den Schulen erhöht. Mehrere Selbsttötungen von Schülern, die als »Vorkommnisse« gemeldet wurden, scheinen Reaktionen auf sehr strenge erzieherische Maßnahmen von Lehrern gewesen zu sein. So äußerten Schüler mehrfach in ihren letzten Zeilen Angst vor der Schule. »Nach Aussagen der Mutter und Schwester soll der Junge in den letzten Nächten wegen Prüfungsangst im Bett gesessen haben und keinen Schlaf gefunden haben«, hieß es in einem Bericht über einen Schüler der 10. Klasse im Be-

---

rial; Schmidtke, Entwicklung der Häufigkeit, S. 61. Die Zahlen von Schulze für 1951 bis 1954 liegen deutlich höher als die im Statistischen Jahrbuch der DDR ausgewiesenen; in späteren Jahren stimmen sie nahezu überein. Da nicht entscheidbar ist, welche der beiden Quellen die zuverlässigere ist, wurden die Angaben, um keinen falschen optischen Eindruck zu erzeugen, für 1951–1954 weggelassen.

329 Werkentin, Politische Strafjustiz, S. 244.

330 Vgl. ebd., S. 244–255; Ohse, Jugend, S. 28–31, 36.

331 In einem Bericht des Generalstaatsanwalts der DDR hieß es dazu: »Gegenwärtig befindet sich der weitaus größte Teil der inhaftierten jugendlichen Täter viele Monate in Untersuchungshaft. Eine Dauer von 6 bis 7 Monaten ist keineswegs eine Ausnahme. [...] Diese lange Dauer der Untersuchungshaft hatte zur Folge, daß in Einzelfällen psychische Reaktionen bei den Häftlingen ausgelöst wurden, die zu einem Selbstmord und mehreren Selbstmordversuchen führten.« Der Generalstaatsanwalt der Deutschen Demokratischen Republik, Bericht über Erscheinungen, Ursachen und Verhütung der Jugendkriminalität im Jahre 1965, 12.10.1966. SAPMO-BArch, DY 30, IV A 2/13, 207, Bl. 424f. Natürlich ist eine solche singuläre Beobachtung nicht mehr als ein Indiz.

332 Vgl. Ohse, Jugend, S. 80, 97.

zirk Halle, der sich 1964 das Leben genommen hatte.[333] In Jena erhängte sich im gleichen Jahr ein Schüler, dessen Lehrer »offensichtlich die Zensur als Zuchtmittel angewandt« hatte, was als »kalte Herzlosigkeit und reaktionär-bürgerliche Erziehungspraktiken« scharf kritisiert wurde.[334]

Ende der 1960er Jahre normalisierten sich die Selbsttötungsraten schrittweise auf dem Niveau der 1950er Jahre. In den 1970er Jahren sanken die Selbsttötungsraten der DDR-Jugendlichen dann weiter ab und erreichten nahezu »Westniveau«. Dieses Absinken korrespondierte zeitlich mit dem Gestaltwandel der SED-Diktatur, dem Übergang von »harter« Repression, der für die Phase des sozialistischen Aufbaus typisch war, zu »weichen Herrschaftstechniken«.[335] Da bei Jugendlichen erfahrungsgemäß eine (etwa im Vergleich zu alten Menschen) häufigere »gesellschaftliche Bedingtheit«[336] von Selbsttötungen vorliegt und psychopathologische Entwicklungen nur sehr selten eine Rolle spielen, ist auch hier ein kausaler Zusammenhang sicher möglich.[337]

Allerdings könnte auch ein erhöhtes suizidales Risiko der um 1945 Geborenen, deren Kindheit durch Krankheit, häufige Todesfälle, Entbehrung, Hunger, Flucht und Wohnungsnot gekennzeichnet war, die verstärkte Suizidalität in den 1960er Jahren mit bedingt haben.

Die Dissertation der Psychologin Charlotte Bethge warf im Jahr 1964 ein Schlaglicht auf diese Generation, die noch sichtbar an den Folgen des Krieges litt. Sie befragte 96 Jugendliche (Alter bis 25 Jahre), die zwischen Oktober 1958 und März 1961 in ein Ost-Berliner Reanimationszentrum eingewiesen wurden. »Zwei Drittel der Probanden haben kein normales Familienleben kennengelernt, bezw. keine Stetigkeit in den familiären Beziehungen«, konstatierte die Psychologin.[338] Viele Kinder verloren ihre Familie teilweise oder ganz. Bei denen, die in Familienstrukturen lebten, erwies sich das Familienklima oft unabhängig von den Zeitumständen als gestört, teilweise wurzelten die psychischen Fehlentwicklungen aber auch direkt in Verfolgungserfahrungen während der NS-Zeit. Ein Jugendlicher »bekam als Kind schlecht Kontakt mit anderen Kindern, da die Mutter Halbjüdin war, wurden

333 LHASA, MER, BT/RdB Halle, Abt. Volksbildung, Nr. 9327, Bl. 103.
334 ThStAR, BT/RdB Gera, 8.1., Nr. 117, Bl. 371.
335 Vgl. Christoph Boyer, Totalitäre Elemente in staatssozialistischen Gesellschaften, in: Henke (Hg.), Totalitarismus, S. 79–91, zit. 89.
336 Vgl. Dinkel/Görtler, Suizidsterblichkeit.
337 Leider ist diese These anhand der vorhandenen Quellen empirisch nicht beweisbar, weil kaum Quellen für die Zeit vor 1970 vorliegen. Zwar hat das Ministerium für Volksbildung eine lückenlose Erfassung von Suiziden und -versuchen angestrebt; aber erst im Verlauf der 1960er Jahre wurde die Meldung solcher Vorkommnisse durchgesetzt. Ein Vergleich von Meldungen über Schülersuizide aus den 1960er Jahren mit solchen aus den 1970er Jahren, wodurch möglicherweise die konkreten Veränderungen, die zum raschen Ansteigen der Suizidalität nach 1961, später dann zum Absinken der Selbsttötungsraten bis hin zur Angleichung an die Raten der Bundesrepublik geführt haben, nachgewiesen werden könnten, ist also nicht möglich.
338 Charlotte Bethge, Untersuchungen zur psychologischen Problematik von Selbstmordtendenzen bei Jugendlichen, Diss. Leipzig 1964, S. 26.

er und sein Bruder als ›Judenbengel‹ verspottet und waren in der Nachbarschaft verschrien«. Ein anderer Jugendlicher wuchs in Heimen auf: »Der Vater kam 1942 im KZ um.«[339] Hinzu kam in den letzten Kriegsjahren die Wirkung der Kampfhandlungen. Ein Mädchen, das 1960 einen Suizidversuch unternahm, hatte im Alter von drei Jahren den Einschlag einer Bombe in unmittelbarer Nähe erlebt. Seitdem schielte sie mit dem rechten Auge, bis zum 14. Lebensjahr hatte sie das Bett genässt.[340]

Häufiger als mit einem singulären Ereignis verbundene Traumatisierungen waren jedoch langfristige Mangelmilieus die Ursache psychischer Fehlentwicklungen:

> »Die Väter waren eingezogen, die Mütter überlastet, die Kinder waren oft evakuiert, wuchsen bei Verwandten und Pflegepersonen auf und sahen ihre Eltern nur selten. Diese Verhältnisse, die sich auch in den ersten Nachkriegsjahren wenig änderten, da der Kampf gegen Kälte und Hunger emotionale Aspekte des Familienlebens hinter der Sorge um das tägliche Brot zurücktreten ließ, erzeugte in den Kindern, jedenfalls wird das in den Schilderungen der Probanden sehr deutlich, häufig ein Gefühl der Heimatlosigkeit in sehr weitem Sinne.«[341]

Der erlittene Liebesverlust bewirkte Bindungsarmut, Verwahrlosung, übersteigerte Neigung zu »betäubenden Ersatzbefriedigungen«, Desinteresse an »über das eigene Wohlergehen hinausgehende[n] gesellschaftliche[n] Zielsetzungen« sowie ein »beträchtliche[s] Ausmaß an Frustrationsintoleranz«.[342]

Dass diese Jugendlichen dann im »Zusammenstoß mit den sozialgesellschaftlichen Lebensbedingungen« oft suizidal reagierten, erscheint somit einerseits als Resultat ungünstiger familiärer Verhältnisse, andererseits aber auch als Folge der offenbar härteren gesellschaftlichen Grenzen, die in der SED-Diktatur jugendlichem Freiheitsstreben gesetzt wurden. Denn obwohl bei der zur gleichen Zeit in der Bundesrepublik lebenden Jugend ebenfalls eine erhöhte suizidale Disposition zu vermuten ist, wurde im Westen Deutschlands eine nur geringfügig erhöhte Suizidalität registriert.[343] Offenbar waren hier kompensierende Einflüsse vorhanden.

Der in Einzelfallstudien gewonnene Eindruck einer stärker suizidanfälligen Generation wurde nach 1990 durch statistische Analysen bestärkt. Bamberger Wissenschaftler fanden in einer Kohortenanalyse Anhaltspunkte

---

339 Ebd, S. 106, 150.
340 »Die Mutter war deshalb mit ihr bei einer Psychiaterin, die ihr sagte, sie werde noch ein schweres Los mit dem Kinde haben.« Ebd., S. 145.
341 Ebd., S. 23 f.
342 Ebd., S. 57 f.
343 So wurde auch in der Bundesrepublik ein erhöhtes Suizidrisiko »für die Geburtsjahrgänge ab etwa 1932, besonders bei den Männern« festgestellt. Armin Schmidtke/ Bettina Weinacker/Susanne Fricke, Suizid- und Suizidversuchsraten bei Kindern und Jugendlichen in den alten Ländern der Bundesrepublik und in der ehemaligen DDR, in: Der Kinderarzt 27 (1996) 2, S. 151–162, zit. 152.

dafür, dass die erhöhte Selbsttötungsrate der zwischen 1930 und 1950 Geborenen überdurchschnittlich zu der Differenz zur Bundesrepublik beigetragen hat, und zwar nicht nur Anfang der 1960er Jahre, sondern auch danach. Das veranlasste die Suizidforscher zu der These, dass »die Lebensumstände einer spezifischen Generation dazu geführt haben, dass für diese Jahrgänge in der ehemaligen DDR eine überhöhte Suizidsterblichkeit entstand«.[344]

Demgegenüber erwiesen sich jene Generationen, die in stabilen politischen Verhältnissen aufgewachsen waren, sowohl in der DDR als auch in der Bundesrepublik als immer weniger suizidanfällig. Die Selbsttötungsraten der Jugendlichen näherten sich nicht nur an, sie sanken in den 1980er Jahren auf beiden Seiten der Mauer auf Minimalwerte.[345]

Damit könnte das Absinken der Selbsttötungsraten als Zeichen der Normalisierung der Lebensverhältnisse und des Endes von Auswirkungen der Kriegs- und Nachkriegszeit interpretiert werden. Dass zwischen den jungen Menschen in Deutschland Ost und West bereits ab 1970 kaum noch Unterschiede bestanden, markierte das Ende eines langfristigen Erbes höherer Suizidalität im Osten Deutschlands und gleichzeitig den Beginn einer gesamtdeutschen Entwicklung der Selbsttötungsraten; ohne dass dies zu dieser Zeit schon bemerkt worden wäre. Erst Mitte der 1980er Jahre wirkte sich die sinkende Suizidneigung der Nachkriegsjahrgänge allmählich auf die Gesamt-Selbsttötungsrate der DDR aus.

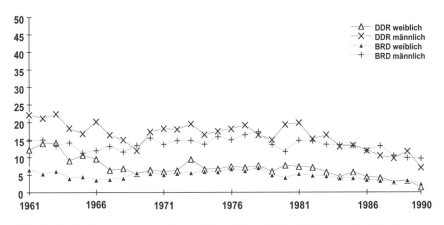

Abb. 13: Selbsttötungsraten von Jugendlichen (Alter 15 bis 19 Jahre) in der Bundesrepublik und der DDR zwischen 1961 und 1990.[346]

344 Dinkel/Görtler, Suizidsterblichkeit, S. 198.
345 Umstritten ist jedoch, ob es sich (angesichts des gleichzeitigen Anstiegs der Zahl der Drogentoten in der Bundesrepublik) um einen echten Rückgang der Selbsttötungsrate oder nur um eine Verschiebung innerhalb der Klassifizierung handelte. Vgl. ebd., S. 156.
346 Zahlen aus: Schmidtke, Entwicklung der Häufigkeit; Felber/Winiecki, Material; Statistisches Bundesamt (www.gbe-bund.de).

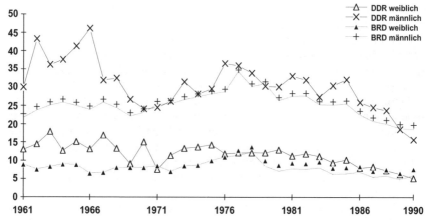

Abb. 14: Selbsttötungsraten von Jugendlichen (Alter 20 bis 24 Jahre) in der Bundesrepublik und der DDR zwischen 1961 und 1990.[347]

Exkurs: Zur Suizidalität in Jugendwerkhöfen

In den Jugendwerkhöfen versuchte der SED-Staat, mittels eines »Erziehungssystems, das auf Repressionen und Brechung des eigenen Willens ausgerichtet war«, sozial auffällige bzw. kriminelle Jugendliche umzuerziehen.[348] Es gibt zwar keine Statistiken, aber Indizien dafür, dass Suizidversuche und Suizide in Jugendwerkhöfen häufig waren.[349] Die Homepage »www.jugend= werkhof.info« gibt für den Zeitraum von 1982 bis 1988 fünf Selbsttötungen an. Das entspräche bei einer Belegungskapazität von 3178 Jugendlichen (im Jahr 1985)[350] einer Selbsttötungsrate von 20. Die vergleichbare Selbsttötungsrate der männlichen Jugendlichen im Alter von 15–19 Jahren lag in der DDR im Jahr 1985 bei 13,4, die der weiblichen Jugendlichen betrug im gleichen Jahr 5,7.[351] Es muss vermutet werden, dass die Angaben auf der Jugendwerkhof-Homepage nicht vollständig sind, insofern kann als sicher gelten, dass die Selbsttötungsrate in den Jugendwerkhöfen höher war als im Zivilleben.

Eine besonders hohe Selbsttötungsrate wird dem Geschlossenen Jugendwerkhof in Torgau, einer Disziplinareinrichtung innerhalb des Systems der

347 Zahlen aus: Ebd.
348 Vgl. Gerhard Jörns, Der Jugendwerkhof als Beispiel für eine gescheiterte Erziehungsform, in: Ministerium für Bildung, Jugend und Sport des Landes Brandenburg (Hg.), Einweisung nach Torgau, Berlin 2002, S. 241–269.
349 Vgl. Verena Zimmermann, Den neuen Menschen schaffen. Die Umerziehung von schwererziehbaren und straffälligen Jugendlichen in der DDR (1945–1990), Köln u.a. 2004, S. 403–405.
350 Ebd., S. 276.
351 Vgl. Felber/Winiecki, Material.

Jugendwerkhöfe, zugeschrieben.[352] Eine Stichprobe zur Abschätzung der Suizidhäufigkeit ergab in der Tat eine sehr hohe geschätzte Selbsttötungsrate von 385 (zudem ist auch hier nicht sicher, ob die Angaben – sechs bekannt gewordene Selbsttötungen in 26 Jahren – vollständig sind).[353]

Die hohe Suizidalität der Insassen von Jugendwerkhöfen belegt auch eine Auswertung aller Selbsttötungen DDR-Jugendlicher im Alter zwischen 14 und 24 Jahren, die im 1. Halbjahr 1968 im Auftrag von Walter Ulbricht durch die Kriminalpolizei angefertigt wurde; elf der insgesamt 156 jugendlichen Suizidenten hatten einen Jugendwerkhof durchlaufen. Allerdings zeigte die Studie auch, dass die Motive der Selbsttötungen nur selten direkt etwas mit dem Jugendwerkhof zu tun hatten; lediglich in einem Fall lag ein ursächlicher Bezug vor. In diesem Fall hatte sich ein Jugendlicher im Jugendwerkhof Wolfersdorf das Leben genommen. Er war mit Arrest in einer »Isolierzelle« bestraft worden, nachdem bekannt geworden war, dass er eine Flucht geplant hatte. Sein Vater war kurz zuvor schwer erkrankt, er wollte deshalb zu ihm. Die Bestrafung durch die Isolierzelle muss für den 15-Jährigen ein Schock gewesen sein, zumal es zuvor »keine wesentlichen Erziehungsschwierigkeiten« mit ihm gegeben hatte, abgesehen davon, dass er oft Krankheiten simulierte. Es wäre daher auch, hieß es im Polizeibericht, »möglich und sogar sehr wahrscheinlich, daß er nur einen Selbstmord vortäuschen wollte, um so aus der Isolierzelle zu kommen«.[354]

Zahlreiche andere Beispiele weisen dem pädagogisch zweifelhaften Umgang mit »Problemjugendlichen« in den Jugendwerkhöfen aber eher den Status einer Randbedingung zu, denn zumeist lag eine in mehrfacher Hinsicht ungünstige Gesamtsituation vor, die durch den Verlust der Eltern oder eine lieblose Behandlung, durch Alkoholismus, asoziale Lebensumstände oder gehäufte Straftaten gekennzeichnet war. Bestrafungen und Schikanen im Jugendwerkhof stellten nur einen Aspekt eines auch sonst oft trostlosen Lebens dar.

In den meisten Fällen gab das Zerbrechen einer Liebesbeziehung den Ausschlag, an die sich die Betreffenden, wie an einen rettenden Strohhalm, bis zuletzt geklammert hatten.

In der für Walter Ulbricht erstellten Auswertung von 1968 sind auch mehrere Suizidfälle enthalten, die sich erst nach der Entlassung aus einem Jugendwerkhof ereigneten. Ein 18-Jähriger beispielsweise hatte »bei seiner Abholung aus dem Jugendwerkhof durch den Jugendhelfer« angekündigt, »daß er wenn er nicht klar kommen würde, den Strick nehmen wolle«. Er

---

352 Vgl. z.B. Katarina Schickling, Schlimmer als Knast – Die Jugendwerkhöfe der DDR, Sendung im MDR-Fernsehen am 14.04.2005 (www.mdr.de/nah_dran/1769717.html).

353 Diesbezügliche Akten konnten freundlicherweise in der Erinnerungs- und Begegnungsstätte in Torgau eingesehen werden. Vgl. auch M. Bittner, Der geschlossene Jugendwerkhof Torgau (GJWH). Geschichte und Struktur, Torgau 1999; Auf Biegen und Brechen. Der Geschlossene Jugendwerkhof Torgau, Wanderausstellung des Dokumentations- und Informationszentrums Torgau, 1996.

354 Vgl. BArch Berlin, DO 1, 0.5.0., 41550, n. pag.

war wegen guter Führung vorzeitig entlassen worden, aber verfiel aus Gründen, die in den Akten nicht genannt wurden, bald darauf in Depressionen. Drei Tage ging er nicht zur Arbeit, am vierten erhängte er sich.

Ein anderer Jugendlicher, der wegen Diebstählen, »Umhertreiberei« und unberechtigtem Benutzen von Kraftfahrzeugen in einen Jugendwerkhof eingewiesen worden war, schrieb nach seiner Entlassung (er lebte allein in einem Zimmer, da seine Mutter ihn wegen der Diebstähle nicht mehr aufnahm) in seinem Abschiedsbrief sinngemäß, »daß er keine Lust zum Weiterleben habe, im Jugendwerkhof hätte es ihm nicht gefallen, aber die Freiheit wäre doch nur ein größerer Werkhof«.

Wenngleich das vorhandene Material kein abschließendes Urteil zulässt, so ist es doch sehr wahrscheinlich, dass die hohe Suizidalität in den Jugendwerkhöfen vor allem dadurch zustande kam, dass sich dort suizidal gefährdete Jugendliche akkumulierten. Die Lebensbedingungen in den Werkhöfen konnten die Suizidgefährdung offenbar nicht vermindern; wenngleich es auch Belege dafür gibt, dass Jugendliche, die in schwierigen familiären Verhältnissen lebten, den Jugendwerkhof als Verbesserung ihrer Lebenssituation empfanden.[355]

In anderen Fällen hingegen wurden suizidale Konflikte durch die »räumlich-situative Beschränkung der Aktionsfreiheit«[356] erzeugt bzw. verschärft. Zudem wirkten die Jugendwerkhöfe als Drohung auch im Leben jenseits der Werkhofmauern weiter und konnten Todesängste erzeugen; so sind allein in der erwähnten Auswertung aus dem Jahr 1968 jeweils zwei Fälle enthalten, bei denen die Angst vor einer erneuten Einweisung in den Jugendwerkhof bzw. vor einem Arbeitserziehungslager den Suizidentschluss entscheidend mitbestimmt hat.

2.7 Sondierung Nr. 4: Selbsttötungen in der SED

Suizidforscher haben herausgearbeitet, dass »dichotomes Denken«,[357] ein starres Weltbild mit absoluten Gegensätzen, zu den Kennzeichen der präsuizidalen Entwicklung gehört. Was diesen Punkt betrifft, so begünstigte das Weltbild des Marxismus-Leninismus eine suizidale Entwicklung. Andererseits war die SED bemüht, durch die Vermittlung eines Gefühls der Partizipation an der Macht, aber auch durch die Tabuisierung von Pessimismus, Verzweiflung und Selbsttötung sowie die Verdrängung des Todes überhaupt, in den eigenen Reihen Tatkraft und Lebenswillen zu fördern (vgl. Kap. 5).

355 Vgl. das Beispiel einer suizidgefährdeten 16-Jährigen, deren Eltern Zeugen Jehovas waren, und die sich im Jugendwerkhof Lehnin offenbar wohlfühlte, in: BArch Berlin, DR 2, A.3308, n. pag.
356 Friedemann Ficker, Suizidale Handlungen in Kindheit und Pubertät, Diss. Dresden 1977, S. 62.
357 Schmidtke, Verhaltenstheoretisches Erklärungsmodell, S. 480.

Dass eine stabile soziale Bindung und ein gefestigter Glaube (bzw. eine Weltanschauung) das Selbstmordrisiko absenken können, hatte bereits Emile Durkheim nachgewiesen. Theoretisch konnte nicht nur die christliche Religion, sondern auch der Glaube an den Kommunismus, der Kampf für eine bessere Zukunft, die Einbindung in eine straff organisierte Partei Suizidgefährdete im Leben halten, einen neuen Sinn stiften.[358]

Wie der Schriftsteller Ludwig Renn aus eigener Erfahrung bezeugte, war die Partei tatsächlich in der Lage, labile Persönlichkeiten zu stabilisieren und ihnen einen neuen Lebenssinn zu eröffnen. Renn schilderte in einem autobiografischen Text, »wie aus einem stets Unbefriedigten ein glücklicher Mensch werden konnte«. Der Schriftsteller hatte die den Einzelnen entlastende Wirkung der kommunistischen Gesellschaftskritik erfahren, nachdem er Marx, Engels und Lenin gelesen und in die Kommunistische Partei eingetreten war: »Da erkannte ich jäh, daß alle meine Kümmernisse, meine Isolierung nicht meine individuelle Schuld oder mein alleiniges Unglück waren, sondern die des Kapitalismus«.[359]

Aus der Erfahrung einer psychisch stabilisierenden Wirkung der Partei speiste sich auch die Einschätzung Renns zum Tod seines Kollegen Ernst Toller, der sich am 22. Mai 1939 im amerikanischen Exil das Leben genommen hatte: »Er hatte es verpaßt, in die Kommunistische Partei einzutreten. Nun stand er ohne Halt da, den ihm die Kommunistische Partei mit ihrer Brüderlichkeit gegeben hätte. Dahin kommt ein Schriftsteller, wenn er keine gesellschaftliche Bindung mehr hat.«[360]

Eine ähnliche Argumentation fand sich auch im Nachruf für Wladimir Majakowski in der kommunistischen »Roten Fahne«, wo es hieß, der sowjetische Dichter, der es abgelehnt hätte, Mitglied der Partei zu werden, sei den »Weg haltloser Nihilisten und kleinbürgerlicher Nachtwandler der Poesie« gegangen.[361]

Die zentralistisch organisierte kommunistische Partei sah sich als Alternative zu Individualismus, zu bürgerlicher Dekadenz. Wilhelm Pieck, Vor-

---

358 In Halle/Saale hatte sich Anfang der 1950er Jahre ein angehender Arzt bei den Marxisten-Leninisten seiner Universität erkundigt, ob deren Weltanschauung selbstmordsenkend wirken könne. Die Antwort, zwar ironisch referiert, dokumentiert nichtsdestotrotz den Glauben der SED an die soziale Bindungskraft der marxistisch-leninistischen Weltanschauung: »Alle die Menschen, die diese Weltanschauung beherrschen, sind von einer besseren, quallosen, inhaltsreichen und glücklichen Zukunft überzeugt; das Leben ist nicht mehr etwas Unsicheres, sondern ein Bedürfnis; die Arbeit ist nicht mehr eine Qual, sondern wird zum entscheidensten Faktor des menschlichen Lebens. Wenn man Anhänger dieser Weltanschauung ist, bekommt man geradezu eine Lust zu leben, da man das Versprochene, das Bessere und Schöne unbedingt erleben will.« Wolfgang Eggeling, Über die Häufigkeit und Art der Suicide im Bezirk Halle auf Grund von Instituts-Sektionen von 1.10.1947–1.10.1952, Gedanken zur Prophylaxe, Diss. Halle 1954, S. 55 f.
359 Ludwig Renn, Anstöße in meinem Leben, Berlin 1982, S. 474.
360 Zit. in: Ludwig Marcuse, Mein zwanzigstes Jahrhundert, Frankfurt/M.–Hamburg 1968, S. 213.
361 Zit. in: Nyota Thun, Ich – so groß und so überflüssig. Wladimir Majakowski. Leben und Werk, Düsseldorf 2000, S. 349.

sitzender der KPD-Reichstagsfraktion im preußischen Landtag, war überzeugt: Nur durch die kommunistische Partei würden Arbeiter »vor solchen Stimmungen bewahrt, die zur Passivität, zum Pessimismus und sogar zur Lebensverneinung, zum Freitod führen«.[362]

Entsprechend fassungslos waren kommunistische Funktionäre, wenn jemand aus den eigenen Reihen Hand an sich gelegt hatte. Ein Ereignis, das die KPD in den 1920er Jahren erschütterte, war der gemeinschaftliche Suizid von drei jungen Kommunisten im Anschluss an eine Demonstration zum 10. Jahrestag der Oktoberrevolution. Wilhelm Pieck war danach sichtlich bemüht, das herkömmliche Erklärungsmodell – Selbsttötung als bürgerliche Verfallserscheinung – hervorzuheben: »Der Freitod ist die Flucht des Einzelnen aus der Not des Lebens, die aus der bürgerlichen, kapitalistischen Gesellschaftsordnung, aus ihrem Verfallsstadium hervorgeht«, schrieb der spätere Präsident der DDR am 9. November 1927 in der »Roten Fahne«. Nichtsdestotrotz schien die in bürgerlichen Zeitungen geäußerte Vermutung, die jungen Männer hätten den Glauben an den Sieg der Weltrevolution verloren und sich deshalb das Leben genommen, eher den Tatsachen zu entsprechen. Pieck hatte es schwer, dagegen vernünftige Argumente zu finden. Er bestritt, dass die jungen Funktionäre »den Glauben an den Kommunismus verloren« hätten, räumte aber ein, sie hätten noch nicht »den Kommunismus als Wissenschaft und Weltanschauung in sich aufgenommen, waren noch nicht vom Glauben zum Wissen herangereift, hatten noch nicht den Zusammenhang, der zwischen dem Endziel unseres Kampfes und der täglichen Kleinarbeit besteht, begriffen«.

Auch in der Nachfolgepartei der KPD in der DDR, der SED, ereigneten sich zahlreiche Selbsttötungen, deren Motive in vielen Fällen auf das Engste mit der Partei zusammenhingen. Vor allem dann, wenn Genossen von der Partei verstoßen wurden, konnte die normalerweise suizidhemmende Bindungskraft der Kommunistischen Partei eine entgegengesetzte Wirkung entfalten. Das hatte wohl der Theologe Helmut Gollwitzer im Blick, als er hinsichtlich des Umgangs der Kommunisten mit dem Tod bemerkte, der Marxismus trage »den Nihilismus, den er hinter sich gelassen zu haben meint, in sich«.[363]

1950 ereignete sich in der SED eine regelrechte Selbsttötungsserie, nachdem eine Reihe ehemaliger Parteifunktionäre von KPD und SPD der Spionage bezichtigt worden waren.[364] Die Funktionäre, die alle während des

362 Joachim Schiller, Schülerselbstmorde in Preußen, Frankfurt/M. u.a. 1992, S. 252–271, dieses und die folgenden Zitate S. 262 f.
363 Helmut Gollwitzer, Exkurs über das Todesproblem im Marxismus, in: Gerhard Debus/ Arnim Juhre (Hg.), Tod in der Gesellschaft (= Almanach 5 für Literatur und Theologie), Wuppertal 1971, S. 49–55, zit. 54.
364 Zu den Selbsttötungen von Kreikemeyer, Bertz und Feistmann vgl. Wolfgang Kießling, Partner im »Narrenparadies«, Berlin 1994, S. 263 –275 sowie ders., »Leistner ist Mielke«, Berlin 1998.

Zweiten Weltkrieges nach Frankreich emigriert waren und dort Kontakt zu Noël Field (einem US-amerikanischen Mitarbeiter einer Hilfsorganisation, der vermeintlich ein Geheimdienstagent war) aufgenommen hatten, mussten sich internen »Befragungen« unterziehen, deren Ziel es war, einen Schauprozess vorzubereiten. Die Beschuldigten wurden überraschend und ohne Begründung vor die Zentrale Parteikontrollkommission (ZPKK) nach Berlin vorgeladen und unter Androhung schwerster Konsequenzen zum Schweigen verpflichtet. Als Paul Bertz, der sich bereits 1947 mit der SED-Führung überworfen hatte und 1950 als Direktor der kommunalen Wirtschaftsunternehmen in Chemnitz eingesetzt war, die Vorladung zur ZPKK erhielt, nahm er sich am 19. April 1950 das Leben. Rudi Feistmann, Leiter der außenpolitischen Redaktion des »Neuen Deutschland«, folgte der ersten Vorladung am 1. Juni 1950, beging aber eine Woche danach Suizid, als er zum zweiten Mal vor der Kommission erscheinen sollte. Willi Kreikemeyer, Generaldirektor der Deutschen Reichsbahn, wirkte nach dem ersten Verhör gesundheitlich angeschlagen und fuhr zunächst Anfang August in den Urlaub. Von dort wurde er am 24. August 1950 abgeholt; nachdem ihm die ZPKK den Parteiausschluss mitgeteilt hatte, wurde er im MfS-Untersuchungsgefängnis an der Albrechtstraße inhaftiert. Dort sollte er alles, was er wusste, in ein Heft schreiben. Er notierte: »Meine Partei war immer mein Leben. Ich bin aus ihr ausgestoßen, das ist das furchtbarste, was einem Menschen, der seine Partei liebt, geschehen kann.«[365] Wenige Tage später erhängte er sich mit zusammengeknoteten Taschentüchern.[366]

Waren es in der frühen, im engeren Sinne stalinistischen DDR vor allem innerparteiliche »Säuberungen«, die Selbsttötungen provozierten, so ereigneten sich 1957 und 1965 zwei Selbsttötungen hochrangiger SED-Funktionäre, die im Zusammenhang standen mit wirtschaftlichen Problemen und damit verbundenen innerparteilichen Auseinandersetzungen.

Anlass für die Selbsttötung des ZK-Wirtschaftssekretärs und Maschinenbauministers Gerhart Ziller am 13. Dezember 1957 war ein Trinkgelage nach einer Vorstandssitzung der Wismut AG, auf dem Ziller unter Alkohol angekündigt hatte, dass er auf dem nächsten Plenum des ZK auspacken und gemeinsam mit dem ZK-Sekretär für Kaderfragen, Karl Schirdewan, und anderen Genossen eine Änderung der politischen Linie der Parteiführung herbeiführen wolle. Schirdewan würde bereits an einer Denkschrift gegen Ulbricht arbeiten. »Da können die Halunken was erleben«, soll Ziller (nach Angabe eines Stasi-Offiziers) gesagt haben. Mit den Halunken meinte Ziller

365 Wilfriede Otto, Erich Mielke – Biografie, Berlin 2000, S. 146. Vgl. auch dies., Das Verschwinden des Willi Kreikemeyer, in: Utopie kreativ 10 (1999), H. 100, S. 47–52.
366 Ein weniger prominentes Opfer war Kreikemeyers Freund, der Antiquar Georg Pinzke, der sich ebenfalls infolge der »Field-Affäre« am 9. September 1950 das Leben nahm. Vgl. Hermann Weber, Der Antiquar Georg Pinzke – Schicksal eines vergessenen Kommunisten, in: Die Vitrine 03 (2003) 2, S. 4–11.

vor allem das MfS, denn er hatte schon seit längerem den Verdacht, bespitzelt zu werden. »Ich muss Gewiss[heit] haben, ob meine Tel[efon-]Gespr[äche] abgehört werden«, forderte er von dem Stasi-Offizier: »Wenn ich diese Gew[issheit] habe, packe ich aus.«[367] Zillers Worte bei dem Trinkgelage waren eine Flucht nach vorn: Nach der Absetzung des ZK-Sekretärs für Kultur und Erziehung, Paul Wandel, im Oktober fürchtete Ziller, der Nächste zu sein.

Von seinem Temperament her galt der 55-Jährige als impulsiv und unkontrolliert. »Ziller sei sentimental, er weine oft, wenn er einen getrunken habe«, hieß es in einem SED-Bericht über den Maschinenbauminister; so hatte er zum Beispiel nach dem XX. Parteitag der KPdSU aus Enttäuschung über das Ausbleiben einer klaren Abrechnung mit Stalin durch die SED-Führung geweint.

Zillers Selbsttötung war jedoch keine affektive Kurzschlusshandlung. Vielmehr empfand er seine Zugehörigkeit zur SED als so existenziell, dass er nicht mehr weiterleben mochte, nachdem er sich am 11. Dezember 1957 im Politbüro einer verhörähnlichen Befragung durch Ulbricht und seine Gefolgsleute unterziehen musste.[368] Die Situation hatte bei Ziller Erinnerungen an frühere unangenehme Erfahrungen mit den eigenen Genossen geweckt: »Da ich das Gefühl der bitteren Einsamkeit und der ohnmächtigen Uneinigkeit nur zu gut seit dem Jahre 1936, als ich von den Nazis aus dem Zuchthaus entlassen wurde, kenne, will ich es nicht noch einmal hinnehmen. Damals wagten die Freunde lange nicht mit mir zu sprechen – bis ich endlich wieder Kontakt hatte und illegal arbeiten konnte«, schrieb Ziller in seinem Abschiedsbrief. Nun fehle ihm die Kraft, das noch einmal durchzustehen.[369]

Zu Zillers Resignation hatten sicher auch die Misserfolge der eigenen Politik beigetragen, über die er auf der ZK-Tagung am 17. Oktober 1957 berichtet hatte. Die Zahl der Verlustbetriebe war im ersten Halbjahr 1957 von 382 auf 512 gestiegen, weil einerseits die geplante Selbstkostensenkung nicht erreicht wurde, andererseits die Löhne zu stark angestiegen waren. Insofern berührte die Einschätzung des Westberliner »Kurier« vom 16. Dezember 1957, der über die internen Vorgänge im Politbüro nur mutmaßen konnte, einen wichtigen Teilaspekt:

»Gerhart Ziller ist an dem unlösbaren Dilemma gescheitert, das sich aus der Unrentabilität der volkseigenen Produktion, den riesigen Investitionsprojekten für den Schiffsbau, den Flugzeugbau und den Kohlenbergbau einerseits

367 Vgl. hs. Protokoll der Politbüro-Sitzung vom 13. 12. 57, in: SAPMO-BArch, DY 30, IV 2/2 A/598, Bl. 5–11, zit. 6.
368 Vgl. SAPMO-BArch, DY 30, 2059, Bl. 58–76; Peter Przybylski, Tatort Politbüro. Die Akte Honecker, Reinbek b. Hamburg 1992, S. 92–101; Karl Schirdewan, Aufstand gegen Ulbricht, Berlin 1995, S. 132–138.
369 SAPMO-BArch, DY 30, IV 2/11/v.-520, Bl. 172.

und der Unmöglichkeit andererseits ergab, angesichts düsterer Erinnerungen an den 17. Juni die Löhne endlich zu entpolitisieren und dem mageren Produktionsergebnis anzupassen.«[370]

Dass Ziller seinen Tod auch als Versuch verstanden wissen wollte, Schaden von der Partei abzuwenden, darin lag (nach Thomas Klein) »die Tragik seiner Selbstbindung in den Fesseln verinnerlichter verkehrter Loyalität«. Andererseits setzte Ziller mit seinem Suizid auch die Praxis des »meist vorsichtigen und niemals offenen Widerspruchs gegen die Ulbricht-Linie in der Parteiführung« fort, der für die vermeintlichen Mitglieder der nie formierten »Schirdewan-Wollweber-Gruppe« kennzeichnend war.[371] Indem Ziller, anders als Schirdewan oder Wollweber, nicht einfach zurücktrat, sondern sich erschoss, übte er zudem eine nonverbale Kritik an den eigenen Genossen. Es spricht auch für sich, dass Ziller seinen Abschiedsbrief nicht an Parteichef Walter Ulbricht, sondern an den ehemaligen Sozialdemokraten Otto Grotewohl adressierte. »Es würde uns allen, der ganzen Partei und unserem sozialistischen Land sehr nützen, wenn wir eine vertrauensvolle, wirklich kollektive Arbeit in der Leitung entwickelten. Das werden wir noch lernen müssen«, mahnte Ziller vorwurfsvoll. Die unmittelbaren Reaktionen dieses Appells, die Karl Schirdewan überliefert hat, zeigten noch einmal, wie recht Ziller damit hatte:

»In der Politbürositzung am 14. Dezember 1957 übergab Grotewohl den Brief an Ulbricht, der ihn vorlas. Tiefes Schweigen von allen. Und Ulbricht: ›Dann übergeben wir den Brief dem Archiv.‹ Nichts weiter. Er schlug vor, daß Grotewohl und er der Witwe und den beiden Jungen kondolieren sollten. Als Gerda Ziller Ulbricht fragte: ›Warum mußte das geschehen, was lag gegen ihn vor?‹ antwortete Ulbricht völlig unberührt von dem Ereignis: ›Von uns aus brauchte er das nicht zu tun.‹«[372]

Der Tod des stellvertretenden Vorsitzenden des Ministerrates und Vorsitzenden der Staatlichen Plankommission der DDR, Erich Apel, im Jahr 1965 war ebenfalls der Endpunkt einer zunehmenden Isolierung des Funktionärs innerhalb der eigenen Partei.[373] Apel hatte sich bei der Aushandlung der langfristigen Bedingungen des Handels mit der Sowjetunion stark gemacht für bessere Konditionen für die DDR, was auf sowjetischer Seite für Verstimmung gesorgt hatte. Schließlich war der Handelsvertrag bei einem Geheimtreffen Ende November, ohne Wissen Apels, fertiggestellt worden; das Abkommen entsprach im Wesentlichen den Forderungen der Sowjetunion. Apel fühlte sich tief gekränkt. Zu der Atmosphäre »aus unbegründeten Schuldzuweisungen, ohnmächtigem Ausgeliefertsein und bitterer Einsam-

---

370 dg, Der Mohr ist gegangen, in: SAPMO-BArch, DY 30, IV 2/11/v.-520, Bl. 196.
371 Thomas Klein, »Für die Einheit und Reinheit der Partei.« Die innerparteilichen Kontrollorgane der SED in der Ära Ulbricht, Köln u.a. 2002, S. 317f.
372 Schirdewan, Aufstand, S. 137f.
373 Vgl. Monika Kaiser, Machtwechsel von Ulbricht zu Honecker, Berlin 1997, S. 65–129.

keit« trug auch die Politbürositzung am 2. Dezember 1965 bei, in der Erich Apel wegen seiner Planungsarbeit hart kritisiert wurde.[374] Für Apel wurde in diesen Tagen deutlich, dass sich bisherige Verbündete, so der spätere DDR-Wirtschaftslenker Günter Mittag, von ihm abwendeten.[375] Am 3. Dezember 1965, wenige Stunden vor der feierlichen Unterzeichnung des Handelsvertrages mit der Sowjetunion, erschoss sich Erich Apel in seinem Dienstzimmer.

Man könnte in Selbsttötungen wie denen von Gerhart Ziller und Erich Apel im Durkheimschen Sinne »soziale Pathologie« innerhalb der SED-Strukturen erblicken, man könnte diese Ereignisse aber genauso gut auch als Zeichen eines »Sündenbock-Mechanismus« deuten, der zur Stabilisierung der Machtstrukturen beitrug.

Besonders Erich Apel scheint auch ein symbolisches Opfer der Parteiführung geworden zu sein. Anhand von belanglosen Kritikpunkten hatte bereits im Sommer 1965 die Isolierung des Politikers begonnen,[376] die wenige Tage vor der Selbsttötung in dem Vorwurf von Walter Ulbricht gipfelte, Apel würde »die erforderlichen Bilanzierungsmethoden unter den Bedingungen des NÖS« nicht beherrschen.[377] Hinter der überzogenen Kritik stand das Ziel der Anti-Reformer um Erich Honecker und Alfred Neumann, das »Neue Ökonomische System«, dessen Verfechter Apel war, zu unterlaufen und auszuhebeln.[378] Insofern hatte das Politbüro, Ulbricht eingeschlossen, angesichts der wirtschaftlichen Probleme der DDR in Apel offenbar einen Sündenbock gesucht und gefunden. Die Selbsttötung erscheint in diesem Zusammenhang als eine verzweifelte Abwehr des Opfers (hoffen doch viele Suizidenten, dass ihre Tat Schuldgefühle hinterlässt; meistens allerdings vergeblich).

Unterhalb der Führungsebene standen Selbsttötungen von Genossen eher im Zusammenhang mit individuellen Problemen. Dabei stießen Parteikontrollkommissionen, die in den 1950er und 1960er Jahren auf der mittleren und unteren Funktionärsebene Selbsttötungen von SED-Mitgliedern untersuchten, auf menschliche Abgründe, und nicht selten auf eine heuchlerische

374 Ebd., S. 105.
375 Zudem musste Apel zu einer Zeit, da in der DDR eine Kampagne gegen Bundespräsidenten Lübke wegen dessen Verstrickung in das NS-Lagersystem vorbereitet wurde, wohl auch ernsthaft fürchten, dass seine leitende Tätigkeit im KZ Mittelbau-Dora bekannt würde. Vgl. Peter Przybylski, Tatort Politbüro, Bd. 2: Honecker, Mittag und Schalck-Golodkowski, Berlin 1992, S. 150–161. Die Kampagne gegen Lübke begann Anfang 1966, im den DDR-Kinos lief ab dem 2. Februar ein »Augenzeuge« über Lübkes Tätigkeit als »KZ-Baumeister«; er war ebenfalls in Mittelbau-Dora tätig gewesen. Vgl. Jens-Christian Wagner, Produktion des Todes, Göttingen 2001.
376 Vgl. Siegfried Seidel, Zur Position Erich Apels, in: Günter Agde, Kahlschlag, Berlin 1991, S. 252–257.
377 Siegfried Wenzel, Plan und Wirklichkeit, St. Katharinen 1998, S. 45.
378 Vgl. Kaiser, Machtwechsel, S. 117.

Doppelmoral.[379] Hier zeigten sich Symptome »sozialer Pathologie«, Zeichen für einen heimlichen, inneren Abfall von der Partei und ihren Prinzipien. Der MfS-Bericht über einen Genossen, der sich im März 1976 das Leben genommen hatte, stellte fest:

>»In seiner Dienststelle trat [...] gesellschaftlich aktiv in Erscheinung und übte über mehrere Jahre bis zu seinem Tod Parteifunktionen aus. Während er von seiner Dienststelle als parteiverbunden, kritisch und konstruktiv auftretender Genosse eingeschätzt wurde, verherrlichte er im Verwandtenkreis die Lebensverhältnisse in der BRD, empfing in seiner Wohnung Sendungen des BRD-Fernsehens und gab sich in einer Gaststätte gegenüber einer weiblichen Person als BRD-Bürger aus.«[380]

Der Angehörige der Transportpolizei hatte, nachdem er etwa 2500 Mark unterschlagen hatte, vergeblich versucht, unter Anwendung der Schusswaffe in die Bundesrepublik zu gelangen; in aussichtsloser Situation setzte er schließlich seinem Leben ein Ende.

Solche postmortalen »Entdeckungen« waren keine Seltenheit: Bei der Untersuchung des Suizids eines Abteilungsleiters einer Papierfabrik kam heraus, dass dieser Briefe an westdeutsche Frauen geschrieben hatte, in denen er sich als religiöser Mensch ausgab, um anschließend von den Frauen Pakete zu erbetteln. Nach dem Suizid eines Genossen aus Karl-Marx-Stadt im Jahr 1963 wurde bekannt, dass er zur NS-Zeit in Auschwitz gearbeitet hatte.[381] Bei einem FDJ-Funktionär, der im März 1963 vergeblich versucht hatte, seine Selbsttötung als Mord erscheinen zu lassen, fand die Polizei bei der Durchsuchung der Wohnung Bilder von Adolf Hitler und Horst Wessel.[382] Ein Polizist und Genosse, der Mitte der 1960er Jahre als Abschnittsbevollmächtigter eingesetzt war, gestand in seinem Abschiedsbrief, dass er Militärspionage betrieben hatte: »Mein Gewissen macht nicht mehr mit. Mir ist, als leide ich an Verfolgungswahn. Meinen Kollegen kann ich nicht mehr gerade in die Augen sehen«, schrieb der 26-Jährige an seine Geliebte, bevor er sich erschoss.[383] Ein Parteigruppenorganisator an einer Ingenieurschule hatte im Frühjahr 1968, auf dem Heimweg von der Kneipe, eine Frau verfolgt und sich ihr »unsittlich genähert«. Angesichts der umgehend eintreffenden Polizei ergriff er die Flucht, wurde aber gefasst und verhört. In das Internat zurückgekehrt, erhängte er sich.[384] Bei einem Parteisekretär, der im November 1962 zunächst angegeben hatte, er sei nachts auf einer öffentlichen Toilette von Un-

---

379 »Unmoralisches Verhalten« nahm unter den von den PKK untersuchten Delikten breiten Raum ein. In einem Bericht von 1966 waren es fast 30 Prozent aller Parteiverfahren. Vgl. Klein, Einheit und Reinheit, S. 439.
380 BStU, MfS, HA IX, Nr. 10710, Bl. 228–236, zit. 235.
381 Vgl. StAC, SED-BL Karl-Marx-Stadt, IV A-2/4/245, Bl. 81 f.
382 Vgl. BStU, MfS, HA XX, Nr. 6187, Bl. 228 f.
383 BStU, MfS, AS 59/68, Bl. 37–47, zit. 42.
384 Vgl. BArch Berlin, DO 1, 0.5.0., 41550, n. pag.

bekannten überfallen und bestohlen worden, stellte sich heraus, dass er durch ihm bekannte Strichjungen ausgeraubt worden war. Deren Namen wollte er nicht preisgeben; stattdessen erhängte er sich.[385] Ein anderer Parteisekretär, der als Heimleiter eingesetzt war, hatte sich gegenüber minderjährigen Mädchen »unmoralisch verhalten«, was zu einem Ehestreit geführt hatte. Um dieser Konfliktsituation zu entfliehen, war er im Frühjahr 1955 mit der Absicht der Republikflucht nach West-Berlin gefahren, dann aber (angeblich aus Sehnsucht nach seinen Kindern) zurückgekommen. Am 28. April 1955 sollte ein Parteiverfahren wegen der moralischen Verfehlungen des Parteisekretärs stattfinden; unmittelbar davor beging er Suizid. In West-Berlin hatte er sich einem geheimdienstlichen Verhör unterziehen müssen, weshalb die Genossen vermuteten, dass er »in die Klauen des Klassengegners geraten war«.[386]

Mangelnden Widerstand gegen die Einflüsse des Klassenfeindes machte die SED-Bezirksleitung Rostock im Jahr 1958 auch für den Suizid des kommissarischen Leiters des Historischen Instituts der Rostocker Universität, Prof. Johannes Nichtweiß, verantwortlich. Die Funktionäre prangerten die »labile Haltung« des Wissenschaftlers zu politischen Grundsatzfragen an, besonders »sein Schwanken nach dem XX. Parteitag und den Ungarnereignissen«. Nichtweiß hatte das Vorenthalten wichtiger Dokumente zur Geschichte der KPdSU kritisiert (was ihm den Vorwurf des Trotzkismus einbrachte), und er hatte in einer Zeit, da die Partei die vormilitärische Ausbildung aller Studenten forderte, pazifistische Ansichten geäußert. Nichtweiß »las westliche Zeitungen und Bücher, um sich zu orientieren«. Dadurch hätte er sich, hieß es in einem Bericht der SED-Bezirksleitung Rostock an das ZK der SED, »selbst in eine innere Zerrissenheit gebracht«. Folge der ideologischen Unentschiedenheit sei »Versöhnlertum« gegenüber einem Kollegen gewesen, der später republikflüchtig wurde.

In der Parteigruppe hatte es zudem Auseinandersetzungen gegeben, weil sich die Ehefrau des Historikers religiös engagierte:

»Seine Frau, die starke westliche Bindungen hatte und dem klerikalen Druck aus Westdeutschland und einiger Kräfte der DDR nachkam, machte ihm das Leben unerträglich, wodurch er bis zur Verzweiflung getrieben wurde.« Angeblich stand Nichtweiß »stark unter familiärem, klerikalem Druck«.

Der Historiker nahm sich allerdings nicht zu Hause das Leben, vielmehr stürzte er sich am 14. Juni 1958 vom Dach des Hauptgebäudes der Universität Rostock in den Hof, was als Symbolhandlung verstanden werden konnte. Einen Abschiedsbrief hinterließ er offenbar nicht.

385 Vgl. HStADD, BdVP Dresden, MUK, Nr. 464, n. pag.
386 Vgl. LHASA, MD, Rep. P 13, SED-BL Magdeburg IV/2/56, Bl. 50–53, 83, 91.

Am Abend vor dem Tod des Historikers hatte es in der Parteigruppe Auseinandersetzungen gegeben. Ein Genosse, der Nichtweiß auf dem Heimweg begleitete, erinnerte sich:

»Er sprach sich mir gegenüber darüber aus, wie schwer er darunter litt, dass sein redliches Bemühen so oft in Zweifel gezogen wurde und dass seine Ehrlichkeit keinen Glauben bei anderen fände.«

Die SED-Bezirksleitung bezeichnete die Selbsttötung des Professors als »unmarxistische Schlußfolgerung« und suggerierte, dass Nichtweiß anders gehandelt hätte, wenn er ideologisch der Parteilinie gefolgt wäre. Der Dogmatismus der Berichte, die nach dem Tod des Historikers geschrieben wurden, gibt einen Eindruck davon, in welchem Stil die Diskussionen in der Partei geführt wurden. »Nun hat seine weiche Natur, seine Lauterkeit, die alles Halbe und Zwielistige verabscheute, den Belastungen nicht Stand halten können«, schrieb ein Kollege von Nichtweiß am 16. Juni 1958 an die Ehefrau.[387] Aus einem MfS-Bericht geht hervor, dass Nichtweiß möglicherweise auch fürchtete, bald selbst wegen seiner abweichenden Ansichten an den Pranger gestellt zu werden.[388]

Im Jahr 1988 kam bei der Untersuchung der Selbsttötung der Ehefrau eines leitenden Funktionärs eines Kampfgruppenbataillons heraus, dass der Betreffende bereits im Jahr 1985 kurzzeitig aus seiner Funktion abgelöst wurde, nachdem es zu tätlichen Auseinandersetzungen in der Familie gekommen war; mehrfach hatte er in betrunkenem Zustand seine Frau geschlagen. Die Parteileitung seines Betriebes hatte ihn jedoch wenig später wieder eingesetzt, weil er (laut einem MfS-Telegramm) zu viel »ueber moralische verhaltensweisen und schwaechen des parteisekretaers« sowie über »unzulaenglichkeiten beim eigenheimbau« wusste.[389] Jetzt, mit dem Vorwurf konfrontiert, seine Frau in den Tod getrieben zu haben, beging er ebenfalls Suizid.

Im Kontrast zu solchen Fällen, die als Symptome eines Verfalls moralischer Normen gewertet werden können, kam es aber auch zu Selbsttötungen von Parteifunktionären, die gegen die Vorbildfunktion, die sie glaubten erfüllen zu müssen, verstoßen hatten, und deren Selbsttötung als eine »Rettung« der moralischen Normen der Partei interpretiert werden kann. Ein Parteisekretär im Bezirk Potsdam zum Beispiel, der unglücklich verheiratet war und eine Geliebte hatte, die seit wenigen Tagen von ihm schwanger war, fand »nicht den Mut die Konsequenzen zu ziehen und zögerte die Aussprache mit der Ehefrau hinaus«. Zudem war er auch »auf einer Müllkippe für Westberliner Müll«

387 Vgl. BStU, MfS, ZAIG, Nr. 100, Bl. 1–9, zit. 7.
388 Vgl. SAPMO-BArch, DY 30, IV 2/9.04/96, Bl. 276–278.
389 Vgl. BStU, MfS, HA VII, Nr. 668, Bl. 19–24.

erwischt worden. »Das vertrug sich auch nicht mit seiner Stellung als Partei-sekretär«, hieß es im Polizeibericht. Der Funktionär erschoss sich 1980.[390]

Ein Kreis-Funktionär des FDGB, der wegen wiederholtem Alkoholmiss-brauch bereits einen strengen Verweis erhalten hatte, war betrunken Auto ge-fahren. Neben Entzug der Fahrerlaubnis hatte er von der Partei eine strenge Rüge erhalten. Nach seiner Selbsttötung 1980 hieß es im Polizeibericht:

»Bei den Ermittlungshandlungen wurde bekannt, daß er sich den Entzug der Fahrerlaubnis sehr zu Herzen genommen hat und sich laufend Vorwürfe machte, weil er als Funktionär auch erzieherisch auf andere Bürger einwirken muß. Er fühlte sich moralisch dazu nicht mehr in der Lage.«[391]

Unter ganz anderen Vorzeichen stand der Tod des SED-Literaturideologen Prof. Hans Koch im Jahr 1986.[392] Auch diese Selbsttötung war eine Reak-tion auf die zunehmende Entfremdung von der eigenen Partei, allerdings war dem Dogmatiker Koch die SED offenbar nicht mehr dogmatisch genug. In einem Radiobeitrag des Hessischen Rundfunks hieß es:

»Hans Koch wird seines Daseins, seiner sinnlosen Arbeit überdrüssig gewor-den sein. Und so verschwand er einfach aus der Gesellschaft, die er mit auf-baute, und die ihn nun spüren ließ, daß sie auf ihn, den Dogmenritter, ver-zichten könne, der längst, ohne es zu merken, ein Don Quijote von der traurigen, in Wahrheit lächerlichen Gestalt geworden war.«[393]

Die MfS-Akten bestätigen diese Einschätzung. Koch erklärte in seinem Ab-schiedsbrief, dass er sich verletzt und kaltgestellt fühlte von den eigenen Genossen, er beschwerte sich zum Beispiel darüber, dass der »Hinze-Kunze-Roman« von Volker Braun erscheinen durfte. Sein eigenes Wirken sah der 59-jährige Literaturideologe als gescheitert an. »Ich gestatte keine Form von Neuveröffentlichung von Arbeiten, deren Verfasser ich bin«, hatte er in sei-nem bereits im November 1985 verfassten Testament festgelegt.[394] Damit zeigte sich Koch bis in seine letzten Zeilen hinein als jener strenge Ideologe, »dem nicht zuletzt die Disziplinierung der Literatur und der Bildenden Kunst in der DDR am Herzen lag«.[395]

Die Beispiele erwecken den Eindruck, dass Selbsttötungen unter Funktionä-ren der SED – nicht zuletzt im Vergleich mit bundesdeutschen Politikern – re-lativ häufig waren. Verstreute Angaben in kriminalpolizeilichen Akten deuten

390 BLHA, Rep. 471/15.2, BdVP Potsdam, Nr. 1295, n. pag.
391 BLHA, Rep. 471/15.2, BdVP Potsdam, Nr. 1260, n. pag.
392 Vgl. dazu auch die literarische Verarbeitung dieses Todesfalls in: Christa Wolf, Leibhaf-tig, München 2002.
393 Dieter Borkowski, Zum Tod von Prof. Hans Koch, HR II vom 29. November 1986, in: BStU, MfS, HA II/6, 105, Bl. 74–77, zit. 77.
394 Vgl. BStU, MfS, HA IX, Nr. 805, Bl. 1–11, zit. 4.
395 DDR-Funktionär begeht Selbstmord, in: Frankfurter Allgemeine Zeitung vom 20. No-vember 1986, S. 4.

jedoch darauf hin, dass der Anteil von SED-Mitgliedern an der Gesamtzahl der Selbsttötungen unter dem Durchschnitt der DDR-Bevölkerung lag. Zwar lässt sich das nicht für die gesamte Partei nachweisen, da die SED darüber keine Statistiken geführt hat. Bei den angeführten Zahlen handelt es sich nur um auf einzelne Bezirke und einzelne Jahrgänge begrenzte Stichproben. In diesen lag der Anteil der SED-Mitglieder jedoch stets nur im Bereich von fünf bis zehn Prozent. Auch eine für Walter Ulbricht angefertigte Auswertung aller Selbsttötungen von jungen Menschen in der DDR im 1. Halbjahr 1968 kam zu einem dementsprechenden Ergebnis: Der Anteil der SED-Mitglieder unter den 18- bis 24-jährigen Suizidtoten betrug 5,3 Prozent.[396]

Ort	Bezirk Dresden	Bezirk Halle	Bezirk Halle	Bezirk Dresden
Zeit	1965	1965–69	1970	1975/76
Anteil der SED-Mitglieder	6,2%	5,5%	10,8%	9,4%

Tab. 12: Anteil von SED-Mitgliedern an der Gesamtzahl der Selbsttötungen.[397]

Der Bevölkerungsanteil der SED-Mitglieder war demgegenüber signifikant höher. In der Zeit zwischen 1965 und 1975 stieg die Mitgliederzahl der SED von 1,77 auf ca. 2 Millionen, damit waren 13,5 bis 15,4 Prozent der ca. 13 Millionen für das Suizidgeschehen relevanten DDR-Bürger im Alter über 15 Jahren Mitglieder oder Kandidaten der SED.[398] Die Selbsttötungshäufigkeit in der SED blieb also in allen Stichproben deutlich unter dem Bevölkerungsdurchschnitt.

Zwar ist bei der Interpretation zu beachten, dass die Partei eine andere Altersverteilung aufwies als die DDR-Bevölkerung – der Anteil der Altersgruppen zwischen 30 und 60 Jahren war höher, der Rentneranteil dafür geringer.[399] Das könnte zu einer niedrigeren Zahl von Selbsttötungen in der SED geführt haben, denn die Selbsttötungsrate der über 60-Jährigen war in der DDR doppelt so hoch wie die in der Altersklasse 30–60 Jahre.[400] Ande-

396 Vgl. BArch Berlin, DO 1, 0.5.0., 41550, n. pag.
397 Zahlen aus: HStADD, BdVP Dresden, 23.1, Nr. 2644, Bl. 262; LHASA, MER, BdVP Halle, 19.1 (1961–1975), Nr. 0264, Bl. 219f.; BStU, MfS, BV Dresden, Leiter der BV, Nr. 10260, Bl. 14.
398 Vgl. Bundesministerium für innerdeutsche Fragen (Hg.), DDR-Handbuch, Bd. 2, Köln 1985, S. 1166.
399 Im Jahr 1971 waren 19,5 Prozent der SED-Mitglieder jünger als 30 Jahre, 60 Prozent zwischen 30 und 60 und 20,5 Prozent älter als 60 Jahre. (Berechnet nach den Zahlen in: Thomas Klein/Wilfriede Otto/Peter Grieder, Visionen. Repression und Opposition in der SED (1949–1989), Frankfurt/Oder 1997, Teil 2, S. 503.) In der DDR-Bevölkerung über 15 Jahre waren 28,7 Prozent älter als 60 Jahre alt, 45,5 Prozent waren im Alter zwischen 30 und 60 und 28,7 Prozent älter als 60. (Berechnet nach den Zahlen von Felber/Winiecki, Material.) Der Vergleich verdeutlicht aber die Abweichung der Altersstruktur der SED vom DDR-Bevölkerungsaufbau.
400 Im Jahr 1971 betrug die Selbsttötungsrate 33,3 in der Altersgruppe 30–60 Jahre und 60,2 bei den über 60-Jährigen. Nach den Zahlen von Felber/Winiecki, Material.

rerseits waren in der SED Frauen mit einem Anteil von ca. 31 Prozent unterrepräsentiert (ihr Bevölkerungsanteil betrug 1971 fast 54 Prozent). Da die Selbsttötungshäufigkeit bei Männern fast doppelt so hoch war wie bei Frauen, ist hier genau der entgegengesetzte Effekt anzunehmen: Die Selbsttötungsrate der SED hätte höher ausfallen müssen als der DDR-Durchschnitt. Als Fazit bleibt somit, dass die gegenläufigen Effekte sich wahrscheinlich ausgeglichen haben, so dass der Mitgliederstruktur als Erklärung für die niedrigeren Selbsttötungsraten in der SED keine Relevanz zukommt.

Offen bleiben muss, ob die SED durch die Einbindung der Genossen in die Parteiorganisationen, durch die Vermittlung eines Gefühls der Partizipation an der Staatsmacht bis hin zu Privilegien einiger Funktionäre, sowie durch die marxistisch-leninistische Weltanschauung tatsächlich Suizide vermieden hat, oder ob die niedrige Häufigkeit von Selbsttötungen in der SED eher ein Ergebnis der Selektion der Kandidaten gewesen ist.

Dass die Häufigkeit von Selbsttötungen in der SED niedriger war als der DDR-Durchschnitt, kann jedoch als sehr wahrscheinlich festgehalten werden.

2.8 Resümee

Die im Vergleich zur Bundesrepublik sehr hohe Selbsttötungshäufigkeit in der DDR ist im Großen und Ganzen nicht auf politische oder ökonomische Rahmenbedingungen rückführbar, vielmehr muss sie angesehen werden als Ausdruck langfristig relativ stabiler mentaler Prägungen sowie als Folge der durch unterschiedliche Konfessionen geprägten Milieus, die sich hinsichtlich bestimmter Suizid-Risikofaktoren wie Scheidungsraten und negative Selbstattribution (das heißt: Schuldzuweisungen an die eigene Person) unterschieden.

Die unterschiedlichen Erfassungsbedingungen in DDR und Bundesrepublik haben möglicherweise auch mit zu der Ost-West-Differenz beigetragen, die Auswirkungen waren aber nicht so gravierend, dass sie den Unterschied erklären könnten.

Auch bei Sondierungen in vier Sektoren der DDR-Gesellschaft konnte keine erhöhte Selbsttötungshäufigkeit nachgewiesen werden, die auf Repressionen der SED-Diktatur zurückgeführt werden könnte.[401] In der Nationalen Volksarmee beispielsweise lag die Selbsttötungsrate in einer ähnlichen Größenordnung wie bei der vergleichbaren Altersgruppe im zivilen Bereich. Bei den Jugendlichen gab es in den 1950er und 1960 Jahren einen gravierenden Ost-West-Unterschied, der jedoch in der Regierungszeit Erich Honeckers kaum noch vorhanden war.

Demgegenüber gab es zwar auch Sektoren der DDR-Gesellschaft, in denen die Selbsttötungshäufigkeit permanent überdurchschnittlich hoch war,

---

401 Wünschenswert wäre eine weitere Sondierung in einem Produktionsbetrieb gewesen, aber dafür konnte kein geeigneter Quellenbestand ausfindig gemacht werden.

das traf vor allem für die alten Menschen zu. Aber auch hier können keine diktaturspezifischen Gründe zur Erklärung angeführt werden, vielmehr handelte es sich bei der hohen Selbsttötungsneigung alter Menschen in Sachsen und Thüringen wiederum um eine regionale »Tradition«, die überwiegend durch Faktoren wie protestantische Religion und Mentalität bestimmt wurde. Die jeweiligen aktuellen Lebensbedingungen hingegen beeinflussten die Selbsttötungsraten kaum.

Bezüglich der Gefängnisse musste zudem die Vorstellung revidiert werden, dass nur erhöhte Selbsttötungsraten ein Indiz für Repression und Unfreiheit sein können. Kennzeichen der »totalen Institution« Gefängnis in der DDR war der weitgehende Verlust der Verfügbarkeit über das eigene Leben.

Insgesamt kann insbesondere für die 1970er und 1980er Jahre eine auffallende soziale Homogenität der DDR-Gesellschaft konstatiert werden, was das Auftreten von Selbsttötungen anbelangt. Den Angleichungen der Selbsttötungsraten in verschiedenen Sektoren der DDR-Gesellschaft entsprachen im Übrigen auch räumliche Homogenisierungsprozesse. So fanden die Psychiater Otto und Späte bei einem Vergleich von Stadt und Landkreis Brandenburg in den 1970er Jahren nicht (wie es nach der klassischen, kulturkritischen Selbsttötungsforschung zu erwarten war) in der Stadt, sondern im Landkreis höhere Selbsttötungsraten, was sie als Folge der Angleichung der Lebensbedingungen in Stadt und Land werteten.[402] Auch das Nord-Süd-Gefälle verringerte sich zwischen den 1950er und den 1980er Jahren, wobei die Selbsttötungsraten in den drei Nordbezirken leicht anstiegen.[403]

402 Vgl. Klaus-Rüdiger Otto/Helmut F. Späte, Suizidhandlungen im Stadt- und Landkreis Brandenburg, Psychiatrie, Neurologie und medizinische Psychologie 27 (1975) 4, S. 239–246, hier 241.
403 Vgl. Staatliche Zentralverwaltung für Statistik (Hg.), Statistisches Jahrbuch der Deutschen Demokratischen Republik 7 (1962), S. 80; W. Casper/K. Fritz/F.-D. Müller, Selbstmordsterblichkeit in der DDR zwischen 1961 und 1988, in: Suizidprophylaxe 17 (1990), S. 227–236.

3 Im Schatten der Statistiken? Konfliktfelder und Einzelschicksale

3.1 Konstante Selbsttötungsrate, aber Wechsel der Motive?

Wolf Oschlies stellte ein Jahrzehnt nach dem Ende der DDR in einem Radio-Essay die These auf, in vielen kommunistischen Ländern hätte ein Wechsel der Suizid-Motive stattgefunden, weshalb man »das Selbstmordgeschehen unter dem regierenden Kommunismus nicht als einfache Perpetuierung historischer Entwicklungen auffassen« könne.[1]

Diese Argumentation ist nicht unproblematisch, denn Motive sind gemäß der Erkenntnisse der medizinischen Suizidforschung lediglich als »Teilkomponenten in der komplexen Motivierung des Selbstmordentschlusses zu betrachten«,[2] zudem muss auch immer gefragt werden, auf welchem Wege diese Motive ermittelt wurden. Nichtsdestotrotz eröffnet die Bemerkung von Oschlies (die dieser nur auf die Suizide von Jugendlichen bezogen hatte) eine weitere Perspektive auf die, rein quantitativ betrachtet, relativ konstante Selbsttötungsrate der DDR. Verbergen sich hinter den Statistiken, die das Selbsttötungsgeschehen auf bloße Zahlen reduzieren, qualitative Veränderungen, die bisher übersehen wurden?

Für einen Einblick in die Häufigkeit von Motiven für Selbsttötungen in der DDR konnte auf kriminalpolizeiliche Abschlussberichte zurückgegriffen werden, die für einzelne Bezirke und einige Jahrgänge komplett erhalten waren. Eine eigene Auswertung der Berichte ergab, dass in mehr als der Hälfte der Selbsttötungen intrapsychische Motive (Krankheit, Schmerzen, Psychose) ausschlaggebend waren, was die Rolle der Gesellschaft deutlich relativiert und ein Argument für die Behandlung des Suizids als Krankheit zu sein scheint. Bei den stärker sozial bedingten Selbsttötungen überwogen zwischenmenschliche, zumeist familiäre Konflikte.

Es muss jedoch berücksichtigt werden, dass die kriminalpolizeilichen Abschlussberichte Resultate eines Bewertungsprozesses sind, der von verschiedenen Faktoren beeinflusst wurde. Die von der Kriminalpolizei ermittelten Motive resultierten zumeist aus Befragungen der Angehörigen, Abschiedszeilen und weiteren Ermittlungen; die Entscheidung über das letztlich als maßgeblich eingestufte Motiv wurde durch die Schuld- oder Schamgefühle

---

1 Wolf Oschlies, Tödliche Freiheit? Zur Selbstmordentwicklung im postkommunistischen Osteuropa. Teil I: Die Selbstmorde und die Staatensysteme, S. 8. www.dwelle.de/monitor/dokumentation (o.D., ca. 2001).
2 Margarete von Andics, Über Sinn und Sinnlosigkeit des Lebens, Wien 1938, S. 17.

der Angehörigen ebenso beeinflusst wie durch die Vorurteile und Überzeugungen der jeweiligen Sachbearbeiter sowie durch politische Verbote. Zudem war es bei kriminalpolizeilichen Ermittlungen üblich, die Untersuchung zu beenden, wenn ein halbwegs plausibles Motiv gefunden wurde.[3] Das Spektrum reichte dabei von »Krankheit« über »Liebeskummer« bis zu der völlig nichtssagenden Angabe »Lebensüberdruss« – insofern erwecken die kriminalpolizeilichen Motivangaben zumindest teilweise den Eindruck der Oberflächlichkeit.[4] Weitere systematische Besonderheiten dieser Quelle werden deutlich, wenn man die kriminalpolizeilichen Ermittlungsergebnisse den Resultaten verschiedener medizinischer Untersuchungen gegenüberstellt. In der Feststellung psychischer Krankheiten fielen die Angaben der Mediziner mit durchschnittlich ca. 22 Prozent deutlich höher aus als die der Kriminalisten (Durchschnitt ca. 12 Prozent), was auf ein fachspezifisches Aufklärungsinteresse der Psychiater zurückgeführt werden kann. Dafür stuften Kriminalisten etwas öfter Ehe- und Beziehungskonflikte als ausschlaggebend ein, die Anteile erreichten durchschnittlich 18 Prozent gegenüber 14,5 Prozent bei den Psychiatern.

Ansonsten weisen die zu verschiedenen Zeiten und an verschiedenen Orten erstellten Angaben aber starke Ähnlichkeiten auf. So lagen die Anteile des Motivs »körperliche Krankheit«, bis auf wenige Ausnahmen, im Bereich von ca. einem Drittel der Fälle. Straftaten, Verfehlungen oder Angst vor Strafe wurde in fünf bis zehn Prozent als Motiv angegeben, der Verlust einer nahestehenden Bezugsperson, meist des Ehepartners, in drei bis sechs Prozent, und berufliche Konflikte galten in einem bis drei Prozent der Fälle als entscheidend.

Die Übereinstimmung der durch Mediziner und Kriminalisten gewonnenen Ergebnisse spricht dagegen, diese Angaben pauschal als subjektiv und irrelevant zu verwerfen. Indes: Spielten politische Umstände wirklich keine Rolle, oder wurde hier auch gezielt vertuscht, indem andere Aspekte der zumeist multifaktoriell bedingten Selbsttötungen in den Vordergrund geschoben wurden?

Wie eine Stichprobe eines Leipziger Gerichtsmediziners zeigte, sind zum Beispiel Zweifel hinsichtlich der von Polizisten sehr häufig gebrauchten Motivangabe »Krankheit« angebracht. Bei der Anfang der 1960er Jahre durchgeführten Analyse von Suizid-Motiven ergab sich in 22 Prozent der Fälle

---

3 So konstatierte ein Bericht: »In vielen Fällen unterschätzen die Sachbearbeiter und insbesondere die Dienstvorgesetzten die Bearbeitung solcher Vorkommnisse. Es ist keine Seltenheit, daß Selbstmordvorgänge nur aus der Anzeige und einem oder zwei Protokollen bestehen.« BdVP Halle, Gegenwärtiger Stand der Bearbeitung unnatürlicher Todesfälle, 16. September 1964, in: LHASA, MER, BdVP Halle, 19.1 (1961–1975), Nr. 0264, Bl. 177.
4 Den Verfassern von medizinischen Untersuchungen (in denen oft auch nur ein Motiv angegeben wurde) war diese Unzulänglichkeit stärker bewusst, mehrfach wurde betont, es würde sich bei der Angabe um das jeweils hervorstechende Motiv aus einem Motivbündel handeln.

Bezirk (Jahr)	Frankfurt/O. (1962)	Gera (1962–1964)	Potsdam (1971)	Potsdam (1974)	Dresden (1975)	Potsdam (1980)
körperliche Krankheit	48,6	34,2	31,3	33,5	61,3	33,2
Beziehungs- und Ehekonflikte	20,3	11,1	20,3	21,7	13,0	22,5
psychische Krankheit	11,9	7,4	11,3	17,7		9,9
Tod/Verlust einer Bezugsperson				5,6		3,6
Delikte, Strafe, Angst vor Strafe	10,2	4,3		7,1	5,4	4,4
berufliche Konflikte	1,3	0,1				3,0

Tab. 13: Durch Kriminalpolizisten ermittelte Motive für Selbsttötungen in der DDR (Angaben in Prozent).[5]

Ort (Jahr)	Magdeburg (1954–1959)	Dresden (1955–1958)	Quedlinburg (1958–1961)	Dresden (1971/72)	Berlin (1970–1974)	Bautzen (1982–1984)
körperliche Krankheit	29,6	37,9	30,8	30	30,7	11,5
Beziehungs-, Ehekonflikte	12,1	22,5	19,7	10		8,2
psychische Krankheit	27,1	14,1	12,5	30	28,3	16,9
Delikte, Strafe, Angst vor Strafe	5,0	5,3	5,5		12,3	2,7
berufliche Konflikte		3,2	1,6			0,6

Tab. 14: Von Medizinern festgestellte Motive für Selbsttötungen in der DDR (Angaben in Prozent).[6]

5 Angaben aus: BLHA, Rep. 671, BdVP Frankfurt/O. 16.1, Nr. 158, Bl. 77; ThStAR, BdVP Gera 21.1, Nr. 220, Bl. 71; BLHA, Rep. 471, BdVP Potsdam 15.2, Nr. 1051, 1167, 1260, 1261 (alle n. pag.) sowie aus: »Analyse der im Bezirk Dresden in den Jahren 1975 und 1976 durch die Kriminalpolizei untersuchten Suicide«, 20. April 1977, in: BStU, MfS, BV Dresden, Leiter der BV, Nr. 10260, Bl. 16f.
6 Angaben aus: Parnitzke, Selbstmordgeschehen; Lengwinat, Sozialhygienische Gesichtspunkte; Wessel/Koch, Suizidgeschehen im Kreise Quedlinburg; Carmen-Gitta Andrä/Monika Dettbarn, Statistische Analyse des Suizidgeschehens im Bezirk Dresden 1971/72, Dresden 1976, Thesen S. 2–5; Leonhardt/Matthesius, Zu suizidalen Handlungen; Wolfgang Hasenfelder, Aktuelle Darstellung der Suizidproblematik in Görlitz, Diss. Berlin 1986.

kein Anhaltspunkt für das Vorliegen einer ernsthaften Krankheit. Ähnliches galt auch für die Motivangabe »Depression«: »Aus eigener Erfahrung bei Tatortbesichtigungen kann gesagt werden, daß die Ermittlungsbehörden bestrebt sind, jede den Angehörigen auffallende Traurigkeit beim Verstorbenen als Depression anzusehen. Hierunter verbirgt sich so manches andere Motiv«, stellte der Pathologe fest.[7]

Auch hinter anderen Motiven könnten politische Ursachen versteckt sein. So wurde mit der Motivangabe »Liebeskummer« das Schicksal eines Mannes verschleiert, der nach der legalen Übersiedlung seiner Freundin in die Bundesrepublik einen Ausreiseantrag gestellt hatte (was ihm eine fristlose Kündigung eingebracht hatte), und der sich drei Jahre später das Leben genommen hatte; zuvor hatte er bei Vorsprachen bei der Abteilung Inneres auf seine Begründung des Ausreisebegehrens, er wolle mit der Freundin und dem gemeinsamen Kind zusammenleben, stets nur die Antwort bekommen, er solle doch seine Freundin überreden, in die DDR zurückzukehren.[8]

Ein 1964 nach West-Berlin geflüchteter Arzt berichtete darüber, dass er in Ost-Berlin bei Selbsttötungen infolge der Trennung von Familien durch den Mauerbau das Motiv »Einsamkeit« angegeben hatte.[9]

In einem Bericht an den Bezirksschulrat von Karl-Marx-Stadt hieß es zur Ursache der Selbsttötung einer Lehrerin, dass sie »in Zusammenhang mit familiären Problemen Selbstmord«[10] beging. Das war nicht vollkommen falsch, verschleierte aber die tatsächliche Ursache. Der Ehemann der Lehrerin war im Frühjahr 1984 von einer Besuchsreise nicht zurückgekehrt. Die verlassene Ehefrau erlitt zunächst einen Nervenzusammenbruch und äußerte nach ihrer Genesung, sie wolle in der DDR »ihre Pflicht erfüllen« und sich scheiden lassen. Einige Monate später stellte sie dann aber doch, gemeinsam mit ihren zwei Kindern, einen Ausreiseantrag. »Sie sei zu der Überzeugung gelangt, daß ihre Familie wieder vereint werden müßte. [...] Sie habe nichts gegen die DDR, könne aber nicht allein leben«, begründete sie in einer Aussprache bei der Abteilung Inneres des Rates des Kreises ihren Ausreisewunsch. Direktor und stellvertretender Kreisschulrat entgegneten ihr, dass »ihr Ausreiseantrag sehr wohl ein politischer Schritt ist«, der Antrag wurde abgelehnt. In den folgenden Tagen fanden weitere Gespräche, angeblich in »geduldiger, sachlicher und einfühlsamer Weise« statt, die mit einem Aufhebungsvertrag der Anstellung als Lehrerin endeten. Unmittelbar danach nahm die Frau sich das Leben.

---

7 Erich Müller, Der Suicid unter Berücksichtigung der Situation in der Stadt Leipzig, Diss. Leipzig 1963, S. 47, zit. 54.
8 Vgl. Girod, Leichensache, S. 131–134.
9 Friedhelm Kemna, Geflüchteter Arzt sagt aus. Motiv für den Selbstmord: die Mauer, in: Die Welt vom 17. April 1964, S. 3.
10 Vgl. StAC, BT/RdB Karl-Marx-Stadt, Abt. Volksbildung (30413), Nr. 113414, n. pag.

Diese Beispiele deuten darauf hin, dass es angebracht ist, die Motive zu hinterfragen, um die Bedeutung politischer Aspekte für den jeweiligen Einzelfall abschätzen zu können. Damit wird sich das 3. Kapitel, in dem konkrete Selbsttötungsfälle analysiert werden, eingehend befassen. Basis dafür bilden Berichte und Protokolle zu mehreren tausend Einzelfällen, die in Akten der Kriminalpolizei, der Räte der Bezirke, des SED-Parteiapparates und vor allem des Staatssicherheitsdienstes ausfindig gemacht werden konnten.

3.2 Zu den MfS-Akten als Quellen

Unter den verwendeten Akten des DDR-Staatsapparates sind vor allem die Akten des Staatssicherheitsdienstes als Quelle problematisch, entsprach es doch dem Auftrag des MfS, nach Selbsttötungsfällen Informationen zu verbreiten, »die vom tatsächlichen Sachverhalt und den Ermittlungsergebnissen ablenken«, um zu verhindern, dass »die echten Zusammenhänge in der Öffentlichkeit bekannt werden und der Gegner über diese Informationsquelle Kenntnis erhält«.[11] Dafür hatte das MfS im Verlauf der 1960er Jahre die materiellen Voraussetzungen geschaffen und parallel zur Kriminalpolizei eigene Kommissionen zur kriminalistischen Untersuchung von Todesfällen etabliert, die immer dann eingeschaltet werden sollten, wenn politische Aspekte eine Rolle spielten.[12] Die Berliner »Morduntersuchungskommission des MfS«, ab ca. 1963 als »Abteilung IX/7« bezeichnet, untersuchte vor allem Todesfälle im Berliner Raum, in besonderen Fällen wurde sie auch in anderen Regionen der DDR tätig. In der Regel waren in den Bezirken aber die »Spezialkommissionen« der jeweiligen MfS-Bezirksverwaltungen zuständig, die spätestens seit 1970 flächendeckend existierten.[13]

Die Ermittlungtätigkeit der Spezialkommissionen ist in großem Umfang dokumentiert. Vollständige Statistiken liegen zwar nicht vor, aber Stichproben in einigen MfS-Bezirksverwaltungen ergaben, dass pro Jahr jeweils ca. fünf bis zehn Selbsttötungen untersucht und ausgewertet wurden. Die Berliner MfS-Abteilung IX/7 untersuchte durchschnittlich 13 Selbsttötungen pro Jahr. Das war, bezogen auf die Menge solcher Todesfälle der DDR (zeitweise

11 Eberhard Fischer/Günter Schubert, Das operative Zusammenwirken der Spezialkommission und operativer Diensteinheiten des Ministeriums für Staatssicherheit mit den Organen der Deutschen Volkspolizei bei der Aufklärung und Untersuchung unnatürlicher Todesfälle, Diplomarbeit Potsdam 1975, in: BStU, MfS, JHS 001, Nr. 375/75, Bl. 57.
12 BStU, MfS, HA IX, Nr. 18303, Bl. 9.
13 Die Bildung geschah teilweise mit zeitlicher Verzögerung, so existierte die Spezialkommission im Bezirk Neubrandenburg erst ab 1970. Vgl. Egon Neubauer, Probleme des operativen Zusammenwirkens der Spezialkommission in Linie IX des MfS mit den Militärstaatsanwälten, den Kommandeuren der NVA, den gerichtsmedizinischen Sachverständigen und den Morduntersuchungskommissionen der Abteilung Kriminalpolizei der BdVP während der Aufklärung und Untersuchung von operativ bedeutsamen unnatürlichen Todesfällen in Dienststellen der Nationalen Volksarmee, Diplomarbeit Potsdam 1978, in: BStU, MfS, JHS 001, Nr. 228/78, Bl. 16.

über 6000 Selbsttötungen jährlich), sehr wenig. Grob geschätzt, haben die Spezialkommissionen in etwa zwei bis drei Prozent der Suizidfälle in der DDR Ermittlungen durchgeführt; dabei erwies sich nur ein geringer Anteil als politisch motiviert.

Es gibt allerdings auch Hinweise darauf, dass das MfS nicht alle relevanten Fälle erfasste, was vor allem daran lag, dass sich die Einsatzkriterien vor allem nach den Personen und deren gesellschaftlicher Stellung richteten, während die konkreten Motive eine nachrangige Rolle spielten (und auch nur spielen konnten, stellten sich diese doch oft erst im Verlauf der Untersuchung heraus).[14] Hinzu kommt des Weiteren, dass das MfS selbst die eigenen Vorgaben nur unvollständig erfüllte. So waren zum Beispiel im Jahr 1975 im Bezirk Cottbus bei 21 Prozent der unnatürlichen Todesfälle die betreffenden Personen operativ erfasst, weshalb (wie eine Diplomarbeit von MfS-Offizieren feststellte) »ein operatives Zusammenwirken mit den Organen der Deutschen Volkspolizei notwendig gewesen wäre bzw. eine Untersuchung durch Spezialisten unseres Organs hätte erfolgen müssen«. In welchem Umfang die MfS-Spezialkommissionen tatsächlich die Bearbeitung der Todesfälle an sich gezogen haben, ist nicht bekannt; es gab aber »eine hohe Zahl von Beispielen [...], bei denen operative Diensteinheiten erst nach Tagen oder überhaupt nicht« vom Vorkommnis Kenntnis erhielten«.[15] Festzuhalten bleibt: Das MfS hat die mutmaßlich politisch motivierten Fälle nicht vollständig erfasst, betrachtete es aber als seine Aufgabe, immer dann einzugreifen, wenn politische Aspekte eine Rolle spielten.

Die MfS-Akten zu konkreten Einzelfällen erwecken keineswegs den Eindruck, als hätte das MfS politische Aspekte verheimlicht, im Gegenteil, es war das erklärte Ziel, herauszufinden, »in welchem Maße politisch-ideologische Ursachen für die Tat entscheidend waren«.[16] Insofern bieten gerade die MfS-Akten die Gelegenheit zum kritischen Hinterfragen der Vorkommnismeldungen der Polizei, der Armee, der Schulräte und der Parteifunktionäre, in denen die komplexe Bedingtheit der Selbsttötung bereits auf ein Hauptmotiv reduziert ist. Zu mehreren hundert Fällen waren ausführliche Akten des MfS (und in ähnlicher Menge und Qualität auch der Kriminalpolizei) mit Zeugenvernehmungen, Obduktionsprotokollen und Abschiedsbriefen vorhanden, die hinreichend viele Detail-Informationen enthielten, um die Schlussfolgerungen der Bearbeiter zu hinterfragen und eine eigene Interpretation zu entwickeln, die auch die vielschichtige Bedingtheit von Selbsttötungen berücksichtigt. Zudem gelang es in einigen Fällen, Zeitzeugen zu kontaktieren, um die einseitige und möglicherweise tendenziöse Perspektive der Akten des DDR-Staatsapparates zu relativieren.

---

14 Vgl. Fischer/Schubert, Das operative Zusammenwirken, Bl. 10.
15 Zitate ebd., Bl. 44, 47.
16 Information über die Entwicklungstendenzen der Selbstmorde und Selbstmordversuche in der NVA im Zeitraum vom 1.1.1969 bis 20.2.1970. BStU, MfS, HA I, Nr. 13241, Bl. 253–260.

Dabei muss klar sein, dass es sich immer nur um einen durch die Quellen-
lage begrenzten Zugang zu den geschilderten menschlichen Schicksalen
handelt und dass immer auch noch andere, verborgen gebliebene Aspekte
eine Rolle gespielt haben. Insofern können die Einzelfallschilderungen oft
nicht mehr als ein Schlaglicht werfen auf eine Situation, in der das die suizidale Handlung auslösende Ereignis häufig nur noch den sprichwörtlichen
Tropfen darstellte, der das Fass zum Überlaufen brachte.

Die folgende Analyse untersucht vor allem zwei Punkte. Einerseits soll
das Spektrum von durch die besonderen Bedingungen der SED-Diktatur
bewirkten suizidogenen Konflikten, Zwängen und Ängsten herausgearbeitet
werden. Zum anderen wird, sofern das die verfügbaren Quellen zulassen,
nach der Bedeutung dieser politisch-gesellschaftlichen Faktoren für den
konkreten Einzelfall gefragt.

Angaben, die eine Verletzung der Persönlichkeitsrechte darstellen könnten (wie Personennamen, detaillierte Ortsangaben) wurden zumeist weggelassen. In einigen Fällen wurden zur Kennzeichnung der Personen mit * ge-
kennzeichnete Pseudonyme verwendet.

3.3   Selbsttötung als Folge der »Einmauerung« der DDR

3.3.1 Zwischen »Vorbeugegespräch« und ZK-Eingabe –
Selbsttötungen von Ausreiseantragstellern

Es gehörte zu den Charakteristika des Unterfangens, eine sozialistische Gesellschaft gegen den Willen der Bevölkerungsmehrheit zu erzwingen, dass
die SED-Führung das Ansinnen auf Verlassen des Territoriums der DDR als
Verletzung des eigenen Herrschaftsanspruches ansah und dementsprechend
bestrafte. Für den Versuch, illegal über die seit 1961 vollkommen geschlossene Grenze zur Bundesrepublik zu gelangen, kamen Zehntausende ins Gefängnis. An dieser Kriminalisierung des Menschenrechts der freien Wahl
des Wohnsitzes änderten auch der Grundlagenvertrag zwischen DDR und
Bundesrepublik im Jahr 1972 und die Unterzeichnung der KSZE-Schluss-
akte in Helsinki im Jahr 1975 grundsätzlich nichts. Zwar waren seit 1972
Übersiedlungen in die Bundesrepublik unter bestimmten Bedingungen möglich; Ausreiseanträge blieben aber laut offiziellem Sprachgebrauch »rechts-
widrige Ersuchen«. Mit dem Stellen eines solchen Antrags riskierten DDR-
Bürger den abrupten sozialen Abstieg[17] und menschliche Isolation – eine Si-

---

17 In einer Befragung übergesiedelter DDR-Bürger berichtete die Hälfte vom Verlust der beruflichen Stellung durch den Ausreiseantrag. Vgl. Richard Hilmer, Motive und Hintergründe von Flucht und Ausreise aus der DDR, in: Deutscher Bundestag (Hg.), Materialien
der Enquete-Kommission »Aufarbeitung von Geschichte und Folgen der SED-Diktatur in
Deutschland« (12. Wahlperiode des Deutschen Bundestages), Bd. VII/1, Baden-Baden–
Frankfurt/M. 1995, S. 322–330 und 430–449.

tuation, die Ausreiseantragsteller wegen der schleppenden Bearbeitung der Anträge oft jahrelang ertragen mussten.[18]

In den MfS-Akten sind mehrere Fälle dokumentiert, bei denen Antragsteller angesichts der zermürbenden Auseinandersetzungen resignierten. Insgesamt enthielt der untersuchte Stasi-Aktenbestand 24 Suizidfälle (davon 16 tödliche Suizide) von Ausreiseantragstellern. Das entspricht etwa einem Todesfall pro Jahr. Zwar zeigen andere Quellen, dass damit keine Vollständigkeit erreicht wurde.[19] Insgesamt aber scheint es sich bei Selbsttötungen in diesem Konfliktfeld – gegenüber der Zahl von jährlich ca. 8000 Ausreiseantragstellern Ende der 1970er Jahre und jährlich ca. 40 000 Ende der 1980er Jahre und angesichts des Ausmaßes an Repression (12 000 Ermittlungsverfahren gegen Ausreiseantragsteller 1976 bis 1988)[20] – um seltene Ereignisse gehandelt zu haben, die sich jedoch zu bestimmten Zeiten häuften. So ereigneten sich in den Jahren 1976/77 mehrere Suizide von Ausreisewilligen, nachdem diese monatelange Auseinandersetzungen mit der Abteilung Inneres der Räte der Kreise bzw. Bezirke geführt hatten und nicht selten in barscher oder zynischer Form von der Ablehnung ihrer Anträge und Eingaben in Kenntnis gesetzt worden waren. Unterdessen hatten sie ihre bisherige soziale und berufliche Stellung unwiederbringlich eingebüßt und waren zu gesellschaftlichen Außenseitern geworden. In dieser Situation empfanden manche die endgültige Zurückweisung des Ausreiseantrages »wie ein Todesurteil« (so formulierte es der Dresdner Ingenieur Rainer Bäurich in einem Brief an das »Brüsewitz-Zentrum« in der Bundesrepublik).[21] Bäurich, der wegen eines Manifestes über Menschenrechte, das er an Erich Honecker geschickt hatte, zu fünfeinhalb Jahren Haft verurteilt worden war,[22] versicherte in dem in der Haft verfassten Schreiben aber auch: »Suizid verübe ich niemals.« Andere hingegen suchten nach der endgültigen Ablehnung ihres Ausreiseersuchens den Tod.

Das war bei einem technischen Leiter eines volkseigenen Betriebes der Fall, der vom MfS »operativ bearbeitet« wurde, weil er im Verdacht stand, eine Republikflucht vorzubereiten. Im Juni 1976 führte das MfS mit ihm deshalb ein sogenanntes »Vorbeugegespräch«. Dabei wurde er unter Druck gesetzt,

---

18 Vgl. Bernd Eisenfeld, Die Ausreisebewegung – eine Erscheinungsform widerständigen Verhaltens, in: Ulrike Poppe/Rainer Eckert/Ilko-Sascha Kowalczuk (Hg.), Zwischen Selbstbehauptung und Anpassung. Formen des Widerstandes und der Opposition in der DDR, Berlin 1995, S. 192–223.

19 Vgl. DDR-Bürger beging Selbstmord wegen Ablehnung von Ausreise-Antrag, in: Berliner Kirchenreport vom 11. Mai 1977, S. 1; Wolfgang Brinkschulte/Hans Jörgen Gerlach/Thomas Heise, Freikaufgewinnler, Frankfurt/M.–Berlin 1993, S. 34; Girod, Leichensache, S. 131–134.

20 Vgl. Eisenfeld, Ausreisebewegung, S. 202, 216.

21 Wilfried Ahrens, Hilferufe von drüben. Die DDR vertreibt ihre Kinder, Huglfing 1978, S. 201.

22 Vgl. Rainer Bäurich, Ich sehne mich nach Freiheit, in: Welt am Sonntag vom 15. Oktober 1978, S. 4.

sich schriftlich zu verpflichten, im Lande zu bleiben. Das tat der Mann zwar, beschwerte sich aber unmittelbar nach dem Gespräch über die Bedrängung mit einer Eingabe an das ZK der SED und stellte demonstrativ einen Ausreiseantrag. In den folgenden Wochen und Monaten kam es zu mehreren Aussprachen mit der Abteilung Inneres des Rates des Kreises und in der Kreisdienststelle des MfS, bei denen der Vorgeladene sich »uneinsichtig« und »frech« verhalten haben soll. Auch drohte er eine demonstrative Handlung bei der Leipziger Frühjahrsmesse 1977 an, wenn sein Ausreiseantrag nicht genehmigt würde. Am 6. Dezember 1976 wurde ihm die endgültige Ablehnung des Antrages mitgeteilt. Spitzel des MfS verfolgten den Mann noch bis zu seiner Wohnung, ohne etwas Besonderes festzustellen; erst als der Mann am nächsten Tag nicht zur Arbeit erschien, wurde bei Nachforschungen festgestellt, dass er sich erhängt hatte.[23]

Versuchten Ausreiseantragsteller, ihre Übersiedlung durch Kontakte zu bundesdeutschen Organisationen zu beschleunigen, riskierten sie eine Verurteilung zu mehrjährigen Haftstrafen. Im nachfolgend geschilderten Fall resultierten daraus zwischenmenschliche Konflikte, die zusammen mit den staatlichen Repressionen zur maßgeblichen Ursache für die Selbsttötung eines ehemaligen Offiziers und Wirtschaftsfunktionärs im Bezirk Cottbus wurden. Als junger Mann hatte er sich nach dem Mauerbau zunächst mit der Staatsmacht arrangiert, war 1963 in die SED eingetreten und hatte 1966 nach der Beendigung seines Studiums »im Interesse eines erwarteten hohen finanziellen Einkommens und einer raschen weiteren fachlichen Entwicklung« eine Karriere in der NVA begonnen. 14 Jahre lang arbeitete er in Betrieben der Rüstungsproduktion.[24] »Während dieser Zeit entwickelte sich«, wie es in einem 1984 gegen ihn verhängten Gerichtsurteil hieß, »bei dem Beschuldigten primär auf der Grundlage eigener Überlegungen allmählich eine ablehnende politische Grundhaltung zu den gesellschaftlichen Verhältnissen in der DDR, die er durch gute fachliche Leistungen und bewußt vorgetäuschtes positives politisches Auftreten verbarg.« Bevor es zu dem Prozess kam, hatte der Mann 1979 seine Entlassung aus der NVA erwirkt, weil er keine weiteren Entwicklungsmöglichkeiten für sich sah; eine von ihm angestrebte Promotion war abgelehnt worden. Danach arbeitete er fünf Jahre als Abteilungsleiter für Projektierungsorganisation in einem Betrieb, wo er wiederum »gute fachliche Arbeit« leistete; gleichzeitig verfestigte sich aber die »negative politische Grundeinstellung«, die in letzter Konsequenz im Sommer 1984 zum Antrag auf Ausreise aus der DDR führte. Dass der Abteilungsleiter und seine Ehefrau deswegen vor Gericht gestellt wurden, lag daran, dass sie mehrere Briefe in die Bundesrepublik geschickt hatten (die jedoch alle vom MfS abgefangen wurden). Diese Briefe enthielten Material

23 Vgl. BStU, MfS, HA IX, Nr. 10710, Bl. 20f.
24 BStU, MfS, ZKG, Nr. 8313, Bl. 48, die folgenden Zitate ebd., Bl. 55, 19.

für bundesdeutsche Journalisten, unter anderem einen 47-seitigen Bericht über die NVA (dessen Inhalt laut MfS in der »Diskriminierung von Offizieren der NVA, der Diffamierung des Polit-Unterrichtes und der Herabwürdigung organisatorischer Dienstabläufe in der NVA« bestand) und ein Foto zur Veröffentlichung mit der Bildunterschrift: »Major der Reserve beantragt mit Familie Ausreise aus der DDR«. Ziel der Briefe war, die Ausreise zu beschleunigen. Die SED-Justiz sah darin »landesverräterische Nachrichtenübermittlung« und bestrafte den Mann mit einer Haftstrafe von fünf Jahren, seine Ehefrau musste für drei Jahre ins Gefängnis. Ende 1987 waren beide (sie wegen Ende der Haftzeit, er im Zuge einer Amnestie) wieder auf freiem Fuß.

Als sich die Ehepartner wiederbegegneten, musste die Ehefrau jedoch feststellen, dass sich ihr Mann »völlig verändert« hatte. Nach Erinnerungen eines Mitinhaftierten setzte man dem ehemaligen Offizier und SED-Wirtschaftsfunktionär in der Haft wegen seiner Vergangenheit »besonders stark zu«. Zusätzlich deprimierend muss auf ihn gewirkt haben, dass sein in der Haft gestellter Antrag auf Haftentlassung in die Bundesrepublik abgelehnt wurde. Die für die NVA zuständige MfS-Hauptabteilung I hatte Einspruch erhoben, da er in seiner Zeit bei der NVA mit Militärtechnik zu tun hatte, die »in modifizierter Form heute noch im Diensthabenden System des Warschauer Vertrages eingesetzt« wurde. Des Weiteren befürchtete man, dass er seine Aufzeichnungen über seine NVA-Zeit nach der Übersiedlung in die Bundesrepublik als Buch herausbringen würde.[25]

All das muss bei dem ehemaligen Offizier eine innere Haltung der Totalverweigerung bewirkt haben. Nach der Haftentlassung lehnte er es ab, eine Arbeit anzunehmen, bei der er nicht mindestens 2000 Mark (ein für DDR-Verhältnisse sehr hoher Lohn) verdienen würde. Aber auch das Familienleben kam zum Erliegen, er warf die Söhne, die während der Haftzeit in der elterlichen Wohnung wilde Feten gefeiert hatten, aus der Wohnung und forderte Schadensersatz für beschädigte Möbel.[26]

Zeitgleich setzte das MfS die operative Bearbeitung des Mannes fort; Grund hierfür war vor allem, dass er sich in der Haft mit mehreren Mitgefangenen aus »Kreisen der Intelligenz« zusammengetan hatte, die sich gegenseitige Unterstützung zugesichert hatten. Angesichts des ungebrochenen Ausreisebegehrens fürchtete das MfS, dass es zu einem »Zusammenschluß eines überörtlichen Personenkreises« kommen könnte.

Am 5. Mai 1988 verwies ein MfS-Bericht auf die familiären Differenzen als Ansatzpunkt für Zersetzungsmaßnahmen. »Es gibt erste Anzeichen, daß sich Ehefrau und die zwei erwachsenen Söhne von ihm distanzieren. Für die weitere Bearbeitung muß dieser Umstand entsprechend beachtet und ausge-

25 Vgl. ebd., Bl. 21.
26 Vgl. BStU, MfS, BV Frankfurt/O., AOP 737/88, Bd. 1, Bl. 126, 189, 215.

nutzt werden.« Dazu kam es jedoch nicht mehr, neun Tage später setzte der Mann seinem Leben ein Ende.

Zweifel, ob es sich dabei tatsächlich um eine Selbsttötung gehandelt hatte, sind nicht ganz von der Hand zu weisen. So hatte sich der einstige SED-Funktionär bereits während der Haft zum Katholizismus bekannt. Nach der Haftentlassung arbeitete er unentgeltlich als Haus- und Hofarbeiter bei einer katholischen Kirchgemeinde, besuchte regelmäßig Messen und bekannte im Februar 1988 in einem Gespräch bei der Abteilung Inneres des Rates der Stadt: »Ich bin gläubiger Katholik und möchte Ostern nach Rom pilgern.« Ein Inoffizieller Mitarbeiter, der die Kirchenbesuche akribisch registrierte, befand dazu: »Eine Show zieht er dort nicht ab. Er wirkt wie ein echter Katholik.«

Zum anderen hatte sich die Situation in den Tagen vor dem 1. Mai 1988 in mehrfacher Hinsicht zugespitzt. Der Mann hatte bei einem Staatsfunktionär ironisch nachgefragt, mit welcher Losung er als »Arbeitsloser« wohl am 1. Mai demonstrieren solle. Seine Vorschläge (»Einigkeit und Recht und Freiheit«, »Menschenrechte auch für uns« und »Fürchte Dich nicht«) bewirkten umgehend eine Vorladung. Bei dem Gespräch am 27. April wurde ihm vor Augen geführt, dass eine demonstrative Handlung am 1. Mai strafrechtliche Konsequenzen haben würde, wobei ihm die bei der Amnestie erlassene Haftzeit mit angerechnet würde. Zudem drohten die Vertreter der Staatsmacht, ihn »als kriminell gefährdeten Bürger zu erfassen« und zur Aufnahme einer Arbeit zu zwingen, erneuerten aber gleichzeitig nochmals das Angebot einer »Bedenkzeit« bis zum Herbst. Schon bei einem Gespräch im Februar war dem Antragsteller von einem Vertreter der Staatsmacht aber ganz klar gesagt worden: »Sie werden kaum die Genehmigung erhalten. Ich spreche dabei von der Sicherheit der Republik. Sie wissen, wo Sie beschäftigt waren.«

Auch die Differenzen mit seiner Ehefrau gingen inzwischen so weit, dass sie die Scheidung beantragt und einen separaten Ausreiseantrag gestellt hatte. In dem (in den Akten nur als Abschrift vorhandenen) Abschiedsbrief beschuldigte er daher sowohl »die roten Faschisten« als auch seine Familienangehörigen, ihn »zu dieser Wahnsinnstat getrieben« zu haben.[27]

Am 14. Mai 1988 drehte er den Gasherd auf und vergiftete sich.[28]

Was das MfS im zuletzt geschilderten Fall nur befürchtete, war zur gleichen Zeit in Stendal Realität: Dort hatten sich mehrere Familien zu einer Gruppe zusammengefunden, um gemeinsam für ihre Ausreise zu kämpfen. Eine davon war Familie Kersten, die 1984 einen Ausreiseantrag gestellt hatte. Lutz Kersten arbeitete auf dem Bau, seine Frau Karin war zunächst Sekretärin beim Rat des Kreises, nach dem Ausreiseantrag Verkäuferin in einer

27 Zitate: Ebd., Bl. 212, 197, 193, 200f., 196, 216.
28 Die Auffindesituation des Toten in der von innen verschlossenen Wohnung, das Fehlen von Spuren einer Gewaltanwendung und der Abschiedsbrief lassen nur den Schluss zu, dass sich der Mann das Leben genommen hat; für einen Mord gibt es keine Anhaltspunkte.

Drogerie. Im April 1988 wurde das Ehepaar Kersten verhaftet und wegen der Planung einer Demonstration in Berlin sowie der Kontaktaufnahme zu bundesdeutschen Politikern zu drei Jahren und zwei Monaten Haft verurteilt. Die Kinder kamen in ein Heim.

Im Zuchthaus Hoheneck erlitt die ehemalige Chefsekretärin, mit Schwerverbrecherinnen konfrontiert, einen Nervenzusammenbruch. Der zuständige Psychiater vom Haftkrankenhaus Meusdorf sprach gegenüber der Illustrierten »Stern« von »extremen Haftbedingungen, die bei entsprechend sensiblen Menschen Psychosen auslösen können«.[29] Ein halbes Jahr nach ihrer Verhaftung wurde das Ehepaar von der Bundesregierung freigekauft. Als Lutz Kersten seine Ehefrau im November 1988 in der Abschiebehaft wiedertraf, erschien sie ihm »wie weggetreten«. Karin Kersten bezichtigte sich, dass sie »ihr Land verraten« und »alles falsch gemacht« hätte, und sie befürchtete, dass sie die Kinder nie wiedersehen würde. In der Bundesrepublik kamen die Kerstens in einem Hotel unter, das Verwandten gehörte. Karin Kersten begab sich in Behandlung, der Arzt diagnostizierte eine »schwere reaktive Depression«; als einzig mögliche Therapie sah er das Wiedersehen mit den Kindern an.

Kurz vor Weihnachten 1988 schien die Ankunft der Kinder unmittelbar bevorzustehen. Aus Stendal hieß es, die Koffer seien gepackt, die Genehmigung erteilt und die Kinder könnten durch ihre Großmutter in den Westen gebracht werden. Dann aber gab es Verzögerungen, erst sollte es am 19. Dezember soweit sein, dann am 21. Dezember, schließlich blieb das Ehepaar Kersten zu Weihnachten allein. Am zweiten Weihnachtsfeiertag glaubte Karin Kersten, die Situation nicht mehr aushalten zu können, und nahm sich das Leben. Vier Tage später trafen die Kinder in der Bundesrepublik ein, und fragten ahnungslos: »Wo ist Mama?«

Angesichts der langfristigen suizidalen Entwicklung, die dem tragischen Tod vorherging, kam ein versorgungsamtliches Gutachten zu dem Schluss, dass »die depressiv paranoide Psychose als Folge der Haft zum Suizid geführt hat«.[30]

In manchen Fällen, auch das gehörte zur Tragik der Einmauerung der DDR, erzeugten die Ausreiseanträge schwere Konfliktsituationen für jene Angehörigen, die in der DDR bleiben wollten. Ein Offiziersschüler erschoss sich im Herbst 1987 während des Wachdienstes, nachdem er »aufgrund der Handlungen seiner Eltern« (d. h. der Antragstellung) als Offiziersschüler exmatrikuliert, von der Offiziershochschule »abversetzt«, in den Grundwehrdienst zurückgestuft worden war und zudem auch noch die Zusage für seinen Studienplatz verloren hatte.[31]

29 Uta König, »Wo ist Mama?« In: Stern vom 2. Mai 1991, S. 80–96, zit. 92.
30 Ebd., S. 96.
31 BStU, MfS, HA I, Nr. 10442, Bl. 30.

Auch im Fall der Selbsttötung einer Schülerin der 10. Klasse im Jahr 1984 hatte der Ausreiseantrag der Eltern familiäre Konflikte bewirkt (laut Angaben des Schuldirektors, weil sie nicht mit wollte).[32]

3.3.2 Selbsttötung und Republikflucht

Die Zahl der von der DDR-Justiz bestraften Fluchtversuche (bereits die Planung galt als Straftat) lag im Zeitraum 1975 bis 1986 jährlich zwischen 2000 und 3000; in den letzten Jahren der DDR (nach dem Abbau der Selbstschussanlagen) stiegen die Zahlen sogar noch erheblich an.[33] Die oftmals dramatischen Ereignisse im Umfeld gescheiterer Fluchtversuche bewirkten in einigen Fällen Suizidhandlungen. Teilweise waren das unmittelbare Reaktionen auf das Scheitern der Flucht, das als totales Scheitern empfunden wurde; in anderen Fällen entwickelten sich zwischenmenschliche Konflikte, die dann suizidale Reaktionen auslösten.

a)   Gescheiterte Fluchtversuche

Die Vermutung liegt nahe, dass den Versuchen, die durch bewaffnete Grenzposten, Hunde, Stacheldrahtsperren, Minen, Selbstschussanlagen usw. gesicherte DDR-Staatsgrenze zu überwinden, generell eine suizidale Komponente innewohnte, auch wenn es sich bei den Fluchtversuchen nicht um suizidales Handeln im engeren Sinne handelte, sondern um eine Form des Risikohandelns, die den Tod keineswegs intendierte, vielmehr möglichst auszuschließen suchte, aber doch als eine letzte Möglichkeit einkalkulierte.[34]

Es gibt mehrere Beispiele dafür, dass »Republikflüchtige« in auswegloser Situation den Tod der Verhaftung und Bestrafung vorzogen. Ein DDR-Bürger, der im Februar 1976, mit einer Pistole bewaffnet, vom Gebiet der

---

32 LHASA, MER, BT/RdB Halle, Abt. Volksbildung, 4. Ablieferung, Nr. 6261, n. pag.

33 Vgl. Klein u.a., Visionen, Bd. 2, S. 510.

34 Bei Todesfällen nach misslungenen Fluchten ist aus den Akten nicht immer klar erkennbar, was tatsächlich vorgefallen war; vor allem in jenen Fällen, bei denen bewaffnete Flüchtlinge sich auf dem Grenzstreifen angeblich selbst getötet hatten, handelte es sich teilweise um Verschleierungen der Todesschüsse von Grenzsoldaten. So wurde der Tod eines Flüchtigen im Juni 1975 von der MfS-Bezirksverwaltung Potsdam den Angehörigen gegenüber als Suizid dargestellt; zur Unterstützung der Suizid-Version wurde sogar ein kriminaltechnisches Protokoll fingiert. Der Betreffende wurde jedoch, wie andere MfS-Berichte dokumentieren, erschossen. Vgl. BStU, MfS, BV Potsdam, AP 1179/76, Bl. 5, 10f., 59–61, 85, 109f. Als Faksimiles abgedruckt in: Hannelore Strehlow, Der gefährliche Weg in die Freiheit, Potsdam 2004, Dokumententeil, Nr. 20. Im Fall eines bei einem Fluchtversuch Erschossenen im März 1966 hatten Gerichtsmediziner zunächst »das Vorliegen eines Fernschusses« konstatiert, da man keine »Nahschusszeichen« entdecken konnte. Erst bei einer vom MfS veranlassten »Nachsektion« wurde das gewünschte Ergebnis erbracht, dass der Flüchtige »nicht von den Grenzposten erschossen worden ist«. BStU, MfS, AS 59/68, Bl. 203–210, zit. 209f.

Tschechoslowakei aus in die Bundesrepublik fliehen wollte, erschoss sich, als er bemerkte, dass er von Grenzsoldaten umstellt war. Zuvor »schrie er auf deutsch noch einige Worte«, von denen die tschechischen Grenzer nur das Wort »Schweine« verstanden.[35] Ein Soldat, der im Sommer 1977 vergeblich versucht hatte, sich bewaffnet in Richtung Grenze durchzuschlagen, versuchte durch mehrere Schüsse »die Fahndungskräfte zur Feuereröffnung zu provozieren in der Absicht, sich dabei erschießen zu lassen«. Er wurde jedoch wenig später festgenommen.[36]

Gewaltsame Entschlossenheit war auch das Kennzeichen des Fluchtversuches eines jungen Paares im Frühjahr 1970, wobei im Falle eines Scheiterns von vornherein ein Suizid einkalkuliert war: »Ich weiß nicht, was die Zukunft uns bringt. Die Chance unser Vorhaben zu verwirklichen ist relativ groß. Sollte aber unser Plan doch schiefgehen, dann gibt es für uns nur einen Weg, und dies ist der Tod«, schrieb die Frau, die als Psychotherapeutin tätig war, an ihre Eltern, bevor sie gemeinsam mit ihrem Mann, einem Berufssoldaten bei der Volksmarine, den Versuch unternahm, ein Flugzeug in die Bundesrepublik zu entführen. Als Begründung für den Fluchtversuch gab die 24-Jährige an, dass es ihr nicht gelungen war, Arbeit und Wohnung am Stationierungsort ihres Ehemannes zu finden. »Für diese Wohnungsmisere hätte ich in den Nachkriegsjahren Verständnis, aber heutzutage nicht mehr«, erklärte sie. Da ihre Geduld erschöpft sei, wolle sie nun in der Bundesrepublik »eine eigene Existenz aufbauen, unabhängig sein« und ihr Leben genießen. In der DDR fühle sie sich unterbezahlt, »drüben«, glaubte sie, würde sie das Dreifache verdienen.

Ihr Mann hatte bereits als Jugendlicher zweimal versucht, in den Westen zu gelangen, war jedoch aufgegriffen und 1963 zu einer achtmonatigen Haftstrafe verurteilt worden. Vier Jahre später hatte er eine Karriere als Berufssoldat begonnen, war Kandidat der SED geworden und auch sonst als korrekter, fähiger Unteroffizier in Erscheinung getreten. Noch in den letzten Tagen in der Kaserne täuschte er seine Vorgesetzten, organisierte sich mit einem fingierten Telegramm über einen angeblichen Unglücksfall in der Familie einen Sonderurlaub und nutzte seine Stellung als Waffenwart, um Waffen und Munition für die Flugzeugentführung zu beschaffen. Das Vorhaben scheiterte jedoch am 10. März 1970 an der hartnäckigen Weigerung des Piloten, nach Hannover zu fliegen. Da angeblich der Treibstoff nicht genügte, versprach der Pilot, in Tempelhof zu landen, steuerte die Maschine dann aber zurück nach Berlin-Schönefeld. Als die beiden Flugzeugentführer die Täuschung bemerkten, schossen sie mehrfach in Richtung des Piloten (ohne dabei Menschen zu treffen); dann gaben sie auf. Während die Maschine landete, küssten sie sich ein letztes Mal, und erschossen sich.

35 BStU, MfS, BV Leipzig, Abt. IX, Nr. 20, Bd. 2, Bl. 193–201, zit. 200.
36 Vgl. BStU, MfS, HA I, Nr. 13099, Bl. 168–174, zit. 174.

»Doppelselbstmord im Flugzeug« titelte am nächsten Tag in West-Berlin die »BZ« auf Seite 1. Da es sich um eine Maschine zur Leipziger Messe handelte, die auch mit Bundesbürgern besetzt war, erreichte die gescheiterte Flugzeugentführung ein großes Presse-Echo: Für DDR-Verhältnisse nicht selbstverständlich, berichtete auch die Ost-Berliner Nachrichtenagentur ADN umgehend. Die Identität der beiden Entführer blieb jedoch in Ost und West unbekannt. Im Wohnort der Eltern verbreitete das MfS die Legende, das junge Paar sei bei einem Autounfall ums Leben gekommen.[37]

Häufiger als solche unmittelbaren Verzweiflungsreaktionen auf gescheiterte Fluchtversuche waren jedoch durch die Flucht bzw. Fluchtabsicht ausgelöste schwerwiegende Konflikte in der Familie und der Partnerschaft, die schließlich in suizidalen Handlungen eskalierten.

b) Suizide infolge von Konflikten, die durch Republikfluchtversuche ausgelöst wurden

Im Mai 1962 versuchte eine Familie (Vater, Mutter und Tochter) erfolglos, die vor kurzem errichtete Mauer in Richtung West-Berlin zu überwinden. Die Eltern wurden verhaftet, die Tochter, Schülerin der 8. Klasse, kam zur Großmutter. Dort versuchte sie mehrfach, sich das Leben zu nehmen. Nach ihrer Rettung erzählte sie, dass die Flucht nur auf Drängen des Vaters erfolgt war. Die Mutter sei dagegen gewesen, und die Tochter erst recht, da sie einen Freund hatte, den sie nicht verlassen wollte. Die Suizidversuche hatte sie unternommen, weil sie Angst davor hatte, dass ihre Mitschüler von dem Fluchtversuch erfahren würden. Sie fürchtete auch negative Auswirkungen auf das Verhältnis zu ihrem Freund, dessen Vater SED-Funktionär war.[38]

In mehreren Fällen wurden durch den gescheiterten Republikfluchtversuch, die daraufhin erfolgte juristische Bestrafung und die oft schockierende Hafterfahrung Entwicklungen in Gang gesetzt, die erst nach längerer Zeit Verzweiflungsreaktionen provozierten.

Eine Krankenschwester, die im Jahr 1979 gemeinsam mit ihrem Ehemann und dem Kleinkind versucht hatte, in die Bundesrepublik zu gelangen, und die deshalb sieben Monate im Gefängnis zubringen musste, wurde bei der Rückkehr zu ihrer Mutter, die das Kind inzwischen betreut hatte, mit der »Nichtanerkennung durch ihr Kind« konfrontiert. Diese Tatsache und der Umstand, dass sie amnestiert worden war, ihr Mann jedoch weiter in Haft blieb, veranlassten sie dazu, sich am Heiligabend 1979 das Leben zu nehmen.[39]

---

37 Vgl. BStU, MfS, HA IX, Nr. 10386, 10389 und 10391.
38 BLHA, Rep. 530, SED-BL Potsdam, Nr. 1773, Bl. 145–147.
39 BLHA, Rep. 471/15.2, BdVP Potsdam, Nr. 1260, n. pag.

Auch für eine Sekretärin aus dem Bezirk Cottbus bedeutete eine gescheiterte Flucht aus der DDR einen radikalen biografischen Bruch. Im Jahr 1972 hatte sie gemeinsam mit ihrem Ehemann versucht, die DDR zu verlassen. Nach der neun-monatigen Haft arbeitete sie in schlechteren Stellungen, erst als Lohnsachbearbeiterin, dann als Küchenkraft. Sie begann zu trinken, weil sie mit ihrer Arbeit unzufrieden war. Im Jahr 1980 reichte ihr Ehemann die Scheidung ein, was den Alkoholkonsum der Frau noch einmal steigerte, auf eine Flasche Schnaps pro Tag. Ihr Mann versuchte mehrmals vergeblich, sie zu einer Entziehungskur zu bewegen. Nach zwei Suizidversuchen stürzte sie sich im Herbst 1982 in einen Fluss und wurde als Wasserleiche geborgen.[40]

Teilweise waren es die wegen Republikfluchtversuchen verhängten Haftstrafen, die suizidale Reaktionen provozierten. Die Konfrontation mit dem Gefängnismilieu bewirkte vor allem bei Minderjährigen oft einen schweren Schock.

Ein Schüler der 8. Klasse, der wegen Vorbereitung zum »ungesetzlichen Grenzübertritt« in Weißenfels festgenommen worden war und sich seither schon über einen Monat in Haft befand, nahm sich am 18. Mai 1974 in der Untersuchungshaftanstalt Untermaßfeld das Leben, nachdem es mit seinen Zelleninsassen (darunter ein wegen Diebstahl und Rowdytum inhaftierter Baufacharbeiterlehrling) mehrfach zu Auseinandersetzungen gekommen war. Vor seinem Suizid hatte der Junge zunächst vergeblich versucht, eine Krankheit zu simulieren. Zurück in der Zelle, erhängte sich der 15-Jährige mit dem Bettlaken. Makaber war die Reaktion der beiden Mitinhaftierten, die sich laut MfS-Untersuchungsbericht erst eine halbe Stunde später (!) mit den Worten an den Jungen wandten, er solle »endlich mit dem Unsinn aufhören«.[41]

Ende April 1980 erhängte sich im »Jugendhaus Halle«[42] ebenfalls ein 15-jähriger Schüler, der in den Winterferien 1980 versucht hatte, in die Bundesrepublik zu fliehen. Am 12. Februar war der aus Thale stammende Volker M. gemeinsam mit seinem Freund festgenommen worden. »Sie führten dabei Werkzeuge zum Zerstören der Grenzsicherungsanlagen und Chemikalien sowie pyrotechnische Artikel zur Ablenkung der Grenzposten bei sich«, vermerkte ein MfS-Bericht.[43] Politische Motive hatten die beiden offenbar nicht. Der Freund wollte einer Einweisung in ein Erziehungsheim entgehen und sich stattdessen zu einem Onkel in der Bundesrepublik durchschlagen; Volker M., der ebenfalls schwierigen familiären Verhältnissen entstammte, hatte sich in einer Art Mutprobe angeschlossen. Nachdem der

40 BLHA, Rep. 871/17.2, BdVP Cottbus, Nr. 298, n. pag. Als Motiv ermittelte die Kriminalpolizei »Ehescheidung«. Das Beispiel verdeutlicht erneut, dass hinter den in Motivstatistiken angeführten Anlässen langfristige Entwicklungen verborgen sein können, die in engem Zusammenhang zu den politischen Rahmenbedingungen der SED-Diktatur stehen.
41 Vgl. BStU, MfS, HA IX, Nr. 10708, Bl. 45–47, zit. 46.
42 Jugendhaus = Gefängnis für jugendliche Straftäter.
43 BStU, MfS, HA IX, Nr. 18493, Bl. 8.

erste Versuch relativ undramatisch gescheitert war – die beiden wurden für knapp zwei Tage inhaftiert, im VPKA Wernigerode belehrt und dann ihren Eltern übergeben –, versuchten es die beiden am nächsten Tag erneut. Diesmal schlossen sie sich im Waschraum eines Interzonenzuges ein.

Volker M. wurde trotz seines jugendlichen Alters zu einer zwölfmonatigen Haftstrafe verurteilt, die er im »Jugendhaus Halle« verbüßen sollte. (Das harte Urteil wurde mit der »wiederholten Gesetzesverletzung« begründet, deshalb sei es unmöglich gewesen, eine Bewährungsstrafe zu verhängen.) Im »Jugendhaus Halle« herrschten zu dieser Zeit brutale Umgangsformen. Einen Einblick bekamen mehrere Eltern, die ein knappes Jahr zuvor, im Sommer 1979, ihre inhaftierten Söhne dort besuchen konnten. Sie berichteten empört, dass die Jugendlichen »fertiggemacht« würden, ihnen würde das Essen weggenommen, die Wärter würden nicht eingreifen, wenn sie grausam verprügelt bzw. sexuell belästigt würden.[44] Volker M. sah in diesem Umfeld keinen anderen Ausweg als den Tod. Um den Schikanen und Hänseleien der Mitgefangenen zu entgehen, nahm er sich wenige Tage nach seiner Einweisung in das Jugendhaus das Leben.[45]

Mehrfach gerieten auch Kinder, deren Eltern sich in den Westen abgesetzt hatten, in schwierige Situationen, weil ihr Wunsch nach menschlicher Nähe unter den Bedingungen der SED-Diktatur zum kriminellen Delikt wurde.

Eine Schülerin der 10. Klasse, die sich im Frühjahr 1979 das Leben nahm, litt darunter, dass ihre Mutter 1973 nach einer Besuchsreise in der Bundesrepublik geblieben war. Der Vater hatte eine sehr junge Frau geheiratet, was zu familiären Streitigkeiten geführt hatte. Die Mutter schrieb vom Westen aus Briefe, laut Schulrat in der Absicht, die Tochter »zur Ausreise ›reif‹ zu machen«. Angeblich war die Schülerin »zwischen den ohne weiteres positiven Absichten des Vaters und dem raffiniert geführten Kampf der Mutter um die Ausreisegenehmigung hin- und hergerissen«. Der Schulrat stellte sich prinzipiell auf die Seite des Vaters (der die Schule erzieherisch unterstützt hatte), räumte aber auch ein, dass der Vater bestrebt war, seine »positiven Absichten« mit »Härte« in einem »ständigen Kleinkrieg« gegen seine Tochter durchzusetzen. Letzter Begleiter der Flucht der Schülerin aus einer Welt, die von der Lieblosigkeit des Vaters und der Unerreichbarkeit der Mutter flankiert wurde, wurde Elvis Presley. Als die 16-Jährige erhängt aufgefunden wurde, drehte sich auf dem Plattenspieler eine Elvis-Platte, deren B-Seite die Schülerin zerkratzt hatte.[46]

44 BArch Berlin, DR 2, A 7188/4, n. pag.
45 BStU, MfS, HA IX, Nr. 18493, Bl. 1–15.
46 LHASA, MER, BT/RdB Halle, Abt. Volksbildung, 4. Ablieferung, Nr. 6255, n. pag.

Auch einen 19-jährigen Lehrling, der in der Nähe von Berlin wohnte, zog es zu seiner Mutter, bei der es sich laut MfS um eine »langjährige Agentin des US-Geheimdienstes« handelte. Sie war 1961 in die Bundesrepublik geflohen. Von dort hatte sie ihrem Sohn Anfang 1971 geschrieben: »Komme, wenn Du willst, möchtest oder kannst. Dem letzteren könnte man sicher ein bis[s]chen nachhelfen.«[47] Die Mutter riet ihm, Englisch zu lernen, und nannte ihm zwei Personen, die ihm helfen könnten, in den Westen zu kommen. Ende April 1971 erkundete der Jugendliche auf eigene Faust die DDR-Grenze zur Tschechoslowakei. Möglicherweise hatte er die Absicht, »die DDR illegal zu verlassen«, wie die Kriminalpolizei vermutete. Dafür sprach, dass er am Vorabend noch einmal kurz seine Freundin treffen wollte, wobei ihn aber die Eltern wegen der späten Stunde abwiesen. Nachdem der 19-Jährige dann für mehrere Tage verschwunden blieb, tauchte er am 30. April wieder im Lehrlingswohnheim auf. Er bat seine Mitlehrlinge, da er »sich offensichtlich verfolgt fühlte«, niemandem etwas von seinem Besuch zu sagen, und verschwand wieder. Am nächsten Morgen fand man seine Leiche, von einem Zug überfahren. Zuvor hatte er noch einen Strafzettel erhalten, wegen unbefugten Betretens eines Autobahnkreuzes (laut eigener Aussage wollte er trampen). Vor seinem Tod schrieb er eine letzte Postkarte an seine Freundin. »Aus dem Inhalt geht hervor, dass er sich schon seit einiger Zeit mit dem Gedanken trägt aus dem Leben zu scheiden«, protokollierte die Kriminalpolizei. Ob die Verfolgungsangst des Jugendlichen berechtigt war, lässt sich nicht eindeutig nachweisen. Einerseits waren dem MfS die Briefe der Mutter bekannt. Andererseits gibt es keine Hinweise auf eine geheimdienstliche Observation des Jugendlichen. Die Polizeikontrolle an der Autobahn hatte damit wahrscheinlich nichts zu tun, zumal sie nur auf ein Ordnungsgeld hinauslief. So bleibt als Gesamteindruck die Vermutung, dass den 19-Jährigen vor allem das frühzeitige Scheitern zweier halbherziger Fluchtversuche in panische Angst versetzt und diese Angst seine Verzweiflungstat verursacht hat.[48]

Es ist zu vermuten, dass es weitere »stille« Verzweiflungstaten gegeben hat von Menschen, die wegwollten aus der DDR, aber nicht den Mut aufbrachten zu einem radikalen Bruch. Wie eine nicht vollzogene Flucht zur Verengung der Lebensperspektive in Richtung Selbsttötung beitragen konnte, beschrieb ein junger Mann, der sich 1982 das Leben nahm, in seinem Abschiedsbrief: »Ich habe einen entscheidenden Fehler gemacht als ich 1978, während meiner Armeezeit, die Möglichkeit ungenutzt verstreichen ließ, dieses Land gefahrlos zu wechseln. Ich weiß nicht, ob es mir genutzt hätte, aber sterben kann man schließlich überall – ein schlechter Trost, aber im-

---

47 BStU, MfS, AS 152/74, Bl. 416–418, zit. 417.
48 Vgl. BStU, MfS, AS 152/74, Bl. 388, 390–393, 414, 416–418.

merhin.« Zu den Gründen für die Selbsttötung erklärte der gelernte Werbe-fotograf:

»Im Prinzip habe ich die ›Schnauze voll‹: voll von diesem Staat und seinen Gesetzen; von dieser Gesellschaft, von diesem Sozialismus – der keiner ist; von den Bullen und von der allgemein verbreiteten Angst, sobald man die ausgetretenen Wege der Normative verläßt, jede Abweichung scheint tödlich; ich habe genug davon, vor allem auch genug von mir selbst, meinem Schweigen, meiner Kälte, meiner fortgeschrittenen Anpassung. [...] Ich will nicht mehr der Zeuge meiner Angst und depressiven Schwäche sein, der immer größer werdenden Lähmung, die mich stumpf und zynisch macht. Ich will nicht mehr nur Verlierer sein, den ›seelischen‹ Verfall wahrnehmen ohne die Kraft einer Veränderung in mir zu wissen.«[49]

Indes – nicht nur gescheiterte, auch gelungene Republikfluchten konnten Ausgangspunkt suizidaler Konflikte werden. So kam es vor, dass Mitarbeiter des Staats- und Parteiapparates, deren Kinder sich in den Westen abgesetzt hatten, auf diesen »Verrat« mit suizidalen Handlungen reagierten. Noch im August 1989 unternahm ein Major der Volkspolizei, nachdem er erfahren hatte, dass seine Tochter über Ungarn in den Westen geflohen war, in seinem Gartengrundstück einen Suizidversuch.[50]

c)   Selbsttötung und Flucht als Äquivalente

Am 3. März 1989 verhafteten Soldaten im Grenzgebiet zu West-Berlin einen Betrunkenen. Beim Verhör gab der 19-jährige gelernte Maurer an, dass er »sich in Selbsttötungsabsicht in die Nähe der Staatsgrenze begeben« und dort »ein bestimmtes Verhalten« der Grenzsoldaten erwartet hatte. Als Motiv für seinen Wunsch, sich erschießen zu lassen, gab er Ehe- und Alkoholprobleme an.[51] Ähnliche Vorkommnisse haben sich an der Grenze zu West-Berlin mehrfach ereignet.[52] Nicht immer gelang es den Akteuren, überhaupt bis zur Grenze vorzudringen; so wurde der 14-jährige Sohn eines Offiziers der Volkspolizei, der 1977 in Richtung Grenze aufgebrochen war, »um sich erschießen zu lassen«, bereits bei Magdeburg von einer Streife aufgegriffen und nach Hause zurückgeschickt.[53]

In der medizinischen Suizidforschung ist seit langem bekannt, dass insbesondere bei Jugendlichen Weglaufen und Suizidversuche alternative Reak-

49 BStU, MfS, AIM 7423/91, Bd. 6, Bl. 90f.
50 AZG, MfS, BV Halle, Information Nr. 121/89 über bedeutsame Erscheinungen, Tendenzen und Vorkommnisse im Zeitraum vom 16.–17.8.1989 im Bezirk Halle, n. pag.
51 BStU, MfS, BV Potsdam, AKG, Nr. 2364, Bl. 201.
52 Vgl. BStU, MfS, HA IX, Nr. 9228, Bl. 19–22; BStU, MfS, AS 288/74, Bd. 6, Bl. 274–277; BStU, MfS, HA I, Nr. 10442, Bl. 180f.; BStU, MfS, HA I, Nr. 10217, Bl. 185–187.
53 LHASA, MER, BT/RdB Halle, Abt. Volksbildung, 4. Ablieferung, Nr. 6226, n. pag.

tionsweisen auf Lebenskonflikte darstellen. Und so wurde auch in Analysen des Ministeriums für Volksbildung der DDR Anfang der 1970er Jahre festgestellt, dass bei Schülern »die meisten Ursachen und Motive für versuchte und gelungene Republikfluchten auf derselben Ebene liegen«[54] wie bei Suizidversuchen. Diese Beobachtung trifft auch auf einen Teil der Selbsttötungen zu, die das MfS im Zusammenhang mit »Republikfluchtversuchen« erfasst hat, und das keineswegs nur bei Jugendlichen.

Im Gegensatz zu den Fällen, bei denen sich Menschen entweder als unmittelbare Reaktion auf die gescheiterte Flucht oder infolge dadurch bewirkter Konflikte das Leben nahmen, war bei einigen Fluchtwilligen überhaupt keine spezifische Intention erkennbar, in die Bundesrepublik zu gelangen; im Zentrum stand lediglich das Verlangen, einer unerträglichen Situation zu entrinnen, sei es durch Flucht in den Westen oder, wenn das verhindert wurde, durch Flucht in den Tod. Mehrfach galten den Akteuren suizidale und eskapistische Verhaltensweisen als Äquivalente. In manchen Fällen wurde zunächst eine Flucht versucht, und nach deren Scheitern ein Suizidversuch unternommen. In anderen Fällen erwogen die Betreffenden zunächst, sich das Leben zu nehmen, entschieden sich dann aber für eine riskante Flucht über die Grenze.

So erwog ein Arbeiter aus Brandenburg, der die Scheidung seiner Ehe nicht verwinden konnte, sich zu töten. Dann aber wurde er zum Jahreswechsel 1979/80 im Grenzgebiet im Harz aufgegriffen. Politische Gründe spielten scheinbar keine Rolle; zuvor hatte er seine Arbeit pflichtbewusst verrichtet und war auch in die SED eingetreten.[55]

Überforderung durch seinen Beruf führte bei einem Lehrer zu ernsthaften Suizidgedanken. Er war an einer Fachschule des MdI tätig und sah sich einerseits nicht imstande, mit den Problemen allein fertig zu werden, andererseits sprach er aber auch mit niemandem darüber. Dann aber entschloss er sich im Frühjahr 1982 zum Fluchtversuch. Nachdem er festgenommen wurde, gab er an, »keinerlei Vorstellungen über seinen weiteren Aufenthalt in der BRD gehabt« zu haben.[56]

Ein Lehrling, der im Februar 1970 versuchte, von Thüringen aus die Grenze zur Bundesrepublik zu durchbrechen, war in der DDR nie als Feind der politischen Ordnung in Erscheinung getreten. Er war von seinen Eltern im Sinne des Staates erzogen worden, hatte in einem Singeklub mitgewirkt. Als den Eltern mitgeteilt wurde, dass sich ihr Sohn nach der Festnahme vor einen Lkw geworfen hatte und gestorben war, hatten sie keine Erklärung dafür. Bei Nachfragen im Lehrbetrieb stellte sich dann jedoch heraus, dass der Lehrling sehr schlechte Lernergebnisse hatte, wodurch sein Abschluss ge-

---

54 Information über versuchte und gelungene Selbstmorde bei Schülern und Pädagogen im Schuljahr 1971/72. HSI, Berlin, 14.9.1972. BArch Berlin, DR 2, A 7343, n. pag.
55 BLHA, Rep. 531, SED-KL Brandenburg, 1823, n. pag.
56 BStU, MfS, HA IX, Nr. 12061, Bl. 334f.

fährdet war, zudem hatte er im Betrieb Schrankdiebstähle durchgeführt und ein Postsparbuch gefälscht.[57]

Ein Liebespaar, das im Winter 1984 versuchte, die Grenze im Harz zu überwinden, wollte damit einer persönlichen Konfliktsituation entfliehen, die den beiden unerträglich schien: Beide waren streng neuapostolischen Glaubens; ihrem Wunsch, zu heiraten, stand entgegen, dass der Mann noch mit einer anderen Frau verheiratet war, die in die Scheidung nicht einwilligte. Hinzu kam, dass sein Vater, ein leitender kirchlicher Mitarbeiter, vom Sohn den Abbruch des Liebesverhältnisses forderte. Beim Scheitern des Grenzdurchbruches hatten die beiden Liebenden geplant, sich zu töten. Kurz nach der Festnahme wurden sie bewusstlos; ein Arzt stellte fest, dass sie eine giftige Chemikalie getrunken hatten, und leitete Rettungsmaßnahmen ein.[58]

3.3.3 Scheitern von DDR-Bürgern in der Bundesrepublik

Die Flucht in die Bundesrepublik hatte eine für das Suizidgeschehen relevante Kehrseite, die man den »Preis der Freiheit« nennen könnte. Denn diejenigen, die früher oder später das Territorium der Bundesrepublik erreichten, fanden dort keineswegs immer das erhoffte Glück; mehrfach kam es zu Verzweiflungstaten ehemaliger DDR-Bürger. Zwar handelte es sich hierbei um ein gängiges Klischee der Propaganda in der DDR, das vor allem in Zeiten starker Absatzbewegungen von der SED-Propaganda genutzt wurde, um die DDR-Bürger mit abschreckenden Beispielen vor dem Westen zu warnen.[59] Das schloss jedoch nicht aus, dass sich die geschilderten Selbsttötungen tatsächlich ereignet hatten.

Im Sommer 1989, als DDR-Bürger massenhaft in den Westen flohen, berichtete die »Junge Welt« über den Suizid des 24-jährigen Uwe M., der seit 1987 im Westteil der Stadt wohnte.

Der gelernte Bäcker aus Pankow war im September 1986 bei dem Versuch, die Mauer zu überwinden, von West-Berliner Journalisten fotografiert worden; ein Jahr später durfte er die DDR verlassen. In der Bundesrepublik angekommen, erklärte er, dass er das »triste Leben drüben satt« hatte, schimpfte über den schlechten Verdienst im Dreischichtsystem und über Schikanen durch die Volkspolizei (nachdem er Fahnen am Werktor heruntergerissen hatte). In den folgenden zwei Jahren kam er aber auch im Wes-

---

57 Vgl. ThHStAW, SED-BL Erfurt (1968–71), IV/B/2/4-135, 137, n. pag.
58 BStU, MfS, HA I, Nr. 5974, Teil 1, Bl. 394f., 398.
59 Interessant ist, dass die SED-Propaganda damit auch Elemente konservativer Moderne-Kritik des 19. Jahrhunderts und frühen 20. Jahrhunderts aufgriff, in deren Weltsicht Selbsttötungen als Symptom von Individualisierung und Liberalisierung, von Verstädterung und Lockerung traditioneller gesellschaftlicher und religiöser Bindungen interpretiert wurden. Vgl. z.B. Roderich von Ungern-Sternberg, Die Ursachen der Steigerung der Selbstmordhäufigkeit in Westeuropa während der letzten hundert Jahre (= Veröffentlichungen aus dem Gebiet der Medizinalverwaltung XLIV. Band, 9. Heft), Berlin 1935.

ten nicht zurecht, »fand keine Arbeit, fing an zu trinken«. Nach einer »Sauftour« legte er sich auf die Straße und ließ sich überfahren.[60]

Mehr als 30 Jahre zuvor, in den 1950er Jahren, als die Grenze in Berlin noch offen war, konnte man in den SED-Blättern Artikel ganz ähnlichen Inhalts lesen. Am 29. Oktober 1958 meldete die »Junge Welt« die Selbsttötung einer 19-jährigen republikflüchtigen Lehrerin, die als Küchenhilfe im Schwarzwald arbeitete. »Ich bin schon fast irre. Arbeite in der Küche von 7 bis 20 Uhr. Verdiene etwa 60 bis 80 D-Mark im Monat. Interesse an nichts«, hatte sie kurz vor dem Tod an ihre Eltern geschrieben.[61] Wenige Tage später folgte ein Bericht über einen 20-jährigen Dreher, der in umgekehrter Richtung aus der Bundesrepublik in die DDR gekommen war. »Heinz hatte die ›freie Welt‹ satt. In der DDR findet er endlich Ruhe und Sicherheit«, überschrieb das Blatt den Bericht über den jungen Mann, dem es zuvor weder gelungen war, in der Bundeswehr Karriere zu machen, noch sein Glück in Kanada zu finden. Der Artikel endete mit einer wilden Schimpfkaskade:

»Das ist kein Einzelschicksal. [...] Wer beraubt Millionen Menschen ihrer sicheren Existenz und treibt sie von Ungewißheit zu Ungewißheit? [...] Wer treibt sie bis zu bitterster Verzweiflung und Not, ja, bis zum Selbstmord. Schuld ist Bonn! Schuld ist das System, das ganze verrottete System der ›freien Welt‹!«[62]

Gegenüber dem aggressiven Tonfall des »Kalten Krieges« mutete die Anspielung des »Junge-Welt«-Artikels von 1989 auf den Aufkleber »Berlin bringt Glück«, der bei dem Verstorbenen am Briefkasten klebte, sehr verhalten an: »›Berlin bringt Glück‹ – Westberlin auch?« Der Ton hatte sich gewandelt, die zentrale Botschaft solcher Berichte blieb jedoch die gleiche: Die DDR-Bürger sollten gewarnt werden vor den Risiken der freien Welt.

Besonders deutlich wurde das in einem ganzseitigen Beitrag, der am 27. Mai 1987 in der »Schweriner Volkszeitung« über Reaktionen von Parchimer Bürgern auf den Suizid eines ehemaligen DDR-Bürgers berichtete. Peter H. hatte in der DDR seinen Traumberuf (Fotograf) nicht erlangen können, war in die Bundesrepublik übergesiedelt und schließlich in Hamburg menschlich und beruflich gescheitert. Nach drei Jahren Arbeitslosigkeit hatte ihn die Polizei bei einem Banküberfall gestellt, woraufhin er sich in der Untersuchungshaft erhängte.

»Alle, mit denen ich in den letzten Tagen sprach, sagten: Hier wäre das nie passiert. Wäre er hier geblieben, würde er noch leben«, berichtete die

60 Andreas Friedrich, Der einsame Tod eines »Freiheitskämpfers«, in: Junge Welt vom 25. Juli 1989, S. 4.
61 Vgl. z.B. »19jährige beging Selbstmord«, in: Junge Welt vom 29. Oktober 1958, S. 2; Ursula Gärber, Das vertane Leben des Peter H., in: Schweriner Volkszeitung vom 27. Mai 1987, S. 3.
62 Heinz hatte die ›freie Welt‹ satt. In der DDR findet er endlich Ruhe und Sicherheit, in: Junge Welt vom 3. November 1958, S. 1.

Verfasserin des Artikels. Peter H. hätte sein Leben »in dem Moment vertan [...], als er die Grenze wechselte« – wobei er auch ein Opfer der suggestiven Wirkung der »imperialistischen Massenmedien« geworden sei, die ihm ein »Traumleben« vorgegaukelt hätten. »Er hat unsere gesicherten Verhältnisse mißachtet. Ich kann das nicht begreifen«, war die Reaktion eines ehemaligen Klassenkameraden, der sich den Suizid schließlich wie folgt erklärte: »Er ist nicht fertig geworden mit den Verhältnissen drüben. Das ist eine Welt für sich, und wir sind da Fremde.« Auch der Fotograf, bei dem Peter H. als Hilfskraft gearbeitet hatte, sah ihn als Opfer: »Er hat sich blenden lassen und ist dann an dem Staat drüben gescheitert.« Die ehemalige Russischlehrerin stellte sogar die groteske Behauptung auf: »Im Grunde genommen ist seine Todesursache die unsoziale Gesellschaftsordnung in der Bundesrepublik.«[63]

Das MfS erhoffte sich von solchen Artikeln eine Eindämmung der Zahl der Ausreiseantragsteller, deshalb sollte das Beispiel Schule machen. Gut zwei Monate nach seinem Erscheinen wurde der Artikel der »Schweriner Volkszeitung« MfS-intern verschickt und als »öffentlichkeitswirksame Maßnahme im Prozeß der Unterbindung und Zurückdrängung von Übersiedlungsversuchen« empfohlen.[64]

Aber auch jenseits der Einbindung dieser Einzelfälle menschlichen Scheiterns in die politische Propaganda des SED-Staates wurde über Selbsttötungen ehemaliger DDR-Bürger in der Bundesrepublik berichtet.[65] Die bundesdeutsche Illustrierte »Stern« veröffentlichte im Herbst 1987 eine Reportage über die Selbsttötung des 24-jährigen Elektrikers Thomas G., der ein halbes Jahr zuvor, während seines Armeedienstes bei den Grenztruppen, gemeinsam mit einem Freund in die Bundesrepublik geflohen war.[66] Man muss diesen Artikel kritisch gegen seine eigene Intention lesen, denn für die Behauptung, »die Realität des anderen deutschen Staates« hätte »ihr Opfer eingeholt und zur Strecke gebracht«, bringt er keine Belege; und gegen die vagen Mutmaßungen über eine mögliche Verstrickung des jungen Mannes in Aktivitäten des MfS spricht der lapidare Vermerk »nicht erfaßt« in den MfS-Akten.[67] Stattdessen scheint dem jungen Mann »vor allem [...] menschliche Wärme« gefehlt zu haben.

63 Gärber, Das vertane Leben.
64 Vgl. BStU, MfS, BV Cottbus, BdL, Nr. 3284, Bl. 1–13.
65 Ein Indiz hierfür ist zum Beispiel, dass an den Universitäten von Hamburg und Göttingen 13 bzw. 16 Prozent der Studierenden, die sich das Leben nahmen, DDR-Flüchtlinge waren. Vgl. Volker Friedrich, Selbstmord und Selbstmordversuch unter Göttinger Studierenden, Diss. Göttingen 1972, S. 30.
66 Vgl. Helfried Schreiter, »Hoffentlich finde ich nun endlich Ruhe«, in: Stern vom 5. November 1987, S. 116, 120, 124, 126. Bemerkenswerterweise wurde der Artikel innerhalb der Grenztruppen zur aktenkundigen Belehrung der Unteroffiziere benutzt. Vgl. BStU, MfS, HA I, Nr. 11921, Bl. 1–7.
67 BStU, MfS, ZKG, Nr. 6921, Bl. 25.

Die in dem Artikel enthaltenen Fakten zeichnen das Bild eines jungen Mannes, der mit der Freiheit nicht zurechtgekommen ist und sich verrannt hat. Seine Nachbarin fragte sich nach dem Tod, warum Thomas G. überhaupt in den Westen gegangen war: »Er hat doch drüben keine Not gehabt. Er hing an seiner Mutter. Und verlobt war er auch. Warum kommt so einer hier rüber?« In seinem Abschiedsbrief sprach Thomas G. von einem »seelischen Chaos«, dass er durchgemacht hatte. Sein Leben drohte, so fürchtete er, vollends außer Kontrolle zu geraten. Er hatte den Job bei einer Firma mit einem guten Arbeitsklima für einen besser bezahlten aufgegeben, was er bald wieder bereute. »Die Arbeit ist schwer und schmutzig. In der Fabrikhalle ist es laut, die Kollegen sind rauhbeinig«, schrieb der »Stern«. Die alte Stelle in der vorherigen Firma war aber inzwischen wieder besetzt. Diese Situation weckte bei Thomas G. eine panische Angst, im Winter ohne Arbeit und Geld auf der Straße zu liegen. Weitere Misserfolge kamen hinzu: Er fiel durch die Fahrprüfung. Mit seinem Kumpel, mit dem er zunächst zusammengewohnt hatte, kam es zum Bruch; der Gefährte zog aus. (Möglicherweise hat dabei eine Rolle gespielt, dass der Freund in der DDR auf ihn als IM angesetzt war.) »Abgekapselt war ich und einsam. Ich konnte keine Nacht mehr schlafen«, schrieb Thomas G. in seinem Abschiedsbrief an die Eltern. Als letzten Wunsch äußerte er, in seiner Heimatstadt in der DDR begraben zu werden.

In der »Berliner Morgenpost« hieß es zu dem tragischen Todesfall:

»Er kam aus einer totalitären Welt, in der ihn der Staat wie eine herrscherliche Hebamme von der Wiege an begleitete, von Station zu Station versorgte, aber auch vereinnahmte. Dem kommandierenden Staat entrann er, aber von der Freiheit, in der sich jeder selbst behaupten muß, wurde er überrollt.«[68]

Andere, die sich nach ihrer Ausreise in die Bundesrepublik das Leben nahmen, hatten sich dem kommandierenden Staat mutig und konsequent entgegengestellt und einen oppositionellen Lebensstil entwickelt, der sie auch in der Bundesrepublik zu Außenseitern machte. »Leider ist nicht alles, was die SED-Medien über Enttäuschungen und aufflackernde Rückkehrneigung unter den Mitteldeutschen berichten [...], frei erfunden. Viele von ihnen werden in der Bundesrepublik mit einer seltsamen Kaltschnäuzigkeit behandelt«, kommentierte die »Berliner Morgenpost« den Tod des DDR-Oppositionellen Roland R.[69] Über sein Schicksal berichteten im Frühjahr 1985 mehrere bundesdeutsche Zeitungen. Der 31-Jährige war im Januar 1985 in eine West-Berliner Nervenklinik eingewiesen worden; im März erhängte er sich.

In der DDR hatte Roland R. im Jahr 1982 einen evangelischen Friedenskreis mitbegründet. Nach mehreren Aktionen wurde er im Herbst 1983 nach

---

68 St., Überrollt, in: Berliner Morgenpost vom 23. September 1987, S. 2.
69 BStU, MfS, HA IX, Nr. 18801, Bl. 271.

der Teilnahme an einem öffentlichen Schweigekreis zu einer Haftstrafe verurteilt und im Mai 1984 von der Bundesregierung freigekauft. Formal ging es ihm in West-Berlin nicht schlecht, er fand eine Wohnung und einen Job als Krankenpfleger. Aber ihm fehlte der Kontakt zu Freunden und zu seinem Sohn. Zudem erregte er mit ungewöhnlichen Aktionen Aufsehen; er sprach Leute in der U-Bahn an, um sie zum politischen Handeln zu bewegen, und verschenkte sein Geld an Obdachlose. In die Nervenklinik ging er aus eigenem Entschluss, weil er an Depressionen litt.

Ein ganz ähnlicher Fall ereignete sich ein Jahr später in Hamburg, wo sich im Sommer 1986 der ehemalige DDR-Oppositionelle Reinhard L. vor eine S-Bahn warf.[70] Auch Reinhard L., der 1976 wegen des Verfassens eines an die SED-Führung gerichteten Protestbriefes (gegen die Diffamierung des Pfarrers Oskar Brüsewitz) inhaftiert worden war und 1980 in die Bundesrepublik kam, begab sich dort in nervenärztliche Behandlung, bevor er sich das Leben nahm.

In beiden Fällen handelte es sich um mutige, eigensinnige, prinzipientreue Persönlichkeiten, die bereits in der DDR auf repressive Maßnahmen der Staatsmacht suizidal reagiert hatten. Roland R. hatte 1974, nachdem er an der tschechischen Grenze verhaftet und mit einem behelfsmäßigen Personalausweis nach Hause zurückgeschickt worden war, einen Suizidversuch unternommen. 1976 passierte ihm Ähnliches, ihm wurde »aufgrund seines ungepflegten Äußeren« eine Reise nach Polen untersagt, woraufhin er versuchte, sich aufzuhängen. In den 1980er Jahren geriet er durch seine Teilnahme an Aktionen gegen die atomare Bedrohung in das Visier des MfS, er fühlte sich (keineswegs grundlos) bedroht, entwickelte aber, laut Aussagen einer Bekannten, einen regelrechten »Verfolgungswahn«.[71]

Beide Oppositionelle reagierten auf ihre Inhaftierung mit heroischer Standhaftigkeit. Roland R. verweigerte beim MfS jegliche Aussage, was Anlass gab zu einer Notiz auf seinem Beurteilungsblatt: »Hinweis: spricht nicht, meditiert«.[72] Auch Reinhard L. schwieg nach seiner Verhaftung im Herbst 1976 während dutzender Verhöre durch das MfS, was er gut zwei Monate durchhielt; dann unternahm er einen Suizidversuch.

Bei beiden war also, schon vor ihrer Ausreise in die Bundesrepublik, die Grenze zwischen Leben und Tod brüchig geworden; beide kamen bereits psychisch beeinträchtigt in den Westen (weshalb sich ihre Schicksale auch nicht für die SED-Propaganda eigneten).

Andererseits konnte aber auch die neue Umgebung der bundesdeutschen Gesellschaft nicht heilsam wirken, vielmehr entwickelten sich wiederum Konfliktsituationen. Roland R. bekam wegen einiger aufsehenerregender Aktionen – er alarmierte zum Beispiel Polizei und Feuerwehr, um angesichts

---

70 Vgl. die ausführlichere Darstellung in: Udo Grashoff, Selbsttötungen in der DDR und das Wirken des Ministeriums für Staatssicherheit, Magdeburg 2004, S. 43–54.
71 Vgl. BStU, MfS, BV Potsdam, AU 1656/84, Bl. 46–53.
72 BStU, MfS, HA IX, Nr. 18801, Bl. 257.

der Stationierung von Atomraketen in beiden deutschen Staaten die Reaktionen im Katastrophenfall zu testen – Schwierigkeiten mit der Polizei.[73]

Reinhard L., der mit den »Grünen« sympathisierte und sich in einer Arbeitsloseninitiative engagierte, zerstritt sich mit seinen »spießigen« Verwandten, bei denen er wohnte. Aus Hamburg schrieb er 1984 an Angehörige in der DDR: »Ich fühle mich hier mit meiner politischen Überzeugung wie im KZ Theresienstadt.« Reinhard L. hatte sich unmittelbar vor seinem Tod sogar darum bemüht, in die DDR zurückzukehren; das war jedoch von staatlichen Stellen rigoros abgelehnt worden.

Andere gingen tatsächlich diesen Weg zurück in die DDR und verzweifelten vollends. Ein 17-jähriger Maurer-Lehrling, der im November 1964 in die Bundesrepublik geflohen war, kehrte wenig später freiwillig in die DDR zurück. Ein Ermittlungsverfahren wurde rasch eingestellt, er durfte seine Lehre fortsetzen. In der Folgezeit aber wurde er, so behauptete er zumindest in seinem Abschiedsbrief, von den Kollegen gehänselt und schikaniert; der Meister soll ihn aufgefordert haben, »schneller zu arbeiten, er sei nicht in Westdeutschland, wo er bummeln könne«; angesichts dieser Feindseligkeit hätte er nicht mehr ein noch aus gewusst und sich das Leben genommen.[74]

Die Peinlichkeit, nach einer abgebrochenen Flucht wieder den Nachbarn und Kollegen begegnen zu müssen, spielte auch eine wichtige Rolle beim Suizid eines Piloten der DDR-Fluggesellschaft »Interflug«, der sich am 28. April 1985 auf dem Wiener Flughafen absetzte und um Asyl ersucht hatte, aber schon am 15. Mai durch »gezielte Rückführungsmaßnahmen« des MfS zurückgekehrt war. (Diese Maßnahmen bestanden im Wesentlichen darin, dass das MfS über die Ehefrau Druck ausüben und gleichzeitig Straffreiheit zusichern ließ.) In der DDR hatte sich der Pilot durch eine neue Ausbildung überfordert gefühlt und sich zudem (während der Erfüllung eines Auftrages des MfS zur Kontaktaufnahme zu einer republikflüchtigen ehemaligen Kollegin) in einen Verfolgungswahn hineingesteigert; seine Flucht erfolgte planlos, ohne Ziel. Schon wenige Tage später bereute er seinen Schritt. Die Aufnahme in Österreich war sehr kühl ausgefallen, dann hatte er wider Erwarten in der Bundesrepublik keine Arbeit gefunden und war stattdessen zu mehreren geheimdienstlichen Befragungen vorgeladen worden, wobei er auch nach Kontakten zum MfS befragt wurde.

Wieder zurück in der DDR, wurde er nach einen zweitägigen Verhör durch das MfS nach Hause entlassen. Trotz der zugesicherten Straffreiheit

---

73 Ve., Das Lebensgefühl und die Identität hier verloren (Zeitungsartikel ohne Quellenangabe), in: BStU, MfS, HA XXII, Nr. 1132/1, Bl. 131.
74 Vgl. LHASA, MD, Rep. M 1, BT/RdB Magdeburg, Film Nr. 1168, Bl. 346.
Die Verantwortlichen des Rates des Bezirkes, die den Fall untersuchten, misstrauten dieser Behauptung, sie vermuteten vielmehr, der Lehrling sei von bundesdeutschen Stellen unter Druck gesetzt worden, um weitere junge Menschen zur Flucht zu überreden; das blieb jedoch bloße Vermutung.

war seine Lebenssituation aus den Fugen geraten. Fliegen durfte er nicht mehr, ihm wurde stattdessen eine andere Arbeitsstelle bei der »Interflug« angeboten. Die SED hatte schon unmittelbar nach seiner Flucht ein Parteiverfahren eröffnet; Ziel war der Parteiausschluss. Auch zu Hause kam es mit Familienangehörigen zu Auseinandersetzungen wegen des Fluchtversuches. Am 24. Mai 1985 wollte das MfS den Piloten »zur Klärung offener Fragen« noch einmal verhören. Am 23. Mai erhängte er sich.[75]

Einen sehr langwierigen Weg des persönlichen Scheiterns zwischen DDR und Bundesrepublik hatte ein Bürger der Bundesrepublik, der sich im Mai 1986 am Ufer der Saale im Bezirk Halle erhängte. Der gelernte Schäfer, der 1964 aus der DDR geflohen, 1969 bei einer Transitreise festgenommen, von einem DDR-Gericht wegen Republikflucht verklagt und 1970 aus der Haft wieder in die Bundesrepublik entlassen worden war, hatte 1985 seine endgültige Rückkehr in die DDR beantragt, weil er »mit den Verhältnissen in der BRD nicht zurecht kam und gegen ihn ein Strafverfahren anhängig« war. Bereits seit 1973 war er regelmäßig zu Besuchen in die DDR gekommen; als nun klar wurde, dass ihn die DDR unter keinen Umständen wieder aufnehmen wollte, nahm er sich das Leben.[76]

Nicht nur in diesem Fall erscheint das von der DDR rigoros praktizierte Rückkehrverbot als eine entscheidende Determinante, die bei Selbsttötungen ehemaliger DDR-Bürger eine Rolle spielte. Die Unmöglichkeit, einen Irrtum zu revidieren, und die oftmals absolute Kontaktsperre forcierten Einsamkeit und Verzweiflung gerade bei denjenigen, die im Westen nicht heimisch wurden. Das gilt auch für jenen ehemaligen DDR-Bürger, der im Frühjahr 1987 mit einem Auto von West-Berlin aus gegen die Mauer raste und starb. Der junge Mann, der 1984 in die Bundesrepublik übergesiedelt war, hatte kurz vor seiner Todesfahrt einen Antrag auf Besuchsreise zu seinen in der DDR lebenden Eltern gestellt, der abgelehnt worden war.[77]

75 Vgl. BStU, MfS, AOPK 10664/85, Bd. 1, Bl. 419–425.
76 BStU, MfS, HA IX, Nr. 3972, Bl. 274, 277.
77 BStU, MfS-Sekr. Neiber, Nr. 47, Bl. 49.

3.3.4 Verbot von »Westkontakten« als Suizidursache

Unter den Zwängen der Diktatur litten jedoch nicht nur jene, die das Land als unerträglich empfanden und deshalb verlassen wollten; die aus politischen Gründen errichtete und mit erheblichem Aufwand aufrecht erhaltene Kontaktsperre wirkte, wenn auch in anderer Form, in der gesamten DDR-Gesellschaft.

Am 26. Juni 1978 stürzte sich ein SED-Kulturfunktionär vor einen fahrenden Zug. Seine Kollegen schätzten ihn als ruhig, sachlich, ausgeglichen, konsequent, pflichtbewusst und hilfsbereit ein. Am 1. Mai 1978 war er Leiter der Abteilung Kultur des Rates des Kreises geworden, seine Arbeit galt als erfolgreich. Zwar hatte er sich unzufrieden darüber geäußert, dass »er von den nachgeordneten Einrichtungen keine wahrheitsgetreuen Berichte erhielt und oftmals falsche Angaben weitermelden mußte«, vielleicht war er auch ein wenig überfordert mit der neuen Aufgabe, ein Suizidmotiv war das jedoch nicht. Auch in der Familie hatte es, so die Ehefrau, »keine nennenswerten Auseinandersetzungen« gegeben. Das sahen die Kollegen zwar etwas anders, nach ihrer Meinung war die Frau sehr dominant, insgesamt konnte aber auch das keinen Suizid rechtfertigen.

Eine weitere Erklärungsmöglichkeit war der Ärger, den es mit der Tochter gegeben hatte. Sie war wegen ungenügender Leistungen nicht zur EOS delegiert worden; eine Intervention des Vaters bewirkte, dass »für seine Tochter ein zusätzlicher EOS-Platz zur Verfügung gestellt wurde«. Als einige Zeit später der Direktor der EOS wegen der schlechten Noten empfahl, dass die Tochter die Schule vorzeitig beenden solle, verhinderte der Funktionär auch das durch persönliche Einflussnahme. Es steht zu vermuten, dass hinter diesen Interventionen die Ehefrau bzw. die Schwiegermutter stand. In einem MfS-Bericht hieß es zur Ehefrau, sie besitze »ein gewisses Geltungsbedürfnis und wollte ihren Mann in leitenden Funktionen sehen«, und zur Schwiegermutter, sie sei »der bestimmende Teil der Familie«. Nichtsdestotrotz hatten sich auch diese Probleme letztlich klären lassen.

So blieb nur noch ein Konflikt, der dem SED-Funktionär offenbar unlösbar erschienen war. Mit der Übernahme der neuen Funktion war auch eine Verpflichtung als Geheimnisträger verbunden gewesen. Er hatte in diesem Zusammenhang beteuert, keine Westkontakte zu besitzen, und dabei die Besuchsreisen der im gleichen Haus lebenden Schwiegermutter zu deren Schwester verschwiegen. Die Westverwandte war ihrerseits bereits mehrfach zu Besuch gekommen; für Mitte Juli hatte sie sich das nächste Mal angekündigt. Das hatte den Funktionär in eine prekäre Lage gebracht; zwölf Tage vor seinem Tod war er von einem MfS-Offizier nochmals eindringlich auf seine Meldepflicht hingewiesen worden, mit dem Hinweis, dass »bei Verstößen mit Konsequenzen zu rechnen ist«.[78]

---

78 Vgl. BStU, MfS, BV Halle, Abt. IX, Sachakten Nr. 82, Bl. 2–13.

Von SED-Funktionären und Mitarbeitern im Staats- und Sicherheitsapparat der DDR wurde erwartet, dass sie kein Westfernsehen sahen und keine persönlichen Beziehungen zu Bürgern nichtsozialistischer Staaten pflegten. In manchen Bereichen, zum Beispiel in der Volkspolizei und in der Armee, war die absolute Abgrenzung gegenüber Einflüssen des »Klassengegners« Bedingung für eine Ausübung dieser Berufe. Die Konflikte, die dadurch bei Mitarbeitern des Partei- und Staatsapparats der DDR ausgelöst wurden, trugen in zahlreichen Fällen zur Entstehung oder Verschärfung suizidaler Lebenskrisen bei.

Ein 35-jähriger Offizier im medizinischen Dienst der Polizei wurde Anfang des Jahres 1974 plötzlich kränklich, wirkte niedergeschlagen, überempfindlich, geistig abwesend. Dahinter standen Schuldgefühle, er hatte eine Besuchsreise seiner Mutter in die Bundesrepublik verschwiegen, was nun bekannt geworden war. Zudem hatte er auch ein schlechtes Gewissen, weil er sich westliche Fernsehsendungen angeschaut hatte. Im Sommer 1974 nahm er sich das Leben.[79]

Über den Suizidversuch eines Angehörigen der Transportpolizei im Kreis Nauen hieß es am 27. März 1980 im Bericht der Kreisparteikontrollkommission:

»Die Forderung, keine Kontakte mit Bürgern aus dem kapitalistischen Ausland und Westberlin zu haben, führten zu häufigen Streitigkeiten in der Familie, denen er zuletzt nicht mehr gewachsen war.«[80]

Streit gab es auch in der Familie eines Volkspolizei-Leutnants im Bezirk Karl-Marx-Stadt, als zur Beerdigung des Schwiegervaters zwei Westverwandte anreisten; der Leutnant wurde danach mit einer Überdosis Beruhigungstabletten ins Krankenhaus eingeliefert.[81]

Ein Oberlöschmeister der Feuerwehr hingegen, der sich große Mühe gegeben hatte, immer Vorbild zu sein, wurde durch seinen Vorgesetzten mit der Tatsache konfrontiert, dass seine Ehefrau heimlich ein Paket von ihrer seit 20 Jahren im Westen lebenden Mutter empfangen hatte. Daraufhin kam es zu einem heftigen Ehestreit, wobei der Löschmeister seiner Ehefrau zu verstehen gab, dass »sein Ansehen und seine Autorität in der Öffentlichkeit und in der Dienststelle durch diesen Umstand völlig in Mißkredit gebracht wurden und daß er das nicht überwinden kann«; einen Tag später erhängte er sich.[82]

Völlig unverschuldet benachteiligt fühlte sich auch ein Parteigruppenorganisator bei der Kriminalpolizei, der im Jahr 1968 »trotz seiner guten Arbeitsergebnisse« nicht wiedergewählt werden durfte. Zwei Wahlperioden hatte er zur vollen Zufriedenheit seiner Genossen gewirkt, nun war eine

---

79 StAL, BdVP Leipzig 24.1, Nr. 2345, n. pag.
80 BLHA, Rep. 531, SED-KL Nauen, Nr. 1377, n. pag.
81 Vgl. BStU, MfS, BV Karl-Marx-Stadt, AKG, Nr. 2890, Bd. II, Bl. 36.
82 BLHA, Rep. 471/15.2, BdVP Potsdam, Nr. 219, n. pag.

neue Direktive erlassen worden, dass »Angehörige der VP, die Verwandte
1. Grades in Westdeutschland oder Westberlin haben und zu diesen Verbindungen unterhalten«, nicht mehr in Parteileitungen gewählt werden durften.
Der SED-Funktionär unterhielt sporadischen Briefkontakt zu den in der
Bundesrepublik lebenden Eltern und zur Schwester, erklärte sich aber bereit,
diese sofort abzubrechen. Das lehnte sein Vorgesetzter jedoch ab und empfahl stattdessen, »die Verbindung allmählich einschlafen zu lassen«. Das
dadurch unvermeidbar gewordene Ausscheiden aus dem Parteiamt empfand
der pflichtbewusste, manchmal etwas pedantische Kriminalist als »Härte«.
Er trug, entsprechend seinem Charakter, noch den Rechenschaftsbericht
über die vergangene Wahlperiode vor, danach erschoss er sich.[83]

Teilweise nahm das Misstrauen im SED-Sicherheitsapparat nahezu biolo-
gistische Züge an. Einem politischen Mitarbeiter der BdVP Potsdam wurde
1978 gekündigt, weil seine Ehefrau Verwandte in der Bundesrepublik hatte.
Obwohl die Ehefrau den Kontakt abgebrochen hatte, konnte der Offizier
auch durch Beschwerden an das ZK der SED keine Rücknahme der Versetzung bewirken. Schweißausbrüche und Schlafstörungen machten einen
Krankenhausaufenthalt erforderlich, mehrere Aussprachen führten zur Eskalation des Konflikts, der schließlich im Suizid endete.[84]

In den geschilderten Beispielen sahen sich SED-Mitglieder, Polizisten und
andere Funktionäre des Partei- und Staatsapparates der DDR plötzlich, oft
ohne eigenes Verschulden, in Misskredit gebracht. In einigen Fällen waren
sie aber auch in eine heuchlerische Doppelmoral verstrickt, teilweise hatten
sie sich unter Ausnutzung ihrer gesellschaftlichen Stellung Vorteile verschafft, teilweise bewusst ihre »Westkontakte« verschwiegen.

In manchen Fällen waren es aber auch weniger die konkreten Konsequenzen der »Westkontakte«, die Anlass zum Suizid gaben, als vielmehr die
unerbittliche Art und Weise, mit der auf solche »Vorkommnisse« reagiert
wurde. Das zeigt ein Beispiel aus einer NVA-Kaserne: Ein 19-jähriger Unteroffiziersschüler, der erst seit fünf Wochen in der Kaserne war, wurde im
Juni 1981 von seinem Gruppenführer zur Rede gestellt, weil der junge Re-
krut einen Brief an seine in West-Berlin lebende Tante geschrieben hatte.
Zuvor hatte der amtierende Kommandeur den gesamten Personalbestand antreten lassen, um nach dem Absender des Briefes nach West-Berlin zu fahn-
den. Der Gruppenführer drohte bei dem Gespräch mit Maßregelungen durch
den Militärstaatsanwalt, wodurch der junge Mann derart in Angst versetzt
wurde, dass er eine tödliche Dosis Tabletten einnahm.[85]

Dass bei den Auseinandersetzungen um Genossen, bei denen man mangelnde Abgrenzung gegen westliche Einflüsse vermutete, der Stil der Aus-

---

83 BStU, MfS, AS 34/70, Bl. 222–229.
84 Vgl. BLHA, Rep. 471/15.2, BdVP Potsdam, Nr. 1162, n. pag.
85 BStU, MfS, HA I, Nr. 16, Bl. 105–107.

einandersetzungen eine wichtige Rolle spielte, darauf wies auch die Abschiedsbotschaft eines politischen Mitarbeiters der Volkspolizei hin, der Ende des Jahres 1978 abgesetzt wurde, weil seine Frau Westverwandte hatte. »Selbst wenn ein Mensch einen Fehler begangen hat, ist niemand berechtigt, ihn grob anzufahren und zu beleidigen«, hieß es dort. »In keiner Weise darf man die Menschen kränken, ihre Würde verletzen.« Diese Sätze hatte der Genosse nicht selbst geschrieben, sondern aus der sowjetischen Zeitschrift »Sputnik« ausgeschnitten. Dort hieß es weiter:

> »Mir ist die manchem noch anhaftende Gewohnheit zutiefst zuwider, gegenüber anderen laut zu werden. Weder ein leitender Wirtschafts- noch Parteifunktionär darf vergessen, dass seine Unterstellten ihm nur im Dienst unterstehen, dass sie weder dem Direktor noch dem Leiter dienen, sondern der Sache der Partei und des Staates. Und in dieser Beziehung sind alle gleich.«

Es handelte sich dabei um Ausführungen von Leonid Breshnew in der »Geschichte der KPdSU«.[86]

Jedoch waren es keineswegs nur SED-Funktionäre, die unter den Kontaktverboten litten. So hatten die Restriktionen gegen den Besitz und die Verbreitung von sogenannter »Schundliteratur« (wozu nahezu alle westlichen Druckerzeugnisse, insbesondere aber Trivialliteratur und Boulevardzeitschriften gerechnet wurden) beispielsweise an den Schulen teilweise katastrophale Folgen. Im Herbst 1963 versuchte beispielsweise eine Oberschülerin in Thüringen, sich mit Tabletten das Leben zu nehmen, nachdem es an der Schule zu Auseinandersetzungen über die Herkunft westlicher Literatur gekommen war. Die Schülerin, Tochter eines Offiziers der Grenztruppen, war von Klassenkameraden unter Druck gesetzt worden, weil sie nicht verraten wollte, von wem sie ein Heft, das als »Schundliteratur« bezeichnet wurde, erhalten hatte.[87]

Eine Schülerin im Kreis Haldensleben unternahm ein Jahr später ebenfalls einen Suizidversuch, nachdem der Schuldirektor »aufgedeckt« hatte, dass sie Adressen westlicher Filmschauspieler an andere Schüler weitergegeben und Adressen jüngerer Schüler als Deck-Adressen für die Briefe in den Westen verwendet hatte.[88] In die Verzweiflung trieb sie nicht der »Klassengegner«, sondern die Art und Weise, wie ihre Verfehlung behandelt wurde: »Der Direktor ging bei der Untersuchung dieser Handlungen sehr ungeschickt vor«, hieß es in einem kritischen Bericht des Schulinspektors:

> »Er unterzog die Schülerin unzulässigen Verhören und drohte ihr mit strengen Strafen, trotzdem ihm vom Kreisschulrat u. von anderer Seite schon

---

86 BLHA, Rep. 471/15.2, BdVP Potsdam, Nr. 1162, n. pag.
87 ThStAR, BT/RdB Gera, 8.1., Nr. 99, n. pag. sowie Nr. 117, Bl. 207(RS).
88 Ein ganz ähnlicher Fall, der tödlich endete, führte 1966 im Bezirk Karl-Marx-Stadt zu heftigen Diskussionen unter Lehrern über die angemessene Reaktion auf Verfehlungen der Schüler. Vgl. BArch Berlin, DR 2, A 1423, n. pag.

mehrmals bei anderen Verstößen, die die Schüler gegen die Schulordnung begingen, der Hinweis gegeben wurde, das linksradikale Verhalten zu lassen.«[89]

Der Besitz von Westzeitschriften war in DDR-Schulen auch noch in den 1980er Jahren ein schwerwiegendes Vorkommnis. So stürzte sich eine Schülerin im Jahr 1986 aus Angst vor Bestrafung aus dem Fenster, nachdem der Klassenleiter bei ihr eine westdeutsche »Bravo« gefunden hatte; die Schülerin starb zwar nicht, brach sich aber beide Beine.[90]

3.3.5 Zwischenbilanz

Wie stark waren diese Schicksale an der Grenze der SED-Diktatur durch den politischen Kontext bestimmt? Wurden die Betreffenden »in den Tod getrieben«, oder haben nicht viele der Menschen, die sich in der »eingemauerten« DDR das Leben nahmen, in dem Hindernis, das Land zu verlassen, »ihr Scheitern« gefunden, das sie sonst an anderer Stelle gefunden hätten?

Das folgende Beispiel einer Röntgen-Assistentin aus Berlin kann die komplexe Bedingtheit suizidalen Handelns im Spannungsfeld von Disposition und Situation exemplarisch verdeutlichen. Die 22-Jährige, deren Freund im Mai 1976 nach West-Berlin geflohen war, hatte mit der Begründung, den Freund heiraten zu wollen, im September 1976 einen Ausreiseantrag gestellt, während sich ihr Freund gleichzeitig von West-Berlin aus um die Finanzierung einer Schleusung bemühte. »Eintragungen im Notizbuch der […] deuten auf geplante und nicht realisierte Schleusungstermine hin«, notierte das MfS, das durch Abhörmaßnahmen von den Fluchtabsichten Kenntnis hatte.[91] In der West-Berliner Presse, die über den Todesfall berichtete, war zu lesen, dass die junge Frau nach der Flucht des Freundes »mehrmals zum Staatssicherheitsdienst bestellt und stundenlang verhört« worden war. Nach Auskunft ihres Freundes sollte sie dabei »ihre Mitwisserschaft an dem ›Verbrechen‹ gestehen«.[92]

Im März 1977 nahm die 22-Jährige sich das Leben. Ein unmittelbarer Anlass war nicht erkennbar. Der Ausreiseantrag war schon im November 1976 abgelehnt worden. In einer Beurteilung ihrer Arbeitsstelle für die Parteileitung wurde auf ihre »problematische Persönlichkeitsstruktur« verwiesen; sie sei sehr wechselhaft, hieß es, und würde besonders unter Alkoholwirkung eine »pessimistische Lebenseinstellung« zeigen.[93] Das war keineswegs er-

89 Vgl. LHASA, MD, Rep. M1, BT/RdB Magdeburg, Film-Nr. 1168 (Nr. 7795), Bl. 98–101, zit. 98.
90 Vgl. BArch Berlin, DR 2, A.3328, n. pag.
91 Vgl. BStU, MfS, AP 4267/78, Bl. 22–28.
92 Ebd., Bl. 132.
93 Vgl. BStU, MfS, AKK 16534/77, Bl. 137f.

funden, auch ihr Vater bestätigte, dass sie »stets im Frühjahr und im Herbst Depressionen bekommen« hatte. Auslöser der aktuellen Depressionen waren jedoch zweifellos die Auseinandersetzungen um den Ausreiseantrag. In den Tagen unmittelbar vor ihrem Tod befand sie sich (so berichteten Arbeitskollegen) in einer depressiven Stimmungslage.[94]

Die Schuldfrage wurde im näheren Umfeld der Verstorbenen auf sehr unterschiedliche Weise beantwortet. »Was für ein grausames System ist das, wo Menschen lieber sterben wollen, als unter solchen Bedingungen weiterzuleben. Dieser Staat und seine Behörden haben meine Verlobte auf dem Gewissen. Ich werde es diesen Mördern nie vergessen«, zitierte eine Zeitung im Westteil der Stadt den Freund der Verstorbenen.[95] Hingegen äußerte ihr Vater im Ostteil der Stadt gegenüber einem Kriminalpolizisten, der ihm die Zeitungsausschnitte aus der Westpresse vorlegte, dass »man so etwas nicht sagen kann. Er kann dem Staat keine Schuld geben. [...] hat sich alleine ermordet. Sie hätte in der DDR bleiben können und wäre auch glücklich geworden.« Eine West-Berliner Anruferin äußerte sich in einem vom MfS abgehörten Telefonat gegenüber dem Vater überzeugt, »daß es genauso gekommen wäre, wenn [...] getürmt wäre«.[96]

Aber selbst wenn diese Äußerungen nicht unberechtigt waren (wofür es in den Akten mehrere Anhaltspunkte gibt), selbst wenn die junge Frau eine trügerische Erlösung ersehnt hatte, so hat der SED-Staat durch sein Verbot der Ausreise, durch das Verhindern des Ausprobierens einer Lebenschance die Selbsttötung doch entscheidend beeinflusst und sich damit auch einen Teil der Verantwortung für das Scheitern der jungen Frau aufgebürdet.

Bei nicht wenigen Ausreiseantragstellern handelte es sich um Persönlichkeiten, die sich durch negative Lebenserfahrungen (wie Verlust nahestehender Bezugspersonen, berufliche Misserfolge, Konflikte im Kontext von Wehrdienstverweigerung oder andere frustrierende Konfrontationen mit der Staatsmacht) in einer allgemeinen Krisensituation befanden. Ein Ingenieur, der nach beruflichen Misserfolgen und der Ablehnung einer Besuchsreise in die Bundesrepublik einen Antrag gestellt hatte, schrieb im Januar 1989 in seinem Abschiedsbrief:

»Mit dem Ausreiseantrag hat dies nichts direkt zu tun, es trägt nur noch dazu bei. Das letzte ¾ Jahr war wirklich kein Vergnügen mehr [...], auf Arbeit lief schlagartig nichts mehr, ich kann und will auch nicht mehr so weiterleben.« An seine Familie gewandt, fügte er hinzu, ohne ihre Unterstützung hätte er »es wahrscheinlich schon im Sommer getan«.[97]

94 Ebd., Bl. 98 f.
95 BStU, MfS, AP 4267/78, Bl. 132.
96 BStU, MfS, AKK 16534/77, Bl. 141, 148.
97 BStU, MfS, BV Cottbus, AKG, Nr. 1430, Bl. 1–4, zit. 4.

»Das Bedürfnis auszureisen ist nicht in jedem Fall identisch mit dem Bedürfnis nach Anwesenheit in der Bundesrepublik. Es ist lediglich identisch mit dem Bedürfnis nach Abwesenheit von der DDR«, bemerkte ein Leipziger Lektor im Jahr 1976, nachdem er aus der Partei ausgetreten war und deshalb seinen Job verloren hatte.[98] Mehrfach betrachteten die »Lebensmüden« Selbsttötung und Flucht als äquivalente Aktionen zur Beendigung der unerträglichen Lebenssituation. Auch die Feststellung, dass im Jahr 1989 eine ganze Reihe ehemaliger Suizidpatienten in Dresden für eine Befragung wegen inzwischen erfolgter Ausreise in die Bundesrepublik nicht mehr erreichbar war, weist darauf hin, dass der Anteil der potenziell Suizidgefährdeten unter den Ausreisewilligen nicht gering war.[99]

Nichtsdestotrotz wäre es zu einfach, wenn man bei Menschen, bei denen Psychiater »krankheitswertige« Symptome feststellten, allein auf diesen medizinischen Aspekt verweisen würde. Die Suizidfälle unter Ausreisewilligen erwecken den Eindruck, dass die staatliche Ausreiseverweigerung teilweise die Konfliktlage, der die Betreffenden durch eine Umsiedlung in die Bundesrepublik entfliehen wollten, noch verschärfte. Die Mauer wirkte zudem als massives Hindernis, welches durch die Einengung des individuellen Handlungsspielraumes suizidale Reaktionen fördern konnte.

Der sicherlich extreme, aber in diesem Zusammenhang aufschlussreiche Fall eines Arbeiters, der in einer gerichtspsychiatrischen Begutachtung als »schwer abnorm strukturierte und sekundär fehlentwickelte Persönlichkeit« bezeichnet wurde, kann das Ineinandergreifen psychischer und gesellschaftlicher Zwänge beispielhaft verdeutlichen. Der 47-jährige Mann war seit Sommer 1975 der Arbeit ferngeblieben und hatte sich ohne festen Wohnsitz in der DDR »umhergetrieben«. Im Dezember 1977 wurde er an der Ostsee von einer Polizeistreife aufgegriffen; in einem von ihm benutzten Schließfach fand man Landkarte und Kompass sowie einen (für ihn allerdings viel zu kleinen) Taucheranzug. Das weckte bei den Polizisten den Verdacht einer Republikfluchtabsicht, der Mann wurde inhaftiert.

Beim Verhör stellte sich heraus, dass der Mann eigentlich Philosophie studieren wollte, dann aber in West-Berlin (vor dem Mauerbau) eine Dolmetscherausbildung absolviert hatte. Nach 1961 galt er in der DDR als politisch suspekt und bekam deshalb die angestrebte Stelle beim Außenhandel nicht, stattdessen musste er untergeordnete Tätigkeiten, erst als Dolmetscher, zuletzt als Transportarbeiter, ausführen, weshalb er sich als Versager fühlte. Sein sozialer Ausstieg hatte 1973 damit begonnen, dass er einer Frau, die er heiraten wollte, ins sozialistische Ausland gefolgt war; die Beziehung scheiterte jedoch schnell. Bei seiner Rückkehr fand er keine Wohnung mehr, kampierte in Segelbooten, Bungalows und einem Zelt, im Winter schlief er

98 Rolf Mainz, Genossen, kommt doch zu uns, in: Die Zeit 31 (1976) 41, S. 34f.
99 Von den 80 im Jahr 1980 befragten Probanden verließen 25 die DDR bis zum Jahr 1989. Vgl. Anne Dietel, Langzeitkatamnestische Untersuchung ehemals kindlicher und jugendlicher Parasuizidenten, Diss. Dresden 1990, S. 51.

mit seinem Schlafsack in Regalen im Betrieb. Es dauerte zwei Jahre, bis der Betrieb feststellte, dass er nicht unter der von ihm angegebenen Adresse erreichbar war. Aus Angst, wegen der Wohnungslosigkeit und des inzwischen nicht mehr gültigen Personalausweises bestraft zu werden, hörte der Mann auf zu arbeiten und lebte die folgenden zwei Jahre von Ersparnissen und Zuwendungen seiner Mutter. Zuletzt hauste er »in einer Erdhöhle und unter freiem Himmel«, seine Gedanken kreisten um die Frage, »ob er sich umbringen solle oder der Polizei stellen«.

Nachdem ihn eine Polizeistreife festgenommen hatte, wies ein Gericht den Inhaftierten in eine geschlossene psychiatrische Klinik ein; dort stellte er 1978 einen Ausreiseantrag. Darin hieß es:

»Mich motivieren keine infantilen Vorstellungen vom kapitalistischen Utopia, ich sehe die bürgerliche Gesellschaft skeptischer und kritischer als manch D.D.R-Bürger. Und doch glaube ich [in] der bürgerlichen Konkurrenzgesellschaft einen breiter angelegten Freiraum für die individuelle Initiative zu erkennen, die ein hypersensibeler und psychisch gestörter Mensch, wie ich es gegen meinen Willen sein muß, einfach braucht.«

In der Bundesrepublik, wo seine Schwester lebte, erhoffte er sich »die Möglichkeit eines gewissen sozialen Aufstiegs«, und fügte hinzu:

»Ich bitte das m.d.i. zu bedenken: Mein Delikt ist D.D.R.-spezifisch. In anderen Staaten, selbst in vielen sozialistischen, würde es als Straftat nicht notiert werden. Ich bitte das Ministerium des Inneren, mir diese letzte Möglichkeit der rechtlichen und sozialen Rehabilitation in der B.R.D. nicht zu verbauen.«

Die begutachtenden Psychiater empfahlen, den Mann durch die letzten menschlichen Bindungen, die er noch hatte (mehrere Verwandte und Bekannte lebten in Westdeutschland bzw. West-Berlin), zu stabilisieren: »Die Prognose ist bei der bestehenden Situation des Probanden als ungünstig anzusehen. Er ist so lebensuntüchtig in seiner Isoliertheit, daß mit einer vollständigen Resignation bis zum Suizid zu rechnen ist. […] Es wäre empfehlenswert, ihn in die Bundesrepublik übersiedeln zu lassen.«[100] Genau das geschah im Oktober 1978.

Das Beispiel macht deutlich, dass auch bei Menschen mit psychischen Problemen danach gefragt werden muss, ob die suizidalen Krisenreaktionen vom politischen Kontext forciert bzw. unerträgliche Situationen überhaupt erst geschaffen wurden. Unabhängig davon, ob psychopathologische Aspekte eine Rolle spielten, bestand der Schuldanteil der SED-Diktatur darin, dass die Staatsmacht in vormundschaftlicher Weise denjenigen, die unerträglichen Lebenssituationen entfliehen wollten, die Chance verwehrte, diesen Weg auszuprobieren, und dass sie durch die Diskriminierung und Kriminali-

100 Vgl. BStU, MfS, HA IX, Nr. 19008, Bl. 128, 136–151, zit. 137, 151.

sierung der Ausreisewilligen bestehende Krisensituationen noch verschärfte. Zudem schuf die SED-Diktatur durch das nahezu absolute Rückkehrverbot eine Barriere, die es unmöglich machte, eventuelle persönliche Fehlentscheidungen zu revidieren und in das gewohnte soziale Umfeld zurückzukehren.

3.4 Selbsttötungen infolge staatlichen Zwanges und politischer Repression

Während sich der vorhergehende Abschnitt vor allem mit den Auswirkungen von Restriktionen, die aus Abgrenzungsbestrebungen der SED-Diktatur resultierten, befasst hat, thematisiert der folgende Abschnitt die Folgen gesellschaftlicher Zwänge im Inneren der DDR-Gesellschaft.

3.4.1 Diktaturspezifische Angst

»Früh wurde Angst gemacht. […] Das Plötzliche konnte zuschnappen bei einem falschen Wort, einer herausgerutschten Bemerkung über's Westfernsehen, einem Witz, einem Lachen, einer Zustimmung zum Prager Frühling. Dann geht man ab und kommt lange nicht wieder, das war das Grundgefühl. Und wenn man wiederkommt, ist man ein anderer«, erinnerte sich der Dissident und Schriftsteller Jürgen Fuchs: »Tief reichte diese Angst, es war eine Prägung, eine Impfung. Und das umgeben von einer Mauer, einem ›militärischen Sperrgebiet‹ mit Minen und Hunden.«[101]

Dass das Gefühl der Einengung, Bedrohung und Reglementierung suizidale Reaktionen auslösen konnte, zeigen aktenkundig gewordene Verzweiflungstaten im Umfeld willkürlicher, rechtsstaatlichen Normen widersprechender Verhaftungen und Bestrafungen. Die Angst, dass der verhaftete Ehemann, Vater oder Sohn nie mehr lebendig wiederkehren würde, bewirkte vor allem in den 1950er Jahren mehrere Selbsttötungen. Zumeist waren es die nächsten Angehörigen, die Ehefrauen und die Mütter, die angesichts einer scheinbar grundlosen Verhaftung und einer ungewissen Perspektive »die Nerven verloren«.

Eine solche Tragödie spielte sich 1952 in Magdeburg ab. Der junge Volksrichter Alois Track (SED) wurde in Presseberichten als »Handlanger der amerikanischen Imperialisten« kritisiert, weil er sich als Richter an der Wirtschaftsstrafkammer geweigert hatte, die von der SED geforderten Strafen zu verhängen. »Er ließ sich in manchen Fällen nur von sogenannten

---

101 Jürgen Fuchs, Bearbeiten, dirigieren, zuspitzen. Die »leisen« Methoden des MfS, in: Behnke/Fuchs (Hg.), Zersetzung, S. 44–83, zit. 47.

›menschlichen Gefühlen‹ leiten und fällte Urteile, die Vergehen und Verbrechen nicht hart genug bestraften«, schrieb ein sogenannter Volkskorrespondent im SED-Blatt »Volksstimme«.[102] Track hatte gegen einen »Schieber« im Gegensatz zu den vom Staatsanwalt geforderten fünf Jahren Haft nur eine Haftstrafe von wenigen Monaten verhängt. Wegen »Sabotage« wurde er am 9. Juni 1952 aus einer Parteiversammlung heraus verhaftet. Niemand benachrichtigte die Ehefrau; aber die Gehaltszahlung wurde sofort gesperrt, so dass die Frau mit ihren drei Kindern plötzlich ohne Einkommen war. Aus diesem Grund war sie am 27. Juni 1952 unterwegs, um sich etwas Geld zu leihen. Die Schwiegermutter blieb mit den Kindern allein. Aus Verzweiflung über die Verhaftung, über die Geldnot und die ungewisse Perspektive drehte die alte Frau den Gashahn auf, wobei auch die drei Kinder des Ehepaars Track (und zudem noch ein weiteres Kind) zu Tode kamen.[103]

Es hieße die extreme Reaktion der alten Frau zu verharmlosen, wenn man die Toten als Opfer der repressiven Politik der SED bezeichnen würde (zumal die psychische Überreaktion der Frau auch durch ihre Erfahrung zur NS-Zeit, als ihr Mann ins KZ kam, mit bedingt war). Nichtsdestotrotz löste die erneute Verhaftungswillkür (noch dazu von den eigenen Genossen) die psychische Ausnahmesituation aus und bildete damit den Ausgangspunkt für die Tragödie; unter anderen Bedingungen wäre das Schreckliche wahrscheinlich nicht geschehen.

Berichte des West-Berliner »Untersuchungsausschusses Freiheitlicher Juristen« (UFJ) legen ebenso wie Rapporte der Volkspolizei den Schluss nahe, dass sich anderswo ähnliche Tragödien ereignet haben. Im September 1955 war ein Rentner, ein ehemaliger selbstständiger Kaufmann, im Ostseebad Ahlbeck wegen angeblicher Schwarzgeschäfte mit Bohnenkaffee verhaftet und nach acht Monaten Untersuchungshaft wieder entlassen worden. Als er die Wohnung öffnete, fand er die verweste Leiche seiner Ehefrau, die sich bereits kurz nach der Verhaftung erhängt hatte.[104] Eine Frau, die in einer »Wohnlaube« am Rand von Berlin lebte und vergeblich gewartet hatte, dass ihr Mann, der wegen des politischen Delikts der »Boykotthetze« inhaftiert worden war, wieder freigelassen würde, steckte ihre Behausung am 15. Juni 1957 in Brand, wobei sie selbst mit verbrannte.[105]

Strenge und aus heutiger Sicht völlig überzogene politisch motivierte Bestrafung von geringfügigen Delikten, von Kritik an Missständen und dem Erzählen von politischen Witzen, wie sie vor allem in den 1950er Jahren

---

102 Hans-Dieter Heuer, Verstärkt die proletarische Wachsamkeit! In: Volksstimme vom 8. Juli 1952, S. 2.
103 Gespräch mit Alois Track, Magdeburg, am 18. Oktober 2001. Vgl. auch Simone Simmank, Eine späte Berichtigung, in: Volksstimme vom 18. Mai 1990, Beilage, S. 2.
104 Vgl. Selbstmord nach der Verhaftung des Ehemannes, in: Aus der Zone des Unrechts 2 (1956) 8, n. pag. (S. 10).
105 Vgl. BLHA, Rep. 471/15, Nr. 076, Bl. 199.

und Anfang der 1960er Jahre praktiziert wurde, wirkte auch in späteren Jahren, als man nicht mehr allein für einen politischen Witz ins Gefängnis kam, nach. Man könnte bildhaft davon sprechen, dass den Menschen eine unbestimmte Angst »in die Knochen gefahren« war.

Das trifft in besonderer Weise auf das Margot Honecker unterstellte Volksbildungswesen der DDR zu; hier wurde die Angst vor Bestrafung wegen politischer Verfehlungen zum Teil lebensbedrohlich, wie die folgenden Beispiele belegen.

Im Winter 1980 ging ein Schüler der 8. Klasse im Bezirk Erfurt in den Tod, nachdem er gemeinsam mit zwei Mitschülern die vom Parteisekretär der Schule gestaltete Wandzeitung verunstaltet hatte.[106] Nachdem die Schulleitung die »Täter« ermittelt und angekündigt hatte, die Eltern zu informieren, hatte der Schüler, dessen Vater als gesellschaftlich aktiver Elternvertreter bekannt war (er war Vorsitzender des Elternaktivs), bemerkt: »Das verkraften meine Eltern nicht.« Zwei Tage später war er tot. Die Strafe, die ihn erwartet hätte, war indes geringfügig: Seine beiden Mitschüler leisteten zur »Wiedergutmachung« je 100 Aufbaustunden auf dem Sportplatz der Schule und verpflichteten sich zudem noch, eine Wandzeitung über die Vorbereitung der Jugendweihe zu gestalten.[107]

Ein ähnlicher »Dummejungenstreich« führte 1977 an einer Schule im Bezirk Karl-Marx-Stadt zur Selbsttötung eines 16-Jährigen. Der Schüler der 10. Klasse, Sohn eines Lehrers, hatte im Beisein von Mitschülern betrunken beim Parteisekretär der Schule angerufen »und sexuelle Beleidigungen ausgesprochen«. Nachdem er als Täter ermittelt worden war, hatte sich der Schüler beim Parteisekretär persönlich entschuldigt, dieser hatte jedoch auf eine weitere Aussprache in der Schule bestanden. Gegenüber seinen Freunden erklärte der Schüler, die »Sache« sei aus der Welt, aber er glaubte wohl selbst nicht mehr daran. Zu Hause vergiftete er sich mit Gas.[108]

Diese Beispiele verdeutlichen die schlagartige Verhärtung der sozialen Konturen, sobald bei Verfehlungen politische Aspekte eine Rolle spielten. Maßlose Angst als Ursache für Verzweiflungshandlungen war aber nicht nur bei Minderjährigen zu verzeichnen.

Ein Zollbeamter, der zusammen mit einem Kollegen, der Vater geworden war, gefeiert und dabei viel Alkohol getrunken hatte, erreichte nach mehreren Stürzen durchnässt und mit Abschürfungen im Gesicht die eigene Wohnung. Dort stellte er fest, dass er seine Aktentasche verloren hatte. Seiner Familie erklärte er, dass er ins Gefängnis kommen würde, wenn er die Tasche nicht wiederfände; lieber würde er sich aufhängen. Danach begab er sich mit einer Taschenlampe auf Suche, ohne Erfolg. Am nächsten Morgen entdeckten ihn die Angehörigen erhängt im Schuppen. Kurz darauf wurde

---

106 Die Schüler hatten die Buchstaben von »LENINS LEHRE HEUTE NOCH GUELTIG« zu »LENINS LEHRE NUTTE HOCHGGULIE« vertauscht.
107 ThHStAW, BT/RdB Erfurt, Abt. Volksbildung, Nr. 027144, n. pag.
108 StAC, BT/RdB Karl-Marx-Stadt, Abt. Volksbildung, Nr. 057849, n. pag.

auch die Tasche gefunden, ihr Inhalt (Gesetzblätter, Parteibeschlüsse, Notizen aus dem »Polit-Unterricht«) erwies sich nach Einschätzung des Leiters des Grenzzollamtes als »unbedeutend«.[109]

Ein Rentner beging im März 1980 Suizid, nachdem er in einer Bahnhofsgaststätte – »in erheblichen Maße« alkoholisiert – Dinge gesagt hatte, »die als Beleidigung gegenüber dem Gen. Honecker verstanden werden« konnten. »Er wurde von einem am Nachbartisch sitzenden unbekannten Bürger angesprochen und dieser wollte ihn zur Rechenschaft ziehen lassen. Er fürchtete nun ständig wegen dieser Äußerungen eingesperrt zu werden«, hieß es im kriminalpolizeilichen Bericht über den Todesfall.[110]

Eine 61-jährige Frau stellte Mitte des Jahres 1981, nachdem ihr Ehemann sich das Leben genommen hatte, einen Ausreiseantrag zu ihrer in West-Berlin lebenden Mutter. In Vorbereitung der Übersiedlung fuhr sie mit der S-Bahn nach West-Berlin, wobei sie ihr Erspartes, mehrere tausend Mark, in ihren Hüfthalter eingenäht hatte; eine Grenzkontrolle entdeckte das Geld. Weil sie, so ging aus ihren Abschiedsbriefen hervor, »fürchterliche Angst vor einer Bestrafung« hatte, nahm sie sich das Leben.[111]

3.4.2 Das Wirken des Ministeriums für Staatssicherheit als Suizidursache?

a)   Selbsttötungen als Folge von Bespitzelung und Zersetzungsmaßnahmen

Vielleicht die stärkste Ursache für diktaturspezifische Ängste in der DDR stellte das Ministerium für Staatssicherheit dar, dessen vermeintliche Allmacht in der Lage war, zum Teil berechtigte, zum Teil irrationale Ängste zu erzeugen.

In Leipzig nahm sich im Januar 1958 ein junger Mann das Leben, der vom MfS verhaftet, dann aber (nach Ableistung einer Schweigeverpflichtung) wieder freigelassen worden war. Beim MfS war er drei Tage und Nächte lang verhört worden, wobei er sich an die Wand stellen musste, mit grellem Licht geblendet und mehrfach angeschrien wurde, er sei ein Staatsverbrecher. Nach Aussage seines Vaters sei er nach seiner Rückkehr ein ganz anderer Mensch gewesen.[112]

Eher leise Drohungen waren es, die einen Arbeiter aus Berlin zur Selbsttötung bewegten. Er hatte kurz vor Ostern 1964 einen schweren Betriebsunfall verursacht. Bei der danach durchgeführten Vernehmung hatte ein MfS-

109 Vgl. BLHA, Rep. 471/15.2, BdVP Potsdam, Nr. 1231, n. pag.
110 BLHA, Rep. 471/15.2, BdVP Potsdam, Nr. 1260, n. pag.
111 BLHA, Rep. 471/15.2, BdVP Potsdam, Nr. 1272, n. pag.
112 Vgl. BStU, MfS, BV Leipzig, Leitung, Nr. 74, Bl. 2.

Mitarbeiter (der sich als solcher nicht zu erkennen gegeben hatte) den Verdacht geäußert, der bereits wegen kleinerer Diebstähle vorbestrafte Arbeiter hätte Sabotage verübt. Wörtlich hatte der Stasi-Offizier den Arbeiter aufgefordert, »doch ganz offen und freimütig den Vorgang zu schildern, wie er sich tatsächlich zugetragen hat. Man könnte doch sonst annehmen, er hätte etwas zu verbergen oder handele wie einer, der einen Auftrag habe. Dies sei aber doch nicht der Fall.« Nach Ostern sollte ein weiteres Verhör folgen, wozu es aber durch die Selbsttötung nicht mehr kam. In der MfS-Parteiinformation über den Todesfall hieß es, der Arbeiter sollte überhaupt nicht persönlich zur Verantwortung gezogen werden, vielmehr sei es dem MfS um eine »grundsätzliche Klärung der unbefriedigenden Zustände« im Betrieb gegangen. Die Selbsttötung des Arbeiters erscheint so als Panikreaktion auf die indirekt geäußerten Drohungen.[113]

Zu einem ähnlichen Fall aus dem Jahr 1956 – hierbei handelte es sich um einen westdeutschen Arbeiter, der möglicherweise mitschuldig war an einem Explosionsunglück in einem VEB – urteilte der bundesdeutsche Sachverständige Schellworth:

> »Es spricht viel dafür, daß die Suicidhandlung des Herrn St. nicht die *betrieblichen*, sondern die *politischen* Verhältnisse der Arbeitsstätte den letzten Ausschlag gegeben haben und daß die gleichen Vorkommnisse in der Bundesrepublik wohl kaum mit einem Suicid beantwortet worden wären.«[114]

Der vom MfS bewusst geschürte Nimbus der Allwissenheit und Allmacht war geeignet, auch bei psychisch stabilen Menschen existenzielle Ängste bis hin zum Verfolgungswahn auszulösen, wobei die Einschätzung der psychopathologischen Komponente nicht immer leicht ist. Einerseits gab es psychisch Kranke, die nie etwas mit dem MfS zu tun hatten, und absurde Wahnideen entwickelten. Das war vermutlich bei einem Tischler der Fall, der für seine Mitmenschen nicht nachvollziehbar behauptete, dass der Bus, mit dem er zur Arbeit fuhr, bestrahlt würde und »voller Kräfte des Staatssicherheitsdienstes wäre« und sich deshalb am folgenden Tag erhängte.[115]

Andererseits gab es psychisch Kranke, für die der eingebildete Wahn plötzlich mit der Realität in Einklang gebracht wurde. So jene Frau, deren psychiatrische Diagnose »paranoide Schizophrenie (politischer Wahn)« lautete, da sie sich vom MfS bespitzelt fühlte, obwohl nicht gegen sie ermittelt wurde: Durch eine – im Zuge der Internierungsaktion psychisch unberechenbarer Personen während der Weltfestspiele 1973 erfolgte – Zwangseinweisung wurde ihr Wahn bestätigt. Unmittelbar nachdem sie aus der Klinik wieder nach Hause entlassen wurde, hängte sie sich auf. Auch wenn der Zu-

113 Vgl. BStU, MfS, ZAIG, Nr. 869, Bl. 1–4, zit. 4.
114 W. Schellworth, Zur Problematik der Suicidbeurteilung, in: Der medizinische Sachverständige 54 (1958) 10, S. 216–218, zit. 218.
115 BLHA, Rep. 471/15.2, BdVP Potsdam, Nr. 1237, n. pag.

sammenhang zwischen Zwangseinweisung und Selbsttötung nicht nachweisbar ist, erscheint er doch recht wahrscheinlich.[116]

In mehreren Fällen lösten Zersetzungsmaßnahmen des MfS bei den Betroffenen psychopathologische Reaktionen aus. Bekannt wurde der Fall des Greizer Lyrikers Günter Ullmann, der sich alle Zähne ziehen ließ, weil er befürchtete, die Stasi hätte darin »Wanzen« versteckt. Er versuchte mehrfach, sich das Leben zu nehmen.[117] Tragisch an diesem wie auch an anderen Fällen war, dass die Betroffenen tatsächlich vom MfS überwacht wurden; ihr Wahn bestand lediglich darin, dass sie die Staatssicherheit an einer falschen Stelle vermuteten.

Ein Beispiel für die Zerstörung eines Menschenlebens durch das MfS hat Sandra Pingel-Schliemann publiziert.[118] Eine junge Ärztin aus dem Bezirk Schwerin wurde, unter bewusster Ausnutzung ihrer manisch-depressiven Erkrankung, Ende der 1980er Jahre vom MfS derart verunsichert und eingeschüchtert, dass sie schließlich in die Psychiatrie eingewiesen werden musste. Die Stasi hatte schockierende berufliche Misserfolge organisiert (ein Mediziner, der gleichzeitig IM war, warf der jungen Frau im Auftrag des MfS vor, falsche Diagnosen gestellt zu haben, was nicht den Tatsachen entsprach, aber den Ruf der Frau nachhaltig schädigte und ihr Selbstbewusstsein erschütterte); indem MfS-Mitarbeiter zusätzlich noch in der Wohnung Gegenstände verstellten und Bilder umhängten, verschärften sie die ohnehin schon schwierige psychische Situation der vermeintlichen Staatsfeindin. Das MfS beendete die Zersetzungsmaßnahmen, als die Ärztin gegen alle Mitmenschen extrem misstrauisch geworden war und sich kaum noch aus dem Haus traute. Der Suizid ereignete sich einige Monate später in einem davon völlig losgelösten Kontext, in einer psychiatrischen Klinik.

Eine wichtige Frage ist, ob es sich bei diesem Beispiel um einen extremen Einzelfall handelte, oder ob durch solche perfiden Maßnahmen eine größere Zahl von Menschen »in den Tod getrieben« wurde. Das Material der hier vorliegenden Arbeit, für die MfS-Akten zu ca. 1300 Suizidfällen gesichtet wurden, enthielt keinen vergleichbaren Fall.[119] Das lässt vermuten, dass die suizidogene Wirkung des MfS bisher eher überschätzt wurde.

116 Vgl. Sonja Süß, Politisch mißbraucht? Psychiatrie und Staatssicherheit in der DDR, Berlin 1999, S. 533f.
117 Vgl. Günter Ullmann, Schwarze Schafe lesen Camus, Vechta-Langenförden 2004, S. 118, 240.
118 Vgl. Sandra Pingel-Schliemann, Zersetzen. Strategien einer Diktatur, Berlin 2002, S. 181.
119 Allerdings stammen die über Sachrecherche zugänglichen Akten im Wesentlichen aus der MfS-Untersuchungsabteilung IX und befassen sich mehrheitlich mit Angehörigen des Partei- und Staatsapparats. Die operativen Vorgänge hingegen sind noch nicht über Stichwörter registriert. Zudem ist anzunehmen, dass eine tödlich geendete Zersetzung allein an Hand von MfS-Akten nicht in jedem Fall nachweisbar sein dürfte, weil Suizide oft erst nach längerer Zeit, als Spätfolge, aufgetreten sein können. Untersuchungen an Opfern politischer Repression in der DDR zeigten, dass diese teilweise noch lange Zeit nach der Haft suizidgefährdet waren. Zwei Erhebungen in West-Berlin ergaben, dass in den 1990er Jahren sieben bis 15 Prozent der Probanden an Suizidgedanken litten. Vgl.

Sonja Süß hat in ihrem an die Enquete-Kommission des Deutschen Bundestages gerichteten Bericht über »Zersetzungsstrategien« des MfS ausgeführt, dass explizite Mordpläne von MfS-Mitarbeitern disziplinarisch geahndet wurden und daher als Ausnahmefälle gelten müssen. Erklärtes Ziel der geheimdienstlichen Methode der »Zersetzung« war nicht, Personen psychisch oder physisch zu vernichten, es ging um die Beendigung oppositioneller Aktivitäten und die Auflösung diesbezüglicher Gruppen und Freundeskreise. Dementsprechend wurden bisher weder von Sonja Süß noch im Rahmen dieser Untersuchung Hinweise darauf gefunden, dass »MfS-Mitarbeiter die Betreffenden bewußt in den Suizid getrieben oder suizidale Handlungen als einen Erfolg ihrer ›Zersetzungsmaßnahmen‹ verbucht hätten.«[120]

b)   Selbsttötungen im Zuge geheimdienstlicher Erpressung
        (»IM-Werbung«)

Allerdings hat das MfS auf andere Weise Selbsttötungen provoziert. So gehörte es zum Repertoire der Gewinnung inoffizieller Mitarbeiter für das MfS, die Kandidaten gegebenenfalls durch kompromittierendes Material oder unter Ausnutzung einer schwierigen Situation (zum Beispiel unmittelbar nach einer Verhaftung) unter Druck zu setzen. Ziel war es, eine für den IM-Kandidaten scheinbar ausweglose Situation zu konstruieren, aus der dann die Verpflichtung zu einer inoffiziellen Mitarbeit als einziger Ausweg erscheinen sollte.[121] Dazu sollten dem Betreffenden »Konflikte in beruflichen, familiären oder anderen Lebensbereichen bewußt gemacht und in ihrer Bedeutung zugespitzt werden« und »Schuldgefühle zu den unterschiedlichsten Personen oder Angelegenheiten erzeugt oder verstärkt werden«.[122]

Auch Minderjährige wurden vom MfS zur Spitzeltätigkeit gedrängt. »Ich muß Euch ein Geständnis machen. Ich hatte engen Kontakt mit der Polizei in [...], genauer gesagt mit dem Ministerium für Staatssicherheit der DDR. Ich habe meine Kumpels verraten, und ich weis[s], daß die mir das nie verzeihen werden«, schrieb ein 16-Jähriger im Dezember 1987 an seine Eltern, bevor er sich erhängte. Die Kriminalpolizei schloss die Ermittlungen zu die-

Stefan Priebe/Doris Denis/Michael Bauer, Eingesperrt und nie mehr frei. Psychisches Leiden nach politischer Haft in der DDR, Darmstadt 1996, S. 36, 80.
120 Vgl. Sonja Süß, Repressive Strukturen in der SBZ/DDR – Analyse von Strategien der Zersetzung durch Staatsorgane der DDR gegenüber Bürgern der DDR, in: Enquete-Kommission »Überwindung der Folgen des SED-Diktatur im Prozeß der deutschen Einheit«, Bd. II/1, Baden-Baden 1999, S. 193–288, zit. 230f.
121 Ziel war es, »den Kandidaten in objektive Schwierigkeiten, in Abhängigkeitsbeziehungen oder in innere Konflikte zu bringen, aus denen er durch die Zusammenarbeit mit dem MfS befreit werden kann, bzw. bei ihm ein solches Schuldbewußtsein oder anderes inneres Erlebnis zu erzeugen, das ihn zur Bereitschaft für die inoffizielle Tätigkeit führt«. BStU, MfS, JHS 21826, Bd. 1, Bl. 184.
122 Ebd., Bl. 227.

sem Fall mit der Behauptung ab, die schlechten schulischen Leistungen des Jungen, das Vortäuschen einer Handverletzung (er hatte sich selbst einen Gipsverband angelegt), und die Absage einer Mitschülerin, mit ihm zur Tanzstunde zu gehen, hätten die Selbsttötung motiviert. Tatsächlich aber war der als IM-Vorlauf registrierte Schüler in den Wochen vor seinem Tod vom MfS in Kontaktwohnungen bestellt und über seine Freunde in der »Jungen Gemeinde« ausgefragt worden. Zwar waren die von der Polizei aufgeführten Aspekte nicht völlig aus der Luft gegriffen, die suizidale Dynamik erscheint jedoch erst verständlich, wenn man berücksichtigt, dass der Schüler, den die Absage der Mitschülerin tief enttäuscht hatte, sich darüber mit seinen Kumpels ausgesprochen hatte, deren Vertrauen er aber kurz zuvor durch seine Spitzelberichte hintergangen hatte.[123]

c)   Konflikte durch die Tätigkeit für das MfS

Auch im Zuge langjähriger aktiver Mitarbeit beim MfS konnten Konfliktlagen entstehen, die existenzielle Ängste erzeugten. Das war zum Beispiel der Fall bei einem inoffiziellen MfS-Mitarbeiter im Bezirk Leipzig, der zur Bespitzelung kriminell gefährdeter Jugendlicher vor allem im Fußballfan-Milieu eingesetzt war. Im Zuge seiner 15-jährigen IM-Tätigkeit hatte ihn das MfS auf eine Kontaktaufnahme zu Bundesbürgern orientiert, die er bei Fußballspielen der bundesdeutschen Mannschaft in sozialistischen Ländern traf. Zuletzt hatte er sich in der Tschechoslowakei mit einem Fußballfan angefreundet, der seinen Wehrdienst bei der Bundeswehr ableistete. Der Westdeutsche hatte sich zum Jahreswechsel 1984/85 zum Besuch in der DDR angemeldet, war dann aber nicht gekommen, weil er wegen seines Reiseziels Ärger mit dem Militärischen Abwehrdienst der Bundeswehr bekommen hatte. Das wiederum verunsicherte den Ostdeutschen, »der sich als IM erkannt fühlte«.[124] Obwohl ihn sein Führungsoffizier zu beruhigen suchte, steigerte er sich in einen Verfolgungswahn hinein, deutete in Telegramme Botschaften hinein, die keiner seiner Mitmenschen nachvollziehen konnte, blieb mehrere Tage der Arbeit fern, bis er von der Transportpolizei »zugeführt« wurde, und beendete schließlich in panischer Angst sein Leben, indem er erst seine Wohnung und dann sich selbst in Brand setzte.[125] Eine gewisse psychische Zerrüttung, vor allem durch häufigen Alkoholmissbrauch, war bei dem 35-Jährigen zwar schon vorher aufgetreten; zudem war er bereits 1981 nach einem Unfall kurzzeitig in psychotherapeutischer Behandlung. Aber die »sehr schlimme Sache«, in die er sich verwickelt fühlte, hatte ihren Ursprung in dem Gefühl, als IM ertappt worden zu sein. Die in einem

123 Vgl. BStU, MfS, BV Leipzig, AIM 1447/88, Bl. 12, 32f., 63, 65, 69, zit. 86.
124 BStU, MfS, HA IX, Nr. 8311, Bl. 417.
125 Vgl. BStU, MfS, BV Leipzig, AU 1691/85, Bd. 1, Bl. 21f, 94f.; BStU, MfS, HA IX, Nr. 8311, Bl. 411–418.

Bericht von »BILD« aufgestellte Behauptung, der Fußballfan hätte sich das Leben genommen, weil seine Ausreise zu dem Länderspiel Bundesrepublik gegen ČSSR, das Ende April 1985 in Prag stattfinden sollte, abgelehnt worden sei, traf nicht zu, im Gegenteil: Das MfS hatte den IM dafür bereits fest eingeplant.[126] Auch handelte es sich, obwohl der junge Fußballfan brennend durch die Straße seines Wohnortes gerannt war, nicht um eine politische Protestaktion. Das zeigt sich schon darin, dass der Mann zunächst versucht hatte, sich mit Stadtgas das Leben zu nehmen; erst als das nicht funktionierte, griff er zum Benzinkanister. Das Ziel seiner Selbsttötung bestand eindeutig darin, die für ihn unerträgliche Situation zu beenden. Gestützt wird diese Annahme auch dadurch, dass der Mann keine seine Tat erklärenden Schriftstücke, Briefe oder Losungen hinterließ.

Eine psychische Ausnahmesituation, die durch Erfahrungen während der Tätigkeit für das MfS entstanden war, führte auch zum gewaltsamen Tod eines offiziellen MfS-Mitarbeiters und seiner Familie. Der Mann, der 18 Jahre als Feuerwehrmann tätig gewesen war, hatte bereits kurz nach seinem Wechsel zum MfS diesen Schritt bereut. Anfang 1972 klagte er über »nächtliche Angstzustände mit Schweißausbruch, Druckgefühl in der Herzgegend, krampfartige Schmerzen im Oberbauch und allgemein eine innere Unruhe«.[127] Der Arzt stellte jedoch fest, dass keine organische Krankheit vorlag, und diagnostizierte lediglich »funktionelle Störungen«, die aus einer »Konfliktsituation« resultierten.[128] Dahinter standen »Gewissensbisse« des ehemaligen Feuerwehrmannes, der seinen neuen Kollegen zum Beispiel vorwarf, sie hätten Beschuldigten die Straftaten nur eingeredet, deren diese sich dann bezichtigten.[129] Die etwa dreimonatigen Auseinandersetzungen im MfS, die an anderer Stelle bereits genauer beschrieben wurden,[130] führten im April 1972 zur Entlassung des Mannes. Entgegen seinem ausdrücklichen Wunsch durfte er jedoch nicht wieder in seine alte Arbeitsstelle bei der – zur Deutschen Volkspolizei (DVP) gehörenden – Feuerwehr zurück, da man ihn wegen seiner »im MfS gezeigten Haltung auch nicht für die DVP geeignet« hielt.[131]

Demgegenüber trat der vom MfS Entlassene eine neue Arbeitsstelle als Arbeitsschutzinspektor eines Betriebes nicht an und beschwerte sich mit einem Brief an Erich Honecker. Als sich dann aber herausstellte, dass die lokalen Funktionäre (Leiter der MfS-Bezirksverwaltung und 1. Sekretär der SED-Bezirksleitung) einig waren in ihrer Beurteilung, der Genosse sei »allem Anschein nach ideologisch aufgeweicht«, geschah etwas, das in keinem

---

126 Vgl. BStU, MfS, HA IX, Nr. 8311, Bl. 409; BStU, MfS, BV Leipzig, AIM 46/86, Bd. 4, Bl. 143.
127 BStU, MfS, BV Suhl, KS I, 26/73, Bl. 239.
128 Ebd., Bl. 213.
129 Ebd., Bl. 55.
130 Vgl. Matthias Wanitschke, Methoden und Menschenbild des Ministeriums für Staatssicherheit der DDR, Köln u. a. 2001, S. 218–222.
131 BStU, MfS, BV Suhl, KS I, 26/73, Bl. 225f.

nachvollziehbaren Verhältnis mehr zu den bisherigen Vorgängen stand. Der Mann, der bereits mehrfach durch impulsive Aggressionen aufgefallen war, ermordete seine Ehefrau und seine Tochter, dann nahm er sich selbst das Leben.[132] Angesichts der extremen Reaktion beleuchten die internen Auseinandersetzungen im MfS um die Interpretation das Zwiespältige dieses brutalen Ereignisses. Während die MfS-Untersuchungsabteilung IX/7 auf Fehler im Umgang mit dem neuen Mitarbeiter hinwies, der als Spezialist entsprechend seinen Fähigkeiten hätte eingesetzt werden müssen, hob die MfS-Kaderabteilung die psychische Affektreaktion hervor, um von eigenen Schuldanteilen abzulenken. Letztlich kann das Geschehen aber nur als Resultat beider Aspekte angesehen werden. Einerseits war der Mann während seiner MfS-Tätigkeit (und durch sie) krank geworden, andererseits stellte auch die kompromisslose Sturheit des Mannes eine Vorbedingung für die finale Katastrophe dar.

3.4.3 Politisch-ideologische Zwänge

a)   Unterdrückung Andersdenkender

Die Jugendrevolte Ende der 1960er Jahre, die eine globale Dimension hatte, wurde in der DDR stärker angefeindet und unterdrückt als in westlichen Ländern, da sie zusätzlich politisiert und kriminalisiert wurde. Der nachfolgend geschilderte Fall aus Thüringen ist ein Beispiel dafür, wie ein junger Mann sich mit mutiger Konsequenz und ethisch-moralischem Idealismus der DDR-Gesellschaft entgegenstellte und in dieser von ihm bewusst offen ausgetragenen Konfrontation alle Lebenschancen verlor.

Albrecht S. hatte sich schon früh von der politischen Haltung seiner Eltern, die Mitglieder der SED waren, gelöst, hatte heimlich Westfernsehen geschaut und sich eine eigene Meinung gebildet. Nachdem er 1967 eine Lehre begonnen hatte, ließ er sich die Haare lang wachsen, was zu Konflikten mit den Eltern und in der Berufsschule führte (wo ihm eine Prämie wegen ausgezeichneter Leistungen wieder aberkannt wurde, weil er sich weigerte, zum Friseur zu gehen). Langhaarige Jugendliche, die sich zu Beatkonzerten trafen, riskierten zu jener Zeit überall in der DDR allein durch ihr äußeres Erscheinungsbild, zu gesellschaftlich Geächteten zu werden. Diese Erfahrung machte auch Albrecht S., als er zum Beispiel im Urlaub in einer Gaststätte nicht bedient wurde, oder bei der Polizei, wo ihm die Ausstellung eines Personalausweises wegen Lichtbilds mit langen Haaren verweigert wurde und er stattdessen nur einen vorläufigen Personalausweis erhielt. Besonders nachhaltig prägte ihn die bei einem »Gammlertreffen« durch die Polizei erfahrene Behandlung, wo er (laut MfS-Akte) »hart angefasst« wurde.

---

132 Vgl. BStU, MfS, HA IX, Nr. 13625, Bl. 1–11.

Gleichzeitig kokettierte Albrecht aber auch mit seinem Status und lief zum Beispiel mit absichtlich laut aufgedrehtem Kofferradio an der SED-Kreisleitung vorbei (wofür die Volkspolizei eine Geldstrafe von 5 Mark verhängte). »Freiheit« war der zentrale Wert, zu dem sich Albrecht S. in allen Diskussionen, ob mit Freunden oder im Staatsbürgerkundeunterricht, bekannte. Der intelligente und bei seinen Zeitgenossen beliebte Lehrling berief sich, was seine Frisur betraf, auf Marx und Engels, die doch auch lange Haare gehabt hätten. In seiner Arzttasche, die ebenso wie die Baskenmütze zum Outfit gehörten, trug er selbst verfasste Gedichte, die er bei Parties vor 50 bis 100 Zuhörern vortrug.[133]

1969 eröffnete das MfS einen ersten Operativen Vorgang gegen ihn, da er durch eine Fragebogenaktion unter Gleichaltrigen den Verdacht staatsfeindlicher Tätigkeit geweckt hatte. Jedoch bestand seine Motivation für diese Aktion, wie sich bald herausstellte, nur darin, ein Buch zu schreiben mit dem Arbeitstitel »Die allgemeine Verhaltensweise der Jugend in der DDR«, weshalb das MfS zum dem Schluss kam, er hätte »keine staatsfeindlichen Absichten« verfolgt.[134]

Wesentlich brisanter waren die Gedichte, die Albrecht S. zur gleichen Zeit verfasste. Sie transportierten ein klares Bekenntnis zu gewaltlosem Widerstand. Um einer Einberufung zum Wehrdienst zu entgehen, hatte Albrecht im Herbst 1970 ein Diakon-Studium aufgenommen. Hier fand er dankbare Zuhörer, die ihm auch die Zeche (die angesichts seines sehr großen Alkoholkonsums nicht unbeträchtlich war) bezahlten. »Die Leute wollten gerne seine Gedichte hören, weil die immer so schön schlimm und toll gegen den Staat waren«, erinnerte sich ein Zeitzeuge: »Zwar nicht so gut wie Biermann, den wir da schon kannten, aber doch auch sehr frech und provokant.«[135] Mit griffigen Formeln wie »Geh in den Untergrund« oder »Brecht aus« traf Albrecht S. den Nerv seiner Generation. Sein Gedicht »10 Liter Benzin«, das auf die Selbstverbrennung von Jan Palach im Januar 1969 in Prag reagierte, löste bei Lesungen stets Diskussionen aus. Eine Bekannte schrieb nach der Lektüre von Albrechts Texten: »Was mir an diesen Songs so gefiel, war die Hoffnung auf Freiheit, der Protest und Wille, etwas zu verändern, auch um den Preis des Lebens (›10 Liter Benzin‹).«[136]

Ins Visier des MfS geriet Albrecht im Jahr 1970 erneut, nachdem er Einfluss auf kriminelle Jugendliche genommen hatte. Diese hatten Diebstähle durchgeführt, was sie ebenso wie das Tragen langer Haare für Protestaktionen hielten. Albrecht hingegen hatte das als »Unsinn« verworfen und ihnen angeboten, Texte für Flugblattaktionen zu entwerfen.[137] (Als Vorbild diente eine Aktion, die im gleichen Jahr stattgefunden hatte: Ein Bekannter von

---

133 Vgl. BStU, MfS, BV Erfurt, AOP 1174/71, Beiakte.
134 BStU, MfS, BV Erfurt, ZMA 6539, Bl. 9.
135 Mail von Lothar B. an den Autor, August 2002.
136 BStU, MfS, BV Erfurt, AU 2039/71, EV, Bd. I, Bl. 276.
137 Vgl. BStU, MfS, BV Erfurt, AOP 1174/71, Bd. II, Bl. 54.

Albrecht hatte die Losung »Abrüstung fängt beim Spielzeug an« an Schaufensterscheiben von Spielzeugläden geklebt.[138]) Die geplante Flugblattaktion wurde jedoch schon vorzeitig durch einen Spitzel verraten; Albrecht S. wurde als Rädelsführer vor Gericht gestellt und zu sechs Jahren Haft verurteilt.[139] Das hohe Strafmaß ergab sich daraus, dass er sich sowohl bei den Verhören als auch im Gerichtsprozess offen zu seiner Überzeugung bekannt hatte (was seine Freunde, die zuvor noch Gedichte versteckt und vernichtet hatten, um ihn zu schützen, mit Entsetzen registrierten).

Durch Amnestie war Albrecht S. bereits Ende 1972 wieder auf freiem Fuß, aber die vermeintliche Freiheit war durch Arbeitsplatzbindung und polizeiliche Kontrolle eng begrenzt. Zunächst arbeitete er als Gleisbauer, dann in einer Zuckerfabrik. 1973 heiratete er, aber die Ehe wurde bereits ein Jahr später wieder geschieden. So verbrachte Albrecht S. den Großteil seiner Freizeit in Kneipen, wo er einen Kreis von Trinkkumpanen um sich scharte; er war am Rande der Gesellschaft angelangt, ohne Aussicht auf Besserung. Das MfS kontrollierte ihn seit Mai 1973 erneut. Albrecht S. hatte sich zwar, solange er nüchtern war, mit politischen Äußerungen zurückgehalten, aber unter Alkoholeinfluss war es vorgekommen, dass er sich mit SED-Funktionären und NVA-Angehörigen angelegt hatte; so schritt er ein, als eine Einheit Soldaten an der Gaststätte vorbeimarschierte, wobei es ihm tatsächlich gelang, den »Vorbeimarsch« zu beenden. Einem Lehrer, den er von früher kannte, warf er vor: »Sie vermitteln den Schülern eine Fülle von Wissen im Staatsbürgerkunde-Unterricht, aber den Schülern zu zeigen, wie das Leben in der DDR wirklich ist, dazu sind Sie zu feige.« In den Termini des MfS »belästigte und verleumdete« er damit den Lehrer. In Wirklichkeit war es der Lehrer, der Albrecht S. verleumdete und beim MfS anzeigte, während S. auf die Frage des Lehrers, wer er sei, entsprechend der für ihn typischen aufrechten Lebenshaltung seinen vollen Namen genannt hatte.

Im Herbst 1974 eröffnete das MfS einen neuen Operativvorgang gegen S. und plante, ihn über die Gründung eines »Zirkels schreibender Arbeiter« durch Spitzel »abzuschöpfen«. Doch bevor es dazu kam, nahm er sich Anfang 1975 das Leben. In seinem letzten Brief an einen Bekannten schrieb er: »Sie haben mich immer gehetzt und gejagt, ich wollte gut sein, und sie haben es nie begriffen.« Wen er damit meinte, machte ein Zettel klar, den er in seinem Zimmer hinterließ: »Ihr Bullen ich kann euch nicht leiden!«[140] Für den folgenden Tag sollte Albrecht S. eigentlich eine neue Arbeit als Rangierer im Kalischacht aufnehmen bzw. sich dort vorstellen. Die Aussicht auf eine schwere, seinen Fähigkeiten nicht angemessene Arbeit hat sicher den Suizidentschluss mit bedingt. Auch, dass sich bereits einen Tag vor Weihnachten ein naher Freund (wegen Eheproblemen) das Leben genommen hat-

138 Vgl. BStU, MfS, BV Erfurt, AU 2039/71, EV, Bd. Ia, Bl. 63.
139 Vgl. BStU, MfS, BV Erfurt, SA KD Eis, Nr. 469, Bl. 39–69.
140 BStU, MfS, BV Erfurt, AOP 399/75, Bl. 37, 94, 95.

te, spielte eine Rolle; damit verbundene persönliche Konflikte (möglicherweise auch Schuldgefühle) belasteten Albrecht offenbar sehr. Zudem hatte schon seit längerer Zeit eine selbstzerstörerische Tendenz das Leben von Albrecht S. geprägt, die sich sowohl in seinem exzessiven Alkoholgenuss als auch in seinen Texten geäußert hatte. Eine Bekannte zeigte sich im Herbst 1970 »erschüttert« über die »Verzweiflungsgedichte«, in denen Albrecht seine »Selbstvernichtung im langsamen Stil« beschrieb, und bat ihn in einem Brief: »Bitte denke nie: Jetzt ist alles zu Ende! und mache nichts Unüberlegtes!«[141] Albrecht hatte zum Beispiel geschrieben:

>»Mein Herz zerhackt,
>verzweifelte Sehnsucht.
>Überrollend, schon überrollt, welch Ziel?
>Hundertmal verflucht, Leben!«[142]

Die in den fünf Jahren, die vom Schreiben suizidaler Gedichte bis zur tatsächlichen Selbsttötung vergingen, erfolgte Verhärtung und Verengung der Lebenssituation schlug sich auch in der Sprache nieder. So lautete einer seiner letzten Texte lapidar:

>»An Fremde
>Machts kurz
>Wenn Ihr mich schlachtet«.[143]

b)   Weltanschauliche Konflikte in den Familien

Eine andere Folge der sozialistischen Erziehung der Kinder und Jugendlichen war, dass es in Familien, die dem Staat kritisch bis ablehnend gegenüberstanden, zu heftigen Auseinandersetzungen kam, die teilweise auch zu Selbsttötungen führten. Im Jahr 1951 berichtete eine Notiz im Nachrichtenmagazin »Der Spiegel« über ein Familiendrama in Erfurt: Ein Zwölfjähriger hatte zu Hause, gemäß der SED-Propaganda, eine sogenannte »Friedensecke« eingerichtet. Als die Mutter das Propagandamaterial entfernte und verbrannte, zeigte der Junge seine Mutter bei der Polizei an; diese wurde verhaftet. Daraufhin erschlug der Vater den Sohn, dann tötete er sich selbst.[144]
Ohne Todesopfer, aber aus einer ähnlichen Konstellation resultierend, verlief ein Konflikt in einer Familie im Bezirk Halle. Ausgangspunkt war, dass die Tochter, eine 16-jährige Schülerin, 1972 gegen den Willen ihrer stark religiös gebundenen Eltern Mitglied der FDJ geworden war.[145] Ihre Motivation war dabei allem Anschein nach unpolitisch (bei FDJ-Versamm-

---

141 BStU, MfS, BV Erfurt, AU 2039/71, EV, Bd. I, Bl. 277.
142 BStU, MfS, BV Erfurt, AU 2039/71, Beiakte, Bd. I, Bl. 20.
143 BStU, MfS, BV Erfurt, AOP 399/75, Bl. 96.
144 Vgl. Der Spiegel 5 (1951) 41, S. 23, Rubrik Personalien.
145 Vgl. LHASA, MER, RdB/BT Halle, Abt. Volksbildung, Nr. 9324, n. pag.

lungen hielt sie sich im Hintergrund), sie war vor allem deshalb in die FDJ eingetreten, um an Diskotheken teilzunehmen zu können. Sie hatte sich damit aber gegen die Familientradition gestellt: Der Großvater spielte eine wichtige Rolle beim Volksaufstand am 17. Juni 1953 und war deshalb inhaftiert worden, die Eltern engagierten sich stark in der evangelischen Kirche. Angesichts der scheinbar unüberbrückbaren Trennlinie zwischen Schule und Elternhaus unternahm die Schülerin einen Suizidversuch.[146]

Ein Schüler der 8. Klasse beging im Jahr 1982 Suizid. »Er zeigte sich als fortschrittlicher, leistungsstarker Schüler, war FDJ-Sekretär«, hieß es in einer Beurteilung. Wegen seiner guten Leistungen hatte der 16-Jährige, der Lehrer werden wollte, einen EOS-Platz so gut wie sicher. Sein Vater unterstützte offiziell die SED-Politik und fungierte als Vorsitzender des Elternaktivs. Die Mutter hingegen war kirchlich gebunden, weshalb der Junge parallel zu den »Jugendstunden«, die auf die Jugendweihe vorbereiteten, auch am Religionsunterricht zur Vorbereitung der Konfirmation teilnahm. Die Schule vermutete nach dem Suizid, »daß er durch die häusliche Erziehung zu doppelter Moral in seelische Konflikte geraten ist«. In der Tat hatten seine Eltern (wegen der kirchlichen Bindung der Mutter) angekündigt, nicht an der Jugendweihefeier teilnehmen zu wollen, obwohl der Vater aktiv an der Vorbereitung der Jugendweihe mitgewirkt hatte. Es ist anzunehmen (auch wenn es nicht in den Akten vermerkt ist), dass sich daraus Konflikte an der Schule ergaben. Am Tag seines Todes fiel der Schüler zudem durch bisher nie gezeigtes provozierendes Verhalten auf. Er sagte, »daß jedem die Möglichkeit zur Wahl des Staates, in dem er leben wolle, gegeben werden müßte«.[147]

c)   Verpflichtung von Minderjährigen für eine militärische Laufbahn

Am 29. April 1985 ereignete sich im Zuständigkeitsbereich der MfS-Bezirksverwaltung Karl-Marx-Stadt eine Gasexplosion. Ein 18-Jähriger, der sich verpflichtet hatte, nach seiner Schlosserlehre eine Laufbahn als Berufsunteroffizier zu beginnen, wurde tot aufgefunden.[148] Er hinterließ einen Abschiedsbrief, ohne darin das Motiv zu nennen.

Bei dem jungen Mann hätte es sich, konstatierte das MfS, um einen Einzelgänger gehandelt, »der sich von seiner Umwelt zurückzog […] und sich niemandem mit seinen persönlichen Problemen anvertraute. In Belastungssituationen wirkte er unbeholfen, teilweise ängstlich und versuchte, diesen auszuweichen.« Dennoch schätzte das MfS die schulische, berufliche und gesellschaftspolitische Entwicklung des jungen Mannes positiv ein:

146 Vgl. BStU, MfS, BV Halle, ZMA OD Leuna, Nr. 6657, Bl. 37–39.
147 BLHA, Rep. 401, BT/RdB Potsdam, Nr. 27294, n. pag.
148 Vgl. BStU, MfS, HA IX, Nr. 8311, Bl. 371–374. Hier auch die nachfolgenden Zitate.

»Er wurde diesbezüglich gestellten Anforderungen und Aufgaben im vollen Umfang gerecht. Ausdruck dafür ist, daß er sich verpflichtete, nach Beendigung seiner Lehre Berufsunteroffizier bei den bewaffneten Organen zu werden.«

Je näher jedoch der Einberufungstermin rückte, um so stärker wurden offenbar die Zweifel des Jungen, ob die Entscheidung richtig war. Er befürchtete, »den hohen physischen und charakterlichen Anforderungen nicht gerecht zu werden«. Unmittelbar vor seiner Musterung im März 1985 versuchte er, sich die Pulsadern zu öffnen. Dieser Suizidversuch, ein nichtverbaler Hilfeschrei, ein verzweifelter Versuch, das Erfüllen aller »Anforderungen und Aufgaben« zu beenden, blieb wirkungslos: »Obwohl die dadurch von ihm gesetzten Verletzungen von seinen Eltern festgestellt worden waren, gab er, trotz entsprechender Aufforderungen, keine den Tatsachen entsprechenden Erklärungen dazu ab.« Allein der Sprachgestus dieses Berichts lässt den Druck erahnen, der wahrscheinlich von Schule, Eltern und Wehrkreiskommando auf den Heranwachsenden ausgeübt wurde, um sich als Berufsunteroffizier zu verpflichten.

Nachdem der junge Mann am Abend des 28. April gemeinsam mit seinem Vater die Bewerbungsunterlagen ausgefüllt hatte, kam die panische Angst wieder. Er versuchte, sich die Pulsader aufzuschneiden, brach den Versuch ab, ging in die Küche und drehte den Gashahn auf. Anders als viele andere Suizidentschlossene, die Warnzettel schreiben oder die Sicherung herausdrehen, dachte er nicht an die möglichen Folgen seines Handelns; oder aber er nahm sie billigend in Kauf. Seine Mutter war die erste, die am nächsten Morgen die Küche betrat. Als sie das Licht einschaltete, explodierte das Gas-Luft-Gemisch. Die Mutter überlebte, erlitt aber schwere Verletzungen. Bei den Aufräumarbeiten fand man die Leiche des Sohnes.

Ohne die unterschwellige, gehemmte und nicht kommunizierte Konfliktsituation in der Familie des jungen Mannes wäre es möglicherweise nicht zu der Katastrophe gekommen. Hier hatte ein junger Mensch in panischer Verzweiflung gehandelt, in Verzweiflung über die bedrängende Situation, aber auch über die eigene Unfähigkeit, seine Gefühle und Wünsche klar zu formulieren und darüber auch zu streiten. Insofern kann man tatsächlich in dem »für ihn unlösbaren inneren Konflikt« (wie es im Abschlussbericht der MfS-Spezialkommission hieß) die Ursache für die Selbsttötung sehen.

Andererseits: Eine gewisse Gehemmtheit, Konflikte zur Sprache zu bringen, Autoritäten zu widersprechen, Aggressionen auszuagieren, kann als allgemeines Charakteristikum der zwischenmenschlichen Beziehungen in der DDR-Gesellschaft gelten.[149] Insofern zeigte sich in diesem Einzelfall auch etwas Typisches.

---

149 Vgl. Telefonat mit Dipl.-Psych. Frank-Dietrich Müller, Eisenach, am 20. August 2001.

Auch das Ausüben von Druck auf minderjährige Schüler, die noch keine gefestigten Berufsziele hatten, eine militärische Laufbahn einzuschlagen, war in der DDR häufig und hat sicher den einen oder anderen auf einen Weg geführt, der erst als Irrweg erkennbar wurde, als es zu spät war für eine Korrektur.

d)   Verordnete deutsch-sowjetische Freundschaft[150]

Die 22-jährige Chemiestudentin Julia C.*, die sich Mitte der 1970er Jahre von einem elfgeschossigen Hochhaus in den Tod stürzte, hatte sich, nicht ganz ohne eigene Schuld, in einen Konflikt verstrickt, dessen unheilvoller Verlauf sie letztlich zum Opfer der Tabuisierung jeglicher Kritik am »großen Bruder« Sowjetunion werden ließ.

Zwei Tage vor ihrem Tod hatten sie und ihre Freundin mit zwei sowjetischen Studenten im Wohnheim gefeiert, die vier waren zusammen spazieren gegangen, hatten getrunken, und irgendwann in der Nacht lag Julia mit einem der Studenten im Bett.

Am nächsten Tag zeigte Julia C. diesen Studenten bei der Polizei wegen Vergewaltigung an. Sie sagte, er hätte sie im Schlaf überfallen, verschwieg jedoch bei der Anzeige, dass sie vorher mit dem Jungen Zärtlichkeiten ausgetauscht hatte und bereits mit ihm im Bett lag, als er gewalttätig wurde. Als das bei einer zweiten Vernehmung zur Sprache kam und der Kriminalpolizist ihr vorwarf, sie hätte den jungen Mann zum Sex ermuntert, wurde sie unsicher und bereute ihre Anzeige. Zum Rückziehen der Anzeige war es aber, so führten ihr die Polizisten durch Vorlage eines Gesetzestextes vor Augen, schon zu spät.

Die Vergewaltigung einer Deutschen durch einen sowjetischen Studenten war in der DDR mehr als eine private Tragödie, sie war ein Politikum. Deshalb schalteten sich die SED-Bezirksleitung, die FDJ-Kreisleitung, der Parteisekretär der Hochschule und das Direktorat für internationale Beziehungen in den Fall ein und übten Druck auf Julia aus.

Ihre Drohung, zur »Miliz« zu gehen, hatte den jungen Russen so in Angst versetzt, dass er sich noch in der Nacht die Pulsadern aufgeschnitten hatte (ohne sich dabei lebensgefährlich zu verletzen). Die FDJ-Sekretärin der Hochschule warf Julia deshalb »fahrlässige Tötung« vor, und drohte ihr mit Exmatrikulation. Der Parteisekretär lud Julia für den nächsten Tag zu einer Aussprache vor. Dazu kam es jedoch nicht mehr. Etwa zur gleichen Zeit, als die sowjetischen Gäste am Bahnhof in den Zug stiegen, um zurück nach Hause zu fahren, sprang Julia vom Dach des Wohnheims in den Tod. Am selben Tag hatte die Polizei noch eine Rekonstruktion der Vergewaltigungs-

---

150 Vgl. Udo Grashoff (Hg.), Ich möchte jetzt schließen. Briefe vor dem Freitod, Leipzig 2004, S. 45f.

Situation geplant. Julia hatte zu ihrer Freundin gesagt, »dass das für sie das Schlimmste wäre«. Letztlich wurde das gegen den sowjetischen Studenten angestrebte Ermittlungsverfahren nicht eröffnet, da Julia »es unterlassen habe, eine eindeutig ablehnende Haltung beim Geschlechtsverkehr zu zeigen« und außerdem falsch ausgesagt hatte. Sie selbst bezichtigte sich in ihrem Abschiedsbrief, »selbst schuld an dem ganzen Dilemma« zu sein.[151] Mit ihrem Tod war gleichzeitig die Gefahr einer Tabuverletzung gebannt, denn allein das Bekanntmachen einer Vergewaltigung einer Studentin durch einen Sowjetbürger wurde in der DDR, ungeachtet der Berechtigung des Vorwurfs, schon als »Verleumdung« angesehen.

3.4.4 Ökonomische Zwänge

a)   Planschulden volkseigener Betriebe

Am letzten Oktobertag des Jahres 1978 wartete der Vorsitzende des Rates des Bezirkes Potsdam vergeblich auf Jürgen B.*, den Direktor einer Zuckerfabrik.[152] Jürgen B. war für sieben Uhr morgens zu der Aussprache in die Bezirksstadt bestellt worden, aber zu dieser Zeit lebte er bereits nicht mehr. Er hatte sich vom Dach eines Zuckersilos in den Tod gestürzt, seine Uhr, die bei dem Aufprall stehen geblieben war, zeigte 6.42 Uhr.

In der Zuckerfabrik war es seit längerer Zeit zu Produktionsschwierigkeiten gekommen. Die Mängel in der Zuckerrübenverarbeitung waren offenbar technologischer Natur, selbst die Einschaltung von Experten des »Institutes für Forschung und Rationalisierung der Zuckerindustrie« brachte keine Verbesserung. Dennoch lief gegen den Direktor ein Disziplinarverfahren wegen aufgetretener »Minusbestände«. Zudem musste Jürgen B. täglich Rechenschaft ablegen bei der vorgesetzten Dienststelle des Kombinats, wobei er alle Maßnahmen schriftlich darzulegen hatte.

Zu dieser belastenden Situation kam im Oktober 1978 die laufende Ernte verschärfend hinzu. Obwohl Jürgen B. vorsichtshalber veranlasst hatte, mit der Ernte schon zwei Tage vor dem offiziellen Start der Erntekampagne »Zuckerrübe« zu beginnen, bestanden Ende Oktober schon wieder »Planschulden« in Höhe von 800 Tonnen Zuckerrüben. Verantwortlich dafür waren Stockungen in der Weiterverarbeitung und der Kleinabpackung. In der Führungsgruppe der Abteilung Landwirtschaft des Rates des Bezirkes, in der B. mitarbeitete, hatte es deshalb harte Kritik gegeben. Nach der Sitzung hatte B. (so berichtete sein Kraftfahrer) entgegen seiner sonstigen Art die ganze Fahrt über kein Wort gesprochen. »Ich und auch Koll. B. kennen solche Beratungen und kennen die ›Sprache‹, die auf Bezirksebene auf solchen

---

151 Vgl. HStADD, BdVP Dresden (MUK), Nr. 114, n. pag.
152 Vgl. BLHA, Rep. 471/15.2, BdVP Potsdam, Nr. 1202, n. pag.

Beratungen gesprochen wird«, erklärte ein leitender Mitarbeiter der Zucker-fabrik den Kriminalisten, die nach einem Motiv für den Suizid suchten. Im Rat des Bezirkes hatte man von B. die Umstellung der Abpackung auf einen Zwei-Schicht-Betrieb verlangt. Aber dafür fehlten (wie der stellvertretende Direktor den Kriminalisten erklärte) an entscheidenden Stellen 30 bis 50 Facharbeitskräfte. B. kam völlig deprimiert von den Beratungen zurück und sagte, dass er die Belastungen nicht mehr lange verkraften würde.

Seine Kollegen charakterisierten ihn als selbstlosen Menschen, der zu al-len gerecht sein wollte, der »niemandem wehtun konnte und wollte«, der nicht trank, keinen Wert auf Äußerlichkeiten legte und zusätzlich zu seinen Arbeitsbelastungen auch seiner Frau im Haushalt half. Von seinem Gemüt her galt er als optimistisch und war Mitglied im Elferrat des Karnevalsver-eins. Wenn Not am Mann war, war er sich auch nicht zu schade, selbst mit anzupacken in der Produktion. Dabei zog er allerdings auch Arbeiten an sich, für die eigentlich andere zuständig waren. Seine Sekretärin sah ihn kaum noch, er war immer unterwegs. »Es kam so weit, daß er sich kaum noch Schlaf gönnte, nur um bei allen Problemen und Störungen zugegen zu sein«, berichtete der Stellvertreter.

Ein Abschiedsbrief wurde nicht gefunden, aber mit seinem Sturz vom Silo setzte Jürgen B. ein letztes Mahnzeichen. Die Minusdifferenzen an Zucker waren die Folge einer Planwirtschaft, die vorhandene Anlagen auf Ver-schleiß fuhr: Als die Kriminalpolizei das Silo inspizierte, stellte sie fest, dass das Dach defekt war; es hatte hereingeregnet, der Zucker war nass geworden.

Ähnliche Suizidfälle ereigneten sich in volkseigenen Betrieben der DDR mehrfach.[153] Im Jahr 1968 erhängte sich ein LPG-Vorsitzender, der sich für die hohen Planrückstände seiner LPG verantwortlich fühlte.[154] 1978 nahm sich ein amtierender Werksleiter im Bezirk Dresden das Leben, da er den Plan nicht erfüllt hatte.[155] Ein Betriebsdirektor in Rathenow versuchte 1983, sich das Leben zu nehmen, nachdem er vom Kombinatsdirektor so heftig kritisiert worden war, dass »er sich in seiner Würde verletzt fühlte«.[156]

b)   Verstaatlichung privater Kleinunternehmen

Eine Ladeninhaberin im Bezirk Potsdam, die 30 Jahre lang ihr Geschäft ge-führt hatte, erhängte sich im Frühjahr 1976 im Verkaufsraum des Ladens. Der Polizeibericht vermerkte, dass sie an starken Kopfschmerzen litt und

153 Ein Psychiater aus West-Berlin schilderte im Jahr 1970 Berichte von Fachkollegen aus Ostblockländern darüber, dass in ihrer Heimat »politische Einengung und Druck, die sich bis zu Selbstmordgefährdung steigern können […], unter den Selbstmordmotiven relativ häufig anzutreffen sei, z.B. wenn das Plan-Soll nicht erfüllt werden kann.« Klaus Tho-mas, Menschen am Abgrund, Hamburg 1970, S. 176.
154 Vgl. BStU, MfS, ZAIG, Nr. 1601, Bl. 1–5.
155 Vgl. HStADD, BdVP Dresden, MUK, Nr. 5259, n. pag.
156 Vgl. BLHA, Rep. 531, SED-KL Rathenow, Nr. 1549, n. pag.

Angst davor hatte, ihr Lebensende in einer Anstalt verbringen zu müssen, verschwieg aber auch nicht, dass die Frau sich vor allem deshalb das Leben genommen hatte, weil sie die Übergabe des Ladens an den staatlichen »Konsum« nicht verwinden konnte.[157]

Ein Fuhrunternehmer im Bezirk Karl-Marx-Stadt nahm sich im Sommer 1974 das Leben, nachdem er in schwere Depressionen verfallen war. »Er machte sich Gedanken über die Zukunft und war der Meinung, daß eines Tages sein Fuhrbetrieb in Volkseigentum umgewandelt wird. Große Sorgen bereiteten ihm die Reparaturen der beiden LKW, wovon einer zur Generalreparatur kam und Kosten von rund 20 000,– M zu erwarten waren«, hieß es in einem Bericht der Kriminalpolizei, die gegen den Fuhrunternehmer bereits wegen des Verdachts auf »Tonnagebetrug« ermittelte. Weil der Mann, der Mitglied der CDU war, für sich keine Zukunftsperspektive sah, setzte er sich ein letztes Mal in seinen Mercedes und vergiftete sich mit den Auspuffgasen.[158]

c)   Wohnungsnotstand

Die durch die Wohnungspolitik der SED festgeschriebenen niedrigen Mieten führten sowohl zum Verfall der Städte als auch zum verschwenderischen Umgang mit Wohnraum; eine auch durch massive Neubaumaßnahmen kaum zu lindernde Wohnungsknappheit war die Folge.

Dieser Umstand bewirkte insbesondere bei Ehescheidungen eine Verschärfung der ohnehin vorhandenen Krisensituation.[159] Ein Lehrer in Brandenburg, der nach seiner Scheidung drei Jahre lang in einer »Übergangswohnung« zubringen musste, ohne Aussicht auf Änderung der Lage, schrieb im Jahr 1978, bevor er sich erhängte, in seinem Abschiedsbrief, er sei »nicht gewillt [...], weiterhin in solchen Wohnverhältnissen zu leben«.[160]

Zu den Opfern der Wohnungsmisere muss wohl auch jener 34-jährige Arbeiter im Bezirk Dresden gezählt werden, der nach der Ehescheidung eine baufällige Wohnung zugewiesen bekam. Als der einzige Ofen gesperrt wurde, ohne dass es eine andere Heizmöglichkeit gab, verfiel der Mann – es war Februar – in Depressionen und nahm sich schließlich das Leben. (Dieser Fall aus dem Jahr 1982 löste im Übrigen bei der Kriminalpolizei Empörung aus, weshalb die Ermittlungsergebnisse an den Staatsanwalt übergeben wurden »zur Entscheidung über geeignete Maßnahmen«; über Konsequenzen ist nichts bekannt.)[161]

157 BLHA, Rep. 471/15.2, BdVP Potsdam, Nr. 1209, n. pag.
158 Vgl. BStU, MfS, HA VII, Nr. 4389, Bl. 54f. und 357.
159 Vgl. dazu auch: Dieter Decke, Dispensaire-Betreuung suizidgefährdeter Menschen in der zweiten Lebenshälfte, in: Psychiatrie, Neurologie und medizinische Psychologie 27 (1975) 9, S. 534–541, hier 535.
160 BLHA, Rep. 471/15.2, BdVP Potsdam, Nr. 1238, n. pag.
161 HStADD, BdVP Dresden, MUK, Nr. 7363, n. pag.

3.5 Falscher Verdacht: Vermeintlich politisch motivierte Selbsttötungen

Unter den kommunikativen Beschränkungen der SED-Diktatur kam es jedoch auch häufig vor, dass zu Unrecht politische bzw. DDR-spezifische Motive vermutet wurden. Ein Beispiel dafür ist die Selbsttötung eines Physikers in einem Betriebsteil des Halbleiterwerks Frankfurt/Oder im Spätsommer 1966. Zeitgleich war eine Brigade des Zentralkomitees der SED im Werk, weshalb SED-Funktionäre des Betriebes mehrfach bekräftigten, der Todesfall hätte weder etwas mit der Tätigkeit dieser Brigade noch mit den »politischen Auffassungen des Kollegen [...] oder seiner Mitarbeiter« zu tun. Aus den Berichten geht nicht hervor, ob es überhaupt solche Gerüchte gab. Immerhin aber dokumentieren sie das allgemeine Klima der Verdächtigungen. Die letzten Zeilen des Physikers belegen indes, dass er sich das Leben genommen hatte, weil er an einer manisch-depressiven Erkrankung litt und der Meinung war, im Leben wie im Beruf gescheitert zu sein.[162]

Auch die Selbsttötung des Wirtschaftswissenschaftlers Arne Benary, den Ehrhart Neubert in seiner »Geschichte der Opposition« in einen Zusammenhang zu suizidalen Strukturen gestellt hat,[163] war nicht politisch motiviert. Der Ende 1956 wegen unkonventioneller Ideen in die Produktion abkommandierte Wissenschaftler stieg im Berliner Kabelwerk Oberspree zum ökonomischen Direktor auf und hatte dort offenbar eine geachtete Stellung. Auch mit der SED gab es keine ernsthaften Konflikte. Als Mitglied der Parteileitung bereitete Benary (in dessen Arbeitszimmer statt dem obligatorischen Ulbricht-Bild ein Porträt von Ulrich von Hutten hing) vielmehr noch kurz vor seinem Tod eine Parteiaktivtagung vor. Die Ursache für die Selbsttötung am 10. Oktober 1971 lag eindeutig im privaten Bereich, nach übereinstimmenden Aussagen von Kriminalpolizei, MfS und Zeitzeugen waren länger andauernde eheliche Auseinandersetzungen der Grund.[164]

Auch im Fall eines durch seine Arbeit überforderten Betriebsleiters, der sich 1982 im Bezirk Potsdam mit dem Jagdgewehr erschoss, wurde ein Zusammenhang zu DDR-spezifischen Problemen vermutet. So hieß es im Abschlussbericht der Kriminalpolizei: »Er nahm an, daß er bei Realisierung der Benzineinsparungsmaßnahmen die Versorgung der Bevölkerung mit Obst und Gemüse nicht gewährleisten könnte. Dieses Problem belastete ihn psychisch sehr stark. Im familiären Bereich gab es bei ihm keine Probleme.«[165]

---

162 Vgl. BLHA, Rep. 530, SED-BL Potsdam, Nr. 3360, Bl. 54–59.
163 Vgl. Neubert, Opposition, S. 284.
164 Vgl. LAB, C-Rep. 904-022, Nr. 53; BStU, MfS, ZAIG, Nr. 1968, Bl. 1–4; BLHA, Rep. 471/15.2, BdVP Potsdam, Nr. 1051 n. pag. sowie telefonische Auskunft des ehemaligen Arbeitskollegen Erich Kripstedt.
165 Vgl. BLHA, Rep. 471/15.2, BdVP Potsdam, Nr. 1287, n. pag.

Das MfS dokumentierte in seinen Akten, dass der außerordentlich gewissenhafte Betriebsleiter zwar in der Tat unter den widrigen ökonomischen Verhältnissen litt, dass er sich zudem aber auch in ein Problem verstrickt sah, das für Außenstehende marginal erscheinen mochte, für ihn aber sehr bedeutend war, und schließlich den Ausschlag zu der Verzweiflungstat gab: Der stets vorbildliche Genosse war bei der Zahlung der SED-Mitgliedsbeträge mit etwa 100 Mark im Rückstand, was nun bekannt zu werden drohte; das war ihm als Mitglied der Parteikontrollkommission des Kreises besonders peinlich, weshalb er seinen Vorgesetzten gebeten hatte, einen diesbezüglichen Brief der SED-Kreisleitung abzufangen.[166]

Mehrfach wurde in bundesdeutschen Presseberichten die politische Dimension von Selbsttötungen in der DDR falsch eingeschätzt. »Erhängt! Warum der zweite ›DDR‹-Pfarrer starb. ›Gott wird die Verbrecher finden‹«, hieß es zum Beispiel einige Wochen nach der Selbstverbrennung des Pfarrers Oskar Brüsewitz in einer bundesdeutschen Boulevardzeitung. Zudem druckte das Blatt ein Familienfoto ab, das offenbar eine heile Welt suggerieren sollte. Der Pressebericht behauptete, dass politische Motive den Suizid bewirkt hätten. Tatsächlich aber war der »Verbrecher« in diesem Fall, wie sich bei den kriminalpolizeilichen Ermittlungen in der DDR herausstellte, der Pfarrer selbst. Zwar war er (laut Akten des MfS) bis etwa Mitte der 1960er Jahre durch seine offen ablehnende Haltung gegenüber dem SED-Staat aufgefallen, hatte gegen LPG-Bildung und Pionierorganisation argumentiert und war auch nicht zur Wahl gegangen. Ab 1966 jedoch hatte er sich, wohl vor allem im Interesse seiner Kinder, zunehmend loyal zum Staat verhalten. Für die Selbsttötung war das alles irrelevant; er hatte sich am 9. November 1976 erhängt, unmittelbar nachdem er von Verwandten erfahren hatte, dass gegen ihn wegen sexueller Belästigung von Kindern ermittelt wurde. Laut Unterlagen der Untersuchungsabteilung des MfS hatte der Pfarrer im letzten halben Jahr insgesamt zehn Kinder sexuell missbraucht und weitere fünf Kinder vergeblich zum Mitfahren in seinem Auto aufgefordert.[167]

Ebenfalls unzutreffend war die 1986 von der Nachrichtenagentur AP verbreitete Vermutung, die öffentliche Selbstverbrennung eines Mannes im thüringischen Schleusingen sei politisch motiviert gewesen; vier Tage später kam, nach Rücksprache mit einem lokalen Geistlichen, das Dementi.[168] Es

---

166 Vgl. BStU, MfS, AGMS 1138/82.
167 Vgl. BStU, MfS, AS 24/79, Bl. 80–91. In der DDR wurde im Übrigen zu dem Fall nichts veröffentlicht. Die SED benutzte die Selbsttötung des Pfarrers lediglich in internen Gesprächen mit Kirchenvertretern als Druckmittel, um die kirchlichen Diskussionen nach Brüsewitz zu dämpfen. Vgl. dazu: Harald Schultze u.a. (Hg.), Das Signal von Zeitz. Reaktionen der Kirche, des Staates und der Medien auf die Selbstverbrennung von Oskar Brüsewitz 1976. Eine Dokumentation, Leipzig 1993, S. 355f.
168 »DDR« vertuscht Selbstverbrennung, in: Berliner Morgenpost vom 23. August 1986; Selbstverbrennung aus Verzweiflung, in: Berliner Morgenpost vom 27. August 1986, beide Artikel als Kopie in: BStU, MfS, ZOS, Nr. 2647, Bl. 144.

stellte sich heraus, dass der Mann, der sich fast genau zehn Jahre nach Brüsewitz, am 16. August 1986, auf dem Marktplatz von Schleusingen angezündet hatte, mehrfach vorbestraft war, so wegen »staatsgefährdender Hetze« (1961) und »verbrecherischer Trunkenheit« (1964). Im Jahr 1982 hatte er einen Ausreiseantrag gestellt, diesen aber wieder zurückgezogen. Er besuchte seit einigen Jahren regelmäßig die evangelische Kirche. Trotzdem war seine Selbstverbrennung keine politische Aktion, sondern eine Affekthandlung, unmittelbar im Anschluss an den Erhalt einer Zahlungsaufforderung. Mehrere Jahre hatte ein Rechtsstreit mit seiner geschiedenen Ehefrau angedauert, wobei der Mann insgesamt über 15 000 Mark bezahlen musste; dass er nun auch noch die Gerichtskosten in Höhe von 217 Mark bezahlen sollte, ließ den Mann, der insbesondere unter Alkohol zu »impulsivem und aggressivem Verhalten« neigte, endgültig »ausrasten«. Nachdem er sich mit Benzin übergossen und angezündet hatte, rannte er brennend zum Marktbrunnen und stürzte sich ins Wasser. Wenige Tage später erlag er seinen schweren Verbrennungen.

Etwa 150 Menschen wurden Zeugen dieser Selbstverbrennung, so dass eine Vertuschung unmöglich war. Am 19. August berichtete die Lokalpresse darüber. Einwohner des Ortes, darunter auch Vertreter der evangelischen Kirche, waren sich laut MfS-Bericht einig, dass es sich um eine »Familientragödie« gehandelt hatte, die »keinerlei politischen Hintergrund« aufwies.[169]

Die Beispiele zeigen, dass die Frage nach politischen Motiven kaum ohne Kenntnis der Persönlichkeit zu beantworten ist. Auf dieses grundsätzliche Problem hat in den 1980er Jahren Jean Baechler hingewiesen. Der französische Soziologe vermutete hinter einem Großteil der politisch motivierten Selbsttötungen, die öffentlich bekannt wurden, persönliche Konfliktlagen, und behauptete, »daß sich jene Personen – aus Gründen, die man anhand der Zeitungsmeldungen nicht rekonstruieren kann – in einer suizidalen Situation befanden und die politische Konjunktur nutzten, um ihrer Geste eine altruistische und glorreiche Bedeutung zu verleihen. Ich behaupte nicht, daß sie andere oder sich selbst belogen hätten, ich vermute nur, daß sie ihr ganz persönliches Drama auf eine dramatische politische Situation projiziert, daß sie sozusagen ein Stück aus ihrem Innenleben in ein öffentliches Stück umgeschrieben haben.«[170]

Wenngleich die Aussage so pauschal nicht haltbar ist und vielmehr für jeden Einzelfall eine individuelle Einschätzung erforderlich ist, so enthielt das durchgesehene Aktenmaterial doch eine Reihe von Beispielen, auf die Baechlers Bemerkung zutrifft.

169 Vgl. BStU, MfS, ZAIG, Nr. 14709, Bl. 161–169; BStU, MfS, ZOS, Nr. 2647, Bl. 134–143.
170 Baechler, Tod, S. 124.

Im Jahr 1978 hieß es in einem Bericht über einen Bausoldaten:

»Aus politischen Erwägungen heraus beging Sold. [...] Selbsttötung. Er brachte vorher zum Ausdruck, daß es sich nicht ›lohnt in diesem Staat zu leben‹. [...] sprach auch über den Terrorismus und war der Meinung, daß endlich ein Fanal gegeben werden muß, dafür würde er sogar sein Leben geben.«[171]

Er hatte es offenbar auf ein »Ende mit Schrecken« angelegt; in einer schriftlichen Erklärung hatte er für den Fall einer Einberufung seinen Tod angekündigt. Nachdem er dann von der Volkspolizei zur Ableistung des Bausoldatendienstes »zugeführt« worden war, sprach er gegenüber mehreren Soldaten davon, sich das Leben nehmen zu wollen, was dazu führte, dass man ihn nicht mehr ernst nahm. Nach drei Wochen in der Kaserne stürzte sich der 23-Jährige nackt aus dem Waschraumfenster; sein trauriges »Fanal«, das psychopathologische Ursachen vermuten ließ, blieb weitgehend wirkungslos.[172]

3.6 Resümee

Im Schatten der Statistiken, in kleiner Zahl, aber doch erkennbar, haben sich in 40 Jahren DDR menschliche Tragödien ereignet, die mehr oder weniger eindeutig eine Folge von Unfreiheit und Repression waren. Besonders hervorzuheben sind die Reise- und Auswanderungsbeschränkungen, die ein permanentes Konfliktfeld schufen, das in Einzelfällen den »Nährboden« für tödliche Verzweiflung bildete.

Wie groß der Anteil der politischen Motive gewesen sein könnte, zeigt eine Selbsttötungsstatistik des Generalstaatsanwaltes von Ost-Berlin, die für die Jahre 1975 bis 1981 einen Anteil des Motivs »Staatsverdrossenheit« von 0,4 Prozent angegeben haben soll.[173] Diese Angabe, die natürlich auch nicht mehr als ein Schlaglicht wirft auf das Ursachengefüge suizidaler Handlungen, erscheint dennoch insofern kompatibel mit dem Bild, das sich aus den Einzelfalldarstellungen ergibt, als sie bekräftigt, dass die beschriebenen Konflikte den Kreis der potenziellen Suizidenten nur geringfügig erweitert, und nur in seltenen Fällen auch Menschen zur Verzweiflung getrieben haben, die sich unter anderen politischen Rahmenbedingungen wahrscheinlich nicht das Leben genommen hätten.

Die eingangs zitierte These von Wolf Oschlies wird damit einerseits bestätigt: Es hat in gewissem Umfang eine Politisierung der Suizid-Motive stattgefunden. Andererseits handelte es sich dabei nur selten um einen tief-

171 BStU, MfS, HA IX, Nr. 5911, Bl. 60.
172 Vgl. BStU, MfS, HA I, Nr. 29, Bl. 162–164.
173 Telefonat mit Prof. Hans Girod am 28. Januar 2002.

greifenden Einfluss des politischen Systems; häufig erschienen die politisch motivierten Selbsttötungen nur als Folge einer oberflächlichen Überformung und akuten Forcierung suizidaler Entwicklungen durch politische Zwänge.

Dieses Resultat ist kompatibel mit Erkenntnissen der neueren psychologischen Suizidforschung, dass sogenannte »Life-Events« weitaus weniger entscheidend sind für das Zustandekommen einer suizidalen Handlung als die subjektive Einschätzung dieser Ereignisse (die wiederum stark durch langfristige, allgemeine Stressfaktoren des unmittelbaren menschlichen Umfeldes, durch den individuellen Grad an Verletzlichkeit und das Eingebettetsein in eine funktionierendes soziales Netzwerk bedingt ist).[174]

Dementsprechend erwiesen sich einige der hier als Beispiele für die Beeinflussung durch die politischen Rahmenbedingungen angeführten Selbsttötungen als sehr komplexe Ereignisse, die nicht ausschließlich auf den politischen Aspekt reduzierbar sind. Stellenweise wurde eine erschütternde, zeitlose Tragik sichtbar. In einigen Fällen erschien die Angemessenheit der suizidalen Reaktion nicht nachvollziehbar, ohne eine zusätzliche psychopathologische Entwicklung anzunehmen; in einigen Fällen lag eine suizidale Disposition zweifellos vor. Teilweise waren die Selbsttötungen auch, entgegen anders lautender Vermutungen und Gerüchte, überhaupt nicht politisch motiviert. Insofern gilt es hier auch falsche Vorstellungen, die über Jahrzehnte in der bundesdeutschen Medienöffentlichkeit über die Realität in der DDR kursierten, zu revidieren.

---

174 Vgl. Heinz Katschnig, Lebensverändernde Ereignisse als Ursache psychischer Krankheiten – Eine Kritik des globalen Ansatzes in der Life-Event-Forschung, in: ders. (Hg.), Sozialer Streß und psychische Erkrankung, München u.a. 1980, S. 1–93, hier 85; Schmidtke, Verhaltenstheoretisches Erklärungsmodell, S. 559.

4 Selbsttötungsrate und politische Ereignisse

In diesem Kapitel wird die Fragestellung des 2. Kapitels nach politischen bzw. sozialen Einflussfaktoren mit statistisch messbaren Auswirkungen auf die Selbsttötungsrate noch einmal unter einem anderen Gesichtspunkt aufgegriffen. Dass die Zahl derjenigen, die ihr Leben durch eigene Hand beenden, über lange Zeiträume konstant bleibt, muss zwar als deutlicher Hinweis darauf gewertet werden, dass individuelle Rahmenbedingungen wie familiäre Verhältnisse, religiöse Einbindung, Alter und Krankheit die Höhe der Selbsttötungsrate im Wesentlichen bestimmen. Es gibt aber auch Ereignisse, zumeist plötzliche Veränderungen der Lebensbedingungen, die »den Kreis der Suizidenten erweitern und in dem Maße, wie der äußere Druck zunimmt, auf psychisch immer stabilere Individuen ausdehnen.« Diese Veränderungen müssen nach Jean Baechler »massiv und brutal« sein:

> »Sie müssen massiv sein, um auf eine beliebige Population einwirken zu können und nicht nur auf jenen Teil von ihr, den wir die konstitutionellen Suizidenten genannt haben. Vor allem aber müssen sie brutal sein, um die Anpassung der ›normalen‹ Individuen an die neuen Bedingungen zu verhindern.«[1]

Bei den im 2. Kapitel erfolgten Sondierungen wurden zum Teil temporär erhöhte Selbsttötungsraten beobachtet. (Beispielsweise stieg die Selbsttötungshäufigkeit von Jugendlichen zu Beginn der 1960er Jahre vorübergehend sprunghaft an.) Dieser bisher nur angerissene Aspekt temporär erhöhter Suizidalität soll im Zentrum des folgenden Kapitels stehen.

4.1 Selbsttötungen als »seismische Zeichen« gesellschaftlicher Umbrüche

Normalerweise, so glaubte der französische Soziologe Emile Durkheim, setzt die Gesellschaft dem Individuum Grenzen, zügelt individuelle Leidenschaften und schützt damit vor suizidalen Neigungen; wird die Gesellschaft aber durch besondere politische oder ökonomische Ereignisse erschüttert, werden die (negativen) Leidenschaften entfesselt, und es ist ein Anstieg der Selbsttötungsrate zu erwarten. Durkheim bezeichnete dieses Phänomen mit

---

1 Baechler, Tod, S. 236.

dem Begriff des »anomischen Selbstmords«. Allerdings fand Durkheim, dass sich nicht jede Krise auf die Selbsttötungshäufigkeit auswirkt, sondern nur solche politischen oder nationalen Krisen, »die die Leidenschaften aufrühren«.[2] Konkret traf das im 19. Jahrhundert auf Kriege, Revolutionen und politische Krisen zu. Die dadurch bewirkten Veränderungen waren meist abrupt und kurzzeitig. Wirtschaftliche Krisen, aber auch rasche wirtschaftliche Aufschwünge führten zu mehr Selbsttötungen, in Kriegs- und Revolutionszeiten hingegen sanken die Selbsttötungsraten.[3]

Nach Durkheims Anomie-Konzept ist zu erwarten, dass sich in den Selbsttötungsstatistiken gesellschaftliche Erschütterungen wie in einem Seismogramm niederschlagen. Überblickt man die deutsche Geschichte des 20. Jahrhunderts, dann wird vor allem der Einfluss von Krisen und Kriegen sichtbar. Im Ersten Weltkrieg sanken die Selbsttötungsraten deutlich, zur Zeit der Weltwirtschaftskrise (1930–1932) stiegen sie an. Auch der Anschluss Österreichs an das nationalsozialistische Deutschland erhöhte die Selbsttötungsrate des »Anschlussgebietes« (um gut zehn Prozent) gegenüber dem Durchschnitt der Selbsttötungsraten Österreichs in den 1930er Jahren.[4] Dagegen blieben andere gravierende Ereignisse wie die Machtergreifung der Nationalsozialisten im Jahr 1933 ohne messbaren Einfluss auf die Häufigkeit von Selbsttötungen.

4.2 Selbsttötungen in der Sowjetischen Besatzungszone (SBZ)

Ein Ereignis, das die SBZ/DDR betraf, war die gewaltige Selbsttötungswelle zu Kriegsende 1945, deren Schwerpunkt vor allem in jenen Gebieten lag, wo die Rote Armee als erste eintraf. In Wien stieg die Selbsttötungsrate (im Vergleich zum Durchschnitt der Jahre zuvor) auf das Dreifache, in Berlin auf das 3,5-fache, in Dresden und Magdeburg auf das Vierfache, in Rostock auf das Fünffache.[5]

In Halle/Saale hingegen, das zunächst in amerikanische Hände fiel, erhöhte sich die Selbsttötungsrate im Jahr 1945 lediglich um etwa 40 Prozent. Auch im benachbarten Leipzig ereigneten sich 1945 nur knapp 20 Prozent mehr Selbsttötungen als im Durchschnitt der Jahre 1934 bis 1936.[6] In baye-

---

2 Durkheim, Selbstmord, 1993, S. 229.
3 Vgl. ebd., S. 224–231.
4 Bundesministerium für soziale Sicherheit, Generationen und Konsumentenschutz (Hg.), Suizide von Männern in Österreich, Wien 2002, S. 48.
5 Zahlen in: Schulze, Erforschung der Selbstmordziffer, S. 53; Eckart Elsner, Selbstmord in Berlin, in: Berliner Statistik 37 (1983) 11, S. 218–239, hier 223; Parnitzke, Bemerkungen zum Selbstmordgeschehen, S. 398.
6 Vgl. Ulf Nitzschke, Beitrag zur Epidemiologie des Parasuizids am Beispiel des Krankengutes der Klinik für Innere Medizin des Bezirkskrankenhauses »St. Georg« Leipzig, Diss. Berlin 1990, S. 12.

rischen Kleinstädten war die Selbsttötungsrate im April/Mai 1945 ca. ein Viertel höher als in den Jahren danach, und auch in München hat es keine Selbsttötungswelle gegeben.[7] In Nordbaden übertraf die Suizidhäufigkeit nicht einmal das Vorkriegsniveau.[8]

Außer Zweifel steht, dass neben Hitler, Goebbels, Himmler und Göring eine ganze Reihe von großen und kleinen Nazis zu Kriegsende bzw. in der unmittelbaren Nachkriegszeit ihr Leben beendeten.[9] Schon Zeitgenossen wiesen auf einen Zusammenhang zwischen der nationalsozialistischen Vernichtungspolitik und den zahlreichen Selbsttötungen der Naziführer hin. So schrieb ein Arzt aus Baden-Württemberg im Jahr 1949:

»Die Neigung, das Leben anderer zu vernichten, und sei es auch sogenanntes lebensunwertes Leben, steht in dämonisch-unheilvoller Verknüpfung mit dem Trieb, zu gegebener Stunde dem eigenen Leben ein Ende zu setzen.«[10]

Das war jedoch nur ein Teil der Selbsttötungswelle. Auch Verweise auf »den unglücklichen Ausgang des Krieges und den totalen Zusammenbruch der Nation« genügen nicht, um die gravierenden Ost-West-Unterschiede zu erklären.[11] Vor allem in schlesischen, pommerschen und mecklenburgischen Kleinstädten wie Grünberg, Lauenburg, Templin, Neubrandenburg, Demmin und Güstrow sollen sich in unmittelbarem Zusammenhang mit dem Einmarsch der Roten Armee und deren Vergeltungsmaßnahmen wahre »Selbsttötungsepidemien« ereignet haben – mit oft Hunderten von Toten innerhalb weniger Tage.[12] In den seltensten Fällen beruhten die von Zeitzeugen genannten Zahlen auf Namenslisten, dennoch können die Berichte grundsätzlich als glaubwürdig gelten. Wenn etwa im Fall von Neubrandenburg, wo ein Oberkirchenrat von 3000 Selbsttötungen berichtete, bei einer späteren Nachprüfung »nur« etwa 1000 Todesfälle nachgewiesen werden konnten, dann zeigt das, dass die Zahlenangaben von Zeitzeugen aus unmittelbarer Betroffenheit heraus übertrieben wurden, nichtsdestotrotz in der Größenordnung aber doch zutrafen.[13]

7 Vgl. Klaus-Dieter Henke, Die amerikanische Besetzung Deutschlands, München 1995, S. 965.
8 Vgl. Berthold Müller/Johann Sitka, Untersuchungen über das Verhalten des Selbstmords unter dem Einfluss der Verhältnisse der letzten Jahre, in: Ärztliche Wochenschrift 4 (1949) 41/42, S. 663–667.
9 Vgl. Michael Foedrowitz, Mit Gift, Strick und Pistole, in: Die Zeit vom 5. Mai 1995, S. 92.
10 Schulte, Selbstmordproblem, S. 205.
11 Gertrud Dorothea Hausmann, Über den Selbstmord, Diss. Heidelberg 1952, S. 32.
12 Vgl. Bundesministerium für Vertriebene, Flüchtlinge und Kriegsgeschädigte (Hg.), Dokumentation der Vertreibung der Deutschen aus Ost- und Mitteleuropa, Bonn, mehrere Bde. 1955–1961.
13 Vgl. Joachim Schultz-Naumann, Mecklenburg 1945, Frankfurt/M. u.a. 1991; Dieter Krüger, Das Kriegsende 1945 im Erleben der Bevölkerung, in: Neubrandenburger Mosaik (1992), Nr. 15/16, S. 114–125 sowie ders., 1945. Das Kriegsende in Neubrandenburg und im Kreis Mecklenburg-Strelitz, in: Neubrandenburger Mosaik (1994), Nr. 18, S. 129–184. Den Hinweis auf diese Aufsätze verdanke ich Bettina Greiner.

Es handelte sich dabei zum Teil um Panikreaktionen aus einer von der nationalsozialistischen Propaganda geschürten Angst vor den Russen; die Selbsttötungswellen ereigneten sich aber zumeist in zwei Phasen.[14] Den ersten von Angst und Panik bestimmten Selbsttötungen folgte in vielen Orten eine zweite Selbsttötungswelle, nachdem es zu Hinrichtungen, Plünderungen und massenhaften Vergewaltigungen durch die Besatzer gekommen war.

Im mecklenburgischen Demmin zum Beispiel nahmen sich innerhalb einer Woche von den ca. 15 000 Einwohnern etwa 700 das Leben.[15] Ähnliches ereignete sich auch in zahlreichen anderen Kleinstädten in Pommern und Mecklenburg. In Rostock wurden im Mai 1945 118 Selbsttötungen registriert, davon 69 von Frauen, während sich im ganzen Jahr 1944 nur 34 Selbsttötungen (davon zehn Frauen) ereignet hatten.[16]

In Berlin, das nach dem Sieg der Roten Armee ebenfalls für einige Tage zur Plünderung freigegeben wurde, begingen im Jahr 1945 über 7000 Menschen Suizid, davon waren 4000 Frauen.[17] Das Gros der Selbsttötungen wurde in Berlin bereits vor dem Einmarsch der Russen registriert, so nahmen sich allein im April 3877 Berliner das Leben, im Mai waren es 942, im Juni 371 und in den folgenden Monaten noch weniger.[18]

Nach der Selbsttötungswelle zu Kriegsende folgte eine mehrjährige Phase der allmählichen Normalisierung. Seit den 1950er Jahren blieb die Selbsttötungsrate der DDR über Jahrzehnte hinweg relativ konstant.

Allerdings kam es auch zu kurzzeitigen Schwankungen, die DDR-spezifische Ursachen vermuten lassen, zumal sie in der Bundesrepublik, deren Selbsttötungsraten über 40 Jahre hinweg auf niedrigem Niveau nahezu parallel zu den Raten der DDR verliefen, nicht zu beobachten waren. Die Ost-West-Differenz wird deutlich, wenn man die Entwicklung der Relation der Selbsttötungsraten beider deutscher Staaten berechnet.

Am größten war der Unterschied in der unmittelbaren Nachkriegszeit. Im Gegensatz zu den Westzonen, wo bereits die Selbsttötungswelle wesentlich schwächer ausgefallen war, ebbte die erhöhte Selbsttötungsneigung in den sowjetisch besetzten Gebieten mit Kriegsende nicht sofort ab; die Selbsttötungsraten blieben in der SBZ in den ersten Nachkriegsjahren vergleichsweise hoch. Insbesondere 1946/47 war die Selbsttötungshäufigkeit bei Männern und Frauen in der sowjetischen Besatzungszone mehr als doppelt so hoch wie in den Westzonen (vgl. Abb. 23).

14 Vgl. Gerhard Schmidt, Über den Selbstmord als Katastrophenreaktion, in: Bibiliotheca psychiatrica neurologica (1968), Nr. 137, S. 84–90.
15 Schätzungen der Zahl der Selbsttötungen reichen von 700 bis 1200. Vgl. Norbert Buske, Das Kriegsende in Demmin, Schwerin 1995, S. 44 f.
16 Vgl. Schulze, Erforschung der Selbstmordziffer, S. 50.
17 Zum Vergleich: In den 1930er Jahren wurden in Berlin pro Jahr etwa 2000 Selbsttötungen registriert, darunter etwa 800 von Frauen.
18 Berliner Statistik 4 (1950) 9, S. 207–210, zit. 208.

Dafür könnten mehrere Faktoren verantwortlich gewesen sein. Eine mögliche Erklärung ist, dass der Anteil der Vertriebenen in der SBZ vergleichsweise hoch war; ein Viertel der Bewohner der SBZ waren »Umsiedler«.[19] In einem Rundschreiben der Evangelisch-Lutherischen Landeskirche Mecklenburg vom 21. Juli 1945 hieß es:

> »Viele finden keinen Sinn mehr in ihrem Dasein. Sie haben im Felde oder daheim oder auf der Flucht größte Opfer gebracht und wissen nun nicht, wofür. Nicht wenige kämpfen mit der Versuchung, ihr Leben wegzuwerfen.«[20]

Oft waren es auf den ersten Blick geringe oder banale Anlässe, die den Entschluss zum Suizid auslösten. Hans Graf von Lehndorff berichtete von einer Ärztin, mit der er während des Vordringens der Roten Armee in Ostpreußen zusammengearbeitet hatte. Nachdem die Ärztin, wie Lehndorff glaubte, Schlimmes durchgemacht und überstanden hatte, starb sie im Juni 1945 an einer Überdosis Tabletten. Der Grund war scheinbar banal: Läuse hatten sich in ihrem Nacken eingenistet.[21]

Ein weiteres Beispiel einer Frau (die zwar in Düsseldorf starb, deren psychischer Zusammenbruch aber auf traumatische Ereignisse im Osten Deutschlands zurückging) wurde in einer medizinischen Dissertation geschildert:

> »Besonders tragisch ist das Schicksal einer 27jährigen Hausangestellten, die durch Schlafmittel Selbstmord begeht: Eltern verschollen, 6 Brüder im Felde, 2 gefallen, 4 vermißt. Ältere Schwester in Berlin vor ihren Augen von den Russen erschossen, weil sie sich nicht vergewaltigen lassen wollte, sie selbst vergewaltigt, von Berlin zurück nach Schlesien, um die Eltern zu suchen, dort bei den Russen gearbeitet, entwichen, Flüchtlingslager in Schleswig-Holstein, dann als Hausangestellte in Düsseldorf, bricht sie schließlich zusammen.«[22]

Heute bezeichnen Psychologen diese zeitverzögerten psychischen Reaktionen als »Posttraumatische Belastungsstörungen«. Erschöpfungszustände infolge der Traumatisierung durch Kriegserlebnisse, durch das Auseinanderreißen von Familien, den Verlust von geliebten Menschen, Hunger, Kälte, Obdachlosigkeit waren in der Nachkriegszeit sehr häufig; eine Befragung in

19 Vgl. Richard Bessel/Ralph Jessen, Einleitung, in: dies. (Hg.), Grenzen, S. 7–23, hier 10. Vgl. auch Harmsen (Hg.), Sozialhygienische Analyse.
20 Rundschreiben des OKR an die Geistlichen, 21. Juli 1945, Schwerin, Ev. Luth. Landeskirche Mecklenburg, Werner Maercker, in: J. Jürgen Seidel, Aus den Trümmern, Göttingen 1996, S. 282–284, zit. 283.
21 Bundesministerium für Vertriebene, Flüchtlinge und Kriegsgeschädigte (Hg.), Dokumentation der Vertreibung der Deutschen aus Ost- und Mitteleuropa, 3. Beiheft: Ein Bericht aus Ost- und Westpreussen 1945–1947, Aufzeichnungen von Hans Graf von Lehndorff, o.O. 1960, S. 64, 123.
22 Wolfgang Ermert, Die soziale Beurteilung des Selbstmordes, Diss. Düsseldorf 1953, S. 33.

Berlin zeigte, dass 58 Prozent der Frauen und 31 Prozent der Männer an lang anhaltenden Erschöpfungszuständen litten.[23]

Allein die materielle und seelische Not dieser Zeit für die erhöhte Selbsttötungsrate verantwortlich zu machen, ließe aber außer Acht, dass auch in den Westzonen zunächst große Not herrschte. Und so muss neben den unmittelbaren Kriegsfolgen auch die sowjetische Besatzungspolitik als ein Faktor angesehen werden, der zur sehr hohen Selbsttötungsrate in Ostdeutschland beigetragen hat. Anders ist es wohl kaum zu erklären, dass sich die Selbsttötungsraten in den Westzonen schon 1946 wieder normalisiert hatten, während für die SBZ zu konstatieren war, dass »mit der fortschreitenden Konsolidierung und Besserung der wirtschaftlichen Verhältnisse das Absinken der Selbstmordziffern nicht parallel« einherging.[24]

Eine in der DDR verfasste geheime Dissertation suchte die Erklärung hierfür im gesellschaftlichen Umbruch und der konsequenten Verfolgung mutmaßlicher NS-Verbrecher.

Nach der Auflistung von Zahlen – 7136 Junker und Großgrundbesitzer seien im Zuge der Bodenreform entschädigungslos enteignet, 520730 Personen, die »im Dienste der nazistischen Verwaltung standen«, entlassen worden, darunter 22600 Lehrer, die Mitglied der NSDAP waren[25] – resümierte die Autorin:

»Diese und weitere revolutionäre Umwälzungen hatten die Veränderung der sozialen Stellung der davon betroffenen Personen zur Folge, die sie nicht immer positiv verarbeiten konnten.«[26]

Auch der Sozialhygieniker Reinhard Cordes erklärte die hohen Selbsttötungsraten in der SBZ/DDR zwischen 1946 und 1951 mit der Unflexibilität vor allem älterer Menschen, den sozialen Umbruch zu verarbeiten.

»Dem Buchhalter des ehemals großkapitalistischen Betriebes wurde plötzlich ein Arbeiter als Betriebsleiter vorgesetzt. Aus solchen und ähnlichen Wandlungen, die der Aufbau des Sozialismus mit sich brachte, entstanden viele Konfliktmöglichkeiten, die besonders den alten Menschen betrafen, der das Neue einfach nicht fassen konnte oder wollte oder nicht mehr die Kraft hatte, sein bisheriges bürgerliches Weltbild durch ein neues zu revidieren.«[27]

---

23 Vgl. Kirsten Poutrus, Von den Massenvergewaltigungen zum Mutterschutzgesetz, in: Richard Bessel/Ralph Jessen (Hg.), Die Grenzen der Diktatur, Göttingen 1996, S. 170–198, hier 174.

24 Kurt Scheidler, Zum Selbstmordgeschehen in Berlin, in: Zeitschrift für ärztliche Fortbildung 54 (1960) 16, S. 947–955, zit. 950.

25 Vgl. Ostzone zieht Schlußstrich, in: Neues Deutschland vom 21. April 1948, S. 1. Dort heißt es, rund 520000 Naziaktivisten seien aus führenden Stellungen entfernt worden; zudem sei im Zuge der Bodenreform 6807 Junker und Gutsbesitzer sowie 1605 »aktive Faschisten« und Kriegsverbrecher enteignet worden.

26 Schulze, Erforschung der Selbstmordziffer, S. 57.

27 Cordes, Selbstmordgeschehen, S. 22.

Der genaue Anteil solcher Fälle an der Gesamtzahl der Selbsttötungen ist retrospektiv nicht mehr zu ermitteln. Bei einer Stichprobe im Kreis Heiligenstadt war in den Jahren 1946–1948 nur ein einziger politischer Suizidfall nachweisbar: Dabei handelte es sich um die Selbsttötung eines ehemaligen Aufsehers im KZ Buchenwald, der sich im Polizeigefängnis Heiligenstadt das Leben nahm.[28]

Auch andere Einzelfälle können lediglich ein Schlaglicht werfen auf das Spektrum der Suizidmotive; immerhin lassen sie vermuten, dass eine sehr unterschiedlich motivierte Angst vor Strafverfolgung durch die Besatzungsmacht bzw. die neuen Machthaber der SED in vielen Fällen eine Rolle spielte: In Weimar nahm sich der Jurist und Kunstsammler Georg Haar am 22. Juli 1945 gemeinsam mit seiner Ehefrau das Leben, »betroffen durch den Tod zweier Söhne im Krieg« und aus Furcht vor »Repressalien der russischen Besatzungsmacht«.[29] Unter 22 gemeldeten Suizidfällen, die sich in den Jahren 1946 bis 1948 in sächsischen Gefängnissen ereigneten, befanden sich zwei Ärzte und ein Krankenpfleger, die wegen Beteiligung an den nationalsozialistischen »Euthanasie«-Mordaktionen inhaftiert waren.[30]

Demgegenüber waren unter den 1948 bis 1951 in Sachsen registrierten Gefängnissuiziden mehrere Todesfälle wegen sogenannter »Wirtschaftsverbrechen« Inhaftierter. So erhängte sich am 14. März 1949 in Kamenz ein Fabrikant, der in Untersuchungshaft gekommen war, weil er Rohstoffe und Produkte seines Betriebes vor der staatlichen Kontrolle versteckt hatte. Einen ähnlichen Todesfall hatte es dort schon ein Jahr zuvor gegeben.[31]

Allerdings war die Wirkung der politischen Rahmenbedingungen begrenzt, wie die Selbsttötungsraten in den vier Sektoren Berlins zeigen, die von Juli 1945 bis Juni 1946 in allen Sektoren nahezu gleich waren.[32]

So müssen auch andere Faktoren berücksichtigt werden. Eine weitere Teilerklärung für die hohe Selbsttötungsrate der SBZ ist die Scheidungsrate in der Nachkriegszeit, die außergewöhnlich hohe Werte erreichte. Dabei könnte es sich um eine Spätfolge der übereilt geschlossenen Kriegsehen und um den Ausdruck einer im Angesicht der täglichen Nähe des Todes gelockerten Moral gehandelt haben. Noch 1950 war die Zahl der Scheidungen in der DDR fast doppelt so hoch wie 1955.[33]

---

28 Vgl. ThHStAW, Landesbehörde der VP Thüringen (Bestand 5), Nr. 396, Bl. 38.
29 Vgl. Die Geschichte der Villa Haar (www.stiftunghaar.de).
30 Vgl. HStADD, LR Sachsen, Ministerium der Justiz (Bestand 11380), Nr. 1199, 1200, 1201, 1202/2 und 1203.
31 Vgl. HStADD, LR Sachsen, Ministerium der Justiz (Bestand 11380), Nr. 1205, n. pag.
32 Vgl. BArch Berlin, DE 2, Kasten Nr. 55001, n. pag.
33 Vgl. Poutrus, Massenvergewaltigungen, S. 175.

4.3 Selbsttötungsrate und Aufbau des Sozialismus in der DDR

Nach der Normalisierung Anfang der 1950er Jahre veränderte sich das Verhältnis der Selbsttötungsraten beider deutscher Staaten in den folgenden Jahrzehnten nur noch geringfügig. Es gab zwar Schwankungen der Selbsttötungsrate, die in der DDR stärker ausfielen als in der Bundesrepublik, was als Indiz für zeitgeschichtliche Ursachen gelten könnte. Andererseits schwanken statistische Ergebnisse generell stärker bei geringerer Populationsgröße. Zudem unterlag gerade die Relation der Selbsttötungsraten der Männer, wo ein größerer Einfluss politischer Rahmenbedingungen zu vermuten ist, keinen dramatischen Änderungen (vgl. Abb. 23). Lediglich 1961 bis 1966 und 1972 bis 1976 sind flache Maxima zu erkennen. Stärkere Schwankungen gab es bei den Frauen, deren Selbsttötungsrate auch noch in den ersten Jahren der DDR verhältnismäßig hoch ausfiel. Hier könnten politische Rahmenbedingungen, etwa bei der relativ hohen Selbsttötungsrate nach dem Mauerbau 1961, eine Rolle gespielt haben (siehe unten). Der Anstieg der Selbsttötungsrate der Frauen ab etwa 1972 hingegen könnte ein Nebeneffekt der gleichzeitig stark ansteigenden Scheidungsrate in der DDR gewesen sein.

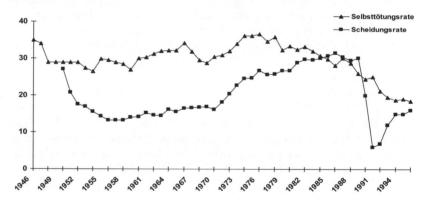

Abb. 15: Entwicklung von Scheidungsraten[34] und Selbsttötungsraten[35] in der SBZ/DDR und den Neuen Bundesländern zwischen 1946 und 1996.

34 Scheidungsrate meint hier: Zahl der Ehescheidungen pro 10 000 Einwohner pro Jahr. Zahlen dazu aus: Bernhard Klose, Ehescheidung und Ehescheidungsrecht in der DDR – ein ostdeutscher Sonderweg?, Baden-Baden 1996, S. 289; Steffen Mau/Wolfgang Zapf, Zwischen Schock und Anpassung, in: Informationsdienst Soziale Indikatoren, Ausgabe 20, Juli 1998, S. 1–4, hier S. 2.
35 Selbsttötungsrate = Zahl der Selbsttötungen pro 100 000 Einwohner pro Jahr. Zahlenangaben aus: Leonhardt/Matthesius, Zu suizidalen Handlungen, Tabellen-Anhang 4a; Felber/Winiecki, Material sowie Statistisches Bundesamt (www.gbe-bund.de).

Bemerkenswert ist, dass der Volksaufstand am 17. Juni 1953 und dessen Niederschlagung durch den Einsatz sowjetischer Panzer, zweifellos ein »massives und brutales« politisches Ereignis, in der Suizidstatistik der DDR keine Spuren hinterließ. Nach Durkheim hätte sich dieses revolutionäre Ereignis in einer allgemeinen Absenkung der Selbsttötungsrate niederschlagen müssen; das war jedoch nicht der Fall. Andererseits dürfte die Zeit nach der Niederschlagung, in der sich die SED-Diktatur mit dem Aufbau der Kampfgruppen, der Bewaffnung aller höheren SED-Funktionäre ab Kreisebene und dem massiven Ausbau der Staatssicherheit für lange Zeit festigte, bei vielen Menschen Enttäuschung und Niedergeschlagenheit bewirkt haben, aber auch hier: kein Effekt auf die Selbsttötungsrate.

Zwar ist bekannt, dass Verhaftete sich in einigen Orten (Bitterfeld, Berlin) das Leben nahmen. In einer gerichtsmedizinischen Dissertation wurde sogar spekuliert, dass die hohe Zahl von vier Selbsttötungen von Inhaftierten im Jahr 1954 in Halle (gegenüber einem Durchschnitt von einem Suizid pro Jahr) eine Folge des 17. Juni gewesen sein könnte.[36] Insgesamt aber lagen die Selbsttötungsraten von 1953 und 1954 im allmählich sinkenden Trend jener Jahre. Offenbar wurde dieses Ereignis auf andere Weise »verarbeitet«, in Betracht zu ziehen sind die materiellen Zugeständnisse, die in den Betrieben nach der Niederschlagung der Massenstreiks gemacht wurden, und die Möglichkeit, in die Bundesrepublik zu fliehen.

Insgesamt sank die Selbsttötungshäufigkeit in der im engeren Sinn »stalinistischen« Phase der SBZ/DDR kontinuierlich ab. Im Jahr 1956 lag die Selbsttötungsrate um 23 Prozent niedriger als im Jahr 1946. Das ist ein zweiter, erstaunlicher Sachverhalt, der in der DDR damals als Erfolg verbucht wurde: »So haben in der DDR die Aufhebung der sozialen Gegensätze, die Verbesserung des Gesundheitswesens, die Hebung des Lebensstandards und Beseitigung der Arbeitslosigkeit in der Senkung der Selbstmordziffern ihren Niederschlag gefunden«, hieß es 1963 in einer Dissertation.[37] Ob diese Bewertung berechtigt war, sei dahingestellt, man musste die Zahlen aber schon sehr tendenziös zurechtbiegen, um (wie ein ehemaliger Mitarbeiter des Ostbüros der SPD) für die DDR der 1950er Jahre »eine Parallele zwischen den Fortschritten im sozialistischen Aufbau und der Steigerung der Selbstmordrate« zu behaupten; letzteres war ganz sicher falsch.[38]

Dass sich weder der Volksaufstand vom 17. Juni 1953 noch der »Aufbau des Sozialismus« in der DDR auf die Selbsttötungsrate ausgewirkt hat, verdeutlicht die begrenzte Wirksamkeit politischer Ereignisse. Andererseits gibt es Indizien dafür, dass in den Jahren ab 1960, als die Selbsttötungsrate der DDR absolut und auch relativ zur Bundesrepublik anstieg, die politischen

---

36 Vgl. Edith Preiß, Die Problematik des Selbstmords bei Frauen im Material des Institutes für Gerichtliche Medizin der Martin-Luther-Universität vom 1.1.1928–31.12.1962, Diss. Halle 1967, S. 63.
37 Cordes, Selbstmordgeschehen, S. 106.
38 Vgl. Pritzel, Selbstmord, S. 1111f.

Rahmenbedingungen zumindest in bestimmten gesellschaftlichen Teilbereichen eine Rolle spielten. So fand eine Gerichtsmedizinerin bei einer Auswertung von zur Obduktion gelangten Suizidfällen im Zeitraum 1928 bis 1962 Häufungen der Motivangabe »Furcht vor Strafe«; und zwar in den Jahren 1940, 1944, 1951 und 1962.[39] Dieser Befund korreliert mit Verschärfungen in der strafrechtlichen Praxis und wirft die Frage auf, ob sich Repressionen nicht doch, zumindest temporär und in bestimmten Sektoren, auf die Häufigkeit von Selbsttötungen ausgewirkt haben.

Ein solcher Sektor war die in den 1950er Jahren politisch-ideologisch umkämpfte DDR-Geschichtswissenschaft; hier kam es mehrfach zu Selbsttötungen.

4.4 Selbsttötungen von nichtmarxistischen DDR-Geschichtswissenschaftlern in den 1950er Jahren im Kontext von Diktaturdurchsetzung und »Kaltem Krieg«

Kaum eine Darstellung der Entwicklung der Geschichtswissenschaft in der DDR[40] verzichtet auf eine zumindest kursorische Erwähnung der Schicksale von drei nichtmarxistischen Historikern, die in den Jahren 1953 bis 1958 ihr Leben durch eigene Hand beendeten: Karl Griewank, Professor für Mittlere und Neuere Geschichte in Jena, Martin Lintzel, Professor für Mediävistik in Halle/Saale sowie Willy Flach, Direktor des Thüringischen Landeshauptarchivs in Weimar mit zusätzlichem Lehrauftrag an der Humboldt-Universität zu Berlin. Karl Griewank ließ sich am 27. Oktober 1953 bei Jena von einem Zug überfahren. Martin Lintzel ging am 15. Juli 1955 in Halle in den Tod. Willy Flach beendete sein Leben am 17. März 1958 in Bonn, kurz nach seiner Flucht aus Weimar, durch eine Überdosis Schlaftabletten.

---

39 Vgl. Sibylle Firchau, Die Problematik des Selbstmordes bei Männern im Material des Institutes für Gerichtliche Medizin der Martin-Luther-Universität vom 1.1.1928–31.12.1962, Diss. Halle 1967, S. 51.

40 Vgl. z.B.: Winfried Schulze, Deutsche Geschichtswissenschaft nach 1945 (= Historische Zeitschrift, Beihefte (Neue Folge) Bd. 10), München 1989; Marianne Zumschlinge, Das Einwirken von Partei und Staat auf die Universitäten von 1945 bis 1971, Pullach 1994; Ilko-Sascha Kowalczuk, Legitimation eines neuen Staates, Berlin 1997; Georg G. Iggers u.a. (Hg.): Die DDR-Geschichtswissenschaft als Forschungsproblem (= Historische Zeitschrift, Beihefte (Neue Folge) Bd. 27), München 1998; Ulrich Neuhäußer-Wespy, Günter Mühlpfordt und die Gleichschaltung der DDR-Geschichtswissenschaft in den fünfziger Jahren, in: Erich Donnert (Hg.), Europa in der frühen Neuzeit, Festschrift für Günter Mühlpfordt, Bd. 5, Aufklärung in Europa, Köln u.a. 1999, S. 721–743; Lothar Mertens, Von Priestern der Klio zu Sprachrohren der Partei. Die personelle Umstrukturierung der Geschichtswissenschaft der SBZ/DDR 1945/46 bis 1958, in: ders. (Hg.), Politischer Systemumbruch als irreversibler Faktor von Modernisierung in der Wissenschaft, Berlin 2001, S. 101–165.

Alle drei waren sogenannte »bürgerliche« Historiker, die trotz der zunehmenden Ideologisierung ihres Fachgebietes (unter der sie litten) auf ihren Posten ausharrten. Angesichts der augenscheinlichen Häufung von Selbsttötungen (und angesichts des Fehlens vergleichbarer Fälle bundesdeutscher Historiker) liegt es nahe, politische Ursachen zu vermuten. Das ist von ost- und westdeutscher Seite auch mehrfach geschehen.

In der DDR brachte der marxistisch-leninistische Historiker Ernst Engelberg die tragischen Todesfälle auf einen einfachen ideologischen Nenner: Schuld an den Selbsttötungen waren seiner Meinung nach »die westdeutsche politische und ideologische Restauration« und deren »unwissenschaftliche Angriffe gegen den historischen Materialismus«. Einerseits durch selektives Lob, andererseits durch Verdächtigungen gegenüber in der DDR lebenden Historikern, sich dem Kommunismus verschrieben zu haben, hätten westdeutsche Historiker versucht, einen Keil zwischen »bürgerliche« und marxistische Historiker zu treiben.

»Das löste bei den Gelehrten, die sich um ein ernsthaftes und ehrliches Verstehen des Marxismus und der von ihm geschaffenen gesellschaftlichen Ordnung bemühten, aber durch Herkunft, Werdegang und persönliche Verbindungen mit der alten, in Westdeutschland wiedererstandenen Ordnung verbunden blieben, tiefe innere Konflikte aus. Die Professoren Griewank, Lintzel und Flach [...] fanden aus diesem Widerspruch zwischen wachsenden neuen Einsichten und restaurativer Gegenwirkung, zwischen Zukunftssicht und Festgehaltenwerden am Vergangenen keinen anderen Ausweg als den des tragischen Todes.«[41]

Engelberg machte damit einen – durch die differenzierende Taktik bundesdeutscher Wissenschaftler zugespitzten – intellektuellen Widerspruch für die Selbsttötungen verantwortlich, und er behauptete, die »reaktionäre« Ideologie bundesdeutscher Historiker hätte die suizidalen Konflikte erzeugt. Zur Begründung führte der marxistische Historiker an, Griewank hätte nicht zufällig kurz nach seiner Teilnahme am Bremer Historikertag, auf dem Gerhard Ritter eine »neue demagogische Konzeption über den Begriff, die Ursachen und die Geschichte des Militarismus« entwickelt hätte, den Tod gefunden. Mit diesem Schuldvorwurf an die Adresse der Bundesrepublik verknüpfte Engelberg nicht nur (im feindseligen Klima des Trierer Historikertags 1958 erfahrene) eigene Frustrationen mit den persönlichen Schicksalen von Griewank, Lintzel und Flach – durch die ideologiebasierte Argumentationsweise reduzierte er die Selbsttötungen auf propagandistische Projektionsflächen, ohne sich mit den Ursachen der individuellen Schicksale auch nur ansatzweise auseinanderzusetzen.

Mit der Behauptung, die sogenannten »bürgerlichen« Historiker seien zerbrochen »an dem Zwiespalt zwischen der wachsenden Erkenntnis des Neuen

41 Ernst Engelberg (Hg.), Trier – und wie weiter? Berlin 1959, S. 58f.

und Zukunftsträchtigen einerseits und dem immer wieder von außen bestärkten Gefühl des Nichtloskommenkönnens und -dürfens von einer überlebten Denk- und Gefühlswelt andererseits« versuchte auch der marxistisch-leninistische Historiker Walter Schmidt, das »Vorkommnis« Selbsttötung mit der Ideologie der SED zu harmonisieren.[42] Da in der DDR Selbsttötungen als der sozialistischen Gesellschaft »wesensfremd« angesehen wurden, musste durch eine solche (Schein-)Erklärung die Ursache für die Verzweiflung in die überkommene »bürgerliche« Gesellschaft (vor)verlegt werden.[43] Dafür, dass den nichtmarxistischen Historikern weltanschauliche Zweifel derart zu schaffen machten, dass sie sich schließlich das Leben nahmen, gibt es jedoch keinerlei Belege.

Offenbar sollte die ideologische Deutung der Selbsttötungen in der DDR vor allem der Verschleierung der im Zuge der Diktaturdurchsetzung durch die SED erzeugten Konflikte und Zwangslagen für nichtmarxistische Gelehrte dienen. In der Bundesrepublik hingegen stand genau dieser Aspekt im Zentrum der Diskussionen. Das SBZ-Archiv berichtete von »schwersten Konflikten zwischen wissenschaftlicher Wahrheit und Verantwortung einerseits und dem politischen Zwang eines totalitären Regimes andererseits«, die das Lebensende Karl Griewanks bestimmt hätten.[44] In der Zeitschrift »Christ und Welt« hieß es zu Griewanks Selbsttötung:

> »Dieser Tod ist ein Stück der Tragödie der deutschen Wissenschaft unter dem sowjetzonalen Regime, dieser Tod macht etwas deutlich von dem einsamen, im Westen oft unverstandenen Leid, das die Menschen drüben beugt – und zerbricht.«[45]

Wolfgang Huschke, ein Schüler Willy Flachs, führte 1958 zur Erklärung für die Selbsttötung seines Lehrers sowohl Arbeitsüberlastung als auch politische Bedrängnis an:

> »Der Abgrund, der sich zwischen seiner geistigen Grundhaltung und der ihm ebenso wie der erdrückenden Mehrheit seiner Landsleute wesensfremden Ideologie und Praxis kommunistischer Gewaltherrschaft auftat, hat sich auf Dauer auch durch höchste fachliche Leistungen und die Übernahme zusätzlicher Aufgaben, die der Heranbildung des archivarischen Nachwuchses und der Unterstützung wissenschaftlicher Forschungsvorhaben galten, nicht überbrücken lassen. Das Wissen um die sich abzeichnende Ausweglosigkeit dieses Gegensatzes und die körperlichen und geistigen Strapazen, die die gewis-

---

42 Walter Schmidt, Die DDR-Geschichtswissenschaft in den fünfziger Jahren, in: Alfred Anderle (Hg.), Entwicklungsprobleme der marxistisch-leninistischen Geschichtswissenschaft in der UdSSR und in der DDR, MLU Halle-Wittenberg, Wissenschaftliche Beiträge 1983/54/C 30, Halle/Saale 1983, S. 32–72, zit. 37.
43 Vgl. die analoge Argumentation in: Cordes, Selbstmordgeschehen, S. 22.
44 Eine Todesanzeige, in: SBZ-Archiv 4 (1953) 23, S. 351.
45 Harald von Koenigswald, Tragödie eines Gelehrten, in: Christ und Welt vom 14. Januar 1954, S. 6.

senhafte Wahrnehmung aller ihm übertragenen Aufgaben für ihn bedeuteten, zermürbten seine seelischen und physischen Kräfte.«[46]

Diese Deutungslinie setzte sich in der gesamtdeutschen Geschichtswissenschaft nach 1990 fort, ähnliche Positionen vertraten zum Beispiel Marianne Zumschlinge und Lothar Mertens.[47] Auch Ulrich Neuhäußer-Wespy, der 1999 die Frage aufwarf, »ob psychische Belastungen bzw. die latente Neigung zum Suizid ohne politische Verfolgung in allen Fällen auch zur letzten furchtbaren Konsequenz geführt hätte«, kam letztlich zu dem Schluss, dass man hinsichtlich der Selbsttötungen »bei aller gebotenen Vorsicht doch von einem Symptom für Unterdrückung und Bedrängnis sprechen« müsse.[48]

Sind diese politischen Deutungen der Selbsttötungen mit den verfügbaren biografischen Informationen in Einklang zu bringen?[49] Rechtfertigt die leicht durchschaubare Argumentation der SED-Ideologen den Umkehrschluss, dass die Todesfälle von Griewank, Lintzel und Flach als klare Belege für die These der »brutalen Durchsetzung« der marxistisch-leninistischen Geschichtswissenschaft in der DDR gelten dürfen?[50]

Einerseits ist nicht anzuzweifeln, dass die nichtmarxistischen Historiker unter der schrittweisen Demontage der wissenschaftlichen Unabhängigkeit im Zuge stalinistischer Ideologisierung und den damit verbundenen Angriffen auf die Standards des wissenschaftlichen Arbeitens litten, wie ein Brief des Halleschen Historikers Hans Haussherr aus dem Jahr 1950 belegt:

»Selbst wenn die fortgesetzten Angriffe auf diejenigen, die wirklich Geschichtswissenschaft lehren, nicht zu unmittelbaren, vernichtenden Folgen für den Einzelnen führen, so gräbt man uns doch immer mehr das Wasser ab, schüchtert unsere Schüler, vor allem die wissenschaftlich und charakterlich besten ein und bringt durch Neubesetzungen [...] sowie durch die Schraube des Aufnahmeverfahrens immer ungeeignetere Kräfte an die Hochschulen.«[51]

Die Frage ist jedoch, ob solche schwierigen Rahmenbedingungen im Einzelfall als Ursache der Selbsttötung wahrscheinlich gemacht werden können. Hierbei ist zu beachten, dass Not und Bedrängnis, wie aus der Suizidforschung hinlänglich bekannt ist, auch ein Absinken der Selbsttötungsraten

46 Wolfgang Huschke, Willy Flach zum Gedenken, in: Mitteldeutsche Familienkunde 1 (1963) 11, S. 105–108, zit. 106.
47 »Angesichts des jahrelangen Kampfes und der andauernden Diffamierungen seiner Person sah Karl Griewank wohl keinen Ausweg mehr und warf sich im Oktober 1953 vor einen Zug.« Mertens, Die personelle Umstrukturierung, S. 122f.
48 Neuhäußer-Wespy, Günter Mühlpfordt, S. 727.
49 Zu Karl Griewanks Tod liegt eine umfassende Analyse von Tobias Kaiser vor, die Basis für die folgenden Ausführungen ist. Vgl. Tobias Kaiser, Karl Griewank (1900–1953) – ein deutscher Historiker im »Zeitalter der Extreme«, Diss. Jena 2004.
50 Mertens, Die personelle Umstrukturierung, S. 122.
51 Brief von Hans Haussherr an Gerhard Ritter vom 11. 7. 1950, zit. bei: Mertens, Die personelle Umstrukturierung, S. 123.

bewirken können; insofern ist die aufgeworfene Frage keineswegs trivial. Waren es wirklich die politischen Verhältnisse in der SBZ/DDR, die Karl Griewank, Martin Lintzel und Willy Flach – wie es bei Selbsttötungen oft vereinfachend heißt – »in den Tod getrieben« haben?

4.4.1 »Tragödie eines Gelehrten« – Karl Griewank

Karl Griewank war von 1947 bis zu seinem Tod am 27. Oktober 1953 Professor für Mittlere und Neuere Geschichte an der Friedrich-Schiller-Universität Jena. Als dem Marxismus gegenüber aufgeschlossener linksliberaler Historiker genoss er in der DDR relativ großes Ansehen und eine gewisse »Narrenfreiheit«. Von 1948 bis 1951 amtierte Griewank an der Jenaer Universität als Dekan, die folgenden Jahre als Prodekan. Er stand somit nicht nur als Dozent, sondern auch als Verantwortlicher für übergreifende Strukturfragen im Zentrum der Konflikte und Umbrüche jener Jahre.[52] So wirkte Griewank im hauptsächlich mit SED-Mitgliedern besetzten »Wissenschaftlichen Beirat« an Reformen des DDR-Hochschulwesens mit und war Mitglied der Historikersektion der Deutschen Akademie der Wissenschaften in Ost-Berlin; gleichzeitig gehörte er seit 1949 dem Leitungsausschuss des westdeutschen »Verbandes der Historiker Deutschlands« an und war seit 1946 Mitglied der Historischen Kommission in München.[53]

Vor allem im Jahr 1950 klagte Griewank mehrfach in Briefen über eine »zunehmende Einengung des geistigen Wirkungsraumes: unsachlich-politische Studentenauswahl, Publikationszensur, allmähliche Verkümmerung des Lehrkörpers« sowie »Abschneidung von der neueren Literatur des Westens und des Auslands«.[54] Im Herbst 1950 kam es zu persönlichen Angriffen auf den nichtmarxistischen Historiker. Eine Vorlesungsankündigung Griewanks löste die sogenannte »Treitschke-Diskussion« aus, eine am 16. Januar 1951 ausgetragene fünfstündige Kontroverse, bei der sich marxistische und nichtmarxistische Studenten gegenüberstanden. Zuvor hatte der junge Absolvent Lothar Berthold auf einer Parteiversammlung gefordert: »Das Ziel der Diskussion mit Prof. Griewank muss sein, ihn an der Universität bloßzustellen, damit das Min.[isterium] eine Handhabe hat, ihn von der Universität zu entfernen.«[55] Es wäre jedoch falsch, die Intention einiger Genossen schon

---

52 Vgl. Karl-Heinz Noack, Karl Griewank, in: Heinz Heitzer/Karl-Heinz Noack/Walter Schmidt (Hg.), Wegbereiter der DDR-Geschichtswissenschaft. Biographien, Berlin 1989, S. 75–92.
53 Vgl. Zumschlinge, Einwirken, S. 127f. und 313–321.
54 Brief an Gerhard Ritter vom 14. Januar 1950, in: BAK, N 1166, Nr. 335, n. pag.
55 ThStAR, BPA SED Gera, UPL Jena, 1796, Bl. 21. Zit. bei: Tobias Kaiser, Karl Griewank – ein bürgerlicher Historiker?, in: Tobias Kaiser/Steffen Kaudelka/Matthias Steinbach (Hg.), Historisches Denken und gesellschaftlicher Wandel. Studien zur Geschichtswissenschaft zwischen Kaiserreich und deutscher Zweistaatlichkeit, Berlin 2004, S. 13–51, Fußnote 118.

für das Resultat zu nehmen;[56] denn während der Diskussion parierte der Historiker die Anfechtungen souverän, ließ sich nicht provozieren und bot den marxistischen Dogmatikern eine weitgehende Kooperation an, die auch realisiert wurde. Das wirkte sich zum Beispiel so aus, dass Kurt Pätzold, einer der studentischen Initiatoren der Angriffe auf Griewank, drei Jahre später Examenskandidat und sogar Doktorand bei Griewank wurde.[57]

Während sich Griewank Mitte November 1950 (nach einem Angriff gegen ihn in der Universitätszeitung) »mehr und mehr gefährdet« fühlte,[58] schien sich die Lage nach der »Treitschke-Diskussion« beruhigt zu haben. Griewank wurde in den »Wissenschaftlichen Beirat der Fachrichtung Geschichte« berufen, und er konnte seine Lehrtätigkeit in Jena durch einen ab 1. Januar 1952 gültigen Einzelvertrag absichern, worin auch Reisemöglichkeiten in die Bundesrepublik zugesichert wurden.

Nichtsdestotrotz suchte er nach Möglichkeiten, in die Bundesrepublik zu wechseln; diese Idee konkretisierte sich im April 1953, nachdem für ihn eine hauptamtliche Stelle bei der Historischen Kommission in München geschaffen worden war.[59]

Politischer Druck der SED trug maßgeblich dazu bei, dass er diesen Plan aufschob, denn Griewank wollte nur »unter den Bedingungen einer einigermaßen normalen akademischen Freizügigkeit unter Mitnahme des unentbehrlichen Hausrats und Arbeitsmaterials (Manuskripte und Bücher)« in die Bundesrepublik übersiedeln – was ihm der zuständige Minister Paul Wandel jedoch verwehrte.[60] Griewank erklärte sich nach Zusicherungen für erweiterte Forschungsmöglichkeiten, ausgedehntere Bücherbeschaffung, erleichterte Reisemöglichkeiten zu Kongressen in Westdeutschland sowie der Zusage, ihn bei der Drucklegung seiner wissenschaftlichen Veröffentlichungen zu unterstützen, schließlich bereit zum Verbleiben in der DDR.[61] In einer akuten Zwangslage befand sich Griewank durch die Ablehnung einer legalen Übersiedlung also nicht, zumal die Bayerische Akademie der Wissenschaften Griewank die schriftliche Zusicherung gegeben hatte, die Stelle für ein Jahr offen zu halten. »So ist wieder für ein Jahr Zeit gewonnen, ohne daß ich die Brücken abzubrechen brauche hier oder drüben«, schrieb Griewank am 2. Oktober 1953 an seinen Cousin. [62]

---

56 Zumal es sich, wie Tobias Kaiser gezeigt hat, um eine temporäre Kampagne gehandelt hat, an welcher der damalige SED-Chefideologe Fred Oelßner nur marginal beteiligt war. Vgl. Kaiser, Karl Griewank (1900–1953) – ein deutscher Historiker, S. 312–318.
57 Vgl. ebd., S. 348.
58 Ebd., S. 346.
59 Zur gleichen Zeit warf er angesichts der Politik der SED nach der II. Parteikonferenz die Frage auf, »ob es beim Aufbau des Sozialismus noch eine Möglichkeit der Zusammenarbeit zwischen bürgerlichen und marxistischen Historikern geben könnte«. Vgl. Kowalczuk, Legitimation, S. 204.
60 Brief von Karl Griewank an Paul Wandel vom 29. Mai 1953. Nachlass Griewank (Privatarchiv Tobias Kaiser).
61 Vgl. Kaiser, Karl Griewank (1900–1953) – ein deutscher Historiker, S. 517f.
62 Brief an Arnold Fratscher vom 2. Oktober 1953, zit. ebd., S. 11.

Andererseits ist unzweifelhaft, dass der Historiker die DDR, die er als »totalitären und weltanschaulich fundierten Polizeistaat« empfand,[63] möglichst bald verlassen wollte, und die politischen Ereignisse im Jahr 1953 trugen sicher auch dazu bei, diesen Wunsch zu bekräftigen. Anfang 1953 wurde der Ehemann seiner Assistentin wegen vermeintlicher Unterstützung eines Agenten für drei Monate inhaftiert, bevor ihn das Gericht freisprach. Eine von Griewanks besten Studentinnen wurde wegen ihrer christlichen Haltung exmatrikuliert. All das hat den Historiker sicher belastet. Andererseits gelang es ihm, die Exmatrikulation der christlichen Studentin rückgängig zu machen. »Es muß für ihn eine innere Genugtuung dargestellt haben, gegen diese politische Exmatrikulation in seinem Umfeld erfolgreich gekämpft zu haben«, schätzte Tobias Kaiser (der Griewanks Biografie eingehend analysiert hat) die Situation ein.[64]

Weniger Erfolg hatte der nichtmarxistische Historiker mit seiner Kritik an der zunehmenden Verschulung des Universitätsbetriebes nach der 2. Hochschulkonferenz, und mit seinem Engagement für eine gesamtdeutsche Kooperation der historischen Forschung. Überblickt man jedoch die Schwierigkeiten, mit denen Griewank konfrontiert war, so entsteht zwar der Eindruck einer konfliktreichen, aber gewiss nicht ausweglosen Lage.

4.4.2 Karl Griewanks Tod als »Kugel im Kalten Krieg«?[65]

Die Selbsttötung von Karl Griewank kam für Kollegen und Verwandte, selbst für seine Ehefrau, völlig überraschend. Die Todesanzeige und die in der DDR verfassten Nachrufe auf den Historiker vermieden es, die Selbsttötung direkt zu erwähnen, offiziell hieß es, Griewank »schied aus dem Leben«,[66] »verstarb plötzlich und unerwartet« bzw. sei »durch Unglücksfall plötzlich von uns gegangen«.[67] In der SED-Grundorganisation der Historiker der Jenaer Universität ahnte man, dass dadurch Spekulationen provoziert werden könnten, und richtete einen Appell an die Universitätsparteileitung, alle an der Universität und in der Bevölkerung kursierenden Gerüchte »über die eventuellen Motive des Selbstmordes des Herrn Prof. Griewank (bevorstehende Verhaftung, Druck unserer Partei usw.) im Keime zu ersticken«.

63 Brief an Gerhard Ritter vom 14. Januar 1950, abgedruckt ebd., S. 589f., zit. 589.
64 Vgl. ebd., S. 381–383, zit. 381.
65 Brief von Theodor Griewank an den UFJ vom 15. Dezember 1953. Nachlass Griewank (Privatarchiv Tobias Kaiser).
66 Zum Andenken an Karl Griewank, in: Zeitschrift für Geschichtswissenschaft 1 (1953) 6, S. 997–999, zit. 997. Vgl. auch Fritz Hartung, Nachruf, in: Wissenschaftliche Annalen 3 (1954), S. 185f.
67 Dr. Günter Camenz, Karl Griewank. Die kleine Exzellenz aus Bützow, in: Kreisvolkshochschule Güstrow (Hg.), Prof. Dr. Karl Griewank und das moderne Demokratieverständnis. Zum Lebenswerk des gebürtigen Bützowers anläßlich seines 100. Geburtstages, Bützow 2000, S. 7–13, zit. 11f.

Die Genossen schlugen vor, die SED-Funktionäre an der Universität und in den Jenaer Betrieben über die Motive der Selbsttötung zu informieren. Zudem sollte das SED-Bezirksblatt eine Stellungnahme bereithalten für den Fall, dass der »RIAS Lügenmeldungen bringt«. Ein nichtmarxistischer Assistent Griewanks hatte sich bereits angeboten, »falls irgendwelche Gerüchte eines politischen Selbstmordes auftauchen sollten, besonders in Westdeutschland, öffentlich gegen solche Lügen und Verleumdungen unserer SED Stellung zu nehmen«.[68]

War die erhöhte Wachsamkeit, die der Tod Griewanks an der Universität in Jena auslöste, ein Indiz dafür, dass die Genossen etwas vertuschen wollten? Dem steht entgegen, dass auch andere Zeitgenossen, die schwerlich ein Interesse an der Vertuschung politischer Repression haben konnten, vordergründige politische Ursachen ausschlossen. So äußerte der Jenaer Theologie-Professor Erich Hertzsch am Grab Griewanks (der sich im Übrigen bis zuletzt offen zu seinem evangelischen Glauben bekannt hatte): »Es gibt keine äußeren Gründe, die das, was geschehen ist, erklärlich machen. Darum wehe dem, der törichtem und lieblosem Klatsch sein Ohr oder gar seinen Mund leiht!«[69]

Entgegen diesen Befürchtungen schien es über einen Monat lang, als bestünde kein öffentliches Interesse an dem Todesfall. Bis Anfang Dezember gab es keine öffentlichen Reaktionen in der Bundesrepublik auf den Tod des Jenaer Historikers. Zwar hatte Griewanks einstiger Lehrer, der bereits pensionierte Göttinger Geschichtsprofessor Willy Andreas, »in der Angst vor einer möglichen politischen Mißdeutung des Todesfalls« eine Notiz über »den Tod, die Laufbahn und die Hauptwerke des Verstorbenen« – ohne Erwähnung der Todesursache – an die Deutsche Presseagentur (dpa) gegeben[70] und sich auch die Nachrufe in zwei wichtigen Fachzeitschriften »gesichert«,[71] aber die von Willy Andreas vorgeschlagene dpa-Kurzmeldung wurde nicht veröffentlicht, und die Nachrufe sollten erst 1954 erscheinen.

So machte die Nachricht vom Tod Griewanks nur in Kollegenkreisen die Runde, wobei relativ schnell die Frage nach politischen Motiven aufgeworfen wurde. So schrieb der Herausgeber der »Historischen Zeitschrift«, Walther Kienast, an den Rand eines Briefes: »Selbstmord! Politische Gründe?«[72] In Kiel wurde erzählt, dass es einen drohenden Einspruch eines sowjetischen Offiziers nach einem öffentlichen Vortrag Griewanks gegeben hätte. Willy

---

68 Informationsbericht der Leitung der Grundorganisation Historiker vom 3. November 1953. ThStAR, SED, UPL Jena, IV 7/143/511, n. pag.
69 Grabpredigt von Prof. Hertzsch am 2. November 1953. Vgl. Kaiser, Karl Griewank (1900–1953) – ein deutscher Historiker, S. 7. Vgl. zum Glaubensbekenntnis Griewanks: Brief von Theodor Griewank an die Schriftleitung von »Christ und Welt« vom 20. Januar 1954. Nachlass Griewank (Privatarchiv Tobias Kaiser).
70 Brief von Willy Andreas an Theodor Griewank vom 19. Januar 1954, in: GLA, 69 N, Nr. 811, n. pag.
71 Das waren die »Historische Zeitschrift« und »Geschichte in Wissenschaft und Unterricht«.
72 Brief von Walther Kienast an Willy Andreas vom 24. November 1953, in: GLA, 69 N, Nr. 811, n. pag.

Andreas erfuhr von dem Gerücht am 24. November 1953; angeblich hatte es ein Kieler Historiker in Leipzig erfahren.[73]

Am 12. Dezember 1953 verbreitete die Deutsche Presseagentur dann doch noch eine Meldung über den Tod des Jenaer Professors, die sich jedoch nicht auf Willy Andreas berief, sondern auf den West-Berliner »Untersuchungsausschuss Freiheitlicher Juristen« (UFJ).[74] Nach dessen Informationen hatte Prof. Karl Griewank sich das Leben genommen, nachdem er von der SED in ultimativer Form aufgefordert wurde, wesentliche Teile einer wissenschaftlichen Arbeit über die Völkerschlacht bei Leipzig zu ändern.

Bereits eine Woche zuvor hatte eine Notiz im vom Gesamtdeutschen Ministerium herausgegebenen »SBZ-Archiv« den gleichen Sachverhalt noch detaillierter dargestellt. Danach sollte der Professor eine Weisung erhalten haben, »anläßlich der Feier des 135. Jahrestages der Völkerschlacht bei Leipzig einen Vortrag zu halten, in dem er die Behauptung vertreten sollte, daß diese entscheidende Schlacht der Freiheitskriege nur mit Hilfe der Russen und auf Grund ihres strategischen Planes gewonnen werden konnte«. Vergeblich soll Griewank versucht haben, den Auftrag zu umgehen, indem er sich in ärztliche Behandlung begab; er hätte den Vortrag dennoch halten müssen. Als ihm schließlich eröffnet wurde, dass der Vortrag inklusive der unwissenschaftlichen Behauptungen gedruckt werden sollte, sei für den Historiker »der ständige Konflikt zwischen intellektueller Sauberkeit und brutaler Forderung« nicht mehr zu bewältigen gewesen; den einzigen Ausweg hätte er im Tod gesehen.[75]

Die Agenturmeldung über Griewanks Tod übernahmen mehrere Tageszeitungen, Rundfunksender und das Bulletin der Bundesregierung, und es erschien sogar eine Meldung in der »New York Times«.[76]

Beim Bruder des Verstorbenen, dem in der Bundesrepublik lebenden Pfarrer und promovierten Historiker Theodor Griewank, lösten die Meldungen Empörung aus: »Nach fast sieben Wochen hätte man wahrhaftig eine gewissenhaftere Berichterstattung erwarten dürfen, und wir Angehörigen beiderseits der Zonengrenze müssen uns entschiedenst dagegen verwahren, daß sein früher Tod zu einer Kugel im kalten Krieg mißbraucht wird«, schrieb er an den »Untersuchungsausschuss Freiheitlicher Juristen«.[77] Auch Griewanks Witwe zeigte sich entsetzt. An Willy Andreas schrieb sie:

---

73 Brief von Willy Andreas an Theodor Griewank vom 19. Januar 1954, in: GLA, 69 N, Nr. 811, n. pag.
74 Der UFJ war eine West-Berliner Hilfs- und Propagandainstitution des »Kalten Krieges«, deren Mitarbeiter oft mit Decknamen agierten und die bis 1958 u.a. vom amerikanischen Geheimdienst CIA finanziert wurde. Vgl. Siegfried Mampel, Der Untergrundkampf des Ministeriums für Staatssicherheit gegen den Untersuchungsausschuß Freiheitlicher Juristen in West-Berlin, Berlin 1999, S. 20.
75 Eine Todesanzeige, in: SBZ-Archiv 4 (1953) 23, S. 351.
76 Vgl. Kaiser, Karl Griewank (1900–1953) – ein deutscher Historiker, S. 12.
77 Brief von Theodor Griewank an den Untersuchungsausschuss Freiheitlicher Juristen vom 15. Dezember 1953. Nachlass Griewank (Privatarchiv Tobias Kaiser).

»Diese Gerüchte sind in dieser Form alle unwahr, er hätte niemals sich etwas von der Partei vorschreiben lassen, diese hätte es auch gar nicht getan. Wahr ist allerdings, dass seine Schwierigkeiten, die Sie ja auch kennen, mit zur Zerrüttung der Nerven beigetragen haben.«[78]

In der bundesdeutschen Presse erfolgten mehrere Dementis: Neben Willy Andreas widersprachen auch Theodor Griewank und der Vorsitzende des »Verbandes der Historiker Deutschlands« (VDH), Hermann Heimpel – beide hatten sich zur Beerdigung für mehrere Tage in Jena aufgehalten und sich bei der Witwe über die Umstände und Ursachen der Selbsttötung eingehend informiert.

Damit waren die Auseinandersetzungen um Griewanks Tod aber mitnichten beendet. Nachdem der UFJ die Beschwerde von Theodor Griewank zurückgewiesen hatte, brachte die Zeitschrift »Christ und Welt« (aus der später der »Rheinische Merkur« entstand) im Januar 1954 nochmals eine ausgeschmückte Version der Story des UFJ. Dies löste wiederum eine längere Auseinandersetzung mit bundesdeutschen Angehörigen und Kollegen des Verstorbenen aus.[79] »Diese entstellenden Darstellungen sind eine Schande für die Westzone«, urteilte Willy Andreas.[80] Griewanks Bruder nannte den Artikel »ein Zeugnis für die Tragödie des deutschen Geistes in der alles politisierenden Gegenwart«.[81] Durch die Publikation des letzten Vortrages von Griewank in der Fachzeitschrift »Geschichte in Wissenschaft und Unterricht« konnte der Historiker schließlich von dem falschen Verdacht befreit werden, er hätte unter Zwang irgendetwas vorgetragen, wovon er nicht überzeugt war. Und Willy Andreas hob in seinem Nachruf hervor:

»Griewank hat gewiß an den Spannungen zwischen Osten und Westen nicht leicht getragen. Aber unter irgendeinem Zwang militärischer Besatzungsstellen oder einer politischen Partei hat er sein Leben nicht geendet.«[82]

Nach den heftigen Protesten entschloss sich dann auch »Christ und Welt« zu einer Gegendarstellung; der Verfasser des Artikels indes blieb uneinsichtig und verteidigte sich:

»An Hand eines solchen Beispiels die oft so beschämende und bedrückende Gleichgültigkeit des Westens gegenüber den geistigen Leiden in der Zone zu durchbrechen, war meine Absicht.«

78 Brief von Magdalene Griewank an Willy Andreas vom 6. Januar 1954, in: GLA, 69 N Andreas, Nr. 811, n. pag.
79 Vgl. Harald von Koenigswald, Tragödie eines Gelehrten, in: Christ und Welt vom 14. Januar 1954, S. 6.
80 Brief von Willy Andreas an Theodor Griewank vom 19. Januar 1954, in: GLA, 69 N, Nr. 811, n. pag.
81 Brief von Theodor Griewank an die Schriftleitung von »Christ und Welt« vom 20. Januar 1954. Nachlass Griewank (Privatarchiv Tobias Kaiser).
82 Willy Andreas, Nekrolog, in: Historische Zeitschrift (1954), Bd. 177, S. 665–667, zit. 667.

So ärgerlich Fehler im Detail auch wären, so der Journalist gegenüber Theodor Griewank, »der letzte Grund zu der Zerrüttung Ihres Herrn Bruders dürfte doch zweifellos eben in diesen Verhältnissen in der Zone, in dem gnadenlosen Terror, der dort im Grossen wie im Kleinen herrscht, zu suchen sein.«[83] Theodor Griewank zeigte sich enttäuscht über diese Haltung:

> »Die Wahrheit im Einzelnen interessiert alle diese Leute gar nicht, sondern nur die Frontstellung gegen den Feind, das bekämpfte System. Daß sie damit selber dem Totalitarismus verfallen, kommt den Leuten dabei anscheinend gar nicht in den Sinn.«[84]

Das Bild, das die »Kalten Krieger« von der DDR zeichneten, entsprach vor allem bezüglich der Komponenten »Zwang zur Lüge« und »gnadenloser Terror« nicht der Realität, mit der sich Griewank an der Universität Jena auseinanderzusetzen hatte.[85] Im SED-Staat gab es einen Zwang zur Anpassung, zum Kompromiss, es gab eine latente Feindseligkeit der SED-Hardliner; aber keineswegs sollten »bürgerliche« Historiker durch Terror »konsequent und systematisch verdrängt werden«, im Gegenteil: Man brauchte sie (noch).[86] Und es gab in der DDR einen Zwang zum Bleiben, unter dem viele litten. Aber auch dieser Zwang bot die Chance, Privilegien auszuhandeln; Karl Griewank hat diese Chance für sich genutzt. Insofern kann die SED-Politik bildhaft durch die Metapher von »Zuckerbrot und Peitsche« beschrieben werden.[87]

Überblickt man den politischen Druck, der auf Griewank ausgeübt wurde, so lag dessen Schwerpunkt in den Jahren 1950/51, und nicht im Herbst 1953. Griewanks Briefe, die er kurz vor seinem Tod schrieb, brachten nicht Verzweiflung zum Ausdruck, sondern schilderten Zukunftspläne. Der psychische Zusammenbruch kam, wie Griewanks Ehefrau einschätzte, »zu einem Zeitpunkt, als sich alles zu lösen begann«.[88] Griewanks Lehrer Willy Andreas erreichte die Todesnachricht, als er gerade »neue Pläne wälzte, wie man ihn nach dem Westen verpflanzen könne«.[89] Auch der bundesdeutsche Kollege Hermann Heimpel äußerte Unverständnis, wieso Griewank in den

---

83 Brief von Harald von Koenigswald an Theodor Griewank vom 3. Februar 1954. Nachlass Griewank (Privatarchiv Tobias Kaiser).
84 Brief von Theodor Griewank an Willy Andreas vom 18. Februar 1954, in: GLA, 69 N, Nr. 811, n.pag.
85 Vgl. hierzu auch die ähnlich verzerrten Darstellungen der Selbsttötung von Vincenz Müller im Jahr 1961, auf die in Abschnitt 6.2. näher eingegangen wird.
86 Vgl. Kaiser, Karl Griewank (1900–1953) – ein deutscher Historiker, S. 270.
87 Vgl. Kowalczuk, Legitimation, S. 107 f.
88 Brief von Magdalene Griewank an Willy Andreas vom 6. Januar 1954, in: GLA, 69 N Andreas, Nr. 811, n. pag.
89 Brief von Willy Andreas an Dr. Fratzscher vom 3. November 1953, in: GLA, 69 N, Nr. 811, n. pag.

Tod ging, »nachdem schwierige Jahre hinter ihm lagen und als freundlichere Jahre sich anzukündigen schienen«.[90]
Karl Griewank hatte schon als Student an Depressionen gelitten. Aus dem Abschiedsbrief an seine Frau ging hervor, dass er befürchtete, geisteskrank zu werden. »Er muß eine außerordentliche Willenskraft besessen haben, daß er seine depressiven Zustände so verhüllen konnte«, schrieb Griewanks Jenaer Kollegin Irmgard Höß im Dezember 1953.[91] Griewanks Cousin berichtete, dass der Historiker am Tag seines Todes gefragt hatte, »ob man ihm etwas ansähe«, und schätzte ein: »Der Aufenthalt in der Klinik scheint wie ein Schock auf ihn gewirkt zu haben.«[92]
Der Informant des UFJ hat möglicherweise die spürbare innere Distanz des Historikers bei seinem letzten öffentlichen Vortrag für eine Folge politischen Zwangs gehalten; ohne auch nur zu ahnen, dass es sich dabei um Symptome einer psychischen Erkrankung handelte.[93]
»Wahrscheinlich ist dieser Eindruck dadurch entstanden, daß mein Vetter wohl an jenem Abend infolge schlechten Schlafens und einer gewissen Benommenheit – wie mir auch Frau Griewank sagte – den Eindruck eines gewissen Unbeteiligtseins machte«, mutmaßte der Cousin des Verstorbenen.[94]

Insgesamt kann als gesichert gelten, dass Griewank nicht durch die SED »in den Tod getrieben« wurde. Indes – wenn beispielsweise der Historiker Winfried Schulze im Jahr 1989 resümierte: »Der Freitod Griewanks hatte ohne jeden Zweifel persönliche Gründe«,[95] dann war auch das eine Verabsolutierung eines Teilaspekts.
Griewanks letzte Notiz (»Lehramt – nicht mehr imstande unter den Verhältnissen der Ostzone« hatte er unter den kurzen Abschiedsbrief an seine Frau geschrieben) machte deutlich, dass er sich (angesichts seiner psychischen Erkrankung) nicht mehr stark genug fühlte, die schwierige Situation durchzustehen. Welche Langzeitwirkung der politische Druck auf Griewanks Gesundheit hatte und ob er ihn letztlich »zermürbt« hat, darüber kann im Nachhinein nur spekuliert werden. Der Umstand, dass Griewank bei seinem letzten Aufenthalt in der Bundesrepublik optimistisch und fröhlich war und gut schlief und dass er unmittelbar nach seiner Rückkehr nach Jena in

90 Hermann Heimpel, Nachwort, in: Ingeborg Horn (Hg.), Karl Griewank, Der neuzeitliche Revolutionsbegriff, Weimar 1955, S. 323–326, zit. 326.
91 Brief von Irmgard Höß an Willy Andreas vom 19. Dezember 1953, in: GLA, 69 N, Nr. 811, n. pag.
92 Vgl. Brief von Arnold Fratzscher an Regierungsdirektor Karl Pagel (Ministerium für gesamtdeutsche Fragen) vom 14. Dezember 1953, S. 3, in: GLA, 69 N, Nr. 811, n. pag.
93 Vgl. Brief von Arnold Fratzscher an Karl Pagel (Ministerium für gesamtdeutsche Fragen) vom 14. Dezember 1953, S. 3, in: GLA, 69 N, Nr. 811, n. pag.
94 Vgl. ebd.
95 Schulze, Deutsche Geschichtswissenschaft, S. 195.

Depressionen verfiel, lässt aber erahnen, wie bedrückend Griewank den gegen seinen Willen verlängerten Aufenthalt in der DDR empfand.[96]
Die Selbsttötung des Historikers ist damit ein Beispiel für einen (im medizinischen Sinne) zum Suizid disponierten Menschen, der sich angesichts zusätzlich vorhandener schwieriger äußerer Lebensumstände das Leben genommen hat.

4.4.3 Schwere persönliche Schicksalsschläge – zum Tod Martin Lintzels

»Lintzel, dem nach dem 17. Juni 1953 zwei SED-Funktionäre eine Loyalitätserklärung abpreßten, fühlte sich unter politischem Druck. 1954 erkrankte er [...] und stellte die Lehrtätigkeit ein. Seither blieb ihm [...] auch die Kraft zum Forschen versagt. Jene 22 Jahre Kampf gegen zwei Diktaturen hatten den sensibel Veranlagten psychosomatisch zermürbt. Lintzel machte seinem Leben ein Ende.«[97]

Diese Einschätzung der Autoren Günter Mühlpfordt und Günter Schenk, die 2004 publiziert wurde, betont sehr stark die politischen Rahmenbedingungen.[98]
Von den Zeitgenossen wurde die Selbsttötung des Mediävisten Martin Lintzel in weit geringerem Maße auf die politischen Verhältnisse in der DDR bezogen, in den Nachrufen von Kollegen in Ost und West spielte dieser Aspekt kaum eine Rolle. Was den Kampf gegen Diktaturen betraf, so wurde Lintzel vor allem wegen seines mutigen Auftretens während der NS-Diktatur gewürdigt, als er gegen die nationalsozialistische Verfälschung des Wirkens Karls des Großen auftrat.
In der Bundesrepublik verfasste Karl Jordan (Kiel) den Nachruf in der »Historischen Zeitschrift«. In Kiel hatte Lintzel im Jahr 1935 schwere Angriffe nationalsozialistischer Studenten erfahren müssen, die letztlich dazu führten, dass Lintzel seine Professur nicht antreten konnte.[99] Jordan sah die Ursache für Lintzels Selbsttötung keineswegs in »ansteigenden Diffamierungen« oder »politisch-psychischem Druck« in der DDR.[100] Stattdessen hieß es in dem Nachruf:

»Schwere Schicksalsschläge, die ihn in der letzten Kriegszeit und bald nach dem Kriege trafen, und langwierige Krankheiten, die ihn in den letzten Jah-

---

96 Vgl. Kaiser, Karl Griewank (1900–1953) – ein deutscher Historiker, S. 11.
97 Günter Mühlpfordt/Günter Schenk, Der Spirituskreis (1890–1958), Bd. 2, Halle 2004, S. 33.
98 Der Hallesche Historiker Günter Mühlpfordt, gegen den die SED 1958 Lehrverbot verhängte und der 1962 seine Professur verlor, hatte Lintzel noch persönlich gekannt.
99 Vgl. Hans Haußherr, Martin Lintzel, in: Wissenschaftliche Zeitschrift der Martin-Luther-Universität Halle-Wittenberg 5 (1956) 4, S. 511–522, zit. 515.
100 Vgl. Mertens, Die personelle Umstrukturierung, S. 122 f.

ren immer wieder heimsuchten, haben seinen Lebensmut und seine Lebenskraft vor der Zeit zerbrochen.«[101]

In der DDR vermied der Marxist Leo Stern (Halle) im Nachruf in der »Zeitschrift für Geschichtswissenschaft« eine direkte Erwähnung der Selbsttötung, verband aber mit dem Hinweis, dass Lintzel nicht nur mediävistische Abhandlungen, sondern auch Dramen und literaturtheoretische Texte verfasst hatte, folgende Andeutung:

> »In die Öffentlichkeit gelangte eine Studie über ›Liebe und Tod bei Heinrich von Kleist‹, in der er zu dem Ergebnis kommt, daß in Kleists Dramen und Novellen Liebe durchweg mit dem Tod identifiziert wird. Zu diesem Thema wie zu den eigentümlichen Schlußfolgerungen seiner Studie mag ihn wohl sein tragisches Erlebnis angeregt haben: Lintzel hatte seine überaus geliebte Frau im Jahre 1946 durch einen Unglücksfall verloren. Von diesem Schlag hat er sich nicht wieder erholen können. Er legte den Keim zu seiner tödlichen Krankheit.«[102]

Lintzels »bürgerlicher« Kollege Hans Haussherr bezeichnete diese Krankheit in der »Wissenschaftlichen Zeitschrift der Halleschen Universität« wesentlich genauer als »Anfälle von Verzweiflung, die ihn auf das Krankenlager warfen. Die Zweifel an sich selbst und der Überdruß am Leben überhaupt, die sein Schaffen stets überschattet hatten, steigerten sich zu gefährlicher Macht.«[103] Auch Haussherr, der selbst Anfeindungen ausgesetzt war und 1958 in die Bundesrepublik ging,[104] nannte als Ursprung von Lintzels Depressionen die Ereignisse zu Kriegsende, den »Zusammenbruch von 1945«:

> »Von ihm und von dem schrecklichen Ende seiner Frau, das unmittelbar mit den wirtschaftlichen Nöten der ersten Nachkriegsjahre zusammenhing, hat er sich eigentlich nicht mehr erholt.«[105]

Als Fazit bleibt: Martin Lintzel sah sich als nichtmarxistischer Historiker teilweise auch Angriffen und »sektiererischem Übereifer« von SED-Funktionären ausgesetzt,[106] er litt unter der deutschen Teilung; aber die meisten

---

101 Karl Jordan, Martin Lintzel, in: Historische Zeitschrift (1956), Bd. 181, S. 240f., zit. 241. Lintzels Vater war 1945 bei einem Bombenangriff gestorben, seine Frau ein Jahr später verunglückt.
102 Leo Stern, Zum Andenken an Martin Lintzel, in: Zeitschrift für Geschichtswissenschaft 3 (1955) 5, S. 817–819, zit. 819.
103 Haussherr, Lintzel, S. 517.
104 Lintzels Schüler Haussherr »verließ im Herbst 1958 die DDR und wirkte danach als Professor in Köln, starb aber, auch mitgenommen von den Auseinandersetzungen in Halle, bereits 1960«. Günter Mühlpfordt/Günter Schenk, Der Spirituskreis (1890–1958), Bd. 2, Halle 2004, S. 203.
105 Hans Haussherr, Nachruf auf Martin Lintzel, in: Jahrbuch der Deutschen Akademie der Wissenschaften zu Berlin 1958, Berlin 1959, S. 96–98, zit. 97.
106 Walter Zöllner, Martin Lintzel, in: Heinz Heitzer u.a. (Hg.), Wegbereiter der DDR-Geschichtswissenschaft. Biographien, Berlin 1989, S. 136–148, zit. 143.

seiner Kollegen sahen nicht darin, sondern in dem aufgrund von persönlichen Schicksalsschlägen und Krankheiten entstandenen Lebensüberdruss die Hauptursache dafür, dass sich der angesehene Mediävist am 15. Juli 1955 das Leben nahm.

4.4.4 »Nach Westdeutschland gelockt«? Zum Tod von Willy Flach in Bonn

Anders war die Situation im Fall des Historikers Willy Flach, eines weiteren nichtmarxistischen Wissenschaftlers, der in der DDR eine anerkannte Stellung innehatte. Flach war vor 1945 mit der NS-Diktatur nicht in Konflikt geraten, er hatte sich angepasst und war in die NSDAP eingetreten. Auch in der DDR war ihm, nach anfänglichem Verlust der Lehrbefugnis, ein Arrangement mit der neuen Staatsmacht gelungen. Anders als Griewank und Lintzel starb Flach auch nicht in der DDR, sondern in der Bundesrepublik. Am 16. Januar 1958 war der Direktor des Thüringischen Landeshauptarchivs Weimar und Honorarprofessor an der Berliner Humboldt-Universität über West-Berlin in die Bundesrepublik geflohen; am 17. März 1958 nahm er sich in Bonn das Leben.[107] Zunächst erregte der Tod des Professors wenig Aufsehen. Lediglich auf der Weimarer Lokalseite des SED-Blatts »Das Volk« erschien ein Artikel, in dem ehemalige Mitarbeiter dem Geflohenen »Verrat an der Deutschen Demokratischen Republik und an allen fortschrittlichen Menschen in ganz Deutschland« vorwarfen.[108] Die Todesursache blieb wohl auch deshalb zunächst unbekannt, da sie in Bonn verschwiegen wurde.[109]

Erst ein halbes Jahr später wurde die Selbsttötung von Willy Flach im Zuge einer Kampagne gegen den bundesdeutschen Minister für gesamtdeutsche Fragen, Ernst Lemmer,[110] von der SED propagandistisch benutzt.[111] »Das Schicksal dieses Mannes klagt erneut die verbrecherischen Machenschaften der Lemmer und ihrer ausführenden Organe an. Gewissenlos treiben sie Menschen in den Tod, um ihrem ›psychologischen Krieg‹ gegen die DDR Nahrung zu geben«, hieß es Anfang Oktober 1958 in der »Jungen

---

107 Vgl. Volker Wahl, Willy Flach (1903–1958), in: Vorstand des Thüringer Archivarverbandes (Hg.), Lebensbilder Thüringer Archivare, Rudolstadt 2001, S. 72–87.
108 Volker Wahl, Im Dienste gesamtdeutscher Archivarbeit und Literaturforschung. Willy Flachs Direktorat im Goethe- und Schiller-Archiv Weimar 1954 bis 1958, in: Archivistica docet 1 (1999), S. 205–244, zit. 243.
109 Vgl. BStU, MfS, AS 1717/67, Bl. 90.
110 Ernst Lemmer (1898–1970) amtierte von 1957 bis 1962 als Bundesminister für gesamtdeutsche Fragen. Anlass der Kampagne 1958 waren geheimdienstliche Verhöre in bundesdeutschen Flüchtlingslagern. Vgl. Bonner Minister entlarvt Lemmer, in: Junge Welt vom 10. Oktober 1958, S. 1.
111 Für die hilfreichen Diskussionen und die Bereitstellung von Dokumenten danke ich Dr. Tobias Kaiser (Jena), Prof. Volker Wahl (Weimar) sowie dem Archiv der Universität Bonn ganz herzlich.

Welt«.[112] Etwas sachlicher fiel die Einschätzung in der SED-Bezirkszeitung »Das Volk« aus:

»Zweifellos wurden die Erwartungen, die Dr. Flach auf seinen Dienstantritt in Bonn gesetzt hatte, nicht erfüllt. Er, ein Spezialist für thüringisches Archivwesen, der darin seine Lebensaufgabe sah, konnte diese Aufgabe natürlich in Bonn nicht mehr weiterführen. Den westdeutschen Stellen war es auch gar nicht darum gegangen, einen Wissenschaftler zu gewinnen, sondern darum, diesen Mann aus der DDR abzuwerben, damit eine spürbare Lücke entsteht.«[113]

Die Kampagne blieb nicht auf Zeitungsartikel beschränkt; an Litfass-Säulen hieß es auf großformatigen Postern:

»Mit falschen Versprechungen wurde Prof. Flach von der Universität Jena durch die Abwerber des Bonner Spionageministers Lemmer nach Westdeutschland gelockt und in die Fänge der Geheimdienste getrieben. Als sie alles Wissenswerte aus ihm herausgepreßt hatten, überließen sie ihn und seine Familie der Not und dem Elend.«[114]

Diese Behauptungen waren nahezu vollständig falsch.[115] Flach war nicht abgeworben worden, sondern hatte am 13. Mai 1957 eine Berufung als Professor an der Universität Bonn erhalten. »Die dort seit langem geplante Einrichtung eines Instituts für historische Hilfswissenschaften war eine Aufgabe, die stets zu seinen geheimen Wünschen gehört hatte«, erklärte ein Schüler von Willy Flach dessen Motivation, nach Bonn zu gehen.[116]

Sicher hatte auch das politische Klima in der DDR eine Rolle gespielt bei der Entscheidung von Willy Flach (die nicht nur eine Entscheidung für Bonn, sondern auch gegen eine in Aussicht gestellte Professur in der DDR war), aber ausschlaggebend waren vor allem bürokratische und taktische Aspekte. Einerseits hatte Flach materielle Forderungen gestellt, deren Erfüllung schwierig war, andererseits verzögerten die staatlichen Stellen die Besetzung von offenen Professuren in Halle und Jena, weil man dem bürgerlichen Wissenschaftler marxistische Kollegen an die Seite stellen wollte. Zudem gab es vor Ort Widerstände; so lehnte die Universitätsparteileitung

---

112 Junge Welt vom 6. Oktober 1958, S. 1. (Dass, wie Lothar Mertens schrieb, Flach sich »infolge des psychologischen Drucks durch eine heftige DDR-Medienkampagne« das Leben genommen haben soll, kann schon deshalb nicht stimmen, weil die Kampagne erst ein halbes Jahr nach seinem Tod stattfand. Vgl. Mertens, Die personelle Umstrukturierung, S. 142.)
113 Das Schicksal des Prof. Dr. Flach, in: Das Volk vom 25. Oktober 1958. Privatarchiv Volker Wahl.
114 Privatarchiv Volker Wahl.
115 Falsch war zum Beispiel auch, dass ein zitierter Brief mit vermeintlichen »falschen Versprechungen« keineswegs vom »Lemmer-Ministerium«, sondern vom nordrhein-westfälischen Kultusministerium stammte.
116 Hans Patze, Willy Flach zum Gedächtnis, in: Jahrbuch für die Geschichte Mittel- und Ostdeutschlands 8 (1959), S. 349–363, zit. 362.

Jena eine Berufung Flachs wegen dessen ehemaliger NSDAP-Mitgliedschaft ab (lenkte allerdings ein, nachdem sich das Staatssekretariat eingeschaltet hatte). Die Verhandlungen mit den staatlichen Stellen der DDR zogen sich ein Jahr hin, und die Tragik für Flach bestand darin, dass sich in dieser Zeit die Rahmenbedingungen änderten. Unmittelbar nach der Berufung nach Bonn im Mai 1957 war Flach zunächst »von Verwaltungs- und akademischen Stellen nach den damals üblichen Gepflogenheiten die Genehmigung der legalen Ausreise zur Annahme des Rufes nach Bonn als sicher in Aussicht gestellt worden«;[117] dann jedoch wirkten sich die Beschlüsse der 3. Hochschulkonferenz aus.[118] Nach monatelanger Verzögerung teilte ihm das Staatssekretariat für Hochschulwesen im Dezember 1957 plötzlich mit, dass seine Übersiedlung nicht genehmigt würde.

Gegenüber dem Rektor der Humboldt-Universität klagte Flach Ende Dezember, dass »man ihn in der letzten Zeit hier als Reaktionär bezeichnet habe, sein 25-jähriges Dienstjubiläum stillschweigend übergangen habe, die Teilnahme am Ulmer Historiker-Kongreß nicht genehmigt habe, Reise in die ČSR zu spät genehmigt habe und ihm die Ferienplätze, die er auch für seine kranke Frau notwendig gehabt habe, nicht beschaffen konnte«.[119] Zu diesem Zeitpunkt hatte Flach den Vertrag für die Professur an der Universität Bonn bereits unterschrieben. Da er damit gerechnet hatte, dass ihm die Ost-Berliner Behörden Schwierigkeiten wegen der Übersiedlung machen würden, hatte er die Zusicherung erwirkt, dass seine Stelle bis Ende Februar 1958 ruhen sollte; auch war man in Bonn einverstanden damit, dass er für eine Übergangszeit auch noch im Weimarer Archiv tätig sein würde.

Anfang 1958 schien Flach, nachdem auch eine diesbezügliche Eingabe beim Ministerpräsidenten erfolglos geblieben war, den Glauben an die Möglichkeit einer legalen Übersiedlung verloren zu haben, und entschloss sich zur Flucht (die einen Tag vor seinem Geburtstag stattfand). Er verließ die DDR unter Zurücklassung fast seines gesamten Besitzes; seine Frau und seine beiden Kinder begleiteten ihn.

Die Ankunft in Bonn war, soweit dies aus den Akten erkennbar ist, nicht unproblematisch. Man hatte noch nicht mit ihm gerechnet. Das versprochene Haus sollte erst im Sommer fertig sein, sodass die Familie zunächst ein Behelfsquartier erhielt. Dass er in Bonn nicht die Bedingungen und wahrscheinlich auch nicht die kollegiale Aufnahme vorfand, die er sich erhofft hatte, könnte mit zu seinen Depressionen beigetragen haben; wie Flachs Schüler Hans Patze andeutete, wurde der mit der »Bonner Republik« kon-

---

117 Brief von Willy Flach an die Staatliche Archivverwaltung Potsdam vom 20. Januar 1958, in: Archiv der Humboldt-Universität zu Berlin, Personalakte Willy Flach, F 199, Bl. 48.
118 Vgl. Der Fall des Professor Dr. Flach, Bayerischer Rundfunk vom 11. Dezember 1958, Manuskript in: Archiv der Universität Bonn, Personalakten des a. v. Professors Dr. Willy Flach, PA 2022, n. pag.
119 Schreiben des Rektors der Humboldt-Universität zu Berlin an das Staatssekretariat für Hochschulwesen vom 29. Januar 1958, in: Archiv der Humboldt-Universität zu Berlin, Personalakte Willy Flach, F 199, Bl. 50.

frontierte Flach nur schwer heimisch in »einer Welt, für deren wissenschaftliche Grundsätze er eingetreten war, die ihm aber im übrigen als weithin materialisiert, veräußerlicht und in ihren sittlichen Grundlagen bedenklich erschien«. Dass sich »seine geistigen und auch seine körperlichen Kräfte in einem Maße« als erschöpft erwiesen, »das wir nicht für möglich gehalten hätten«,[120] schrieben seine bundesdeutschen Kollegen aber vor allem dem aufreibenden Daseinskampf unter der »kommunistischen Gewaltherrschaft« zu.[121]

Veröffentlichungen in der DDR behaupteten demgegenüber, Flach hätte sich die hohe Arbeitsbelastung selbst aufgebürdet: »Wenn es einen schwachen Punkt bei diesem anerkannten Wissenschaftler gab, so war das zweifellos sein unstillbarer Ehrgeiz«, hieß es im SED-Blatt »Das Volk«.[122] Dieser Hinweis war nicht ganz unberechtigt; in den 1950er Jahren war Flach in zehn Gremien, Kommissionen und Gesellschaften tätig, so im Wissenschaftlichen Beirat der Staatlichen Archivverwaltung der DDR, im Ausschuss der »Deutschen Schillergesellschaft« Marbach und im Ausschuss des »Verbandes der Historiker Deutschlands«. Zudem leitete er zwei Archive (neben dem Thüringischen Hauptstaatsarchiv ab 1954 auch noch das Goethe- und Schiller-Archiv), er nahm einen Lehrauftrag an der Humboldt-Universität wahr und entfaltete eine rege Publikationstätigkeit. »Willy Flach haben seit jungen Jahren Ämter, Anerkennung und Verbindlichkeiten in übergroßem Maße begleitet, und es ist erstaunlich, wie er diese Belastungen aushielt, da es keineswegs nur ›Ehrenämter‹ waren«, schätzte Volker Wahl ein.[123] Zum Schluss scheint Flach das zu viel geworden zu sein, 1957 bat er »um Entlastung von zu zahlreichen Verpflichtungen«.[124]

Schwere Bedrängnisse, die Flach aus der DDR »getrieben« haben könnten, sind nicht nachweisbar. Zwar kam es vor allem beim Aufbau der Nationalen Forschungs- und Gedenkstätten der klassischen deutschen Literatur in Weimar, wo der Archivleiter Flach sich mit dem Partei- und Staatsfunktionär Helmut Holtzhauer (der als Direktor fungierte) auseinanderzusetzen hatte, häufig zu Konflikten, »die seine Arbeitskraft und seine psychische Konstitution auslaugten«.[125] Mehrfach erwog Flach deshalb, aus dieser Aufgabe auszuscheiden. Sein Entschluss, in der DDR zu bleiben, blieb davon jedoch lange unberührt. Noch 1956 hatte er gegenüber seinem »republikflüchtigen« Schüler Hans Patze »den Grundsatz vertreten, daß man auch unter härtesten Bedingungen ausharren solle«. Wenig später muss Flach dann aber zu der Erkenntnis gelangt sein, dass »seine Kräfte nicht mehr ausreichten, um

120 Patze, Willy Flach, S. 362.
121 Huschke, Willy Flach, S. 106.
122 Schicksal des Prof. Dr. Flach.
123 Wahl, Willy Flach, S. 85.
124 Brief von Willy Flach an die Staatliche Archivverwaltung Potsdam vom 20. Januar 1958, in: Archiv der Humboldt-Universität zu Berlin, Personalakte Willy Flach, F 199, Bl. 48.
125 Wahl, Archivarbeit und Literaturforschung, S. 243.

durch die Nöte des Tages hindurchzulavieren«.[126] Und so wollte sich der 54-Jährige als Ordinarius fest an einer Universität installieren, was für ihn in der DDR nicht möglich war. Bestand Flachs »erschütternde Tragik« darin, wie es im Nachruf eines Koblenzer Kollegen hieß, dass er als »geborener« Archivar »ohne heimatliches Archiv nicht mehr leben konnte, obwohl ihm eine verheißungsvolle, von jedem Zwang und jeder Sorge befreite Tätigkeit ganz als Hochschullehrer und Forscher bevorstand«?[127] Noch am 20. Januar hatte Flach seiner Hoffnung Ausdruck verliehen, dass ihm trotz der Flucht »eines Tages der Zugang« zu seinem »bisherigen Arbeitsplatz, dem ich siebenundzwanzig Jahre meines Schaffens gewidmet habe« wieder ermöglicht würde.[128] Stattdessen wurde ihm offenbar signalisiert, dass er eine Straftat begangen hätte. Hans Patze schrieb in seinem Nachruf, dass sein Lehrer dadurch in einen inneren Konflikt geraten war.

»Mit dem Gedanken, daß er eine strafbare Handlung begangen habe, ist er nicht fertig geworden. Es lag bis zuletzt als eine Depression auf dem Kranken, daß ihn die auf Republikflucht ausgesetzte Gefängnisstrafe und die in der Presse der ›DDR‹ wiederholt erörterte und in anderen Fällen auch vorgenommene Aberkennung der akademischen Grade treffen könnte.«[129]

Neben solchen sachlichen und kenntnisreichen Nachrufen kam es aber auch – ganz ähnlich wie nach der Selbsttötung von Karl Griewank – zu einer propagandistischen Instrumentalisierung des Todesfalls, die mit unwahren Übertreibungen verbunden war. Am 11. Oktober 1958 behauptete Franz Thedieck,[130] Staatssekretär im Gesamtdeutschen Ministerium, in einem Rundfunkvortrag im »RIAS«: »Die Behörden der Zone erkannten ihm den Professorentitel ab und verurteilten ihn wegen Republikflucht in Abwesenheit zu zwei Jahren Gefängnis.«[131] Damit gab Staatssekretär Thedieck diese befürchteten, aber nicht vollzogenen Maßnahmen in verfälschender Weise als Fakten aus, und bot der DDR eine willkommene Gelegenheit zur Gegenpropaganda.

Durch die Übertreibungen und Unwahrheiten des »Kalten Krieges« sind die konkreten Situationen, in denen die drei nichtmarxistischen Historiker aus der DDR in den Tod gingen, stark verfremdet worden. Während die politischen Aspekte bei Martin Lintzel marginal waren – vor allem persönliche Verlusterfahrungen und Krankheit hatten seinen Lebenswillen erschüttert –,

126 Patze, Willy Flach, S. 361.
127 Friedrich Facius, Willy Flach, in: Der Archivar 12 (1959) 3, Sp. 243–251, zit. 244.
128 Brief von Willy Flach an die Staatliche Archivverwaltung Potsdam vom 20. Januar 1958, in: Archiv der Humboldt-Universität zu Berlin, Personalakte Willy Flach, F 199, Bl. 49.
129 Patze, Willy Flach, S. 362f.
130 Franz Thedieck (1900–1995), 1950–64 Staatssekretär im Bundesministerium für gesamtdeutsche Fragen, 1966–72 Intendant des Deutschlandfunks.
131 Zu den Zwecklügen des Herrn Thedieck, in: Zeitschrift für Geschichtswissenschaft 6 (1958), S. 1354–1358, zit. 1357.

spielten bei Griewank und Flach politische Aspekte durchaus eine Rolle; sie wurden jedoch im Westen, wo man den existenziellen Aspekt der politischen Auseinandersetzungen übertrieb, zu stark betont, während man sie im Osten entweder defensiv durch Verschweigen oder offensiv mit demagogischen Klassenkampf-Klischees wie »reaktionäre Ideologie« oder »Abwerbung« vollständig zu leugnen suchte.

Bei Griewank brach, nachdem er 1950/51 die Angriffe auf seine Person souverän gemeistert hatte, fast drei Jahre später, in einer scheinbar beruhigten, in keiner Weise ausweglosen Situation eine Depressionskrankheit aus. Dabei ist neben den Auswirkungen politisch motivierter Angriffe auf den Jenaer Historiker (im Sinne der Stresstheorie) auch eine schon mehrfach aufgetretene Neigung zu Depressionen zu berücksichtigen.

Von Willy Flach ist, anders als bei Lintzel und Griewank, nichts über eine präsuizidale Neigung zu Schwermut und Depressionen bekannt, weshalb anzunehmen ist, dass hier die konkrete Konfliktsituation am schwersten wog. Flach hatte sich in beiden Diktaturen erfolgreich angepasst. Er war 1933 NSDAP-Mitglied geworden (was seiner Einsetzung zum Archivleiter sicher förderlich war), hatte es jedoch (nach übereinstimmenden Aussagen seiner Schüler) offenbar vermieden, in seinen Schriften die NS-Ideologie zu vertreten. So ist es wohl auch zu erklären, dass Flach nach Kriegsende 1945 zwar auf Drängen der sowjetischen Besatzer seinen Lehrauftrag an der Universität Jena verlor, aber Leiter des Staatsarchivs bleiben durfte. Seit Anfang der 1950er Jahre übernahm er dann wieder Lehrverpflichtungen, erst in Potsdam, dann in Berlin. Seine fachlichen Leistungen als Leiter zweier Weimarer Archive wurden in der DDR geschätzt, weshalb die SED versuchte, ihn im Land zu halten. Was immer auch die Verzweiflung Flachs im Frühjahr 1958 bewirkt hat, mit an Sicherheit grenzender Wahrscheinlichkeit hing es mit seiner überstürzten Flucht aus der DDR zusammen.

Sowohl bei Flach als auch bei Griewank bildete die Verweigerung eines legalen Umzuges in die Bundesrepublik durch das Staatssekretariat für Hochschulwesen einen wesentlichen Bestandteil der präsuizidalen Situation. Sie bewirkte eine Einengung des Handlungsspielraums. Andererseits gab es Optionen – während Griewank auf Zeit spielte und Privilegien aushandelte, riskierte Flach die Flucht nach vorn.

Wie Flach waren auch Lintzel und Griewank Ausschussmitglieder des »Verbandes der Historiker Deutschlands«. Als nichtmarxistische Wissenschaftler fanden sie in beiden Teilen Deutschlands Anerkennung und konnten daher als Mittler zwischen den im Zuge des »Kalten Krieges« sich verfeindenden Historikern in DDR und Bundesrepublik wirken. Damit befanden sie sich aber auch in einer besonders exponierten Stellung und erlebten die politischen Konflikte als persönliche.

Ihr Festhalten an der Idee einer gesamtdeutschen Wissenschaft erwies sich im Verlauf der 1950er Jahre immer mehr als Illusion. Daher waren insbesondere die Selbsttötungen von Karl Griewank und Willy Flach auch tragische Zeugnisse ihrer Zeit,[132] in der stets »hinter sachlichen Einsprüchen und Kontroversen, aber nicht minder auch hinter erkennbarem persönlichem Ehrgeiz und Selbstbehauptung [...] die ganze Härte der politisch-ideologischen Gegensätze«[133] stand.

4.5 Zwangskollektivierung und »suizidales Klima« unter den bedrängten Bauern

Während der Zwangskollektivierung im Frühjahr 1960 verglichen bedrängte Bauern ihr Schicksal mit dem der Juden im Nationalsozialismus. In einem Dorf im Kreis Plauen schrie ein Bauer: »Hängt mich auf, erschießt mich, das ist ja schlimmer als die Judenverfolgung 1938.«[134] Auch in einem Dorf im Kreis Flöha hieß es auf einem Flugblatt, das von den Verfassern mit »Wir Hasserfüllten« unterschrieben war: »Bei den Nazis hat man die Juden verfolgt, heute werden die Einzelbauern verfolgt.«[135] Ein Einzelbauer aus Hetzdorf (im Bezirk Karl-Marx-Stadt) hingegen zog eine Parallele zur Selbsttötungswelle am Ende des Zweiten Weltkrieges: »1945 hätte man Angst gehabt vor den Russen, und jetzt müßte man vor den Agitatoren Angst haben«[136] – so zitierte ein Polizei-Rapport im März 1960 diese als Vorkommnis gewertete Provokation.

Waren das maßlose Übertreibungen, oder waren die Vergleiche zumindest teilweise berechtigt? Wie sah die Realität in den Dörfern im sogenannten »sozialistischen Frühling« des Jahres 1960 aus? Bisher ist das Ausmaß der Selbsttötungen in wissenschaftlichen Untersuchungen der Zwangskollektivierung nur am Rande erwähnt worden, ohne über die Vermutung, dass es wahrscheinlich »zu einer Steigerung der Selbstmordrate kam«, hinauszugelangen.[137]

Unbestritten ist, dass die schnelle Kollektivierung der DDR-Landwirtschaft zu Beginn des Jahres 1960 Resultat eines erheblichen psychologischen Druckes auf die Einzelbauern war, den die SED generalstabsmäßig organisiert hatte.[138] Ende 1959, Anfang 1960 wurde den Einzelbauern der Zugang zu Maschinen erschwert, der Verkauf von Zuchtvieh und das Vermehren von

132 Patze, Willy Flach, S. 363.
133 Wahl, Archivarbeit und Literaturforschung, S. 244.
134 StAC, SED-BL Karl-Marx-Stadt (1952–1962) IV/2/7/3, Bl. 90.
135 StAC, BdVP Karl-Marx-Stadt (Bestand 25), Nr. 056, Bl. 14 (RS).
136 Ebd., Bl. 34 (RS).
137 Jonathan Osmond, Kontinuität und Konflikt in der Landwirtschaft der SBZ/DDR zur Zeit der Bodenreform und der Vergenossenschaftlichung, 1945–1961, in: Bessel/Jessen (Hg.), Grenzen, S. 137–169, zit. 159.
138 Vgl. Arnd Bauerkämper, Ländliche Gesellschaft in der kommunistischen Diktatur. Zwangsmodernisierung und Tradition in Brandenburg 1945–1963, Köln u.a. 2002; Jens Schöne, Frühling auf dem Lande? Die Kollektivierung der DDR-Landwirtschaft, Berlin 2005.

Saatgut behindert, um sie zum Eintritt in die Landwirtschaftlichen Produktionsgenossenschaften (LPG) zu zwingen. Nicht erfüllbare Auflagen erzeugten prekäre Situationen, in denen die Bauern mit der Androhung strafrechtlicher Konsequenzen erpressbar wurden. Während die SED-Führung offiziell durchgängig verlautbarte, der Eintritt in die LPG solle stets freiwillig erfolgen, sah die Praxis vor Ort oft anders aus. Werbekolonnen belagerten regelrecht die Gehöfte und versuchten, die Bauern, nicht nur mit Argumenten, zu überzeugen.

Im Bezirk Karl-Marx-Stadt waren Agitatoren schon im Oktober 1959 im Einsatz, im Februar 1960 wurde der Einsatz massiv verstärkt. In Bauernversammlungen wurde deutlich gemacht, dass das Ziel darin bestand, alle Bauernwirtschaften in genossenschaftliches Eigentum zu überführen. Lautsprecherwagen fuhren durch die Dörfer und gaben die Namen der Bauern bekannt, die nicht in die LPG eintreten wollten. Gehöfte von widerständigen Bauern wurden nachts mit Scheinwerfern angestrahlt. Mehrfach wurde mit Verhaftung gedroht: »Wenn Ihr nicht eintretet, dan wir sich der Staatsanwalt mit dem Dorf beschäftigen«,[139] rief beispielsweise ein Bürgermeister im Kreis Flöha den Bauern zu.

Zur Koordination der LPG-Werbung richtete die SED Informationsstützpunkte ein, die regelmäßig Berichte entgegennahmen. Eine Meldung informierte die Bezirksleitung Dresden im Januar 1960: »Vereinzelt sollen sich werktätige Einzelbauern wegen den dauernden Belästigungen das Leben genommen haben.«[140] Drei Monate später häuften sich bei der SED-Bezirksleitung Karl-Marx-Stadt die Berichte über Suizide und Suizidversuche. Auch bei Volkspolizei und MfS trafen mehrere Berichte ein, die den Eindruck erweckten, dass in den Dörfern teilweise ein Kampf auf Leben und Tod stattfand; zumindest wurde die Situation von zahlreichen Bauern so empfunden.

»Der bisherige Aufbau seiner Wirtschaft sei umsonst gewesen und seine Maschinen und Geräte würden Schrott. Für ihn bleibe nur noch der Strick«, sagte ein resignierter VdgB-Vorsitzender aus dem Kreis Reichenbach. Ein Bauer aus dem Kreis Freiberg betrank sich, lief über seine Felder »und schrie vor sich hin, er gehe nicht in die LPG, er lasse sich lieber totschlagen«. Der Mann wurde in ein Krankenhaus eingeliefert.[141] Verzweifelt und anklagend zugleich war die Aufforderung eines Bauern aus dem Kreis Aue an die Agitatoren, »wenn sie wiederkämen, sollten sie die Pistole mitbringen und ihn erschießen. Ansonsten würde er sich aufhängen.«[142] Im März 1960 schrieb ein Superintendent an vier Räte der Kreise, dass »von einem großen Teil der Bauernschaft der pausenlose Einsatz von Werbegruppen als ein Versuch gewertet wird, ihre seelische und physische Widerstandskraft zu erschüt-

139 StAC, BdVP Karl-Marx-Stadt (Bestand 25), Nr. 056, Bl. 31 (RS).
140 SAPMO-BArch, DY 30, IV 2/2.023/4, Bl. 47.
141 StAC, BdVP Karl-Marx-Stadt (Bestand 25), Nr. 056, Bl. 54 (RS).
142 Ebd., Bl. 14.

tern«.[143] Dass Nervenzusammenbrüche und Suiziddrohungen keine singulären Ereignisse waren, sondern Teil einer verbreiteten suizidalen Stimmung, verdeutlichen auch die Rapporte der Volkspolizei im Bezirk Karl-Marx-Stadt. Wie aus Tabelle 15 ersichtlich ist, setzte die genauere Erfassung der Selbsttötungen durch die Volkspolizei erst auf dem Höhepunkt der suizidalen Zuspitzung der Zwangskollektivierung ein, zu einem Zeitpunkt, als die Zahl der Suiziddrohungen (laut Bericht an die SED-Bezirksleitung vom 20. März) schon wieder zurückging; es fanden bereits erste Beerdigungen statt. Der Rückgang der Suizidankündigungen bei gleichzeitiger Zunahme der Todesfälle kann als Indiz für das Umschlagen des Protestes in Resignation gelten. Jene, die den LPG-Werbern entgegentraten mit Worten wie »eher hänge ich mich auf« oder »treibt uns in den Tod und kommt nicht wieder«, wollten nicht unbedingt sterben, für sie war die Todesdrohung Ausdruck einer zum Äußersten getriebenen Empörung. Für den Bezirk Potsdam ist das anhand einiger Schicksale nachweisbar. Ein 65-jähriger Bauer aus Blumenthal, der zu den Agitatoren gesagt hatte: »Das Land könnt Ihr haben und dann hänge ich mich auf«, wurde drei Tage danach als LPG-Mitglied gemeldet. Auch ein Bauer aus dem Kreis Pritzwalk, der die Agitatoren aufgefordert hatte: »Nehmen Sie eine Pistole und erschießen mich«, stand wenige Tage später auf der Liste der LPG-Mitglieder.[144]

Dass suizidale Äußerungen während der Zwangskollektivierung Teil eines Spektrums von Protest- und Widerstandshandlungen waren, spiegelte sich auch in den Äußerungen kirchlicher Amtsträger wider. Ein Pfarrer in Altmittweida rief den Gottesdienstbesuchern die alte Freiheitsparole »Lieber tot als Sklav!« zu.[145] Ein Pfarrer aus dem Kreis Plauen beschwerte sich, »daß die Brigaden Menschen zum Selbstmord treiben und daß er den Bauern geraten habe, auf einige Zeit zu verschwinden«. An die Adresse der SED, die gern ihr humanistisches Grundanliegen herausstellte, fügte er hinzu, »die Brigadeeinsätze hätten nichts mit Humanismus zu tun«.[146]

Trotz der Verzweiflungstaten ging der Agitatoreneinsatz unvermindert weiter. Der täglich gemeldete Anteil der LPG an den landwirtschaftlichen Nutzflächen betrug am 15. März 1960 im Bezirk Karl-Marx-Stadt 26,5 Prozent und stieg bis Ende des Monats zunächst sehr langsam auf 37,2 Prozent. Der »Durchbruch« kam dann Anfang April. Bis zum 9. April waren es 64,4 Prozent, bis zum 12. April 82,2 Prozent, und zwei Tage später wurde der Abschluss der Agitationseinsätze gemeldet.[147] Damit endete in der gesamten DDR die Kollektivierungskampagne, denn der Bezirk Karl-Marx-Stadt war der letzte Bezirk, in dem die LPG-Bildung offiziell abgeschlossen wurde.

143 Ebd., Bl. 30.
144 Vgl. BLHA, Rep. 530, SED-BL Potsdam, Nr. 1433 und 1434, n. pag. (Unbekannt ist jedoch das weitere Schicksal dieser Bauern.)
145 StAC, BdVP Karl-Marx-Stadt (Bestand 25), Nr. 056, Bl. 36 (RS).
146 StAC, SED-BL Karl-Marx-Stadt IV/2/7/2, Bl. 26.
147 Vgl. StAC, SED-BL Karl-Marx-Stadt IV/2/7/2, Bl. 1–193.

Zeitraum	Suizid-ankündi-gung	Suizid-versuch	Selbst-tötung	Suizid-gerücht	Kollektivierungs-rate	
17.–23.3.1960	12	2	1	1	15.3. 22.3.	26,5 % 28,4 %
24.–30.3.1960	5	1	2	6	28.3. 30.3.	31,6 % 34,9 %
31.3.–6.4.1960	4	2	4	3	31.3. 3.4. 6.4.	37,2 % 43,5 % 50,3 %
7.4.–13.4.1960		1	2	3	9.4. 12.4.	64,4 % 82,2 %
14.4.–20.4.1960		1			14.4.	100,0 %
21.4.–27.4.1960				1		

Tab. 15: »Suizidales Klima« unter Bauern im Bezirk Karl-Marx-Stadt im Frühjahr 1960.[148]

In den Monaten danach, als die konkreten Bedingungen für die LPG festgelegt wurden, kam es erneut zu resignativen Suizidhandlungen. Im Bezirk Karl-Marx-Stadt wurden von der Polizei in den Monaten Mai und Juni drei weitere Selbsttötungen von Bauern registriert, zudem kündigten drei weitere Bauern eine suizidale Handlung an.

Die Verzweiflungstaten wurden, obwohl sie teilweise auch private Ursachen hatten, in der Bevölkerung als Ausdruck des kollektiven Schicksals der Bauern angesehen. Als sich am 26. März 1960 ein Bauer, der bereits 1958 der LPG beigetreten war, im Stall erhängte, sagte ein Mitarbeiter der Gemeindeverwaltung: »Na, das erste Opfer ist schon da. [...] starb für die anderen.«[149]

Die Haltung der von der SED ausgeschickten Agitatoren zu den Selbsttötungen war, soweit die Akten Rückschlüsse erlauben, nicht einheitlich. Teilweise kamen sogar Zweifel angesichts des erzeugten Psychoterrors auf. Im Fall eines suizidgefährdeten Bauern im Kreis Plauen wurde angeraten:

»Ehefrau war bereits in einer Nervenheilanstalt und in dieser Familie sind bereits zwei Selbstmorde vorgekommen, so daß dort, obwohl mit Bauern [...] vernünftig zu diskutieren ist, vorsichtig agitiert werden muss.«[150]

---

148 Es ist wahrscheinlich, dass die Angaben unvollständig sind. So hat eine in der Bundesrepublik bekannt gewordene Selbsttötung in Geringswalde (Kr. Zschopau) in den Akten keine Entsprechung. Vgl. LPG-Werber trieben Bauern in den Tod, in: Deutsche Fragen 6 (1960) 5, S. 87.
149 SAPMO-BArch, DY 30, IV 2/2.023/4, Bl. 80.
150 StAC, SED-BL Karl-Marx-Stadt IV/2/7/3, Bl. 90.

Bei Todesfällen aber wurde jeglicher Schuldvorwurf schroff abgewiesen, und die zuständigen SED-Funktionäre forderten lediglich, »bei den Brigaden auf Grund des Vorfalls keinerlei Pessimismus aufkommen zu lassen«.[151] In einem Protokoll des »Operativstabes zur sozialistischen Umgestaltung der Landwirtschaft« vom 18. März hieß es: »Es gab Herzanfälle und Tränenausbrüche, aber die Agitatoren lassen sich nicht abhalten, sondern werden ihre Aufgabe mit Erfolg durchführen.«[152] An Zynismus kaum zu überbieten war das Auftreten zweier MfS-Mitarbeiter, die an eine Gruppe von Agitatoren im Dorfgasthof von Helsdorf die Frage richteten, wie viele Bauern »sie noch umzubiegen« hätten.[153] Ein Vorsitzender der VdgB im Kreis Mittweida dagegen, der mit Äußerungen aufgefallen war wie: »man muß menschlich denken« oder: »es kann sein, daß sich Bauern aufhängen«, wurde von den Agitatoren scharf kritisiert, seine Absetzung wurde gefordert.[154]

War der Agitatoreneinsatz besonders heftig im Bezirk Karl-Marx-Stadt, der das »Schlusslicht« bei der Zwangskollektivierung war, oder können die Vorgänge in diesem Bezirk als exemplarisch für die gesamte DDR angesehen werden?

Einerseits fällt auf, dass die Selbsttötungswelle zu einem Zeitpunkt in den Akten erschien, als in anderen Bezirken die erzwungene LPG-Bildung schon abgeschlossen war; im Bezirk Rostock beispielsweise wurde schon am 4. März 1960 Vollzug gemeldet.[155] Das legt die Vermutung nahe, der Psychoterror könnte im Bezirk Karl-Marx-Stadt besonders stark gewesen sein.

Andererseits wurde die LPG-Bildung auch in vielen anderen Regionen mit den gleichen Methoden erzwungen, mit ähnlichen Auswirkungen auf die Psyche der Bauern.

In Publikationen des »Untersuchungsausschusses Freiheitlicher Juristen« (UFJ) finden sich Berichte über Selbsttötungen von Bauern in Groß Börnecke (Kreis Staßfurt), Cochstedt (Kreis Aschersleben), Reesen (Kreis Burg), Gladigau (Kreis Osterburg), Lauchhammer-West, Neuwiese (Kreis Hoyerswerda), Körzin bei Potsdam, Stepenitz (Kreis Pritzwalk), Steckelsdorf (Kreis Rathenow), Zehdenick (Kreis Gransee), Pragsdorf bei Neubrandenburg, Zarrendorf (Kreis Grimmen) sowie auf der Insel Poel.[156] Daraus entsteht das Bild einer suizidalen Stimmung, die im ganzen Land auftrat.

Der UFJ will für die Zeit zwischen 1958 und 1960 insgesamt 484 Selbsttötungen von Bauern in der DDR gezählt haben.[157] Da sich auf Dörfern aber auch in normalen Zeiten Selbsttötungen ereignen und gleichzeitig das Motiv

151 StAC, SED-BL Karl-Marx-Stadt IV/2/7/5, Bl. 16.
152 StAC, SED-BL Karl-Marx-Stadt IV/2/7/4, Bl. 213.
153 StAC, SED-BL Karl-Marx-Stadt IV/2/7/2, Bl. 167.
154 StAC, SED-BL Karl-Marx-Stadt IV/2/7/4, Bl. 13.
155 Vgl. Schöne, Frühling, S. 209.
156 Vgl. Deutsche Fragen 6 (1960) 4, S. 68f., 6 (1960) 6, S. 87 sowie 7 (1961) 3, S. 60.
157 Hans Brückl, persönliche Mitteilung vom 4. Februar 2005. Die Angabe stammt von einem Flugblatt.

oftmals dunkel bleibt, ist nicht auszuschließen, dass hierbei Todesfälle mitgezählt wurden, die nicht unmittelbar durch die Zwangskollektivierung motiviert waren; insofern könnte es sich um eine Überschätzung der tatsächlich durch die Kollektivierung verursachten bzw. ausgelösten Todesfälle handeln. Man muss dabei gar nicht so weit gehen und dem (zeitweise vom US-Geheimdienst CIA finanzierten) UFJ ein Interesse an einer möglichst schockierenden Zahl unterstellen;[158] im Frühjahr 1960 kursierten unzählige Gerüchte, in denen Tatsachen und Vermutungen vermischt wurden, was sich dann auch in den Berichten geflüchteter Bauern, die wiederum die wichtigste Informationsquelle des UFJ darstellten, niederschlug. Ein Beispiel vom 5. April 1960:

»Vom VPKA Schleiz wird mitgeteilt, daß der Einzelbauer [...] erzählt, daß in der Nähe von Syrau, Krs. Plauen sich 2 Bauern das Leben genommen hätten. Die Überprüfung hierzu ergab, daß in Syrau ein Selbstmordversuch durch den Einzelbauern [...] vorlag und im VEG Christgrün Krs. Plauen sich der Schäfer [...] das Leben genommen hat. Bei dem Einzelbauern [...] handelt es sich um einen Menschen, der nervenkrank ist und bereits 1954 einen Nervenzusammenbruch hatte. Der Selbstmord wurde durch die Agitatoren verhindert. Der Selbstmord des Schäfers [...] steht nicht im Zusammenhang mit dem Einsatz der sozialistischen Brigaden.«[159]

Einerseits bestätigte der Bericht indirekt, dass der Suizidversuch des Einzelbauern in unmittelbarem Zusammenhang mit der LPG-Werbung stand, andererseits zeigte er, dass bei der Mund-zu-Mund-Propaganda übertrieben wurde. Offenbar war in jener Zeit die Bereitschaft sehr hoch, jede suizidale Handlung mit der Zwangskollektivierung in Zusammenhang zu bringen.

Die Untersuchungsberichte des MfS versuchten ihrerseits den Eindruck zu erwecken, als wären die suizidalen Bauern allesamt krank oder in rein private Konflikte verstrickt gewesen. Zwar ist unstrittig, dass viele der Bauern, die sich im Frühjahr 1960 das Leben nahmen, bereits eine psychische Disposition für suizidale Handlungen aufwiesen. Bei mehreren Suizidversuchen von Einzelbauern ermittelte die Polizei vorherige Suizidhandlungen bzw. Nervenzusammenbrüche. So war ein Bauer im Kreis Hohenstein-Ernstthal, der sich im April 1960 das Leben nahm, bereits 1952 mehrere Monate in einer Nervenheilanstalt gewesen, und hatte 1956 einen Suizidversuch unternommen. Ein Bauer, der sich im Mai 1960 erhängte, litt seit seiner Kindheit an Schizophrenie, die sich in letzter Zeit verschlimmert hatte.[160] Andererseits fanden sich aber selbst in den Berichten des SED-Sicherheitsapparats Tatsachen, die einen Zusammenhang zur LPG-Bildung nahe-

158 Vgl. Mampel, Untergrundkampf, S. 20.
159 StAC, BdVP Karl-Marx-Stadt (Bestand 25), Nr. 056, Bl. 61.
160 Vgl. ebd., Bl. 48 (RS), 61, 87, 137.

legten. Wenn etwa ein Bauer, bevor er sich erhängte, an eine Futterkiste mit Kreide die Worte »Ich hasse die LPG« schrieb,[161] oder wenn ein anderer Bauer sich unmittelbar nach der Beitrittserklärung zur LPG das Leben nahm,[162] dann war es schwer, einen kausalen Zusammenhang zur Zwangskollektivierung zu leugnen.

Insgesamt ist anhand der Berichte zu Einzelfällen nicht entscheidbar, in welchem Maße es sich bei Bauern, die sich das Leben genommen hatten, um Suizidgefährdete handelte, die das sonst aus einem anderen Anlass auch getan hätten, und wie viele Menschen erst unter den Bedingungen der Zwangskollektivierung eine Selbsttötung ernsthaft in Betracht zogen.

Es gibt jedoch Indizien, die wahrscheinlich machen, dass sich der Kreis der potenziellen Suizidenten im Frühjahr 1960 vergrößert hat. Die Selbsttötungsrate im Bezirk Karl-Marx-Stadt lag 1960 mit 40 Prozent höher als 1959 (35,9) und auch höher als 1961 (38,6). Die normalerweise kontinuierlich verlaufenden Selbsttötungsraten der drei – ländlich geprägten – Nordbezirke der DDR wiesen im Jahr 1960 ein kleines, aber erkennbares Maximum auf. Es fällt schwer, eine andere Ursache als die gleichzeitig erfolgte Zwangskollektivierung anzunehmen. Die Selbsttötungsrate der Nordbezirke lag im Jahr 1960 um 30 Prozent höher als in den Jahren zuvor. Langfristig stiegen die Raten zwar, aber die Selbsttötungsrate von 1960 war auch um etwa neun Prozent höher als in den Jahren danach.

Insgesamt haben sich im Jahr 1960 in den drei Bezirken 480 Menschen das Leben genommen, die erhöhte Selbsttötungsrate entspräche damit einem Mehr von ca. 93 (min. 43, max. 144) Suizidtoten, deren Schicksal im Zusammenhang mit der Zwangskollektivierung gestanden haben könnte. Hochgerechnet auf die gesamte DDR ergäbe sich eine ähnliche Zahl wie jene, die der UFJ auf dem Propaganda-Flugblatt angegeben hatte.

Betrachtet man allerdings die Dimensionen der Auswirkungen repressiver Politik auf die Suizidhäufigkeit vor dem Hintergrund der Ereignisse zur Zeit des Nationalsozialismus, so wird deutlich, dass mit der SED-Herrschaft ein anderes Zeitalter angebrochen war. Selbst die Phase offener Repression im Frühling 1960, die in der 40-jährigen Geschichte der DDR eine Ausnahmesituation darstellte, war nur von einer geringen Zahl von Selbsttötungen begleitet. Versuche, die Situation mit der Zeit der Judenverfolgung oder der Selbsttötungswelle 1945 gleichzusetzen, waren und sind dementsprechend völlig unangemessen.

Ob es in der DDR später noch einmal zu Selbsttötungen in Verbindung mit ökonomischen Umbrüchen kam, etwa als Reaktion auf die 1972 durchge-

---

161 StAC, SED-BL Karl-Marx-Stadt IV/2/7/2, Bl. 70.
162 StAC, SED-BL Karl-Marx-Stadt IV/2/7/5, Bl. 14.

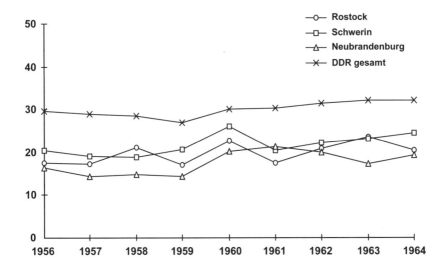

Abb. 16: Selbsttötungsraten der drei Nordbezirke im Vergleich zur Selbsttötungsrate der gesamten DDR.[163]

führte Verstaatlichung zahlreicher Privatbetriebe, kann von dieser Arbeit mangels aussagekräftiger Quellen weder bestätigt noch verneint werden. Es gab einige Einzelfälle, statistisch relevant waren diese Schicksale nicht; und anders als 1960 bei der Zwangskollektivierung blieben sie vereinzelte Verzweiflungstaten ohne Öffentlichkeitswirkung.[164]

163 Zahlen aus: Leonhardt/Matthesius, Zu suizidalen Handlungen, Tabellen-Anhang 4a.
164 Es ist anzunehmen, dass Selbsttötungen aus Trauer über den Verlust des eigenen Betriebes oder Geschäfts oft auch erst mit zeitlicher Verzögerung, oder nach weiteren Schicksalsschlägen, stattfanden. Ein Beispiel: Ein Familienvater aus Thüringen schrieb Ende 1980 in einem Brief in die Bundesrepublik resigniert: »Mein Leben bedeutet mir nichts mehr.« 1972 hatte er »nach einem langen Kampf mit den Behörden« seine Gärtnerei verloren, für die Enteignung erhielt er keine Entschädigung. Als er, nachdem seine Frau an einem Gehirntumor erkrankte, eine Spezialbehandlung in der Bundesrepublik beantragte, wurde diese nicht genehmigt; die Frau verstarb 1979. Nun, so hieß es in der Zeitschrift »Menschenrechte«, wolle er »mit seiner Familie lieber Selbstmord begehen als in der DDR bleiben«. Über sein weiteres Schicksal ist nichts bekannt. Vgl. Menschenrechte 4 (1980), November/Dezember, S. 27.

4.6 Selbsttötungen nach dem Mauerbau – wie eine »Epidemie«?

»In der vergangenen Woche sprang in Berlin eine fast sechzigjährige Frau aus einem Fenster ihrer im dritten Stock gelegenen Wohnung und verstarb wenig später auf dem Transport in das Krankenhaus. Sie tat den Sprung, obgleich sie wissen mußte, daß er mit fast absoluter Gewißheit in den Tod führen würde und daß es kaum eine Chance des Überlebens geben könnte. Sie wußte jedoch auch dies: daß wenigstens das Straßenpflaster, auf dem ihr Körper aufprallen würde, zum Westsektor der zweigeteilten Stadt gehörte, während ihre Wohnung, die sie räumen sollte und deren Westausgänge man bereits verrammelt hatte, noch im Bereich des Ostsektors lag. Der Gedanke, von ihren wenige Straßen weiter wohnenden Angehörigen getrennt und praktisch völlig vereinsamt zu sein, war für diese Frau unerträglich«, hieß es in der »Welt« vier Wochen nach dem Bau der von der SED als »antifaschistischer Schutzwall« bezeichneten Berliner Mauer.[165] Die 59-jährige Ida Siekmann, die beim Sprung aus ihrer Wohnung in der Bernauer Straße in den Westsektor tödlich verunglückte, wurde in West-Berlin zum Symbol des verzweifelten Freiheitswillens der Ost-Berliner Bevölkerung.[166]

Ebenfalls an der Bernauer Straße stürzte sechs Wochen später, am 4. Oktober 1961, ein 22-jähriger Student in den Tod. »Bernd Lünser hat auf dem Dach mit Volkspolizisten gekämpft. Er hat der Verhaftung den Tod vorgezogen, und wie angestrengt Ulbricht auch nach verbrecherischen Motiven für seine Flucht suchen ließ, es kam nichts dabei heraus. Ein Student kündigt das Leben in einem Staate auf, der keine Hoffnungen mehr gibt«, konstatierte ein bundesdeutscher Journalist.[167]

Angaben des »Untersuchungsausschusses Freiheitlicher Juristen« zufolge waren diese tragischen Todesfälle Zeichen einer weitverbreiteten Verzweiflung: »Selbstmord und Selbstmordversuche vorwiegend älterer Menschen, die durch die Mauer über Nacht von ihren liebsten Angehörigen getrennt worden waren, haben in Ost-Berlin in den ersten Monaten nach dem 13. August fast wie eine Epidemie gewütet.«[168] Gleiches behauptete auch der Theologe Georg Siegmund: »Seit dem 13. August 1961 ist nach Berichten aus Ost-Berlin die Kurve der Selbstmorde steil angestiegen.«[169] Der Vorsitzende

165 Wolff, Selbstmord.
166 Vgl. »Flucht in den Tod«, BILD vom 23. August 1961, S. 2, sowie BILD vom 30. August 1961, S. 2.
167 Vgl. Die anderen hinter der Mauer, in: Deutsches Allgemeines Sonntagsblatt vom 22. April 1962, S. 5.
168 Martin Pfeideler, Tragödien im geteilten Berlin – Hoffnung für Alte und Kranke – Keine Hoffnung für Liebende, in: Deutsche Fragen 9 (1963) 1, S. 18 f.
169 Georg Siegmund, Selbstmordforschung, in: Bild der Wissenschaft 4 (1967) 7, S. 564–575, zit. 566.

des Rates der Evangelischen Kirche in Deutschland, Präses Kurt Scharf, wagte sogar den Vergleich mit dem Jahr 1945: »Selbst in den Tagen des Zusammenbruchs 1945 sei die Verzweiflung nicht so groß gewesen«, zitierte ihn die Zeitung »Die Welt«.[170]

In den Selbsttötungsstatistiken finden sich für diese Behauptungen nur relativ schwache Belege. Die durchschnittliche Selbsttötungsrate, die in den Jahren 1956 bis 1960 in der DDR 28,8 betrug, stieg in den Jahren 1961 bis 1965 auf 31,6; das war ein Anstieg um fast zehn Prozent. In der Bundesrepublik betrugen die entsprechenden Raten 18,8 bzw. 19,5 – was einer Zunahme um knapp vier Prozent entsprach. In den entsprechenden Diagrammen wird kein sprunghafter Anstieg im Zeitraum 1961/62 sichtbar, der Bezeichnungen wie »Selbsttötungswelle« oder »-epidemie« rechtfertigen würde. Die grafische Darstellung in den Abbildungen 17 und 18 zeigt vielmehr, dass die relativ hohen Selbsttötungsraten in den 1960er Jahren Teil einer längerfristig steigenden Tendenz waren, die bereits vor 1960 begann.[171]

Bei dem allmählichen Ansteigen der Selbsttötungsraten könnte es sich zum Teil um einen statistischen Effekt gehandelt haben, der sich aus der

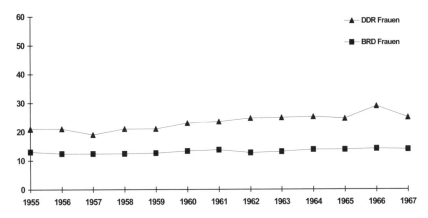

Abb. 17: Selbsttötungsraten der DDR und der Bundesrepublik in den Jahren 1955 bis 1967 (Frauen).

170 Die Welt vom 6. Oktober 1961, S. 2.
171 Zahlen der DDR: Leonhardt/Matthesius, Zu suizidalen Handlungen, Tabellen-Anhang 4a. Zahlen der Bundesrepublik: Schmidtke, Suizid- und Suizidversuchshäufigkeit, S. 277. (Hierbei muss noch berücksichtigt werden, dass West-Berlin erst ab 1960 mitgezählt wurde, weshalb ein Teil des Anstiegs auf die traditionell hohe Selbsttötungsrate Berlins zurückzuführen ist.)

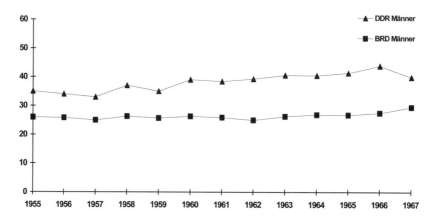

Abb. 18: Selbsttötungsraten der DDR und der Bundesrepublik in den Jahren 1955 bis 1967 (Männer).

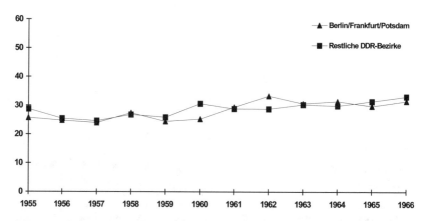

Abb. 19: Durchschnitt der Selbsttötungsraten der Bezirke Frankfurt/Oder, Potsdam und der DDR-Hauptstadt im Vergleich mit dem Durchschnitt der Selbsttötungsraten der anderen zwölf DDR-Bezirke.

Überalterung der DDR-Bevölkerung ergab. Der Rentneranteil betrug Anfang der 1960er Jahre in der DDR 18,6 Prozent, während er in der Bundesrepublik bei 14,3 Prozent lag.[172] Da sich ältere Menschen häufiger suizidieren als jüngere, zieht eine Veränderung der Altersverteilung automatisch einen Anstieg der Selbsttötungsrate nach sich, und das könnte – angesichts der

172 Vgl. Schulze, Erforschung der Selbstmordziffer, S. 65.

Abwanderung von drei Millionen zumeist jungen Menschen aus der DDR in den Jahren vor dem Mauerbau – auch mit zu den steigenden Selbsttötungsraten beigetragen haben.

Die Diagramme weisen zudem darauf hin, dass bei der Interpretation von Schwankungen der Selbsttötungsrate Vorsicht geboten ist. So trat in der DDR im Jahr 1966 ein Suizid-Maximum auf, das zeitgeschichtlich nicht erklärbar ist.

Nichtsdestotrotz lassen sich aus den Statistiken auch Indizien für einen – wenn auch nur geringfügigen – Einfluss des Mauerbaus auf die Selbsttötungsrate der DDR ablesen. Dazu muss man die Ebene der DDR-Selbsttötungsrate verlassen und das Suizidgeschehen in einzelnen Bezirken betrachten: Während die Selbsttötungsraten in den meisten Bezirken von 1961 auf 1962 nicht signifikant anstiegen, sprang die Selbsttötungsrate im Bezirk Potsdam von 23,7 auf 30,2, in Ost-Berlin stieg sie von 38,9 auf 41,0 und im Bezirk Frankfurt/Oder von 25,6 auf 28,7. Zudem fällt auf, dass in den beiden letztgenannten Gebieten die Selbsttötungsrate schon von 1960 auf 1961 deutlich anstieg, in Ost-Berlin von 32,5 auf 38,9 und im Bezirk Frankfurt/Oder von 19,4 auf 25,6.[173] Diese Entwicklungen in Regionen in unmittelbarer Nähe der »Mauer« deuten (auch wenn keine Statistik zur Verfügung steht, die Selbsttötungen vor und nach dem 13. August 1961 im Zusammenhang mit deren Motivierung ausweist) darauf hin, dass die Abschottung des DDR-Territoriums mit dazu beigetragen hat, dass in der DDR in den Jahren nach dem Mauerbau mehr Menschen ihr Leben durch eigene Hand beendeten.

Interessanterweise lagen die drei Bezirke, die nach 1961 erhöhte Selbsttötungsraten aufwiesen, in den beiden Jahren vor 1961 in der gleichen Größenordnung unter dem Durchschnitt der übrigen DDR-Bezirke.

Man könnte dies damit erklären, dass die offene Grenze in Berlin, besonders im Jahr 1960, ein Ventil für in Bedrängnis geratene und unzufriedene Menschen darstellte, zum Beispiel zur Zeit der Zwangskollektivierung. Die Flüchtlingszahlen, die Anfang 1960 noch auf dem Niveau der Jahre 1958 und 1959 lagen, schnellten im März 1960 auf mehr als das Doppelte hoch. Insgesamt waren es 1448 Menschen, die im März aus der DDR flohen, unter ihnen, so ist bekannt, waren allein etwa 100 Bauern aus dem Bezirk Potsdam.[174]

Dass Selbsttötung und Flucht alternative Handlungsmöglichkeiten in unerträglichen Situationen darstellen, gehört zum allgemeinen Basiswissen der Psychologie. Generell gilt: »Statistisch findet sich ein Anstieg der Selbstmorde bei Behinderung der Auswanderung.«[175] Wenn man sich vor Augen führt, dass die suizidgefährdete Risikogruppe nur eine kleine Minderheit der

173 Alle Zahlen aus: Leonhardt/Matthesius, Zu suizidalen Handlungen, Tabellen-Anhang 4a.
174 Zahlen aus: Werkentin, Politische Strafjustiz, S. 19.
175 Bethge, Selbstmordtendenzen bei Jugendlichen, S. 18.

Bevölkerung darstellte, und nach Einflüssen politischer Veränderungen auf diese Gruppe fragt, dann könnte die Einengung von Handlungsalternativen durch den Mauerbau eine Erklärung für die gestiegene Selbsttötungsrate sein. Der 13. August 1961 hatte vor allem im Umfeld von Berlin gravierende Auswirkungen. 57 000 Grenzgänger verloren ihre Arbeitsstelle in West-Berlin. DDR-Jugendliche, die Schulen und Ausbildungsstätten in West-Berlin besucht hatten, mussten als Hilfsarbeiter in volkseigenen Betrieben außerhalb Ost-Berlins arbeiten. In der gesamten DDR begann eine Kampagne gegen Arbeitsbummelanten; Arbeitslager wurden eingerichtet.[176]

Es wäre sicher falsch, zu behaupten, dadurch wären Menschen systematisch in den Suizid getrieben worden. Dass diese repressiven Maßnahmen aber in Einzelfällen vorhandene Konfliktsituationen verschärft und das Gefühl der Ausweglosigkeit insbesondere bei jungen Menschen bestärkt haben könnten, ist nicht unwahrscheinlich; bereits im zweiten Kapitel hatte sich gezeigt, dass sich die Selbsttötungsrate der Jugendlichen in der DDR nach dem Mauerbau nahezu verdoppelt hatte. »Das Überlaufventil ist abgedreht. Die Temperatur im Kessel DDR steigt von Monat zu Monat«, schrieb ein Journalist im April 1962. Er hielt einen neuen 17. Juni für möglich, schränkte aber auch ein: »Er wäre nichts als blanke Verzweiflung.«[177]

In West-Berliner Zeitungen wurde über einige wenige Selbsttötungen von Menschen in Ost-Berlin berichtet, deren Kontakt zu Verwandten und Freunden durch den Mauerbau abrupt unterbrochen wurde.[178] Ein nach West-Berlin geflüchteter Arzt, der bei der Untersuchung von Selbsttötungen im Ostteil der Stadt mitgewirkt hatte, zählte 1964 einige Beispiele für Suizidmotive auf:

> »Selbstmord, weil eine Mutter nicht zu ihrem Sohn darf, weil eine Frau ihren Mann nicht sehen darf, weil ein altes Ehepaar in der Verzweiflung, ihre im Westen lebenden Kinder und die Enkelkinder nicht mehr sehen zu dürfen, aufgab«.[179]

Aber nicht nur in Berlin, auch während der im Oktober 1961 erfolgten Zwangsumsiedlungen von (laut MfS) 3165 Bewohnern aus den Grenzgebieten zur Bundesrepublik kam es zu Suiziddrohungen und -versuchen, vereinzelt auch zu Selbsttötungen.[180]

Die Akten des DDR-Staatsapparates enthalten zudem einige Indizien dafür, dass der Mauerbau im Bereich der Sicherheitsorgane Selbsttötungshandlungen ausgelöst hat. Auffällig ist zum Beispiel, dass die Selbsttötungsrate

176 Vgl. Werkentin, Politische Strafjustiz, S. 244–247.
177 Die anderen hinter der Mauer, in: Deutsches Allgemeines Sonntagsblatt vom 22. April 1962, S. 5.
178 Vgl. z.B.: Selbstmord wegen Trennung vom Vater, in: Die Welt vom 5. September 1961, S. 2; Lore Frisch verübte Selbstmord, in: Deutsche Fragen 8 (1962) 10, S. 200.
179 Kemna, Geflüchteter Arzt.
180 Vgl. BStU, MfS, AS 19/82, Bl. 160, 176; Inge Bennewitz/Rainer Potratz, Zwangsaussiedlungen an der innerdeutschen Grenze, Berlin 1994; Manfred Wolter, Aktion Ungeziefer. Die Zwangsaussiedlungen an der Elbe, Rostock 1997.

der Volkspolizisten im Jahr 1962 um 50 Prozent über den Durchschnittswerten der VP lag.[181]

Ein Bericht verzeichnete zur gleichen Zeit auch bei der Nationalen Volksarmee einen Anstieg der Selbsttötungen. Während der Monatsdurchschnitt vor dem Mauerbau bei neun gelegen hatte, ereigneten sich zwischen dem 13. August und dem 11. September 1961 elf suizidale Handlungen. Wie ein SED-Bericht feststellte, standen zwei »im Zusammenhang mit den am 13.8.1961 eingeleiteten Maßnahmen«. Ein Oberwachtmeister der Bereitschaftspolizei, dessen Mutter in Westdeutschland lebte, »befand sich seit dem Einleiten unserer Schutzmassnahmen in einem inneren Konflikt«.[182] Während hier das Motiv klar zu sein schien, war das bei einem Hauptmann der NVA nicht der Fall. Er schrieb zwar auf ein Stück Papier, das er von der Regierungserklärung der DDR zum Mauerbau abgerissen hatte: »Ich bin nicht mehr in der Lage meine Aufgaben zu erfüllen. Ich bin zu schwach dazu. Meine Frau soll mir verzeihen. Es ist besser so«, aber wieso er bereits in den Tagen vor dem Mauerbau depressiv war, geht aus der Akte des MfS nicht hervor. Wahrscheinlich war der Mauerbau nur der Auslöser, während die Ursache in einem langfristigeren Konflikt lag.[183]

Wie gravierend die Auswirkungen des Mauerbaus tatsächlich waren, ließe sich nur durch die Analyse der Ursachen und Motive Hunderter einzelner Fälle nachweisen. Eine solche Untersuchung hat zwar tatsächlich stattgefunden, allerdings unter den Bedingungen der SED-Diktatur. Im Jahr 1962 erstellte die Kriminalpolizei eine Bilanz aller Selbsttötungen im Bezirk Frankfurt/Oder. Dabei zeigte sich, dass die Zahlen in fast allen Kreisen angestiegen waren und dass vor allem der Anteil älterer Menschen an den Selbsttötungen sehr hoch war; die Motivstatistik der insgesamt 177 Fälle ließ aber (was nicht verwundern dürfte) keine direkten Rückschlüsse auf Zusammenhänge zum Mauerbau zu.

Was die Untersuchung hingegen erkennen ließ, war ein recht großer Anteil des Motivs »Angst vor Strafe« an den Suizidfällen: In der DDR war ein Anteil von fünf Prozent normal, 1961 stellte die Polizei im Bezirk Frankfurt/Oder bei 8,4 Prozent dieses Motiv fest, 1962 sogar bei 10,2 Prozent, während es 1964 nur noch 4,5 Prozent waren.[184]

Dass die verstärkte Repression von Regimegegnern nach dem Mauerbau aber in größerem Maße für das Ansteigen der Selbsttötungsrate verantwortlich war, ist unwahrscheinlich. Das bestätigt auch die Sondierung in einem Sektor der DDR-Gesellschaft, dessen Selbsttötungsstatistiken in der politischen Publizistik oft als Indikatoren für politische Repression interpretiert werden, den Gefängnissen. Hier wirkten sich weder Zwangskollektivierung

181 Vgl. Thomas Lindenberger, Volkspolizei. Herrschaftspraxis und öffentliche Ordnung im SED-Staat 1952–1968, Köln u.a. 2003, S. 202.
182 SAPMO-BArch, DY 30, IV 2/12/47, Bl. 254.
183 Vgl. BStU, MfS, ZAIG, Nr. 459, Bl. 1–7.
184 Vgl. BLHA, Rep. 671/16.1, BdVP Frankfurt/O., Nr. 158, Bl. 57–86.

noch Mauerbau signifikant aus: Die Selbsttötungsraten blieben nahezu konstant (vgl. Abschnitt 2.2).

Allerdings ist anzunehmen, dass sich durch den »Mauerschock« eine bereits vorhandene Aggressionshemmung in der DDR verstärkt hat.[185] Ein Indiz hierfür ist das Absinken der in der offiziellen Kriminalitätsstatistik registrierten Zahl der Morde: Im Zeitraum 1962 bis 1964 lag die Mordrate um 20 Prozent niedriger als 1959 bis 1961.[186] Aufgrund der kleinen Zahlen kann eine »Aggressionsumkehr« (Sigmund Freud hatte Selbsttötungen von Neurotikern als Autoaggression, als Umlenkung eines Mordimpulses gegen die eigene Person interpretiert) zwar keine Erklärung für die veränderten Selbsttötungsraten sein, das Absinken der Mordrate kann aber als Symptom einer allgemeinen Verhaltensänderung unter den Bedingungen der »Einmauerung« interpretiert werden.

Ein Fall aus dem Bezirk Gera vermittelt zudem einen Eindruck davon, wie sich der Mauerbau, neben einer allgemeinen Wirkung, auch ganz konkret auf individuelle Schicksale ausgewirkt haben könnte.[187]

Am 11. Oktober 1963 fand in einer Schule in Jena eine außerordentliche Lehrerversammlung statt. Der Grund: Eine Kollegin hatte ihre Wohnung am Staatsfeiertag, dem 7. Oktober, nicht beflaggt. Das galt zu dieser Zeit als ernstes Vorkommnis. »In sehr sachlicher und parteilich prinzipieller Art und Weise wurde vom Direktor und den anwesenden Kollegen das Verhalten dieser Kollegin verurteilt, weil es eines sozialistischen Lehrers unwürdig ist«, hieß es später in einem Bericht. Die erste Reaktion der Kollegin auf das Tribunal war: »Ich sage überhaupt nichts – das hier ist ein Überfall.« Dann erzählte sie aber doch. Sie erklärte, dass ihr Ehemann ihr untersagt hätte, die Fahne anzubringen, weil er verärgert war über das Verbot, zur Beerdigung seiner Mutter in die Bundesrepublik zu fahren. Zudem schilderte die Lehrerin die beengte Wohnsituation der vierköpfigen Familie: Die 15- und 21-jährigen Kinder lebten in einem kleinen Raum, zur Küche musste man das elterliche Schlafzimmer durchqueren, in dem der Vater, weil er nachts arbeitete, tagsüber schlief.

Die Zurechtweisung im Kollegenkreis empfand die Lehrerin offenbar als Fortsetzung der unerträglichen Situation zu Hause: »Mich will ja keiner verstehen – alle hacken sie auf mir herum.« Sie begann zu weinen und verließ mit der Ankündigung, sich das Leben zu nehmen, die Schule. Zunächst zwei-

185 Vgl. Protokoll der 67. Sitzung, Beitrag von Dieter Borkowski, in: Deutscher Bundestag (Hg.), Materialien der Enquete-Kommission »Aufarbeitung von Geschichte und Folgen der SED-Diktatur in Deutschland« (12. Wahlperiode des Deutschen Bundestages), Bd. VII/1, Baden-Baden-Frankfurt/M. 1995, S. 124f., zit. 124.
186 Angaben in: Klaus-Peter Bernstein, Zur kriminalistischen Untersuchung nichtnatürlicher Todesfälle unter dem Aspekt der Aufdeckung von Verschleierungen, insbesondere von Situationsfehlern, Diplomarbeit Berlin 1978, in: BStU, MfS, JHS, MF z.Tgb.Nr. 15/79, Bl. 9.
187 Vgl. ThStAR, BT/RdB Gera, 8.1., Nr. 98/2, n. pag.

felten die Kollegen am Ernst dieser Drohung, später schickten sie aber doch eine Abordnung zur Wohnung. Die Lehrerin hatte inzwischen einen Abschiedsbrief geschrieben und das Gas aufgedreht, konnte aber noch gerettet werden. Die offizielle Verlautbarung in der Schule, dass »die Ursachen für diesen Schritt vor allem in der Familie zu suchen« seien, war zwar nicht falsch, wie auch Nachbarn bestätigten. Dennoch wurde damit verdrängt, dass politische Aspekte die Krisensituation verschärft und zugespitzt hatten.

Ein Leipziger Gerichtsmediziner wies 1963 in bemerkenswerter Offenheit auf Auswirkungen des Mauerbaus auch bei älteren Menschen hin:

»Bestimmt hat die neue Gesellschaftsordnung in der DDR dazu beigetragen, dass einige suicidauslösende Probleme, die insbesondere die jüngeren Jahrgänge betroffen haben, wie Arbeitslosigkeit, Schulden, uneheliche Gravidität nicht mehr existieren. Durch die Teilung Deutschlands sind jedoch für die ältere Generation einige konfliktreiche Probleme hinzugekommen, die bei willensschwachen Menschen den Selbsterhaltungstrieb erheblich herabsetzen können.«[188]

Eine Erklärung dafür, wieso alte Menschen trotz der Reisemöglichkeiten unter der deutschen Teilung litten, gibt ein Beispiel aus dem Kreis Rudolstadt. Dort nahm sich eine 60-jährige, sehr vereinsamt lebende Frau das Leben, nachdem sie acht Tage zuvor bei der Polizei vorgesprochen und sich nach den Formalitäten einer Westreise erkundigt hatte. Ihre einzigen Verwandten waren 1961 in die Bundesrepublik gegangen, sie wollte sie gern besuchen, allerdings hätte sie eine Reisebegleitung gebraucht, und die fand sie nicht. Für ihre Selbsttötung gab es offenbar weitere, persönliche Gründe, die Westreise aber hätte die Sinnkrise entspannen können, in der sich die Frau, kurz nachdem sie Rentnerin geworden war, befand.[189] Dieses Beispiel macht deutlich, wie sich veränderte Rahmenbedingungen wie der Mauerbau auf die Suizidhäufigkeit, nicht unikausal, aber letztlich doch entscheidend auswirken konnten.

Insgesamt bleibt festzuhalten: Es hat Selbsttötungen gegeben, die durch den Mauerbau motiviert oder forciert wurden. Das Ausmaß einer »Epidemie« erreichten diese Selbsttötungen aber nicht, diesbezügliche Behauptungen gehören in den Bereich der Rhetorik des »Kalten Krieges«. Anders als zum Kriegsende 1945 kam es um das Jahr 1961 nur zu leichten Schwankungen der Selbsttötungsrate der DDR, die nur geringfügig das Niveau der Basis-Suizidalität überschritten.

Berichte über Selbsttötungen korrespondierten jedoch mit einer tatsächlich vorhandenen depressiven Stimmungslage. Eine Ärztin berichtete nach ihrer Flucht aus der DDR in die Bundesrepublik:

---

188 Müller, Suicid, S. 60.
189 ThStAR, VPKA Rudolstadt, Abt. Kriminalpolizei, Selbstmorde und tödliche Unfälle, Nr. 56.

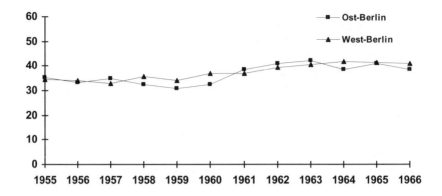

Abb. 20: Selbsttötungsraten in Ost- und West-Berlin in den Jahren vor und nach dem
Mauerbau am 13. August 1961.[190]

»Die Stimmung unter Kollegen, Pflegepersonal und Patienten war ab dem
13.8. sehr gedrückt, es war kein wildes Aufbegehren, sondern eher eine un-
endliche Traurigkeit und Verzweiflung. In den Wartezimmern herrschte eine
völlig ungewöhnliche Stille, jeder war mit seinen Gedanken beschäftigt. Man
erfuhr jetzt von vielen, daß sie ursprünglich eine Flucht geplant hatten, aber
jetzt keine Möglichkeit mehr sahen, mit der ganzen Familie in den Westen zu
kommen.«[191]

Diese Beobachtung bestätigte ein anderer Mediziner bei der Flüchtlingsbe-
fragung; die Reaktion auf dem Mauerbau sei »nicht etwa Weckung eines
unmittelbaren Widerstandswillens, sondern regelrechte Depression« gewesen.[192]

Auch die Zunahme des Verbrauchs rezeptpflichtiger Schmerzmittel –
1962 wurden 50 Prozent mehr verbraucht als 1961 – kann als Indiz für die
allgemeine Befindlichkeit in der DDR angesehen werden.[193]

Für die nach dem Mauerbau entstandenen Depressionen und psycho-
vegetativen Störungen schuf der Berliner Volksmund den Begriff der »Berliner Mauer-Krankheit«. Der 1971 aus der DDR geflohene Psychiatrie-Professor Dietfried Müller-Hegemann versammelte in seinem gleichnamigen

190 Zahlen aus: Elsner, Selbstmord in Berlin, S. 220, sowie Leonhardt/Matthesius, Zu suizi-
    dalen Handlungen, Tabellen-Anhang 4a.
191 Aussage einer am 15.8.1961 geflohenen Ärztin, 24. August 1961, in: BA Koblenz,
    B 285/389, Reg.-Nr. 806006. Diese und folgende Angabe verdanke ich Marion Detjen.
192 Aussage eines am 14.8.1961 geflohenen Arztes, in: BA Koblenz, B 285/389, o. Reg.-Nr.
193 Ruthard Richter, Bewußter und unbewußter Medikamentenabusus unter Berücksichti-
    gung der Suizidfälle, Diss. Dresden 1969, S. 44.

Buch konkrete Patientengeschichten, in denen »die Mauer« als soziogener Faktor beschrieben wurde, der psychische Störungen und suizidale Stimmungen bewirkt oder zumindest verstärkt hat. Gleichwohl machte auch Müller-Hegemann deutlich, dass es keine Suizid-Epidemie gegeben hat.[194]

4.7 Suizidmaxima zwischen Mauerbau und Mauerfall

Die Geheimhaltung der Suizidstatistiken der DDR ab 1963 zielte darauf ab, das Verknüpfen von Selbsttötungsraten mit allgemeinen Aussagen zum Zustand der Gesellschaft zu unterbinden. Das führte, neben dem im Kontext der neuen Ostpolitik unter Willy Brandt gesunkenen Interesse an antikommunistischer Polemik in der Bundesrepublik, zur diskursiven Entkoppelung der beiden deutschen Staaten, was das Thema Selbsttötung betraf.

Eine deutsch-deutsche wissenschaftliche Debatte über die Höhe der Selbsttötungsrate der DDR endete mit letzten Publikationen im Jahr 1964.[195] Zwar erregte ein Jahr später die Selbsttötung des SED-Wirtschaftspolitikers Erich Apel großes Aufsehen. Dass Apels Tod aber gleichzeitig auch ein Maximum in der Selbsttötungsrate der DDR markierte, blieb in der Öffentlichkeit unbemerkt. Lediglich lokale kriminalpolizeiliche Berichte reagierten auf die sichtbar gewordene Zunahme der Selbsttötungshäufigkeit. So forderte eine kriminalpolizeiliche Analyse im Bezirk Frankfurt/Oder von den Organen des Gesundheitswesens eine verstärkte »erzieherische Tätigkeit« mit dem Ziel der »Zurückdrängung der Selbstmorde wegen Krankheit« sowie die »Aufklärung interessierender Bevölkerungsschichten«.[196] Die Tabuisierungspolitik der SED behinderte jedoch die Realisierung solcher Vorschläge.

So wurde auch das Absinken der Selbsttötungsrate der DDR im Jahr 1968 erst mit großer Verzögerung bemerkt. Als Ursache für den vorübergehenden Rückgang der Selbsttötungshäufigkeit gegen Ende der 1960er Jahre kommen verschiedene Faktoren in Frage. Zum einen die Auseinandersetzungen um den »Prager Frühling« – entsprechend der allgemeinen Erfahrung, dass Selbsttötungsraten in Kriegs- und Revolutionszeiten sinken. Der »Knick« in der Statistik könnte aber ebenso auch ein Nebeneffekt der Einführung der 8. Revision der internationalen Todesursachen-Klassifikation (ICD) im gleichen Jahr gewesen sein. Seit diesem Jahr trugen die Ärzte die Todesursache nicht nur als Wort in den Totenschein ein, sie nahmen auch die Codierung durch eine dreistellige Ziffer vor, was zuvor im Standesamt erfolgt war.

---

194 Vgl. Dietfried Müller-Hegemann, Die Berliner Mauer-Krankheit, Herford 1973, S. 127–129.
195 Vgl. Cordes, Vergleich; Harmsen (Hg.), Selbstmordverhältnisse (hierbei handelte es sich um eine 1964 fertiggestellte Dissertation von R. Oehm).
196 BdVP Frankfurt/Oder, Analyse über Selbstmorde und Selbstmordversuche für den Zeitraum des Jahres 1964, in: BLHA, Rep. 671/16.1, BdVP Frankfurt/Oder, Nr. 158, Bl. 78–86, zit. 86.

Möglicherweise hat das in der Übergangszeit zu falschen oder nicht auswertbaren Angaben geführt, zumal sich der Druck von Handbüchern und die Durchführung von Schulungen für die Ärzte über zwei Jahre hinzog.[197] Ein Indiz dafür, dass der statistische Erfassungsmodus selbst die Änderung der Selbsttötungsrate bewirkt hat, ist die »Unfall-Sterberate«, eine aggregierte Größe, in der Unfälle, Selbsttötungen und andere Todesursachen zusammengefasst wurden. Sie lag in der DDR bis 1967 bei Werten von 37 bis 40, stieg ab 1968 dann plötzlich auf Werte zwischen 53 und 57. Dies entsprach einer Steigerung um etwa ein Viertel.[198] Die Suizidrate der DDR sank zur gleichen Zeit bei den Männern um neun, bei den Frauen um 16 Prozent.[199]

Das Beispiel zeigt, dass eine an politischen Ereignissen orientierte spekulative Interpretation von Schwankungen der Selbsttötungsraten Gefahr läuft, völlig unzutreffende Schlussfolgerungen zu ziehen, wenn gleichzeitig Diskontinuitäten im statistischen Verfahren der Suiziderfassung und -klassifizierung aufgetreten sind.

Die vereinzelten, von der DDR an die WHO gemeldeten Daten ließen erkennen, dass die Selbsttötungsrate auch 1969 und 1970 noch relativ niedrig ausfiel. Diese Zahlen wurden sogar, mit etwas Zeitverzögerung, im Statistischen Jahrbuch der Bundesrepublik abgedruckt.[200] Besonderes Interesse konnte das in der bundesrepublikanischen Öffentlichkeit jedoch nicht wecken. Auch der Anstieg der Selbsttötungsrate der Frauen (die Rate erreichte in den Jahren 1973 und 1976 Maximalwerte, die um fast ein Fünftel über den durchschnittlichen Werten der Vorjahre lagen) wurde weder in der DDR noch in der Bundesrepublik bemerkt. Diese Entwicklung, wäre sie bekannt geworden, hätte bei Verfechtern der Idee einer vorwiegend gesellschaftspolitischen Bedingtheit von Selbsttötungen für besonderes Erstaunen sorgen können, weil sie ein Jahr nach der Ankündigung großzügiger sozialpolitischer Maßnahmen auf dem VIII. Parteitag der SED einsetzte.

Ein einschneidendes Ereignis im Selbsttötungsgeschehen der DDR stellte die öffentliche Selbstverbrennung von Oskar Brüsewitz im August 1976 in

---

197 Vgl. Ivett Merkel, Zur Epidemiologie der Suizide auf dem Gebiet der DDR und der Bundesrepublik Deutschland von 1950 bis 1992, Diss. Berlin 1996 sowie BLHA, Rep. 401, BT/RdB Potsdam, Nr. 6587, n. pag. Auch in den USA war die Einführung der 8. ICD-Revision mit einem deutlichen Abfall der Zahl der registrierten Selbsttötungen verbunden: Vgl. M. E. Warshauer/M. Monk, Problems in suicide statistics for whites and blacks, in: American Journal of Public Health 68 (1978) 4, S. 383–388. Demgegenüber wirkte sich der Wechsel der Klassifizierung im Jahr 1968 in anderen europäischen Staaten nicht nachweisbar auf die Statistik aus. Vgl. Bieri, Suizid und sozialer Wandel, S. 113 f.

198 Vgl. die Angaben zur DDR-Todesursachenstatistik in: Statistisches Jahrbuch für die Bundesrepublik Deutschland, Stuttgart–Mainz 1970, 1971, 1972.

199 Berechnet wurde jeweils der Mittelwert der Jahre 1966/67 und 1968/69. Zahlen aus: Felber/Wieniecki, Material.

200 Vgl. Statistisches Jahrbuch für die Bundesrepublik Deutschland, Stuttgart–Mainz 1973 und 1974, jeweils S. 34.

Zeitz dar. Mit der dadurch entfachten Debatte bekamen auch Diskussionen über die Häufigkeit von Selbsttötungen in der DDR neuen Auftrieb.

Ironie des Schicksals war, dass das »Neue Deutschland« selbst eine Fährte in diese Richtung gelegt hatte. Großspurig hieß es dort am 31. August 1976: »Es erscheint im Zusammenhang mit unserem Thema nicht überflüssig, daß es die BRD ist, die in der internationalen Selbstmordstatistik ganz weit oben steht, auch bei Selbstmorden durch Selbstverbrennung.«[201] Diese realitätsferne Behauptung provozierte Widerspruch: »Wir Pfarrer wissen aus mancher Erfahrung, daß der Selbstmord noch zu unserer gesellschaftlichen Wirklichkeit gehört«, schrieb Pfarrer Richard Schröder empört an das »Neue Deutschland« und bemerkte zur Tabuisierungspolitik der SED: »Sie erwähnen die internationale Selbstmordstatistik, um einem anderen Staat Vorhaltungen zu machen. Sie sagen nicht, wo wir in dieser Statistik stehen.«[202] Ähnliche Kritik dokumentiert auch ein IM-Bericht von einer Sitzung der Leitung der Evangelischen Kirche Berlin-Brandenburg, bei der ein Sitzungsteilnehmer kritisch angemerkt hatte, es sei »blödsinnig, dass ausgerechnet die BRD die höchste Selbstmordziffer haben soll. Die Ärzte in der DDR wissen, daß die DDR in dieser Frage führend ist. Es wird schon mit Absicht hierzu im Jahrbuch der DDR nichts mehr gesagt.«[203] In der Bundesrepublik nahm die »Frankfurter Allgemeine Zeitung« die »selbstgefällige Bemerkung der SED-Parteizeitung« zum Anlass, »nun um genauen Aufschluß zu bitten. Wer von drüben mit der Selbstmordzahl hierzulande polemisiert – ob man es tut, ist eine Frage des Geschmacks –, muß die Selbstmordhäufigkeit in der DDR ebenfalls nennen.«[204] Dazu kam es natürlich nicht. Erst 1990 wurde offiziell bekannt, dass die Selbsttötungsrate im Jahr 1976 den höchsten Wert seit dem Bestehen der DDR erreichte. Aber auch wenn die genauen Zahlen geheim blieben, so wurde doch mancherorts vermutet, dass Brüsewitz' Selbsttötung die Spitze eines statistischen »Eisberges« markierte.

Allerdings wies die Tendenz der Selbsttötungsraten beider deutscher Staaten seit den 1970er Jahren eine gewisse Parallelität auf.[205] Zwar verliefen die Suizidkurven nach wie vor auf unterschiedlichem Niveau, aber das (in der DDR allerdings stärkere) Maximum in den 1970er Jahren trat in beiden Staaten zeitgleich auf, zumindest bei den Männern. Und nicht nur in der DDR, wo im Sommer/Herbst 1976 durch Brüsewitz' Selbstverbrennung

201 A. Z., Du sollst nicht falsch Zeugnis reden, in: Neues Deutschland vom 31. August 1976, S. 2.
202 Jochen Desel, Oskar Brüsewitz. Ein Pfarrerschicksal in der DDR, Lahr-Dinglingen 1991, S. 77f.
203 BStU, MfS, HA XX/4, Nr. 2921, Bl. 74.
204 Me., Streit um Selbstmorde, in: Frankfurter Allgemeine Zeitung vom 2. Sept. 1976, S. 8.
205 Im Osten wurden 1976 und 1978 die höchsten Selbsttötungsraten im Verlauf von 40 Jahren DDR registriert, im Westen erreichten die Selbsttötungsraten der Männer 1977 und 1978 die höchsten Werte in der gesamten Zeit des Bestehens der Bundesrepublik. Auch bei den bundesdeutschen Frauen lag das Maximum im Jahr 1977; lediglich bei den DDR-Frauen wurde bereits etwas früher, zwischen 1972 und 1976, ein Selbsttötungsmaximum registriert (das zudem auch leicht unter dem absoluten Höchstwert von 1966 lag).

und die Ausbürgerung des Liedermachers Wolf Biermann eine schwere politisch-gesellschaftliche Krise ausgelöst worden war, wurde die leicht gestiegene Selbsttötungsrate als Symptom einer Krisensituation interpretiert. In der Bundesrepublik, wo ein Jahr später ein Maximum der Selbsttötungsrate registriert wurde, ereignete sich dann 1977 der sogenannte »deutsche Herbst« mit der Entführung von Hanns Martin Schleyer, der Geiselbefreiung in Mogadischu und den RAF-Suiziden in Stammheim. In beiden Fällen waren also öffentlichkeitswirksame, politisch bedeutsame Selbsttötungen ein wesentlicher Bestandteil der Krisensituation.

Der Wirtschaftssoziologe Gerd Grözinger hat aus der Selbsttötungsstatistik Indizien für einen Zusammenhang zwischen dem »deutschen Herbst« und der Selbsttötungsrate der Bundesrepublik herausgearbeitet. Die nach Monaten aufgeschlüsselten Suizidzahlen wiesen Ende 1977, Anfang 1978 ein Maximum auf, was eine außergewöhnliche Abweichung vom jahreszeitlichen Rhythmus der Suizidhäufigkeit darstellte. Das wertete Grözinger als Hinweis auf einen Zusammenhang zur politischen Situation. Bis zu 500 Menschen könnten es nach der Schätzung von Grözinger gewesen sein, die auf das »Ende politischer Hoffnung« und die »Lähmung jeglicher Phantasie künftiger Veränderung« mit Selbsttötung reagierten.[206] Bemerkenswert ist, dass auch dieses Suizid-Maximum mit einer politisch motivierten Selbstverbrennung koinzidierte: Am 16. November 1977 verbrannte sich der Tübinger Lehrer und Umweltschützer Hartmut Gründler, um gegen die Atompolitik der Bundesregierung zu protestieren.[207]

Die gesellschaftliche Wahrnehmung der Jahre 1977 und folgende als suizidale Krisenzeit wurde in der Bundesrepublik durch zahlreiche Berichte über angeblich dramatisch steigende Selbsttötungsraten Jugendlicher noch zusätzlich bestärkt. Die vermeintliche ständige Zunahme der Selbsttötungen blieb noch in den 1980er Jahren ein diskursiver Allgemeinplatz, der sich zunehmend von den statistischen Fakten entfernte und verselbstständigte. Grotesk wirkten die Klappentexte eines »Spiegel«-Buches von 1986, in denen gleich zweimal eine stetige Zunahme der Suizide behauptet wurde.[208] »Als Folge der häufigen Wiederholungen im wesentlichen unzutreffender Behauptungen entstand vielfach der Eindruck, wir lebten in der Bundesrepublik Deutschland geradezu in einer ›Selbstmordgesellschaft‹«, kommentierte Joachim Schiller dieses unzutreffende Klischee.[209] Tatsächlich, das soll hier noch einmal besonders herausgestellt werden, lag um 1977/78 keine kurzfris-

206 Vgl. Gerd Grözinger, Deutschland im Winter, in: Suizidprophylaxe 19 (1992) 3, S. 193–205.
207 Vgl. Wilfried Hüfler/Manfred Westermeyer (Hg.), Hartmut Gründler. Ein Leben für die Wahrheit. Ein Tod gegen die Lüge, Gundelfingen 1997.
208 Vgl. Haller (Hg.), Freiwillig sterben, Klappentext innen, hinten, und auch S. 27.
209 Joachim Schiller, Leben wir in einer Selbstmordgesellschaft?, in: Criticón 12 (1982) 71, S. 117–119, zit. 117.

tige und abrupte Selbsttötungswelle vor, sondern ein relativ flaches Maximum. Die Abweichungen von den langfristigen Durchschnittswerten lagen nur im Bereich weniger Prozente.

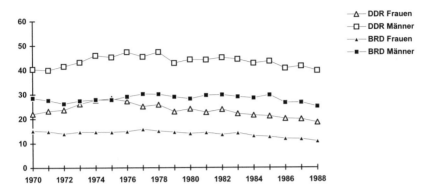

Abb. 21: Selbsttötungsraten von DDR und Bundesrepublik 1970 bis 1988.

Joachim Schiller warnte in Kenntnis der langfristigen Entwicklung davor, die hohe Selbsttötungsrate der DDR vorschnell dem politischen System zuzuschreiben, stellte aber andererseits im Anschluss an diese Bemerkung fest: »Daß die allgemeine Suizidrate für die DDR nach 1970 von 30,5 auf 36,2 (1974) anwuchs und inzwischen sicherlich eher noch höher liegt, bestärkt freilich die Vermutung, daß es Zusammenhänge zwischen den politischen Rahmenbedingungen und der Höhe der Selbstmordrate geben kann.«[210] Als Indiz dafür könnte man eine Häufung der Selbsttötungen von Ausreiseantragstellern in den Jahren 1977/78 interpretieren; die Zahlen waren jedoch viel zu klein, um statistisch relevant zu sein.

Wahrscheinlicher als aktuell-politische Ursachen sind andere Faktoren. So stieg in der DDR etwa zeitgleich mit dem Anstieg der Selbsttötungsraten die Zahl der Ehescheidungen auf mehr als das Anderthalbfache an, die Scheidungsrate erhöhte sich zwischen 1970 und 1980 von 16 auf 27.[211] Ein Ansteigen der Ehescheidungsraten wurde im Zeitraum 1960 bis 1980 weltweit beobachtet und kann (nach Durkheim) als Kennzeichen einer Phase erhöhter gesellschaftlicher Desintegration und Regellosigkeit interpretiert werden.[212] Gleichzeitig stiegen auch die Selbsttötungsraten in vielen Regionen Europas an, weshalb das Suizid-Maximum Ende der 1970er Jahre als Symptom einer langfristigen konjunkturellen Oszillation der westlich ge-

---

210 Ebd., S. 118.
211 Vgl. Klose, Ehescheidung, S. 289. Scheidungsrate meint hier: Zahl der Scheidungen pro 10 000 Einwohner pro Jahr.
212 Vgl. Bieri, Suizid und sozialer Wandel, S. 72.

prägten Industrieländer gedeutet wurde.[213] Bereits ein halbes Jahrhundert zuvor, während der Weltwirtschaftskrise, waren die Selbsttötungsraten nicht nur in Deutschland auf Maximalwerte gestiegen.[214] Keineswegs kann daraus eine kausale Verbindung abgeleitet werden, vielmehr ist eine »Korrespondenz beider Entwicklungen in einem kulturellen Gesamtprozess« zu sehen.[215]

Wenn also das Selbsttötungsgeschehen einerseits als Teil langfristiger Entwicklungen interpretiert werden kann, so gibt es doch andererseits auch Anhaltspunkte dafür, dass es sich bei dem in West- und Mitteleuropa aufgetretenen Suizid-Maximum in den 1970er Jahren um ein singuläres Phänomen handelte. So war nach dem Zweiten Weltkrieg, vor allem aber seit den 1960er Jahren die Häufigkeit von parasuizidalen Handlungen sehr stark angestiegen. In den 1970er Jahren gehörte es in der internationalen medizinischen Fachliteratur, und so auch in der DDR, zum Konsens, dass etwa seit 1960 eine »erhebliche Zunahme von Suizidversuchen« stattgefunden hatte.[216] Zwar gibt es für die DDR keine Statistiken, die eine genaue Quantifizierung dieses Phänomens zulassen, aber Stichproben fanden zum Teil erhebliche Veränderungen. So registrierte eine Studie in Görlitz zwischen 1959 und 1982 einen Anstieg der Rate der Suizidversuche auf das 7,4-fache.[217] Auch der Psychiater Helmut F. Späte konstatierte nach sorgfältiger Prüfung der wenigen vorhandenen Daten:

»Die Vermehrung der Suizidversuche übertrifft das Wachstum oder die Strukturveränderungen der Bevölkerung sowie die Inanspruchnahme des Notfalldienstes durch psychiatrische Patienten und kann auch nicht mit Veränderungen in der Gesundheitsversorgung [...] erklärt werden. Damit scheint eine echte Zunahme anzunehmen zu sein.«[218]

Ursächliche Erklärungen für die dramatische Zunahme suizidalen Verhaltens sind bisher rar. »Sich in bedrängter Lage Schlafmittel zuzuführen, erscheint als durchaus moderne Verhaltensweise, als ein zeitgenössisches Stil-

---

213 Als Ausdruck des Übergangs zu einem neuen Gesellschaftsmodell deutet Volker Bornschier den Verlauf der Selbsttötungsraten. Vgl. Volker Bornschier, Westliche Gesellschaft im Wandel, Frankfurt/M.–New York 1988, S. 168–199. Reinhard Bobach vertritt die These, dass die Oszillation der Selbsttötungsraten langfristig ist und (den »Kondratieff-Zyklen« der Wirtschaftsentwicklung ähnlich) einen 50-Jahres-Rhythmus aufweist. Vgl. Bobach, Selbstmord, S. 27–62.
214 Im Übrigen waren auch hier die Ausmaße keineswegs so dramatisch, wie das in manchen Publikationen behauptet wurde; die Selbsttötungsrate stieg von 25,6 (Zeitraum 1926–1928) auf 28,6 (1930–1932), also um gut zehn Prozent. Zahlen aus: von Ungern-Sternberg, Selbstmordhäufigkeit, S. 198. Vgl. dazu auch: Manfred Vasold, Immer mehr Menschen leben weiter, in: Frankfurter Allgemeine Zeitung vom 10. Mai 1995, S. N5.
215 Bobach, Selbstmord, S. 60.
216 Hans Regel, Einige psychologische Aspekte zur Genese, Diagnostik und Prophylaxe von Suizidversuchen, in: Probleme und Ergebnisse der Psychologie (1978) Heft 65, S. 87–105, zit. 87.
217 Vgl. Hasenfelder, Suizidproblematik in Görlitz, S. 46f.
218 H. F. Späte/K.-R. Otto/H. Kursawe/M. Klein, Wohngebiet und suizidale Handlungen, in: Zeitschrift für die gesamte Hygiene 24 (1978) 12, S. 948–956, zit. 955.

element in der Methodenskala von Konfliktbewältigungen«, bemerkte der bundesdeutsche Mediziner Kulenkampff Ende der 1960er Jahre zu diesem Phänomen.[219] »Die einzige plausible Hypothese, die uns zur Verfügung steht, ist die Annahme, daß der Anstieg des Suizidversuchsverhaltens parallel mit einer Schwächung gesellschaftlicher Normen und der Ausbreitung von Drogenmißbrauch und der sie begleitenden ›Ausstiegsideologie‹ einherging«, konstatierte der Direktor des »Zentralinstituts für seelische Gesundheit« in Mannheim, Heinz Häfner.[220]

Für die historische Forschung interessant ist vor allem eine Bemerkung von Helmut F. Späte. Der ostdeutsche Psychiater eröffnete eine weite Perspektive, indem er dieses Phänomen in eine Tradition psychopathologischer Krisenreaktionen einreihte, die er als Symptome des Versagens konventioneller Kommunikation, und gleichzeitig als nichtverbale Appelle an die Mitmenschen verstand:

> »Eine ähnlich auslösende Rolle für soziale Regulation wie die appellativen Suizidversuche von heute spielten vor 200 Jahren die ›Konvulsionen‹ und die Migräne, vor 100 Jahren die großen hysterischen Anfälle und zur Zeit des ersten Weltkrieges das Kriegszittern. [...] Immer ist bei derartigen Reaktionsweisen der sogenannte Zeitgeist mitentscheidend dafür, ob ein solches Schema von Reiz und Antwort entstehen kann.«[221]

Unter Berücksichtigung der dramatischen Zunahme der Häufigkeit von Suizidversuchen könnte es sich bei dem relativ schwach ausgeprägten Maximum der Selbsttötungsrate um das Jahr 1977 um einen »Nebeneffekt« gehandelt haben, da parasuizidale Handlungen, obwohl sie in der Regel nicht eindeutig auf ein letales Ende hin angelegt sind, doch stets zu einem bestimmten Prozentsatz tödlich enden. Das hieße: Für die 1970er Jahre müsste man statt von einer Selbsttötungswelle besser von einer Suizidversuchswelle sprechen, zumal die Häufigkeit der Suizidversuche in den 1980er Jahren wieder rückläufig war. Bemerkenswert ist, dass diese Entwicklung, wie auch der Rückgang der Selbsttötungsraten, in beiden deutschen Staaten nahezu parallel erfolgte, wobei die DDR lediglich eine »Verspätung« um einige Jahre aufwies.

Am Anfang dieses Kapitels war davon die Rede, dass Durkheims Anomie-Konzept Selbsttötungen die Funktion »seismischer Zeichen« für soziale Erschütterungen beimisst. Für die frühen 1980er Jahre ist eine ganze Reihe von Beispielen dafür überliefert, wie zum Suizid disponierte Menschen, denen Ärzte eine überempfindliche, zu extremen Verhaltensweisen neigende, psychisch gestörte Persönlichkeit bescheinigen würden, an zeittypischen,

---

219 C. Kulenkampff, Vorwort, in: Linden, Suizidversuch, n. pag.
220 Heinz Häfner, Epidemiologie von Suizid und Suizidversuch, in: Psychiatrie, Neurologie und medizinische Psychologie 41 (1989) 8, S. 449–475, zit. 469.
221 Helmut F. Späte, Über kommunikative Elemente suizidaler Handlungen, in: Psychiatrie, Neurologie und medizinische Psychologie 24 (1973) 11, S. 647–655, zit. 652.

weitverbreiteten Ängsten litten und mit ihren Selbsttötungen, über die individuelle Zwangslage hinaus, gesellschaftliche Gefahren antizipierten.

Nachdem 1981 in Polen der Kriegszustand ausgerufen wurde, reagierte eine Lehrerin im Bezirk Potsdam psychotisch:»Sie bildete sich ein, daß es zum Krieg kommen könnte, wenn im Fernsehen Sendungen über Polen gezeigt wurden. Aus den genannten Gründen mußte der Ehemann immer den Fernseher abschalten«, hieß es im kriminalpolizeilichen Bericht über die Frau, die sich im Dezember 1981 in den Tod stürzte.[222]

Ein Offiziersschüler, der im Juli 1982 versuchte, sich das Leben zu nehmen, litt an persönlichen Problemen wie der Trennung von der Freundin und der Scheidung der Eltern; hinzu kamen aber auch ganz grundsätzliche Ängste. Ausgelöst hatten den Suizidversuch die aktuellen Nachrichten; plötzlich wären ihm die Folgen einer möglichen militärischen Konfrontation bewusst geworden, sagte er nach seiner Rettung. Im Falle eines Krieges könnte er keine Soldaten zur Erfüllung der Gefechtsaufgaben zwingen und würde sich lieber selbst opfern. Er wurde aus der NVA entlassen.[223]

Im Januar 1983, zur Zeit der atomaren Hochrüstung, als auf dem Territorium von Bundesrepublik und DDR Mittelstreckenraketen mit atomaren Sprengköpfen stationiert wurden, versuchte ein junges Paar im Bezirk Karl-Marx-Stadt, sich das Leben zu nehmen; nach der Rettung gaben die beiden als Hauptursache für ihre Depressionen an, dass sie »Angst vor der Zukunft durch Erkennen der Gefahr eines 3. Weltkrieges« gehabt hätten.[224]

Ein Schüler, der sich im Mai 1983 in Potsdam das Leben nahm, hinterließ keinen Abschiedsbrief, um seine Tat zu erklären. Dennoch konstatierte die Kriminalpolizei:

»Das Motiv der Handlung konnte nicht ermittelt werden, wobei jedoch bei den geführten Ermittlungen zum Ausdruck kam, daß sich der Geschädigte oft in bestimmte Probleme, die seine[r] Mitschüler oder der jetzigen politischen Situation hineinversetzte. So hat er sich oft mit den Folgen [ein]es möglichen Krieges beschäftigt und hat diese Probleme schwer verarbeiten können. Er hatte auch eine gewisse pazifistische Grundeinstellung. So äußerte er sich auch gegenüber seinen Eltern, daß er sich das Leben nehmen würde, wenn es zu einem Krieg kommen würde.«[225]

Im gleichen Jahr versuchte ein 28-Jähriger, sich auf dem Alexanderplatz in Berlin anzuzünden. »Er wollte mit dieser Handlung auf die Gefahren eines neuen Weltkrieges aufmerksam machen«, hieß es in einem MfS-Kurzbericht.[226] Das Vorhaben misslang, der junge Mann kam in psychiatrische

222 BLHA, Rep. 471/15.2, BdVP Potsdam, Nr. 1287, n. pag.
223 Vgl. BStU, MfS, HA I, Nr. 19, Bl. 32–35.
224 StAC, BT/RdB Karl-Marx-Stadt, Abt. Volksbild. (Bestand 30413), Nr. 113411, n. pag.
225 BLHA, Rep. 471/15.2, BdVP Potsdam, Nr. 1295, n. pag.
226 BStU, MfS, HA IX, Nr. 8311, Bl. 262.

Behandlung, stürzte sich aber später, zu Weihnachten 1985, brennend aus dem Fenster seiner Wohnung und verstarb.

Die Beispiele zeigen, dass das allgemeine gesellschaftliche Klima, das Anfang der 1980er Jahre durch ernstzunehmende Kriegsängste gekennzeichnet war, die im Vorfeld suizidaler Handlungen auftretende Gefühle der Ausweglosigkeit und Resignation begünstigen konnte. Eine Auswirkung dieser von vielen Menschen als bedrohlich empfundenen Situation (die sowohl in der DDR als auch in der Bundesrepublik zur Entstehung einer Friedensbewegung führte) auf die statistische Suizidhäufigkeit ist aber trotz der genannten Einzelbeispiele für die 1980er Jahre nicht nachweisbar.

Zudem stellten durch Angst vor einem Atomkrieg motivierte Selbsttötungen Anfang der 1980er Jahre kein Spezifikum der DDR dar. So kam es zum Beispiel in Bonn am Rande einer großen Friedensdemonstration am Fronleichnamstag 1982 zu einer Selbstverbrennung eines Studenten. In seinem Abschiedsbrief begründete der 35-jährige Dietrich S. seine Tat mit dem »Rüstungswahnsinn, der direkt auf den nächsten Weltkrieg zusteuert«, der »Atomtechnologie, die auf einen Schlag Europa auslöschen kann« und der »weltweite[n] Vergiftung und Zerstörung der Lebensmöglichkeiten«.[227] Ein Artikel im »Stern« glaubte insbesondere im Jahr 1981 eine »Untergangsstimmung« in (West-)Deutschland feststellen zu können, wofür die hohe Zahl der Selbsttötungen als Indiz angeführt wurde.[228]

All das bestärkt noch einmal den bereits angesichts der Selbsttötungen von Erich Apel und Oskar Brüsewitz gewonnenen Eindruck, dass eine scharfe Trennung zwischen dem Verlauf der Selbsttötungsraten und deren Bedingtheit einerseits und bestimmten Einzelfällen andererseits, welche in ihrer Zeit als symptomatisch für gesellschaftliche Krisensituationen angesehen wurden (und eine dementsprechende Rolle in aktuell-politischen Debatten spielten), unerlässlich ist.

Dass sich politische Repression in den 1980er Jahren kaum in den Selbsttötungsstatistiken der DDR niederschlug, könnte man auf den ersten Blick als Indiz dafür werten, dass die von Günter Grass geprägte, umstrittene Charakterisierung der DDR als »kommode Diktatur« zumindest für die Ära Honecker eine gewisse Berechtigung hat.[229] Zu beachten ist dabei jedoch, dass auch die Übersiedlung Tausender DDR-Bürger in die Bundesrepublik die Selbsttötungsraten beeinflusst haben könnte.[230] Allein zwischen 1981 und

---

227 Vgl. Karin Struck, Für das Überleben verloren, in: Der Spiegel 36 (1982) 28, S. 149f.
228 Vgl. Paul-Heinz Koesters/Wolf Perdelwitz, Die Angst vor der Angst, in: Stern vom 10. September 1981, S. 256–260.
229 Vgl. Günter Grass, Ein weites Feld, Göttingen 1995, S. 324f.
230 Vgl. Jürgen R. Kneißle, Zur Selbstmordentwicklung in der DDR. Abwanderung, Widerspruch, Suizid, Lüneburg 1996, S. 21f.

1988 kamen 106 700 DDR-Bürger per Ausreiseantrag in den Westen.[231] Nachweisbar ist ein Zusammenhang zwischen Ausreise und Selbsttötungs-häufigkeit zwar nicht.[232] Gleichwohl konnte die Ausreise im Einzelfall einen Ausweg aus einer suizidalen Krise darstellen. Der Lyriker Reiner Kunze zum Beispiel bekannte, dass er aufgrund der zunehmenden staatlichen Re-pression gegen ihn und seine Familie Ende 1976 dem Suizid nahe war – kurz danach gab er dem Druck nach und ließ sich dazu bewegen, samt Fami-lie Hals über Kopf die DDR zu verlassen.[233] Auch der Pfarrer Dietmar Linke, den das MfS »kaputtmachen« wollte, entfloh den Zersetzungsmaßnahmen schließlich in Richtung Bundesrepublik.[234]

4.8 »Wende-Suizide« – Mythos oder Realität?

Bisher zum letzten Mal in der deutschen Geschichte tauchte der Topos der Selbsttötungswelle während der friedlichen Revolution 1989/90 auf. »Selbstmord-Serie. SED-Chefs müssen die Waffen abgeben« titelte »BILD« am 17. November 1989. Eine Woche später hieß es: »Wie »BILD« aus si-cherer Quelle erfuhr, sind nach dem Freitod vier hoher SED-Funktionäre schon mehr als 30 SED-Leute der mittleren Führungsebene ums Leben ge-kommen.«[235] Im Jahr 1990 riefen bundesdeutsche Zeitungen dann die »Selbstmord-Welle in Ost-Deutschland« aus.[236] Pressemeldungen, die irr-tümlich viel zu hohe Selbsttötungsraten angaben,[237] erweckten den Ein-druck, dass »ein Volk, das in einem Zustand der Einmauerung gehalten wurde, also im strengen Sinne einer kollektiven Freiheitsberaubung unter-lag, mit stark erhöhter Suizidalität reagierte, sobald es in einen anomischen Zustand geriet – nämlich nach der Öffnung der Einmauerung«.[238]

Ende Januar 1990 sprach auch DDR-Regierungschef Hans Modrow von einer »dramatisch gestiegenen Zahl von Selbstmorden«.[239] Das war zu die-sem Zeitpunkt hinsichtlich der Gesamtzahl von Selbsttötungen in der DDR

231 Vgl. Eisenfeld, Die Ausreisebewegung, S. 202.
232 Angesichts der Tatsache, dass 1984 die Zahl der bewilligten Ausreisen gegenüber dem Vorjahr das Fünffache und gegenüber dem Folgejahr das Doppelte betrug, könnte der in Abbildung 20 erkennbare leichte Rückgang der Selbsttötungsrate im gleichen Jahr eine Folge verstärkter Übersiedlung gewesen sein; Beweise dafür gibt es jedoch nicht.
233 Vgl. Katja Krackau, Reiner Kunze ist Dichter auf der Lauer, in: Budapester Zeitung vom 12. Mai 2003 (www. budapester.hu).
234 Vgl. Jürgen Fuchs, Magdalena, Berlin 1998, S. 258f.
235 Selbstmorde der Funktionäre, in: BILD vom 25. November 1989, S. 4.
236 Vgl. Gefallen am Nichts. Suizidgefährdete Jugendliche, Elf 99 spezial vom 23. April 1991, DFF, in: DRA, IDNR 38114.
237 Vgl. Die DDR hat die höchste Selbstmordrate, in: Die Welt vom 26. September 1990, S. 26. Hier wurde eine viel zu hohe Rate von 55 angegeben.
238 Susanne Altweger, Suizid, Suizidversuch und Suizidgefährdung im Schauspielerberuf, Frankfurt/M. u.a. 1993, S. 41.
239 Stern vom 1. Februar 1990, S. 190.

eine Fehleinschätzung. Im Jahr 1989 wurde die niedrigste Selbsttötungsrate seit Bestehen der DDR registriert. Andererseits kam es tatsächlich verstärkt zu Selbsttötungen von SED-Funktionären, die nun, anders als unter den Bedingungen der intakten Diktatur, öffentlich bekannt wurden.

4.8.1 »Ich habe mein Leben gelebt« – Selbsttötungen von SED-Funktionären vor dem Mauerfall

Bereits in den Tagen vor dem Fall der Mauer, während sich bei ersten Bürgerforen und Dialogveranstaltungen in vielen Orten SED-Funktionäre unmittelbar mit den Forderungen des Volkes konfrontiert sahen, nahmen sich drei Kreissekretäre der SED das Leben. Ihre Motive waren ähnlich, sie fühlten sich durch die revolutionären Ereignisse überfordert und sahen nicht nur ihr Lebenswerk, sondern auch das Ansehen ihrer Person in Gefahr. In zwei Fällen gingen dem Tod Bürgerforen voraus, Veranstaltungen mit mehreren tausend Teilnehmern, die in den letzten Oktobertagen 1989 in vielen Orten der DDR stattfanden. Diese Veranstaltungen waren der Versuch, den vom »Neuen Forum« geforderten offenen Dialog endlich in Gang zu bringen; hier bestand für viele DDR-Bürger das erste Mal die Möglichkeit, ihre Unzufriedenheit mit der politischen Situation den Vertretern der Staatsmacht direkt ins Gesicht zu sagen. Trotz »vorher abgestimmter Gesprächsführung« wirkte die plötzliche Konfrontation mit den Massen für manchen Funktionär wie ein lähmender Schock. »Durch unkonkrete Antworten geriet er in den Mittelpunkt der Kritik, so daß ihm aus der Menge heraus der Vorwurf gemacht wurde, nicht in der Lage zu sein, seiner Funktion zu entsprechen«, berichtete das MfS über das Verhalten eines 1. Sekretärs einer SED-Kreisleitung.[240] Der Fall ist in den Akten sowohl des MfS als auch der Kriminalpolizei ausführlich dokumentiert. Der SED-Kreissekretär sei auf dem Bürgerforum »in teils beleidigender Form kritisiert« worden, hieß es in einem Bericht der Kriminalpolizei.[241] Nach der Versammlung sei er in seiner Wohnung umhergelaufen und hätte gesagt, dass »er sich heute nicht mehr draußen sehen lassen könne«. Möglicherweise war der revolutionäre Druck in der Kreisstadt besonders stark, denn das Bürgerforum Ende Oktober war hier das erste »Wende«-Ereignis; im Kontrast zu anderen Städten der DDR hatten bis zu diesem Tag noch keine Demonstrationen stattgefunden. Nach Aussagen seiner Ehefrau hätten die Ereignisse den Kreissekretär »fix und alle gemacht«. Auf einer Beratung von SED-Funktionären, auf der die nächste öffentliche Bürgerversammlung vorbereitet werden sollte, erschien er derart betrunken, »daß er nicht in der Lage war, sich klar und vernünftig zu äußern«. Statt seine Leitungsfunktion zu erfüllen, lallte er: »Es stehen uns

---

240 BStU, MfS, HA IX, Nr. 2495, Bl. 5f.
241 HStADD, BdVP Dresden, MUK, Nr. 1608 (Karton 726), n. pag.

Kräfte mit Massenbasis entgegen.« Das löste beim Leiter der Volkspolizei des Kreises Entrüstung aus; er informierte noch am selben Tag die Bezirksbehörde der Volkspolizei über das »Fehlverhalten« des 1. Sekretärs.

Schon bei der Bürgerversammlung hatte der 56-jährige SED-Funktionär die Frage bejaht, ob »führende Genossen der Partei freiwillig ihren Posten jungen fähigen und dynamischen Kadern freimachen werden«, und einen Tag später fragte er seine Stellvertreterin, ob sie nicht gemeinsam mit ihm zurücktreten wolle – aber diese verneinte. Innerhalb der Parteistrukturen liefen zur gleichen Zeit Vorbereitungen zur disziplinarischen Maßregelung des Funktionärs. Nachdem die SED-Bezirksleitung durch die Polizei von dem Vorkommnis erfahren hatte, kündigte sie an, sofort einen Mitarbeiter zu schicken. Das wiederum weckte bei dem Kreissekretär ungute Erinnerungen an ein Disziplinarverfahren, bei dem er anderthalb Jahre zuvor wegen Alkoholmissbrauchs disziplinarisch bestraft worden war. »Mutti, ich habe mein Leben gelebt«, sagte er zu seiner Frau, bevor er zu Bett ging. Am nächsten Morgen wartete er, bis alle Familienmitglieder die Wohnung verlassen hatten, dann erschoss er sich.

Ein weiterer SED-Kreissekretär, der sich das Leben nahm, verwies zur Erklärung seiner Handlung in einem (an die SED-Bezirksleitung gerichteten) Abschiedsbrief auf die Demonstration von etwa 500 000 Menschen am 4. November 1989 in Berlin: »Die Ereignisse am letzten Sonntag in unserer Hauptstadt haben in mir die Erkenntnis reifen lassen, daß es für den Fortbestand unserer Partei, für die Sicherung einer grundlegenden Wende in unserer Politik doch notwendig ist, die neue Politik mit neuen Kadern in sicher langem Ringen erfolgreich zu gestalten.« Angesichts dessen wollte er seinen Suizid, den er mit der Angst vor dem Verlust der eigenen Ehre begründete, als altruistische Tat verstanden wissen, als »Opfer für die Sache«.[242]

Die Selbsttötungen in dieser ersten Phase der Revolution, noch vor dem Mauerfall am 9. November 1989, waren zumeist Reaktionen überforderter Funktionäre auf den gewaltigen revolutionären Druck jener Tage, in denen die Trägerschaft der Revolution von den Bürgerrechtlern auf die Bürger überging.[243] In zwei der drei öffentlich bekannt gewordenen Todesfälle spielten darüber hinaus auch parteiinterne Auseinandersetzungen eine wichtige Rolle.

In einem Fall führte das zu einem Skandal, dessen Hintergründe zunächst dunkel blieben; Aufsehen erregte nur das äußerliche Geschehen: Auf der Montagsdemonstration am 6. November 1989 wurde der 1. Sekretär der SED-Bezirksleitung Halle / Saale, Achim Böhme, bei seinem Versuch, zu den Demonstranten zu sprechen, öffentlich beschimpft und angespuckt. Nach Erinnerungen mehrerer Hallescher Zeitzeugen handelte es sich bei dem Angreifer wahrscheinlich um ein Mitglied der SED; der Mann warf

242 BStU, MfS, BV Schwerin, AU 294/90, UV, Bl. 20–29, zit. 25.
243 Vgl. Hartmut Zwahr, Die Revolution in der DDR 1989/90 – eine Zwischenbilanz, in: Alexander Fischer/Günther Heydemann (Hg.), Die politische »Wende« 1989/90 in Sachsen. Rückblick und Zwischenbilanz, Weimar 1995, S. 231–245.

Böhme in groben Worten vor, für die Selbsttötung des Kreissekretärs in Köthen verantwortlich gewesen zu sein.[244]

Diesen Vorwurf bestätigte auch eine Zeitzeugin aus Köthen. Dort hatte am zweiten November ein erstes öffentliches Bürgerforum stattgefunden, über das die Zeitzeugin wie folgt berichtete:»Der erste Sekretär, er war ja vom Menschlichen her nicht so schlecht, der hat aber nur rumgestammelt. Der fand keine Antworten. [...] Der Ratsvorsitzende, der stand mit rotem Kopf dort und war vollkommen blau. Und dann hammse gepfiffen und das war im Grunde alles verpufft. Und die Leute hatten dort eine Genugtuung, also so jetzt müsst ihr mal auf uns hören.«[245] Nach seinem öffentlichen Versagen habe der 1. Sekretär zurücktreten wollen, das sei ihm aber von Böhme in barschem Ton untersagt worden. Erst danach erschoss sich der Kreissekretär »in Folge des großen seelischen Drucks durch die Ereignisse«, wie es offiziell im SED-Blatt »Freiheit« hieß.[246]

Am 9. bzw. 11. November erschienen in der bundesdeutschen Presse Kurzmeldungen über die Selbsttötungen der SED-Funktionäre. Dadurch wurde auch bekannt, dass alle leitenden SED-Funktionäre bis auf Kreisebene Waffenträger waren. Teilweise hatten das nicht einmal die Ehefrauen gewusst.

4.8.2 *»Mich braucht niemand mehr« – das MfS in der Defensive*

In den ersten Novembertagen 1989 begann auch im MfS ein Stimmungsumschlag; es wurde klar, dass die friedliche Revolution nicht mehr aufzuhalten war. Plötzlich fanden sich MfS-Vernehmer, die noch einen Monat zuvor am teilweise brutalen Polizeieinsatz am Dresdner Hauptbahnhof mitgewirkt hatten, als Angeklagte wieder. Ein MfS-Untersuchungsführer, gegen den die Staatsanwaltschaft wegen »Beleidigung, Nötigung zu Aussagen und Körperverletzung« ermittelte, erschoss sich am Abend des 9. November 1989. Ob er, wie ihm vorgeworfen wurde, tatsächlich am 6. Oktober einen Jugendlichen, der am Dresdner Hauptbahnhof verhaftet worden war, beim Verhör geprügelt hatte, konnte nicht geklärt werden.[247] Nach der Selbsttötung schrieb

244 Vgl. Udo Grashoff, Der revolutionäre Herbst 1989 in Halle an der Saale, Halle 2004, S. 84.
245 O-Ton Monika Ulrich, in: Tobias Barth, Kalenderblatt vom 9. November 2004, Kurzbeitrag für mdr figaro.
246 Vgl. Selbstmord eines SED-Funktionärs, in: Die Welt vom 11. November 1989, S. 4.
247 So hatte einer der Jugendlichen gegenüber einem Mitgefangenen geäußert, dass er »einen unbändigen Haß gegen die Stasi« hätte: »Er erklärte, daß er sich für die gerichtliche Hauptverhandlung eine Taktik zurechtgelegt habe, die unter anderem darin besteht, daß er vorgeben wird, geschlagen worden zu sein.« BStU, MfS, HA KuSch, Nr. 20918, Bl. 48. Eingedenk des Ergebnisses einer einige Tage später erfolgten ärztlichen Untersuchung, die keine ernsthafte Verletzung fand, wecken diese Passagen eines MfS-Berichtes Zweifel an der Glaubwürdigkeit des Jugendlichen. Dass es sich dabei jedoch auch um einen Versuch der Desinformation durch das MfS handeln könnte, und dass Handgreif-

die Parteigruppe der Dresdner MfS-Untersuchungsabteilung an Mielke, »nicht die Kugel aus der Pistole, sondern das Ermittlungsverfahren, ungerecht und ungesetzlich, hat ihn tödlich getroffen«.[248] Laut Aussage seines Vorgesetzten war der MfS-Offizier erschüttert darüber, dass ihn die eigenen Genossen wegen der Anschuldigungen wie einen Verbrecher behandelt hatten.[249]

Ebenfalls Anfang November verzweifelten auch einige MfS-Mitarbeiter an pessimistischen Zukunftserwartungen. »Es braucht mich niemand mehr«, schrieb ein MfS-Mitarbeiter am 8. November 1989 auf einen Zettel, bevor er sich das Leben nahm. Laut MfS-Bericht spielten in diesem Fall Alkoholprobleme und die drohende Scheidung ebenso eine Rolle wie »Ungewißheit im Zusammenhang mit der weiteren Perspektive des MfS aufgrund der entstandenen politischen Situation in der DDR«.[250] Ein MfS-Grenzaufklärer im Bezirk Suhl erschoss sich einen Tag nachdem die Mauer gefallen war.[251]

Während zwischenzeitlich der Druck der Demonstranten durch die unverhofft gewonnene Reisefreiheit etwas nachgelassen hatte, wurden Anfang Dezember in allen Bezirken die Stasi-Zentralen besetzt. Dabei kam es erneut zu Selbsttötungen. In Suhl nahm sich am 5. Dezember 1989, während Demonstranten die MfS-Zentrale belagerten, ein Offizier offenbar aus Angst vor einer gewaltsamen Eskalation das Leben. Insgesamt begingen 1989/90 drei der 15 Leiter von Bezirksverwaltungen des MfS Suizid. Einer von ihnen schrieb in seinem Abschiedsbrief: »Seit Oktober bin ich nicht mehr auszuhaltenden seelischen Belastungen ausgesetzt. Was ich am Abend d. 5.12. auf dem Hof und in meinem Dienstzimmer durchgemacht habe, hat mich zermartert.« Der MfS-General war zunächst beinahe gelyncht, dann entwaffnet und unter Hausarrest gestellt worden. Anfang 1990 wurde von ihm verlangt, aus seinem Wohnhaus auszuziehen. In dieser Situation vergiftete sich der als impulsiv geltende General im Februar 1990 mit Gas.[252]

Der Suhler Superintendent Erhard Kretschmann nahm die Selbsttötungen im MfS zum Anlass, um in seiner Rede bei einer Demonstration am 10. Dezember 1989 zu mahnen: »Die ersten Selbstmorde von Mitarbeitern des

lichkeiten durch den MfS-Vernehmer im Bereich des Möglichen lagen, zeigt eine Passage in einer Beurteilung, die bei dem MfS-Offizier »eine gewisse Impulsivität« kritisierte. BStU, MfS, BV Dresden, KS II 3259/90, Bl. 243. Das Verfahren gegen zwei weitere MfS-Offiziere wurde nach der Selbsttötung eingestellt.

248 Vgl. Walter Süß, Staatssicherheit am Ende, Berlin 1999, S. 458.
249 Vgl. BStU, MfS, BV Dresden, Leiter der BV, Nr. 10794, Bl. 1a, 2, 21. Für die Behauptung eines anonym gebliebenen MfS-Mitarbeiters, dass auch interne Kritik an dem MfS-Untersuchungsführer dessen Selbsttötung begünstigt haben könnte, finden sich in den Akten keine Indizien. Vgl. dazu Annette Weinke/Gerald Hacke, U-Haft am Elbhang. Die Untersuchungshaftanstalt der Bezirksverwaltung des Ministeriums für Staatssicherheit in Dresden 1945 bis 1989/90, Dresden 2004, S. 136.
250 Vgl. BStU, MfS, HA IX, Nr. 1554, Bl. 54–61.
251 Vgl. BStU, MfS, HA IX, Nr. 2495, Bl. 17–21.
252 Vgl. Michael Richter/Erich Sobeslavsky, Die Gruppe der 20, Köln u.a. 1999, S. 181.

MfS sind Zeichen für die hoffnungslose Situation. Sie zeigen den Ernst der Lage. [...] Die ehemaligen Mitarbeiter des MfS müssen in unserer Gesellschaft angstfrei leben können. Sie haben Anspruch auf eine ordentliche gerichtliche Untersuchung ihrer bisherigen Tätigkeit [...]. Anders kann es keinen Neuanfang geben.«[253]

Als sich sechs Wochen später, am 30. Januar 1990, der Leiter der MfS-Bezirksverwaltung Suhl mit seiner Jagdwaffe erschoss, stellte dieser in seinem Abschiedsbrief die Selbsttötung »als Protest gegen die Art und Weise der Auflösung des ehemaligen MfS dar (unsachliche Angriffe gegen das ehemalige MfS in der Öffentlichkeit; Mitarbeiter und insbesondere deren Familien werden in der Öffentlichkeit ausgegrenzt).«[254] In diesem Fall dürften gehemmte Aggressionen des MfS-Generals eine mindestens ebenso große Rolle gespielt haben wie die fehlende Zukunftsperspektive, schließlich hatte er noch kurz vor seinem Suizid in einem Zeitungsinterview darüber spekuliert, ob nicht alles anders gekommen wäre, wenn das MfS im Süden der DDR noch vor dem Mauerfall einen lokalen Staatsstreich unternommen hätte.[255]

4.8.3 Abgesetzte Funktionäre in Existenzangst

Aus der Bürgerbewegung des Herbstes 1989 formierten sich in zahlreichen Orten Untersuchungskommissionen, die Korruption und Amtsmissbrauch von Funktionären untersuchen sollten. Ein leitender Funktionär des Deutschen Turn- und Sportbundes (DTSB) kam im November 1989 einer solchen Untersuchung zuvor, indem er sich das Leben nahm. »Jahrelang wurde Finanzabteilung des DTSB kontrolliert«, notierte ein Mitarbeiter der MfS-Untersuchungsabteilung handschriftlich, aber gerade jener Funktionär schien tabu gewesen zu sein: »Er fungierte außerhalb jeder Kontrolle und jetzt erstmalige Kontrolle.«[256] Der (wie »BILD« spottete) »mit allen drei Stufen des Vaterländischen Verdienstordens ausgezeichnete Alkoholiker« tat vor seinem Tod noch alles in seiner Macht stehende, um finanzielle Unregelmäßigkeiten zu vertuschen. Anderthalb Stunden lang soll der Funktionär dienstliche Unterlagen verbrannt haben, bevor er sich das Leben nahm.

In anderen Fällen wurden Schuldvorwürfe erhoben, die sich später als voreilig und übertrieben erwiesen. Johanna Töpfer zum Beispiel, die stellvertretende FDGB-Vorsitzende, bekam nach ihrer Absetzung im November 1989 vom FDGB Hausverbot; ein Untersuchungsausschuss der Volkskammer ermittelte gegen sie wegen »Amtsmissbrauch, Korruption und Berei-

253 Superintendent Erhard Kretschmann, Rede zur Demo am Tag der Menschenrechte, 10. 12. 1989, Marktplatz Suhl, in: Daniel Weißbrodt, Die Wende in Suhl, Suhl 2002, S. 129 f.
254 BStU, MfS, ZOS, Nr. 477, Bl. 16.
255 Vgl. Fred David, In Stasis Aktengruft, in: Profil 21 (1990) 4, S. 43–45.
256 BStU, MfS, HA IX, Nr. 19283, Bl. 127.

cherung«. Anfang 1990 hieß es im Bericht des Ausschusses: »Eine besonders luxuriöse Ausstattung erhielten die Häuser von Johanna Töpfer, Wolfgang Beyreuther, Werner Heilemann.«[257] Auf dem außerordentlichen FDGB-Kongress am 31. Januar 1990 folgte dann das Dementi. Den 24 von den Vorwürfen berührten FDGB-Funktionären wurde bescheinigt, dass sie die in der DDR üblichen Mieten gezahlt hatten; Johanna Töpfer gehörte zudem zu jenen FDGB-Verantwortlichen, die »persönliche Wünsche, wie Saunen, Kamin, Parkettfußböden u. a. selbst finanziert« hatten.[258] Eigentlich wollte Johanna Töpfer auf dem Kongress Ende Januar ihre Rehabilitierung fordern, aber man hatte ihr (laut »BILD«) zu verstehen gegeben, dass sie dort unerwünscht sein würde. Aufgrund dessen fühlte sie sich »geächtet und verleumdet« und vergiftete sich am 7. Januar 1990.[259]

Selbststilisierung oder Heroismus spielten 1989, anders als im Jahr 1945, in den bekannt gewordenen Selbsttötungsfällen keine Rolle. In keiner Weise herrschte 1989 in der DDR ein ausgeprägtes suizidales Klima. Weder kursierten Suizid-Mittel, noch wurden apokalyptische Visionen verbreitet, und statt einer forcierten Aggression, die sich schließlich gegen die eigene Person wendete, fand ein stiller Rückzug der Funktionäre statt. Das gilt für die MfS-Generäle ebenso wie für Johanna Töpfer oder Bauminister Wolfgang Junker[260] – stets dominierte die depressive Komponente. Niemand machte aus seinem Tod ein Fanal.

Mancherorts tauchten in diesen Tagen Morddrohungen gegen Repräsentanten des abgewirtschafteten SED-Regimes auf, so im RAW Eberswalde, wo an einer Wandzeitung zu lesen war, dass »Funktionäre der ›Stasi, SED und des FDGB‹ Hochverräter seien und die Todesstrafe verdienten«.[261] Die Bedrängnis durch Rücktrittsforderungen, schwere persönliche Angriffe und Korruptionsvorwürfe sowie teilweise artikulierte kollektive Todeswünsche können die suizidalen Handlungen jedoch nur teilweise erklären, zumal der Umbruch in der DDR durch weitgehende Gewaltfreiheit gekennzeichnet war.

257 2. Bericht des Volkskammerausschusses zur Überprüfung von Amtsmißbrauch, Korruption und Bereicherung, in: Tribüne vom 11. Januar, S. 3.
258 Vgl. Vorläufiger Bericht des Untersuchungsausschusses, in: Tribüne vom 1. Februar 1990, S. 5.
259 Honeckers Gewerkschafts-Chefin nahm Gift, in: BILD vom 10. Januar 1990, S. 1.
260 Die rechtswidrigen Baumaßnahmen für Funktionäre, für die Junker mitverantwortlich war, wurden von der bundesdeutschen Justiz als kleinere Vergehen bewertet, wie man aus den Unterlagen des Prozesses gegen Junkers Staatssekretär Karlheinz Martini ersehen kann. Ihm wurden vier Fälle nachgewiesen, bei denen Funktionäre staatliche Gelder für ihre Eigenheime erhielten. Für einen Fall wurde Martini im Jahr 1991 zu 4500 DM Geldstrafe, für drei weitere Fälle im Jahr 1994 zu 15 Monaten Haft auf Bewährung verurteilt. Vgl. Klaus Marxen/Gerhard Werle (Hg.), Strafjustiz und DDR-Unrecht, Bd. 3, Amtsmissbrauch und Korruption, Berlin-New York 2002, S. 377.
261 Uta Alexander/Manfred Kofferschläger, Hintergründe einer bedrückenden Meldung, in: Tribüne vom 19. Dezember 1989, S. 3.

Todesdatum	Name	Funktion
30.10.1989	Helmuth Mieth	1. Sekretär der SED-Kreisleitung Bautzen
4.11.1989	Herbert Heber	1. Sekretär der SED-Kreisleitung Köthen
7.11.1989	Gerhard Uhe	1. Sekretär der SED-Kreisleitung Perleberg
22.11.1989	Franz Rydz	Vizepräsident des DTSB
27.12.1989	Erwin Primpke	Generalmajor (MdI)
7.1.1990	Prof. Johanna Töpfer	stellv. Vorsitzende des FDGB
22.1.1990	Dr. Otto König	Generaldirektor des Kombinats Agrochemie Piesteritz
30.1.1990	Gerhard Lange	Leiter der MfS-Bezirksverwaltung Suhl
21.2.1990	Horst Böhm	Leiter der MfS-Bezirksverwaltung Dresden
9.4.1990	Wolfgang Junker	Minister für Bauwesen der DDR
Mai 1990	Peter Koch	Leiter der MfS-Bezirksverwaltung Neubrandenburg

Tab. 16: Selbsttötungen hoher SED-Funktionäre 1989/90.

Stärker als die äußere war offenbar die innere Bedrängnis. Für manchen Funktionär brach mit dem Ende der DDR eine Welt zusammen, an die er geglaubt, für die er seine ganze Kraft eingesetzt hatte.[262] Die Ehefrau eines Polizisten, der sich im Februar 1990 erschoss, gab zu Protokoll: »Ich glaube, daß ihm die gesellschaftlichen Ereignisse, die Enthüllungen über die Partei, dann der Austritt aus der Partei usw. nahe ging. Er saß manchmal vor dem Fernseher und hat geweint.«[263] Zwei Tage nach dem Mauerfall vergiftete sich ein Parteisekretär im Bezirk Karl-Marx-Stadt. Im Abschiedsbrief gab er an, dass »er mit dieser Welt nicht mehr zurecht kommt und seine Konsequenzen zieht«.[264]

Bezogen auf die Bevölkerungszahl der DDR, das soll noch einmal betont werden, blieben die geschilderten Selbsttötungen jedoch seltene Einzelfälle, die nichts an der sinkenden Tendenz der Selbsttötungsraten änderten.

4.8.4 Wechsel der betroffenen Bevölkerungsgruppe

Im Jahr 1990 wies die offizielle Statistik ein weiteres Absinken der Selbsttötungsrate aus. Im Gegensatz zur Suizidziffer von 1989 ist der Angabe von 1990 aber zu misstrauen, denn gleichzeitig stieg die Rate der in der relativ unspezifischen Sammelkategorie »Symptome und schlecht bezeichnete Af-

---

262 Vgl. Cordia Schlegelmilch, Deutsche Lebensalter – Erkundungen in einer sächsischen Kleinstadt, in: Prokla 23 (1993) 2 (= Heft 91), S. 269–295. Dort wird zur Generation der 1926 bis 1939 Geborenen konstatiert, »daß das Selbstwertgefühl vieler Funktionäre dieser Altersgruppe fast ausschließlich auf ihrer politischen Entwicklung beruhte« (S. 279).
263 HStADD, BdVP, MUK, Nr. 1609, n. pag.
264 BStU, MfS, Sekr. Neiber, Nr. 736, Bl. 142.

fektionen« verzeichneten Todesfälle auf dem Gebiet der DDR von 12,9 auf 41, also um mehr als das Dreifache.[265] Die gesellschaftlichen Veränderungen verursachten offenbar eine große Verunsicherung bei den Ärzten, die den Leichenschein auszufüllen hatten. Daher ist zu vermuten, dass die Dunkelziffer der Selbsttötungen in den Jahren 1990/91 außergewöhnlich hoch war; einige empirische Daten bestärken diesen Verdacht. Im Kreis Freital lag die Selbsttötungsrate im Jahr 1991 um 30 Prozent zu niedrig.[266] In Greifswald betrug die Diskrepanz zwischen offizieller (10,2) und recherchierter Selbsttötungsrate (28,4) im Jahr 1992 sogar fast 180 Prozent.[267]

Insofern kann nicht ausgeschlossen werden, dass die Zahl der Selbsttötungen im Jahr 1990, im Widerspruch zur offiziellen Statistik, angestiegen ist – eine größere Selbsttötungswelle hingegen hat sich allem Anschein nach nicht ereignet. Die in verschiedenen medizinischen Dissertationen anhand der Originalunterlagen neu berechneten Selbsttötungsraten waren zwar höher, übertrafen aber kaum die langfristigen Mittelwerte.

Den Einfluss der politischen Umwälzungen haben einige regionale Untersuchungen zum »Wende-Suizid« zu quantifizieren versucht. In Chemnitz sollen drei Prozent aller Selbsttötungen von der »Wendeproblematik« verursacht gewesen sein.[268] Im Kreis Freital wurden in den Jahren 1988/89 in drei Fällen, 1990 bis 1992 in acht Fällen politische Motive festgestellt.[269] Eine Motivanalyse im Landkreis Sebnitz stellte 1990 bis 1992 bei vier von 30 Selbsttötungen einen direkten Zusammenhang zu den gesellschaftlichen Veränderungen fest, was einem Anteil von etwa 13 Prozent entsprach.[270]

Natürlich waren und sind solche Einschätzungen willkürlich, denn den Einschätzungen lagen keine definierten Kriterien für den Einfluss des politischen und gesellschaftlichen Umbruchs zugrunde. Dennoch fällt auf, dass Angaben zum Anteil politisch motivierter Selbsttötungen nach 1989 oft eine ähnliche Größenordnung erreichten wie bezüglich der Zeit vor 1989; so ermittelte eine Untersuchung im Kreis Senftenberg bei 3,4 Prozent der Suizidtoten vor 1989 »Unzufriedenheit mit der DDR, den gestellten oder nicht genehmigten Ausreiseantrag sowie Zugehörigkeit zur SED bzw. zum MfS als Motiv für den Suizid«.[271] Das kann als Indiz dafür gelten, dass 1989/90 lediglich eine Verschiebung von Motiven bzw. ein Wechsel der betroffenen

265 Vgl. Heide, Suizid im Landkreis Sebnitz, S. 80 sowie Sibylle Straub, Suizide in Thüringen vor und nach der Wende, Diss. Jena 1998, S. 67.
266 Rupprecht, Suizidgeschehen im Kreis Freital, S. 24.
267 Vgl. Andrea Piontke, Suizide und Suizidversuche im Stadt- und Landkreis Greifswald in den Jahren 1989 bis 1992, Diss. Greifswald 1999.
268 Honnigfort, Freitode.
269 Vgl. Rupprecht, Suizidgeschehen im Kreis Freital, S. 54.
270 Heide, Suizid im Landkreis Sebnitz, S. 72.
271 Lippmann, Suizidgeschehen des Kreises Senftenberg, S. 84. Wahrscheinlich handelte es sich hierbei jedoch um eine Überschätzung der tatsächlichen politischen Motivierung, da allein aus der Zugehörigkeit zum Staatsapparat keine politische Bedingtheit der Selbsttötung abzuleiten ist; im Gegenteil, die meisten Selbsttötungen von SED-Funktionären und MfS-Offizieren waren privat motiviert.

Bevölkerungsgruppe stattfand, denn gleichzeitig – das wird auch durch die konstatierten statistischen Unregelmäßigkeiten nicht grundsätzlich in Frage gestellt – ereignete sich kein dramatischer Anstieg der Selbsttötungsraten.

Wie lässt sich das mit der subjektiven Wahrnehmung einiger Zeitzeugen in Einklang bringen, 1989/90 hätten sich mehr Menschen das Leben genommen als vorher? Während zuvor Selbsttötungen von SED-Funktionären selten waren bzw. häufig auch verschwiegen wurden, berichteten jetzt die Medien über Selbsttötungen ehemaliger Verantwortungsträger. Dadurch rückte das Suizidgeschehen nach Jahren der Tabuisierung stärker ins Blickfeld. Das Gleiche gilt auch für Menschen, die an sozialen Ängsten verzweifelten. Wenn ein DDR-Bürger nach zehnfachem Stellen eines Ausreiseantrags den Gashahn aufdrehte oder sich nach Zustellung des Einberufungsbefehls das Leben nahm, wurde dies vor 1989 peinlich verschwiegen. Nach 1989 wurde in den ehemaligen SED-Zeitungen auch noch der Suizid einer entlassenen Kellnerin und eines überforderten Taxifahrers gemeldet, weil diese Verzweiflungstaten als symptomatisch galten für eine Zeit der Unsicherheit und des Umbruchs.[272]

Nun erfuhren die Menschen durch die DDR-Fernsehsendung »Prisma« (die zu DDR-Zeiten nie über das Thema Selbsttötung berichten durfte), dass in Ost-Berlin zwischen November 1989 und April 1990 insgesamt 16 Selbsttötungen registriert wurden, die sich auf Grund »politischer Veränderung, Existenzangst« ereigneten.[273] In Leipzig berichtete die neu gegründete Zeitung »Wir in Leipzig«, dass die Kriminalpolizei 1989/90 bei 24 von 207 Selbsttötungen »soziale Unsicherheit und Ängste« als Motiv ermittelt hatte. Das Blatt stellte allerdings gleichzeitig fest: »In allen 24 Fällen wäre durch die berufliche Veränderung kein Notstand entstanden.« In nur drei Fällen hatte es sich laut Kriminalpolizei um Suizide von »am politischen Umschwung Verzweifelten« gehandelt.[274] Darunter war der ehemalige Leiter der Auswertungs- und Kontrollgruppe der MfS-Bezirksverwaltung Leipzig.[275]

Insgesamt kann konstatiert werden, dass es 1989/90 keine Selbsttötungswelle, sondern eine sprunghafte Zunahme der Selbsttötungen von SED-Funktionären bei gleichzeitiger Reduzierung der »Basis-Suizidalität« gegeben hat. Aus diesen gegenläufigen Tendenzen resultierte insgesamt ein leichtes Absinken der Selbsttötungsrate.

---

272 Martin J. Kerscher, Selbstmord aus wachsender Existenzangst, in: Leipziger Volkszeitung vom 27. März 1991, S. 3.
273 Prisma vom 10. Mai 1990. DRA Babelsberg, IDNR 50084000.
274 Peter Salden, »Bitte, verzeiht mir diesen Schritt«. Soziale Ängste und Unsicherheit ist jetzt zunehmend ein Motiv für Selbstmörder, in: Wir in Leipzig vom 25./26. August 1990, S. 13. Von Tobias Hollitzer dankenswerterweise zur Verfügung gestellt.
275 Mitteilung von Tobias Hollitzer, stellv. Leiter der Außenstelle Leipzig der BStU.

4.8.5 Die »zweite Selbsttötungswelle« von 1991[276]

Zu Beginn des Jahres 1991 ließ die Selbsttötungsstatistik der neuen Bundesländer tatsächlich einen, wenn auch geringen Anstieg erkennen. Gleichzeitig dazu registrierten auch die in der Suizidprävention engagierten Telefondienste eine erhöhte Suizidbereitschaft. Bei der »Kirchlichen Telefonseelsorge« in Berlin zum Beispiel stieg Anfang 1991 der Anteil suizidgefährdeter Anrufer von ca. fünf auf 35 Prozent.[277] Das waren deutliche Indikatoren dafür, dass bei vielen Ostdeutschen auf die »Phase der Euphorie« offenbar eine »Phase der Resignation« folgte.[278] »Die politische Wende und die Vereinigung erschlossen nicht nur neue Chancen und Möglichkeiten, sondern stellten gleichzeitig eingelebte Erwartungsstrukturen in Frage und konfrontierten die Ostdeutschen abrupt mit einer völlig neuen Situation.«[279] Im Sommer 1992 hatte ein Drittel der Erwerbstätigen auf dem Gebiet der ehemaligen DDR keine Arbeit mehr. Massenhaft erlebten Menschen nicht nur den Verlust des Arbeitsplatzes, sondern auch ihrer persönlichen Bindungen in den Arbeitskollektiven. Betroffen waren keineswegs nur Funktionäre oder Begünstigte des SED-Regimes. Weite Teile der Bevölkerung sahen sich mit ungewohnter Status-Unsicherheit konfrontiert, Abstiegserfahrungen waren nicht selten.[280] Das löste Identitätskrisen, Ängste und Verunsicherungen aus. Die Medien nahmen diesen Trend frühzeitig wahr und bildeten ihn ab durch eine ganze Reihe von Berichten über Einzelschicksale.

Der ostdeutsche Fernsehsender DFF brachte am 24. März 1991 eine Reportage über einen 58-jährigen Konstrukteur, der sich mit Sorgfalt und Einsatzbereitschaft ganz für seinen Betrieb engagiert hatte. Seit Juni 1990 auf null Stunden Kurzarbeit gesetzt, bestand seine letzte Aufgabe darin, die Konstruktionsunterlagen des Elektronik-Maschinenbaubetriebs zu archivieren. Er wurde depressiv, zog sich zurück. An dem Tag, als alle Mitarbeiter ihre Schreibtische leeren sollten, beendete er sein Leben.[281]

Das »Neue Deutschland« berichtete über die Selbstverbrennung einer Ärztin aus Annaberg, die durch Abwicklung der Poliklinik ihren Arbeitsplatz verloren und sich selbstständig gemacht hatte; ihre Praxis lief schlecht. Sie begab sich in psychotherapeutische Behandlung. Im Januar 1992 nahm

---

276 Vgl. René Heilig, Selbstmordkurve steigt – immer mehr suchen den Ausweg im Nichts, in: Neues Deutschland vom 16. März 1991, S. 3; Suizid. Das Interview, in: Deine Gesundheit (1991) 9, S. 33.
277 Vgl. Renate Pfuhl, Aufbruch in den 24-Stunden-Dienst, in: Auf Draht Nr. 17, September 1991, S. 5f.
278 Feuerwasser der Weißen. In den östlichen Ländern nehmen sich viele Menschen aus Existenzangst das Leben, in: Der Spiegel 45 (1991) 11, S. 62/65.
279 Markus L. Müller, Identitätsprobleme der Menschen in der DDR seit 1989/90, in: Wolfgang Dümcke/Fritz Vilmar (Hg.), Kolonialisierung der DDR, Münster ³1996, S. 209–241, zit. 220.
280 Vgl. Peter A. Berger, Sozialstrukturelle Umbruchsdynamiken, in: Prokla. Zeitschrift für kritische Sozialwissenschaft 23 (1993), Nr. 91, S. 205–230.
281 Vgl. Klartext-Magazin (10) vom 24. März 1991. DRA Babelsberg, IDNR 36767.

sie sich das Leben.[282] »BILD« meldete eine weitere Selbstverbrennung eines Dresdner Atomforschers, der sich vermutlich aus Angst um seinen Arbeitsplatz getötet hatte.[283] Ein von der PDS-nahen »Gesellschaft zum Schutz von Bürgerrecht und Menschenwürde« (GBM)[284] im Jahr 1992 herausgegebenes Weißbuch druckte den Abschiedsbrief des Leipzigers Peter S. ab, der folgenden Wortlaut hatte:

> »Abschied! Nach 20 Jahren in einem Betrieb nun das Aus. Bis September noch Kurzarbeit 0 Stunden, dann in die Arbeitslosigkeit entlassen. Bei der kommenden Massenarbeitslosigkeit und mit 50 Jahren ist da an eine Chance nicht zu denken. Bei 450,– Arbeitslosengeld und den gestiegenen Preisen ist ein Überleben nicht möglich.«[285]

Zu diesem und anderen Schicksalen schrieb die Schauspielerin Käthe Reichel:

> »Es sind, durch keinen Gnadenerlaß mehr aufhebbare, weil schon vollzogene Todesurteile für Bevölkerungsgruppen, die Arbeitslosigkeit nicht kannten, keine Gelegenheit hatten, in ihrem Gesellschaftssystem Gewohnheiten dafür zu entwickeln, [...] und jetzt begreifen müssen, daß auch ein olympischer Weitsprung kein neues Ufer über diesen Abgrund für sie bereit hält.«[286]

»Der Spiegel«-Journalist Matthias Matussek hinterfragte am konkreten Beispiel des Leipzigers Peter S. solche eindimensionalen Erklärungen. Zwar schien der Abschiedsbrief von S. eine eindeutige Erklärung für die Verzweiflungstat zu geben. »BILD« hatte dementsprechend die Schlagzeile »50 Jahre und arbeitslos – da nahm er sich das Leben« gewählt. Matussek fand demgegenüber durch Recherchen bei Nachbarn und Verwandten heraus, dass hinter der vermeintlichen Ursache »Arbeitslosigkeit« andere verborgen waren. Peter S. hatte zu DDR-Zeiten als Büfettier in einer Gaststätte zu den materiell Bessergestellten gehört; er hatte als einer der ersten einen Videorecorder zu Hause und hatte sich durch seinen Besitz von Westwaren soziale Geltung verschafft. Sein sozialer Abstieg hatte bereits vier Jahre vor 1989 begonnen, als er den guten Posten verlor und zum Hausmeister degradiert wurde. Seitdem trank er mehr als vorher. Als 1990/91 die Gäste des Restaurants wegblieben, war er auf null Stunden Kurzarbeit gesetzt worden. Seine Einsamkeit hatte zugenommen, nachdem Freunde in den Westen gegangen waren. Kurz vor seiner Selbsttötung starb auch noch seine wichtigste Be-

---

282 Vgl. Roland Hertwig, Ein Freitot und was ihm vorausging, in: Neues Deutschland vom 8. Januar 1992, S. 7. (Rechtschreibfehler im Original; U.G.)
283 Vgl. Matthias Matussek, Das Selbstmord-Tabu, Reinbek b. Hamburg 1992, S. 9.
284 Zur GBM vgl. Wolfgang Richter, Kläffende Hundewelpen, in: Junge Welt vom 21. August 2004, Wochenendbeilage.
285 Gesellschaft zum Schutz von Bürgerrecht und Menschenwürde (Hg.), Unfrieden in Deutschland, Weißbuch Diskriminierung in den neuen Bundesländern, o.O. 1992, S. 115.
286 Käthe Reichel, Das bittere Ende des süßen Geldes, in: Weißbuch Diskriminierung, S. 113.

zugsperson, seine Mutter. Eine Operation wegen eines Leistenbruchs, der er sich Anfang 1991 unterziehen musste, hat seinen depressiven Zustand möglicherweise noch verschlimmert. Auf jeden Fall war es ein ganzes Bündel von Faktoren, deren Zusammenspiel erst die als ausweglos empfundene Situation schuf. Die im Abschiedsbrief herausgestellte Arbeitslosigkeit war lediglich die letzte Station eines längerfristigen sozialen Abstiegs, der mit Statusverlust und zunehmender Isolation verbunden war.[287]

Zur gleichen Zeit, als flächendeckend marode DDR-Betriebe zusammenbrachen und die Arbeitslosenrate steil emporschnellte, standen diejenigen, die mit Hilfe eines westdeutschen Investors ihren Betrieb für die Marktwirtschaft umrüsteten, unter einem enormen Erfolgsdruck. Extreme Auswirkungen hatte das in einem Thüringer Porzellanwerk. Im Herbst 1991 sollte der Betrieb mit neuen Brennern ausgestattet werden. Die Modernisierung verzögerte sich aber; zudem verlangte der neue Besitzer plötzlich, fast die Hälfte der Belegschaft zu entlassen. In dieser Situation steigerten sich die Verantwortlichen immer mehr in panische Ängste hinein, sie fürchteten, dass die Privatisierung durch ihre Schuld scheitern würde; erst erhängte sich ein Ingenieur, dann der Produktionsleiter.[288]

Ungeachtet der jeweils individuellen Motivierung waren diese Selbsttötungen symptomatisch für die Zeit um 1991, als ein kurzzeitiger Anstieg der Selbsttötungsrate den langfristig absteigenden Trend durchbrach. Allerdings betraf diese Entwicklung nicht alle Bevölkerungsteile in gleichem Maße. Während in jüngeren Jahrgängen die Aufbruchstimmung dominierte, waren es vor allem Menschen in der zweiten Lebenshälfte, die sich schlechte Zukunftschancen zumaßen. Markant fiel das Suizid-Maximum bei Männern im Alter zwischen 45 und 65 Jahren aus; hier stieg die Selbsttötungsrate von 1989 bis 1991 um gut zehn Prozent, sank allerdings 1992 genauso stark wieder ab (vgl. Abb. 25–27).

Es gab also keine langfristige Korrelation zwischen dem stetigen Anstieg der Arbeitslosigkeit und der Selbsttötungsrate, sondern nur einen kurzzeitigen Suizid-Peak in der Anfangsphase des Umbruchs. Dieser Zeitverlauf korrespondiert mit einer Beobachtung in der Bundesrepublik im Zusammenhang mit der sogenannten »Ölkrise« 1973. In Mannheim schnellte die Selbsttötungsrate, nachdem die Arbeitslosenzahl sprunghaft angestiegen war, im ersten Halbjahr 1974 kurzzeitig in die Höhe, um dann wieder abzusinken, trotz weiter wachsender Arbeitslosenquote.[289]

Zudem war 1991 der Suizid-Peak bei den Frauen wesentlich schwächer ausgeprägt als bei den Männern. Das ist umso bemerkenswerter, als die Frauen die Hauptlast der Arbeitslosigkeit trugen. Offensichtlich kam der ge-

287 Vgl. Matussek, Selbstmord-Tabu, S. 34–54.
288 Vgl. Bruno Schrep, »Wir sind die Sündenböcke«, in: Der Spiegel 48 (1994) 21, S. 58–71.
289 Vgl. Ulrich Martens/Gernot Steinhilper, Zum Zusammenhang zwischen Arbeitslosigkeit und Kriminalität, in: Kriminalistik (1978) 11, S. 498–503.

schlechtsspezifischen subjektiven Bewertung von Arbeitslosigkeit entscheidende Bedeutung zu. Eine Reportage im »Spiegel« versuchte das zu verdeutlichen am Beispiel eines Brigadiers in einem Leipziger Holzbetrieb, der in den Vorruhestand versetzt wurde. Die Firmenleitung sah in der Entlassung keinen sozialen Härtefall, »schließlich besaß der Mann ein Haus, und seine Frau hatte noch ihre Arbeit«. Der 60-Jährige aber empfand seine Entlassung als einen individuellen Makel, »der bis ins Zentrum der Persönlichkeit dringt« – und nahm sich das Leben.[290]

Generell steht außer Frage, dass die sprunghaft angestiegene Arbeitslosigkeit in einer statistisch relevanten Zahl von Fällen Selbsttötungen ausgelöst hat und somit zur Erklärung des kurzzeitigen Anstiegs der Selbsttötungsrate im Jahr 1991 herangezogen werden kann. Das legen auch die in verschiedenen Altersklassen sehr unterschiedlichen Entwicklungen der Selbsttötungsraten nahe. In einer relativ abrupt eingetretenen wirtschaftlichen Krisensituation erhöhte sich, wie das nach Durkheims Ausführungen zum »anomischen Selbstmord« zu erwarten war, die Selbsttötungsrate. Dass die meisten Autoren, die sich mit dem Phänomen des »Wende-Suizids« beschäftigt haben, diesen Sachverhalt »übersehen« haben und teilweise sogar an der Gültigkeit der Anomie-These zweifelten, lag wahrscheinlich an überzogenen Erwartungen.[291] Das bei Männern im Alter von 45 bis 65 Jahren aufgetretene Suizid-Maximum im Jahr 1991 übertraf mit ca. zehn Prozent nicht die Größenordnung der Schwankungen der Selbsttötungsrate zu DDR-Zeiten.[292]

Neben Einflüssen des ökonomischen Umbruchs müssen zudem auch mentale Faktoren berücksichtigt werden. Schon bei der Arbeitslosigkeit spielte die subjektive Bewertung dieses Phänomens eine entscheidende Rolle. In Presseberichten aus dieser Zeit wurden zwei weitere Themenkreise häufig genannt: die Enttäuschung über die politische Entwicklung nach 1989 und die Auseinandersetzungen um eine inoffizielle Stasi-Mitarbeit.

---

290 Feuerwasser der Weißen, S. 62.
291 Vgl. zum Beispiel H[elmut] F. Späte, Sociocultural Upheavel and Suicide: Experiences after the End of the GDR, in: Klaus Böhme u.a. (Hg.), Suicidal Behaviour, Regensburg 1993, S. 487–490; Sibylle Straub, Der Suizid und »die Wende« in der DDR, in: System Familie 13 (2000), S. 59–69.
292 Vgl. »Wende-Suizid« blieb aus, in: Leipziger Volkszeitung vom 27. September 1991, Wochenend-Beilage, S. 4.

4.8.6 Selbsttötung aus »Enttäuschung über die politische Entwicklung«?

Am 4. März 1992 nahm sich Dr. Detlef Dalk aus dem Kreis Bernau das Leben. Der 48-Jährige hatte sich vor 1989, wie er selbst schrieb, »als verunsicherter Marxist« in der Evangelischen Studentengemeinde in Berlin engagiert und war für demokratische Veränderungen in der DDR eingetreten. Die Realität der deutschen Wiedervereinigung wurde jedoch für den »Politiker mit hohen moralischen Ansprüchen«, der als Abgeordneter von Neues Forum/Bündnis 90 in Gemeindevertretung und Kreistag tätig war, zur großen Enttäuschung: »Was ich in diesen Parlamenten erlebte, ist das Aufgeben jeder eigenständigen Politik, ich erlebte nur Anpassungsvorgänge an die Strukturen der alten Bundesrepublik«, schrieb Dalk in einem Offenen Brief, den er vor seiner Selbsttötung an Bundeskanzler Helmut Kohl schickte. Bei der Beerdigung resümierte der Pfarrer: »Sein Tod hatte zu tun mit dem Sterben der großen Hoffnung des 89er Herbstes. Er fühlte sich immer mehr als Fremder im eigenen Land.« Auslöser für die Verzweiflungstat, die Dalk als Resultat seiner »Lebensbilanz« bezeichnete, war der Umstand, dass ein Alteigentümer ihn von seinem Grundstück vertreiben wollte.[293] Wenige Wochen vor seinem Tod hatte Dalk eine Protestveranstaltung im Gemeindesaal der evangelischen Kirche mit organisiert. Für den 12. März war eine größere Protestaktion gegen die Eigentumspolitik der Bundesregierung in Bonn geplant; offenbar wollte Dalk mit seinem verzweifelten »Weg des Wachrüttelns« den Protest unterstützen.[294]

Enttäuschung über die Ergebnisse der »Wende« gab wohl auch den Ausschlag dafür, dass sich der Dresdner Lyriker Manfred Streubel am 10. Juli 1992 das Leben nahm. Streubel war in der DDR vor allem als Verfasser des Liedtextes von »Die Heimat hat sich schön gemacht« bekannt. Nur wenige wussten, dass er kurz nach seinem Debüt (1956) die SED-Kulturpolitik kritisiert hatte, weshalb ihn Förderer und Gönner wie Kurt Barthel (Kuba) fallen ließen; später hatte ihn das MfS bespitzelt. »Ach, alles ist von Lethargie vergiftet, / dem neuen Tag gilt keine Hoffnung mehr«, dichtete Streubel 1983. Er empfand die DDR als »Betonkäfig« und sehnte Veränderungen herbei. Aber die deutsche Wiedervereinigung brachte ihm vor allem die Kündigung des Verlagsvertrages. Im Jahr 1991 beklagte er, dass die einstige DDR »von den Rollkommandos der Brüder und Schwestern. Den falschen. Verlogenen. Scheinheiligen. Von den notorischen Inbesitznehmern« überrollt würde.[295] Aus diesen bitteren Worten sprach auch die Enttäuschung

---

293 Offener Brief von Detlef Dalk an Bundeskanzler Kohl, Alle anderen Wege des Wachrüttelns bin ich gegangen ..., in: Neues Deutschland vom 7./8. März 1992, S. 1.
294 Vgl. Vereinigung ist für viele »Kolonisation«, ebd.
295 Klaus-Dieter Schönewerk, Das Gleichmaß, das den Aufschrei dämpfte, in: Neues Deutschland vom 17. Juli 1992, S. 7.

darüber, dass er als Dichter nicht mehr gefragt war. Streubel bezichtigte sich kurz vor seinem Tod, »ein Anachronismus zu sein«.[296] »Im Literaturbetrieb der neuen Bundesrepublik Deutschland wäre für ihn kein Platz gewesen«, urteilte auch sein Kollege Heinz Czechowski. Streubels Tod ist aber nur zu verstehen im Kontext der gesamten biografischen Entwicklung: Mehrfaches privates Unglück (Scheidungen, Probleme mit seinem Sohn, Krankheit) bildete den Hintergrund eines Dichterlebens, das sich zunehmend verfinstert hatte.[297]

Auch der Suizid eines Bürgerrechtlers und Denkmalschützers aus Weimar, der nach 1990 als Leiter des Denkmalamtes Zerstörungen der alten Bausubstanz »als Beschädigung der eigenen Person« erlebte und die Kapitulation vor Geschäftsinteressen als persönliches Versagen empfand, gehört in die Kategorie der Selbsttötungen aus Enttäuschung über die Realität des wiedervereinigten Deutschlands.[298] Häufig waren solche Schicksale aber nicht: Die Mehrheit der Ostdeutschen passte sich den neuen Gegebenheiten an, erlebte neben dem Verlust an sozialer Sicherheit auch eine Zunahme von Wohlstand und politischer Partizipation und kompensierte den Identitätsverlust nicht selten durch Ostalgie (die zumeist weniger einem Bedürfnis nach Wiederherstellung der SED-Diktatur entsprang als vielmehr einen spielerischen und ironischen Umgang mit dem Erbe der DDR-Gesellschaft darstellte). Im Herbst 1993 gaben bei einer Umfrage in den Neuen Bundesländern nur noch sechs Prozent der Befragten an, sie würden sich »wohl nie so richtig zurechtfinden« mit den neuen Lebensumständen.[299]

4.8.7 Hunderte Opfer der »Stasi-Hysterie«?

Rechtsanwalt Peter-Michael Diestel, im Jahr 1990 für wenige Monate letzter Innenminister der DDR, kritisierte in einem viel beachteten Interview im Jahr 2000 den Umgang mit den Akten des Ministeriums für Staatssicherheit: »Das Stasi-Syndrom – das haben meine Recherchen, wie auch die Gleichgesinnter ergeben – forderte inzwischen mehr Todesopfer als die Mauer. [...] Die knapp 300 Mauertoten sind 300 zu viel. Aber es sind inzwischen weitaus mehr, die durch die Stasi-Hysterie ihr Leben gelassen haben.«[300]

---

296 Wulf Kirsten/Rudolf Scholz/Michael Wüstefeld (Hg.), Gedenkminute für Manfred Streubel (1932–1992), Dresden 1993, S. 43.
297 Vgl. Manfred Streubel: Die Angst, die nicht weichen wollte, in: Jürgen Serke, zuhause im exil. Dichter, die eigenmächtig blieben in der DDR, München 1998, S. 130–161.
298 Vgl. Schrep, Sündenböcke, S. 65, 68.
299 Vgl. Müller, Identitätsprobleme.
300 »Ich fordere eine ›Salzgitter-Behörde‹ für ausgegrenzte Ossis«, Peter-Michael Diestel im ND-Interview über das Stasi-Unterlagengesetz, die Gauck-Behörde und andere Unmöglichkeiten, in: Neues Deutschland vom 27./28. Mai 2000, S. 3.

Die Gleichsetzung von Menschen, die an der Mauer gegen ihren Willen erschossen wurden, und Menschen, die für sich keine Zukunftsperspektive mehr sahen und ihr Leben durch eigene Hand beendeten, verwischt einen gravierenden Unterschied. Dennoch, und nur darum soll es im Folgenden gehen, legte Diestel mit seiner Äußerung auch den Finger in eine offene Wunde. Waren die Reaktionen auf Enthüllungen vermeintlicher IM-Tätigkeit immer angemessen? War es nicht tatsächlich zu Selbsttötungen gekommen? Diestel führte das Beispiel des Schweriner Schriftstellers Jürgen Borchert an, der sich wegen Stasi-Vorwürfen zehn Jahre nach der friedlichen Revolution das Leben genommen hatte. »Immer noch genügt es, jemanden, versehen mit dem Kürzel IM, ins Gerede zu bringen, um ihn, unabhängig von den Zusammenhängen und dem Grad seiner Verfehlung, in der öffentlichen Meinung Massenmördern oder Kriegsverbrechern gleichzustellen«, hieß es im zornigen Nachruf auf Borchert im ND.[301] Die mündlichen Berichte, die Borchert dem MfS gewährte, sind nach Einschätzung des MfS nicht sonderlich nützlich gewesen. Was Borchert zu seiner Verzweiflungstat motivierte, waren also wahrscheinlich keine Schuldgefühle. Es war die gesellschaftliche Ächtung, die unmittelbar nach Bekanntwerden der Vorwürfe einsetzte, und die »BILD« in der Titel-Schlagzeile am 10. März 2000 auf die Formel brachte: »Als Stasi-IM entlarvt – niemand grüßte ihn mehr«.

Der Tod des norddeutschen Schriftstellers war nicht der einzige Fall einer Selbsttötung im Zusammenhang mit der Offenlegung von Stasi-Mitarbeit. Der sächsische CDU-Landtagsabgeordnete Herbert Schicke nahm sich das Leben, einige Monate nachdem er 1991 wegen nachgewiesener IM-Tätigkeit von seiner Fraktion zum Rücktritt bewegt wurde.[302] In Berlin verbrannte sich ein 64-jähriger Mann vor seiner ehemaligen Arbeitsstelle, nachdem ihm wegen seiner Tätigkeit für das MfS gekündigt worden war.[303] Öffentlich bekannt wurde auch der Tod einer Weimarer Pädagogin, die sich im November 1993 das Leben nahm. Sie hatte die (schon länger zurückliegende) IM-Tätigkeit verschwiegen und sollte deshalb vor einer Kommission dazu Stellung nehmen.[304]

Heftige Reaktionen löste die Nachricht vom Suizid des Medizin-Professors Eckhard Ulrich am 17. Januar 1992 aus. In einem Nachruf auf den Halleschen Arzt und Schriftsteller brachte Friedrich Schorlemmer sein Entsetzen zum Ausdruck über den Verlust eines Menschen, der zu den Akteuren des friedlichen Umbruchs 1989 gehört und am Runden Tisch mitgearbeitet

301 Horst Matthies, Kollateralschaden der Eitelkeit, in: Neues Deutschland vom 14. März 2000, S. 9.
302 Auskunft von Erhard Weimann, Geschäftsführer der sächsischen CDU-Landtagsfraktion, Mai 2006.
303 Vgl. Hans-Jürgen Raatschen, Suizide durch Selbstverbrennung – eine rechtsmedizinische Auswertung Berliner Fälle 1990 bis 2000, Diss. Berlin 2002, S. 34.
304 Vgl. Schrep, Sündenböcke, S. 68, 71.

hatte und den Freunde als »geradlinig und aufsässig« charakterisierten: »Wo bleibt die Scham all derer, die aufgrund eines Gerüchtes nur, aufgrund von Munkeleien sich zurückgezogen haben, einen Menschen isoliert und eher einer Akte und geflüsterten Informationen geglaubt, denn einem Menschen vertraut haben. Sie kannten ihn doch!«[305] Eckhard Ulrich, der nie in die SED eingetreten war, »war immer ein Gegner des Regimes«, so die Lyrikerin Sarah Kirsch, die mit dem Arzt, der auch Gedichte schrieb, befreundet war. (Ein Text, den Ulrich während eines Aufenthalts in Poznań schrieb, wurde sogar zu einer Hymne der unabhängigen Gewerkschaft »Solidarność«.) Während seines Engagements zur Erneuerung der Universität erwarb sich der Mediziner (laut »BILD«) den Ruf eines »Stasi-Jägers«.

Vor dem Hintergrund dieser Biografie muss die Entdeckung der handschriftlichen IM-Erklärung des Arztes für seine Mitstreiter eine böse Überraschung gewesen sein, zumal Ulrich die Frage »Waren Sie Mitarbeiter der Staatssicherheit?« schriftlich mit »nein« beantwortet hatte. Das war eine wissentlich falsche Angabe. »All seine Gedichte zeigen, daß er seine Unterschrift nie vergessen hat«, urteilte Jürgen Serke, der einen Zusammenhang sah von Ulrichs Engagement im Herbst 1989 und der erpressten IM-Erklärung: »Selbst noch sein Kampf nach der Wende gegen diejenigen, die so profitabel vom System gelebt haben, hat sich allein aus jener Demütigung von 1973 gespeist.«

Der Arzt hat also durch seine Notlüge durchaus mit zu der prekären Situation beigetragen; andererseits war es aber auch verantwortungslos, dass ein Mitglied der Personalkommission die IM-Verpflichtung sofort öffentlich machte, ohne den Sachverhalt sorgfältig zu prüfen. Erst später stellte sich die schriftlich an die Ärztekammer gegebene Benachrichtigung, dass Eckhard Ulrich »über viele Jahre zweifelsfrei Mitarbeiter des Staatssicherheitsdienstes« gewesen sei, als voreilig und in dieser Form falsch heraus. Die IM-Akte von Ulrich, der vom MfS im Jahr 1973 mit Drohungen zur Mitarbeit gedrängt worden war, enthielt nur zwei Berichte, deren Informationsgehalt gering war. »Er macht nur Angaben zu solchen Sachverhalten und Gegebenheiten, die ohnehin schon bekannt sind«, schätzte das MfS enttäuscht ein und eröffnete, nachdem der IM sich dekonspiriert hatte, ein Jahr später einen operativen Vorgang gegen Ulrich mit dem Ziel der »Begrenzung der beruflichen Entwicklung des U.«.[306] Drei Jahre lang wurde der Mediziner vom MfS auf Schritt und Tritt verfolgt, sein Telefon abgehört etc. Erst elf Jahre nach seiner Habilitation durfte Ulrich Professor werden.

Das alles wurde aber erst einige Tage nach Ulrichs Tod bekannt, weshalb Friedrich Schorlemmers Einschätzung zuzustimmen ist, dass nicht das »Aktenerbe des ehemaligen MfS« per se unheilvoll wirkte, sondern der »fahr-

305 Friedrich Schorlemmer, An einer vergifteten Atmosphäre gestorben, in: F. Eckhard Ulrich, Ich habe aufgegeben dieses Land zu lieben, Halle 1992, S. 57–63, zit. 57.
306 Vgl. Eckhard Ulrich: Nach dem Überleben der Freitod, in: Serke, zu hause im exil, S. 242–267.

lässige Umgang« damit.[307] Statt differenzierter Information tauchte zum Beispiel am 11. November 1991 bei einer Promotionsfeier an einer Wandtafel der Spruch auf: »Ulrich war der Stasi-Mann.« Diese Denunziation kränkte den Mediziner so stark, dass es ihm die Sprache verschlug. Seine wenigen Versuche, sich zu erklären, schlugen fehl. So lehnte der Vorsitzende der Personalkommission mehrfache Bitten Prof. Ulrichs um ein persönliches Gespräch ab. Die Vorverurteilung wurde auch von bundesdeutschen Kollegen kritiklos übernommen, die Einladungen zu Kongressen nach Lübeck und München ohne Angabe von Gründen zurückzogen.

Angesichts der scheinbar übermächtigen Vorwürfe und der Unmöglichkeit, realistisch zu diskutieren, kapitulierte Professor Ulrich im Januar 1992: »Ich war kein Stasispitzel, aber das Warten auf Richtigkeit und Recht ist jetzt zu viel – zu schwer – zu lange«, schrieb er auf ein Blatt Papier, bevor er sich vergiftete. »Er hatte am Ende keine Kraft mehr«, schrieb die Magdeburger »Volksstimme«, »den Spießrutenlauf durchzustehen.«[308] Ulrichs Tod sei »kein Schuldbekenntnis, sondern Müdigkeit«, erklärte ein Kollege des Verstorbenen der Kriminalpolizei.[309]

Einen Monat später ereignete sich eine weitere Selbsttötung, die bundesweit für Aufsehen sorgte. Am 15. Februar 1992 erhängte sich der PDS-Bundestagsabgeordnete Prof. Gerhard Riege, nachdem bekannt geworden war, dass der Jurist als junger Wissenschaftler, zwischen 1954 und 1960, für das MfS tätig gewesen war. Riege selbst zeigte sich durch die Vorwürfe zunächst »erschüttert«, an eine Verpflichtungserklärung konnte er sich angeblich nicht erinnern. Seine eigene Partei machte ihm daraufhin den Vorwurf der »Unaufrichtigkeit«, sein Landesverband ging auf Distanz zu ihm. Am Tag vor seinem Tod fand in Erfurt ein Diskussionsabend statt, bei dem ihm die Genossen zwar generell das Vertrauen aussprachen, nichtsdestotrotz waren »in der Hitze der Diskussion Worte gefallen, die verletzen«.[310] So ist es wohl auch zu erklären, dass Gregor Gysi nach Rieges Tod selbstkritische Worte fand.[311]

Mit der Entdeckung der IM-Verpflichtungserklärung war auch Rieges Professorenstellung an der Universität Jena gefährdet. In seinem Abschiedsbrief verwies Riege aber zur Erklärung seiner Handlung vor allem auf traumatisierende Erfahrungen mit der bundesdeutschen Medienöffentlichkeit:

307 Schorlemmer, Atmosphäre, S. 61.
308 Selbstmord eines Professors: Er hielt der Stasi-Hysterie nicht länger stand, in: Volksstimme vom 30. Januar 1992, S. 3.
309 Staatsanwaltschaft Halle, 6 Js 671/92, Bl. 8.
310 Beschimpft, von der Uni gefeuert, in: Neues Deutschland vom 17. Februar 1992, S. 3.
311 Vgl. Politik ist hart, oft auch linke Politik, in: Neues Deutschland vom 19. Februar 1992, S. 1.

»Ich habe Angst vor der Öffentlichkeit, wie sie von den Medien geschaffen wird und gegen die ich mich nicht wehren kann. Ich habe Angst vor dem Haß, der mir im Bundestag entgegenschlägt aus Mündern und Augen und Haltungen von Leuten, die vielleicht nicht einmal ahnen, wie unmoralisch und erbarmungslos das System ist, dem sie sich verschrieben haben.«[312]

Die Vorwürfe Rieges waren, was die Umgangsformen im Bundestag anging, durchaus berechtigt. Im März 1991 war Riege während einer Rede Zielscheibe niveauloser Beschimpfungen durch einige Abgeordnete der CDU/CSU-Fraktion geworden. »Was man sich hier von so einem Stasi-Heini anhören muß!« – »Das ist ein Stasi-Bruder!« – »So ein Stasi-Bonze!« lauteten einige der Zwischenrufe, die wohlgemerkt zu einer Zeit erfolgten, als die Stasi-Tätigkeit von Riege noch nicht bekannt war, und somit vor allem das kommunikative Klima jener Tage belegen, das es schwer machte, eine objektive Aufarbeitung in Gang zu bringen. Und noch nach Rieges Tod behauptete ein CDU-Bundestagsabgeordneter im Fernsehinterview, Riege hätte »andere Leute auf die übelste Weise hintergangen und bespitzelt«.[313]
Tatsächlich hat Riege, wie seine schmale IM-Akte dokumentiert, zweimal bei Forschungsreisen in die Bundesrepublik Aufträge des MfS erfüllt. Zunächst sollte er westdeutsche Juristen benennen und charakterisieren, die der DDR wohlwollend oder zumindest interessiert gegenüberstanden. Bei einer zweiten Reise sollte er das Wohnumfeld eines das MfS interessierenden Bundesbürgers beschreiben. Dafür bezahlte ihm das MfS alle Reisespesen. Besonders gern scheint Riege die Aufträge nicht erfüllt zu haben; er versuchte vielmehr, ihnen auszuweichen. 1961 brach das MfS die Kontakte zu Riege ab, da der Einsatz im Westen wenig ergiebig gewesen war und der Mauerbau weitere Reisen verhinderte.
Zudem hat der promovierte Jurist über einige Kollegen Beurteilungen für das MfS geschrieben. Ob seine Berichte den Betreffenden geschadet haben, ist retrospektiv nicht mehr zu klären; viele der erwähnten Sachverhalte waren jedoch zuvor schon in Parteiversammlungen besprochen worden.[314]
Der Ansehensverlust durch die über drei Jahrzehnte zurückliegende MfS-Mitarbeit war zweifellos der Anlass für die Verzweiflungstat des 61-jährigen Jura-Professors, dahinter vermuteten Zeitgenossen aber einen allgemeineren Grund. »Den Untergang der DDR empfand er physisch sichtbar als persönliche Niederlage, wobei er durchaus verstand, woran dieser Staat gescheitert war«, schätzte ein ehemaliger Mitarbeiter Rieges ein. Obwohl der Jurist in der DDR unbequeme Fragen gestellt hatte, obwohl deshalb 1983 seine Wahl zum Rektor der Universität in Jena durch die SED-Be-

312 Jens Gerlach, Tod eines Kämpfers. In memoriam Prof. Dr. Gerhard Riege, Berlin 1992, S. 8.
313 Ebd., S. 26.
314 Vgl. BStU, MfS, AGI 7178/61, Bd. I und II.

zirksleitung verhindert worden war, verneinte er doch die Notwendigkeit neuer Strukturen und sprach dem »Neuen Forum« im Oktober 1989 die Existenzberechtigung ab. »Dieses Nicht-wahrhaben-können, das zugleich auch ein Aufbegehren gegen die sich im Oktober 1989 bereits anbahnende Unaufhaltsamkeit der Vorgänge war, [...] weist andeutungsweise auf einen Konflikt, den er nicht ausgehalten hat.«[315] Möglicherweise resultierte Rieges Tod also auch aus der Einsicht in das Scheitern der Utopie eines »besseren Sozialismus«, mit der er sich persönlich stark identifiziert hatte.

Gerhard Riege gilt heute in der Linkspartei/PDS als eine Art Märtyrer, und sein Tod wird vor allem von jenen, die sich als Reformer gegen die »Betonköpfe« des SED-Politbüros durchsetzten, als tragische Folge einer ungerechten, undifferenzierten und teilweise auch hasserfüllten Stigmatisierung der PDS als Partei der Ewiggestrigen angesehen. Dabei irritiert jedoch der Umstand, dass in keiner der Gedächtnisschriften eine Aufarbeitung der MfS-Mitarbeit Rieges erfolgte und man sich stattdessen regelrecht weigerte, sich mit diesem Vorwurf auseinanderzusetzen.[316]

Auch der Umgang mit der Erinnerung an die Selbsttötung des Halleschen Arztes Eckhard Ulrich erweckt teilweise den Verdacht unlauterer Instrumentalisierung. So wurde Ulrichs Tod von einigen Inoffiziellen Mitarbeitern des MfS in Halle, deren Namen »BILD« im Juli 1992 offengelegt hatte, mit der Veröffentlichung der IM-Listen in Verbindung gebracht; das geschah jedoch erst ein halbes Jahr nach Ulrichs Tod. Ein IM behauptete sogar, es hätte nach der Publikation von 4500 Klar- und Decknamen eine »Reihe von Selbstmorden [...] gerade hier in Halle« gegeben.[317] Die »Süddeutsche Zeitung«, die in dieser Richtung recherchierte, fand hingegen, die Veröffentlichung hätte zwar »hier und da zu persönlichen Tragödien geführt, keineswegs aber zu Selbstmord, Mord und Totschlag«.[318] Zehn Jahre danach bestätigte der Journalist Steffen Reichert dieses Urteil: »Kein Chaos, keine Gewalt, keine Toten.« Stattdessen hatten viele der einstigen IM – wieder oder immer noch – wichtige gesellschaftliche Positionen inne.[319]

Die angeführten Beispiele zeigen, dass sich die Polemik von Peter-Michael Diestel durchaus auf reale Tatsachen stützt, wenngleich Diestel die Zahl der

---

315 Ralf Lunkau, Nachdenken über meinen Hochschullehrer, in: Manfred Weissbecker (Hg.), Erinnerungen an Gerhard Riege. Gedächtnisschrift, Jena 1995, S. 60–63, zit. 63.
316 Vgl. Gerlach, Tod eines Kämpfers, S. 78.
317 Vgl. Maja Drechsler, Beichtstuhl ›BILD‹. Eine Anprangerung von Stasi-Mitarbeitern in Halle und ihre Folgen, Diplomarbeit München 2000, S. 152, 376, 414, zit. 203. (In stark gekürzter Form veröffentlicht: München 2004. Vgl. dort S. 102f.)
318 Albrecht Hinze, Die Stasi-Zuträger aus Halle, in: Süddeutsche Zeitung vom 8./9. August 1992, S. 12.
319 Vgl. Verein Zeit-Geschichte(n) (Hg.), Darf man das? Die Veröffentlichung von Stasi-Listen in Halle an der Saale im Sommer 1992 und die Folgen, Halle 2004, S. 38, 50.

Selbsttötungen wahrscheinlich überschätzt.[320] Andererseits ist jedoch auch nicht ausgeschlossen, dass weitere Selbsttötungen geschahen, ohne dass das wirkliche Motiv bekannt wurde. So nahm sich im Mai 1990 ein Mann das Leben, der als Reisekader Berichte für das MfS geschrieben hatte; von dieser in seinem Abschiedsbrief angedeuteten Tätigkeit für das MfS hatte er nicht einmal seiner Ehefrau erzählt.[321]

Auch ist zu berücksichtigen, dass Inoffizielle Mitarbeiter im Westen Selbsttötung begingen; so wurde im Mai 1995 der Tod des Berliner SPD-Politikers Bodo Thomas gemeldet. Thomas hatte durch seine Selbsttötung unmittelbar vor Beginn des Gerichtsprozesses die Klärung der gegen ihn erhobenen Vorwürfe wegen geheimdienstlicher Tätigkeit für das MfS verhindert.[322]

Zusammenfassend kann zu den Selbsttötungen ehemaliger Inoffizieller Mitarbeiter festgestellt werden, dass sich tatsächlich mehrere tragische Todesfälle ereignet haben. Tragisch vor allem deshalb, weil die MfS-Mitarbeit der Betreffenden von nur geringem Umfang war und eine Schädigung anderer Personen in keinem Fall nachgewiesen wurde. Tragisch auch deshalb, weil die Selbsttötungen zumeist von sensiblen Menschen begangen wurden, die noch in der Lage waren, Schuldgefühle zu entwickeln.

Im Vorfeld der Selbsttötungen von Gerhard Riege und Eckhard Ulrich erzeugten Gerüchte, Geheimniskrämerei und die Unmöglichkeit, die Schuldvorwürfe sofort nachzuprüfen und seriös zu bewerten, eine Verfolgungssituation, welche die Betroffenen nicht mehr aushalten zu können glaubten. Die Verzweiflungstaten ereigneten sich, bevor eine rückhaltlose und objektive Aufklärung der Stasi-Mitarbeit stattgefunden hatte. Insofern ist die Forderung Diestels unangemessen, mit Verweis auf diese Todesfälle die Beendigung der Einsichtmöglichkeiten in MfS-Akten zu fordern. Was nottut, ist vielmehr ein sachgerechter Umgang mit dem Aktenbestand des MfS.

4.8.8 Ausblick: Weniger Verzweiflung im wiedervereinigten Deutschland?

In eklatantem Widerspruch zu dem in den Medien strapazierten Stereotyp der »ständig steigenden Selbstmordzahlen« ereignete sich in Deutschland, lange unbemerkt, das Gegenteil: Bis zum Ende des 20. Jahrhunderts sank die Selbsttötungsrate im wiedervereinigten Deutschland auf die Hälfte ab. Das ist, nach der zuvor über 100 Jahre verzeichneten relativen Konstanz der

---

320 Andererseits ist wohl auch die Vergleichszahl der Mauertoten zu hoch. Vgl. Studie hält 125 Tote an der Mauer für erwiesen, in: Berliner Zeitung vom 9. August 2006, S. 28.
321 Vgl. Wanitschke, Methoden und Menschenbild, S. 174.
322 Vgl. Früherer SPD-Politiker unter Stasi-Verdacht verübte Selbstmord, in: Tageszeitung vom 12. Mai 1995, S. 22.

Selbsttötungsraten, ein auch von Experten nicht erwartetes Ereignis, das bisher noch nicht überzeugend interpretiert werden konnte.[323] Da zur gleichen Zeit Ehescheidungen häufiger wurden,[324] kann eine der klassischen »Säulen« von Durkheims soziologischer Selbsttötungstheorie nicht länger als Erklärung dienen. Offenbar haben sich die Prozesse im Umfeld von Ehescheidungen dahingehend verändert, dass solche Ereignisse immer seltener in Selbsttötungen enden. Auch diese Veränderung hat eine globale Dimension. So wies eine Studie für den Zeitraum 1950 bis 2000 in zahlreichen Staaten eine Lockerung der statistischen Korrelierbarkeit von Ehescheidungshäufigkeit und Selbsttötungsrate nach.[325]

Seit den 1980er Jahren sanken die Selbsttötungsraten nicht nur in beiden Teilen Deutschlands, sie glichen sich auch einander an. Das stärkere Absinken in den Neuen Bundesländern könnte als Indiz für einen positiven Einfluss der Einführung bundesdeutscher Verhältnisse interpretiert werden, kann aber auch lediglich als Folge des »Aussterbens« jener Generationen angesehen werden, die zu den großen Differenzen zwischen Ost- und Westdeutschland seit dem 19. Jahrhundert beigetragen hatten. Versuchen, das Absinken der Selbsttötungsraten als Erfolg der Wiedervereinigung zu interpretieren oder gar eine gestiegene »Happiness« daraus abzulesen,[326] muss zudem entgegengehalten werden, dass der Rückgang der Selbsttötungsraten nicht erst 1989/90, sondern bereits ein Jahrzehnt zuvor begann. Das Absinken der Selbsttötungsraten in Deutschland erscheint darüber hinaus – vor allem, wenn man die Entwicklung in anderen mitteleuropäischen Ländern, in denen es 1990 keinen gesellschaftlichen Umbruch gab, betrachtet – als Teil einer Entwicklung, die nur schwer mit kurzfristigen politischen und ökonomischen Veränderungen oder religiösen Prägungen in Verbindung gebracht werden kann.

Möglich ist, dass es sich hierbei um die absteigende Phase einer langfristigen Oszillation der Selbsttötungsraten handelt.[327] Möglich ist aber auch,

---

323 Bemerkenswert ist, dass nahezu alle Suizidforscher Ende der 1980er Jahre eine Zunahme der Selbsttötungen voraussagten. Vgl. Herbert E. Colla, Suizid, in: Hanns Eyferth u.a. (Hg.), Handbuch zur Sozialarbeit/Sozialpädagogik, Neuwied–Darmstadt 1987, S. 1160–1179, hier 1165; Schmidtke, Suizid- und Suizidversuchshäufigkeit, S. 274; K[urt] Weis, Taking Chances. On the Joys and Dangers of Calculated Risks for the Individual and Society, in: Klaus Böhme u.a. (Hg.), Suicidal Behaviour, Regensburg 1993, S. 455–468, hier 464. »Eine deutliche und dauerhafte Senkung der Selbstmordraten« erwartete hingegen der Soziologe Volker Bornschier. Vgl. Bornschier, Westliche Gesellschaft, S. 186.
324 Vgl. Johannes Kopp, Scheidung in der Bundesrepublik, Wiesbaden 1994; Jürgen Cromm, Familienbildung in Deutschland, Opladen 1998; Wolfgang Zapf/Steffen Mau, Zwischen Schock und Anpassung. Ostdeutsche Familienbildung im Übergang, in: Informationsdienst Soziale Indikatoren, Ausgabe 20, Juli 1998, S. 1–4; sowie Zahlen des Statistischen Bundesamtes (www.destatis.de) vom 28. Februar 2005.
325 Vgl. Bieri, Suizid und sozialer Wandel, S. 252.
326 Vgl. Thomas Bulmahn, Modernity and Happiness, in: Journal of Happiness Studies 1 (2000), S. 375–400.
327 Vgl. Bobach, Selbstmord, S. 57–60.

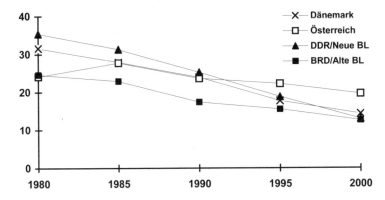

Abb. 22: Entwicklung der Selbsttötungsraten in Deutschland, Österreich und Dänemark 1980 bis 2000.[328]

dass sich im Spektrum destruktiver Verhaltensweisen Veränderungen vollzogen haben, so dass im 21. Jahrhundert eine größere Zahl von Todesfällen nicht mehr mit der konventionellen Selbsttötungs-Definition (mit den Determinanten knapper Zeithorizont, gewaltsame Tat und nachweisbare Todesintention des Suizidenten) erfasst werden, weil in bedeutendem Umfang langfristigere Wege der Selbstvernichtung eingeschlagen werden.

Es gibt tatsächlich empirische Anhaltspunkte dafür, dass der Rückgang der Selbsttötungsraten teilweise die Folge einer Dehnung des Zeithorizonts selbstzerstörerischer Handlungen ist. So hat in den 1990er Jahren die Häufigkeit der Todesfälle durch Drogen- und insbesondere durch Alkoholmissbrauch stark zugenommen.[329] Während die durch Alkoholmissbrauch bedingte Sterblichkeit in den 1980er Jahren bei den Männern in der DDR und der Bundesrepublik nahezu gleich häufig war (bei den Frauen lag sie in der DDR etwas niedriger), kam es nach 1990 in allen Neuen Bundesländern zu einem dramatischen Anstieg (vgl. Abb. 29).

Zeitgleich zum Sinken der Selbsttötungsraten etablierte sich in den 1990er Jahren mit der Zunahme des Alkoholismus, der als »partielle Suicidhandlung« bezeichnet werden kann, eine alternative Verhaltensweise, und das in beträchtlichem Ausmaß.[330] Im Jahr 1995 starben in den Neuen Bundesländern 4278 Menschen an »chronischer Leberkrankheit und -zirrhose«, im gleichen Jahr wurden 2956 Selbsttötungen registriert.

328 Zahlenmaterial: Weltgesundheitsorganisation (www.who.int/mental_health/prevention/suicide/country_reports/en/).
329 In Thüringen beispielsweise sank die Suizidziffer innerhalb eines Jahrzehnts von 30,8 (1983–1986) auf 18,5 (1993–1996), gleichzeitig stieg die entsprechende Sterbeziffer der an Alkoholismus Verstorbenen. Vgl. Straub, Suizide in Thüringen, S. 89.
330 Charles Zwingmann, Selbstvernichtung, Frankfurt/M. 1965, S. XXI.

Muss hier ein neuer Trend konstatiert werden, weg von den schnellen, radikalen Lösungen, hin zu langfristigeren Formen der Selbstzerstörung? Es scheint so. »Wenn es mit der Postmoderne weniger klare Konzepte des gelingenden Lebens gibt, ist es auch schwieriger, ein ›Scheitern‹ zu konstatieren. Möglicherweise werden oder wurden eben auch auf der individuellen Ebene nicht nur das Glück weniger eindeutig, sondern genauso das Unglück bzw. die Ausweglosigkeit.«[331]

Das Sinken der Selbsttötungsrate auf die Hälfte bei gleichzeitigem Anstieg der durch Alkoholmissbrauch bedingten Sterblichkeit auf das Doppelte wäre somit in der Tat ein Maß für soziale Prozesse, für einen partiellen Stilwechsel des Scheiterns, weg vom harten Scheitern der Selbsttötung, hin zum weichen Scheitern des Drogenrausches.[332]

Es ist jedoch nicht ausgeschlossen, dass unabhängig davon auch die Zahl der nicht erkannten Selbsttötungen durch die sinkende Obduktionsfrequenz zugenommen hat. Eine in 23 rechtsmedizinischen Instituten durchgeführte Studie wies im Jahr 1997 nach, dass vor allem Arzneimittel- und Kohlenmonoxid-Vergiftungen in größerem Umfang unerkannt geblieben sind. Es wurde geschätzt, dass deutschlandweit pro Jahr bis zu 11 000 unnatürliche Todesfälle, darunter viele Selbsttötungen, nicht als solche ausgewiesen werden.[333]

331 Susanne Timm, Mail an den Autor vom 21. Februar 2005.
332 Zu berücksichtigen ist hier auch ein Ungleichgewicht in der Art der Drogen. Im Zeitraum 1991–1995 wurden in den Alten Bundesländern und Berlin 9.151 Rauschgifttote registriert, in den Neuen Bundesländern waren es insgesamt lediglich 21. Die ausgesprochen zeitverzögerte »Ankunft« der harten Drogen auf dem Gebiet der Ex-DDR könnte somit auch eine Teilerklärung sein für die nur allmähliche Angleichung der Selbsttötungsraten in Ost und West in den 1990er Jahren.
333 Vgl. Dominik Groß, Sektionen in Deutschland: Historische Wurzeln, gegenwärtiger Stellenwert und aktuelle ethische Probleme, in: Ethik in der Medizin 11 (1999) 3, S. 169–181, hier 170.

4.9 Zusätzliche Abbildungen und Tabellen zu Teil I

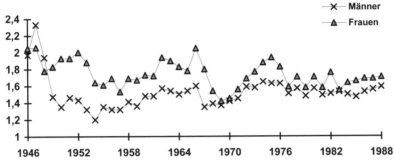

Abb. 23: Relation der Selbsttötungsraten auf dem Gebiet der SBZ/DDR zu den Selbsttötungsraten der Westzonen/Bundesrepublik für die Jahre 1946 bis 1988.[334]

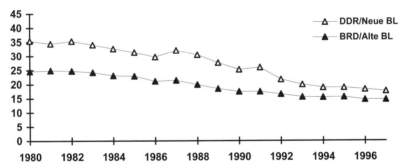

Abb. 24: Selbsttötungsraten in beiden Teilen Deutschlands in den Jahren 1980 bis 1997.[335]

334 Zahlen für die DDR aus: Leonhardt/Matthesius, Zu suizidalen Handlungen, TabellenAnhang 4a; Felber/Winiecki, Material. Zahlen für die Bundesrepublik aus: Schmidtke, Entwicklung der Suizid- und Suizidversuchshäufigkeit, S. 277 sowie Statistisches Bundesamt (www.gbe-bund.de).
335 Zahlen vom Statistischen Bundesamt (www.gbe-bund.de).

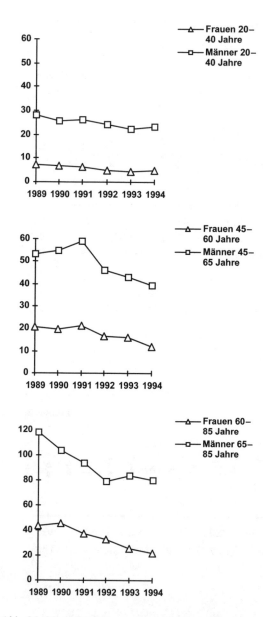

Abb. 25–27: Selbsttötungsraten in Ostdeutschland in
verschiedenen Altersgruppen während
des Umbruchs 1989 bis 1994.[336]

336 Zahlen: ebd.

262

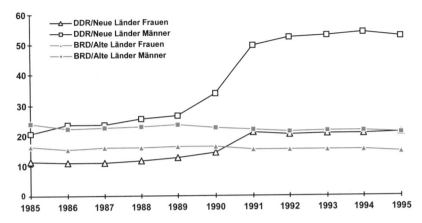

Abb. 28: Alkoholbedingte Sterblichkeitsziffer in Ost- und Westdeutschland vor und nach der Wiedervereinigung.[337]

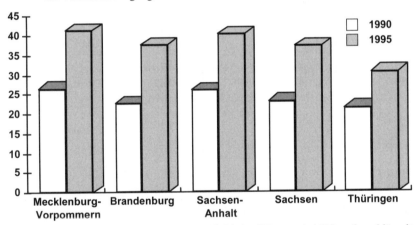

Abb. 29: Anstieg der alkoholbedingten Sterblichkeitsziffern nach 1990, aufgeschlüsselt nach Bundesländern.[338]

337 Die Sterblichkeitsziffer entspricht, analog zur Selbsttötungsrate, der Zahl der an der angegebenen Todesursache Verstorbenen pro 100 000 Personen pro Jahr. Verwendet wurden Angaben des Statistischen Bundesamtes Wiesbaden zur Todesursache »Chronische Leberkrankheit und -zirrhose«, ICD 571 (www.gbe-bund.de). Zusätzlich wäre noch die Sterbeziffer der, oft als Spätfolge von Alkoholmissbrauch, an Leberzellkarzinom Verstorbenen zu berücksichtigen. Sie stieg in Ost und West an, auf dem Gebiet der Neuen Bundesländer von 4,8 (1985) auf 6,5 (1995), im Altbundesgebiet von 4,7 (1985) auf 5,9 (1995). Wegen der relativ geringen Anzahl würde sie jedoch die grafische Darstellung nicht wesentlich beeinflussen.
338 Verwendet wurden Angaben des Statistischen Bundesamtes Wiesbaden zur Todesursache »Chronische Leberkrankheit und -zirrhose«, ICD 571, für beide Geschlechter (www.gbe-bund.de).

Jahr	Zahl der Inhaftierten[339]	Selbsttötungen[340]	davon in U-Haft	Suizidrate	Suizidversuche[341]	Quelle
1959	35 150	29		82,5	41	MdI
1960	32 639	27 (26)	23	82,7	28 (28)	MdI (eigene Zählung), in Klammern MdI
1961	27 994	22 (22)	16	78,6	21 (21)	MdI (eigene Zählung), in Klammern MdI
1962	31 565	25 (22)	11	79,2	25 (23)	MdI (eigene Zählung), in Klammern MdI
1963	23 270	17 (17)	9	73,1	16 (17)	MdI (eigene Zählung), in Klammern MdI
1964		6			14	MdI (unvollständig)
1972	18 261	6	4	32,9	48	MdI
1973	42 716	9 (9)	7	21,1	5 (10)	MdI, in Klammern MfS[342]
1974	48 005	8 (7)	5	16,7	5 (10)	MdI, in Klammern MfS
1975	45 013	10 (10)	4	22,2	6 (13)	MdI, in Klammern MfS
1976	38 005	10	4	26,3	9	MdI
1977	28 771	9	3	31,3	12 (23)	MdI, in Klammern MfS
1978	31 349	18 (19)	2	60,6	12	MdI, in Klammern MfS
1979	20 468	7	2	34,2	7	MdI
1980	35 591	16	2	45,0	10	MdI
1981	35 968	8		22,2	13	MdI
1982	35 296	13	4	36,8	10	MdI
1983	34 067	7	2	20,5	8	MdI
1984	32 667	11	3	33,7	10	MdI
1985	28 632	11	3	38,4	1	MdI
1986	28 038	10	1	35,7	6	MdI
1987	28 360	6		21,2	2	MdI
1988	23 959	7	2	29,2	6	MdI
1989	27 171	8	3	29,4	12	MdI

Tab. 17: Häufigkeit von Suiziden und Suizidversuchen in Gefängnissen des MdI.

---

339 Zahlen aus: Bastian/Neubert, Schamlos ausgebeutet, S. 35 (Durchschnittsbelegung der Jahre 1959–1963 und 1977–1987) sowie Werkentin, Politische Strafjustiz, S. 378.
340 Zahlen der Verwaltung Strafvollzug, in: BArch Berlin, DO 1, 3356, 3357, 3358, 3359, 3768, n. pag.
341 Gemeldet wurden nur Suizidversuche mit schweren Verletzungen, also eigentlich missglückte oder verhinderte Selbsttötungen.
342 Vgl. BStU, MfS, HA VII/8, ZMA 610/78, Bl. 1–22.

Ursachen von Selbsttötungen in der DDR – Ergebnisse des I. Teils

Verwendet man die durch kritische Erschließung statistischen Materials gewonnenen Selbsttötungsraten als »Prüfsteine« für den »Wahrheitsgehalt« zeitgenössischer Selbsttötungs-Diskurse, dann zeigen sich erhebliche Diskrepanzen zwischen der Wertigkeit, die bestimmten Einzelfällen beigemessen wurde, und der tatsächlichen Höhe der Selbsttötungsraten. Beispielsweise erscheint die Schätzung eines Opferverbandes von »50 000 in den politisch motivierten Suizid Getriebenen« als unrealistisch und stark übertrieben.[343]

Ein derart massiver Einfluss politisch-gesellschaftlicher Rahmenbedingungen auf die Selbsttötungsrate der SBZ/DDR konnte nur ein einziges Mal festgestellt werden: Zu Kriegsende im April/Mai 1945 ereignete sich in den von sowjetischen Truppen befreiten Gebieten Deutschlands eine Selbsttötungswelle katastrophalen Ausmaßes.

Für die folgenden Jahrzehnte hingegen ist ein Einfluss DDR-spezifischer politischer und gesellschaftlicher Faktoren auf die Selbsttötungshäufigkeit kaum nachweisbar. In der Terminologie Durkheims heißt das, dass die (vor allem durch die Intensität der sozialen Integration bedingten) »egoistischen bzw. altruistischen Selbstmorde« sich relativ unabhängig von den politischen Rahmenbedingungen der DDR-Gesellschaft ereigneten.

Zwar gab es zwischen der Bundesrepublik und der DDR einen deutlichen Unterschied in der Höhe der Selbsttötungsraten, der nicht auf die möglicherweise gründlichere gerichtsmedizinische Untersuchung von Selbsttötungen in der DDR rückführbar ist. Die im Vergleich zur Bundesrepublik anderthalbmal so hohe Selbsttötungsrate der DDR ist aber nicht auf politische Faktoren rückführbar, da auf dem Gebiet der DDR nachweislich schon seit dem Ende des 19. Jahrhunderts deutlich höhere Selbsttötungsraten registriert wurden als auf dem Territorium, das später die »alte« Bundesrepublik bildete.

Die Hauptursache hierfür ist in langfristigen mentalen Prägungen zu suchen, wobei die protestantische Tradition in den Gebieten, welche die DDR bildeten, eine wesentliche Rolle gespielt hat. Bereits seit dem Beginn der Erstellung von Moralstatistiken im 19. Jahrhundert ist bekannt, dass die Selbsttötungsraten in katholisch geprägten Gebieten niedriger sind als in

---

343 Vgl. Help e.V., Presseerklärung vom 17. Januar 2002 (www.help-e-v.de).

protestantischen Regionen. Dieser Unterschied kann auf eine stärkere suizidpräventive Wirkung der katholischen Konfession, teilweise aber auch auf häufigere Verschleierungen der Todesursache in katholischen Gegenden zurückgeführt werden. Dass er auch in der zunehmend säkularisierten DDR Bestand hatte, kann mit der Erkenntnis der medizinischen Suizidforschung, dass frühkindliche Prägungen späteres Suizidverhalten stärker beeinflussen als aktuelle kritische Lebensereignisse, erklärt werden. Diese Erklärung wird auch gestützt durch den Verlauf der Selbsttötungsraten der Jugendlichen, welche sich bereits seit den 1970er Jahren in Ost- und Westdeutschland einander anglichen.

Bei der Sondierung von Teilbereichen der DDR-Gesellschaft zeigte sich, dass in der großen Zahl der jährlich etwa 5000 bis 6000 Selbsttötungen keine gegenläufigen Trends »versteckt« waren. Die Selbsttötungsrate in der Nationalen Volksarmee erwies sich (abgesehen von einer schwer zu deutenden Schwankung Ende der 1950er Jahre) als nahezu identisch mit der Selbsttötungsrate der Zivilbevölkerung. Die Wehrpflicht kommt als Grund für eine erhöhte Selbsttötungsrate nicht in Frage, was eine Aufschlüsselung der Selbsttötungshäufigkeit nach der Dienststellung nochmals unterstrichen hat; während sich bei den Berufsunteroffizieren teilweise erhöhte Werte nachweisen ließen, lagen die Selbsttötungsraten der Wehrdienstleistenden in der NVA nicht über den Selbsttötungsraten der vergleichbaren Altersgruppe der männlichen Zivilbevölkerung. Auch in den Grenztruppen war, entgegen vorhandener Mutmaßungen, keine erhöhte Selbsttötungsrate nachweisbar.

Die angesichts der relativ häufigen Selbsttötungen von SED-Politikern eigentlich naheliegende Vermutung, dass die Selbsttötungsrate in der SED erhöht gewesen sein könnte, bestätigte sich ebenfalls nicht. Stichproben stimmten vielmehr darin überein, dass sich im Vergleich zum Bevölkerungsdurchschnitt sogar relativ wenige Suizide in der SED ereigneten.

Und selbst dort, wo man Auswirkungen staatlicher Repressionen am ehesten vermuten würde, in den Gefängnissen, war keine durchgängig erhöhte Selbsttötungsrate nachweisbar. Im Gegenteil: Die Selbsttötungsrate sank in den DDR-Gefängnissen im Verlauf der 1960er Jahre ab. Vergleiche zur Bundesrepublik zeigen, dass die Selbsttötungsraten in bundesdeutschen Gefängnissen in den 1970er und 1980er Jahren um mehr als das Dreifache höher waren.

Das Beispiel der »totalen Institution« Gefängnis zeigt, dass selbst dann, wenn Verzweiflung und Suizidgedanken massiv auftraten (was in den DDR-Gefängnissen der Fall war), eine Suizidprävention »um jeden Preis« zu einer letztlich niedrigen Todesrate führen konnte.

Bei den Sondierungen ließ sich eine Bevölkerungsgruppe herausarbeiten, deren Selbsttötungsrate in der DDR sehr hoch ausfiel; das waren die älteren Menschen. In der DDR war jeder zweite an Suizid Verstorbene im Rentenalter, in der Bundesrepublik lediglich jeder dritte. Allerdings handelte es sich bei diesem Ost-West-Unterschied ebenfalls um eine langfristige regionale »Tradition«. Demgegenüber könnten DDR-spezifische Einflüsse, wenn überhaupt, vor allem im Bereich der Jugendlichen bis in die 1960er Jahre hinein eine Rolle gespielt haben (siehe unten). Bei der nicht exakt nachweisbaren, aber in Stichproben sehr hoch erscheinenden Selbsttötungsrate in Jugendwerkhöfen scheint es sich hingegen um ein komplexes Phänomen gehandelt zu haben, das vor allem eine Folge der Akkumulation suizidgefährdeter Jugendlicher in den Werkhöfen war – wobei jedoch der Umgang mit den Jugendlichen suizidale Konfliktlagen verschärft und in Einzelfällen auch erst erzeugt hat.

Nimmt man die Entwicklung der Selbsttötungsrate als Maß für die Intensität politischer Repression, dann scheinen sich Bezeichnungen wie »kommode Diktatur« (Grass) zu bestätigen. Spezifische, durch die SED-Diktatur erzeugte Lebensschwierigkeiten und eine politisch bedingte Einengung von Handlungsspielräumen der Individuen haben offenbar nur in Einzelfällen zu Selbsttötungen geführt. »Nur in Einzelfällen« heißt aber zugleich: Es hat politisch motivierte Verzweiflungstaten gegeben. Die SED-Diktatur hat Konfliktfelder erzeugt und suizidale Entwicklungen ausgelöst bzw. verschärft. Wichtigster permanenter Konfliktbereich war die Ausreise- und Republikfluchtproblematik. Aber auch im Umfeld der SED-Führung ereigneten sich zahlreiche Selbsttötungen; so nahmen sich mit Apel und Ziller zwei führende Wirtschaftsfunktionäre im Zusammenhang mit politischen Auseinandersetzungen das Leben. Insgesamt scheinen politisch motivierte Selbsttötungen in der DDR erheblich häufiger gewesen zu sein als in der Bundesrepublik.[344] Beachtet werden muss auch, dass viele DDR-Bürger, die unter offenen Repressionen oder versteckten Zersetzungsmaßnahmen litten, einen Ausreiseantrag stellten und in die Bundesrepublik übersiedelten. Die Ausreise könnte auch ein Grund dafür gewesen sein, dass sich die politische Repression in der Regel nicht in der Selbsttötungsrate der DDR widerspiegelte.

Zudem scheint der Einfluss von Repressionen, zumindest temporär und begrenzt auf bestimmte Sektoren bzw. Altersgruppen der DDR-Gesellschaft, auch relativ massiv gewesen zu sein. Diese Selbsttötungen entsprechen in der Terminologie Durkheims dem Auftreten von »anomischen bzw. fatalistischen Selbstmorden«. Hierzu zählen die Selbsttötungen von bedrängten

---

344 Was nicht heißt, dass sich nicht auch in der Bundesrepublik Selbsttötungen von Politikern bzw. aus politischen Motiven heraus ereigneten. Dazu gehörten die Selbsttötung des Euthanasie-Arztes Dr. Sawade (1964), des schleswig-holsteinischen Kultusministers Edo Osterloh (1964), der KZ-Aufseherin Ilse Koch (1967), des BND-Generals Horst Wendland und des Flotten-Admirals Hermann Lüdke (1968), die Selbsttötungen von RAF-Häftlingen (1976), die Selbstverbrennungen von Hartmut Gründler (1977) und Dietrich Stumpf (1982) sowie der mutmaßliche Suizid des CDU-Politikers Uwe Barschel (1987).

Bauern während der Zwangskollektivierung im Frühjahr 1960, die sich auf die Höhe der Selbsttötungsrate auswirkten (wenn auch nur geringfügig). Nicht so eindeutig war der Zusammenhang zwischen dem Mauerbau und dem Anstieg der Selbsttötungsrate, aber es gibt zumindest Indizien für einen Zusammenhang, vor allem bei Jugendlichen. So stieg nach 1961, als in der DDR nachweisbar verstärkte politische Repressionen einsetzten, die Selbsttötungsrate der männlichen Jugendlichen in der DDR sprunghaft an.

Als Ausdruck von Anomie kann auch das kurzzeitige Ansteigen der Selbsttötungsrate in den Neuen Bundesländern im Jahr 1991, das vor allem in der Altersgruppe der 45- bis 65-Jährigen zu beobachten war, beschrieben werden. Während die Selbsttötungsrate im letzten Jahr der DDR, obgleich sich 1989/90 mehrere hohe SED-Funktionäre und MfS-Generäle das Leben nahmen, ausgesprochen niedrig war, stieg sie 1991, parallel zum Anstieg der Arbeitslosenrate in den Neuen Bundesländern, kurzzeitig an. Für die Selbsttötungen in den Jahren 1991/92 spielten zudem auch Auseinandersetzungen um eine inoffizielle MfS-Mitarbeit eine Rolle, ebenso wie teilweise die Enttäuschung über die politische Entwicklung nach 1990 ein Motiv darstellte.

Insgesamt war in der DDR der Zusammenhang zwischen gesellschaftlichen Umbrüchen und dem Ansteigen der Selbsttötungsraten nur schwach ausgeprägt.

In der Ära Honecker schwand der Einfluss repressiver Politik auf die Höhe der Selbsttötungsrate nahezu gänzlich. Während bei den älteren Generationen noch bis in die 1980er Jahre deutliche West-Ost-Unterschiede bestanden, lagen die Selbsttötungsraten der Jugendlichen schon seit Anfang der 1970er Jahre nahe beieinander. Das Absinken der Selbsttötungsraten stellte jedoch kein Verdienst der 1971 auf dem VIII. Parteitag der SED verkündeten »Einheit von Wirtschafts- und Sozialpolitik« dar, ebenso wie es falsch wäre, die zwischen 1985 und 2005 erfolgte Halbierung der Selbsttötungsrate als Erfolg der »friedlichen Revolution« 1989/90 zu verbuchen. Das Absinken der Selbsttötungsraten in Ost- und Westdeutschland muss vielmehr als Ausdruck langfristiger mentaler Prägungen und als Teil einer weltweiten Oszillation der Selbsttötungsraten in größere Zusammenhänge eingeordnet werden.

II

Zwischen Tabu und Fürsorge.
Zum Umgang mit Selbsttötungen in der DDR

Suizidales Handeln wurde in der westeuropäisch-christlichen Kultur seit Jahrhunderten tabuisiert.[1] Ziel der Tabuisierung war es ganz allgemein, »die Bedrohung, die vom Suizid ausgeht, von der umgebenden Gemeinschaft fernzuhalten«. Dazu dienten Deutungsvorgänge ebenso wie bestimmte Handlungen und Strategien, »die einen gefahrloseren oder zumindest kalkulierbareren Umgang mit dieser Handlung ermöglichen« sollten.[2] Das Tabu umfasste so verschiedene Aspekte wie das theologisch begründete Verbot, sich das Leben zu nehmen, daraus abgeleitete strafrechtliche Sanktionen sowie diskriminierende Beerdigungspraktiken für »Selbstmörder«, das Gebot, nicht über Suizidalität zu sprechen, und ein Meidungsverhalten gegenüber Angehörigen. Hinter diesen Konventionen standen tief sitzende menschliche Ur-Ängste, neben sozialen Ängsten vor der Bedrohung des Gemeinwesens auch die individuelle Angst vor dem Tod, die durch Begegnung mit Suizidalität aktiviert werden kann.[3]

Im christlichen Europa wies die Tabuisierung eine komplexe Struktur auf; das auf unreflektierten Ängsten basierende Meidungsverhalten wurde durch die Verdammung der Selbsttötung als »Todsünde« und durch dementsprechende Praktiken wie das christliche Bestattungsverbot überformt und verstärkt. In der DDR war die Tabuisierung von Selbsttötungen ebenfalls mehrschichtig: Das der europäischen Kultur »immanente« Suizid-Tabu wurde, nach einer These der Psychiater Werner Felber und Ehrig Lange, in der säkularisierten SED-Diktatur durch ein »diktiertes Tabu, welches von einer verunsicherten Macht und ihrem Verhältnis zu einer Ideologie« ausging, zusätzlich verschärft.[4] Diese These bildet den Ausgangspunkt der folgenden Darlegungen.

---

1 Tabu bedeutet hier ein Meidungsgebot, bestimmte Dinge anzurühren bzw. darüber zu sprechen. Vgl. Meyers Enzyklopädisches Lexikon, Mannheim u.a. 1978, Bd. 23, S. 146.
2 Matthias Grünwald, Der Suizid im Spiegel von Bestattungsritualen, in: Hans-Peter Balz/Pascal Mösli (Hg.), Suizid …? Aus dem Schatten eines Tabus, Zürich 2003, S. 49–56, zit. 53.
3 Vgl. z.B. Hermann Pohlmeier, Sozialpsychiatrische Betrachtung der Selbstmordhandlung, in: Klaus-Peter Jörns (Hg.), Zum Problem des Selbstmords (= Sonderdruck aus: Wege zum Menschen 26 (1974) 5/6), Tübingen 1974, S. 188–195, hier 194.
4 Werner Felber/Ehrig Lange, Der restriktive Umgang mit dem Suizidphänomen im totalitären System, in: »Pro et contra tempora praeterita« (Schriftenreihe der Medizinischen Akademie Dresden, Bd. 27), Dresden 1993, S. 140–145, zit. 141.

Einerseits werden DDR-typische ideologische und moralische Bewertungen sowie die Praktiken des Verschweigens herausgearbeitet, und es wird die Rolle des politischen Protestpotenzials suizidaler Handlungen unter den Bedingungen der SED-Diktatur erörtert. Anderseits wird dargestellt, dass es nicht nur Verschärfungen, sondern auch Lockerungen des Tabus gegeben hat, die vor allem von Medizinern und von Schriftstellern ausgingen.

5 Suizidalität als ethisch-moralisches Problem

5.1 Selbsttötungen als Herausforderung für die marxistisch-leninistische Theorie

Äußerungen zum Tod waren in der marxistisch-leninistischen Fachliteratur der DDR ausgesprochen selten. »Der Tod wird aus dem Leben verbannt. Wenn er eintritt, wird er als Naturereignis gewertet, meist dann verdrängt und nicht selten auf allerlei Weise weggeschminkt. Was bleibt bei den Lebenden zur Disposition: heroische Haltung oder hemmungslose Traurigkeit.«[1] Gegenüber solcher Kritik (hier von einem westdeutschen Theologen) bemühten sich die marxistisch-leninistischen Gesellschaftswissenschaftler (in der DDR »MLer« genannt), ihre Schwachstelle als Stärke darzustellen: »Nicht das Problem des Todes, sondern die Erhaltung des Lebens steht im Vordergrund der marxistischen Weltanschauung«,[2] lautete eine gängige Rechtfertigung. Ein Gesellschaftswissenschaftler zitierte dazu 1964 die Äußerung eines jungen Arbeiters, »man müsse viel über den Sinn des Lebens nachdenken, nicht aber über den Sinn des Todes. Das halte von der Arbeit ab, die gerade beim umfassenden Aufbau des Sozialismus und im Kampf für den Frieden nötig sei.«[3] Der »historische Optimismus« der »MLer« wurde von der Erwartung getragen, dass »das Tragische im menschlichen Leben historisch überwunden wird«.[4] Kehrseite der Verdrängung von Tragik und Todesangst war insbesondere in den 1950er und 1960er Jahren eine teilweise groteske Überschätzung der Möglichkeiten der medizinischen Lebensverlängerung.[5]

Erst im letzten Jahrzehnt der DDR befassten sich marxistisch-leninistische Theoretiker verstärkt mit Themen wie »Sterbehilfe« oder »Todes-

---

1 Herbert Breit, Die Sinndeutung des Todes im Alten Testament und bei Karl Marx, in: Rainer Albertz u.a. (Hg.), Werden und Wirken des Alten Testaments. Festschrift für Claus Westermann zum 70. Geburtstag, Göttingen–Neukirchen/Vluyn 1980, S. 460–470, zit. 470.
2 Vgl. Gerald Frankenhäuser, Die Auffassungen von Tod und Unsterblichkeit in der klassischen deutschen Philosophie als eine theoretische Quelle zur philosophischen Begründung einer Thanatologie aus marxistischer Sicht, Diss. B Halle 1988.
3 Wolfgang Eichhorn I, Von der Entwicklung des sozialistischen Menschen, Berlin 1964, S. 75.
4 T[eodor] I[ljitsch] Oiserman, Die Entfremdung als historische Kategorie, Berlin 1965, S. 120.
5 »Der Mensch soll 200 Jahre leben. Physiologisch ist das möglich. Diese praktische Aufgabe sollen die Mediziner lösen.« B. M. Kedrow, Gedanken zu den Aufgaben der Medizin in der kommunistischen Gesellschaft, in: F. Jung u.a. (Hg.), Arzt und Philosophie. Humanismus. Erkenntnis. Praxis, Berlin 1961, S. 56. Vgl. auch Oiserman, Entfremdung, S. 119. Kritisch dazu: Hans Steußloff, Zur Kritik der ideologisch-theoretischen Verschleierung des Todesproblems in der modernen christlichen Theologie, Diss. B Leipzig 1966, S. 9f.

271

angst«; der Philosoph Gerald Frankenhäuser versuchte sogar, in seiner Habilitation eine marxistische Todeslehre zu entwickeln.[6]

Das stellte für die »MLer«, die sich in der Regel nur in den Fußstapfen der »Klassiker« Marx, Engels und Lenin zu bewegen hatten, ein Wagnis dar, denn diese hatten sich in ihren Schriften kaum über den Tod und fast überhaupt nicht über den Tod durch eigene Hand geäußert.

Lediglich der junge Karl Marx hatte im Jahr 1846 einen Text »Vom Selbstmord« publiziert, der im Wesentlichen eine Übersetzung eines Aufsatzes des französischen Polizeiarchivars Peuchet darstellte. Marx hat den Text zwar an einigen Stellen erweitert und seine eigenen Auffassungen hineinredigiert, so dass Rückschlüsse auf das marxistische Denken möglich sind. Marx glaubte am Phänomen des Selbstmordes zeigen zu können, dass Privates gleichzeitig Politisches ist. Anhand von Peuchets Fallschilderungen eifersüchtiger bzw. habgieriger Ehemänner kennzeichnete Marx die bürgerliche Familie als Ort der Entfremdung, unter der vor allem die Frauen litten. »Der Eifersüchtige ist vor allem Privateigentümer«, lautete eine von Marx' Hinzufügungen.[7] August Bebel knüpfte später in seiner Erörterung der Lage der Frau daran an.[8]

Zur Möglichkeit der Rezeption von Marx' Text in der DDR muss allerdings einschränkend gesagt werden, dass er lediglich in einer Gesamtausgabe aus den 1920er Jahren enthalten war, in die Marx-Engels-Werkausgabe der DDR hingegen nicht aufgenommen wurde. Die Gründe dafür sind nicht bekannt, fest steht nur, dass Marx hinsichtlich der Selbsttötungsproblematik für die »MLer« der DDR keinen Anknüpfungspunkt bot, zumal er sich fast ausschließlich mit den Entwicklungsgesetzen der Menschheit befasste und die Existenzbedingungen des Individuums stets nur im Zusammenhang mit der »Gattung Mensch« betrachtete. In dieser Perspektive erschien der Tod als »ein harter Sieg der Gattung über das Individuum« und als eine für den Einzelnen letztlich sinnlose Naturtatsache.[9]

In solchen Aussagen, die von »MLern« oft zitiert wurden, äußerte sich eine generelle Unfähigkeit, die existenzielle Dimension menschlicher Konflikte anzuerkennen: »In Bildung und Kultur der DDR herrschte ein ordinärer und dogmatischer Marxismus-Leninismus«, resümierte Detlef Belau im Jahr 1991 rückblickend: »Da war kein Platz für eine kritische Aufnahme des Existentialismus, der philosophischen Anthropologie oder der Psychoanalyse.«[10] Insofern ist es bemerkenswert, dass überhaupt auf Suizidalität ein-

---

6 Das marxistische Defizit beim Thema Tod fand im DEFA-Film »Solo Sunny« (1979) in der Gestalt des Philosophen Ralph auch eine künstlerische Widerspiegelung.
7 Vgl. Kevin Anderson/Éric A. Plaut (Hg.), Karl Marx, Vom Selbstmord, Köln 2001, S. 69.
8 Vgl. August Bebel, Die Frau und der Sozialismus, in: Internationales Institut für Sozialgeschichte Amsterdam (Hg.), August Bebel. Ausgewählte Reden und Schriften, Bd. 10/2, München u.a. 1996, S. 322–325.
9 Karl Marx, Ökonomisch-philosophische Manuskripte, Leipzig 1974, S. 188.
10 Detlef Belau, Interpretation der Selbsttötung auf dem Hintergrund der DDR-Kultur, in: Suizidprophylaxe 18 (1991) 4, S. 271–285, zit. 273.

gegangen wurde. Tatsächlich gab es seit den 1960er Jahren einige verstreute Äußerungen von Gesellschaftswissenschaftlern. Auch einige personenbezogene Akten der SED und des MfS enthalten allgemeine ideologische Bewertungen. In den 1980er Jahren diskutierten Medizinethiker das Thema, und auch in Dissertationen und Aufsätzen einiger Mediziner, die sich eindeutig am Marxismus-Leninismus orientierten, wurden grundsätzliche Aussagen getroffen. Aus diesen Quellen wird trotz ihrer Seltenheit und Randständigkeit erkennbar, dass sich die marxistisch-leninistische Position zum Thema Selbsttötung in den 40 Jahren des Bestehens der DDR entwickelt und verändert hat.

5.1.1 »Selbstmord« als Form des »frühen Todes«

Als Anfang der 1950er Jahre eine Geschichtsstudentin an der Universität in Jena gegenüber einigen Mitgliedern ihrer Parteigruppe andeutete, dass sie von suizidalen Stimmungen heimgesucht würde, bekam sie zur Antwort, das sei »dekadent«.[11] Auch Anfang der 1970er Jahre konnte man in der DDR noch ähnliche Wertungen finden: »Im Ergebnis der parteipolitischen Maßnahmen und Arbeit kann eingeschätzt werden, daß alle Genossen ihr Unverständnis für eine derartige Handlungsweise zum Ausdruck brachten, weil in unserer sozialistischen Gesellschaft alle Konflikte, auch die persönlichen, lösbar sind und der Selbstmord des [...] noch Ausdruck der individuellen bürgerlichen Dekadenz ist«, hieß es in einem Bericht über die Selbsttötung eines Wehrpflichtigen.[12] Die Bewertung suizidaler Handlungen als Ausdruck eines fehlgeleiteten Individualismus knüpfte an den kulturkritischen Diskurs des 19. Jahrhunderts an.[13] Zu dieser Zeit hatte auch Friedrich Engels in seinen Ausführungen zur Lage der arbeitenden Klasse in England Selbsttötungen vorwiegend als Symptom gescheiterter bürgerlicher Existenz gewertet. Engels glaubte jedoch auch eine Ausdehnung des Phänomens auf das Proletariat feststellen zu können:

»Das Elend läßt dem Arbeiter nur die Wahl, langsam zu verhungern, sich rasch zu töten oder sich zu nehmen, was er nötig hat, wo er es findet, auf deutsch, zu stehlen. Und da werden wir uns nicht wundern dürfen, wenn die meisten den Diebstahl dem Hungertode oder dem Selbstmorde vorziehen. Es gibt freilich auch unter den Arbeitern eine Anzahl, die moralisch genug sind,

---

11 Vgl. ThStAR, BPA SED Gera, UPL Jena, Nr. 1411, n. pag.
12 BStU, MfS, BV Gera, AP 269/72, Bd. 1, Bl. 56.
13 Entsprechend dem konservativ-kulturkritischen Denken wurde zum Beispiel von einem britischen Arzt im Jahr 1840 vermutet, dass »sich in Republiken mehr Selbstmorde als in Despotien fänden, in diesen müsste jeder auf dem ihm angewiesenen Platze bleiben und gehorchen, in jenen herrschte allgemeine Gleichheit und allgemeines Streben nach Neuerung.« Vgl. Forbes Winslow, The anatomy of suicide, London 1840; referiert in: Füllkrug, Selbstmord, S. 21.

um nicht zu stehlen, selbst wenn sie aufs Äußerste gebracht werden, und diese verhungern oder töten sich. Der Selbstmord, der sonst das beneidenswerte Privilegium der höheren Klassen war, ist in England auch unter den Proletariern Mode geworden, und eine Menge armer Leute töten sich, um dem Elend zu entgehen, aus dem sie sich sonst nicht zu retten wissen.«[14]

Ganz in diesem Sinne wurde Selbsttötung von den Gesellschaftswissenschaftlern der DDR vor allem in das Konzept des »frühen Todes« eingeordnet und (wie vorzeitiger Verschleiß durch Ausbeutung, Hungertod, Tod auf Grund von Verelendung, Seuchen oder schlechten Arbeitsbedingungen) als gesellschaftlich verursachtes, vermeidbares Übel betrachtet.[15] Ohne auf Selbsttötungen im Sozialismus einzugehen, verwiesen die SED-Ideologen auf den »frühen Tod« aber allein in gesetzmäßiger Verbindung mit dem »kapitalistischen Gesellschaftssystem«. Dementsprechend sah im Jahr 1969 eine Sozialhygienikerin in der hohen Selbsttötungsrate einiger westlicher Industrieländer einen »Ausdruck der allgemeinen Krise des Kapitalismus«.[16]

Ihrer apologetischen Funktion gemäß verengten die »MLer« ihre Gesellschaftskritik auf einen kausalen Zusammenhang zwischen Selbsttötungen und Arbeitslosigkeit; der Verlust des Arbeitsplatzes erschien in der SED-Propaganda als *die* typische Ursache eines frühen Todes durch eigene Hand. Es gab Zeiten, da konnte man in der DDR-Presse nahezu jede Woche eine Meldung über einen unglücklichen Menschen aus Frankreich, Spanien, Italien, den USA oder der Bundesrepublik lesen, der sich das Leben genommen hatte, weil er plötzlich entlassen wurde oder längere Zeit vergeblich Arbeit gesucht hatte.[17]

Solche Schicksale hat es in der Tat gegeben; die SED-Presse übernahm in der Regel lediglich westliche Agenturmeldungen. Der Eindruck indes, der durch die ständigen Presseberichte erweckt werden sollte, dass die Arbeitslosigkeit Menschen massenhaft in den Tod getrieben hätte, eine solche Pauschalanklage des Kapitalismus entsprach nicht der Realität. Oft waren Selbsttötungen Arbeitsloser der Endpunkt einer psychopathologischen Entwicklung, die bereits zum Verlust des Arbeitsplatzes geführt hatte.[18]

14 Friedrich Engels, Die Lage der arbeitenden Klasse in England, in: Marx-Engels Werke, Berlin 1976, Bd. 2, S. 225–506, zit. 344.
15 Vgl. Eva Chirrek, Sterben, Tod und Sinn des Lebens – eine Analyse von Positionen der marxistisch-leninistischen Philosophie und Auswertung einer empirischen Untersuchung zu individuellen Einstellungen und Haltungen, Diss. Berlin 1989, S. 38–40.
16 Schulze, Erforschung der Selbstmordziffer, S. 35.
17 Stichprobe 1: Junge Welt, Oktober – Dezember 1958: »24 Selbstmorde an jedem Tag« (2. Oktober 1958, S. 1), »Steigende Zahl von Selbstmorden« (10. Oktober 1958, S. 2), »Selbstmord durch Not« (18. Dezember 1958, S. 2). Stichprobe 2: Berliner Zeitung, Januar/Februar 1978: »BRD: Verzweiflungstat eines Arbeitslosen« (19. Januar 1978, S. 2), »Entlassen – Sprung in den Tod« (24. Januar 1978, S. 1), »Sorge um Arbeitsplatz trieb Frau in den Tod« (28./29. Januar 1978, S. 5), »Verzweiflungstat nach Monaten ohne Hoffnung« (25./26. Februar 1978, S. 5).
18 Vgl. Jamison, Verständnis des Selbstmordes, S. 90.

Ohne sich mit dem Phänomen näher zu befassen und auch kritische Relativierungen zu berücksichtigen, zitierten Marxisten-Leninisten immer wieder dieselbe Studie eines US-amerikanischen Arztes.[19] Die Tatsache hingegen, dass in einigen westlichen Industrieländern, zum Beispiel in der Bundesrepublik, kaum eine Beziehung zwischen Arbeitslosen- und Selbsttötungsstatistik erkennbar war, blieb in der DDR lange unbekannt.[20]

Auf die DDR angewendet, hätte die marxistische Idee des gesellschaftlich verschuldeten »frühen Todes« durchaus politische Brisanz entfalten können, denn der Kampf »gegen die Übel, die einen frühzeitigen und unnatürlichen Tod mit sich bringen«,[21] gehörte einerseits zu den erklärten Zielen des Sozialismus; dementsprechend hatte Erich Honecker die Lebenserwartung auf dem X. Parteitag der SED im Jahr 1981 zu einem Gradmesser für eine erfolgreiche Sozialpolitik erklärt.[22] Andererseits aber wiesen Statistiken in der DDR eine durchschnittliche Lebenserwartung aus, die fast drei Jahre niedriger war als in der Bundesrepublik; ein Sechstel der Differenz ging rein rechnerisch allein auf das Konto der größeren Suizidhäufigkeit der DDR.[23] Deutlicher konnte die Kluft zwischen Anspruch und Wirklichkeit kaum ausfallen.

5.1.2 Sozialistische Ethik: Weiterleben als Pflicht

In juristischer Perspektive waren Selbsttötungen in der DDR neutral. Während etwa in der Sowjetunion das Strafgesetzbuch von 1960 einen Straftatbestand festschrieb für den Fall, dass jemand durch grausame Behandlung oder Erniedrigung in den Suizid getrieben worden war, gehörte die DDR (wie auch die Bundesrepublik) Mitte der 1970er Jahre zu den sieben europäischen Staaten, die Selbsttötungen in ihren Strafgesetzbüchern völlig unerwähnt ließen.[24]

Davon unterschieden werden müssen moralische Urteile. Auf Selbsttötungen im eigenen Land reagierten SED-Ideologen zumeist durch das Vorbringen normativer Argumente. »Ausweglosigkeit ist unserer Ordnung fremd«, versuchte ein Schuldirektor in Dessau den Schülern klarzumachen, nachdem sich ein Junge erhängt hatte.[25] »In der Deutschen Demokratischen Republik haben sich die materiellen und sozialen Verhältnisse der Werktätigen ständig verbessert. Jeder Bürger kann ohne Existenzangst leben und hat

19 Vgl. L. N., Arbeitslosigkeit heute, in: Probleme des Friedens und des Sozialismus 22 (1979) 5, S. 720; Hannelore Volland, Zu Möglichkeiten und Grenzen der Überwindung der Angst vor dem Sterben und dem frühen Tod, in: Deutsche Zeitschrift für Philosophie 33 (1985) 6, S. 540–543, zit. 542f.
20 Vgl. Häfner, Epidemiologie, S. 467f.
21 Frankenhäuser, Auffassungen von Tod und Unsterblichkeit, S. 206.
22 Erich Honecker [Berichterstatter], Bericht des Zentralkomitees der Sozialistischen Einheitspartei Deutschlands an den X. Parteitag der SED, Berlin 1981, S. 111.
23 Vgl. Hoffmeister u. a., Selbstmordsterblichkeit.
24 Vgl. Simson, Suizidtat, S. 47.
25 LHASA, MER, BT/RdB Halle, Abt. Volksbildung, 4. Ablieferung, Nr. 6268, n. pag.

alle Möglichkeiten, sich beruflich weiterzuentwickeln und zu qualifizieren. Im Krankheitsfall ist eine vorbildliche medizinische und soziale Betreuung gewährleistet. Daneben bieten die sich ständig entwickelnden Beziehungen der Menschen untereinander die Garantie, daß jeder Bürger einen festen Platz in der sozialistischen Gesellschaft einnehmen kann und nicht auf sich allein angewiesen ist. Es gibt also in der Deutschen Demokratischen Republik keine objektiven Ursachen, daß ein Bürger seinem Leben selbst ein Ende bereiten muß«, hieß es in einer Publikation eines Kriminalisten im Jahr 1965, welcher zu dem Urteil kam: »Der Selbstmord ist nicht strafbar, jedoch aus den angeführten Gründen moralisch verwerflich.«[26] In dieser normativen Perspektive erscheint suizidales Handeln als individuelles Fehlverhalten aufgrund eines »falschen Bewusstseins«.

In medizinischen Dissertationen wurde die moralische »Verwerflichkeit« suizidaler Handlungen oft ähnlich begründet. So sah der Psychiater Helmut Kulawik in der »im suizidalen Handeln sich ausdrückende[n] Verneinung des Lebens« einen »Widerspruch zum Grundanliegen der sozialistischen Gesellschaft«.[27] Der spätere Leiter der Abteilung Gesundheitspolitik des ZK der SED, Karl Seidel, stellte im Jahr 1967 fest:

>»Die marxistische Philosophie läßt keinen Raum für ein moralisches Recht zum Suizid, weil ihr das Prinzip der Erhaltung des Lebens und der Höherführung des menschlichen Daseins immanent ist.«[28]

Andererseits spielten bei der moralischen Ablehnung suizidaler Handlungen auch Verweise auf eine generelle Verantwortung den Mitmenschen gegenüber eine Rolle. So wies die Magdeburger Ärztin Ute Hofmann darauf hin, dass »der Mensch nicht nur sich selbst lebendiger Besitz ist, sondern auch der Gesellschaft, seiner Familie und den Freunden gegenüber verantwortlich handeln muß«, und folgerte daraus: »Der Selbstmord und ein Selbstmordversuch ist daher vom ethischen Standpunkt aus zu verurteilen.«[29]

Jene, die sich in der sozialistischen Gesellschaft aus individueller Verzweiflung das Leben nahmen, wurden teilweise mit dem Vorwurf der Feigheit oder der Fahnenflucht belegt. Dieser Vorwurf, der durch das christlich geprägte Mittelalter bis zu den Pythagoräern und Plato zurückverfolgt werden kann, kam auch in der Geschichte der Arbeiterbewegung zur Anwendung. So äußerte Franz Mehring, nachdem sich der 69-jährige, schwer kranke Paul Lafargue gemeinsam mit seiner Ehefrau, der Marx-Tochter Laura, im Jahr 1911 das Leben genommen hatte:

---

26 W. Schulz, Die Untersuchung unnatürlicher Todesfälle, Berlin 1965, S. 145.
27 Kulawik, Suizidversuch, S. 1.
28 Seidel, Suicid im höheren Lebensalter, S. 2.
29 Ute Hofmann, Analyse von Suizidversuchen bei Frauen in Magdeburg, Diss. Magdeburg 1969, S. 50.

»Mehr als je gilt von dem proletarischen Emanzipationskampf, daß der Dienst der Freiheit ein strenger Dienst ist, der auch dem reich mit Lorbeeren geschmückten Veteranen nicht gestattet, seinen Posten zu verlassen, solange ihn noch ein Hauch von Kraft beseelt.«[30]

Der Tod des Ehepaars Lafargue verdeutlichte zugleich einen Widerspruch, der im Marxismus eher untergründig vorhanden war und später kaum wieder so offen zur Sprache kam wie im Jahr 1911. Lafargue war, wie auch sein Schwiegervater, Anhänger eines epikuräischen Materialismus[31] gewesen und sah den Sinn des Lebens im diesseitigen Lebensgenuss. Daraus ergab sich im Falle eines als unerträglich empfundenen Leidens ein Recht auf Selbsttötung. Dem widersprach die Pflichtethik des Ausharrens auf seinem Posten, die in der »kommunistischen und Arbeiterbewegung« und später auch in der DDR-Führung dominierte.

Bei der moralischen Bewertung von Selbsttötungen im eigenen Land orientierten sich die Marxisten-Leninisten der DDR seit den 1950er Jahren an sowjetischen Ethikern. Selbsttötung erschien in deren materialistischer Sicht als vollkommen sinn- und folgenlos. Der Tod durch eigene Hand wurde als sklavische Handlung, als bloße »Beschleunigung des Sieges der Natur« angesehen. Zu einer Zeit, da die KPdSU unter Chruschtschow die Lebensverlängerung (Parteiprogramm von 1961) zu einem Staatsziel erhoben hatte, brachten die sowjetischen Philosophen gegenüber suizidalen Zeitgenossen vor allem Verachtung zum Ausdruck.[32]

Ins Deutsche übersetzt wurde das Ethik-Lehrbuch von Alexander Fjodorowitsch Schischkin, der Selbsttötungen ausgehend von Kants Pflichtethik behandelte: »Man darf die Menschen nicht rechtfertigen, die unter dem Einfluß schwerer Erlebnisse oder des Verlustes nahestehender Menschen Selbstmord begehen«, hieß es dort unmissverständlich. Schischkin forderte revolutionäre Selbstdisziplin: »Ein bewusster Mensch befriedigt seinen vernünftigen Bedarf an Nahrung, Kleidung, Wohnraum usw. und vermeidet Maßlosigkeit nicht einfach deshalb, um zu ›leben‹, sondern um würdig zu leben, d. h. seine Kräfte den gesellschaftlichen Interessen zu widmen. Deshalb wird er nicht an Selbstmord denken und sich irgendwelchen Ausschweifungen hingeben.«[33]

Bemerkenswert ist ein Vergleich mit der Bundesrepublik, wo in den 1950er Jahren eine anders begründete, aber in ihren Konsequenzen ähnliche Pflichtethik durch ein Urteil des Bundesgerichtshofes sogar Eingang in die

30 Vgl. Helga Grubitzsch/Erhard Lucas/Sibylle Quack, Tödliche Wünsche. Emanzipationsbewegung und Selbstmord, in: Kursbuch 58, Berlin 1979, S. 169–191.
31 Die nach dem griechischen Philosophen Epikur (341–270 v. Chr.) benannte Lebenshaltung ist durch Orientierung am Lustprinzip und Abwendung von körperlichen Leiderfahrungen gekennzeichnet.
32 Vgl. Anatanas Maceina, Sowjetische Ethik und Christentum, Witten 1969, S. 148–165.
33 Vgl. A[lexander] F[jodorowitsch] Schischkin, Grundlagen der marxistischen Ethik, Berlin ²1965, S. 401 f., 423.

Rechtsprechung fand. In dem Urteil aus dem Jahr 1954 hieß es, dass »das Sittengesetz jeden Selbstmord – von äußersten Ausnahmefällen vielleicht abgesehen – streng mißbilligt, da niemand selbstherrlich über sein eigenes Leben verfügen und sich den Tod geben darf«.[34]

Während in der christlich motivierten moralischen Verurteilung von Selbsttötungen in der Bundesrepublik der Adenauer-Zeit Gott die Instanz darstellte, gegenüber der das Individuum zum Weiterleben verpflichtet war, nahm in der säkularisierten Variante der DDR die sozialistische Gesellschaft diesen Platz ein. Wenn überhaupt, dann war im Sozialismus eine frühzeitige Aufgabe des eigenen Lebens nur als heroischer Opfertod für die »Sache der Weltrevolution« statthaft. »Würdig leben« hieß im Sinne der marxistisch-leninistischen Ethik, »seine Kräfte den gesellschaftlichen Interessen zu widmen.«[35]

Auch in den 1960er Jahren betonten marxistisch-leninistische Autoren (wenn sie das Thema ansprachen) Pflichtbewusstsein und Pflichtgefühl. »Sich niederknallen – das kann ja jeder Dummkopf – immer und jederzeit«,[36] diese Worte, die Nikolai Ostrowski seiner Romanfigur Pawel Kortschagin in den Mund gelegt hatte, zitierte der Leipziger Marxismus-Dozent Hans Steußloff in seiner Habilitationsschrift und hob hervor, dass sich der literarische Held trotz Siechtums nicht das Leben genommen hatte.[37] Die Bezugnahme auf den sowjetischen Roman »Wie der Stahl gehärtet wurde« stellte, wie Vorkommnismeldungen an das DDR-Volksbildungsministerium dokumentieren, eine wichtige Komponente der sozialistischen Erziehung dar. Um suizidale Anfechtungen bei Schülern zu verhindern, verwiesen Pädagogen oft auf die Geschichte von Pawel Kortschagin. Beispielsweise verfügte ein Kreisschulrat im Bezirk Erfurt angesichts des Suizides zweier Schüler, die beim Diebstahl erwischt worden waren: »Festlegung: Gespräche mit allen Schülern der beiden Schulen mit Inhalt: Das wertvollste, was der Mensch besitzt, ist das Leben. Wird wegen Diebstahl nicht weggeworfen.«[38] In einer 6. Klasse im Kreis Zwickau wurde nach dem Suizidversuch eines Schülers im Jahr 1982 »durch die Klassenleiterin eindeutig geklärt, daß im Sozialismus keiner das Recht hat, Hand an sich zu legen, weil das Leben das Wertvollste ist, was der Mensch besitzt«.[39] Schülerinnen einer thüringischen Kleinstadt brachten die sozialistische Pflichtethik noch im September 1989 auf eine einfache Formel: »Sich zu Tode arbeiten ist im Sozialismus die einzig anerkannte Art des Selbstmords«, schrieben sie an die Schultafel.[40]

Nichtsdestotrotz zeichnete sich in der DDR, vor allem in der Regierungszeit Erich Honeckers, eine Relativierung des heroischen Menschenbildes ab.

34 Zit. bei: W. Bottke, Die Beurteilung von Suizid, Suizidversuch und Suizidbeteiligung durch die strafrechtliche Rechtsprechung, in: Reimer (Hg.), Suizid, S. 85–99, zit. 96.
35 Schischkin, Ethik, S. 401.
36 Nikolai Ostrowski, Wie der Stahl gehärtet wurde, Leipzig 1964, S. 581.
37 Vgl. Steußloff, Verschleierung des Todesproblems, S. 198.
38 ThHStAW, BT/RdB Erfurt, Abt. Volksbildung, Nr. 027847, n. pag.
39 StAC, BT/RdB Karl-Marx-Stadt, Abt. Volksbildung (Bestand 30413), Nr. 109137, n. pag.
40 BArch Berlin, DR 2, A.3301, n. pag.

Die grundsätzliche Überzeugung, dass Suizide dem Sozialismus »wesens-fremde« Verhaltensweisen seien, änderte sich dabei nicht; es wurde aber in verstärktem Maße auf die Verantwortung der Gesellschaft verwiesen und gefordert, Selbsttötungen gezielt zu vermeiden.

In diesem veränderten Umfeld konnten Mediziner, die sich der Betreuung und Behandlung von Suizidpatienten widmeten, und deren Äußerungen insgesamt eher als Diskussionsangebote an die SED-Ideologen denn als repräsentative Meinungen angesehen werden müssen, auf eine gewisse Akzeptanz hoffen. So vertrat der Psychiater Helmut Kulawik, dessen Ausführungen explizit an die marxistisch-leninistische Philosophie anknüpften, im Jahr 1976 die Ansicht, dass »die grundsätzliche Verurteilung suizidalen Handelns falsch« sei und Hilfeleistung nur erschweren würde. Kulawik berichtete darüber, dass »durch Gespräche mit Arbeitskollegen, Angehörigen oder Vertretern der Parteiorganisation Konflikte abgebaut oder entschärft werden konnten. Dabei hat sich gezeigt, daß die wertfreie, an den Normen der sozialistischen Ethik orientierte Beurteilung suizidalen Handelns bei entsprechender Argumentation rasch und gern akzeptiert wurde.«[41] Die Psychiater Dieter Decke und Werner Felber bezeichneten Suizide in einem Artikel der populärwissenschaftlichen Zeitschrift »Deine Gesundheit« als »moralisch wertfrei«.[42] 1983 hieß es in einer medizinischen Dissertation: »In unserer Gesellschaft gilt nach den Grundsätzen der marxistisch-leninistischen Philosophie, daß eine suizidale Handlung nicht verurteilt wird.«[43] Auch die Medizinethiker Susanne Hahn und Achim Thom, die sich im gleichen Jahr zu Suizidversuchen in der sozialistischen Gesellschaft äußerten, forderten ein »respektierendes Verständnis der zu solchen Entscheidungen führenden Überlegungen und subjektiven Bedingungen«.[44]

Im Lehrbuch »Sozialpsychiatrie« von 1971 wurde eingeräumt, dass es auch im Sozialismus Menschen gab, deren »Eigenaktivität zur allseitigen Entfaltung der Persönlichkeit und Integration in die Gesellschaft« gering ausfiel und die sich den »Entwicklungsgesetzmäßigkeiten unserer Gesellschaft« entzogen, im schlimmsten Fall bis zur Psychose oder zum Suizid.[45] In ähnlicher Weise äußerte sich 1976 auch Kurt Winter, Professor für Sozialhygiene an der Humboldt-Universität Berlin, zum Problem der Selbsttötungen in der DDR.[46]

41 Kulawik, Suizidversuch, S. 187 f.
42 D[ieter] Decke, W[erner] Felber, Signale an die Umwelt, in: Deine Gesundheit (1978) 3, S. 76–78, zit. 76.
43 Christina Hoffmann, Suizidversuch und Neurose, Diss. Berlin 1983, S. 1.
44 Susanne Hahn/Achim Thom, Sinnvolle Lebensbewahrung – humanes Sterben (= Weltanschauung heute, Bd. 40), Berlin 1983, S. 29.
45 Bernhard Schwarz/Klaus Weise/Achim Thom, Sozialpsychiatrie in der sozialistischen Gesellschaft, Leipzig 1971, S. 88.
46 Vgl. K[urt] Winter, Psychotherapie aus soziologischer Sicht, in: Kurt Höck/Karl Seidel (Hg.), Psychotherapie und Gesellschaft, Berlin 1976, S. 44–55, hier 51.

Der Gesellschaftswissenschaftler Herbert Hörz betonte: »Gegen Verzweiflung und Selbstmord gibt es kein Allheilmittel, weil die Stellung zum Leben und zum Tod nicht nur von den gesellschaftlichen Verhältnissen, sondern auch von der auf die eigene Weltanschauung gegründeten Entscheidung des einzelnen Menschen zum Leben abhängt.«[47] Hörz konstatierte, dass sozialistische Produktionsverhältnisse allein keine neuen menschlichen Beziehungen bewirkt hätten, und setzte an die Stelle des vulgärmarxistischen Lehrsatzes »Das Sein bestimmt das Bewusstsein« eine differenziertere Sicht, die der individuellen Sphäre eine gewisse Eigendynamik zubilligte.[48] Eine marxistisch-leninistische Suizid-Theorie, wie sie auch der Psychiater Helmut Kulawik forderte, sollte davon ausgehen, dass »der Einfluß der sozialen Faktoren lediglich durch eine Bestimmung der dialektischen Wechselwirkungen mit den inneren (individuellen) Systembedingungen bestimmt werden kann«.[49]

Offenbar stellte die Herausbildung einer vorsichtig reformorientierten Strömung im Marxismus-Leninismus eine interne Voraussetzung dafür dar, dass das Thema Selbsttötung in den 1970er Jahren in der DDR partiell enttabuisiert und der Umgang damit versachlicht werden konnte. Wie die bundesdeutsche Politikwissenschaftlerin Antonia Grunenberg feststellte, wurde das öffentliche Sprechen über Suizidalität zu jenem Zeitpunkt gesellschaftsfähig, »als offiziell eingestanden wurde, daß die sozialistische Gesellschaft eine Vielzahl von Widersprüchen in sich berge und daß persönliches Glück und Zufriedenheit keine automatische Folge der sozialistischen Gesellschaft seien«.[50]

5.1.3 Sozialismus als Prophylaxe?

Aus der Überzeugung der SED, »einen neuen humanen Sozialisationsprozeß gestalten zu können«,[51] ergab sich der Anspruch, die Selbsttötungsrate zu senken. In den 1950er Jahren dominierte unter den »Erbauern des Sozialismus« in der DDR die Ansicht, die sozialistische Gesellschaftsordnung sei

---

47 Herbert Hörz, Mensch contra Materie? (= Weltanschauung heute, Bd. 10), Berlin 1976, S. 184.
48 Andererseits machte die stärkere Thematisierung von Suizidalität in den 1970er Jahren auch Leerstellen der marxistisch-leninistischen Ideologie deutlich; zum Beispiel, was die Frage der Eigendynamik sozialer Mikrostrukturen betraf. Der Dresdner Suizidforscher Dieter Decke sah gerade »im Kleingruppenleben«, und hier besonders in Widersprüchen in der »psychosexuellen Sphäre«, die Hauptursachen von Suizidalität. Deshalb hob Decke hervor, dass »hier noch eine der entscheidenden Lücken einer marxistischen Theorie von der Persönlichkeit liegt«. Dieter Decke, Der Suicidversuch im Erwachsenenalter, Diss. Dresden 1974, S. 69.
49 Kulawik, Suizidversuch, S. 29.
50 Antonia Grunenberg, Aufbruch der inneren Mauer. Politik und Kultur in der DDR 1971–1990, Bremen 1990, S. 193 f.
51 Belau, Interpretation der Selbsttötung, S. 281.

bereits die fundamentale Lösung des Selbsttötungsproblems. Formuliert wurde der historische Optimismus zum Beispiel von dem Abteilungsleiter im Gesundheitsministerium und späteren Professor für Sozialhygiene, Erwin Marcusson:

»Mit der Zunahme der wirtschaftlichen Sicherheit in der neuen Gesellschaftsordnung, unter anderem auch durch die Befreiung der Frauen, verschwinden viele der menschlichen Konfliktmomente, und der Selbstmord wird zu einer Seltenheit.«[52]

Der Verlauf der Selbsttötungsraten schien ihm zunächst Recht zu geben. Zwischen 1946 und 1959 sank die Selbsttötungsrate der SBZ / DDR um etwa ein Viertel, während die Rate der Westzonen bzw. der Bundesrepublik zur gleichen Zeit stagnierte bzw. leicht anstieg. »So haben in der DDR die Aufhebung der sozialen Gegensätze, die Verbesserung des Gesundheitswesen, die Hebung des Lebensstandards und Beseitigung der Arbeitslosigkeit in der Senkung der Selbstmordziffern ihren positiven Niederschlag gefunden«, glaubte Sozialhygieniker Cordes noch im Jahr 1964 feststellen zu können.[53]

Die nach dem Mauerbau von der SED-Führung verfügte Geheimhaltung der Statistiken »schützte« die marxistisch-leninistischen Theoretiker vor der unangenehmen Wahrheit, dass bereits 1959 eine Trendwende erfolgt war und die Selbsttötungsrate bis Mitte der 1960er Jahre kontinuierlich anstieg. Ohne Wissen um die reale Situation konnte etwa Rolf Löther im Jahr 1967 in einem Taschenbuch der Reihe »Unser Weltbild« prognostizieren: »Es wird die Harmonie zwischen persönlichen und gesellschaftlichen Interessen herbeigeführt, und es gestalten sich die zwischenmenschlichen Beziehungen in allen Lebenssphären so, daß zu neurotischen und neuro-vegetativen Erkrankungen führende Faktoren auf ein individuell-zufallsbedingtes Minimum reduziert werden.«[54] In dieser Perspektive erschien die DDR als »Vertröstungsgesellschaft«.[55]

Helga Hörz, marxistisch-leninistische Ethikerin an der Humboldt-Universität, argumentierte im Jahr 1975 eher normativ: »Sicher führen Todesfall, unglückliche Liebe, Streit unter Arbeitskollegen usw. zu Situationen, in denen der einzelne unglücklich ist. Der Sozialismus gibt jedem durch seine Beziehungen gegenseitiger Hilfe und kameradschaftlicher Unterstützung die Möglichkeit, damit fertig zu werden«[56]. Neurotische Fehlentwicklungen, Pessimismus, »eingefrorene Perspektiven« rechneten die SED-Ideologen als dem Sozialismus »wesensfremd« den Erscheinungen zu, die vorübergehend,

52 Erwin Marcusson, Sozialhygiene, o.O. 1954, S. 76.
53 Cordes, Vergleich, S. 990.
54 Rolf Löther, Medizin in der Entscheidung (= Unser Weltbild, Bd. 6), Berlin 1967, S. 179.
55 Vgl. Jürgen R. Kneißle, Zur Selbstmordentwicklung in der DDR. Abwanderung, Widerspruch, Suizid, Lüneburg 1996, S. 7f.
56 Helga E. Hörz, Blickpunkt Persönlichkeit (= Weltanschauung heute, Bd. 1), Berlin 1975, S. 138.

zufällig und prinzipiell im Sozialismus ohne materielle Basis waren. Gleichzeitig beschworen sie das Idealbild einer »sozialistischen Persönlichkeit«, die sich durch Aktivität, durch die »Fähigkeit, bewußt auf die Umwelt einzuwirken und diese sowie sich selbst nach eigenen Vorstellungen und Zielen zu verändern«, auszeichnete.[57]

Einige Mediziner, die durchaus wussten, dass die Selbsttötungsrate in der DDR vergleichsweise hoch war, äußerten zur gleichen Zeit prinzipiell ähnliche Überzeugungen. »Die DDR befindet sich in einer Übergangsphase, in der die Lebensformen, Moralvorstellung und die Kälte in den zwischenmenschlichen Beziehungen, die der Kapitalismus hinterlassen hat, noch nachwirken. Es entsteht Konfliktstoff, der bis in das persönliche Leben greift, durch den harten Zusammenprall zweier Welten und das Erbe des Nazismus – aber er ist nicht typisch für die sozialistische Gesellschaft. Im Gegenteil bietet uns die sozialistische Gesellschaft die Möglichkeit, alle Potenzen im Menschen frei zu entfalten, ihn zu einer ausgeglichenen Persönlichkeit zu machen. Dies ist die beste Möglichkeit eines Suicidschutzes«, war die Psychologin Gisela Ehle überzeugt.[58] Prinzipiellen Optimismus brachte auch die Sozialhygienikerin Marita Schulze zum Ausdruck:

> »Zwar wird mit dem Aufbau des Sozialismus nicht automatisch das Selbstmordproblem gelöst, doch werden die günstigsten Voraussetzungen für seine Lösung geschaffen. Der Sozialismus kennt keine wirtschaftliche Notlage. Gesundheits- und Arbeitsschutz wird zum vornehmsten Anliegen des sozialistischen Staates. Auf der Basis der Stellung und der Rolle der Werktätigen in Staat und Wirtschaft, begründet auf echter Freiheit und Gleichberechtigung, entwickeln sich zwischenmenschliche Beziehungen der gegenseitigen Achtung, Hilfe und Unterstützung.«[59]

Den umfassendsten Versuch, suizidhemmende Potenzen der sozialistischen Gesellschaft herauszuarbeiten, unternahmen im Jahr 1983 der Gesellschaftswissenschaftler Rolf Löther und der Psychiater Helmut F. Späte. Die Autoren entwarfen ein optimistisches Bild von den Möglichkeiten der sozialistischen Gesellschaft, Selbsttötungen zu verhüten. Neben der Geborgenheit im sozialistischen Kollektiv, dem »Wesen sozialistischer Leitungstätigkeit« und der marxistisch-leninistischen Weltanschauung sollten in der Planwirtschaft auch »spezielle betreuende und beratende Institutionen ganz neuen Typs« mindernd auf die Selbsttötungsraten wirken können.[60]

---

57 Vgl. Helmut Kulawik, Der Suizidversuch – zur Psychopathologie und Therapie der Suizidalität, Diss. B Berlin 1976, S. 136–138.
58 Gisela Ehle, Die depressive Entwicklung zum Suizidversuch, Diss. Berlin 1969, S, 4.
59 Schulze, Erforschung der Selbstmordziffer, S. 62.
60 Vgl. Rolf Löther/Helmut F. Späte, Suizid und Ideologie – philosophische und psychiatrische Gesichtspunkte, in: Uwe Körner/Karl Seidel/Achim Thom (Hg.), Grenzsituationen ärztlichen Handelns, Jena 1981, S. 175–197.

»Wenn die Religion aber vor dem Selbstmord nur aus dem Grunde schützt, weil und soweit sie eine soziale Ordnung darstellt, dann erscheint es wahrscheinlich, daß andere soziale Ordnungen die gleiche Wirkung haben«,[61] hatte Emile Durkheim bereits im Jahr 1897 geschlussfolgert, und die »Erbauer des Sozialismus« in der DDR dachten ähnlich. Insofern war die unverändert hohe Selbsttötungsrate in der DDR tatsächlich ein Maß für soziale Pathologie, für das Ausbleiben der Verheißung neuer, sozialistischer Beziehungen zwischen den Menschen. Dass in den 1970er Jahren alljährlich 6000 DDR-Bürger ihr Leben vorzeitig durch eigene Hand beendeten, zeigte der sozialistischen Utopie ihre Grenzen auf.

Tragik und »früher Tod« wurden von der SED-Ideologie weitgehend verdrängt. Gegenüber den häufigen Selbsttötungen im real existierenden Sozialismus führten Gesellschaftswissenschaftler vor allem normative Argumente an. Ungeachtet der fehlenden Belege wurden Vorzüge des Sozialismus behauptet, die zu einer Senkung der Selbsttötungsraten führen sollten. Die grundsätzliche moralische Haltung der SED war durch eine prinzipielle Ablehnung suizidaler Handlungen gekennzeichnet, die vor allem mit Verweisen auf die gesellschaftlichen Pflichten begründet wurde. In den 1970er Jahren wurden allerdings auch differenziertere Einschätzungen geäußert; die Pflichtethik wurde moderater gehandhabt, zudem wurden Plädoyers für einen sachlichen, moralisch neutralen Umgang mit Selbsttötungen häufiger.

Wenn in den folgenden Abschnitten der Umgang mit Einzelfällen analysiert wird, dann wird damit auch die Frage aufgeworfen, inwiefern Diskurs und Praxis einander entsprachen. Veränderte sich parallel zur Milderung der allgemeinen moralischen Verurteilung von Selbsttötungen in der DDR auch der Umgang mit konkreten Einzelfällen? Ist die partielle Lockerung der heroischen Pflichtethik auch im Umgang mit Selbsttötungen im SED-Parteiapparat, in der Nationalen Volksarmee und im Bereich der Volksbildung nachweisbar?

61 Durkheim, Selbstmord, ⁶1997, S. 186.

5.2 Selbsttötungen von SED-Mitgliedern und die Parteimoral

Als sich ein Funktionär einer SED-Kreisleitung im Bezirk Dresden wegen gesundheitlicher Probleme das Leben genommen hatte, erklärte sein Vorgesetzter in einer Mischung aus Ratlosigkeit und Ablehnung: »Die Ursachen für seine Tat sind mir nicht erklärlich. Ich kann seine Handlung nicht verstehen, sie entspricht nicht den moralischen Auffassungen unserer Partei.«[62] 1980 hieß es angesichts der Selbsttötung eines Volkspolizisten in Leipzig, dass »kein Kommunist das Recht hat, so aus dem Leben zu schleichen«.[63] Nach dem Tod des ZK-Wirtschaftssekretärs Gerhart Ziller hieß es Ende 1957, das sei »eines Genossen unwürdig«.[64] Mitte November 1989 vermerkte das Sitzungsprotokoll der SED-Kreisleitung Köthen: »Der Suizid des 1. Sekretärs wird als untaugliches Mittel zur Problemlösung verurteilt.«[65] Selbsttötungen wurden in der SED oft als Verstöße gegen die Parteimoral und Gefahr für den »politisch-moralischen Zustand« angesehen. Die negative Bewertung suizidaler Handlungen reflektierte auch der Abschiedsbrief einer langjährigen Mitarbeiterin einer SED-Kreisleitung im Bezirk Frankfurt/Oder, die sich im Jahr 1971 das Leben genommen hatte: »Genossen, verachtet mich nicht [...]. Ich habe gern gearbeitet, mich bei euch glücklich gefühlt. Es ist verwerflich was ich tue, aber ich kann nicht mehr. Ich möchte nur noch schlafen, schlafen [...]. Schließt mich nicht aus d. Partei aus, ich bin so verzweifelt.«[66]

Es gab jedoch in der SED keine generelle moralische Ablehnung des Todes durch eigene Hand (wie sie etwa die katholische Kirche, die in einer bei klarem Verstand begangenen Selbsttötung eine schwere Sünde sah, auch im 20. Jahrhundert noch relativ lange vertrat).[67]

Oft wurde einfach nur Enttäuschung darüber geäußert, dass die Genossen in schwierigen Lebenssituationen nicht die Hilfe der Partei gesucht hatten; so im folgenden Beispiel: Ein Parteisekretär in einem Erfurter Betrieb, der sich betrunken, in seiner Wohnung Geschirr zerschlagen, mit einer Pistole geschossen und sich dann blutverschmiert ins Bett gelegt hatte, zeigte sich empört, als er beim Erwachen von sechs Personen umringt war – von dem

62 HStADD, BdVP Dresden (MUK), Nr. 114, n. pag.
63 StAL, BdVP Leipzig, 24.1, Nr. 2410, n. pag.
64 SAPMO-BArch, DY 30, IV 2/11/v.-520, Bl. 188.
65 LHASA, MER, SED-KL Köthen, IV/F-411/007 (62896), n. pag.
66 BLHA, Rep. 730, SED-BL Frankfurt/O., Nr. 2802, n. pag.
67 Vgl. zur Entwicklung der katholischen Selbsttötungsmoral: Bernhard Häring, Das Gesetz Christi, Moraltheologie, München–Freiburg 1967, Dritter Band, S. 214f.; Eugen Drewermann, Vom Problem des Selbstmords oder: Von einer letzten Gnade der Natur, in: Studia Moralia 21 (1983) 1, S. 313–350 und 22 (1984) 1, S. 17–62; Artur Reiner, Wegfall des Verbotes des kirchlichen Begräbnisses für Suizidtote, in: Suizidprophylaxe 14 (1987) 3, S. 235f.

Sicherheitsbeauftragten der SED-Stadtleitung, dem Werkdirektor, dem BGL-Vorsitzenden und drei Polizisten:»Warum diese alle da wären, denn das Vorkommnis ginge niemanden etwas an«, soll er sinngemäß in großer Erregung gesagt haben. Man einigte sich, den Vorfall (der durch Gerüchte über ein außereheliches Verhältnis des Parteisekretärs ausgelöst worden war) zu verschweigen und den Parteisekretär erst einmal in den Urlaub zu schicken. In einem Bericht über das Vorkommnis hieß es dann:»Es zeugt vom mangelnden Vertrauen zu den Genossen der übergeordneten Leitung, daß er sich mit keinem Genossen zur Lösung der ihn bewegenden Probleme beraten hat.«[68]

Auch im Fall des 1. Sekretärs der SED-Kreisleitung Tangerhütte, der im Mai 1955 einen Suizidversuch beging, weil er durch seine Aufgabe überfordert war, zeigten sich die Genossen»enttäuscht« über die»Neigung zur Kapitulation«. Ein Suizidversuch eines anderen, an Tuberkulose erkrankten Parteisekretärs wurde mit ähnlichen Vorwürfen kommentiert:»Er hat ungenügendes Vertrauen zur Partei und Regierung. Sein Verhalten hat das Ansehen der Partei geschädigt und zeugt von mangelndem Parteibewusstsein.«[69]

Oft wurde die verbale Zurückweisung suizidaler Handlungen aber mit einer solidarischen Zuwendung an die Hinterbliebenen verbunden. So hieß es 1966 im Bericht über die Selbsttötung eines Polizisten einerseits:»Seine letzte Reaktion ist unkommunistisch und muß vom Standpunkt der sozialistischen Moral verworfen werden.« Zugleich wurde die Versorgungsordnung großzügig angewendet; die Witwe erhielt zwei Monatsgehälter und die Bestattungskosten, das Kind eine Halbwaisenrente.[70]

In einem anderen Fall aus dem Jahr 1979 waren die Reaktionen ähnlich. Hier wurde auch ganz klar das Ziel dieses ambivalenten Vorgehens – prinzipielle Verurteilung und gleichzeitig großzügige Hilfe für Hinterbliebene – formuliert: Es ging den Genossen darum, die Irritation im Kollektiv, die durch die Selbsttötung entstanden war, in eine»positive Reaktion« zu transformieren und die Gruppenharmonie wiederherzustellen.[71]

Oft war die moralische Verurteilung von Selbsttötungen auch mit Selbstkritik verbunden. So hieß es, nachdem sich ein Parteiinstrukteur in Kalbe / Milde erschossen hatte, weil ihn Ermittlungen des MfS (die sich später als überzogen herausstellten) in Angst und Schrecken versetzt hatten:»Der Selbstmord des Gen. […] ist verwerflich und eines partei- und klassenverbundenen Genossen unwürdig. Die Partei muss aber trotz der falschen Handlung des Gen. […] einige ernste Lehren daraus ziehen.«[72]

68 ThHStAW, SED-BL Erfurt (1968–71), IV/B/2/4/136, n. pag.
69 LHASA, MD, Rep. P 13, SED-BL Magdeburg, IV/2/56, Bl. 45, 89–91.
70 HStADD, BdVP Dresden, MUK, Nr. 467 (Karton 620), n. pag.
71 StAL, BdVP Leipzig, 24.1, Nr. 2261, n. pag.
72 Vgl. Grashoff, Selbsttötungen,. 21–25.

Versöhnlich fielen die Reaktionen auf Selbsttötungen von SED-Mitgliedern hingegen aus, wenn die Genossen bei den Verstorbenen einen gewissen Heroismus erkannten. In solchen Fällen griff die Partei durchaus nachvollziehbar auf die mit der eigenen Ideologie kompatible Formel des Opfertodes für eine bessere Zukunft zurück. »Genossin [...] ist – soweit wir sie kennenlernten – auffallend extrem gewesen in ihrer Arbeitshaltung, ihrer Einsatzbereitschaft, ihrer Aufopferung [...], in ihren hohen Anforderungen an sich selbst und ihre Umwelt, in ihrer Konsequenz – bis zur Gefahr der Selbst-Isolierung und der gesundheitlichen Schädigung«, schätzte eine Parteisekretärin eine Genossin ein, die sich 1980 das Leben genommen hatte.[73]

Vor allem in dieser Sichtweise, interpretiert als letzte Aufopferung für die Sache des Kommunismus, als altruistische Selbsttötung (im Sinne Durkheims), bewirkte der Tod durch eigene Hand Reaktionen der Trauer und des Mitleids.

Einen Versuch, die Selbsttötung eines Parteifunktionärs zu akzeptieren, stellte die Beerdigungsrede für einen im Februar 1983 verstorbenen Professor dar, der sich als Dozent und Reisekader ebenso wie als Parteifunktionär und MfS-Informant stets einsatzbereit gezeigt hatte. In der Rede hieß es:

»Wir alle wissen, daß Leben auch Tod bedeutet und sind immer wieder erneut erschüttert, wenn wir ihm begegnen. Wir sind es vor allem dann, wenn er so jäh und unerwartet eintritt, wie bei unserem Freund und Genossen [...]. Das Erschrecken ist wohl dann auch noch um so größer, wenn der Kreislauf des Lebens ein scheinbar eigenmächtiges Ende findet. Aber es ist nicht das erste Mal, daß sich die Umwelt dann Fragen stellt, die sie niemals voll zu beantworten vermag, wo sie nur vermuten kann, konnte sie es doch auch nicht, als die zweite Tochter von Karl Marx, Laura, gemeinsam mit ihrem Mann Paul Lafargue aus dem Leben schied.«[74]

Der Versuch, Trost zu finden durch einen Verweis auf Selbsttötungen anderer Kommunisten, findet sich auch in Günter Görlichs Roman »Eine Anzeige in der Zeitung« (vgl. Kap. 9). Klaus Höpcke, stellvertretender Minister für Kultur der DDR, lobte in seiner Rezension im »Neuen Deutschland« die im Buch dargestellte Suche des Lehrers Kähne nach Erklärungen für die Selbsttötung eines jüngeren Kollegen: »Sogar das schwierige Thema Selbstmord, gegenüber welchem lebensbejahende Menschen sich oft, weil es ihrem eigenen Naturell so ganz und gar zuwider ist, verschließen bis zur Unzugänglichkeit, bleibt für Kähne nicht ein Tabu, Eva, seine Frau, hilft ihm hier auf die eigene Weise: Sie erinnert an Verse und an die Schicksale Jessenins und Majakowskis.«[75]

---

73 BLHA, Rep. 531, SED-KL Potsdam, Nr. 2219, n. pag.
74 BStU, MfS, BV Gera, AGMS 411/83, Bd. 1, Bl. 43.
75 Klaus Höpcke, Konflikt um das Schicksal eines Lehrers, in: Neues Deutschland vom 28. April 1978, S. 4.

Während sich somit in den 1970er Jahren Tendenzen verstärkten, suizidalen Handlungen von SED-Mitgliedern im Einzelfall auch Verständnis entgegenzubringen, wurden Selbsttötungen von Genossen vor allem dann verurteilt, wenn sie als Folge moralischer Verfehlungen erschienen. So wurde ein Volkspolizei-Wachtmeister Anfang des Jahres 1981, nachdem er versucht hatte, sich das Leben zu nehmen, nicht nur aus dem Dienst entlassen; gleichzeitig fand auch ein Parteiverfahren statt mit der »Zielstellung: Ausschluß aus der Partei«.[76] Hier war es jedoch im Vorfeld wegen anderer Disziplinverstöße schon mehrfach zu Ermahnungen, Auseinandersetzungen und einer Disziplinarstrafe gekommen. Die Volkspolizei war zudem, das muss einschränkend gesagt werden, ein besonderes Milieu, in dem ein Suizidversuch auch als dienstliches Vergehen bewertet wurde und in der Regel eine Entlassung nach sich zog. »Ich bin mir bewußt, daß ich nicht nur mir, meiner Familie, sondern auch der Dienststelle einen Schaden zugefügt habe«, schrieb ein Wachtmeister des Strafvollzuges nach einem Suizidversuch. Mit seiner Stellungnahme wollte er sich bei allen Genossen für sein »Versagen« entschuldigen: »Mir ist bewußt, daß ich nach dieser Situation nicht mehr Angehöriger des MdI sein kann.«[77]

Etwa zur gleichen Zeit, im Jahr 1981, hieß es in einer Stellungnahme eines Lehrerkollektivs nach dem Suizid des stellvertretenden Schuldirektors: »Alle Pädagogen der Schule vertreten den Standpunkt, daß eine solche Handlung in unserer sozialistischen Gesellschaft und bei den guten kollektiven Beziehungen der Pädagogen der Schule zueinander nicht notwendig ist.«[78] Mit diesen Worten wurde Unverständnis geäußert, aber kein Urteil gefällt. Für die Jahre nach 1981 sind in den zugänglichen Akten von SED, NVA, Volksbildungsministerium und Volkspolizei keine ideologischen Verurteilungen von Selbsttötungen mehr enthalten, was als Zeichen für eine nachhaltige Entpolitisierung dieser Todesart innerhalb der SED gewertet werden kann.[79] Ein Indiz für die Tendenz zu neutraleren Bewertungen suizidaler Handlungen ist auch die Präferenz für den Begriff »Selbsttötung« im »Wörterbuch der sozialistischen Kriminalistik« von 1981, wo es im entsprechenden Eintrag hieß: »Form des nicht natürlichen Todes (lat. Suizid); ebenfalls noch übliche, aber unrichtige Bezeichnungen sind Selbstmord und Freitod.«[80]

76 StAL, BdVP Leipzig 24.1, Nr. 2211, n. pag.
77 StAL, BdVP Leipzig 24.1, Nr. 2122, n. pag.
78 LHASA, MER, BT/RdB Halle, Abt. Volksbildung, 4. Ablieferung, Nr. 6271, n. pag.
79 Hier lässt sich eine parallele Entwicklung zur gleichzeitig in der Kirche erfolgten »Rehumanisierung« (Jörns) des Umgangs mit Suiziden vermuten. Vgl. Klaus-Peter Jörns, Nicht leben und nicht sterben können, Göttingen 1979, S. 39; Holderegger, Suizid und Suizidgefährdung, S. 269.
80 Autorenkollektiv (Hg.), Wörterbuch der sozialistischen Kriminalistik, Berlin 1981, S. 360f., zit. 360.

Insgesamt zeigt sich eine weitgehende Entsprechung der Entwicklung der allgemeinen moralischen Urteile und des Umgangs mit konkreten Einzelfällen. Dabei zeigte sich in der SED ein – trotz der grundverschiedenen weltanschaulichen Basis – ähnliches Spektrum von moralischen Bewertungen wie innerhalb der evangelischen Kirche: Einerseits gab es eine allgemeine didaktische Position (grundsätzliche Ablehnung von Selbsttötungen), andererseits eine seelsorgerische Haltung (Appelle an eine gemeinschaftliche Verantwortung).[81] Durch die Begrifflichkeit der SED wurden die Reaktionen und Deutungen der protestantischen Ethik hinsichtlich Selbsttötungen lediglich oberflächlich transformiert.

Mit dieser Beobachtung korrespondierte auch die in der DDR gültige juristische Norm, die von einer uneingeschränkten Lebensbewahrungspflicht des Arztes ausging und in etwa der »sozialen Richtung« in der bundesdeutschen Rechtsdiskussion entsprach.[82] Hingegen hatte die vor allem seit den 1970er Jahren in der Bundesrepublik relativ starke liberale Auffassung eines Rechts auf den eigenen Tod (mit Implikationen wie Sterbehilfe, Patientenverfügungen etc.) in der DDR keine Entsprechung.

Theoretisch hätte aus der materialistischen Weltanschauung auch eine viel stärker materialistisch bzw. epikuräisch ausgerichtete Haltung zum Tod durch eigene Hand folgen können, wie sie etwa Karl Marx vertrat.[83] Die Geschichte der kommunistischen und Arbeiterbewegung hat keine eindeutige Tradition begründet. Einerseits sind Äußerungen von Franz Mehring und Josef Stalin überliefert, die ein heroisches Ausharren auf dem Posten im Kampf für die Weltrevolution einforderten; andererseits plädierten Karl Marx und Clara Zetkin dafür, die persönliche Entscheidung, sein Leben durch eigene Hand zu beenden, zu akzeptieren.[84]

Die Haltung der SED war vor allem aktuell-poltisch motiviert. Anders als Marx und Zetkin, deren Ziel darin bestand, die kapitalistische Gesellschaft zu überwinden, mussten SED-Funktionäre das häufige Vorkommen von Selbsttötungen in der DDR nahezu zwangsläufig als Zeichen des Versagens der sozialistischen Gesellschaftsordnung interpretieren.

81 Vgl. zur Haltung der evangelischen Kirche z.B. Wolfgang Trillhaas, Ethik, Berlin 1959, S. 179–181; Klaus Oesterreich, Über eine Ethik des Selbstmordproblems, in: Zeitschrift für Evangelische Ethik 10 (1966) 5, S. 144–159; Jörns, Nicht leben; Erich Schmalenberg, Tötende Gewalt. Eine theologisch-ethische Studie, Frankfurt/M.–Bern 1981; Helmut Thielicke, Theologische Ethik, Tübingen 1986, S. 279–288.
82 Vgl. Susanne Hahn/Uwe Körner/Achim Thom, Zur Entwicklungsgeschichte und den bisherigen Ergebnissen der Debatte um die ärztliche Bewahrungspflicht im Prozeß der Entwicklung unseres sozialistischen Gesundheitswesens, in: Zeitschrift für die gesamte Hygiene 27 (1981) 4, S. 296–305, hier 299; Schmidtke, Verhaltenstheoretisches Erklärungsmodell, S. 10.
83 Vgl. Volland, Möglichkeiten und Grenzen, S. 541.
84 Vgl. Fritz Keller, Vom Selbstmorde, in: Sozialistische Zeitung, Köln, April 2002, S. 21.

5.3 Bewertungsprozesse suizidaler Handlungen in der Nationalen Volksarmee

5.3.1 Zum Umgang mit Selbsttötungen

Selbsttötungen von NVA-Angehörigen wurden in den internen Berichten an die Armeeführung in der Regel nicht kommentiert. Als Ende der 1950er Jahre die Selbsttötungsrate in der NVA erhöhte Werte annahm, reagierte eine Kommission des Verteidigungsministeriums mit normativen Äußerungen:

»Die tiefgründigen Ursachen sind darin zu sehen, daß
– sich die an Selbstmorden und Versuchen beteiligten Armeeangehörigen über ihre Rolle und Stellung in unserer Gesellschaftsordnung nicht bewußt sind;
– bei diesen Menschen nicht genügend die Perspektive über ihr Leben im sozialistischen Staat vorhanden ist;
– die betreffenden Armeeangehörigen nicht erkannt haben, daß es im Leben nicht solche Schwierigkeiten geben kann, die nicht mit Hilfe der sozialistischen Gesellschaftsordnung überwunden werden können.«[85]

In einer Diplomarbeit eines Kriminalisten, der sich mit Selbsttötungen in der NVA befasste, hieß es im Jahr 1968:»Derartige Handlungen sind der sozialistischen Gesellschaft wesensfremd.«[86] Dass dieses ideologische Urteil zumeist unausgesprochen den Umgang mit Selbsttötungen in der NVA prägte, zeigte sich auch in konkreten Reaktionen auf Selbsttötungen.

So hatte die Armee im Fall von Unteroffizieren und Offizieren über die Art und Weise der Beerdigung zu entscheiden. Hier floss ein letztes Werturteil über den Suizidenten ein, und es fiel oft negativ aus. Bei den Grenztruppen beispielsweise setzten im Jahr 1988 zwei Offiziere ihrem Leben mit der Dienstpistole ein Ende, beide aus persönlichen Gründen. In beiden Fällen wurde eine»Beisetzung ohne militärische Ehren« angeordnet.[87]

Hatte sich ein Armeeangehöriger das Leben genommen, konnten seine Angehörigen, wenn die Selbsttötungshandlung als Dienstbeschädigung gewertet wurde, Versorgungsansprüche geltend machen. Auch hier legte die NVA eine vergleichsweise harte Haltung an den Tag. Während die»Diensttauglichkeits- und Eignungsordnung« der NVA von 1971 noch eingeräumt hatte:»In Ausnahmefällen ist ein psychopathologischer Suicid/Suicidversuch als Diensterkrankung anzuerkennen, wenn ein Behandlungsversäumnis oder eine Verletzung der Aufsichtspflicht als maßgeblich für das Zustandekommen des Suicids/Suicidversuches anzuerkennen ist«, legte die »Begut-

85 BA-MA Freiburg, DVW 1, 55503, Bl. 154.
86 Kurt Melzer, Die kriminalistische Untersuchung von Selbsttötungen im Bereich der NVA, Diplomarbeit Berlin 1968, S. 3.
87 BA-MA Freiburg, GT-Ü-006205, Bl. 56, 85.

achtungsordnung« von 1987 definitiv fest:»Eine Anerkennung als Diensterkrankung ist bei Suiziden/Suizidversuchen ausgeschlossen.«[88]
    Bei der deutschen Wehrmacht wurde, wie der Münchener Psychiater Karl
Weiler konstatierte,»die Selbsttötung eines nicht geisteskranken Soldaten
als eine Art Fahnenflucht gewertet, eine Auffassung, die auch in der Versor-
gungsgesetzgebung zum Ausdruck kam, nach der ein solcher vorsätzlich
vom Beschädigten selbst herbeigeführter Körperschaden nicht als Dienstbeschädigung anzusehen war«.[89] In der NVA wurde der Fahnenfluchtgedanke
abgelöst durch die (insbesondere von Militärpsychiater Gestewitz vertrete-
ne) Auffassung, dass suizidale Handlungen keine dienstlichen Ursachen haben und vielmehr fast immer Folge einer psychopathologischen Fehlentwicklung sind.[90]

5.3.2 Zum Umgang mit Suizidversuchen von NVA-Angehörigen

Die von Anfang der 1960er Jahre bis zum Anfang der 1970er Jahre auf das
Anderthalbfache gestiegene Zahl der registrierten suizidalen Handlungen in
der NVA – im Fünf-Jahres-Zeitraum 1961 bis 1965 wurden durchschnittlich
110 derartige Vorkommnisse verzeichnet, im Zeitraum 1972 bis 1976 waren
es 170 – stellte die Militärärzte immer häufiger vor das Problem, nach der
Rettung und medizinischen Behandlung über das weitere Schicksal eines
Patienten, der mit einer Tablettenvergiftung oder einem aufgeschnittenen
Unterarm eingeliefert wurde, entscheiden zu müssen. In der hierfür grundlegenden »Diensttauglichkeits- und Eignungsordnung« der NVA hieß es in
der Version von 1971, dass »psychopathologisch zu wertende Suizidversuche« als Zeichen der Untauglichkeit zum Wehrdienst zu werten seien; wurde
jedoch festgestellt, dass dem Suizid keine psychische Krankheit zugrunde
lag, musste der Soldat weiterdienen. In der neuen Fassung der Diensttaug-
lichkeitsordnung von 1987 wurden die Kriterien ausdifferenziert:»Final angelegte und psycho-pathologische Suizidversuche sowie fortbestehende Suizidgefährdung« sollten eine dauernde Untauglichkeit nach sich ziehen;
»appellativ-demonstrative sowie kurzschlüssige Suizidversuche ohne fortbestehende Suizidgefährdung« waren hingegen als diensttauglich zu bewerten.[91]

---

88 Vgl. BA-MA Freiburg, VA-01, 5630, Bl. 247 sowie DVW 1, 44052, Bl. 111.
89 Karl Weiler, Zur Frage des Zusammenhanges von Selbsttötungen mit Körperschäden, in:
    Medizinische Monatsschrift 1 (1947), S. 27–32, zit. 28. Allerdings gab es infolge der
    Möglichkeit, Sondergründe geltend zu machen, eine recht differenzierte Begutachtungs-
    praxis bei der Wehrmacht. Vgl. z.B. Angelika Ebbinghaus, Soldatenselbstmord im Urteil
    des Psychiaters Bürger-Prinz, in: Angelika Ebbinghaus/Karsten Linne (Hg.), Kein abge-
    schlossenes Kapitel: Hamburg im »Dritten Reich«, Hamburg 1997, S. 487–531, hier 498–
    516; Baumann, Vom Recht, S. 360–368.
90 Vgl. Gestewitz, Erkennung, S. 135.
91 Vgl. BA-MA Freiburg, VA-01, 5630, Bl. 247 sowie DVW 1, 44052, Bl. 164.

Praktisch bedeutete das, wie der Militärpsychiater Gestewitz von seiner Tätigkeit im Armeelazarett Bad Saarow berichtete, dass von den Patienten, die nach Suizidversuchen behandelt wurden, 58,5 bzw. 72,5 Prozent als diensttauglich eingestuft wurden. Lediglich 14 bzw. 22,5 Prozent sollten aus der Armee entlassen werden, der Rest wurde für »vorübergehend dienstuntauglich« erklärt.[92] Das war eine relativ strenge Vorgehensweise. In der Bundeswehr hatten suizidale Handlungen häufiger eine Ausmusterung zur Folge. Zwar lagen die Ausmusterungsquoten auf den ersten Blick in ähnlicher Größenordnung, so wurden 1976/77 ca. 26 Prozent und 1980/81 knapp 21 Prozent der Bundeswehrangehörigen nach Suizidversuch entlassen. Gleichzeitig warteten aber jeweils weitere 26,5 bzw. 33,4 Prozent noch auf die Entscheidung über den Antrag auf Entlassung.[93]

Nicht immer klar von suizidalen Handlungen zu unterscheiden sind die Versuche von Soldaten, durch absichtliche Selbstbeschädigungen dem Armeedienst in der NVA zu entkommen. Zum Beispiel wurden im Ausbildungsjahr 1972/73 neben den 181 suizidalen Handlungen auch zahlreiche »vorsätzliche Selbstbeschädigungen« (allein bei den Landstreitkräften der NVA meldeten die Militärmediziner 49 Fälle) registriert.[94] Um die Selbstbeschädigungen zu bekämpfen, forderte das Kollegium am 15. Juni 1978, eine Regelung zum Nachdienen bei Dienstausfällen durch »eigene vorsätzliche Körperverletzungen« zu erarbeiten. Eine dementsprechende Dienstvorschrift ist in den archivierten NVA-Unterlagen jedoch nicht überliefert.

Generell wurden Suizidversuche als solche bei Soldaten nicht disziplinarisch bestraft. Zu Maßregelungen kam es jedoch, wenn der Suizidversuch als demonstrative Widerstandshandlung durchgeführt oder auch nur angedroht wurde. So schrieb ein gerade einberufener Soldat im Mai 1971 in einer handschriftlichen Erklärung, die er kurz vor der Vereidigung beim Kommandeur einreichte: »Da ich die Welt hauptsächlich durch Gefühle erfasse und diese sich gegen jegliche Gewalt durch Menschen sowie Maschinen wenden, deshalb nehme ich nie eine Waffe in die Hand.« Der 19-Jährige hatte sich im März 1971 für ein Theologiestudium beworben, um dem Wehrdienst zu entgehen. Nun, »in die Armee gepreßt«, wollte er »Sand im Getriebe der Diktaturmaschine« sein. In einem Postskriptum fügte der Soldat seiner Erklärung hinzu: »Seit meiner Zugehörigkeit zur NVA erwog ich des öfteren Selbstmordabsichten, da ich mit dem Leben nicht mehr fertig

---

92 Vgl. Gestewitz, Erkennung, S. 47, 117.
93 Klaus-Jürgen Preuschoff, Bestandsaufnahme: Selbstmorde und Selbstmordversuche in der Bundeswehr, in: ders. (Hg.), Selbstmordverhütung in der Bundeswehr, Regensburg 1989, S. 25–64, Zahlenangaben S. 39f.
94 Operative Militärmedizinalstatistische Berichterstattung, in: BA-MA Freiburg, VA-01, 34986, n. pag.

werde.« Als Sofortmaßnahme wurde vom MfS eine Arreststrafe wegen Befehlsverweigerung vorgeschlagen.[95]

Gegen einen Wehrdienstleistenden bei der Bereitschaftspolizei, der sich demonstrativ eine Schnittwunde am Arm beigebracht hatte, um den Vorgesetzten nach Auseinandersetzungen um die Ausführung von Befehlen zu zeigen, dass er sich ihrem militärischen Zwang nicht beugen würde, wurde im Februar 1983 ein Ermittlungsverfahren wegen »Wehrdienstentziehung« eingeleitet.[96]

In einem anderen Fall bewahrte die Psychiatrie-Einweisung einen 20-jährigen Soldaten, der sich bei der NVA »seiner Würde und Individualität beraubt« fühlte, vor einer Bestrafung. Er hatte die Gleichmacherei durch die Uniformen als befremdend und die Befehle als »Machtdemonstration der Vorgesetzten« empfunden, zudem hatte er einen Befehl, den er für Schikane hielt, nicht ausgeführt. Nach einem dadurch ausgelösten Streit, in dessen Verlauf er beinahe aus dem Fenster gesprungen wäre, wurde der Soldat in die Psychiatrie eingewiesen, wo ihm die Diagnose »akute psychische Fehlreaktion« auf eine plötzliche situative Einengung gestellt wurde. Diese psychopathologische Deutung bahnte den Weg zur Entlassung aus der NVA.[97]

Bei Berufssoldaten, Unteroffizieren und Offizieren hingegen galt bereits ein Suizidversuch als Disziplinarvergehen.[98] Wurde die Tat öffentlich bekannt, traf den Betroffenen oft zusätzlich noch der Vorwurf der Schädigung des Ansehens der bewaffneten Organe. Da das Gros der NVA-Führungskräfte Mitglied der SED war, lösten suizidale Handlungen neben den dienstlichen Disziplinarverfahren zusätzlich noch »Parteierziehungsmaßnahmen« aus. »Ein Genosse hat nicht das Recht, sich zu suizidieren. Sein Leben gehört der Partei!«[99] – so lautete sinngemäß der Vorwurf, mit dem eine Parteikontrollkommission den Kabarettschriftsteller Manfred Bartz konfrontierte, der während seines Armeedienstes bei der Marine einen Suizidversuch begangen hatte.

Ein Unteroffizier auf Zeit, der vor den Drangsalierungen seiner Zimmerkollegen buchstäblich davongelaufen war und sich vier Tage in einem Keller versteckte, um nach eigener Aussage »lieber zu verhungern, als zur Dienststelle zurückzukehren«, wurde wegen seiner Handlungsweise im Mai 1986

95 BStU, MfS, AS 288/74, Bd. 5, Bl. 461–463.
96 Vgl. BStU, MfS, HA VII, Nr. 315, Bl. 270, 277.
97 Vgl. Susanne Altstadt/Henning Beau, Zum Erscheinungsbild suizidalen Denkens, Diss. Halle 1992, S. 46.
98 Eine militärstaatsanwaltliche Untersuchung war nur bei Offizieren vorgeschrieben, wurde aber teilweise auch bei Soldaten eingeleitet. So wies der Militärjurist Oberstleutnant Lohde im Jahr 1985 auf Fälle hin, »in denen ohne erkennbare Gründe umfangreiche Untersuchungen geführt wurden«. S. Lohde, Zum Umfang der militärstaatsanwaltschaftlichen Aufklärungspflicht bei Suiziden und versuchten Suiziden, in: Militärjustiz (1985) 2, S. 21–24, zit. 23.
99 Gilbert Furian, Mehl aus Mielkes Mühlen, Berlin 1991, S. 258.

aus der SED ausgeschlossen. Gleichzeitig wurde er zum Soldaten degradiert.[100]

Ein Oberstleutnant der NVA, der im März 1980 einen Suizidversuch unternahm, wobei er sich mit einer Schere Verletzungen beibrachte, die nicht lebensgefährlich waren, wurde »disziplinar mit einem ›strengen Verweis‹ und parteilich mit einer ›strengen Rüge‹ bestraft«.[101] Zwei Monate später unternahm er einen weiteren Suizidversuch; dieser zog die Entlassung aus der Armee nach sich. Dabei spielte auch die Tatsache eine Rolle, dass er schwerer Alkoholiker war.

In der Bundeswehr hingegen scheint es vergleichbare Fälle nicht gegeben zu haben. So konstatierte der Wehrpsychiater Kalbitzer im Jahr 1983, dass »Wehrstrafverfahren wegen suizidaler bzw. pseudosuizidaler Handlungen praktisch unbekannt geblieben« seien.[102] Die »Wehrdisziplinarordnung« der Bundeswehr legte fest, dass ernst gemeinte Suizidversuche keine Dienstvergehen darstellten. »Auch eine durch Selbstmordversuch herbeigeführte Beeinträchtigung der Dienstfähigkeit«, hieß es in der Version des Jahres 1979, »muß disziplinarisch außer Betracht bleiben.«[103]

Es kam jedoch auch in der Nationalen Volksarmee nicht nach jedem Suizidversuch zur Maßregelung, vielmehr wurde das Vorkommnis zumeist im Kontext des Gesamtverhaltens bewertet. Ein Leutnant, der wegen Schwierigkeiten sowohl in seiner Ehe und als auch im Dienst im Oktober 1981 versucht hatte, sich das Leben zu nehmen, wurde nicht bestraft und nach seiner Genesung lediglich, entsprechend seinem Wunsch, in eine neu aufgestellte Kompanie versetzt. »weitere masznahmen laufen nicht«, stellte ein Fernschreiben des MfS fest.[104]

5.4 Selbsttötungen an den Schulen der DDR als politisch-moralische Herausforderung

Die sprunghaft gestiegene Häufigkeit von Schülersuiziden in der DDR nach dem Mauerbau (vgl. Abschnitt 2.6) wurde in der DDR nicht als Gesamtphänomen erkannt und behandelt; allerdings kam es in mehreren Einzelfällen zu intensiven Aktivitäten des SED-Parteiapparates. So schaltete sich im Jahr 1962 die SED-Bezirksleitung Potsdam ein, nachdem es Beschwerden über

---

100 BStU, MfS, HA I, Nr. 11172, Bl. 1–6.
101 BStU, MfS, HA I, Nr. 4590, Bl. 170.
102 C. H. Kalbitzer, Der »Suizidversuch« und seine wehrstrafrechtliche Zuordnung aus wehrpsychiatrischer Sicht, in: Wehrmedizinische Wochenschrift 27 (1983) 1, S. 7–13, zit. 12.
103 Klaus Dau, Wehrdisziplinarordnung, München 1979, S. 102.
104 BStU, MfS, HA I, Nr. 25, Bl. 339f.

die Reaktionen der Schule auf den Suizid eines 11-jährigen Schülers in Kleinmachnow gegeben hatte.[105] Der Junge hatte einen Eintrag in das Hausaufgabenheft bekommen, den er, aus Angst vor Prügel, seinen Eltern nicht gezeigt hatte. Nachdem er erst eine schriftliche Verwarnung bekommen hatte, dann einen Tadel, hatte ihn der Lehrer schließlich während des Unterrichts nach Hause geschickt, um den Eintrag umgehend abzeichnen zu lassen; aus Angst hatte sich der Junge erhängt.

Zwei Monate nach dem Todesfall forderte die SED-Bezirksleitung von der Schule einen Bericht an; der Schuldirektor stellte den Fall so dar, als ob die Schuld vor allem bei dem Schüler selbst und bei seinen Eltern zu suchen wäre, und verwies als zusätzliche Erklärungsvariante darauf, dass der Junge das Aufhängen zuvor schon mit seinen Freunden beim Indianerspielen probiert hätte.

»Ich war nach dem Inhalt dieses Berichts erschüttert«, bekannte demgegenüber ein Mitarbeiter der SED-Bezirksleitung. »Kein Fünkchen Anteilnahme für den Jungen. So berichtet die LPG über Ferkelsterblichkeit. Keine Andeutung von Selbstkritik [...]. Was sind das für Pädagogen?«

Ein anderer Funktionär hatte zuvor bemerkt: »Dieser ›Fall‹ [...] widerspricht allen Forderungen des sozialistischen Humanismus. Ich möchte mein Kind nicht zu solchen gefühllosen Bildungsadministratoren in die Schule geben.« Bei dem Lehrer vermutete der Funktionär sogar eine faschistische Vergangenheit. »Solch eine menschenfeindliche Gefühllosigkeit muß doch Wurzeln haben. Unsere Kinder dürfen aber nicht nackt unter Wölfen sein!« Diese Anspielung auf Bruno Apitz' 1963 verfilmten Buchenwald-Roman[106] brachte nicht nur die enge Verbindung von sozialistischem Humanismus und scharfer Abgrenzung vom »Faschismus« zum Ausdruck, sie verwies auch darauf, dass die DDR sich auch im Umgang mit Selbsttötungen ganz bewusst von der Brutalität der NS-Diktatur unterscheiden wollte.

Wie »kaltblütig« und »herzlos« nichtsdestotrotz im konkreten Fall vorgegangen wurde, zeigt allein die Tatsache, dass den Schülern bei einem Fahnenappell gesagt worden war, ihr Mitschüler sei ein Feigling gewesen, »der vor der Verantwortung, die die Gesellschaft ihm gestellt hat, ausgewichen« sei – ein Argument, das sich auf ähnliche Äußerungen des sowjetischen Erziehers Makarenko berufen konnte.[107]

105 Vgl. BLHA, SED-BL Potsdam, Rep. 530, Nr. 1773, Bl. 107–132, 139–144.
106 Vgl. Bruno Apitz, Nackt unter Wölfen, Halle/Saale 1958.
107 Vgl. A[nton] S[emjonowitsch] Makarenko, Der Weg ins Leben, Berlin 1953, S. 431–433. Auf Makarenko beriefen sich auch Kinderpsychologen bei ihren »Ratschlägen« zum Umgang mit suizidgefährdeten Kindern: »Ein Klaps zur richtigen Zeit wirkt Wunder; Wohlwollen oder gefühlsbedingtes Entgegenkommen kann ein Kind nicht immer auf den richtigen Weg bringen. Dem Erziehungsberechtigten, also in erster Linie dem Lehrer, muß ein gewisses Maß an Machtmitteln zugestanden werden, wenn es nicht zu schulischen Schwierigkeiten bei den Kinder kommen soll, die [...] den ersten Anlauf zur Selbstmordtendenz des Kindes geben können.« M. Müller-Küppers/E. Schilf, Beiträge zur Kinderpsychologie, III. Selbstmord bei Kindern, in: Psychiatrie, Neurologie und medizinische Psychologie 7 (1955) 2, S. 42–54, zit. 53.

»Das ist ein Hohn auf diesen toten Menschen«, befand der Funktionär der SED-Bezirksleitung, und veranlasste eine außerordentliche Versammlung an der Schule, bei der ein Vertreter des ZK der SED, jeweils zwei Funktionäre von SED-Bezirks- und Kreisleitung und zwei Mitarbeiter der Abteilung Volksbildung des Rates des Kreises sowie der Kreisstaatsanwalt anwesend waren. In der vierstündigen Debatte zeigte sich, dass die Schule sich bemüht hatte, den Fall möglichst schnell zu den Akten zu legen. Bereits nach einem Tag war die Untersuchung abgeschlossen worden. Der Kreisstaatsanwalt hatte eine Beschwerde des Vaters gegen den Lehrer »sofort niedergeschlagen«. Lediglich das Heimschicken des Kindes aus dem Unterricht war als formaler Verstoß gegen die Schulordnung geahndet worden; der Lehrer hatte eine Verwarnung erhalten, die Kollegen waren belehrt worden, sich an die Vorschriften zu halten und ansonsten nicht über den Fall zu sprechen. Als trotzdem Gerüchte aufkamen, »beriet man, wie man den Gerüchten entgegentreten kann«.

Angesichts dessen fragte der Funktionär der Bezirksleitung:

»Wäre es nicht richtig gewesen, vor die Schüler zu treten und zu ihnen zu sagen: Wir haben […] nicht gekannt, und ihr als seine Klassenkameraden habt ihn auch nicht gekannt. Wir und ihr haben ihn allein gelassen, ganz allein gelassen, das darf es an unserer Schule nicht mehr geben.«

Einen eigenen Schuldanteil konnten und wollten die Lehrer offenbar nicht erkennen; erst nach dem Vorwurf, nicht »was der VI. Pädagogische Kongreß fordert, nämlich die Liebe zum Kind, zu berücksichtigen«, schwenkte der Parteisekretär der Schule in Richtung Selbstkritik ein:

»Sind wir in der Lage, als Kollektiv mit allen Kräften auch solche Elternhäuser auf den richtigen Weg zu bringen, wo nicht alles in Ordnung ist, oder sind wir dazu nicht in der Lage?«

Mit seiner Frage formulierte er einerseits den Anspruch der sozialistischen Gesellschaft, individuelle Not zu lindern, einsame und verzweifelte Menschen zu integrieren und zu einer optimistischen Welthaltung zu befähigen; andererseits verwies der zweifelnde Ton auch auf die Skepsis eines praktizierenden Pädagogen, der sich der begrenzten Wirkung seiner Erziehungsmaßnahmen bewusst war.

In einem ähnlichen Suizidfall veranlasste die SED-Kreisleitung im thüringischen Pößneck zwei Jahre später einen Sondereinsatz der Parteikontrollkommission. In Pößneck hatte sich ein 14-jähriger Schüler das Leben genommen. »Aus dem hinterlassenen Abschiedsbrief geht hervor, daß sowohl von Seiten der verantwortlichen Lehrer als auch vom Elternhaus (Vater ist Genosse) bei der Erziehung des Jungen ernste Fehler begangen wurden«, begründete die SED-Kreisleitung die Zuständigkeit der Partei.[108] Der Ein-

---

108 ThStAR, BPA SED Gera, SED-KL Pößneck IV/A-4/08/082, Bl. 20.

druck eines dringlichen Handlungsbedarfes entstand auch hier vor allem dadurch, dass einige Lehrer angesichts der Kritik, sie hätten schon bei kleinsten Vergehen mit formaler Bestrafung reagiert, die Ansicht vertraten, dass die »angewandten Erziehungsmethoden praktisch die einzige Möglichkeit der Lehrer wären, ihre Autorität in der Klasse aufrecht zu erhalten«. Zudem hatte auch die Parteiorganisation der Schule »die Schuld einseitig auf den Schüler und das Elternhaus abgeschoben«, statt sich »um die kritische Auswertung des tragischen Vorfalles und die Klärung der tieferen Ursachen« zu bemühen.

Trug bereits der Einsatz der SED-Funktionäre im Bezirk Potsdam Züge eines gut gemeinten, aber letztlich wirkungslosen Aktionismus, so muss das für das Beispiel aus Pößneck als Hauptkennzeichen konstatiert werden. Die Genossen der Parteikontrollkommission bemängelten in ihrem Bericht vom 14. August 1964 politisch-ideologische Missstände wie das mangelhafte Studium der Beschlüsse der Partei und die fehlende Geschlossenheit der Parteileitung. Die Kommission bewirkte mehrere personelle Umbesetzungen wegen »Tendenzen des routinemäßigen Arbeitens, des Managertums, der Selbstzufriedenheit und Überheblichkeit«, verlor dabei aber die Selbsttötung und deren Ursachen völlig aus dem Blickfeld. Damit wurde die Untersuchung (was selbst der SED-Bezirksleitung Gera auffiel) dem ursprünglichen Anliegen, die tieferen Ursachen des Todesfalls zu ermitteln und diesbezügliche Maßnahmen zu ergreifen, nicht gerecht.[109]

Auch die Kreisparteikontrollkommission im vogtländischen Reichenbach kam angesichts von Schülersuiziden nicht über eine verengte ideologische Schuldzuweisung hinaus. Zwei Schüler, so wurde gemeldet, seien im Jahr 1966 »auf Grund des Einflusses von westlichen Gangsterfilmen im Westfernsehen« ums Leben gekommen, nachdem sie angeblich die Hängeszenen nachspielen wollten.[110] Solche Versuche, die Selbsttötungen als Folge westlicher Beeinflussung durch »Schundliteratur«, Musik oder Filme zu erklären, gab es in den 1960er und frühen 1970er Jahren mehrfach.

Im Mai 1965 führte zum Beispiel ein Schulinspektor im Bezirk Magdeburg die Häufung von Suizidversuchen unter »erotisch stark reagierenden« Schülerinnen auf das Westfernsehen, genauer gesagt: auf einen »vom Westfernsehen ausgehenden Ehrenkodex« zurück. »Der äußere Anlaß ist zwar, wie die Kriminalpolizei ermittelt, der Streit mit den Freundinnen und in der Folge der Greu[e]l vor der Schule. Ursache ist aber wahrscheinlich doch eine von der Räuberromantik ausgehende Ehrenauffassung«, glaubte der Schulfunktionär – auch aus prinzipiellen Erwägungen – feststellen zu müs-

---

109 Vgl. ThStAR, BPA SED Gera, SED-KL Pößneck IV/A-4/08/081, Bl. 57–76, zit. 59.
110 StAC, SED-BL Karl-Marx-Stadt IV A-2/4/241, Bl. 181.

sen, »weil es in unserer soz. Gesellschaft keine objektiven Gründe für derartige Handlungen gibt.«[111]

In Eisenach ordnete ein Direktor an, der »ideologischen Diversion« wirkungsvoll zu begegnen, nachdem herauskam, dass ein Schüler, der sich an einer Sprossenwand erhängt hatte, öfter »Tarzan«-Hefte gelesen und mit in die Schule gebracht hatte. Der Tod des bereits zweimal sitzengebliebenen Schülers der 6. Klasse hatte die Lehrer sehr »nachdenklich« gemacht; die vermeintliche »ideologische Diversion« wurde in dieser Situation wie ein rettender Strohhalm ergriffen: »Inwiefern ein direkter Zusammenhang besteht, ist noch nicht abzusehen. Auf jeden Fall ist indirekt eine negative ideologische Beeinflussung durch derartige Schund-Schmutzliteratur vorhanden«, hieß es im Herbst 1971 im Bericht des Kreisschulrates.[112]

Gegenüber solchen ausgesprochen zweifelhaften Schuldzuweisungen fällt ein Bericht aus den 1980er Jahren durch eine differenziertere Herangehensweise auf. Nachdem sich am 20. Mai 1981 ein 17-jähriger Schüler bei Potsdam vor einen Zug geworfen hatte, stellte die Kriminalpolizei Ähnlichkeiten zu der Anfang 1981 im ZDF ausgestrahlten Fernsehserie »Tod eines Schülers«[113] fest: »Es ist davon auszugehen, daß [...] die Lösung seiner Probleme mit einem Freitod, wie im Film, auf Eisenbahngebiet zu lösen suchte.« Die damit befassten staatlichen Stellen werteten das aber realistischerweise nur als Anlass; im Bericht des Kreisschulrates wurde als Ursache »unbewältigte Entwicklungsprobleme« vermutet, die Kriminalpolizei führte als Motiv an, dass der Schüler mit der Vorstellung, die EOS nach der 10. Klasse verlassen und eine Arbeit aufnehmen zu müssen, nicht zurechtgekommen war.[114]

5.5 Selbsttötungen und Gesellschaftskritik

Obwohl die Statistiken seit 1963 streng geheim gehalten wurden, war bei denjenigen, die sich der Staatsmacht aufrecht und kritisch entgegenstellten, das Skandalon der sehr hohen Selbsttötungsrate der DDR bekannt. Die Liedermacherin Bettina Wegner beispielsweise hatte im September 1976 bei einem Konzert in Wismar mehrere Lieder über Tod und Selbsttötung im Programm; zur Begründung gab sie an, sie hätte über den Umweg Ungarn

111 LHASA, MD, Rep. M1, BT/RdB Magdeburg, Film-Nr. 1168 (Nr. 7795), Bl. 228 f.
112 ThHStAW, BT/RdB Erfurt, Abt. Volksbildung, Nr. 027848, n. pag.
113 Vgl. zu den Auswirkungen der Fernsehserie auf das Suizidverhalten Jugendlicher: Armin Schmidtke/Heinz Häfner, Die Vermittlung von Selbstmordversuchen und Selbstmordhandlung durch fiktive Modelle, in: Nervenarzt 57 (1986), S. 502–510. Die Autoren registrierten in der Bundesrepublik in der Altersklasse der 15- bis 19-jährigen Schüler zur Zeit der Ausstrahlung der Serie gegenüber Vergleichszeiträumen 21 Suizide mehr durch Eisenbahnüberfahrung.
114 Vgl. BLHA, Rep. 401, BT/RdB Potsdam, Abt. Volksbildung, Nr. 27197, n. pag. sowie BLHA, Rep. 471/15.2, BdVP Potsdam, Nr. 1272, n. pag.

erfahren, dass die DDR eine sehr hohe Selbsttötungsrate hat. Auch der Dissident Robert Havemann nannte im Januar 1978 in einem Interview mit der französischen Zeitung »Le Monde« die Selbsttötungsrate der DDR.[115]

Was die Interpretation der hohen Selbsttötungsrate der DDR betraf, so gab bereits die marxistisch-leninistische Ideologie die Richtung vor: »Denn nach der marxistischen Lehre vom Sein, das prägend für das Bewußtsein ist, bleibt nur zu schlußfolgern, daß der triste DDR-Rekord menschlichen Notstandes umweltbedingt ist, seine Ursachen gerade auf jene gesellschaftliche Ordnung einer Kopie des Sowjetsystems zurückzuführen sind, in der angeblich die ›tiefen humanitären Anliegen‹ der Menschheit verwirklicht werden«,[116] hieß es in einer bundesdeutschen Zeitung.

Auch in den Äußerungen von manchen Oppositionellen erscheint die Interpretation von Selbsttötungen als gesellschaftliches Krisenzeichen als logische Konsequenz marxistischen Denkens. »Warum hat die DDR Weltspitze bei Ehescheidungen, Selbstmordraten und Alkoholmißbrauch?«, fragte zum Beispiel Hermann von Berg, der zunächst anonym gebliebene Verfasser eines »Manifestes der Opposition«, das Anfang 1978 im Nachrichtenmagazin »Der Spiegel« abgedruckt wurde. Ursachen dafür sah der ehemalige DDR-Außenpolitiker im »politischen Überbau ohne demokratische Spielregeln«, »in der skandalösen Differenz zwischen der ethischen Theorie einerseits und der ahumanen Praxis andererseits«, und damit letztlich, übersetzt in marxistische Termini, im Widerspruch zwischen Produktivkräften und Produktionsverhältnissen.[117]

Auch Robert Havemann machte für die Differenz der Selbsttötungsraten von Bundesrepublik und DDR »ökonomische und politische Gründe« verantwortlich. Man könnte in solchen Äußerungen eine Auswirkung der Tabuisierung sehen, die durch die Verweigerung von Informationen und die Unterbindung öffentlicher Diskussionen die Ausbildung eines adäquaten Realitätsbewusstseins nicht nur behindert, sondern durch das Schüren von überzogenen Verdachtsmomenten in eine falsche Richtung gelenkt hat. Offenbar wurde in der Perspektive von DDR-Oppositionellen der Zusammenhang zwischen Selbsttötungen und gesellschaftlichen Rahmenbedingungen gerade deshalb besonders betont, weil er von der Partei- und Staatsführung offiziell absolut verleugnet wurde.[118]

115 Interview mit Robert Havemann, in: »Le Monde« vom 21. Januar 1978, S. 1/7. Zit. bei Wolf Oschlies, Jugendselbstmorde in Osteuropa und im intersystemaren Vergleich, Köln 1979, S. 7.
116 DDR hält traurigen Rekord, in: Rheinische Post vom 15. Juli 1978, abgedruckt in: Homa Seidel-Aprin, Zum Selbstmordgeschehen in der Bundesrepublik und den sozialistischen Staaten Osteuropas, Diss. Bonn 1980, S. 78.
117 Abdruck des »Manifestes der Opposition« in: Dominik Geppert, Störmanöver. Das ›Manifest der Opposition‹ und die Schließung des Ost-Berliner ›Spiegel‹-Büros im Januar 1978, Berlin 1996, S. 161–185, zit. 172.
118 Damit erscheint vieles, was im Kontext oppositioneller Aktivitäten zum Thema Selbsttötung geäußert wurde, vor allem als komplementärer Gegendiskurs.

Im Jahr 1987 unternahm der Mediziner Edgar Wallisch in einem Beitrag für die Samisdat-Zeitschrift »Umweltblätter« den Versuch, die Erkenntnisse westlicher Suizidforscher mit den Erfahrungen in der SED-Diktatur zu verbinden:

»Niemand zweifelt nach den sozialpsychiatrischen Untersuchungen zur Selbstmordproblematik von Durkheim, Freud, Henseler und Ringel an der gesellschaftlichen Bezogenheit des Suizids. Der Selbstmord ist meist die Vollendung einer Entwicklung, einer Krise, welche aus einem andauernden Personen-Umwelt-Konflikt entsteht. Es beginnt meist mit dem Nicht-Verstehen, mit dem Verbot des Warum-Fragens, was uns einengt, verunsichert und zu Identitätskrise, insbesondere bei wenig gefestigter Persönlichkeit führt. Die Störung des Selbstwertgefühls, die Gewalterfahrung (allgegenwärtige Zwangsdisziplinierung in unserer Gesellschaft) führen zu einer chronischen Beziehungskrise mit zunehmenden Enttäuschungen, Frustrationen, Mißtrauen, Resignation. Der nichterfüllte Wunsch nach Vertrauen, Offenheit in Gefühls- und Meinungsäußerungen gehört immer zum Stadium erhöhter Selbstmordgefahr.«[119]

Wallisch stellte keinen Zusammenhang zur Selbsttötungsrate der DDR her, wies jedoch darauf hin, dass in der DDR suizidbegünstigende Rahmenbedingungen wie Einengung, Informationsverbote und Zwangsdisziplinierung nach wie vor existierten.

In der Betonung einer (nach heutigem Erkenntnisstand nicht auf die Gesamtgesellschaft anwendbaren) Kausalverbindung zwischen politischem System und der Häufigkeit von Selbsttötungen fand nicht selten auch die ganz persönliche Erfahrung eines ständig von Repressionen bedrohten Lebens am Rand der Gesellschaft ihren Ausdruck.

Freya Klier schilderte in einem Interview im Jahr 2000 das Lebensgefühl derjenigen, die sich dem SED-Staat entgegenstellten:

»Wer aus der Reihe tanzte, der hat den Staat zu spüren gekriegt und der war viehisch. Also, wer irgendwie mit dem Staatsorgan, ob Jugendwerkhof oder Knast, in Berührung kam, das war wirklich finster und da sind die Menschen auch zerbrochen worden. Das ist ein altes Problem, was es auch in anderen Diktaturen gibt: wer sich angepaßt hat und alles mitgemacht hat, der hatte keinen Ärger. Also es kommt solchen Naturen, die es ja auch gibt, die selber nicht entscheiden wollen, den kommt es entgegen, auf der Mehrheitsseite zu sein, immer gesagt zu kriegen, wo es langgeht, aber wer ein bißchen selbständig denken wollte ...«[120]

119 Edgar Wallisch, »Tödlicher Unfall auf dem S-Bhf. Leninallee« (BZ vom 23.5.87), in: MDA Berlin, Umweltblätter (1987), Heft 17, S. 23 f.
120 www.exil-club.de/html/30_projekte/31_projekte_00/biografien/bio_6/view.htm

Albrecht S. gehörte zu jenen, die aus der Reihe tanzten (vgl. Kap. 3). Er hatte seine Außenseiter-Erfahrung zum Thema eines seiner Gedichte gemacht. In einem Verhör, bei dem er zu dem Text über einen langhaarigen Jugendlichen mit dem Titel »Erhängt« befragt wurde, erklärte er, dass er darin die »Perspektivlosigkeit der sozialistischen Gesellschaftsverhältnisse zum Ausdruck« bringen wollte, woraus »es keinen anderen Ausweg geben würde, als Selbstmord zu begehen«.[121] Auch hier korrespondierte die Empathie für den Suizidenten mit der Lebensperspektive des Außenseiters, in der Selbsttötungen als Endpunkt eines unerträglichen Leidens erschienen, das (zumindest teilweise) aus gesellschaftlichen Defiziten resultierte bzw. durch diese verschärft wurde.

5.6 Resümee

Unter Umgehung der gesellschaftskritischen Brisanz, die marxistische Ideen wie die Kritik des »frühzeitigen Todes« auf die DDR angewendet hätten entfalten können, verengten die SED-Ideologen den von Marx noch sehr universal aufgefassten Zusammenhang von Gesellschaft und privater Selbsttötung auf das Phänomen der Arbeitslosigkeit im Kapitalismus. Kehrseite dieser fundamentalen Kritik des Kapitalismus war die Erwartung, dass die sozialistische Gesellschaft automatisch die Selbsttötungsraten senken würde. Die hohe Selbsttötungsrate wurde daher als Herausforderung für die Integrationsfähigkeit der sozialistischen Gesellschaft angesehen.

Selbsttötungen waren »Störfälle« für die marxistisch-leninistische Ideologie. Dementsprechend reichten die Reaktionen im SED-nahen Diskurs von Enttäuschung über verbale Anlehnung bis hin zu scharfer Verurteilung. In den 1950er und 1960er Jahren galt, orientiert an sowjetischen Vorbildern, eine heroische Norm; suizidale Handlungen wurden nicht selten als Feigheit verachtet. Eine andere Form von Bewältigungsversuchen stellten Schuldzuweisungen an den Klassengegner, an »Schundliteratur«, an Überreste dekadenter Bürgerlichkeit etc. dar.

Allerdings schuf die Ausdifferenzierung der marxistischen Persönlichkeitstheorie, wobei den Individuen in ihrem dialektischen Prozess der Weltaneignung auch eine gewisse Eigendynamik zugestanden wurde, in den 1970er Jahren eine Voraussetzung dafür, dass sich die Pflichtethik lockerte und das Verständnis für Suizidalität zunahm, zumeist verbunden mit Appellen an die integrativen Potenzen der sozialistischen Gesellschaft.

Diese allgemeinen Deutungsvorgänge fanden sich im Umgang mit konkreten Suizidfällen wieder. So dokumentieren die Akten des SED-Parteiapparats aus den ersten beiden Jahrzehnten der DDR zum Teil harte Verurteilungen. Mehrfach kam es in der Zeit um 1960 auch zu einem aktionisti-

---

121 BStU, MfS, BV Erfurt, AU 2039/71, EV, Bd. I, Bl. 157.

schen Eingreifen von Funktionären. In den 1970er Jahren nahm demgegenüber die Akzeptanz suizidaler Handlungen zu.

Die bewaffneten Organe der DDR stellten einen Sonderfall dar; hier wurden Suizidversuche auch in den 1970er Jahren noch als Disziplinarvergehen bestraft, und das zumeist doppelt, als Verstoß gegen Parteimoral der SED und als dienstliches Vergehen.

Generell war die Ära Honecker gekennzeichnet durch zunehmende Versachlichung des Umgangs mit Selbsttötungen, die aber nichtsdestotrotz nach Möglichkeit verdrängt bzw. als Einzel- und Ausnahmefälle behandelt wurden und denen die Funktionäre keine allgemeine Bedeutung als Krisenzeichen zumaßen.

Genau die gegenteilige Deutung entwickelte sich in der DDR-Opposition: Hier wurden Selbsttötungen als Zeichen des Versagens des Sozialismus interpretiert. Diese Interpretation erweist sich als verständliche, aber angesichts der langfristigen Konstanz der Selbsttötungsrate unzulässige Übertragung der Erfahrung einer von staatlicher Repression bedrohten Lebensperspektive auf die Gesamtgesellschaft. [122]

---

122 Der Film »Das Leben der anderen« (Florian Henckel von Donnersmarck, 2006) zeigt das fiktive, aber glaubhaft konstruierte Beispiel des Dramatikers Georg Dreymann, der aus persönlicher Leidenserfahrung überzogene Verallgemeinerungen entwickelt.

6   Praktiken des Verschweigens

Das »Tabu« an sich ist durch schriftliche Quellen schwer zu fassen, denn es manifestiert sich im Gegensatz zu den schriftlich (zum Beispiel im Strafrecht) fixierten Verboten eher im vorsprachlichen Bereich. Kennzeichen der Tabuisierung sind die Nichtthematisierung oder sprachliche Entstellungen, indirekte oder sehr vorsichtige Annäherungen und verschleiernde Bezeichnungen.[1] Während das »Tabu« selbst vor allem durch Abwesenheit bestimmter Themen gekennzeichnet ist, wird es durch modifizierende Prozesse, die das Meidungsgebot verschärfen oder lockern, in den Quellen nachweisbar. Wenn beispielsweise Kurt Winter, langjähriger SED-Funktionär und Professor für Sozialhygiene, einen im Jahr 1976 veröffentlichten Aufsatz über Psychotherapie im Sozialismus, in dem er auch auf die Suizidproblematik einging, mit den Worten »Dieser Beitrag ist zweifellos ein Wagnis« einleitete, dann machte er das Tabu durch seine Verletzung sichtbar.[2]

Angesichts dessen wird im Folgenden anstelle des Terminus »Tabu«, der eine feste, unveränderliche Gestalt des Verbots, über Selbsttötungen und deren Häufigkeit öffentlich zu sprechen, suggeriert,[3] eher von »Tabuisierung« die Rede sein, um den historischen Prozess der Modulation des Meidungsgebots zu erfassen. Denn das »Tabu« durchlief eine Entwicklung und war, auch wenn Selbsttötungen für die DDR immer ein heikles Thema darstellten, Veränderungen unterworfen.[4]

---

1   Vgl. Werner Betz, Tabu – Wörter und Wandel, in: Meyers Enzyklopädisches Lexikon, Mannheim u. a. 1978, Bd. 23, S. 141–144.
2   Vgl. K[urt] Winter, Psychotherapie aus soziologischer Sicht, in: Kurt Höck/Karl Seidel (Hg.), Psychotherapie und Gesellschaft, Berlin 1976, S. 44–55.
3   Dieser ahistorischen Sichtweise verhaftet, behauptete etwa der Germanist Dieter Sevin: »Offiziell und statistisch wurden Selbstmorde in der DDR immer als Unfälle hingestellt und erfaßt.« (Dieter Sevin, Textstrategien in DDR-Prosawerken zwischen Bau und Durchbruch der Berliner Mauer, Heidelberg 1994, S. 31.)
4   Vgl. Susanne Hahn/Tilo Nimetschek, Suizidalität: Durchbrochenes Tabu, in: Suizidprophylaxe 20 (1993), S. 181–201 sowie Tilo Nimetschek, Über den Umgang mit der Suizidproblematik in der DDR. Eine retrospektive Analyse unter besonderer Berücksichtigung der medizinischen Fachzeitschriften, Diss. Leipzig 1999.

6.1 Die Selbsttötungswelle von 1945 im öffentlichen Diskurs der SBZ/DDR

Die wahrscheinlich größte Selbsttötungswelle in der deutschen Geschichte wurde im öffentlichen Diskurs der SBZ nahezu komplett verschwiegen. Das fällt besonders auf, da sich zur gleichen Zeit in den Westzonen mehrere Publikationen christlicher Autoren mit dem Thema auseinandersetzten.[5]

Die Selbsttötungswelle wurde auch nach der Gründung der DDR selten erwähnt, und wenn, dann auf einen Teilaspekt reduziert: Diejenigen, die sich in der Stunde der Befreiung durch die »ruhmreiche Sowjetarmee« das Leben genommen hätten, seien Nazis gewesen, die aus Angst vor einer gerechten Bestrafung ihrer Verbrechen oder verblendet durch die rassistische und anti-kommunistische Propaganda gehandelt hätten. So interpretiert, wurden die Selbsttötungen manchmal in medizinischen Dissertationen oder Darstellungen des Kriegsendes erwähnt. Beispielweise charakterisierte die Ärztin Gisela Ehle in ihrer Dissertation im Jahr 1969 Selbsttötungen »während des Zusammenbruchs des Faschismus« als Folge psychologischer Fehlentwicklungen und bestritt, dass »einmalige überstarke Traumen zu Suicidversuchen führen« können.[6]

Differenziertere Darstellungen hingegen wurden verboten; ein Beispiel hierfür ist Falk Harnacks Film »Das Beil von Wandsbek« aus dem Jahr 1952. Der DEFA-Film erzählte (nach einem 1947 in der SBZ veröffentlichten Roman von Arnold Zweig) die Geschichte eines Hamburger Schlachtermeisters, der zur NS-Zeit für Geld Hinrichtungen durchgeführt hatte. Als das öffentlich bekannt wurde, nahm sich zunächst die Frau des Metzgers das Leben, später folgte er ihr in den Tod. Kritikpunkt des SED-Politbüros war, dass der Film einen Nazi und Mörder zum Helden gemacht und Mitleid mit ihm erregt hätte.[7] Wahrscheinlich ging es aber eher darum, dass der Film »ein bisher ausgespartes Thema aufgegriffen hatte: die Verstrickung von Täter und Opfer«.[8] Das passte nicht ins ideologische Schema. Vor allem von »sowjetischen Genossen«, die an einer Aufrechterhaltung eines rigiden Täter-Opfer-Schemas ein besonderes Interesse hatten, wurde gegen Harnacks Film Protest erhoben. Erst 1962 durfte der Film, in einer zensierten Fassung,

---

5 Vgl. Reinhold Schneider, Über den Selbstmord, Baden-Baden 1947; Paul Ludwig Landsberg, Der Selbstmord als moralisches Problem, in: Hochland 39 (1946/47) 5, S. 401–419; August Knorr, Zum Problem des Selbstmordes, Tübingen 1948; Hans Rost, Das Prinzip der Bindung und der Selbstmord, in: ders., Die Katholische Kirche, die Führerin der Menschheit, Westheim b. Augsburg 1949, S. 443–482; Schulte, Selbstmordproblem.

6 Ehle, Entwicklung, S. 10.

7 Vgl. Günter Jordan, Der Verrat oder Der Fall Harnack, in: apropos: Film 2004. Das Jahrbuch der DEFA-Stiftung, Berlin 2004, S. 148–173.

8 Christiane Mückenberger, Die zeitkritischen Filme der DEFA in ihren Anfangsjahren, in: Raimund Fritz (Hg.), Der geteilte Himmel. Höhepunkte des DEFA-Kinos 1946–1992, Bd. 2, S. 13–23, zit. 21.

wieder in den Kinos der DDR gezeigt werden. 1981 wurde die Originalfassung wieder zugelassen. Am 24. Januar 1983 strahlte das DDR-Fernsehen den Film aus.[9]

In den 1980er Jahren entstand auch der Dokumentarfilm »Das Jahr 1945« von Karl Gass, den allein 1985/86 ca. zwei Millionen Zuschauer in den Kinos der DDR sahen; der Film zeigte Bilder von Suizidleichen im von der Roten Armee besetzten Berlin. Eine differenzierte Darstellung der Selbsttötungen zu Kriegsende war aber auch in den 1980er Jahren unmöglich. Der Historiker Dieter Krüger, selbst Überlebender eines kollektiven Selbsttötungsversuches im Jahr 1945, forschte Anfang der 1980er Jahre zu diesem Thema. Sein Befund, dass es in Neubrandenburg zwei Selbsttötungswellen gegeben hatte – eine in den Tagen vor dem Eintreffen der Roten Armee, eine zweite nach dem Einmarsch der Russen am 29./30. April –, wurde »trotz erfolgter schriftlicher Beweisführung vom Sekretär Agitation/Propaganda der SED-Bezirksleitung Neubrandenburg im Jahre 1984 energisch abgestritten«, Krügers wissenschaftliche Darstellung zog die SED ein und erteilte dem Autor Vortragsverbot.[10]

Das lässt vermuten, dass im Fall der Selbsttötungswelle von 1945 die Angst vor (offenbar berechtigten) Schuldzuweisungen die Triebkraft der Tabuisierung durch die SED darstellte.

6.2 Vertuschen oder berichten?
Die Veröffentlichungspraxis der SED bei Selbsttötungen höherer Funktionäre

Grundsätzlich widersprach eine Selbsttötung eines Mitglieds der sozialistischen Einheitspartei dem heroischen Menschenbild eines »Erbauers des Sozialismus« und galt als peinlicher Vorfall, zumal sich die SED als Avantgarde der sozialistischen Gesellschaft betrachtete. Insofern war innerhalb der SED durchaus eine Motivation vorhanden, solche »Vorkommnisse« nach Möglichkeit zu verheimlichen. Bezüglich konkreter Selbsttötungen von Mitgliedern der SED-Führung war die Veröffentlichungspraxis jedoch nicht einheitlich.

Im Jahr 1950 hatte die SED allen Grund, die Selbsttötungen der während der sogenannten »Field-Affäre« in geheimen Verhören bedrängten Genossen zu vertuschen (vgl. Abschnitt 2.7). Die Verschleierung der Todesursachen geschah auf teilweise makabre Weise. Von Paul Bertz hieß es offiziell, er sei an »Herzschlag« gestorben. Seine Tochter wurde von der ZPKK unter Druck

---

9 Vgl. Jordan, S. 173.
10 Krüger, Kriegsende in Neubrandenburg, S. 157, 159.

gesetzt, über die wahre Todesursache zu schweigen. Rudi Feistmanns Selbsttötung wurde im SED-Zentralorgan »Neues Deutschland« als »Fleischvergiftung« dargestellt. Willi Kreikemeyers Tod hingegen wurde jahrelang ganz verschwiegen; erst 1956 teilte die SED der Witwe den Tod ihres Mannes mit. Die unglaubwürdigen Angaben zu den Todesumständen gaben Anlass zu Mutmaßungen und Gerüchten. So hieß es zum Beispiel, Kreikemeyer sei möglicherweise in die Sowjetunion deportiert oder vom MfS ermordet worden.[11] Dafür gibt es jedoch keine Belege.

Gegenüber diesen Verschleierungen, die gleichzeitig Versuche der SED-Führung waren, die eigene Schuld zu vertuschen, veränderte sich der Umgang mit Selbsttötungen führender SED-Funktionäre ab 1956 spürbar, nachdem im Zuge der auf dem XX. Parteitag der KPdSU in Moskau erfolgten Kritik an Stalin auch in der DDR die Opfer innerparteilicher »Säuberungen« rehabilitiert worden waren. Als am 14. Dezember 1957 der Wirtschaftssekretär des ZK der SED, Gerhart Ziller, sich das Leben nahm, wurde dies ohne Zeitverzögerung einen Tag später im »Neuen Deutschland« gemeldet.[12] Das ist bemerkenswert, weil auch Zillers Tod, ganz ähnlich wie bei den Selbsttötungen im Zuge der »Field-Affäre«, eine inquisitorische Befragung der Partei, in diesem Fall im SED-Politbüro, vorausgegangen war.

Die im Verlauf der 1950er Jahre erfolgte Lockerung der Tabuisierung bestand jedoch nur darin, dass statt des absoluten Verschweigens eine Strategie der Neutralisierung durch Pathologisierung praktiziert wurde. So hieß es, Ziller sei »in einem Anfall von Depression« aus dem Leben geschieden. Der Erfolg dieser Verschleierungstaktik war begrenzt, im Bezirk Gera beispielsweise löste die Meldung Spekulationen darüber aus, woher die als Ursache für die Selbsttötung angegebenen »Depressionen« stammten. Genossen forderten, »die parteifuehrung mueszte ausfuehrlicher auskunft ueber die ursachen des tragischen todes geben, um dadurch gegnerischen geruechten vorzubeugen«.[13] Die SED-Führung tat jedoch das Gegenteil und wiegelte alle Diskussionen ab. Um keinen Anlass zu bieten für die Vermutung, hinter Zillers Tod hätten Auseinandersetzungen innerhalb der SED-Spitze gestanden, wurde sogar die Veröffentlichung eines gesonderten Nachrufes der Volkskammer durch einen Anruf aus dem Politbüro in letzter Minute unterbunden.[14]

In dieser Situation brauchte man, um Kritik an der SED zu üben, nicht mehr auf ein Flugblatt zu schreiben als: »Warum beging Gerhart Ziller –

11 Zu den Selbsttötungen von Kreikemeyer, Bertz und Feistmann vgl. Wolfgang Kießling, Partner im »Narrenparadies«, Berlin 1994, S. 263–275 sowie ders., »Leistner ist Mielke«, Berlin 1998.
12 Vgl. Neues Deutschland vom 15. Dezember 1957, S. 2.
13 SAPMO-BArch, DY 30, IV/2/v.-520, Bl. 188.
14 Vgl. SAPMO-BArch, DY 30, IV/2/v.-520, Bl. 190f.

Sekretär des ZK der SED – am 14. Dezember 1957 Selbstmord?« So lautete der Text eines Flugblatts der West-Berliner »Kampfgruppe gegen Unmenschlichkeit«, das am 22. Januar 1958 im Ostteil Berlins abgeworfen wurde.[15]

Als sich am 12. Mai 1961 der im Ruhestand befindliche NVA-General Vincenz Müller das Leben nahm, wurde die Todesursache völlig verschwiegen. Stattdessen versuchte die SED, durch ein reguläres Staatsbegräbnis Normalität vorzuspiegeln. Das wiederum bildete den Nährboden für wilde Gerüchte. So behauptete die (West-)»Berliner Morgenpost«, »uniformierte Vopo und Mitglieder des Staatssicherheitsdienstes« seien »mit einem Gefangenenwagen vor der Villa Müllers« vorgefahren, woraufhin der General »kurz nachdem mehrere von ihnen das Haus betreten hatten« aus dem Fenster gesprungen sei. Tatsächlich handelte es sich dabei, wie Peter Joachim Lapp herausgefunden hat, um eine Fehlinterpretation des nicht abgestimmten Erscheinens von Feuerwehr und einem schwarzen Krankenwagen des Regierungskrankenhauses.[16]

Die politische Komponente, die bei Müllers Tod eine Rolle spielte, war wesentlich komplizierter, als von den Propagandisten des »Kalten Krieges« dargestellt, denn der einstige Wehrmachtsgeneral fühlte sich in Ost- und Westdeutschland bedroht. In der DDR war Vincenz Müller zum Chef des Hauptstabes der NVA und stellvertretenden Verteidigungsminister aufgestiegen, dann aber Anfang 1958 in den Ruhestand versetzt worden. Das abrupte Ende seiner Karriere sowie der Umstand, dass er zu Staatsfeierlichkeiten nicht mehr eingeladen wurde, weckten bei Müller Verfolgungsängste, die (angesichts der tatsächlich erfolgten Bespitzelung durch das MfS) nicht unberechtigt waren, aber paranoide Züge annahmen. Als weiterer, psychisch belastender Faktor kam die Selbsttötung der Ehefrau hinzu; der General fühlte sich mitschuldig, weil er ein Liebesverhältnis mit einer jüngeren Frau eingegangen war. Da er permanent Angst hatte, verhaftet zu werden, erwog er im Frühjahr 1961 ernsthaft, in die Bundesrepublik zu gehen; einen bereits eingeleiteten Fluchtversuch brach er jedoch ab. Grund hierfür war höchstwahrscheinlich, dass in der Bundesrepublik ein Zeitungsartikel erschienen war, der dem Ex-Wehrmachtsgeneral eine Mitschuld an der Erschießung von 90 000 Juden anlastete. Dieser Artikel löste bei Müller Suizidgedanken und ein Herzleiden aus, weshalb ein zwölfwöchiger Krankenhausaufenthalt notwendig wurde. Mit seiner Selbsttötung am 12. Mai 1961 kam Müller einer (von seinen Kindern unter der Legende »Nierenbehandlung« eingefädelten) psychiatrischen Behandlung zuvor, die an diesem Tag beginnen sollte.[17]
Die DDR hatte also in mehrfacher Hinsicht Veranlassung, Normalität vorzu-

---

15 BStU, MfS, ZAIG, Nr. 77, Bl. 1.
16 Peter Joachim Lapp, Un-Ruhestand und Tod des Vincenz Müller (1958–1961), in: ders., Ulbrichts Helfer, Bonn 2000, S. 140–158, zit. 153.
17 Vgl. Peter Joachim Lapp, General bei Hitler und Ulbricht. Vincenz Müller – Eine deutsche Karriere, Berlin 2003, S. 234–246.

täuschen, damit es nicht zu Nachforschungen über die Suizidmotive des Generals kam. Einerseits war Müller bei Ulbricht in Ungnade gefallen, andererseits wäre es der DDR und ihrem Selbstbild als »antifaschistischer Staat« peinlich gewesen, sich mit den vermeintlichen Kriegsverbrechen eines führenden Militärs auseinandersetzen zu müssen.

Die bereits im Vorfeld des Mauerbaus erkennbare stärkere Tabuisierung setzte sich nach 1961 zunächst fort. So wurde im Jahr 1963, parallel zur Unterbindung der Veröffentlichung der Suizidstatistiken, die Selbsttötung von Max Sens, einem ehemaligen KPD-Funktionär und Mitglied des Zentralkomitees der SED, der in der ZPKK bis 1959 maßgeblich an Parteisäuberungen mitgewirkt hatte, streng geheim gehalten. Die Vertuschung geschah so nachhaltig, dass noch 2001 im Lexikon »Wer war wer in der DDR?« als Todesursache »Unfall« angegeben wurde. Die Akten des MfS dokumentieren hingegen, dass es sich eindeutig um eine (offenbar privat motivierte) Selbsttötung handelte.[18]

Auch zwei Jahre später, als sich der Vorsitzende der Staatlichen Plankommission, Erich Apel, mit seiner Dienstpistole erschoss, hätte die SED gute Gründe für eine Verheimlichung gehabt, denn die Selbsttötung stand in enger Beziehung zu politischen Meinungsverschiedenheiten über die Wirtschaftspolitik der SED. Doch obwohl die Voraussetzungen dafür bestanden (das MfS hatte die Leiche, um die am gleichen Tag geplante Unterzeichnung des Handelsvertrages mit der Sowjetunion nicht zu stören, diskret beiseite geschafft, und alle Mitwisser zum Schweigen verpflichtet), berichtete das »ND« ausführlich über Leben und Tod des Wirtschaftsfunktionärs, wenn auch unter Weglassung aller Angaben zum Selbsttötungs-Motiv. Stattdessen sollte ein »Ärztliches Bulletin« den Eindruck erwecken, dass es im Wesentlichen »Kreislaufstörungen« sowie »nervliche Überbelastung« waren, »die trotz aller ärztlichen Bemühungen zu einem plötzlichen Nervenzusammenbruch« geführt hätten, woraufhin Apel in einer »Kurzschlussreaktion« aus dem Leben geschieden sei.[19]

Wie schon bei Gerhart Ziller weckte auch bei Apels Tod das Verschweigen des Suizidmotivs Spekulationen. »Nun hat sich der Apel auch noch das Leben genommen«, schrieb zum Beispiel die Schauspielerin Eva-Maria Hagen am 5. Dezember 1965 an Wolf Biermann. »Wie muß man ihm zugesetzt haben. Möcht nicht wissen, wie es um unsere Planwirtschaft bestellt ist, wie tief die Karre im Dreck steckt und wer zieht sie wieder raus? Dabei wollten

---

18 Vgl. BStU, MfS, AS 21/64, Bl. 55–61 sowie Helmut Müller-Enbergs/Jan Wielgohs/Dieter Hoffmann (Hg.), Wer war wer in der DDR?, Berlin ²2001, S. 794.
19 Vgl. SAPMO-BArch, DY 30, IV 2/11/v.-5a, Bl. 202, 217.

wir überholen ohne einzuholen. So viele drehn den Hahn zu aus Verzweiflung.«[20]

Um Hintergründe zu erfahren, griffen DDR-Bürger zu westlichen Informationsquellen. So berichtete der Bezirksschulrat von Neubrandenburg an das Ministerium für Volksbildung, dass die »Mitteilung über den Tod des Gen. Dr. Erich Apel« eine verstärkte »Tendenz des Abhörens von Westsendern« bewirkt hätte.[21] Der Bezirksschulrat in Cottbus stellte fest, der Tod Apels werde – »sicherlich durch westlichen Einfluß – in Beziehung gebracht mit dem Handelsvertrag SU-DDR und mit der Vorbereitung des 11. Plenums«.[22]

Nach dem Tod von Apel lösten Spekulationen über ein möglicherweise in den Westen gelangtes Tagebuch des SED-Wirtschaftsfunktionärs im MfS große Betriebsamkeit aus.[23]

Um das vermeintliche Tagebuch ging es auch auf dem Mitte Dezember durchgeführten 11. Plenum des ZK der SED: »Man sagte gleich am Anfang, man könnte das Tagebuch von Erich Apel einsehen, wenn man wollte. Man könnte dort sehen, daß es Depressionen waren, die ihn zu seinem Selbstmord getrieben haben«, erinnerte sich die Schriftstellerin Christa Wolf: »Ich werfe mir noch heute vor, daß ich nicht den Mut hatte zu sagen, ich möchte das mal lesen. Keiner hat es gemacht, aber ich hätte es machen sollen.«[24]

Die willkürliche Informationspolitik der SED, das Vertuschen der Hintergründe von Selbsttötungen, das Einschüchtern von Zeugen, die Beschlagnahmung von Abschiedsnotizen etc. erzeugten teilweise ein Misstrauen, das in keinem Verhältnis zu den tatsächlichen Vorgängen stand. Wenige Wochen nach Apels Tod, am 5. Januar 1966, vergiftete sich ein stellvertretender Amtsleiter, nachdem er am Vortag auf einer Parteileitungssitzung wegen seiner Arbeitsweise hart kritisiert worden war. Weil der SED-Funktionär in seinen letzten Zeilen einigen Genossen intrigante Gruppenbildung vorgeworfen hatte, wurde der Abschiedsbrief beschlagnahmt und den Familienangehörigen, an die er gerichtet war, verschwiegen. Das wiederum bewirkte bei der Ehefrau heftige Zweifel an der angegebenen Todesursache, die sie gegenüber einem Stasi-Spitzel zum Ausdruck brachte; ihr schien es »auf Grund des guten Eheverhältnisses« unerklärlich, dass »ihr Ehemann ohne irgend etwas zu hinterlassen zu haben, Selbstmord begangen« hätte.[25] Die Schwester des Verstorbenen vermutete gar eine Ermordung. Weil sich die

20 Eva-Maria Hagen, Eva und der Wolf, München 1998, S. 41.
21 RdB Neubrandenburg, Abt. Volksbildung, Probleminformation November/Dezember 1965, S. 3, in: BArch Berlin, DR 2, A 1422, n. pag.
22 RdB Cottbus, Abt. Volksbildung, Informationsbericht vom 30.12.1965, S. 2, in: BArch Berlin, DR 2, A 1422, n. pag.
23 Vgl. BStU, MfS, HA IX, Nr. 13128, Bl. 249–252.
24 Christa Wolf, Erinnerungsbericht, in: Günter Agde, Kahlschlag. Das 11. Plenum des ZK der SED 1965, Berlin 1991, S. 263–272, zit. 265.
25 BStU, MfS, AS 217/66, Bd. 1, Bl. 65.

Ehefrau hartnäckig um Klärung der genauen Umstände bemühte, erklärte sich der Leiter der MfS-Hauptabteilung XVIII, Oberst Mittig, schließlich einverstanden, der Ehefrau zumindest »das Ergebnis der Untersuchungen hinsichtlich des Motivs mitzuteilen«, um sie von weiteren Nachforschungen abzubringen.[26]

Somit bleibt für die Ulbricht-Ära festzuhalten, dass Selbsttötungen von hohen SED-Funktionären nur teilweise absolut verleugnet wurden; das war vor allem in den frühen Jahren der DDR und in den Jahren um den Mauerbau der Fall. Zu anderen Zeiten wurden Selbsttötungen bekannt gegeben, verschwiegen wurden indes die Motive. Gleichzeitig wurde durch Pathologisierung versucht, den engen Bezug der Verzweiflungstaten zur Politik der SED-Führung zu verschleiern.

Mit dem Machtwechsel von Ulbricht zu Honecker verschärfte die SED-Führung ihre Veröffentlichungspraxis erneut; nun wurden Selbsttötungen von SED-Funktionären generell nicht mehr bekannt gegeben. Im Nachruf auf Anton Ackermann, einst Angehöriger der »Gruppe Ulbricht« und langjähriges ZK-Mitglied, sprach das »ND« von einem Tod »nach langer, schwerer Krankheit« (was nicht falsch war, aber verschwieg, dass sich der Schwerkranke am 4. Mai 1973 im Regierungskrankenhaus erschossen hatte). Als Siegfried Böhm, Mitglied des ZK der SED und Minister der Finanzen der DDR, im Jahr 1980 ums Leben kam, meldete das »ND«, er sei »an den Folgen eines Unglücksfalles« gestorben (in Wirklichkeit handelte es sich um einen sogenannten »Mitnahme-Suizid«).[27] Auch nachdem sich 1986 der Präsident des Blinden- und Sehschwachenverbandes der DDR aus dem Fenster seiner Wohnung gestürzt hatte, wurde die Todesursache des langjährigen Genossen verschwiegen.[28]

Nur teilweise war das Vertuschen der Todesursache durch eine konkrete Furcht vor peinlicher Kritik zusätzlich motiviert, wie im Fall eines Direktors eines Volkseigenen Betriebes, der sich nach einer dienstlichen Moskau-Reise vergiftet hatte. Zuvor hatte der Wirtschaftsfunktionär gegenüber seiner Ehefrau geklagt, dass »er es nicht mehr schaffen und ›fertiggemacht‹ würde‹«. Das MfS sorgte dafür, dass der Todesfall »zwecks Vermeid[un]g v[on] Gerüchten« als Unfall dargestellt wurde.[29]

In anderen Fällen hingegen wurden Selbsttötungen von SED-Funktionären unabhängig von den Hintergründen und Ursachen als an sich peinliche Tatsache verschwiegen. Durch die Geheimhaltung blieben einige weitere Familientragödien von Mitgliedern und Mitarbeitern des SED-Zentralkomitees unbekannt. Besonders tragisch waren die Ereignisse im Umfeld der Scheidung eines ZK-Mitglieds. Während die Ehefrau nach der Scheidung in Depressio-

26 Ebd., Bl. 158.
27 Vgl. Neues Deutschland vom 5. Mai 1973, S. 2; Neues Deutschland vom 6. Mai 1980, S. 2.
28 Vgl. BStU, MfS, HA IX, Nr. 12945, Bl. 21–25.
29 BStU, MfS, BV Dresden, AKG Nr. 7777, Bl. 163.

nen verfiel und zur Kur geschickt wurde, beging zunächst die Tochter Suizid; einige Wochen später folgte ihr auch die Mutter in den Tod.[30]

Die restriktive Veröffentlichungspraxis der SED-Spitze in Bezug auf Selbsttötungen in den eigenen Reihen fand jedoch im November 1986 überraschend ein Ende, als der Suizid des Literaturfunktionärs Prof. Hans Koch im »ND« gemeldet wurde.[31] Der Direktor des Institutes für Marxistisch-Leninistische Kultur- und Kunstwissenschaften der Akademie für Gesellschaftswissenschaften beim ZK der SED war bereits am 17. Juni 1986 »verschwunden«. Nichts deutet darauf hin, dass Koch dieses Datum bewusst wählte, seine überstürzte Flucht erfolgte unmittelbar nach einer Leitungssitzung des Instituts.

Am 28. Juli 1986 kommentierte der RIAS das Verschwinden des Professors und gab den Ratschlag: »Also Leute, kann ich da nur sagen, hört doch auf mit der Geheimniskrämerei, sie führt zu nichts und schadet Euch nur selbst.«[32] Das Politbüro der SED konnte sich aber zunächst nur dazu durchringen, in einem Rundschreiben alle ZK-Sekretäre sowie die Abteilungsleiter der Akademie für Gesellschaftswissenschaften zu informieren.[33] Erst nachdem der Professor nach monatelanger Fahndung erhängt aufgefunden wurde, brach die SED das Schweigen und gab im »ND« vom 18. November 1986 die Selbsttötung bekannt.[34]

Die Hintergründe ließ die SED-Führung (wie schon bei Ziller und Apel) im Dunkeln, stattdessen wurde die Selbsttötung, die eine Reaktion auf Auseinandersetzungen an der Akademie war, allein auf »Depressionen« zurückgeführt.

6.3 Zum Umgang mit suizidalen Handlungen unterhalb der Führungsebene der SED

Die Verheimlichung von Selbsttötungen fand zumeist auf der Führungsebene der SED statt, und erfolgte weniger aus moralischen oder weltanschaulichen, sondern vor allem aus politischen Gründen. Aber auch unterhalb der Führungsebene hielt sich die SED die Option offen, Selbsttötungen von Genossen gegebenenfalls zu verschleiern. Der SED-Parteiapparat hatte sich durch ein Meldesystem, bei dem neben dem Ministerium für Staatssicherheit

30 Vgl. BStU, MfS, AS 168/84, Bd. 1, Bl. 25f. sowie BStU, MfS, ZAIG, Nr. 3046, Bl. 1f.
31 Vgl. SAPMO-BArch, DY 30, IV 2/2.039/186, Bl. 101–106.
32 Hans-Georg Soldat, DDR-Kaderpolitik und Roman »Horns Ende«, RIAS I vom 28. Juli 1986, in: SAPMO-BArch, DY 30, IV 2/2.039/186, Bl. 106.
33 Vgl. SAPMO-BArch, DY 30, IV 2/11/v.-5366, Bl. 5.
34 Schon beim Tod von Dean Reed hatte der MfS-Untersuchungsführer keinen Anlass dafür gesehen, die wahre Todesursache zu vertuschen. Seine Nachfrage beim ZK war damals jedoch noch zurückgewiesen worden. Vgl. Jan Eik, Besondere Vorkommnisse. Politische Affären und Attentate, Berlin 1995, S. 252.

und der Kriminalpolizei auch die Räte der Kreise und Bezirke sowie die Massenorganisationen mitwirkten, das Informationsmonopol und die Entscheidungs- und Interpretationsmacht bei allen unnatürlichen Todesfällen gesichert.

Im März 1969 wurde der Minister des Innern, Friedrich Dickel, ersucht, angesichts der Selbsttötung eines Volkspolizei-Offiziers zu bestätigen, dass »in Anbetracht der Verdienste des W. und unter Beachtung der Tatsache, daß er die Tat im Zustand absoluter Depression begangen hat, die Rentenbezüge für seine Familie und die Beisetzung im Sinne eines ›Unfalls‹ realisiert werden dürfen«. Nach der Zustimmung des Ministers vereinbarte die Bezirksbehörde der Volkspolizei mit dem 1. Sekretär der SED-Bezirksleitung und der Leitung der MfS-Bezirksverwaltung, »den Selbstmord des W. als ›Unfall mit der Jagdwaffe‹ [zu] legendieren.«[35]

Neben solchen versorgungsrechtlich motivierten Fällen schritt die SED auch dann ein, wenn ein akuter Ansehensverlust der Partei drohte. So wurde im Sommer 1952 in Magdeburg eine suizidale Tragödie in der Familie eines Richters und SED-Mitglieds, die in Zusammenhang mit dessen Verhaftung stand (vgl. Kap. 3), durch eine Einflussnahme der SED vertuscht; die Redaktion des SED-Blatts »Volksstimme« strich die Namen der bei dem Suizid der Mutter mit ums Leben gekommenen Kinder aus der Todesanzeige.[36]

Das Verschweigen der Selbsttötung war scheinbar der einfachste Weg, unbequeme Fragen zu vermeiden. Praktisch geschah das auf der mittleren und unteren Ebene der Einheitspartei aber eher selten. Typischerweise wurden Selbsttötungen vielmehr als Störungen des politisch-moralischen Zustands der Parteigruppe thematisiert. Dahinter standen nicht selten jene archaischen menschlichen Ur-Ängste vor unheilvollen Wirkungen von Selbsttötungen auf den sozialen Zusammenhalt, die für das allgemeine Suizid-Tabu charakteristisch sind. So warnte ein Kreisschulrat im Bezirk Karl-Marx-Stadt im Oktober 1969, nachdem sich der Kreisschulinspektor das Leben genommen hatte, dass »keine Lähmungserscheinungen in der Leitung und zum anderen kein Mißtrauen aufkommen darf«.[37]

Ähnlich war die Situation auch im Volksbildungssektor. Die seit etwa 1970 nachweisbaren umfangreichen Bemühungen zur Verhinderung suizidaler Handlungen waren an den Schulen der DDR zumeist mit der offiziellen Bekanntgabe der Todesursache Selbsttötung verbunden; es gab aber auch Fälle, in denen die wahre Todesursache verschwiegen wurde.

Nach der Selbsttötung eines Sonderschülers im Bezirk Erfurt wies der Kreisschulrat den Direktor an, »den Tatbestand als Unglücksfall darzustellen«. Der Bezirksschulrat versah diese Passage im Bericht des Kreisschulra-

---

35 BLHA, Rep. 471/15.2, BdVP Potsdam, Nr. 1095, Bl. 2, 10.
36 Vgl. Schreiben von Alois Track an die Redaktion der »Volksstimme« vom 9. Juli 1952. Privatarchiv Alois Track.
37 StAC, BT/RdB Karl-Marx-Stadt, Abt. Volksbildung, Nr. 29439, n. pag.

tes mit einem Fragezeichen, was darauf hindeutet, dass es im Jahr 1972 an einer DDR-Schule keineswegs als normal galt, eine Selbsttötung zu verheimlichen. Möglicherweise handelte es sich um eine erzieherische Vorsichtsmaßnahme, um einer Nachahmung durch andere Sonderschüler vorzubeugen.[38]

Im Fall eines Abiturienten der 12. Klasse, der 1969 einen Suizidversuch unternommen hatte, stellte der Direktor bei einem Elternbesuch fest, dass die Eltern noch nie mit ihrem Sohn über Sexualität gesprochen hatten, was anscheinend mit zu der Konfliktsituation beigetragen hatte. Um dem Jugendlichen den Neuanfang zu erleichtern, sollte der Suizidversuch nach Möglichkeit nicht erwähnt werden.[39]

»Der Klasse wurde mitgeteilt, daß [...] tödlich verunglückt ist«, hieß es in einem Bericht des Kreisschulrates von Dessau über den Suizid einer Schülerin der 5. Klasse, die sich 1980 nach einem Diebstahl das Leben genommen hatte.[40] Wahrscheinlich war dieses Vertuschen der Selbsttötung dem vergleichsweise geringen Alter der Schüler geschuldet.

Auch in anderen Fällen, in denen die Selbsttötung in diesem Fall nicht offen benannt wurde, gaben in der Regel besondere pädagogische Gründe den Ausschlag dafür, die Selbsttötung zu verheimlichen.

Tabu hingegen waren oft die Selbsttötungen und Suizidversuche von Lehrern (Günter Görlich hat das in seinem Roman »Eine Anzeige in der Zeitung« wirklichkeitsnah beschrieben; vgl. Kap. 9). In einem typischen Fall hieß es 1979, nachdem sich eine Lehrerin aufgrund von Eheproblemen das Leben genommen hatte: »Schülern gegenüber wurde die Formulierung ›plötzlich verstorben‹ zur Info verwandt.«[41]

6.4 Das Tabu als Nährboden für Übertreibungen und Gerüchte

Die Kehrseite der Tabuisierung war die Entstehung und Verbreitung von Gerüchten in der Bevölkerung. Das verdeutlichen die MfS-Akten zu einem Vorfall, der sich im Februar 1977 im Bezirk Cottbus ereignete. Dort hatte sich ein Kraftfahrer, der seit 1953 Mitglied der SED war, in einem Hinterhof vor seiner Garage selbst angezündet. Vorausgegangen war eine Auseinandersetzung auf der Arbeitsstelle. Der 52-Jährige, ein ehemaliger NVA-Offizier, der wegen Alkoholmissbrauch degradiert und in die Reserve versetzt worden war, hatte auch auf seiner neuen Arbeitsstelle getrunken, weshalb gegen ihn ein Disziplinarverfahren eingeleitet werden sollte. Daraufhin hatte

38 ThHStAW, BT/RdB Erfurt, Abt. Volksbildung, Nr. 027848, n. pag.
39 Vgl. ThHStAW, BT/RdB Erfurt, Abt. Volksbildung, Nr. 027845, n. pag.
40 LHASA, MER, BT/RdB Halle, Abt. Volksbildung, 4. Ablieferung, Nr. 6268, n. pag.
41 LHASA, MER, BT/RdB Halle, Abt. Volksbildung, 4. Ablieferung, Nr. 6256, n. pag.

der Mann seinen Schichtleiter mit einem Messer im Gesicht verletzt und war geflohen. Als Volkspolizisten den zur Fahndung Ausgeschriebenen in seiner Garage stellten, brachte dieser sich Schnittwunden am Hals bei, übergoss sich mit Benzin, zündete sich an und rannte auf die Polizeiautos zu. Kurz vor Erreichen der Streifenwagen wurde er mit Schüssen zu Fall gebracht.[42]

Unmittelbar nach diesem schrecklichen Vorfall ordnete die BdVP Cottbus »strengste Nachrichtensperre« an und befahl: »Alle Anstrengungen unternehmen, um eine volle Abschirmung zu erreichen«.[43] Aber allein gegenüber dem medizinischen Personal erwies sich das als unmöglich. Eine Krankenschwester äußerte gegenüber ihren Kollegen, »daß dieses Ereignis sowieso bald Tagesgespräch in [...] sein wird und man deshalb darüber nicht Stillschweigen bewahren müßte«.[44] Bereits am folgenden Tag kursierten Gerüchte, es hieß, der getötete Mann hätte eine Frau vergewaltigt, es habe sich um einen entflohenen Häftling gehandelt bzw. um einen fahnenflüchtigen Soldaten.[45] Einen Tag später kamen weitere Versionen hinzu, beispielsweise erzählte man, es sei ein »Brandstifter und Garageneinbrecher erschossen« worden. Dass die Weigerung der SED, wenigstens eine kleine Meldung in der Tagespresse zu veröffentlichen, die Situation keineswegs beruhigte und stattdessen die Gerüchteküche kräftig anheizte, dokumentiert auch die von Vorsitzenden verschiedener Wohngebietsausschüsse der Nationalen Front geäußerte Warnung, dass »die Bürger annehmen müßten, daß politische Motive bei der Selbstverbrennung vorliegen könnten«.[46]

Die SED schuf durch das Zurückhalten von Informationen über Selbsttötungen immer wieder Anlässe für wilde Spekulationen; so auch 1986 im Fall des prominenten, aus den USA in die DDR übergesiedelten Sängers und Schauspielers Dean Reed. Verwandte und Freunde des Verstorbenen, darunter auch Reeds Managerin, äußerten bereits eine Woche nach der Bekanntgabe des offiziell als »tragischer Unglücksfall« deklarierten Todes den Verdacht, es könnte ein Mord gewesen sein.[47] Zur selben Zeit wurde im Westen verbreitet, Reeds Leiche sei mit einem Strick um den Hals aus seinem Auto gefischt worden. Ein AP-Korrespondent bezeichnete den Tod von Dean Reed als den »zumindest im Westen aufsehenerregendsten Kriminalfall der DDR«, der sich »seit dem tragischen Ende des in Stasi-Untersuchungshaft verstorbenen Jenaers Matthias Domaschk in Jahr 1981« ereignet hätte.[48] Es wurde spekuliert, dass Dean Reed für westliche Geheimdienste gearbeitet haben könnte, oder dass der Staatssicherheitsdienst ihn durch einen Mord

42 BStU, MfS, BV Cottbus, AKG, Nr. 4094, Bl. 434–438.
43 BLHA, Rep. 871, BdVP Cottbus, Nr. 039, Bl. 21.
44 BStU, MfS, BV Cottbus, AKG, Nr. 4095, Bl. 431–433, zit. 433.
45 BStU, MfS, BV Cottbus, AKG, Nr. 4096, Bl. 429f.
46 BStU, MfS, BV Cottbus, AKG, Nr. 4098, Bl. 421–423.
47 Vgl. Peter Michalski, US-Popstar von ›DDR‹-Geheimdienst ertränkt, in: BILD vom 24. Juni 1986, S. 10; BStU, MfS, HA IX, Nr. 11460, Bl. 1–4.
48 BStU, MfS, AP 2278/92, Bd. 1, Bl. 176.

von einer Rückkehr in die USA abhalten wollte. Die Spekulationen, denen die SED-Führung durch das Verschweigen des Abschiedsbriefes und die Angabe einer falschen Todesursache den Nährboden bereitet hatte, setzten sich bis in die jüngere Gegenwart fort. Erst im Jahr 2003 sorgte der im vollen Wortlaut veröffentlichte Abschiedsbrief für endgültige Klarheit.[49]

Dean Reed hatte sich am 11. Juni 1986 nach einem Streit mit seiner Frau die Pulsader aufgeschnitten; am folgenden Tag war der Schauspieler nach einem erneuten Streit zu einem Freund gefahren, hatte unterwegs angehalten, auf die Rückseite eines Filmskripts letzte Worte notiert und sich dann das Leben genommen. Bei der Fahndung hatte die Polizei zunächst seinen PKW gefunden, der »in einem Zustand höchster Erregung abgestellt wurde (Beschädigung der vorderen Stoßstange infolge Anstoßes an einen Baum, unverschlossene Türen und Kofferraumklappe)«.[50] Reed hatte den in großen, krakeligen Buchstaben geschriebenen Abschiedsbrief auf den Rücksitz gelegt, dann zunächst das Abschleppseil ausgepackt (wahrscheinlich, um sich zu erhängen), war schließlich aber ins Wasser gegangen, wo er (auch infolge der vorher eingenommenen Tabletten) ertrank.[51] Die Obduzenten hatten bei der Untersuchung des Leichnams nicht nur spezifische Merkmale für einen Ertrinkungstod, sondern auch eine toxische Menge eines Beruhigungsmittels gefunden.[52]

In ähnlicher Weise handelte es sich auch bei der im Herbst 2003 durch die Bundesanwaltschaft öffentlich verbreiteten Vermutung, der DDR-Finanzminister Siegfried Böhm sei im Mai 1980 dem mutmaßlichen MfS-Serienkiller Jürgen G. zum Opfer gefallen, um eine Spätfolge der »Geheimniskrämerei« der SED.[53] »Böhm soll sich einem Stasi-Verbindungsmann gegenüber mehrfach kritisch über Entscheidungen des DDR-Politbüros zur DDR-Finanzpolitik geäußert haben«, hieß es zur Begründung in einer dpa-Meldung vom 27. September 2003. Mit weiteren Argumenten konnte am 12. Oktober 2003 die »Welt am Sonntag« aufwarten, die sich auf Mitteilungen des Bundeskriminalamtes berief. Danach »sei der Finanzminister angesichts der dramatischen wirtschaftlichen Situation der DDR mit dem Politbüro in Streit geraten. Er habe gedroht, den DDR-Bankrott öffentlich zu machen. Vier Tage vor seinem Tod sei die Sache so eskaliert, dass Böhm sogar den Maifeiern ferngeblieben sei.«

---

49 Zwar waren die meisten Fakten und auch der Abschiedsbrief in den MfS-Akten seit Anfang der 1990er Jahre zugänglich. Aber für die Medien war wohl in den Jahren nach der Wiedervereinigung die Spekulation über einen Geheimdienstmord interessanter als die traurige Wirklichkeit.
50 BStU, MfS, AP 2278/92, Bd. 1, Bl. 100.
51 Vgl. BStU, MfS, AU 12332/86, Bd. 1, Bl. 20, 29, 114–129.
52 Vgl. Gunther Geserick/Klaus Vendura/Ingo Wirth, Zeitzeuge Tod, Leipzig 2003, S. 205–215.
53 Das »ND« hatte zunächst nur den Tod des Ministers gemeldet und den Tod der Ehefrau verschwiegen. Vgl. BStU, MfS, Sonderablage Leiter, AP 24341/80, Bl. 86.

Eine zeitnahe Quelle, die »Bunte Illustrierte«, hatte diesen Sachverhalt im Jahr 1980 noch deutlich anders dargestellt: Der Minister hätte am 1. Mai 1980 tagsüber dem Vorbeimarsch der Werktätigen auf der Tribüne beigewohnt, sei dann aber der abendlichen Feier ferngeblieben. Wo und mit wem er den Abend verbracht hätte, schrieb das Blatt am 29. Mai 1980, sei nicht bekannt; sicher sei nur: nicht zu Hause und nicht mit seiner Ehefrau.[54] Am Tag vor seinem Tod führte Böhm »mit seiner Ehefrau eine ganztägige Aussprache über die von ihm angestrebte Ehescheidung«. Laut MfS-Akten ist Böhm am 4. Mai 1980 von seiner Frau erschossen worden, die sich danach selbst das Leben nahm. Es handelte sich also beim Tod des Finanzministers um einen Mord im Kontext eines »Mitnahme-Suizids«. Böhm war jedoch nicht gleich tot, sondern wurde noch im Regierungskrankenhaus operiert, bevor er starb.[55] Alles das spricht eindeutig gegen einen Mord durch den dubiosen Jürgen G. (der zudem behauptet hatte, den »Postminister«, den es in der DDR überhaupt nicht gab, erschossen zu haben). Schließlich kam auch der Generalbundesanwalt zu dem Ergebnis, dass ausgeschlossen werden kann, »dass eine Verantwortlichkeit des Beschuldigten für den Tod von Siegfried Böhm besteht«.[56] Aber auch hinsichtlich der anderen Verdachtsmomente erwies sich die Geschichte vom vermeintlichen Stasi-Killerkommando als »Ente«, in Kurzmeldungen wurde schon Ende 2003 darüber informiert, dass Jürgen G. wieder auf freiem Fuß war.[57]

6.5 Selbsttötungen Inhaftierter im Spannungsfeld von Informationsverweigerung und Mordverdacht

Bereitete schon der Umgang der SED-Führung mit Selbsttötungen im zivilen Bereich einen Nährboden für Spekulationen und Gerüchte, so muss das in noch stärkerem Maße für die Gefängnisse der DDR konstatiert werden. Mitarbeiter des sächsischen Strafvollzuges resümierten im Jahr 1990: »In der Vergangenheit wurden alle (normalen) Abläufe und Geschehnisse, wie sie überall üblich sind bzw. auftreten, unter größter Schweigepflicht gehalten, so daß um den Strafvollzug der DDR eine Aura des Geheimnisvollen

---

54 Vgl. ebd., Bl. 99.
55 Vgl. ebd., Bl. 174–178, zit. 175. Die MfS-Information ist per Stempel auf den 5. April 1980 datiert, also einen Monat vor dem Ereignis; solche Datierungsfehler sind jedoch in MfS-Akten keineswegs selten.
56 Brief des Generalbundesanwalts an den Autor vom 14. Juli 2004.
57 Vgl. Hans Leyendecker, Angeblicher Serienkiller der DDR ist frei, in: Süddeutsche Zeitung vom 18. Dezember 2003, S. 6. Zur gleichen Zeit, als große bundesdeutsche Tageszeitungen größere Artikel über den vermeintlichen Stasi-Killer brachten, bot im Anzeigenteil ein angeblicher ehemaliger Geheimdienstmann (es handelte sich um einen Detektiv und V-Mann der Polizei) »diskrete Aufträge« an; wenig später diskutierte er mit einer Interessentin einen Mordplan für deren Ehemann. Vgl. Hans Leyendecker, Der Mann aus der Zeitung, in: Süddeutsche Zeitung vom 20. September 2004, S. 3.

war, die Gerüchten und Spekulationen den Weg bereitete und verzerrte Vorstellungen produzierte.«[58] Infolge der nahezu absoluten Tabuisierung bildete sich, wie die folgenden Beispiele zeigen, eine enorme Diskrepanz zwischen den in der DDR-Gesellschaft hinter vorgehaltener Hand kursierenden Meinungen und Mutmaßungen (sofern Selbsttötungen überhaupt zur Sprache kamen) und der Realität in den Gefängnissen heraus.

Zunächst ein Beispiel aus dem Gefängnis in Bautzen: Am 27. Juli 1956 erhängte sich dort ein Inhaftierter.[59] Der Tod des 46-jährigen Mannes, der wegen angeblicher Spionage von einem sowjetischen Militärtribunal zu acht Jahren Zuchthaus verurteilt worden war, wurde der Ehefrau umgehend mitgeteilt, allerdings ohne die Todesursache zu benennen. Am 29. Juli wandte sich die Witwe an die Haftanstalt Bautzen und bat um die Überführung der sterblichen Überreste ihres Mannes, um ihn »in seiner Heimat beisetzen zu können«. Das geschah nicht, stattdessen wurde die Leiche in Bautzen verbrannt. Dabei handelte es sich um eine zu dieser Zeit übliche Praxis, wie Akten zu einem weiteren Suizidfall im März 1956 deutlich machen.[60] Die willkürliche Einäscherung weckte jedoch nahezu unvermeidlich den Verdacht, dass damit etwas vertuscht werden sollte. Ein von der Witwe ins Vertrauen gezogener Pfarrer schrieb empört an die Gefängnisleitung: »Ohne Kenntnis der Frage, ob die Einäscherung eines verstorbenen Inhaftierten ohne vorheriges Einverständnis der Ehefrau rechtlich statthaft ist, wurde der Tod des [...] hier Tagesgespräch und macht unter der Bevölkerung viel böses Blut, zumal die wildesten Gerüchte kursieren. [...] Um der Menschlichkeit und der Aufrechterhaltung von Ruhe und Ordnung willen bitte ich Sie: Geben Sie die Urne zur Bestattung frei!« Der Leiter der Haftanstalt rechtfertigte sich demgegenüber mit geltenden »Bestimmungen«, an die er gebunden sei, und gab auch die Urne nicht heraus.

In den Akten befindet sich nichts, was Zweifel an der Todesursache »Erhängen« wecken könnte, lediglich das Motiv blieb unklar; in der Rubrik »Grundleiden« des Totenscheins hatte der Vertragsarzt der Volkspolizei »wahnhaftes Spaltungsirresein« vermerkt. Ein für die Verwaltung Strafvollzug bestimmter Bericht über den »Selbstmord des Strafgefangenen«, der nach dem Briefwechsel mit dem Pfarrer geschrieben wurde, behauptete daran anknüpfend, dass der Gefangene (der bereits 1954 wegen des Verdachts auf Schizophrenie ins Haftkrankenhaus überstellt wurde) einen erneuten psychotischen Schub erlitten hätte. Die Diagnose Schizophrenie könnte jedoch der Vertuschung des wirklichen Motivs gedient haben. Ein Indiz hierfür ist, dass es in der Antwort des Gefängnisleiters an den Pfarrer hieß, »ein erneuter starker und schwerer Anfall dieser Krankheit« hätte zum Tod geführt, während im Bericht an die Verwaltung Strafvollzug die Zeit unmittel-

58 Strafvollzug in Sachsen, Radebeul 1990, in: StAL, BdVP Leipzig, 24.1, Nr. 1686, n. pag.
59 Vgl. BStU, MfS, G-SKS, Nr. 101893, Bl. 17, 34–37, 43.
60 Vgl. BStU, MfS, Abt. XII, RF 202, Bl. 16.

bar vor dem Tod weitaus weniger dramatisch geschildert wurde: »An dem genannten Tage fühlte sich der Strafgef. [...] etwas kränklich, suchte die Ambulanz auf und konnte daraufhin auf der Zelle verbleiben.«

Ein Artikel im West-Berliner »Tagesspiegel«, der vermutlich auf Basis der Berichte von Angehörigen entstand, nannte dann auch ein ganz anderes Suizid-Motiv. Der Mann sollte im Jahr 1954 in die Sowjetunion deportiert werden, wurde dann aber (wegen seines schlechten Gesundheitszustandes) auf halbem Wege zurückgeschickt. Dadurch hatte er nicht zu den deutschen Gefangenen auf sowjetischem Territorium gehört, die 1955 per Generalamnestie freikamen. Am 18. Januar 1955 vermerkte eine Einschätzung des Bautzener Gefängnisses, dass nicht erkennbar sei, dass der Inhaftierte »aus einen gemachten Fehlern gelernt hat und bei einer evtl. Entlassung positiv zu unserem Arbeiter- und Bauernstaat steht«. Der handschriftliche Vermerk vom 6. April 1955 lautete dementsprechend: »Strafe verwirkl[ichen].«[61] Als sich im darauffolgenden Jahr die Hoffung, entlassen zu werden, wiederum nicht erfüllte, hätte er sich, so der »Tagesspiegel«, unmittelbar »nachdem er erfahren hatte, dass er nicht zur Gruppe der vorzeitig zu Entlassenden gehörte«, das Leben genommen.[62]

So wie in dem geschilderten Fall waren es oft erst die Praktiken der Sicherheitsorgane (wie Beschlagnahme von Leichen, Verweigerung von Informationen, Einschüchterung von Angehörigen, Observation von Beerdigungen), die bewirkten, dass bei Suiziden Inhaftierter ein Mordverdacht aufkam. Das war beispielsweise auch der Fall, als im Jahr 1957 bekanntgegeben wurde, Franz Hammer, ehemaliges Mitglied einer Widerstandsgruppe in Jena, hätte sich im Gefängnis Waldheim das Leben genommen. »Viele Jenaer glaubten dies seinerzeit nicht, weil man es dem MfS durchaus zutraute, einen ihm besonders verhassten politischen Häftling umzubringen«, berichtete Thomas Ammer. Diese Vermutung entsprach aber nicht den Tatsachen. Ein Mitinhaftierter bezeugte, dass Franz Hammer in der Haftzelle tatsächlich Suizid begangen hatte.[63]

Die eklatante Diskrepanz zwischen Innen- und Außenperspektive, zwischen den Bemühungen des MfS um eine möglichst vollständige Verhinderung von Suiziden und den zur gleichen Zeit in der Bevölkerung kursierenden Mordvorwürfen wird im folgenden Fall besonders deutlich.

Am Nachmittag des 17. April 1965 wurde in Dessau ein Mann verhaftet.[64] Die Festnahme des gelernten Bäckers, der in einem Volkseigenen Betrieb als Kranführer tätig war, erfolgte wegen des dringenden Verdachts auf Spionagetätigkeit für den Bundesnachrichtendienst. Nachbarn wurden Zeugen,

61 BStU, MfS, AS 135/63, Bl. 290.
62 Rainer Hildebrandt, Grausame Schicksale in den Strafanstalten der »DDR«, in: Tagesspiegel vom 25. August 1956, S. 3.
63 Vgl. Thomas Ammer, »Weiße Rose« in Jena. Eine »unbekannte« Widerstandsgruppe gegen das SED-Regime, in: Deutschlandarchiv 36 (2003) 4, S. 615–626, zit. 615.
64 Vgl. LStU Sachsen-Anhalt, MfS, BV Halle, Untersuchungsvorgang VIII 632/65.

wie ihn MfS-Mitarbeiter in Zivil »unsanft und rauh« in ein Auto verfrachteten.

Der Mann wurde in das MfS-Untersuchungsgefängnis in Halle, den sogenannten »Roten Ochsen«, gebracht. Eine auf den 22. April datierte Meldung der dortigen Sanitätsstelle bescheinigte »keine sichtbaren gesundheitlichen Schäden«. Auch der bereits am 19. April verfasste »Festnahmebericht« des MfS stellte lediglich fest: »Der Genannte setzte der Festnahme keinen Widerstand entgegen, unternahm keinen Fluchtversuch und verhielt sich während der Überführung zur Haftanstalt Halle, Am Kirchtor ruhig.«

Wollte das MfS mit diesen Angaben sein eigenes brutales Vorgehen vertuschen, oder haben die Nachbarn in ihrem Erschrecken über die plötzliche Verhaftung des Mannes (gleichzeitig wurden auch noch Ehefrau, Tochter und Schwiegersohn inhaftiert) ihre Darstellung übertrieben? Oder hatten die MfS-Leute zwar hart zugepackt, den Mann aber nur leicht verletzt, so dass die Verletzungen bei der Gesundheitsuntersuchung fünf Tage später schon wieder abgeheilt waren?

Der offensichtliche Widerspruch zwischen den Akten des MfS und Beobachtungen von Dessauer Bürgern ist nicht der einzige im Operativen Vorgang »Flieger«. Drei Wochen nach der Verhaftung kehrte der Mann aus dem Gefängnis zurück – als Leiche. Aus den MfS-Akten geht hervor, dass er sich am 1. Mai 1965 in seiner Zelle in der MfS-Untersuchungshaftanstalt an Bändern seiner Unterhose erhängte. Die Beerdigung fand sechs Tage später unter Kontrolle des MfS statt. »Die Trauerrede des Pfarrers dauerte ca. 4 Minuten. Die Trauerfeierlichkeiten wurden durch IM abgesichert«, berichtete das MfS; »Vorkommnisse« hätte es nicht gegeben.

Aber im Nachhinein begannen die Leute im Ort zu reden über den mysteriösen Fall. Von einem inoffiziellen Mitarbeiter erfuhr das MfS, dass der mit der Beerdigung beauftragte Bestattungsunternehmer »mit oder ohne Absicht den Sarg des […] geöffnet« und im Ort erzählt habe, der Tote hätte »furchtbar ausgesehen«. Ein Beweis für »erlittene Mißhandlungen durch Angehörige des MfS«? So jedenfalls deutete es der Bestattungsunternehmer, und so wurde es auch von einigen Frauen in Dessau weitererzählt.

Im »Tatortbefundsbericht« des MfS, noch am Todestag erstellt, wurden dagegen lediglich »Strangulationsmerkmale in Form von braunroten Hautfärbungen und blutunterlaufenen Streifen bis zu 15 mm Breite« vermerkt. »Anderweitige Verletzungen oder Spuren von solchen wurden am Körper der Leiche nicht festgestellt.« Dass, wie die beiden Wachposten, die den Erhängten gefunden hatten, zu Protokoll gaben, »die Augen des Toten geöffnet, die Zunge herausgestreckt und das Gesicht leicht verzerrt waren«, wurde nicht unter dem Punkt »Verletzungen«, dafür aber an anderer Stelle im Protokoll vermerkt.

Die Leiche hätte demnach allein schon durch diese (durch Erhängung bzw. Totenstarre bedingten) Entstellungen des Gesichts jenen furchtbaren Eindruck erwecken können, der bei dem Bestattungsunternehmer entstand.

Zwar dürfte der Mann angesichts seines Berufes mit dem Anblick von Toten vertraut gewesen sein, ob er jedoch Erhängungszeichen, Folgen der Leichenstarre und Totenflecke ohne nähere Prüfung von Folterspuren unterscheiden konnte, ist zu bezweifeln. Somit bleibt nur der vage Verdacht, der Bericht des MfS könnte gefälscht oder zumindest geglättet worden sein. Die Art und Weise der Untersuchung des Todesfalls spricht eher dagegen. Der Untersuchungsbericht wurde von zwei leitenden MfS-Offizieren unterzeichnet. Darüber hinaus hielten sich in den ersten drei Stunden nach dem Tod weitere neun Personen am Tatort auf, darunter nicht nur MfS-Angehörige, sondern auch der Ärztliche Direktor der VP-Klinik Halle, der Häftlingsarzt (ein Strafgefangener) und ein Staatsanwalt. So, wie der Vorgang in den Akten geschildert wird, erweckt er nicht den Eindruck, als hätte das MfS etwas verbergen wollen. Der vom Häftlingsarzt verfasste Arztbericht ist in den Akten allerdings nur als Abschrift enthalten. Wurde hier eventuell manipuliert, etwas Wesentliches weggelassen? Dem widerspricht die relativ schnelle Freigabe der Leiche, die sich seit dem Abend des 1. Mai in der Gerichtsmedizin der Universität in Halle befand.

Zudem existiert ein weiteres Dokument, das eine Selbsttötung wahrscheinlich macht. Ein Rundschreiben der MfS-Abteilung XIV vom 25. Mai 1965 berichtete, dass sich am 1. Mai 1965 gegen Mittag ein Untersuchungshäftling mittels einer Unterhose erhängt hätte.[65] »Bei diesem Vorkommnis ist ein begünstigender Umstand darin zu sehen, daß der in Einzelhaft befindliche Häftling in einem Zeitraum von 30 Minuten nicht kontrolliert wurde«, hieß es in dem Bericht. Der Grund dafür sei gewesen, dass der verantwortliche Posten bei der Ausgabe des Mittagessens mitgeholfen hatte.[66] In Reaktion auf dieses Vorkommnis untersagte die Berliner MfS-Abteilung XIV das Heranziehen von Posten zu anderen Aufgaben, forderte eine intensivere Kontrolle bei Einzelhaft und empfahl eine Kontrollzeit von acht bis zehn Minuten.

Zwölf Jahre später wurden Fotos von der Auffindung des Toten für einen zentral erarbeiteten Dia-Ton-Vortrag zum Thema Suizidprophylaxe verwendet, der allen MfS-Bezirksverwaltungen zugeschickt wurde. Hier wurde auch detailliert erklärt, wie sich der Inhaftierte unter Verwendung von in den Lüftungsschacht geklemmten Büchern, eines Handtuchs und seiner Unterhose erhängt hatte.[67] Die Einbindung des Todesfalls in suizidpräventive Bemühungen des MfS widerlegt den Mordverdacht nicht vollends, die detaillierten Angaben machen ihn aber ausgesprochen unwahrscheinlich.

---

65 Alles deutet darauf hin, dass es sich hierbei um den gleichen Mann handelte, der vom MfS im OV »Flieger« »bearbeitet« worden war.
66 Vgl. Vorbeugende Maßnahmen zur Verhinderung von Selbstmorden, in: BStU, MfS, BV Leipzig, Abt. XIV, Nr. 00032/04, Bl. 61–63. Zwar wurde hier kein Ort genannt, die anderen Angaben machen aber eine Übereinstimmung beider Fälle wahrscheinlich.
67 Vgl. BStU, MfS, Abt. XIV, Nr. 1324, Bl. 20, 24f.

6.6 Zur Tabuisierung von Selbsttötungen in der NVA

Ein schriftliches Zeugnis der außergewöhnlich starken Tabuisierung von Selbsttötungen bei der NVA stellt die im Juni 1978 von dem Militärmediziner Bernd-Joachim Gestewitz an der Universität Greifswald eingereichte Dissertation mit dem Thema »Zur Erkennung, Behandlung und militärmedizinischen Begutachtung selbstmordgefährdeter Armeeangehöriger« dar; das war im Übrigen die einzige wissenschaftliche Arbeit zu diesem Thema in der NVA. Um ein Bekanntwerden der Ergebnisse zu verhindern, wurde die Arbeit nicht nur mit dem Geheimhaltungsgrad »Vertrauliche Verschlußsache« versehen. Gestewitz glaubte zudem, selbst gegenüber den wenigen Rezipienten der Arbeit mittels Zahlenverwirrung den Eindruck erwecken zu müssen, »daß die gesellschaftliche Entwicklung in der DDR wohl eher einen positiven Einfluß auf das Selbstmordgeschehen genommen haben muß«. Unter Heranziehung der exakten Zahlen hätte Gestewitz einen Anstieg der Selbsttötungsrate der DDR von 26,7 im Jahr 1956 auf 32,0 im Jahr 1972 konstatieren müssen. Die hier erfolgte Verschleierung der Suizidzahlen verdeutlicht die Tiefenwirkung der SED-Diktatur, die ein kommunikatives Klima schuf, in dem das Benennen unangenehmer Wahrheiten selbst hinter verschlossenen Türen vermieden wurde. Im Kreis führender Militärärzte legitimierte Gestewitz sein Forschungsthema, indem er auf eine Beratung bei der Abteilung Gesundheitspolitik des ZK der SED, der höchsten gesundheitspolitischen Institution der DDR, verwies. Wie bedeutsam das war, wurde allein dadurch unterstrichen, dass zwei der drei Gutachten zu der Promotion nochmals darauf eingingen.[68]

Eine weitgehende Verinnerlichung des Tabus ist auch hinter der apodiktischen Behauptung von Gestewitz zu vermuten, dass »die physischen, psychischen und sozialen Belastungen des Wehrdienstes nicht als Ursache für Selbstmordhandlungen angesehen werden« könnten,[69] zumal die Aussage in Widerspruch zu der Tatsache stand, dass über die Hälfte der von Gestewitz explorierten Suizidpatienten angegeben hatten, ihr Suizidversuch wäre als Reaktion auf Bedingungen in der Armee (dienstliche Konflikte, Anpassungsschwierigkeiten oder Strafen) erfolgt. Gestewitz bagatellisierte zudem auch das – ebenfalls in seiner Arbeit dokumentierte – Ergebnis, dass 55 Prozent der Suizidversuche im 1. Diensthalbjahr stattgefunden hatten; die sogenannte »EK-Bewegung« wurde von Gestewitz nicht einmal in verklausulierter Form erwähnt. So ergibt sich die ironische Konstellation, dass Gerstewitz' Schlussfolgerungen zwar im Großen und Ganzen durch die Statistiken gestützt werden (vgl. Abschnitt 2.5 in diesem Buch), seine Aussagen aber dadurch, dass er entscheidenden Problempunkten ausgewichen ist, statt diese

---

68 Vgl. Gutachten von Oberst Bousseljot, Oberst Fanter und Oberstleutnant Schmechta, in: BA-MA Freiburg, VA-01, 39687, Bl. 32–49.
69 Gestewitz, Erkennung, S. 135.

eingehend zu diskutieren, nicht als wirkliche Erkenntnisse, sondern als bloße Behauptungen erscheinen.

Eine absolute Verleugnung dienstlicher Suizidmotive hat zwar bei deutschen Streitkräften eine lange Tradition, erscheint aber vor allem im synchronen Vergleich zum Umgang mit Selbsttötungen in der Bundeswehr als ignorant und rückständig.[70]

Die Tabuisierung hatte in der NVA (wie schon bei Selbsttötungen in den Gefängnissen und in der SED-Führung) nicht selten die paradoxe Konsequenz, dass sie die politischen Verdachtsmomente bestärkte, die sie verleugnete. Das zeigte sich zum Beispiel im Jahr 1976 in einer Kleinstadt im Süden der DDR. Dort wurde ein 19-Jähriger beerdigt, der sich während seines Grundwehrdienstes erschossen hatte.[71] Zwei Offiziere der Grenztruppen, die an der Beisetzung teilnahmen, wurden von ehemaligen Schulfreunden des Toten als »Schweine« beschimpft. Daraufhin verhörte die Kriminalpolizei die Jugendlichen. Es stellte sich heraus, dass diese ihr Wissen »aus den unqualifizierten und entstellenden Gesprächen Erwachsener bezogen hatten«. Der Vorfall, der in einer FDJ-Versammlung »ausgewertet« wurde, war bezeichnend für die kommunikative Zwanghaftigkeit in der SED-Diktatur. Die Staatsmacht behauptete definitiv, die Armee treffe keine Schuld, und setzte jene, die etwas Gegenteiliges behaupteten, unter Druck. Für die Freunde des Verstorbenen hingegen war von vornherein klar, dass nur die Armee an dem Tod schuld sein konnte. Durch repressive Behandlung (Verhör, Auswertung) wurde der Verdacht bei ihnen eher noch bestärkt.

Der junge Mann, der am 20. Oktober 1976 versucht hatte, sich aus einem Fenster zu stürzen, war in das Zentrale Armeelazarett eingeliefert, dort untersucht und wieder entlassen worden, da bei ihm keine Krankheit festgestellt werden konnte. Zwischenzeitlich sprachen ihm die Eltern und seine Freundin in Briefen Mut zu. Dennoch erschoss er sich einen Monat später. Über das Motiv seiner Selbsttötung ist nichts bekannt.[72]

6.7 Medizinische Suizidforschung in der DDR und die Tabuisierungspolitik der SED

Während es in der DDR keine soziologische Selbsttötungsforschung gab, existierte eine mehr oder weniger aktive medizinische Suizidforschung, in der auch soziologische Fragestellungen im Bereich der Epidemiologie mit untersucht wurden. Die Entwicklung dieser Forschungsaktivitäten war ab-

70 Vgl. Preuschoff, Suizidales Verhalten, S. 88.
71 Vgl. StAC, BT/RdB Karl-Marx-Stadt, Abt. Volksbildung, Nr. 057848, n. pag.
72 Vgl. BStU, MfS, HA I, Nr. 13723, Bl. 153f.

hängig von der Billigung der SED-Führung, was jedoch nicht ausschloss, dass sich die Suizidforschung der DDR in ihren Methoden und Theorien stets am westlichen Fachdiskurs orientierte. So lag der Schwerpunkt der medizinischen Forschung in den 1970er Jahren weltweit bei den (nicht tödlichen) Suizidversuchen, was eine Reaktion auf die deutliche Zunahme von selbstzerstörerischen Verhaltensweisen mit mehr oder weniger starker Todesintention darstellte. Ohne konkrete Zahlen zu veröffentlichen, gingen die Mediziner in der DDR ebenfalls davon aus, dass die Zahl der Suizidversuche angestiegen war, und benannten das auch unverblümt.[73] Bei der Interpretation folgten Suizidforscher zumeist Erwin Ringel und dessen Kontinuitätsmodell einer psychischen Fehlentwicklung mit einer schrittweisen Verschärfung der Suizidgefahr. So betonte der Dresdner Psychiater Helmut Kulawik: »Auch demonstrative Suizidversuche sind in der Regel Ausdruck eines Hilfe-Appells, dem sich der Arzt nicht von vornherein verschließen darf.« Und er wies darauf hin, das es vorgekommen war, dass das Ignorieren zweckgerichteter, hysterischer Suizidversuche zu »echter Suizidalität und schließlich finalem Ausgang führte«.[74]

Besonderheiten des Suizids im Sozialismus stellten die Mediziner in der Regel nicht fest, stattdessen fiel ihnen (wie im Fall zweier Rostocker Internisten, die ihre Ergebnisse im Jahr 1964 mit Resultaten westlicher Forscher verglichen hatten) »die weitgehende Übereinstimmung der Analysen trotz unterschiedlicher Wirtschafts- und Gesellschaftsstruktur der Länder und Städte« auf.[75]

Internationalen Trends entsprach es auch, dass das Schwergewicht der Forschung beim Suizidverhalten Jugendlicher lag, während sich nur wenige Arbeiten dem Alterssuizid widmeten. So standen in der DDR (nach Jacobasch) 54 Veröffentlichungen über Suizidalität Jugendlicher nur neun Beiträge über Suizide von alten Menschen gegenüber, obwohl etwa die Hälfte der Selbsttötungen von Rentnern begangen wurde.[76]

Höchstens punktuell wurden in der DDR unterschiedliche wissenschaftliche Positionen vertreten. So setzte sich der Magdeburger Psychologe Hans Regel »auf der Basis der marxistischen Persönlichkeitstheorie« sehr kritisch mit der »in der bürgerlichen Suizidideologie dominierende[n] Hypothese von Aggression und Aggressionsumkehr« auseinander. Regel bezeichnete es als »gefährlich«, »Suizide allein durch angestaute Aggression zu interpretieren«.[77]

---

73 Vgl. Ingeborg Giegler, Beitrag zur akuten CO-Intoxikation, in: Deutsches Gesundheitswesen 33 (1978) 19, S. 875f. Dieser kasuistische Beitrag beginnt mit dem Satz: »Die Zahl der Suizidversuche ist in den letzten Jahren ständig angewachsen.«
74 Helmut Kulawik, Die Bedeutung der Suizidforschung für die Praxis der Suizidverhütung, in: Zeitschrift für ärztliche Fortbildung 67 (1973) 8, S. 401–403, zit. 402.
75 Ekkehard Gläsel/Martin Gülzow, Exogene Intoxikationen, in: Zeitschrift für die gesamte innere Medizin 19 (1964) 20, S. 769–775, zit. 774.
76 Vgl. Jacobasch, Wissenschaftliche Suizidliteratur, S. 24.
77 Vgl. Regel, Genese, Diagnostik und Prophylaxe, S. 94–97.

Regels Kritik war zweifellos ideologisch motiviert, aber deshalb nicht völlig abwegig. Das psychoanalytische Aggressionsmodell war auch in der Bundesrepublik umstritten. So fand Armin Schmidtke bei Suizidenten keine erhöhte Aggressionsneigung, weshalb er vermutete, es könnte sich beim Aggressionsmodell um eine »dogmatische Mystifikation« handeln.[78]

Andere Suizidforscher der DDR vertraten gegenüber der Psychoanalyse eine pragmatische Haltung. So bemerkte Helmut Kulawik Anfang der 1980er Jahre in einem Fachbuch: »Auf eine Wiederholung kritischer Einschätzungen des psychoanalytischen Theoriegebäudes aus der Sicht der marxistischen Psychologie muß dabei verzichtet werden, die der psychoanalytischen Arbeitsrichtung entlehnten Begriffe werden nur insoweit übernommen, als sie mit den Grundsätzen der marxistischen Persönlichkeitstheorie vereinbar sind.«[79]

Der wichtigste Unterschied zur westeuropäischen Suizidforschung bestand in den Behinderungen, von denen epidemiologische Untersuchungen in der DDR betroffen waren. Hier wirkte die Diktatur in zweifacher Weise: Einerseits bestand ein großes Interesse an Untersuchungen zur Entwicklung der Selbsttötungshäufigkeit, weshalb viele epidemiologische Arbeiten entstanden. Die Veröffentlichung blieb jedoch stets auf den wissenschaftlichen Diskurs im engeren Sinne (und das heißt: auf Fachzeitschriften, Sammelbände und Dissertationen bzw. Habilitationen) beschränkt. Während bundesdeutsche Mediziner vor allem seit den 1970er Jahren zahlreiche Monografien publizierten, erschien in der DDR keine einzige allgemeine Monografie über die Selbsttötungsproblematik, geschweige denn eine populärwissenschaftliche Darstellung. Zudem verschwanden nicht wenige Dissertationen in den Bibliotheken in einem nur mit Sondergenehmigung zugänglichen Bereich, dem so genannten »Giftschrank«.[80] Bei hohem Geheimhaltungsgrad wurden die Arbeiten nicht einmal mehr bibliothekarisch erfasst, so dass sie praktisch aufhörten zu existieren.[81]

Allerdings war das keineswegs immer der Fall. Darauf haben bereits 1993 die Medizinhistorikerin Susanne Hahn und der Mediziner Tilo Nimetschek hingewiesen.[82] Es gab in der DDR zwischen 1949 und 1990 kein unveränderliches, starres Rede- und Handlungsverbot zum Thema Suizid; vielmehr existierte ein Auf und Ab von Verschärfungen und Lockerungen der Restriktionen der SED-Führung, wodurch die medizinische Suizidforschung in erheblichem Umfang beeinflusst wurde.

78 Vgl. Schmidtke, Verhaltenstheoretisches Erklärungsmodell, S. 568f., zit. 569. Regel wurde auch positiv rezipiert in: Martin Hautzinger/Nikolaus Hoffmann (Hg.), Depression und Umwelt, Salzburg 1979, S. 231f.
79 Helmut Kulawik, Psychodynamische Kurztherapie, Leipzig 1984, S. 10.
80 Vgl. Stefan Wolle, Die heile Welt der Diktatur, Bonn 1998, S. 149f.
81 Vgl. Jacobasch, Wissenschaftliche Suizidliteratur, S. 61–63.
82 Vgl. Hahn/Nimetschek, Suizidalität.

Die Geschichte dieser Wechselwirkung begann im Jahr 1956. In der Nachkriegszeit und den ersten Jahren des Bestehens der DDR hatte das Thema Suizid in der medizinischen Forschung kaum Beachtung gefunden; von drei größeren Aufsätzen zum Suizidgeschehen, die in medizinischen Fachzeitschriften Anfang der 1950er Jahre publiziert wurden, ist nur eine Studie zu 700 Suizidversuchen in Leipzig bemerkenswert. Diese knüpfte an den medizinischen Diskurs der Vorkriegszeit an, die Ideologie der SED schlug sich darin nicht nieder.[83] Das gilt im Wesentlichen auch für die drei zwischen 1953 und 1956 fertiggestellten medizinischen Dissertationen.[84]

Eine neue Phase der medizinischen Erforschung des Suizids eröffnete im September 1956 (einige Monate nach Chruschtschows Geheimrede auf dem XX. Parteitag der KPdSU) das erste Statistische Jahrbuch der DDR, das die bis dahin nicht veröffentlichten Selbsttötungsraten der SBZ/DDR der Jahre 1946 bis 1955 abdruckte. Dabei zeigte sich, dass die Häufigkeit von Selbsttötungen in der SBZ/DDR im internationalen Vergleich sehr groß war; die Entwicklung der letzten Jahre schien jedoch auch einen gewissen Optimismus zu rechtfertigen, denn die Selbsttötungsrate war von 1946 bis 1954 um ein Viertel gesunken. Zugleich gab es gute Argumente dafür, dass die im Vergleich zur Bundesrepublik sehr hohe Selbsttötungsrate der DDR nicht auf die aktuelle politische bzw. soziale Lage zurückzuführen war. Mehrere Mediziner wiesen nach, dass die Selbsttötungsraten auf dem Gebiet der DDR und der Bundesrepublik bereits in den 1920er Jahren ähnliche Unterschiede aufwiesen;[85] dieses Argument überzeugte auch westdeutsche Wissenschaftler und Publizisten.[86]

Typisch für jene Zeit des relativ offenen Umgangs mit dem Tabu-Thema im medizinischen Bereich war es, dass zum Beispiel Karl Leonhard, der im Oktober 1957 Direktor der Nervenklinik der Charité Berlin wurde, seine Antrittsvorlesung zum Thema »Psychologische Entwicklung zum Selbstmord« hielt.[87]

Der Mauerbau von 1961 beendete diese Phase relativ freier Forschung – nicht sofort, aber nachhaltig. Als sich zeigte, dass die Selbsttötungsraten leicht angestiegen waren, verfügte die DDR-Regierung Anfang 1963, die Statistiken geheim zu halten, weil die SED dem »Klassengegner« kein Ma-

83 Vgl. Peter Feudell, Epikrise zu 700 Selbstmordversuchen, in: Psychiatrie, Neurologie und medizinische Psychologie 4 (1952), S. 147–152. Bereits im medizinischen Suiziddiskurs zur Zeit des Nationalsozialismus blieben Einflüsse der NS-Rassenideologie marginal. Vgl. Baumann, Vom Recht, S. 352; Udo Grashoff/Christian Goeschel, Der Umgang mit Selbstmorden in beiden Diktaturen in Deutschland, in: Günther Heydemann/Heinrich Oberreuter (Hg.), Diktaturen in Deutschland – Vergleichsaspekte, Bonn 2003, S. 476–503, hier 491.
84 Die quantitativen Angaben basieren auf der durch wenige zusätzlich recherchierte Angaben ergänzten Bibliografie in: Jacobasch, Wissenschaftliche Suizidliteratur, S. 66–94.
85 Vgl. Lengwinat, Vergleichende Untersuchungen; Müller, Suicid; Cordes, Vergleich.
86 Vgl. Wolff, Selbstmord, sowie Harmsen (Hg.), Selbstmordverhältnisse.
87 Vgl. Karl Leonhard, Psychologische Entwicklung zum Selbstmord, in: Zeitschrift für Psychotherapie und medizinische Psychologie 9 (1959), S. 8–17.

terial für antisozialistische Propaganda liefern wollte.[88] Nicht nur die Veröffentlichung der Zahlen im Statistischen Jahrbuch wurde unterbunden, auch die Verfügbarkeit wissenschaftlicher Arbeiten in den Bibliotheken wurde durch Geheimhaltungsvermerke stark eingeschränkt. In den ersten Jahren nach dem Mauerbau waren Sozialhygieniker der DDR noch offensiv aufgetreten und hatten Artikel über die langfristig hohe Selbsttötungsrate Ostdeutschlands publiziert, die dort enthaltenen Daten endeten jedoch zumeist im Jahr 1958. Spätestens durch die Geheimhaltung der Selbsttötungsraten ab 1963 wurde insbesondere den epidemiologischen Untersuchungen die Grundlage entzogen.[89] Der medizinische Diskurs verebbte.[90]

Das hieß nicht, dass die Suizidforschung völlig zum Erliegen kam. In den 1960er Jahren entstanden zahlreiche Dissertationen, die auf lokaler Ebene das Suizidproblem analysierten. In den Jahren 1959 bis 1963 wurden fünf, in den Jahren 1964 bis 1968 zehn medizinische Dissertationen zu Suiziden bzw. Suizidversuchen in der DDR fertiggestellt. Auch gelang es einzelnen Wissenschaftlern, die angewiesene Geheimhaltung zu unterlaufen und Zahlenangaben zu publizieren. So konnten Ärzte dem Fachblatt »Deutsches Gesundheitswesen« im Jahr 1966 entnehmen, dass die DDR-Selbsttötungsraten bis 1963 leicht angestiegen waren.[91]

Ende der 1960er Jahre begann wieder eine Phase eines relativ offenen Umgangs mit Suiziden im medizinischen Bereich. Im Herbst 1968 lud das Gesundheitsministerium alle Bezirksärzte nach Berlin, um über eine Intensivierung der Erforschung und eine Eindämmung des Suizidproblems zu beraten. Dieses Signal bewirkte einen regelrechten Boom suizidologischer Publikationen. Von 1969 bis 1973 wurden 14 Dissertationen fertiggestellt, gleichzeitig erschienen in DDR-Fachzeitschriften 19 größere Artikel zum Suizid in der DDR. Auch auf mehreren Kongressen und Tagungen wurde das Thema wissenschaftlich diskutiert. An der Medizinischen Akademie Dresden fanden mehrere Tagungen statt, bei denen Suizid und Suizidprophylaxe zentrale Themen waren. Auch auf dem 3. Internationalen Kongress der Gesellschaft für die gesamte Hygiene in Leipzig und beim II. Symposion der Arbeitsgruppe von Kinder- und Jugendpsychiatern sozialistischer Länder in Rostock wurde über die Suizidalität Jugendlicher diskutiert.[92]

---

88 Vgl. Regierung der DDR, SZVS beim Ministerrat (Hg.), Veröffentlichung von Angaben über Morde und Selbstmorde, Berlin 1963, zitiert bei: Merkel, Epidemiologie, S. 92.

89 In den Jahren 1959 bis 1961 erschienen sechs wichtige epidemiologische Aufsätze zum Suizidgeschehen in der DDR, 1962 bis 1964 waren es noch drei, 1965 bis 1967 wurden überhaupt keine epidemiologischen Aufsätze mehr zum Thema Selbsttötung publiziert.

90 Es ist anzunehmen, dass Suizidforschung teilweise auch aktiv behindert wurde. So berichtete eine Zeitzeugin, dass der Psychologe Erwin F. Wiele in Görlitz genötigt wurde, seine Untersuchungen zum Suizid einzustellen.

91 Vgl. W. Oehmisch/W. Gerhardt, Die Entwicklung der Sterblichkeit in der DDR in den Jahren 1953–1963, in: Deutsches Gesundheitswesen 21 (1966) 3, S. 126f.

92 Vgl. Jacobasch, Wissenschaftliche Suizidliteratur, S. 72; Tagungsbeiträge abgedruckt in: Wissenschaftliche Zeitschrift der Universität Rostock 17 (1968), Mathematisch-Naturwissenschaftliche Reihe, Heft 6/7.

Im Statistischen Jahrbuch der DDR fehlten die Suizidstatistiken weiterhin, aber selbst das wurde in Fachkreisen mitunter auch positiv interpretiert. So hieß es in der Dissertation einer Sozialhygienikerin: »Es sollte auch weiter in der gegenwärtigen Zeit, die durch eine Verschärfung der Auseinandersetzungen zwischen den Kräften des Sozialismus und den Kräften des Kapitalismus gekennzeichnet ist, von einer Veröffentlichung Abstand genommen werden, um dem Gegner kein Pulver, auch kein schlechtes, für seine Angriffe zu liefern.«

Gleichzeitig wurde aber die Forderung nach Zugangsmöglichkeiten ausgewiesener Experten zu statistischem Material erhoben; die Zuarbeit dafür sollte an zentraler Stelle erfolgen: »Für eine führungspolitische Tätigkeit und weitere medizinal-wissenschaftliche Untersuchungen der Sozialhygiene mit dem Ziel der Verminderung des Selbstmordgeschehens in der DDR ist eine weitere Aufbereitung der entsprechenden Reihen [...] absolut notwendig. Es ist kein ›enges Spezialistentum‹, wenn eine solche Forderung an die dafür verantwortlichen Staatsfunktionäre gestellt wird, dafür zu sorgen, daß im Zeitalter der Anwendung immer besserer Aufbereitungsmaschinen, solche Zahlen und Fakten geordnet für die Wissenschaft ›abfallen‹.«[93] Offenbar wurde es so auch gehandhabt; die Suizidzahlen wurden vier Instituten des Gesundheitswesens sowie den Medizinstatistischen Büros der Räte der Bezirke zur Verfügung gestellt.[94] Die epidemiologischen Studien, die in den 1970er Jahren entstanden, basierten jedoch nicht auf den amtlichen Zahlen, sondern auf Statistiken gerichtsmedizinischer Institute oder auf lokalen Kooperationsvereinbarungen mit der Kriminalpolizei. Dem Psychiater Helmut F. Späte gelang es, die verantwortlichen Genossen im Bezirk Potsdam davon zu überzeugen, dass »die hohe Suizidrate nicht mit dem Aufbau des Sozialismus in der DDR zusammenhängt« und dass »wir das Problem nicht aus der Welt schaffen können, wenn wir die Unterlagen verschließen«.[95] Späte bezeichnete die »epidemiologische Durchforschung des entsprechenden Territoriums«, eine »verläßliche Morbiditäts- und Mortalitätsstatistik« sowie die Kennzeichnung der individuellen und sozialen »prädisponierenden Faktoren unter [...] den Bedingungen unserer Gesellschaftsordnung« als »notwendigste Voraussetzungen« für eine umfassende Prophylaxe.[96]

Auch anderswo forderten Mediziner eine epidemiologische »Bedarfsforschung«[97] – zumeist blieb es aber bei der Forderung. Realisiert wurde die Idee hingegen, zumindest ansatzweise, im Bezirk Magdeburg, wo Anfang

93 Schulze, Selbstmordziffer, S. 107f.
94 Vgl. Information des amtierenden Leiters der Staatlichen Zentralverwaltung für Statistik, Dr. Hartig, über die Erfassung, Organisation und Aufbereitung der Todesursachenstatistik, Berlin, den 13. 6. 1977, in: BArch Berlin, DC 20, 13015, n. pag.
95 BLHA, Rep. 401, BT/RdB Potsdam, Nr. 8072, Bl. 171 und 186.
96 Helmut F. Späte, Suizidprophylaxe aus der Sicht eines Bezirkskrankenhauses für Neurologie und Psychiatrie, in: Zeitschrift für ärztliche Fortbildung 65 (1971) 24, S. 1295–1299, zit. 1298.
97 Dieter Decke, Der Suicidversuch im Erwachsenenalter, Diss. Dresden 1974, S. 101.

der 1970er Jahre alle Suizidversuche erfasst wurden, um daraus Maßnahmen zur Suizidprophylaxe abzuleiten.[98] Auf Basis der gesammelten Daten entstand sogar eine wissenschaftliche Studie an der Akademie für Ärztliche Fortbildung, die jedoch nicht mehr auffindbar ist.[99]

In Leipzig und Neubrandenburg gab es ähnliche Erhebungen einer Datenbasis für wissenschaftliche Analysen des Suizidgeschehens; dort wurden alle Suizidversuche, die in Krankenhäusern behandelt wurden, erfasst.[100] Der Dresdner Psychiater Helmut Kulawik entwickelte für die wissenschaftliche Auswertung einen Fragebogen, der in der Folgezeit die methodische Grundlage für mehrere Studien bildete.[101] Beispielsweise kam der Fragebogen in den 1970er Jahren in der Wismarer Nervenklinik und im NVA-Lazarett Bad Saarow zum Einsatz, Anfang der 1980er Jahre verwendete ihn ein Psychiater bei der Exploration suizidaler Strafgefangener im Haftkrankenhaus Meusdorf. Die dabei entstandenen Dissertationen wurden aber streng geheim gehalten, so dass sie im wissenschaftlichen Diskurs nicht wirksam werden konnten.[102]

Wenngleich die amtlichen Suizidstatistiken weiterhin unter Verschluss blieben, zeigte sich im medizinischen Bereich ein gelockerter Umgang mit den eigentlich geheim zu haltenden Zahlen. So eröffnete der Psychiater Helmut F. Späte seinen Vortrag auf dem Jahreskongress der Akademie für Ärztliche Fortbildung 1972 mit der Angabe, dass suizidales Verhalten »unserem Volk jährlich etwa 5000 Menschenleben kostet«.[103] Karl Seidel gab seine Habilitationsarbeit zum Alterssuizid trotz Geheimhaltungsgrad als Sonderdruck an Kollegen weiter. Zudem publizierte der Dresdner Psychiater seine Ergebnisse auch im westlichen Ausland, wobei er die relativ hohe Selbsttötungsrate der untersuchten Region keineswegs verschwieg.[104] Die DDR meldete in jener Zeit auch die Selbsttötungsraten von 1969 und 1970 an die Weltgesundheitsorganisation; wahrscheinlich gelangten die Informationen von dort, wenn auch mit Verspätung, in die Statistischen Jahrbücher der Bundesrepublik.[105]

98 Vgl. Leonhard/Matthesius, Zu suizidalen Handlungen, S. 136.
99 Dr. Piatek, Suizidversuchshäufigkeit und Suizidprophylaxe im Bezirk Magdeburg. Vgl. BArch Berlin, DQ 1, 12006, n. pag.
100 Vgl. Schulze, Selbstmord und Selbstmordversuch, S. 17; Telefonat mit dem ehemaligen Chefarzt des Bezirkskrankenhauses Neubrandenburg, Prof. Hans Berndt, am 12. Juli 2001.
101 Vgl. Helmut Kulawik, Erfassungsbeleg für Suizidenten als Grundlage für die Betreuung Suizidgefährdeter, in: Psychiatrie, Neurologie und medizinische Psychologie 25 (1973) 7, S. 414–428.
102 Vgl. Gestewitz, Erkennung; Jung, Analyse.
103 Helmut F. Späte, Suizidprophylaxe in der Praxis, in: Zeitschrift für ärztliche Fortbildung 67 (1973) 8, S. 403–405, zit. 403.
104 Vgl. K[arl] Seidel, Die eigenständige innere Dynamik des Alterssuizids, in: Sozialpsychiatrie 9 (1969), S. 42–62.
105 Vgl. Statistisches Jahrbuch für die Bundesrepublik Deutschland 1973, Stuttgart/Mainz 1973, S. 34*. Analog auch noch 1974, danach sind die Selbsttötungsraten der DDR nicht mehr an dieser Stelle veröffentlicht.

Die Geheimhaltungsvorschriften machten indes die von den Medizinern geforderte epidemiologische Erforschung regionaler Unterschiede in der DDR so gut wie unmöglich. Das zeigen Veröffentlichungen von Späte und Mitarbeitern, die in Brandenburg die Suizidhäufigkeit bestimmter Wohngebiete bzw. von Stadt und Landkreis ermittelten. Da sie die Selbsttötungsraten nicht publizieren durften, konstatierten die Autoren lediglich, dass sie eine höhere Quote von Suiziden im Landkreis und eine höhere Quote nichtletaler Suizidversuche in der Stadt gefunden hätten. Zudem versuchten sie, für bestimmte Stadtgebiete differenzierte Aussagen hinsichtlich bestimmter Risikogruppen zu treffen. Da aber von den staatlichen Stellen nicht einmal differenzierte Bevölkerungsstatistiken zur Verfügung gestellt wurden, war auch das nur teilweise möglich.[106]

In den Jahren 1974 bis 1978 setzte sich die intensive Beschäftigung von DDR-Medizinern mit dem Thema Suizid fort. »Gerade wir, die wir die sozialistische als die einzige menschenwürdige Gesellschaft erkannt haben, müssen die Faktoren aufdecken, die einen nicht unbeträchtlichen Teil unserer Menschen zum Äußersten greifen lassen – zur Bedrohung des eigenen Lebens«, forderte 1974 der Dresdner Psychiater Dieter Decke.[107] Sieben Dissertationsarbeiten wurden in den folgenden fünf Jahren fertiggestellt. 16 Artikel erschienen in DDR-Fachzeitschriften, zudem wurden mindestens vier Artikel in Sammelbänden abgedruckt.

Eine Zäsur leitete das Jahr 1977 ein. Zum einzigen Mal in seiner Geschichte befasste sich das SED-Politbüro nachweislich mit dem Selbsttötungsgeschehen der DDR. Es beauftragte den Vorsitzenden des Ministerrats, Willi Stoph, am 27. Mai 1977 »die Hinweise über angeblich steigende Selbstmordziffern in der DDR zu prüfen und festzulegen, wer darüber die Statistiken führt«.[108] Das hier gezeigte Interesse ist bemerkenswert, führt es doch vor Augen, dass die SED-Spitze dem Problem keineswegs gleichgültig gegenüberstand. Ein weiterer Beleg dafür, dass bei führenden SED-Funktionären in den Jahren 1977/78 ein spürbares Interesse für das Selbsttötungsgeschehen vorhanden war, ist aus der SED-Bezirksleitung Berlin überliefert. In Berlin war Mitte der 1970er Jahre, auf Anregung des Berliner Bezirksarztes Reimar Schorr, eine groß angelegte Untersuchung zum Suizidverhalten in der DDR-Hauptstadt durchgeführt worden. Nach Fertigstellung der Arbeit, die 1977 unter Ausschluss der Öffentlichkeit, aber in Anwesenheit zahlreicher Funktionäre verteidigt wurde, ließ sich die SED-Bezirksleitung im März 1978 eine 18-seitige Zusammenfassung der wichtigsten Ergebnisse erstellen.[109]

106 Vgl. Otto/Späte, Suizidhandlungen; Späte u. a., Wohngebiet.
107 Decke, Suicidversuch, S. 102f.
108 Vgl. SAPMO-BArch, DY 30, J IV 2/2 A 2073, Bl. 11.
109 Vgl. Gespräch mit Dr. Rolf Matthesius, Potsdam, am 22. November 2000 sowie mit Dr. Rainer Leonhardt, Berlin, am 30. November 2000.

Im Politbüro, das sich von der Kriminalpolizei sowie von der Staatlichen Zentralverwaltung für Statistik die Suizidzahlen melden ließ, lösten die gerade zu dieser Zeit besonders hohen Zahlen vor allem Ängste aus – Ängste davor, dass der »Klassengegner« davon erfahren könnte. Bei der von Willi Stoph veranlassten Recherche hatte sich herausgestellt, dass fünf wissenschaftliche Institute Zugang zu den Zahlen hatten. Um die sehr hohe Selbsttötungsrate verheimlichen zu können, sollten diese potenziell undichten Stellen beseitigt werden, weshalb der Vorsitzende des Ministerrates verfügte, dass fortan Zahlenangaben über Selbsttötungen stets als Verschluss-Sache zu behandeln seien und »nur im Bedarfsfall mit meiner Genehmigung« weitergegeben werden durften.[110]

Eine Begründung für die nochmalige Verschärfung der Geheimhaltung der Statistiken enthalten die Politbüro-Akten nicht.[111] Ein ehemaliger Mitarbeiter der Abteilung Gesundheitspolitik des ZK führte zwei Aspekte zur Erklärung an: Die Funktionäre im Politbüro hätten sich dafür geschämt, dass die Selbsttötungsrate der DDR immer noch so hoch war, da in ihrem Denken Selbsttötungen zu den Übeln der kapitalistischen Gesellschaft gehörten. Und sie glaubten, dass sachliche Diskussionen auch angesichts der Westmedien, die auf Sensationen aus waren, keine Chance gehabt hätten, weshalb das Politbüro dem Westen keine Argumente liefern wollte.[112] »Das Thema Selbstmord in Ost-Berlin ist ein klassischer Fall des ›Weil-nicht-sein-kann,-was-nicht-sein-darf‹-Denkens – ein Merkmal aller Ostblockländer«, urteilte demgegenüber Timothy Garton Ash im Jahr 1981: »In der Weigerung der DDR-Behörden, die Existenz eines Problems auch nur zu beachten, sehe ich eine weit vernichtendere Anklage gegen ihr System als in der Selbstmordrate an sich.«[113]

Die SED-Führung verordnete die Verschärfung der Geheimhaltung wohl nicht zuletzt deshalb, weil in bundesdeutschen Publikationen mehrfach die Selbsttötungsrate der DDR angegeben wurde. Mit etwas mathematischem Geschick konnte man sich die Selbsttötungsrate aus den Angaben im Statistischen Jahrbuch der DDR herausrechnen, wie der bundesdeutsche Statistiker Leutner demonstrierte. Seine »per exclusionem und nach Abzug der Gewaltverbrechen (Mord, Totschlag) sowie der unbestimmten Verletzungen, analog den Verhältnissen in der Bundesrepublik« für das Jahr 1975 berechneten »ungefähren Zahlen« lagen nur geringfügig niedriger als die tat-

110 Schreiben von Willi Stoph an den Leiter der Staatlichen Zentralverwaltung für Statistik vom 20.6.1977, in: BArch Berlin, DC 20, 13015, n. pag.
111 »Der Widerwille, die eigenen Handlungen nachvollziehbar und transparent zu machen, war bei der SED-Führung so ausgeprägt wie in einem Gangstersyndikat, und der Umfang der schriftlichen Darlegung verhielt sich in der Regel umgekehrt proportional zum politischen Gewicht des Vorgangs«, schrieb der Historiker Stefan Wolle über dieses Phänomen. Wolle, Diktatur, S. 138.
112 Telefonische Mitteilung von Eckehard Wetzstein am 16. August 2001.
113 Timothy Garton Ash, »Und willst du nicht mein Bruder sein ...«. Die DDR heute, Hamburg 1981, S. 67.

sächlichen Werte.[114] Andere Autoren, wie beispielsweise Joachim Schiller, besorgten sich die Zahlen »über den Umweg wissenschaftlicher Tagungen und der Weltgesundheitsorganisation«.[115]

Für die Zeit nach 1977 gelangten offenbar keine geheimen Daten mehr in die Bundesrepublik; insofern waren die Geheimhaltungsbestrebungen der SED-Führung erfolgreich. Die vollständige Abschottung gegenüber dem »Klassengegner« behinderte jedoch die medizinische Suizidforschung im eigenen Land und damit auch das Anliegen der Senkung der Selbsttötungsrate.

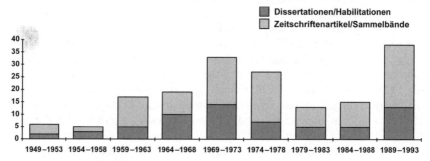

■ Dissertationen/Habilitationen
☐ Zeitschriftenartikel/Sammelbände

Abb. 30: Publikationshäufigkeit medizinischer Fachliteratur zum Thema Suizid in der DDR.

Die Verschärfung der Geheimhaltung der Suizidstatistiken seit 1977 wirkte sich zwar erst mit einiger Verzögerung auf den medizinischen Diskurs aus, langfristig jedoch verminderte sich die Intensität der Suizidforschung deutlich. Im Jahr 1978 druckten medizinische Fachzeitschriften noch sechs größere Artikel, die sich mit suizidologischen Fragen befassten. Das waren in einem Jahr fast eben so viele wie in den folgenden sieben Jahren. Zwischen 1979 und 1985 erschienen in medizinischen Fachzeitschriften der DDR insgesamt acht Artikel zum Suizid, im gleichen Zeitraum wurden sechs suizidologische Dissertationen fertiggestellt.[116] Deutlicher noch als die Zahl der Publikationen sank die Relevanz der Publikationsorte. Waren es zuvor mehrheitlich größere Fachzeitschriften wie das »Deutsche Gesundheitswesen« oder die »Zeitschrift für Ärztliche Fortbildung«, so erschienen die Ar-

114 Dr. Leutner, Vergleich der Lebenserwartung und ausgewählter Todesursachen in der Deutschen Demokratischen Republik und in der Bundesrepublik Deutschland 1975, in: Hans Harmsen (Hg.), Aktuelle Bevölkerungsfragen in Ost und West, in der DDR und in der Bundesrepublik, Hamburg 1978, S. 35–46, zit. 43.
115 Schiller, Selbstmordgesellschaft, S. 118.
116 Zudem wurden Dissertationen zum Thema Vergiftung verfasst. Da Suizid in diesen Dissertationen, wenn überhaupt, nur unter rettungstechnischen Aspekten behandelt wurde, sind diese nicht mitgezählt worden.

tikel jetzt, wenn überhaupt, nur noch in kleinen Spezialzeitschriften wie der »Ärztlichen Jugendkunde«, der »Zeitschrift für Alternsforschung« oder in wissenschaftlichen Reihen einzelner Universitäten. Die größeren Fachzeitschriften hingegen brachten ab 1979, abgesehen von zwei Beiträgen in »Psychiatrie, Neurologie und medizinische Psychologie«, überhaupt keine Artikel mehr zum Thema Suizid.

Psychiater, die bis dahin relativ ungehindert publizieren konnten, spürten die Veränderung deutlich. Waren bisher nur epidemiologische Angaben tabu, so wurden jetzt selbst Artikel abgewiesen, die suizidale Risikogruppen thematisierten. Eine erste Auswirkung der verschärften Tabuisierung war die Nichtpublizierung eines Artikels über »Suizidale Handlungen bei Mitarbeitern des Gesundheitswesens«, der bereits im Jahresinhaltsverzeichnis 1978 einer medizinischen Fachzeitschrift angekündigt, dann aber auf den ausgewiesenen Seiten nicht abgedruckt war.

Während das Manuskript dieses Artikels bis zu seiner um 13 Jahre verspäteten Veröffentlichung im Jahr 1990 in der Redaktion aufbewahrt wurde,[117] erlebte ein Aufsatz des Psychiaters Helmut F. Späte eine wahre Odyssee. Im Jahr 1980 von »Psychiatrie, Neurologie und medizinische Psychologie« abgelehnt, schickte der Autor sein Manuskript an die »Ärztliche Jugendkunde«. Dort wurde er zunächst mit Verweis auf »Richtlinien« zurückgewiesen, »wonach konkrete Angaben in Veröffentlichungen über Suizide, Alkoholismus, Kindesmißhandlung, Jugendkriminalität usw. der Einschränkung unterliegen, daß Einverständnis einer gewissen Dienststelle vorliegen muß«.[118] Bei dieser Dienststelle handelte es sich um das dem Gesundheitsministerium angegliederte »Generalsekretariat der medizinisch-wissenschaftlichen Gesellschaften«. Unter Umgehung des als Zensurstelle fungierenden Sekretariats ließ sich Späte im Sommer 1983 vom DDR-Gesundheitsminister Mecklinger persönlich bestätigen, »daß es lediglich nicht erwünscht sei, Arbeiten zu veröffentlichen, die Zahlenangaben enthalten, die dann mißbräuchlich verwendet werden könnten«.[119] Als Späte die Auskunft des Ministers dem Chefredakteur der »Ärztlichen Jugendkunde« mitteilte, erwog dieser eine Veröffentlichung. Schließlich aber wurde auch dieser Versuch im Jahr 1984, wahrscheinlich durch telefonische Intervention aus Berlin beim Verlag, unterbunden.[120]

117 Vgl. Dieter Decke/Ehrig Lange/Friedemann Ficker, Suizidale Handlungen bei Mitarbeitern des Gesundheitswesens, in: Zeitschrift für Klinische Medizin 45 (1990) 26, S. 2303–2307.
118 Abschrift eines Schreibens des Chefredakteurs der »Ärztlichen Jugendkunde« an Helmut F. Späte vom 25. 5. 1983. Privatarchiv Helmut F. Späte.
119 Brief von Helmut F. Späte an den Chefredakteur der »Ärztlichen Jugendkunde« vom 15. 8. 1983. Privatarchiv Helmut F. Späte.
120 Gespräch mit dem ehemaligen Direktor des Verlages Ambrosius Barth am 14. Januar 2002.

Immerhin, der Aufsatz wurde im Jahr 1986 doch noch gedruckt, wenngleich an entlegener Stelle.[121] Andere Untersuchungen hingegen wurden gar nicht erst für eine Publikation eingereicht. Als bekannt wurde, dass der Gerichtsmediziner Prof. Friedrich Wolff einen Vortrag über »Untersuchungen zum Suizidgeschehen in Magdeburg von 1881–1982« halten wollte, wurde ihm per Anruf aus dem Gesundheitsministerium »nahegelegt, diesen Vortrag nicht zu halten«. Dennoch referierte der Magdeburger Professor vor Ärzten, Kriminalisten und Juristen am 9. Februar 1982 über die Entwicklung der Suizidhäufigkeit in den letzten 100 Jahren. Danach sah er jedoch keine Möglichkeit mehr, »die Suizidproblematik auch publizistisch weiter zu verfolgen«.[122]

Ein Psychologe aus Leipzig, der in die Bundesrepublik übersiedelte, nahm seine Forschungsergebnisse mit in den Westen. Nach frustrierenden Erlebnissen mit der Leipziger Bezirksstaatsanwältin, die keine Suizidstatistiken herausgab, und einem Schuldirektor, der das Angebot zu einem Gespräch über Suizidverhütung schroff ablehnte, befürchtete er, seine Arbeit in der DDR nicht veröffentlichen zu können.[123]

Die Verschärfung der Geheimhaltung bewirkte nicht nur einen deutlichen Rückgang medizinischer Publikationstätigkeit, auch die bisherige Forschung »hinter den Kulissen« kam zum Erliegen. Wurden in den Jahren 1969 bis 1977 immerhin drei große epidemiologische Studien über das Suizidgeschehen in der DDR fertiggestellt –, wobei diese Dissertationen zwar als »Vertrauliche Dienstsache« bzw. »Vertrauliche Verschlusssache« nicht öffentlich zugänglich waren, aber doch einem bestimmten Kreis von Wissenschaftlern und Funktionären bekannt wurden – so konnten solche Studien in den Jahren 1977 bis 1984 überhaupt nicht mehr erarbeitet werden.[124] Zwar beantragte der DDR-Gesundheitsminister, Ludwig Mecklinger, am 6. Januar 1978 die Bildung einer handverlesenen Arbeitsgruppe; diese wurde jedoch nie aktiv.[125] Ein Berliner Psychiater, der an einer mit dem Geheimhaltungsgrad »Nur für den Dienstgebrauch« versehenen Habilitation über Suizide von Psychiatriepatienten arbeitete, nahm sich 1980 das Leben; die »Auflösung der privaten Schriftensammlung und die Räumung des Arbeitsplatzes« erfolgte unter »operativer Kontrolle« durch das MfS.[126]

Die wenigen Doktorarbeiten, die noch entstanden, wurden zumeist geheim gehalten. Nach Olga Jacobasch unterlagen 21,1 Prozent der nach 1961 verfassten medizinischen Dissertationen zum Thema Suizid der Geheimhal-

121 Helmut F. Späte, Über einen Gruppensuizidversuch Heranwachsender – Psychodynamik und Katamnese, in: Wissenschaftliche Zeitschrift der Martin-Luther-Universität Halle 35 (1986), H. 2, S. 43–48.
122 Brief von Prof. em. Dr. Friedrich Wolff an den Autor vom 26. September 2001.
123 Vgl. Schulze, Selbstmord und Selbstmordversuch, S. 8f.
124 Erst 1985 wurde wieder eine »geheime« epidemiologische Dissertation fertiggestellt: Gudrun Krostewitz, Zum Suizidgeschehen im Kreis Sangerhausen, Diss. Berlin 1985.
125 Vgl. BArch Berlin, DC 20, 13015.
126 Vgl. BStU, MfS, AIM 374/81, Bd. I/1, Bl. 89, 103f., 360.

tung, womit die Geheimhaltungsrate nur wenig über dem Durchschnittswert in der DDR von 16,6 Prozent lag.[127] In der Phase 1978 bis 1987 hingegen, der Zeit verschärfter Tabuisierung, wurden 75 Prozent der Dissertationen geheim gehalten.[128]

Wie schwierig es in der ersten Hälfte der 1980er Jahre war, die Suizidproblematik in der DDR zu thematisieren, erlebte auch die Journalistin Anne Dessau, die (angeregt durch befreundete Psychiater) ein Drehbuch für einen Fernsehfilm über den Suizid einer Schülerin verfasste. Zwar wurde der dem sozialistischen Realismus verpflichtete Film »Lebenszeichen«[129] tatsächlich am 20. April 1984 im DDR-Fernsehen ausgestrahlt, allerdings als (nach Aussage der Autorin) »weichgespülte Fassung«;[130] beispielsweise wurde verfügt, dass die Heldin an ihrem Suizidversuch nicht sterben durfte. Diese positive Wendung war offenbar obligatorisch für eine Akzeptanz des Films bei den Funktionären in der Parteileitung des Fernsehens und im Gesundheitsministerium. Dementsprechend hob auch die Jugendzeitschrift »neues leben«, die ein Interview mit der Hauptdarstellerin druckte, besonders hervor, dass der Film die Geschichte eines Mädchens darstelle, »das nach einem Selbstmordversuch leben lernt«.[131]

Im Übrigen verebbten nach 1977 auch die vorsichtigen Ansätze von Gesellschaftswissenschaftlern, das Thema Selbsttötung zu diskutieren. Ein 1983 von dem »MLer« Löther und dem Psychiater Späte publizierter Appell, »dem Ausschlachten dieses Problemkreises durch Religion, Existentialismus und revisionistische Entfremdungsapostel ein Ende zu bereiten«, blieb ohne Widerhall in den Instituten für Marxismus-Leninismus. Die Autoren hatten »das Ausarbeiten eigener Positionen« gefordert und konstatiert: »Es gibt keinen sachlichen Grund, solche Fragen zu umgehen.«[132] Aber genau das geschah auch weiterhin.

Erst in der zweiten Hälfte der 1980er Jahre kam es im Zuge einer allmählichen inneren Destabilisierung der DDR und einem wachsenden Problembewusstsein wieder zu einem leichten Aufschwung der medizinischen Suizidforschung. So wurden von 1985 bis 1989 sechs Dissertationen fertiggestellt, zahlreiche weitere wurden noch zu DDR-Zeiten begonnen und in den Jahren nach 1990 abgeschlossen; allein bis 1992 entstanden 12 medizinische Doktorarbeiten zum Thema Suizid, weitere folgten. Unter den Dissertationen der späten 1980er Jahre befanden sich auch mehrere epidemiologische Regionalstudien (deren Ergebnisse wiederum der Geheimhaltung unterlagen). Die

---

127 Vgl. Wilhelm Bleek/Lothar Mertens, DDR-Dissertationen. Promotionspraxis und Geheimhaltung von Doktorarbeiten im SED-Staat, München 1994.
128 Vgl. Jacobasch, Wissenschaftliche Suizidliteratur, S. 61.
129 Lebenszeichen, Erstsendung im 1. Programm am 20. April 1984, in: DRA, IDNR 11498.
130 Telefonat mit Anne Dessau am 13. April 2005.
131 Marlis Linke, »… noch viel mehr rauskriegen über das Leben und so.«, in: Neues Leben 32 (1984) 3, S. 6f., zit. 6.
132 Löther/Späte, Suizid und Ideologie, S. 192.

Zahl der Publikationen in DDR-Fachzeitschriften stieg ebenfalls leicht an; es wurden sieben Artikel gedruckt. Zudem erschien ein Sammelband mit mehreren Beiträgen zum Thema Suizid.[133]

Darüber hinaus publizierten einzelne DDR-Suizidforscher auch in westlichen Fachzeitschriften, ebenso wie bundesdeutsche Suizidologen in der DDR veröffentlichen konnten. Damit übernahmen sie oft eine Ersatzfunktion; beispielsweise erschien – in Ermangelung eigener epidemiologischer Veröffentlichungen – im August 1989 ein grundlegender Artikel über die Epidemiologie des Suizids von dem bundesdeutschen Suizidforscher Heinz Häfner.[134]

In ihren theoretischen Arbeiten orientierten sich die Suizidforscher der DDR nach wie vor an international anerkannten westlichen Experten wie Erwin Ringel, Erwin Stengel, Heinz Henseler und anderen. Auch in Zeiten verstärkter Tabuisierung brach der Kontakt der mit dem Suizidproblem befassten Psychiater und Psychologen der DDR zum Ausland nie vollständig ab. Da es für DDR-Wissenschaftler nicht möglich war, ungehindert zu reisen, und da bundesdeutsche Suizidforscher nicht in die DDR kommen durften, trafen sich Suizidologen aus Ost und West ab 1984 aller zwei Jahre im ungarischen Szeged zu wissenschaftlichen Tagungen.[135]

Die veränderte Situation im Ostblock durch Gorbatschows »Glasnost«-Politik schlug sich Ende der 1980er Jahre in einigen wissenschaftlichen Arbeiten nieder. So hieß es in einer Dissertation aus dem Jahr 1987 selbstbewusst: »Die Erfassung und Bearbeitung epidemiologischer Daten ist eine Voraussetzung für die klare Erkenntnis aller mit der Suizidproblematik in Zusammenhang stehenden Fragen und zugleich Grundlage jeder Tendenzanalyse. Insofern ist nicht einzusehen, daß in der DDR keine Suizidziffern veröffentlicht werden, während es in anderen sozialistischen Ländern wie der ČSSR durchaus üblich ist.«[136]

Ein vertrauliches Papier des Gesundheitsministeriums widmete dem Suizidgeschehen im selben Jahr einen einzigen Satz: »Die Selbstmordhäufigkeit ist in der DDR weiterhin relativ hoch.«[137] Das war auch in internen Diskus-

133 Vgl. Heinz Henning/Helmut F. Späte (Hg.), Krisenintervention bei psychiatrischen Patienten im Jugendalter (= Martin-Luther-Universität Halle-Wittenberg, Wissenschaftliche Beiträge 1988/14 [R 103]), Halle/Saale 1988.
134 Vgl. Häfner, Epidemiologie. Der Artikel informierte nicht nur über Drogensucht und Aussteigermentalität im Westen, er stellte auch dar, dass die Suizidraten der 15- bis 24-Jährigen der DDR im Weltmaßstab relativ hoch waren.
135 Der Vorsitzende der »Deutschen Gesellschaft für Selbstmordverhütung« bezeichnete »die Begegnung mit den Wissenschaftlern aus der DDR« im Jahr 1986 als ein »besonderes wissenschaftliches und zwischenmenschliches Ereignis«. Hans Wedler, Zu diesem Heft, in: Suizidprophylaxe 13 (1986) 2, S. 97–99, zit. 98.
136 Hagen Slusariuk, Untersuchung über Umfang und Ursachen des Suizidgeschehens im Kreis Bautzen in den Jahren 1982 bis 1984 mit dem Ziel einer Verbesserung der Suizidprophylaxe, Diss. Dresden 1987, S. 56.
137 Information über die Entwicklung des Gesundheitszustandes der Bevölkerung der DDR und Schlußfolgerungen für die Entwicklung des Gesundheitsschutzes, März 1987, in: BArch Berlin, DQ 1, 12194.

sionen die Begründung für die fortgesetzte Geheimhaltung der Statistiken. Die inzwischen erfolgte Trendumkehr – zwischen 1980 und 1986 sank die Selbsttötungsrate der männlichen Bevölkerung um 8,3 Prozent, die der weiblichen um 16,6 Prozent – schien die SED-Spitze nicht mehr zur Kenntnis genommen zu haben. Obwohl der Trend anhielt und im Jahr 1988 die niedrigste Selbsttötungsrate seit dem Bestehen der DDR registriert wurde, gelangten die Statistiken erst nach dem Zusammenbruch der SED-Diktatur, Anfang März 1990, im Kontext des DDR-Sozialreports an die Öffentlichkeit.[138]

Zuvor war es, noch unter den Bedingungen der intakten DDR, im Frühjahr 1989 den Dresdner Suizidforschern um Werner Felber gelungen, eine erste internationale Suizid-Tagung durchzuführen – damals noch ein »halblegales Unternehmen«,[139] an dem westdeutsche Kollegen nur teilnehmen konnten, weil ihr aktueller Arbeitsort in der Schweiz bzw. in Österreich lag.[140] Dabei zeigte sich, dass in der Suizidforschung der DDR trotz ihrer Abschottung und Verinselung durchaus auch bemerkenswerte wissenschaftliche Beiträge entstanden waren. So wurde in der Dresdner Betreuungsstelle eine Typologie parasuizidalen Verhaltens entwickelt, die eine differenzierte Behandlung verschiedener Varianten parasuizidalen Verhaltens ermöglicht.[141]

6.8 Resümee

In der DDR-Gesellschaft gab es Bereiche, in denen die Tabuisierung durch politische Verbote verschärft wurde, was mit einer Praxis des absoluten Verschweigens einherging. Das war beispielsweise in den Gefängnissen der Fall, in der Nationalen Volksarmee auch. Aber schon in der SED-Führung zeigte sich, dass es auch Phasen eines offeneren Umgangs mit Selbsttötungen gab. Während in bestimmten Zeiten Selbsttötungen von SED-Funktionären verheimlicht wurden, versuchte die SED-Führung zu anderen Zeiten, lediglich den kausalen Zusammenhang zu innerparteilichen Konflikten durch eine pauschale und letztlich auch wenig glaubwürdige Pathologisierung zu verschleiern. Als Folge der verschärften Tabuisierung entstanden oft Vermutungen und Gerüchte über vermeintliche Mordverbrechen, die in ihrer von Angst geleiteten Phantasie einerseits eine Form der Verdrängung von Suizidalität darstellten, andererseits eine nahezu logische Folge der Informationswillkür in der SED-Diktatur waren. Hier gilt es noch bis in die Gegenwart eine Hypothek der Informationswillkür der SED abzutragen.

---

138 Vgl. Waltraut Casper, Mortalität – ein Tabu ist gebrochen, in: Humanitas (1990) 8, S. 11.
139 Werner Felber/Christian Reimer (Hg.), Klinische Suizidologie, Berlin u.a. 1991, S. V.
140 Auskunft von Prof. Werner Felber, Dresden.
141 Vgl. Werner Felber, Typologie des Parasuizids, Regensburg 1999.

Als Gegentendenz zu den zumeist durch politisches Prestigedenken motivierten Verschärfungen der Tabuisierung gab es jedoch vor allem aus dem medizinischen Bereich auch starke Impulse, Selbsttötungen zu erforschen und die Forschungsergebnisse zu publizieren. Das geschah nur im begrenzten Rahmen des wissenschaftlichen Diskurses; die Intensität der medizinischen Suizidforschung wurde zudem durch die Lockerungen und Restriktionen der SED-Tabuisierungspolitik bestimmt.

Insgesamt erscheinen die DDR-spezifischen Modulationen des Tabus als Folge von Verschärfungen der Tabuisierung durch die SED-Führung und Enttabuisierungsprozessen »von unten«, insbesondere von Medizinern.

7 Das politische Protestpotenzial von Selbsttötungen in der DDR

Unter den Kommunikationsbeschränkungen der Diktatur stellte bereits eine Äußerung wie jene auf der von oppositionellen Pfarrern organisierten Bluesmesse in der Berliner Erlöserkirche im Jahr 1983, dass »die Zahl der Selbstmorde und die Gleichgültigkeit der Menschen steigt«, eine »unerhörte Begebenheit« dar, die für wert erachtet wurde, in einem MfS-Bericht festgehalten zu werden.[1]

Wohnte bereits dem Versuch, oberflächlich an das Tabu zu rühren, politische Brisanz inne, so war das in weitaus stärkerem Maße der Fall, wenn beispielsweise Selbsttötungen in der NVA angesprochen wurden. Das verdeutlichen die Auseinandersetzungen um einen kurzen Prosatext von Jürgen Fuchs, »Das Fußballspiel«.[2] Obwohl Fuchs lediglich die Reaktionen auf die Selbsttötung eines Soldaten (aus der Perspektive eines äußerlich unbeteiligten, innerlich aber zutiefst beunruhigten Beobachters, der in unmittelbarer Nähe des Ereignisses Fußball gespielt hatte) schilderte, die von freundlich-drohenden Hinweisen auf die militärische Geheimhaltungspflicht über abwertende Bemerkungen bis zu Verharmlosungen reichten, glaubten SED-Funktionäre in dem Text eine fundamentale Kritik an der DDR zu erkennen: »Eine Richtung, eine Linie ist erkennbar: Der menschenfeindliche Moloch Staat, der Sozialismus drangsaliert den einzelnen, der ein wehrloses Opfer dieser Institutionen ist.« Fuchs, der 1975 noch SED-Mitglied und Psychologie-Student an der Jenaer Friedrich-Schiller-Universität war, wurde im Anschluss an die Auseinandersetzungen um diesen und andere Texte aus der SED ausgeschlossen und exmatrikuliert.

Siegfried Reiprich, der zur selben Zeit an der Jenaer Universität studierte und an einem »Arbeitskreis Literatur und Lyrik« teilnahm, wo auch Texte von Fuchs gelesen wurden, solidarisierte sich mit dem Schriftsteller. Daraufhin wurde ein FDJ-Ausschlussverfahren gegen Reiprich durchgeführt, das zeitweise die Form eines Tribunals annahm. Reiprich verteidigte den Text, weil Fuchs damit versucht hätte, »wirkliche Probleme literarisch zu gestalten«, in diesem Fall, »daß sich Soldaten in der NVA umbringen«.[3] Dagegen eiferte sich ein Universitätsdozent: »Hier wird ein Selbstmord

---

1 BStU, MfS, HA XX/4, Nr. 1227, Bl. 464.
2 Vgl. Jürgen Fuchs, Gedächtnisprotokolle, Reinbek b. Hamburg 1977, S. 22 f.
3 BStU, BV Gera, AOP 1020/81, Bd. XII, S. 69–71.

der Armee in die Schuhe geschoben!«Das Protokoll der FDJ-Versammlung erweckt den Eindruck, als hätten die Eskalation der Diskussion und die dadurch bewirkte Polarisierung erst jene Freund-Feind-Konstellation geschaffen, die von den SED-Funktionären von Beginn an behauptet wurde, und auf die sie dann mit Bestrafung reagieren konnten. So brachte der bereits zitierte Dozent den Text mit einem Todesfall an der Universität in Verbindung: »Der Herr X hat sich erschossen – wohl in der gleichen Zeit oder etwas später entstand das Gedicht von Fuchs – und er hat einen Brief hinterlassen. Er drückte sein außerordentliches Bedauern aus, mit diesem Schritt die militärischen Organe zu belasten, er war Unteroffizier, die Partei zu belasten – er war in der Parteileitung – und seiner Frau und seiner Familie solche unsagbaren Schwierigkeiten zu machen mit seinem Schritt. Er schrieb, daß sein Schritt mit militärischen oder politischen Dingen nichts zu tun hat, sondern es waren rein persönliche Dinge. Wenn Fuchs sich auf einen solchen tragischen Vorfall bezieht ...« Ein Zwischenruf von Siegfried Reiprich (»Aber im ›Fußballspiel‹ geht es doch um einen ganz anderen Fall!«) konnte den Dozenten nicht bremsen, er fuhr fort: »Aber wer der Armee die Schuld an einem solch tragischen Vorfall, der uns alle sehr mitgenommen hat, in die Schuhe schiebt, ihr solche Dinge unterschiebt, das ist kein Mensch mehr, das ist ein Schwein, das ist ein Unmensch!«[4]

Siegfried Reiprich wurde Ende 1975 zunächst aus der FDJ ausgeschlossen und einige Monate später exmatrikuliert. Die Schärfe der Auseinandersetzung lässt erahnen, wie stark die Tabuisierung von Selbsttötungen in der DDR offenbar mit der Angst der SED vor Schuldzuweisungen an Staat und Partei, vor Kritik an Defiziten und Widersprüchen verbunden war. Das Beispiel zeigt: Selbsttötungen wohnte unter den Bedingungen der Diktatur ein Protestpotenzial inne, das zumindest von Einzelnen auch erkannt und genutzt wurde. Und im Gegensatz zu politisch motivierten Protest-Suiziden in westlichen Ländern, die dort selten mehr als Entsetzen und Unverständnis hervorriefen,[5] boten die Diktaturen des Ostblocks hierfür einen geeigneten Resonanzraum.

---

4 Siegfried Reiprich, Der verhinderte Dialog, Berlin 1996, S. 44.
5 Vgl. Dieter Herold, »Alle sollen sehen, wie ich sterbe«, in: Stern vom 20. April 1978, S. 50–54; Hermann Pohlmeier, der politische Selbstmord, in: Münchener medizinische Wochenschrift 122 (1980) 18, S. 667–670; Dietmar Roeschke, Sogwirkung?, in: Suizidprophylaxe 11 (1984) 1, S. 80–84; sowie als Beispiel menschenverachtender Plauderei: Constanze Elsner, Die Trilogie vom Tod. No. 1 Selbstmord, Frankfurt/M. 1985, S. 125 (»Selbstverbrennung als Privatvergnügen kommt in jüngster Zeit auch immer häufiger vor.«).

7.1 Verzweifelter politischer Protest durch Selbstverbrennung

Bereits das Fanal des Studenten Jan Palach, der sich am 16. Januar 1969 auf dem Prager Wenzelsplatz aus Protest gegen die gewaltsame Unterdrückung des tschechischen Reformsozialismus selbst verbrannte, hatte in der DDR für Aufsehen gesorgt.

Das Grab des Prager Studenten, das zu einer international bekannten Pilgerstätte wurde, besuchten auch Touristen aus der DDR. Drei katholische Jugendliche, die am 21. August 1970, dem zweiten Jahrestag des Einmarsches der sowjetischen Truppen, das Palach-Grab besucht hatten, wurden dort verhaftet und aus dem Land ausgewiesen. »Ich wollte mit dem Aufsuchen des Grabes und meinen dortigen Ehrbezeugungen zeigen, wie ich den Mut und die Entschlossenheit dieses Studenten achte«, erklärte einer der jungen Männer bei einem anschließenden Verhör aufrichtig den Vernehmern des MfS.[6] Ein Jugendlicher aus Thüringen bekannte 1971 (ebenfalls im MfS-Verhör):

>»Für mich war die Tat des PALACH, dessen Beerdigung ich im Westfernsehen sah, ein ›Fanal‹, das aufforderte, zum aktiven Widerstand gegen die ›kommunistische Diktatur‹ überzugehen. Ich hoffte wiederum darauf, daß sein Beispiel in der ČSSR dazu führt, ›demokratische Verhältnisse‹ zu schaffen, die schließlich auch auf die DDR übergreifen. Ich selbst faßte, durch dieses Beispiel in meinem tiefsten Inneren bewegt, den Entschluß, selbst aktiv dazu beizutragen, um die gesellschaftlichen Verhältnisse in der DDR zu verändern.«[7]

Bereits im September 1969 hatte der 19-Jährige ein Gedicht über eine fiktive Selbstverbrennung eines DDR-Jugendlichen mit dem Titel »10 Liter Benzin« verfasst, das in seinem Bekanntenkreis große Resonanz fand.[8]

»Würden wir uns auch verbrennen können«?, fragten sich zur gleichen Zeit oppositionelle Jugendliche in Ost-Berlin und beschlossen, in absehbarer Zeit ein »Happening« zu veranstalten. Mehrere Jugendliche wollten sich auf einer Wiese vor dem »Haus der Tschechoslowakischen Kultur« demonstrativ anzünden. Eine Verhaftungswelle vereitelte die Realisierung des Plans.[9]

Nach dem Fanal von Palach blieben in der DDR unmittelbare Nachahmungshandlungen, die sich laut Presseberichten beispielsweise in den USA

---

6 BStU, MfS, AS 288/74, Bd. 1, Bl. 145.
7 BStU, MfS, BV Erfurt, AU 2039/71, EV I, Bl. 86.
8 BStU, MfS, BV Erfurt, SA KD Eis, Nr. 469, Bl. 43f.
9 Vgl. Michael Meinicke, Ostkreuz, Freiberg 2000, S. 46–51.

und Frankreich ereignet hatten, weitgehend aus.[10] Zwar drohte ein ausreise-williger 25-jähriger Mann im Vorfeld der »X. Weltfestspiele der Jugend und Studenten« im Sommer 1973 eine Selbstverbrennung an; er hatte eine solche Tat aber nicht ernsthaft beabsichtigt.[11] Zwei in den MfS-Akten dokumen-tierte Selbstverbrennungen, die sich 1969 bzw. 1972 ereigneten, erwiesen sich als nicht politisch motiviert.[12]

Als Methode des politischen Protestes wurde die Selbstverbrennung in der DDR erst gut sieben Jahre später durch die Aktion des Pfarrers Brüse-witz etabliert,[13] der sich in Zeitz öffentlich in Brand setzte. Oskar Brüsewitz, ein unkonventioneller evangelischer Pfarrer, der jahrelang mit symbolhaften Aktionen nachdrücklich missioniert und gegen die Benachteiligung von Christen und die von der SED forcierte Säkularisierung gekämpft hatte, fühlte sich im Sommer 1976 durch die Misserfolge seiner Missionierungs-bestrebungen entmutigt, durch das SED-Regime bedrängt und nach der An-kündigung seiner bevorstehenden Versetzung von seiner eigenen Kirche im Stich gelassen. Er entschloss sich in dieser Situation, auch angesichts auf-getretener gesundheitlicher Probleme, durch eine radikale Zeichenhandlung aus dem Leben zu scheiden.[14] Am 18. August 1976 fuhr Brüsewitz mit dem Auto in die Kreisstadt Zeitz, rief einem erstaunten Mopedfahrer, der ihn überholte, »Halleluja« zu, baute im Stadtzentrum eine Spruchtafel auf, über-goss sich mit Benzin und zündete sich an. Drei Tage später erlag er den schweren Brandverletzungen. Sein Fanal, das manche Theologen in die Nähe christlicher Märtyrerhandlungen rückten und das auch als extremste Form des gewaltfreien Widerstands interpretiert werden kann, verfehlte seine Wir-kungen nicht. Es wurde, wie Ehrhart Neubert feststellte, zu einem »der wichtigsten Ereignisse der ostdeutschen Widerstandsgeschichte«.[15]

In den folgenden Jahren kam es zu weiteren Selbstverbrennungen in der DDR, die jedoch streng geheim gehalten und deshalb kaum bemerkt wur-den. Allerdings waren von den 60 im Rahmen dieser Recherche erfassten

---

10 Vgl. zu den aufsehenerregenden Selbstverbrennungen mehrerer Schüler im französischen Lille: Herbert Ernst Colla-Müller, Suizidale Handlungen Jugendlicher, in: Suizidprophy-laxe 14 (1987) 1, S. 29–48, hier 32–42. Zu Nachahmungstaten weltweit: Selbstverbren-nung. Fremd und fern, in: Der Spiegel 24 (1970) 6, S. 86f.

11 Vgl. BStU, MfS, HA XX, Nr. 6641, Bl. 491f.

12 Vgl. BStU, MfS, ZAIG, Nr. 1701, Bl. 1–4; BStU, MfS, BV Magdeburg, AIM 2049/84, Bd. II/3, Bl. 90–94.

13 Flammender Protest war seither als Option virulent. Noch im September 1989 planten Bürgerrechtler in der Berliner Umweltbibliothek, wie Carlo Jordan berichtet, ein Fanal: Gerold Hildebrand sollte sich brennend vom Fernsehturm stürzen, um in Berlin ein Signal für Bürgerprotest wie in Leipzig zu geben. Vgl. Karsten Krampitz/Lothar Tautz/Dieter Ziebarth (Hg.), Ich werde dann gehen. Erinnerungen an Oskar Brüsewitz, Leipzig 2006, S. 126.

14 Zum Begriff der »Zeichenhandlung« in Bezug auf Brüsewitz vgl.: Schultze u.a. (Hg.), Signal von Zeitz, S. 315–317; sowie die unmittelbar nach der Selbstverbrennung von Reinhard Höppner formulierten Thesen, die Brüsewitz' Tat als »Symbolhandlung« inter-pretierten, in: BStU, MfS, ZAIG, Nr. 2583, Bl. 5–11.

15 Neubert, Opposition, S. 275.

versuchten Selbstverbrennungen in der DDR (von denen mindestens 49 tödlich endeten) kaum eine Handvoll erkennbar politisch motiviert. Hier ist auch keine größere Dunkelziffer zu vermuten, zumal die Aktivitäten des MfS selbst bei streng geheim gehaltenen Fällen in den Akten Spuren hinterließen. So hatte ein ausreisewilliger Reparaturschlosser kurz vor dem 30. Jahrestag des Volksaufstandes vom 17. Juni 1953 in einem Brief an den Staatsrat angekündigt: »Hiermit gebe ich bekannt, daß ich mich am 17. 6. 1983 öffentlich in Berlin mit 10 Liter Benzin übergieße, an einem Mast ankette und anzünde. Ein freiwilliger Feuertod ist mein persönlicher Protest gegen Ihre unmenschlichen Praktiken.«[16] Der 38-Jährige wurde durch Verhaftung an der Ausführung seiner Tat, für die er sich bereits Ketten und ein Schloss besorgt hatte, gehindert.

Da es erklärtes Ziel des MfS war, politische Vorkommnisse frühzeitig zu registrieren, um sie zu verhindern oder zumindest ihre Wirkungen zu kontrollieren, ist es auch unwahrscheinlich, dass in den internen Akten politische Motive verheimlicht wurden. Wenn das MfS politische Motive ausschloss, dann führte es dafür zumeist plausible Gründe an. So im Fall eines Feldwebels, der sich im Juli 1978 mit Benzin übergossen und angezündet hatte und dann brennend auf die Straße gerannt war. (Dass am Ort der Selbstverbrennung kurzzeitig ein Westberliner Reisebus hielt, war offenbar ein Zufall.) Die ausführliche MfS-Information über diesen Fall nannte zahlreiche Details, die den Fall als private Verzweiflungstat aufgrund einer Ehekrise kennzeichneten. So hatte der Unteroffizier sich von seiner Frau verabschiedet, weil er es »familiär nicht mehr aushalten« könne, und Grüße an eine Familienangehörige bestellt mit dem seinen Sohn betreffenden Zusatz: »Bitte sorge dafür, daß er nicht so wird wie ich.«[17]

Zudem war unmittelbar vor der Selbsttötung Druck von der Dienststelle ausgeübt worden, wodurch die Situation eskaliert war. Der Feldwebel hatte in der Dienststelle angerufen und mitgeteilt, dass er seinen Zug verpasst hätte und erst später zurückkehren würde. Daraufhin wurde ihm befohlen, zu einer bestimmten Zeit in der Dienststelle zu sein. Weil er nicht erschien, wurde ein Offizier losgeschickt, um den Feldwebel zu holen; der Offizier traf einen erheblich alkoholisierten Genossen an, der trotz der Aufforderung, sich die Uniform anzulegen und mitzukommen, nichts dergleichen tat. Daraufhin kehrte der Offizier in die Kaserne zurück, erstattete Meldung und holte Verstärkung. In der Zwischenzeit ereignete sich die Selbstverbrennung.

In 25 der 60 Fälle handelte es sich eindeutig um psychisch Kranke bzw. Alkoholiker, in vielen anderen Fällen gaben Ehestreit oder andere zwischenmenschliche Konflikte den Anlass zu dem schrecklichen Fanal. Bei den eindeutig psychisch Kranken (mindestens 16 Fälle) bezog sich die

16 BStU, MfS, BV Dresden, AKG, PI 172/83, Bl. 2.
17 BStU, MfS, HA IX, Nr. 4252, Bl. 80–83 sowie ebd., Nr. 19240, Bl. 218.

Nachahmung vor allem auf die Suizidmethode. So wollte eine seit Jahren psychiatrisch behandelte Frau sich wenige Tage nach Brüsewitz selbst verbrennen. »In den letzten Tagen habe sie sehr intensiv im Westfernsehen die Veröffentlichungen zur Selbstverbrennung des Pfarrers in Zeitz verfolgt und wäre von dieser Methode sehr beeindruckt gewesen«, erklärte ihr Ehemann.[18] Zuvor hatte die Frau mehrfach versucht, sich zu ertränken.

Das Vorliegen einer psychischen Krankheit schloss zwar nicht aus, dass es sich bei der Selbstverbrennung trotzdem um eine verzweifelte Protestaktion handeln konnte; das war teilweise auch der Fall, nur richtete sich der Protest nicht gegen die politischen Verhältnisse, sondern gegen medizinische Zwangsmaßnahmen. So verschüttete ein 51-Jähriger, der im Januar 1979 in eine psychiatrische Klinik eingeliefert werden sollte, in seiner Wohnung Benzin, das er beim Erscheinen des Krankenwagens entzündete.[19]

7.2 Fanal und Widerschein: Die Reaktionen auf die Selbstverbrennung von Brüsewitz

Die öffentliche Selbstverbrennung des Pfarrers Oskar Brüsewitz am 18. August 1976 in Zeitz war eine symbolische »Zeichenhandlung«, vergleichbar etwa mit den Protestaktionen buddhistischer Mönche gegen die südvietnamesische Diktatur im Jahr 1965, der Selbstverbrennung von Jan Palach im Jahr 1969 oder dem Fanal des Professors Leopoldo Aragon, der am 1. September 1977 gegen die Großmachtpolitik der USA am Panamakanal protestierte.[20]

Obwohl der Partei- und Sicherheitsapparat der SED bemüht war, die Tat von Brüsewitz zu pathologisieren, hatte der Pfarrer seiner Tat so klare Kommentare beigefügt, dass sie schwerlich als »Wahnsinnstat eines Verrückten« abgetan werden konnte. So lautete die Aufschrift auf der zweigeteilten Tafel, die Brüsewitz zur Erklärung seines Fanals in Zeitz aufgestellt hatte: »Funkspruch an alle ... Die Kirche in der D.D.R. klagt den Kommunismus an! wegen Unterdrückung in Schulen an Kindern und Jugendlichen.« Das Transparent wurde zwar vom MfS umgehend konfisziert, was die Interpretation von Brüsewitz' Aktion erschwerte, denn so blieb als Selbstkommentar vor allem der Abschiedsbrief, in dem der Pfarrer weniger konkret vom »mächtigen Krieg« zwischen Licht und Finsternis sprach. Dennoch wurde das Flammenzeichen von Zeitz von vielen Menschen als Protestaktion verstanden und fand sowohl in internen Diskussionen in DDR-Kirchenkreisen als auch in der bundesdeutschen Medienöffentlichkeit größeren Widerhall.

---

18 BStU, MfS, HA IX, Nr. 10710, Bl. 125f.
19 Vgl. BStU, MfS, HA IX, Nr. 10097, Bl. 402.
20 Vgl. Herold, Alle sollen sehen.

Dabei blieben die Kommentare zu Brüsewitz' Selbstverbrennung keineswegs auf kirchenpolitische Aspekte beschränkt, es erfolgte auch eine generelle Politisierung des Themas Selbsttötung.[21] So interpretierte die West-»Berliner Morgenpost« Brüsewitz' Tat am 22. August 1976 als Symptom des allgemeinen Zustands der DDR-Gesellschaft: »Mag die SED auch versuchen, Pfarrer Brüsewitz als anormal abzustempeln und seinen Selbstverbrennungsversuch als Verzweiflungstat eines einzelnen abzuwerten, so stehen dahinter dennoch die Not und Verzweiflung von Millionen Menschen nicht nur in der Kirche, sondern in der ganzen Bevölkerung der ›DDR‹.« Zwei Tage später schrieb das gleiche Blatt: »Was ist diese ›DDR‹ wert, die mit Entspannungslegenden rund um den Globus hausieren geht, die in Montreal eine blitzblanke Goldmedaillen-Generation präsentiert, die in der internationalen Völkerfamilie den stubenreinen Musterschüler spielt – und die den Pfarrer Oskar Brüsewitz zu seiner einsamen Verzweiflungstat treibt?«[22]

Um der Selbstverbrennung den Anschein einer extremen Einzeltat zu nehmen, brachte »BILD« am 2. September 1976 eine Titelstory über einen christlich gebundenen DDR-Wissenschaftler, der sich bereits am 28. Mai das Leben genommen hatte. Unter der Überschrift »Selbstmord aus Protest gegen Anti-Kirchen-Kampagne der Kommunisten« zählte »BILD« Fakten über die Benachteiligung des Wissenschaftlers auf (die vom MfS überprüft und im Wesentlichen bestätigt wurden). Der international geachtete Wissenschaftler, dem westliche Kollegen »hohe wissenschaftliche und persönliche Integrität« bescheinigten, durfte seit 1963 nicht mehr zu Kongressen in das nichtsozialistische Ausland reisen, eine Professur war 1969 von der Parteileitung verhindert worden (mit der Begründung, er hätte erhebliche fachliche Fähigkeiten, trete jedoch »gesellschaftlich negierend« auf). Seine Tochter wurde »aus Kapazitätsgründen« nicht zur EOS zugelassen, durfte jedoch eine Berufsausbildung mit Abitur machen. Den behaupteten direkten Zusammenhang zwischen einer »Anti-Kirchen-Kampagne« und der Selbsttö-

---

21 Auf die kirchenpolitischen Aspekte wird hier nicht eingegangen, da das an anderer Stelle bereits mehrfach erfolgt ist. Vgl. u.a. Ein Pfarrer in der DDR verbrannte sich selbst, epd-Dokumentation Nr. 41a/76, Frankfurt/M. 1976; Klaus Motschmann, Oskar Brüsewitz: Sein Protest – Sein Tod – Seine Mahnung, Würzburg [1978]; Jochen Desel, Oskar Brüsewitz. Ein Pfarrerschicksal in der DDR, Lahr-Dinglingen 1991; Gerhard Besier/Stephan Wolf (Hg.), »Pfarrer, Christen, Katholiken«. Das Ministerium für Staatssicherheit der ehemaligen DDR und die Kirchen, Neukirchen-Vluyn [2]1992; Schultze u.a. (Hg.), Signal von Zeitz; Karl-Adolf Zech, Er traf den Nerv, in: Deutschland Archiv (1995) 5, S. 587-607; Helmut Müller-Enbergs u.a., Das Fanal. Das Opfer des Pfarrers Brüsewitz aus Rippicha und die evangelische Kirche, Frankfurt/M. 1999; Freya Klier, Oskar Brüsewitz. Leben und Tod eines mutigen DDR-Pfarrers, Berlin 2004; Karsten Krampitz u.a. (Hg.), Ich werde dann gehen sowie das Radio-Feature von Steffen Lüddemann, »Ich stürme für Gott die Republik« – Oskar Brüsewitz und das Fanal von Zeitz, Mitteldeutscher Rundfunk 1996.
22 BStU, MfS, HA XX/4, Nr. 2922, Bl. 5.

tung ließen zwar weder der »BILD«-Artikel noch die Recherchen des MfS erkennen; dass der Mann angesichts der Nichtachtung seiner Leistungen resigniert hatte, geht hingegen aus beiden Quellen hervor.[23]

Auch in der DDR warf Brüsewitz' Tat die Frage auf, ob es sich lediglich um einen extremen Einzelfall oder um ein für die gesellschaftlichen Verhältnisse in der DDR symptomatisches Ereignis gehandelt hatte. Ein Pfarrer aus dem Kreis Fürstenwalde war überzeugt, dass »der Tod des Brüsewitz letzten Endes auf die gesellschaftlichen Verhältnisse in der DDR zurückzuführen« war.[24] Auch andere Seelsorger verstanden das Fanal von Brüsewitz als Schlaglicht auf das Problem der Selbsttötungen in der sozialistischen Gesellschaft. Ein Pfarrer im Bezirk Leipzig sagte einem Vertreter der Staatsmacht, »in der DDR gebe es eine hohe Zahl an Selbstmorden, wobei er besonders auf Jugendliche hinwies, die sich aus unserem Kreis das Leben genommen haben«.[25]

Mehrheitlich geschahen solche Äußerungen hinter verschlossenen Türen oder unter vier Augen; bei den Gottesdiensten hielten sich die Pfarrer zumeist an den Wortlaut des von der Kirchenleitung formulierten »Briefes an die Gemeinden«.[26] Aber es gab auch bemerkenswerte Ausnahmen: Bei einem Vortrag Anfang September 1976 in der Leipziger Nikolaikirche wies ein Theologieprofessor darauf hin, dass »die Ehescheidungsziffern steil ansteigen sowie die Kriminalität, die Selbstmorde und der Alkoholismus immer mehr zunehmen«.[27] Besondere Brisanz bekam diese Äußerung vor dem Hintergrund, dass der Professor bisher eher die Kooperation mit der Staatsmacht gesucht hatte, sowie durch die Anwesenheit ausländischer Gäste in der Kirche.

Nach dem Tod von Oskar Brüsewitz entbrannte zwischen der bundesdeutschen Boulevard-Presse und dem SED-Zentralorgan »Neues Deutschland« (ND) ein regelrechter Wettstreit in der Berichterstattung über Suizide im jeweils anderen Land. Wie sehr sich die SED durch die spektakuläre Selbsttötung von Brüsewitz nicht nur kirchenpolitisch, sondern auch bezüglich des Suizidgeschehens im eigenen Land in Bedrängnis gebracht sah, zeigten die fieberhaften Bemühungen des »ND«, Beweise für das marxistisch-leninistische Dogma der gesetzmäßigen Verursachung von Selbsttötungen durch Kapitalismus und Ausbeutung zu präsentieren. Das war besonders auffällig, weil das SED-Blatt für gewöhnlich das Thema »Selbsttötung« die DDR betreffend überhaupt nicht, und auch bezüglich der westlichen Welt nur äußerst selten erwähnte.

23 Vgl. BILD vom 2. September 1976, S. 1, sowie BStU, MfS, ZAIG, Nr. 2556, Bl. 1–7.
24 MfS-Bericht vom 21. September 1976, in: BStU, MfS, HA XX/4, Nr. 2926, Bl. 46.
25 StAL, BT/RdB Leipzig, Abt. Kirchenfragen, Nr. 20752, n. pag.
26 Vgl. z.B. BStU, MfS, BV Cottbus, AKG, Nr. 4032, Bl. 109–111.
27 StAL, BT/RdB Leipzig, Abt. Kirchenfragen, Nr. 20740, n. pag.

Bereits vor dem verleumderischen Artikel vom 31. August, der Brüsewitz zu pathologisieren und zu kriminalisieren versuchte, indem er den Pfarrer in die Nähe eines Verrückten und Pädophilen rückte,[28] hatte das »ND« zwei Kurzmeldungen abgedruckt. »Selbstverbrennung einer Krankenschwester in der BRD« am 26. August, einen Kurzbericht aus Nürnberg: »Selbstmord nach vergeblicher Suche nach einer Lehrstelle« am 30. August; beide Meldungen waren von Agenturen bzw. »BILD« übernommen. Anfang September, angesichts der spektakulären Selbsttötung eines »jungen Westberliner Arbeiters«, der sich vom Rathaus Schöneberg gestürzt hatte, forcierte die SED den propagandistischen Aufwand und brachte insgesamt drei zum Teil größere Artikel über den Todesfall, die auf eigenen Recherchen basierten. Der junge West-Berliner, dessen Leben ausgesprochen glücklos verlaufen war (abgebrochene Lehre, Hilfsarbeiten, Drogen, Schulden, beengte Wohnung der Familie in einem Abrisshaus, eine gescheiterte Beziehung), zeigte zwar keine Neigung zu politischen Aktivitäten. Insofern fiel es dem »ND« schwer, nachzuweisen, dass »der Sprung vom Rathaus Schöneberg eine Anklage gegen die darin Regierenden« darstellte; die Landung auf dem Auto eines CDU-Abgeordneten war Zufall.[29] Umso mehr war das »ND« davon überzeugt, dass die unzweifelhaft vorhandene »wirtschaftliche Not der Hauptgrund für die Verzweiflungstat des jungen« Mannes gewesen« sei.[30]

Noch bis in den späten Oktober hinein, als in der Bundesrepublik das Interesse am Thema Brüsewitz abebbte und höchstens noch in den Leserbriefspalten diskutiert wurde, druckte das »ND« jede noch so kleine Agenturmeldung ab: »Kein Job – Brüder zum Selbstmord getrieben« (18./19.9.), »Selbstverbrennung einer Frau im BRD-Kreis Kassel« (21.9.), »In der USA-Armee nimmt die Selbstmordzahl ständig zu« (30.9.), »In der BRD: Die zweite Selbstverbrennung im Laufe einer Woche« (16./17.10.), »Selbstverbrennung eines Gärtnerlehrlings in Bayern« (25.10.). Dabei handelte es sich – zumindest teilweise – um sogenannte »Anschluss-Suizide« von psychisch Kranken, die durch die Berichterstattung über Brüsewitz zu ihrer Tat angeregt wurden.[31]

Eine Spätfolge der Brüsewitz-Debatte (und der damit erfolgten verstärkten Politisierung des Selbsttötungs-Diskurses) war, dass Journalisten in der Bundesrepublik sehr schnell bereit waren, einen Zusammenhang von Selbsttötungen und politischem System anzunehmen, auch wenn sie nicht über ge-

---

28 Vgl. A. Z., Zeugnis.
29 Vgl. Marlies Menge, Sprung in den Tod, in: Die Zeit vom 24. September 1976, S. 14. Die Polemik ist allerdings in einem Punkt unsachlich: Dass Prösch arbeitslos war, hatte das ND nie behauptet.
30 Westberlin: Trauerfeier für Horst-Dieter Prösch, in: Neues Deutschland vom 26. Oktober 1976, S. 7.
31 Vgl. Asmus Finzen, Selbstmord ist ansteckend, in: Frankfurter Allgemeine Zeitung vom 23. November 1976, S. 7. Noch im April 1978 wurde in der Bundesrepublik über die Motive der Selbstverbrennung eines Schulleiters in Niedersachsen spekuliert, der mit Oskar Brüsewitz korrespondiert hatte. Vgl. BStU, MfS, ZAIG, Nr. 9264, Bl. 20.

sicherte Informationen verfügten. Das zeigte sich 1978, als sich der Falkensteiner Pfarrer Rolf Günther in Reaktion auf innerkirchliche Konflikte selbst verbrannte.[32] Die bundesdeutsche Presse reagierte mit Überschriften wie »Neuer Fall Brüsewitz?« oder »Sollte der Flammentod ein politisches Signal setzen?«[33] In eilig zusammengeschriebenen Artikeln wurde behauptet, dass Günther gegen die Einführung des Wehrkundeunterrichts protestieren wollte, durch Verhöre der Staatssicherheit traumatisiert worden sei oder einen Ausreiseantrag gestellt hätte.[34] Die von SED-Funktionären und Kirchenleitung intern ausgehandelte Sprachregelung, Günthers Selbstverbrennung als »Brandstiftung« zu bezeichnen,[35] bestärkte im Westen den Verdacht, dass hier etwas vertuscht werden sollte.

Symptomatisch für die vorherrschende Erwartungshaltung war die (Anfang der 1980er Jahre erfolgte) Einschätzung des britischen Publizisten Timothy Garton Ash, der die Selbstverbrennung von Falkenstein mit einem Blitzeinschlag verglich, und gleichzeitig auf die weiterhin »hochelektrisch geladene Atmosphäre eines totalitären Systems« hinwies: »Ein Pfarrer aus einer Gemeinde in der Nähe von Berlin, zermürbt von den endlosen Kämpfen mit dem übermächtigen Staat, sagte ein paar Tage nach Günthers Selbstverbrennung: ›Wissen Sie, ich bin der nächste Kanister.‹«[36]

Allerdings setzte sich im konkreten Fall sehr schnell die Erkenntnis durch, dass Günthers Selbsttötung vor allem eine Reaktion auf Konflikte des eher liberalen Pfarrers mit der fundamentalistisch ausgerichteten volksmissionarischen Mehrheit der Gemeinde in Falkenstein war. »Die Selbstverbrennung des Pfarrers Rolf Günther in der DDR ist anscheinend kein zweiter Fall Brüsewitz. [...] Brüsewitz zerbrach an den politischen Verhältnissen, Rolf Günther dagegen an persönlichen Bedrängnissen«, hieß es in der »Zeit«.[37] Und die »Westdeutsche Allgemeine Zeitung« konstatierte: »Für Rolf Günther ergibt sich das Bild eines unter internen Glaubensstreitigkeiten zermürbten Pfarrers und einer schon vorher selbstmordgefährdeten Persönlichkeit.«[38]

Nichtsdestotrotz wurde bei einem drei Tage später bekannt gewordenen weiteren Suizid eines DDR-Pfarrers wiederum eine Parallele zu Brüsewitz

---

32 Vgl. BStU, MfS, HA XX/4, Nr. 460, Bl. 4f., 8; MfS-Mitschriften von Sendungen des Deutschlandfunks und des ZDF vom 19. September 1978, in: BStU, MfS, BV Karl-Marx-Stadt, AKG, Nr. 1679, Bd. 1, Bl. 64–67, sowie MfS-Parteiinformation Nr. 555/78 vom 18. September und Tagesbericht vom 21. September 1978, in: BStU, MfS, HA XX/4, Nr. 589, Bl. 1–4, 28f.

33 BStU, MfS, BV Chemnitz, AKG, Nr. 625, Bd. 1, Bl. 31.

34 Pfarrer verbrannte sich vor dem Altar. Zwei Jahre nach dem Opfertod von Brüsewitz, in: BILD vom 20. September 1978, S. 1, 16; Henk Ohnesorge, Wollte Pfarrer Guenther in die Bundesrepublik?, in: Die Welt vom 21. September 1978, S. 3.

35 Vgl. Vorschlag zur Veröffentlichung folgender Notiz am 18.09.1978 in der »Freien Presse«, in: BStU, MfS, BV Karl-Marx-Stadt, AKG, Nr. 1679, Bd. 2, Bl. 115.

36 Ash, DDR heute, S. 184.

37 J. N., Neuer Protest, in: Die Zeit vom 22. September 1978, S. 7.

38 Klaus Kämpgen, Der Tod des Pfarrers, in: Westdeutsche Allgemeine Zeitung vom 20. September 1978, S. 2.

vermutet.[39] Politische Motive lagen auch hier nicht vor: Der Pfarrer hatte vielmehr, wie aus einer Notiz über ein Gespräch eines Vertreters des Rates des Bezirkes mit einem Geistlichen hervorgeht, den Verlust seines Lebenswerks nicht verkraftet. Er stand kurz vor der Rente, weshalb er »die Pfarrwohnung im Rüstzeitheim S. in absehbarer Zeit räumen sollte. Da Pfarrer [...] von Anfang an in diesem Heim tätig war, konnte er damit nicht fertig werden«.[40] Hinzu kam, dass die Frau des Pfarrers zwei Jahre zuvor an Krebs gestorben war.

Auch im Ministerium für Staatssicherheit bewirkte die Politisierung der Erwartungshaltung hinsichtlich suizidaler Handlungen von Pfarrern eine gesteigerte Aufmerksamkeit; das MfS versuchte, alle Informationen darüber möglichst unter Kontrolle zu halten. Allein zwischen 1976 und 1980 registrierte die Staatssicherheit 18 Suizidversuche von kirchlichen Mitarbeitern bzw. deren Verwandten, von denen 12 tödlich endeten.[41] Keine dieser suizidalen Handlungen war jedoch erkennbar politisch motiviert.

7.3 Reaktionen des Staates auf Suizid-Drohungen: Zwangseinweisung oder § 214?

Die Selbstverbrennung von Brüsewitz hatte massive und nachhaltige Folgen für das Protestverhalten in der DDR; Dutzende Antragsteller auf Ausreise bezogen sich auf den streitbaren Pfarrer und kündigten bei Aussprachen bei den Abteilungen Inneres der Räte der Kreise bzw. in Briefen an Erich Honecker eine vergleichbare Protesthandlung an, falls ihnen die Übersiedlung in die Bundesrepublik weiterhin verwehrt würde. Die Bilder, die sie dabei heraufbeschworen, zielten in das Zentrum politischer Inszenierungen. So kündigte ein 25-jähriger Arbeiter im Herbst 1979 an, »an einem 1. Mai oder einem 7. Oktober als brennende Fackel dem Demonstrationszug entgegenzulaufen«.[42]

Auch das weniger aggressive Äußern von Suizidgedanken wurde von manchen DDR-Bürgern als Druckmittel zur Durchsetzung der Ausreise angesehen. Das dokumentieren auch zahlreiche »Hilferufe« Ausreisewilliger, die der bundesdeutsche Journalist Gerhard Löwenthal im ZDF und in der Zeitschrift »Menschenrechte« veröffentlichte.

---

39 Vgl. Franz-Josef Rickert, Selbstmord: Jacob-Sisters trauern um ihren Pfarrer, in: BILD am Sonntag vom 24. September 1978, S. 4.
40 Information über Aussprachen mit 2 ev. Geistlichen und [...] am 3.10.1978, in: StAL, BT/RdB Leipzig, Nr. 21113, n. pag.
41 Die Häufigkeit suizidaler Handlungen überraschte selbst das MfS. »Wieder ein Toder!« kommentierte ein Stasi-Mitarbeiter (orthografischer Fehler im Original) ein Fernschreiben, das Ende 1978 über den mutmaßlichen Unfalltod eines Jugenddiakons berichtete. BStU, MfS, HA XX/4, Nr. 2949, Bl. 60 f.
42 BStU, MfS, BV Erfurt, AOP 1706/79, Bd. 1, Bl. 58.

Dabei handelte es sich jedoch um ein riskantes Vorgehen. In Heft 1/1977 der »Menschenrechte« wurde über das Schicksal von Peter D. aus dem Bezirk Karl-Marx-Stadt berichtet, dem es erst durch ständiges Nachfragen gelungen war, eine Ablehnung seines Ausreiseantrags in schriftlicher Form zu erhalten. In Heft 2/1977 erschien dann die Kurznachricht: Herr D. »wurde in der Nacht vom 1. zum 2. April 1977 verhaftet, nachdem er wegen nichtgenehmigter Ausreiseanträge mit Selbstmord gedroht hatte«.[43]

Eine ähnliche Erfahrung wie Peter D. machten Ende der 1970er Jahre mehrere Ausreiseantragsteller. Daraus resultierte wohl auch die Vermutung, Selbsttötung sei in der DDR strafbar: »Juristisch ist Selbstmord immer noch eine Straftat und wird als solche auch verfolgt«,[44] erklärte zum Beispiel der im Zusammenhang mit Auseinandersetzungen um die Selbstverbrennung von Brüsewitz in die Bundesrepublik übergesiedelte Pfarrer Klaus-Reiner Latk. (Zwar war es durchaus wahrscheinlich, dass Brüsewitz, wenn er überlebt hätte, vor ein Gericht gestellt worden wäre, aber nicht wegen der Selbsttötung an sich, sondern allein wegen der politischen Protesthandlung.)

In der DDR war es vor allem der Paragraph 214 des Strafgesetzbuches, der zur Bestrafung von Suizid-Drohungen angewandt wurde. Der Paragraph, der sich auf die eigentümliche Deliktbezeichnung »Beeinträchtigung der Tätigkeit staatlicher Organe« bezog, lässt das Selbstverständnis der SED-Herrschaft als Diktatur erkennen. Strafbar waren »Nachteile aller Art«, die geeignet waren, »die geordnete staatliche Tätigkeit – auch die eines einzelnen Mitarbeiters des Staatsapparates – zu beeinträchtigen«.[45] Das war, aus Sicht der SED-Justiz, durch eine Suizidankündigung gegeben.

Als sich nach Brüsewitz' Selbstverbrennung derartige Fälle zu häufen begannen, zeigte sich die Staatsmacht zunächst noch uneinheitlich in ihren Reaktionen auf die Drohungen. In mehreren Fällen wurde mit einer sofortigen Genehmigung der Ausreise reagiert.[46] So erging es einem Krankenfahrer aus Magdeburg, der nach jahrelangem Warten seiner Familie auf eine Ausreisegenehmigung in einem Brief an Erich Honecker geschrieben hatte: »Unser einziges Verbrechen besteht darin, daß wir seit zwei Jahren Ausreiseanträge zur Bundesrepublik Deutschland stellen, um zu unseren Verwandten ausreisen zu können. Wenn Sie einen zweiten Fall Brüsewitz haben wollen, so können sie diesen haben, nur ist es diesmal kein evangelischer Pfarrer, sondern eine Arbeiterfamilie.«[47] Am 6. April 1977 wurden Teile des Briefes in einigen bundesdeutschen Zeitungen unter Berufung auf den Axel-Springer-

---

43 Vgl. Menschenrechte 1 (1977) 1, S. 3f. und 1 (1977) 2, S. 22 (zit.).
44 Michael Höhn, Jugendarbeit ist »subversiv«, Interview mit einem zur Ausreise gedrängten Pfarrer, in: Rheinischer Merkur vom 24. September 1976, S. 29.
45 BStU, MfS, HA II/13, Nr. 465, Bl. 189.
46 Zwei weitere Beispiele für eine umgehende Übersiedlung in: BStU, MfS, ZAIG, Nr. 2681, Bl. 1–6 sowie BStU, MfS, HA IX, Nr. 19137, Bl. 244–248.
47 Vgl. Menschenrechte 1 (1977) 1, S. 4.

Inlandsdienst veröffentlicht,[48] noch am selben Tag wurde der Familie von den DDR-Behörden mitgeteilt, dass der Ausreiseantrag genehmigt sei.[49]

Schon zu Beginn des Jahres 1977 hatte die Zeitschrift »Menschenrechte« über den Magdeburger Krankenfahrer berichtet. Ihm und seiner Frau war mit Entlassung durch die jeweilige Arbeitsstätte gedroht worden, nachdem die beiden ihre Personalausweise (aus denen sie vorher die Unterschriften entfernt hatten) an das MdI eingeschickt hatten. Als der erwachsene Sohn des Ehepaars im September 1976 wegen »Vorbereitung eines ungesetzlichen Grenzübertritts« zu einem Jahr Haft verurteilt wurde, verklagte das Gericht auch die Eltern wegen Mitwisserschaft und verhängte Bewährungsstrafen. Daraufhin hatte sich die Familie im Dezember 1976 an die Europäische Menschenrechtskommission in Straßburg gewandt.[50] Die hektische Reaktion der Behörden – die Magdeburger Familie musste binnen weniger Stunden ihre Koffer packen und kam noch am 6. April in der Bundesrepublik an – blieb indes ein Einzelfall.

Am 7. April 1977 verabschiedete die Volkskammer das 2. Strafrechtsänderungsgesetz und verschärfte damit die Möglichkeiten, offensiv auftretende Ausreiseantragsteller zu bestrafen.[51] Und so fiel die Reaktion der DDR-Staatsmacht einen Monat später, als erneut eine ausreisewillige Familie mit einer öffentlichen Selbstverbrennung drohte, auch vollkommen anders aus. Die Familie aus einer Kleinstadt bei Berlin hatte bereits seit dem Abschluss des Grundlagenvertrages zwischen der DDR und der Bundesrepublik im Dezember 1972 Ausreiseanträge gestellt. Aber auch schon lange zuvor hatte der Mann, ein gelernter Konditor, Probleme mit den politischen Verhältnissen in der DDR gehabt; 1956 verließ er (um dem Wehrdienst zu entgehen) die DDR, lebte in der Bundesrepublik und in der Schweiz, kehrte aber 1966 zurück, um zu heiraten. Er hatte in privaten Konditoreien gearbeitet und sich politisch nicht betätigt. Nach der Ablehnung des ersten Antrags hatte er sich, um für einen erneuten Ausreiseantrag Druck zu machen, gemeinsam mit seiner Ehefrau an die ZDF-Sendung »Hilferufe von drüben« gewandt. Da eine Reaktion ausgeblieben war, hatten sie im Frühjahr 1977 einen Brief an Erich Honecker geschrieben und Durchschläge des Briefes (über eine Deckadresse) an mehrere westliche Zeitungen geschickt. »BILD« machte die Geschichte am 17. Mai 1977 zur Titelstory; »Ostberlin: Freiheit – oder wir verbrennen uns« lautete die Überschrift.

Was das Ehepaar nicht wusste: Zur gleichen Zeit lief beim MfS das Verfahren der Ausreisegenehmigung. Bereits am 22. März 1977 hatte die zuständige Kreisdienststelle des MfS die Übersiedlung befürwortet, am 7. Mai

---

48 Vgl. Berliner Kirchenreport vom 6. April 1977, S. 2.
49 Vgl. Menschenrechte 1 (1977) April/Mai, S. 22.
50 Vgl. Menschenrechte 1 (1977) 1, S. 4.
51 Vgl. Johannes Raschka, Paragraphen für den Ausnahmezustand. Die Militarisierung der Strafgesetzgebung in der DDR, in: Hans Ehlert (Hg.), Militär, Staat und Gesellschaft in der DDR, Berlin, 2004, S. 419–438.

bestätigte die Bezirksverwaltung den Antrag und leitete ihn am 11. Mai an die für Übersiedlungsfragen zuständige »Zentrale Koordinierungsgruppe« weiter. Einen Tag später traf jedoch der an Erich Honecker gerichtete Brief ein, woraufhin das MfS umschwenkte und gegen das Ehepaar einen operativen Vorgang eröffnete. Ziel des OV »Spinner« war die Unterbindung jeglicher Demonstrativhandlungen sowie das Erbringen von Beweisen für eine strafrechtliche Verantwortlichkeit.

Der »BILD«-Artikel lieferte den Anlass, das Ehepaar noch am gleichen Tag zu verhaften. Im September 1977 verurteilte das Bezirksgericht Frankfurt/Oder den Mann wegen »Staatsfeindlicher Hetze in schwerem Fall« zu drei Jahren Haft, seine Frau wurde aus dem gleichen Grund zu zwei Jahren und zehn Monaten Haft verurteilt. Das Gericht stützte sich in seinem Urteilsspruch unter anderem auf die in den Briefen an ZDF und »BILD« geäußerte »wahrheitswidrige und in der gewählten Form grob abwertende Behauptung [...], in der DDR herrsche in einem solchen Maße Unfreiheit, daß sie den eigenen Tod und den ihres Kindes einem weiteren Leben in der DDR vorziehen würden«.[52] Dieser makabre Aspekt, durch »BILD« in der Bundesrepublik bekannt geworden, führte sogar zu Zuschriften aus der Bundesrepublik, in denen das Ehepaar darum gebeten wurde, von dem Vorhaben (das allem Anschein nach nicht ernsthaft geplant worden war) abzusehen.[53] Fast genau ein Jahr nach der Verhaftung, am 11. Mai 1978, erfolgte der Freikauf der beiden Inhaftierten durch die Bundesregierung. Der Sohn, der in der Zwischenzeit bei der Großmutter gelebt hatte, folgte im Sommer nach.[54]

Die Bestrafung von Suiziddrohungen als »Beeinträchtigung der Tätigkeit staatlicher Organe« wurde danach zur typischen Reaktionsweise des SED-Staats. In den Jahren 1978 bis 1986 folgte die Vorgehensweise der Staatsmacht fast immer dem Schema: Sofortige Festnahme, dann Verurteilung wegen Verletzung des § 214 zu einer Haftstrafe von zehn bis sechzehn Monaten. In zahlreichen Fällen ist das weitere Schicksal der Inhaftierten aus den Akten nicht ersichtlich, es ist jedoch wahrscheinlich, dass dann die Entlassung in die Bundesrepublik erfolgte.

Dass das aber keineswegs selbstverständlich war, zeigt das Beispiel eines Arbeiters, der zwischen Oktober 1976 und Januar 1978 als »hartnäckiger Antragsteller« in Erscheinung getreten war. Auch er hatte, um seinem Ersuchen Nachdruck zu verleihen, seinen Personalausweis an das MdI geschickt, und schließlich im Januar 1978 in einem Brief an den Rat des Kreises angekündigt, dass »er sich am 31.1.78 um 15 Uhr vor dem Staatsratsgebäude durch Selbstverbrennung öffentlich hinrichten wird«. Zwar erklärte er in ei-

52 BStU, MfS, BV Frankfurt/O., AU 1254/77, HA, Bd. 1, Bl. 52–57, zit. 56.
53 Vgl. BStU, MfS, BV Frankfurt/O., AOP 507/77, Bd. 1, Bl. 116, 119f.
54 BStU, MfS, HA IX, Nr. 17543, Bl. 379.

nem Verhör: »Das sollte keine Drohung sein. Verbrennen wollte ich mich aus Gründen der Verzweiflung über die Zustände, die ich bisher über mich ergehen lassen mußte.«[55] Das Gericht befand ihn trotzdem für schuldig, »die Tätigkeit staatlicher Organe durch Drohungen beeinträchtigt zu haben«, und verurteilte ihn zu einem Jahr und vier Monaten Haft, die der Verurteilte vollständig absitzen musste.[56] Als der Mann dann erfuhr, dass seine Haftentlassung in die DDR vorgesehen war, versuchte er das mit allen ihm zur Verfügung stehenden Mitteln zu verhindern und drohte zum zweiten Mal eine öffentliche Selbsttötung an. »Er will sich am Entlassungstag in Berlin öffentlich verbrennen. Als eventuelle Orte nannte er das Staatsratsgebäude oder die ständige Vertretung der BRD. Diese Worte des Strafgef. […] sind ernst zu nehmen«, hieß es in einem Bericht der Strafvollzugseinrichtung Cottbus. Dieses Mal hatte die Drohung den gewünschten Effekt: Im Mai 1979 erfolgte die Übersiedlung in die Bundesrepublik.[57]

Bei der juristischen Bestrafung von Suiziddrohungen kam neben dem § 214 in besonderen Fällen auch der § 220 (»Staatsverleumdung«) zur Anwendung, so im Fall eines jungen Mannes, der im April 1980 gedroht hatte, sich auf dem Marktplatz von Brandenburg während eines Besuches von Erich Honecker öffentlich selbst zu verbrennen. Der junge Mann saß fünf Monate seiner Haftstrafe ab, dann wurde er amnestiert.[58]

Erst gegen Ende der DDR wurde der Umgang mit Suiziddrohungen wieder abgemildert. Die wahrscheinlich letzte Androhung einer Selbstverbrennung gegenüber dem SED-Regime – ein Ehepaar aus Bad Bibra hatte eine solche Handlung für den 7. Oktober 1989, den 40. Jahrestag der DDR in Berlin angekündigt – bewirkte die kurzfristige Gewährung der Ausreise in die Bundesrepublik.[59]

Deutlich verschieden von den eindeutig repressiven Maßnahmen des Staates gegen Suiziddrohungen von Ausreisewilligen waren die Reaktionen auf Suizidankündigungen im kirchlichen Bereich. Bereits Ende August 1976, unmittelbar nach Brüsewitz' Tod, hatten mindestens zwei Pfarrer gedroht, ein weiteres Flammenzeichen zu setzen, wenn ihre Ausreise nicht befürwortet würde; einer wollte den Talar anzünden, der andere sich selbst. Verhaftungen fanden hier offenbar ebensowenig statt wie im Fall eines Pfarrers, der im September 1976 auf ein Verbot einer kirchlichen Musikveranstaltung (sinngemäß) mit der Frage reagiert hatte: »Ein Fall Brüsewitz genügt Ihnen wohl nicht«?[60] Zur selben Zeit wurde, nachdem ein ausreisewilliger Kir-

55 BStU, MfS, BV Cottbus, AU 923/78, GA 1, Bl. 53.
56 BStU, MfS, BV Cottbus, AU 923/78, GA 2, Bl. 34–38, zit. 34.
57 BStU, MfS, HA IX, Nr. 17543, Bl. 299, 304, zit. 304.
58 Vgl. BStU, MfS, HA VII/8, ZMA 132/79, Bl. 1.
59 AZG, MfS, BV Halle, AKG, Einschätzung der politisch-operativen Lage in Vorbereitung des 40. Jahrestages der Gründung der DDR – Aktion »Jubiläum 40«, Halle, 4.10.1989, S. 3.
60 StAL, BT/RdB Leipzig, Nr. 20753, n. pag.

chenmusiker im Herbst 1976 bei einer Aussprache bei der Abteilung Inneres gedroht hatte, »bei Ablehnung oder zu langer Bearbeitungsdauer des Antrages einen 2. Fall Brüsewitz zu inszenieren«, vom MfS lediglich verfügt, ihn unter »operativer Kontrolle« zu halten.[61]

Ein zweiter »Schub« angedrohter Selbstverbrennungen von Pfarrern ist in den MfS-Akten im Herbst 1978 verzeichnet; offenbar als Folge der Selbsttötung von Pfarrer Günther in Falkenstein am 18. September 1978. Wie bei Günther, so waren die drei in den MfS-Akten verzeichneten angedrohten Selbstverbrennungen durch innerkirchliche Probleme motiviert. Das MfS bemühte sich im Vorfeld mit Erfolg um eine Eingrenzung der Konflikte und brachte in zwei Fällen sein bis in leitende Kirchenkreise hinein installiertes System inoffizieller Mitarbeiter zum Einsatz, um die Konfliktsituationen zu entschärfen.

In einem dritten Fall regte der zuständige Mitarbeiter vom Rat des Kreises sogar an, der in den Ruhestand versetzte Pfarrer und seine Frau sollten doch Ausreiseanträge stellen.[62] Der Pfarrer war wegen psychischer Probleme invalidisiert worden, daraufhin sollte er aus der Dienstwohnung ausziehen und in ein kirchliches Heim eingewiesen werden, was er ablehnte. Er hatte mit seiner Frau eine Übersiedlung in die Bundesrepublik erwogen, allerdings von der zuständigen Kirchenleitung keine Befürwortung für die sogenannte »Ostpfarrerversorgung« bekommen. In dieser Situation hatte er zwei Suizidversuche unternommen, nach dem zweiten hatte er im Krankenhaus angekündigt, sich das nächste Mal mit Benzin übergießen und anzünden zu wollen. Einen Tag später war er, trotz Stationswache, aus einem Fenster gestürzt, wobei er sich beide Beine brach. Daraufhin hatte die MfS-Hauptabteilung XX/4 die Abteilung Inneres des Rates des Kreises auf das Problem aufmerksam gemacht.[63]

Auch in einem weiteren Fall im Juni 1980 war die Staatsmacht bemüht, das Problem diskret und so schnell wie möglich zu lösen. Ein Pfarrer, der 1979 mit seinen Kindern von einer Besuchsreise in die Bundesrepublik nicht zurückgekehrt war, wollte den Ausreiseantrag seiner Ehefrau, die sich noch in der DDR befand, mit telegrafierten Drohungen unterstützen. »Brüsewitz 2 fällig mit Dokumentationsfilm gleicher Text an Bundeskanzler Schmi[d]t gegeben«, telegrafierte er Anfang Juni 1980 an Erich Honecker.[64] Fünf Tage später wurde seine Ehefrau informiert, »daß ihre Übersiedlungspapiere bei den zuständigen staatlichen Organen zum Abholen bereit liegen«.[65]

Straffrei blieb auch eine Pfarrerstochter, die im Sommer 1982 einen Brief an das MfS geschrieben hatte. Die junge Frau, die wegen versuchter Republikflucht inhaftiert war, hatte in ihrem Schreiben unter anderem prognosti-

---

61 BStU, MfS, HA XX/4, Nr. 5363, Bl. 165f.
62 MfS-Information vom 31. Oktober 1978. BStU, MfS, ZAIG, Nr. 2887, Bl. 1–4.
63 BStU, MfS, HA XX/AKG, Nr. 5646, Bl. 31f.
64 Gemeint war Helmut Schmidt, SPD-Politiker und Bundeskanzler von 1974 bis 1982.
65 BStU, MfS, HA XX/4, Nr. 1229, Bl. 63–65, zit. 64f.

ziert, dass es bei weiterer Verweigerung ihres Ausreisewunsches »eine spontane Reaktion, losgelöst aller Vernunft mit tragischem Ausgang geben« könne. Daraufhin war es einerseits zu (ergebnislosen) Gesprächen zwischen dem Gefängnisleiter und dem Vater gekommen, andererseits befürwortete das MfS die Ausreise, die binnen weniger Wochen erfolgte.[66]

Neben der offenen Repression durch Inhaftierung oder der verdeckten Einflussnahme durch das MfS gab es für die SED eine dritte Option, die offenbar nur selten realisiert wurde: Eine Zwangseinweisung in eine psychiatrische Klinik.

So wurde ein junger Mann, der gedroht hatte, sich bei Ablehnung seines Ausreiseantrages während der X. Weltfestspiele im Sommer 1973 in Berlin öffentlich zu verbrennen, durch MfS-Männer in einen Krankenwagen verfrachtet und sechs Tage in einer psychiatrischen Klinik festgehalten. Laut Sonja Süß handelte es sich hierbei um »eine singuläre Aktion der MfS-Offiziere der Kreisdienststelle Kyritz«.[67] Zudem war die Aktion nur bedingt gesetzeswidrig, da hier eine Interessenähnlichkeit von medizinischer Pflicht und ordnungsstaatlichem Zwang vorlag. Da der Patient, der die ganze Zeit bei klarem Verstand war, in der Nervenklinik bestätigte, dass er tatsächlich mit Suizid gedroht hatte, erschien die Einweisung den Ärzten in medizinischer Hinsicht als Suizidprävention gerechtfertigt. Eine Verletzung des Einweisungsgesetzes bestand vor allem darin, dass die MfS-Offiziere die Genehmigung zur Psychiatrieeinweisung laut eigenen Angaben telefonisch eingeholt hatten; erforderlich wäre jedoch gewesen, den Patienten zunächst einem Psychiater vorzustellen.[68]

In einem weiteren Fall versuchte das MfS, indem es demonstrative Suizid-Drohungen formal zum psychiatrischen Problem umdeutete, die Einweisung in die Psychiatrie als Mittel der Repression zu missbrauchen. Im März 1983 wurden zwei Frauen in das psychiatrische Krankenhaus Hildburghausen zwangseingewiesen. Die Vorgeschichte ist in der MfS-Akte nur angedeutet; offenbar hatten Vater und Sohn versucht, in die Bundesrepublik zu fliehen, und waren deshalb inhaftiert worden, nun sollten Mutter und Tochter aus ihrem Wohnhaus ausgesiedelt werden, da dieses im Grenzgebiet stand. Daraufhin hatten die beiden Frauen gedroht, ihr Haus anzuzünden und sich selbst zu töten; das hatte die Zwangseinweisung in die psychiatrische Klinik wegen Suizidgefahr nach sich gezogen. Aus medizinischer Sicht war dieses Vorgehen zweifelhaft, »denn die von den Frauen angekündigte Selbsttötung resultierte nicht aus einer psychischen Krankheit«, sondern aus einer Ausnahmesituation.[69] Allerdings stieß dieses Vorgehen in der Klinik auf interne Kritik, ein Arzt sprach sogar von »systemimmanenter Miß-

66 Vgl. BStU, MfS, BV Chemnitz, AKG, Nr. 3335, Bd. 2, Bl. 6–13, 20–22, 31.
67 Vgl. Süß, Psychiatrie und Staatssicherheit, S. 516–523, zit. 523.
68 Vgl. BStU, MfS, BV Potsdam, AOP 1434/74, Bl. 120.
69 Süß, Psychiatrie und Staatssicherheit, S. 560.

brauchspsychiatrie«,[70] was Sonja Süß als Zeichen dafür wertete, »wie bewußt die Gefahr eines politischen Mißbrauchs zumindest einem Teil der in der DDR-Psychiatrie Tätigen war«.[71]

Auch die Psychiatrie-Einweisung eines Sportlehrers, der im Frühjahr 1986 angedroht hatte, »sich öffentlich vor der Kreisleitung der SED zu verbrennen«, lässt eine Überlagerung von medizinischen und politischen Motiven erkennen. Einerseits wurde der Lehrer auf Betreiben des 1. Sekretärs der SED-Kreisleitung und des Vorsitzenden des Rates des Kreises in eine psychiatrische Klinik eingeliefert, andererseits geschah dies auch mit Billigung der Familienangehörigen. Ein psychische Erkrankung lag nicht vor, allerdings war ein bereits länger währender Nachbarschaftsstreit – es hatte bereits Termine bei der Schiedskommission gegeben, und es war vorgesehen, eine Mauer zwischen den Häusern der verstrittenen Familien zu errichten – an einem Abend in Gewalttätigkeiten eskaliert. Unmittelbar nach der Prügelei hatte der Lehrer gegenüber dem Nachbarn (offenbar einem SED-Funktionär) die demonstrative Selbstverbrennung angedroht. Nach der Rückkehr aus der Klinik wurde das Problem übrigens durch Wohnungstausch gelöst; wenige Wochen danach war der Lehrer wieder im Dienst.[72]

Damit bestätigt sich die allgemeine Aussage von Sonja Süß, dass es in der DDR keinen systematischen Psychiatriemissbrauch (im Sinne einer Einweisung von Regimegegnern in psychiatrische Kliniken und deren »Ruhigstellung« mit Psychopharmaka) gegeben hat, auch hinsichtlich der Ausreisewilligen, die mit demonstrativen Suiziden gedroht haben. In der Regel kam vielmehr das DDR-Strafrecht zum Einsatz, und es wurden Haftstrafen von einem Jahr und länger verhängt.

7.4 Selbsttötungen als Ausdruck von Resignation und Resistenz

Wurde bisher der Umgang mit dem suizidalen Handeln *Anderer* betrachtet, fokussieren die beiden folgenden Abschnitte auf den Umgang mit der *eigenen* Suizidalität. Wie bereits in Abschnitt 1.3. erörtert wurde, können Selbsttötungen und Suizidversuche auch unter einem instrumentalen Aspekt interpretiert werden.

Ein Journalist der »Welt« mutmaßte vier Wochen nach dem Bau der Berliner Mauer im Jahr 1961: »Vielleicht könnte man sogar [...] die etwas makaber klingende Behauptung aufstellen, daß die Höhe der Selbstmordquote ein Indikator ist für die Intensität, mit der sich Menschen allen Tendenzen

---

70 BStU, MfS, BV Suhl, AIM 1001/89, Bd. II/1, Bl. 314–316.
71 Süß, Psychiatrie und Staatssicherheit, S. 560.
72 BArch Berlin, DR 2, A.3326, n. pag.

der Nivellierung noch zu widersetzen und zu entziehen wissen.«[73] Gleichwohl es übertrieben war, einen Bezug zur Höhe der Selbsttötungsrate herzustellen, handelte es sich bei bestimmten Selbsttötungen in der Tat um Versuche, der totalen Vereinnahmung durch Partei und Staat »vielleicht in einer letzten autonomen Handlung zuvorzukommen«.[74]

Das gilt zum Beispiel für junge Männer, die auf diese Weise ihre Einberufung zum Reservistendienst verhinderten. Ein 27-jähriger Kraftfahrer in Rathenow hatte im November 1978 bei einer Aussprache im Wehrkreiskommando (WKK) vergeblich versucht, auf »Grund persönlicher Probleme (Wartung und Heizung seiner Wohnung)« nicht einberufen zu werden. Im MfS-Bericht hieß es dazu: »Da seine Vorbehalte seitens des WKK nicht akzeptiert wurden, drohte [...] im Falle der Einberufung Selbstmord an. Noch am gleichen Tage vergiftete er sich in seiner Wohnung mit Gas.«[75] Dass es sich hierbei um eine verzweifelte Widerstandshandlung des christlich gebundenen Mannes (der eine Freundin und Heiratsabsichten hatte) handelte, dokumentiert das Testament, dass er unmittelbar vor der Selbsttötung schrieb, »um zu verhindern, daß sich der Staat mein Eigentum unter den Nagel reißt«. Zum Motiv der Selbsttötung fügte er hinzu: »Sollten irgend jemanden die Gründe interessieren, soll er sich beim Wehrkreiskommando in [...] erkundigen.«[76]

Ebenfalls in Reaktion auf eine Einberufung zum Reservistendienst nahm ein 29-jähriger Mann am 2. Juni 1989 ein tödliches Gift ein. Der von seinen Eltern als »lebensfroher, sehr gewissenhafter, etwas zurückhaltender, aber sehr glücklicher Mensch« geschilderte Mann war innerhalb von anderthalb Jahren bereits mehrfach einberufen worden. In paradoxer, verzweifelter Selbstbehauptung schrieb er, bevor er sich vergiftete, auf einen Zettel: »Diesmal und in Zukunft ohne mich«.[77]

Als verzweifelter Widerstand, als bewusst intendierte Selbsttötung, und gleichzeitig als depressive Reaktion auf eine langjährige Abfolge von Konfrontationen mit der Staatsmacht erscheint der Tod eines 35-jährigen Mannes, der sich im Herbst 1980 in der MfS-Untersuchungshaftanstalt in Leipzig das Leben nahm.

Nach dem Abitur hatte der Mann zunächst studiert, wobei er sich als überdurchschnittlich begabt, aber auch als schwieriger, eigensinniger Charakter erwies. Im Sommer 1968 war der Student verdächtigt worden, eine Republikflucht zu beabsichtigen, und musste deshalb mehrere Wochen im Gefängnis zubringen, bevor er ohne Gerichtsprozess wieder freikam. Auf-

73 Wolff, Selbstmord.
74 Werner Seifert, Zeit nach Sonnenuntergang, Neuried 1995, S. 74.
75 BStU, MfS, HA XX/AKG, Nr. 5646, Bl. 21.
76 BStU, MfS, HA XX/4, Nr. 1267, Bl. 78.
77 BStU, MfS, BV Karl-Marx-Stadt, AKG, Nr. 384, Bl. 57–59.

grund des »Vorkommnisses« wurde er exmatrikuliert, und arbeitete zunächst als Schwimmmeister, später als Schallplattenunterhalter.[78] Auch dabei kam es zu Konflikten mit Vertretern der Staatsmacht, die jedoch beigelegt wurden. Zu einer Eskalation führte dann aber im Januar 1979 eine scheinbar banale Begebenheit in einer Diskothek. Der Mann hatte den Titel »Babylon« von Boney M. gespielt, der zu dieser Zeit in der DDR »wegen eines Protestes der Irakischen Botschaft für ›unerwünscht‹ erklärt worden war«. Als der Titel lief, hatte ein anwesender SED-Funktionär dem Diskjockey durch den Ober seine Visitenkarte bringen lassen. Diese Drohgebärde hatte der DJ als Demütigung empfunden und lautstark verkündet, dass »er sich so nicht behandeln lasse wie einen dummen Jungen und mit besoffenen Funktionären überhaupt nicht diskutiere«.[79] Unmittelbar danach gab er seine Lizenz als Schallplattenunterhalter zurück und schickte einen »Plan zur Produktion englischsprachiger Pop-Musik« in der DDR an das Politbüro des ZK der SED. Wie ernst dieser Plan gemeint war, ist nicht mehr festzustellen; entweder war es ein kühner Witz, oder ein letzter Versuch, einen Modus zu finden, sich mit der Staatsmacht auf für beide vorteilhafte Weise zu arrangieren, denn der Plan enthielt den Vorschlag, dass die Pop-Produktion durch den Initiator von West-Berlin aus realisiert werden sollte.[80]

Da keine Reaktion durch das Politbüro erfolgte, stellte der seit zwei Monaten Beschäftigungslose im Frühjahr 1979 einen Ausreiseantrag, dem er eine 75 Seiten umfassende Begründung beifügte. In dieser hieß es:

»Für mich ist das Gegenteil vom Tode nicht das Leben AN SICH, sondern das sinnvolle Leben. Besonders in der Haftzeit hat sich mein persönliches Verhältnis zum Tode gewandelt – es ist ein fast freundschaftliches geworden. Das aber ist es nicht, was mich den Tod erwägen läßt. Die Gründe hierfür liegen etwas anders:
Karl Liebknecht hat einmal gesagt: ›… und ob sie uns zerbrechen, sie beugen uns doch nicht …‹ Das ist ein guter Spruch, aber er gilt nicht mehr. Es ist ein Sprichwort aus Zeiten, die längst vorbei sind. Es war eine Zeit, als fortschrittliche Menschen verhaftet, verfolgt, getötet wurden, ja, aber es war eine Zeit, in der im Kampfe Regeln galten. Heute wäre es nurmehr eine romantische Floskel, ein völliges Falscheinschätzen der Kraftverhältnisse, zur Partei etwa zu sagen: ›Ihr könnt mich zerbrechen, beugen jedoch nicht‹. Es wäre eine Selbsttäuschung, dies zu sagen, es wäre ein Verkennen der Macht der Partei, es wäre Selbstbetrug. Die Partei richtig einzuschätzen – und leider habe ich die Erfahrung selbst machen müssen und bin deshalb ohne alle Illusionen, allerdings auch darauf vorbereitet – die Partei als richtig einzuschätzen heißt zu wissen:

78 Schallplattenunterhalter = DDR-typische Bezeichnung für Diskjockey (DJ).
79 BStU, MfS, BV Leipzig, AOP 2446/80, Bd. 1, Bl. 88f.
80 Ebd., Bl. 209–241.

Die Partei wird mit dem, den sie als Gegner glaubt behandeln zu müssen, alles tun, was ihr richtig erscheint. Sie wird ihn nicht nur brechen, sie wird ihn nicht nur beugen, sie wird ihn nicht nur zermürben und zerreiben wie eine Ameise, sie wird, falls sie Gefallen daran findet, ihn auch tanzen lassen wie einen Bär oder quieken lassen wie ein Schwein, und wenn es ihr, der Partei gefällt, dann wird sie ihn verzaubern, und er wird nicht nur tanzen und quieken, er wird auch glauben, nie etwas anderes gewesen zu sein als ein Bär oder ein Schwein, und jedem, der es hören will, wird er es so sagen, wie die Partei es will. Dafür hält die mächtige Hand der Partei den Zeigefinger des Staatssicherheitsdienstes über jeder einzelnen Ameise ausgestreckt und behält es sich vor, ihn jederzeit zuschnippen zu lassen.
Wer heutzutage an Regeln glaubt, an Gesetze etwa, der ist nichts als naiv, so wie ich es einst gewesen bin. Heutzutage gelten keine Regeln für die Partei. Die Partei selbst stellt die Regeln auf, nach Belieben. Deshalb betrachte ich das Ausweichen in den Tod als die einzige Möglichkeit, einem erniedrigenden Verbiegen, Zerreiben, Zerbrechen zu entgehen.«[81]

Bei Ablehnung seines Antrages, kündigte er an, wolle er die Sicherheitsorgane durch bestimmte Aktionen zwingen, ihn in Haft zu nehmen: »Diese Schritte werden NICHT erfolgen, um meinen Anträgen und Vorschlägen Nachdruck zu verliehen. Im Gegenteil, ich komme dann OHNE weitere Forderungen oder Bitten, ich komme dann nur noch, um mein Leben dort abzuschließen, wo es zerbrochen worden ist.«[82]
Motiviert war die Suizidankündigung durch die früheren Hafterfahrungen: »Ich rechne stark damit, daß ich von den Sicherheitsorganen der DDR so wie bei meiner Inhaftierung 1968 physisch und psychisch gefoltert werde und diesmal nicht die Kraft aufbringe, diese Folter zu überstehen«, erklärte der Mann nach der Verhaftung im Mai 1979 in einem MfS-Verhör.[83] Obwohl er zu 15 Monaten Haft verurteilt wurde, war er dank einer Amnestie bereits im Herbst 1979 wieder auf freiem Fuß.[84] Erst ein Jahr später, nach einer erneuten Verhaftung wegen angeblicher Nichteinhaltung der polizeilichen Meldevorschriften, nahm er sich in der Untersuchungshaftanstalt Leipzig das Leben.
Die geschiedene Frau des Verstorbenen mobilisierte daraufhin »alle Bekannten und Freunde«, weil sie einen Mord durch das MfS vermutete; die Beerdigung sollte »den Charakter eines Protestes« annehmen. Viele Freunde kamen, aber auch sehr viele Mitarbeiter des Staatssicherheitsdienstes. Wäh-

---

81 Ebd., Bl. 376f.
82 Ebd., Bl. 367. Die Inhaftierung erfolgte dann aber schon aufgrund des Schreibens, das wegen der angekündigten Selbsttötung als Straftatbestand im Sinne des Paragraphen 214 (Beeinträchtigung staatlicher Tätigkeit) gewertet wurde.
83 Ebd., Bl. 187.
84 Vgl. BStU, MfS, BV Leipzig, AU 341/80, Strafakte, Bl. 20–25; BStU, MfS, BV Leipzig, AOP 2446/80, Bd. 1, Bl. 21.

rend es auf dem Friedhof bei der stillen Konfrontation von Trauernden und den mit Teleobjektiven und Abhörgeräten ausgerüsteten Mitarbeitern des MfS blieb, wurde der Mordverdacht durch solche Maßnahmen eher bestärkt als ausgeräumt.[85]

7.5 Todesnähe und Aufbegehren: Suizidversuche als Protest

Die medizinische Suizidforschung hat nachgewiesen, dass suizidale Handlungen mit nur partieller Todesintention (sogenannte parasuizidale Handlungen) noch stärker als vollendete Selbsttötungen auf die Gesellschaft bezogen sind. Insofern können sie auch, zumindest in modernen Industriestaaten, in noch höherem Maße als soziale Krisenzeichen interpretiert werden. Durch die heterogene Motivstruktur vieler Suizidversuche, wobei Appell- und Fluchttendenzen oftmals den Wunsch zu sterben überlagern, stellen parasuizidale Handlungen oft auch eine Form von Protest bzw. Resistenz dar, wie die folgenden Beispiele belegen.

So verfolgte der Suizidversuch eines selbstständigen Handwerksmeisters das Ziel, sich dem Zugriff des Staatssicherheitsdienstes zu entziehen. Der Mann, der im August 1955 als »geheimer Informator« geworben wurde, blieb zunächst mit Ausreden wie der, dass sein Fahrrad kaputt gewesen sei, den vereinbarten Treffs fern. Im November 1955 bewirkte er schließlich durch einen Suizidversuch (bei gleichzeitiger Dekonspiration) den Abbruch der Verbindung durch das MfS.[86] Auch eine Platzanweiserin, die im März 1952 vom MfS als »Informatorin« verpflichtet worden war, gab den Geheimdienst-Offizieren beim zweiten Treffen zu verstehen, dass »sie dieses nicht mehr aushalte«, dass sie auch nicht länger im Kino arbeiten wolle und sich »mit Selbstmordgedanken« tragen würde. Daraufhin brach das MfS den Kontakt ab.[87]

Eine Studentin, die am Institut für Lehrerbildung in Weimar ausgebildet wurde, unternahm zwei Tage vor dem 1. Mai 1985 einen Suizidversuch. Als Ursachen wurden an den Bezirksschulrat »Leistungsprobleme und Versuch, private Interessen am 1. Mai durchsetzen zu wollen«, gemeldet. Die Studentin wollte offenbar am 1. Mai nicht, wie gefordert, am Studienort demonstrieren. Hinter dem dadurch erzeugten Konflikt stand zudem ein grundsätzli-

---

85 Die Journalistin Anna Funder hat diesen Mordverdacht offenbar ungeprüft übernommen. Vgl. Anna Funder, Stasiland, Hamburg 2004, S. 42–60. In den Akten (nicht nur des MfS, sondern auch der Kriminalpolizei) gibt es aber keinerlei Anhaltspunkte dafür. Dokumentiert ist hingegen, dass ein Arzt bei dem Inhaftierten im September 1980 Suizidgefährdung feststellte. Vgl. StAL, BdVP Leipzig 24.1, Nr. 2410, 2512, n. pag.
86 Vgl. BStU, MfS, BV Schwerin, AIM 91/56, Bd. P, Bl. 17f., 23.
87 Vgl. BStU, MfS, BV Schwerin, AIM 583/52, Bl. 3, 40f.

ches Problem; die Studentin war offenbar nicht mehr motiviert, sich zur Pionierleiterin ausbilden zu lassen. Eine Woche nach dem Suizidversuch wurde sie exmatrikuliert.[88]

Ein Politoffizier der NVA äußerte Ende der 1970er Jahre gegenüber einem MfS-Zuträger, »daß ›Biermann‹ mit seinen Aussagen über die DDR recht hatte, nur hätte er seine Kritik an der falschen Stelle angebracht«. Zudem »zweifelte er die Richtigkeit der planmäßigen Entwicklung und der Planwirtschaft der DDR« an. Neben solchen grundsätzlichen Bedenken bekannte er in einer Aussprache, dass ihn auch persönliche Konflikte belasten würden. »Besonderer Schwerpunkt war dabei, daß er als Offizier der NVA seine Schwester nicht mehr sehen kann und das[s] ihm von seinen Eltern vorgeworfen wird, er habe die Schuld daran, daß seine Schwester nicht mehr in die DDR einreisen darf.«[89] (Die Schwester war legal in die Bundesrepublik übergesiedelt.) Daher strebte er nun seine Entpflichtung vom Dienst an.

Nach mehreren Aussprachen, in die auch der Schwiegervater, ein Funktionär der Bezirksleitung, einbezogen wurde, wurde dem Politoffizier aber »nachdrücklich klargemacht«, dass er »innerhalb der NVA eine Aufgabe übernommen hat, die er bis zum Ablauf seiner Verpflichtung zu lösen hat«.[90] Erst vier Jahre später, forciert durch eine persönliche Krisensituation, gelang ihm der Ausstieg. Nachdem er eine Überdosis Tabletten eingenommen hatte, wurde er wegen »kapitulantenhaftem Verhalten« aus der SED ausgeschlossen, unter Aberkennung aller Orden und Ehrenzeichen zum Soldaten degradiert und in Unehren aus der NVA entlassen.

In manchen Fällen waren Suizidversuche ziellose, verzweifelte Befreiungsschläge. So im Fall eines Schülers der 10. Klasse, der kurz vor Weihnachten 1980 zwei jeweils 15-seitige Zeitschriften hergestellt hatte, die er seinen Mitschülern gegen einen Obolus verkaufte. Das besserte sein Taschengeld auf und war gleichzeitig wohl auch ein Versuch des (als Außenseiter eingeschätzten) Jugendlichen, auf sich und seine Fähigkeiten aufmerksam zu machen. Der Inhalt der Zeitschriften reichte von aktuell-politischen Bezügen zu Polen (»In einem sozialistischen Land wird gestreikt«), über Pop-Charts und Beiträge über Mick Jagger, Elvis Presley und Udo Lindenberg bis zu einem skurril-pubertären »Sklavenmarkt«.

Die Schulleitung, die Lehrer und die FDJ-Funktionäre der Schule waren von seinen Aktivitäten überhaupt nicht angetan und erblickten darin lediglich eine politische Provokation. In einer Beratung der FDJ-Leitung wurde angestrebt, »daß alle FDJler die Haltung des […] verurteilen, daß sie offensiv ihren Stolz auf die Republik bekunden und erkennen, daß […] gegen unsere Republik gehetzt hat«. Die Mutter, selbst SED-Mitglied, wurde drei Tage nach dem Vorkommnis in die Schule bestellt, sie sollte herausfinden,

---

88 Vgl. ThHStAW, BT/RdB Erfurt, Abt. Volksbildung, Nr. 35619, Bl. 2, 5.
89 BStU, MfS, HA I, Nr. 13278, Bl. 362f.
90 Ebd., S. 364.

welche Motive den Sohn zu seiner Tat veranlasst hatten. Zudem »wurde festgelegt, daß sie zu Hause die persönlichen Sachen, Kassetten, Bücher usw. überprüft«. Der Stadtbezirksschulrat ordnete als Schulstrafe die Umschulung in eine andere Schule an. Noch am selben Tag schluckte der Schüler eine Überdosis Tabletten, weshalb er in ein Krankenhaus eingeliefert wurde.[91]

Nicht in jedem Fall ermöglichen es die Akten, ein Schicksal bis zu Ende zu verfolgen, manchmal werfen sie nur ein kurzes Schlaglicht auf eine Verzweiflungssituation. So dokumentiert der Operative Vorgang (OV) »Brille« den Einsatz eines Pfarrers für zwei homosexuelle Männer, die seit vier Jahren wiederholt Ausreiseanträge gestellt hatten. Die beiden hatten ihre Arbeitsstellen gekündigt, und danach (um sie vor strafrechtlicher Verfolgung zu schützen) pro forma eine Anstellung bei der Kirche erhalten. Im Frühjahr 1988 war der eine, vermutlich »als heimliche Disziplinierungsmaßnahme für zivilrechtlich unerwünschtes Verhalten«, zum Wehrdienst einberufen worden. Der Pfarrer wandte sich daraufhin mit einer Eingabe an das Wehrbezirkskommando (WBK). Bei einer Aussprache herrschte ihn der Chef des WBK jedoch an, dass das »eine Einmischung in staatliche Angelegenheiten« wäre. In dieser festgefahrenen Situation schluckte der junge Mann, am Tag vor dem Einberufungstermin, in suizidaler Absicht eine Überdosis Schlaftabletten, wurde jedoch gerettet. Das Letzte, was in der Akte enthalten ist, sind MfS-Abhörprotokolle von hektischen Telefonaten am Tag danach.[92]

Verzweifelte Befreiungsschläge zur Beendigung einer unerträglichen Lebenssituation waren auch Suizidversuche von geschiedenen Frauen, welche nach ihrer Scheidung jahrelang mit dem geschiedenen Ehemann zusammenleben mussten; allein die Akten des Bezirksschulrates Halle enthalten im Zeitraum 1984 bis 1989 drei diesbezügliche Vorkommnismeldungen, wobei es sich bei den Ex-Ehemännern um Alkoholiker handelte.[93]

Teilweise hatten die Suizidversuche, die nicht tödlich endeten, sogar Erfolg. Wie ein Bericht der Bezirksschulinspektion Halle aus dem Jahr 1981 schilderte, wurden in einem vergleichbaren Fall – hier war es allerdings der Mann, der unter dem Zusammenleben mit seiner geschiedenen Frau litt und einen Suizidversuch unternahm – von staatlicher Seite danach »ernsthafte Schritte für die Veränderung der Wohnraumsituation eingeleitet«.[94]

Offenbar waren Suizidversuche (zumindest in der Ära Honecker) durchaus in der Lage, bürokratische Entscheidungen zu beeinflussen. Das war auch im Fall eines 23-jährigen Mannes so. Der mehrfach Vorbestrafte – drei seiner Vorstrafen waren wegen Republikfluchtversuchen verhängt worden – unternahm im August 1977 einen Suizidversuch, weil er seine Mutter, die

91 LHASA, MER, BT/RdB Halle, Abt. Volksbildung, 4. Ablieferung, Nr. 6271, n. pag.
92 Vgl. BStU, MfS, BV Schwerin, AOP 299/90, Bd. IV, Bl. 300–308, 316–319.
93 Vgl. LHASA, MER, BT/RdB Halle, Abt. Volksbildung, 4. Ablieferung, Nr. 6262, 6298 und 6302, n. pag.
94 Ebd, Nr. 6271, n. pag.

im Grenzgebiet wohnte, nicht mehr besuchen durfte. Nach der letzten Haftentlassung hatte er nur einen behelfsmäßigen Personalausweis (PM 12) erhalten, damit verbunden waren Aufenthaltsverbote in Berlin und den Grenzkreisen. Mehrfach war die erforderliche Sondergenehmigung zum Besuch der Mutter verwehrt worden. Nach der Rettung des jungen Mannes sollte die Angelegenheit nun geklärt werden.[95]

Auch im Fall einer Postangestellten, die im August 1977 nach langwierigen Auseinandersetzungen um ihren Ausreiseantrag einen Suizidversuch beging, lenkte die Staatsmacht schließlich ein. Bereits im Juli 1975 hatte die Frau erstmals beantragt, in die Bundesrepublik übersiedeln zu dürfen. Nach der Ablehnung des ersten Antrages stellte sie im Verlauf von zwei Jahren 17 weitere Anträge, darunter eine Eingabe an das Ministerium des Innern und eine persönlich an Erich Honecker. Inzwischen waren ihre Eltern, die bereits Rentner waren, ausgereist, so dass sie nun eine Familienzusammenführung beantragte; ohne Erfolg. Zwei ihrer Geschwister durften 1977 wegen einer lebensgefährlichen Erkrankung des Vaters in die Bundesrepublik reisen, sie nicht. Auch eine Lösung ihrer schwierigen Wohnverhältnisse – sie lebte mit ihrer sechsjährigen Tochter in einem einzigen Zimmer – wurde ihr verweigert, weil sie den Behörden gesagt hatte, dass sie trotzdem ausreisen wolle. Erst nach dem Suizidversuch, der nicht tödlich endete, schlug das MfS vor, die Frau nach ihrer Genesung »zu ihren Eltern in die BRD zu übersiedeln«.[96]

Eine Jugendliche hingegen, die sich in der Lehrausbildung befand und 1987 einen Suizidversuch beging in der Hoffnung, damit den vor zweieinhalb Jahren gestellten Ausreiseantrag der Familie zu beschleunigen, hatte damit keinen Erfolg.[97] Das Scheitern lag in diesem Fall aber auch daran, dass die Handlung als demonstrativer Suizidversuch angesehen und nicht ernst genommen wurde. Denn die paradoxe Logik von parasuizidalen Handlungen besteht darin, dass die Todesintention möglichst glaubwürdig sein muss, um eine Veränderung der Lebenssituation zu erwirken.[98]

7.6 Selbsttötungen als Auslöser von Protesten

Am 18. März 1960 wurde an das Büro des ZK-Sekretärs für Landwirtschaft, Gerhard Grüneberg, gemeldet, dass sich ein Bauer im Kreis Hainichen (Bezirk Karl-Marx-Stadt) erhängt hatte. Am 16. März waren Agitatoren bei ihm gewesen und hatten ihm die Zusage abgerungen, in die LPG einzutreten. Als ihn am folgenden Tag die Einladung zu einer »zwanglosen Aussprache« erreichte, brach der Bauer in Tränen aus und sagte zu seiner Ehefrau, dass er

---

95 Vgl. BStU, MfS, BV Karl-Marx-Stadt, AKG, Nr. 502, Bd. 2, Bl. 493 f.
96 Vgl. ebd., Bl. 482–485.
97 Vgl. BStU, MfS, BV Cottbus, AKG, Nr. 1082, Bl. 1–5.
98 Vgl. Wiendieck, Zur appellativen Funktion, S. 55 f.

sterben wolle. Nachdem er einen Abschiedsbrief an den Sohn geschrieben hatte, erhängte sich der 54-Jährige in seiner Wohnstube.

Die ersten unmittelbaren Reaktionen auf den Tod des Bauern signalisierten, dass »feindliche Diskussionen«, Provokationen oder sogar Demonstrationen gegen die Agitatoren zu erwarten waren. Der Bürgermeister des Ortes »brachte den Agitatoren gegenüber zum Ausdruck, daß der Selbstmord des Bauern [...] eine Auswirkung des Einsatzes der Brigade für die Werbung zur LPG ist«.[99] Auch der Volkspolizei-Arzt äußerte »gegenüber dem ABV, daß der begangene Selbstmord [...] der Erfolg der Werbebrigade sei«.[100]

Deshalb trafen sich noch am Abend des 17. März der Leiter der MfS-Kreisdienststelle, der Leiter des Volkspolizei-Kreisamtes (VPKA), die Staatsanwältin des Kreises, weitere SED-Funktionäre aus Bezirks- und Kreisleitung sowie der Leiter der Agitations-Brigade beim 1. Sekretär der SED-Kreisleitung Hainichen. Sie beschlossen in generalstabsmäßiger Manier einen 10-Punkte-Plan, um »eine Ausnützung der entstandenen Situation durch die Gegner der sozialistischen Umgestaltung der Landwirtschaft zu verhindern«.[101]

Die Leiche des Bauern sollte von der Staatsanwaltschaft beschlagnahmt und erst am 21. März unter Maßgabe der sofortigen Beerdigung freigegeben werden. Die SED-Kreisleitung wollte das Erscheinen der Todesanzeige bis zum Tag der Beerdigung hinauszögern, »um die Teilnahme größerer Menschenmengen bei den Trauerfeierlichkeiten zu verhindern«. Durch den Rat des Kreises sollte der Pfarrer unter Druck gesetzt werden, bei der Beerdigung nicht »gegen die sozialistische Umgestaltung zu hetzen«. Der CDU-Bezirksvorstand sollte den Bürgermeister (Mitglied der CDU) auf Linie bringen, gleichzeitig wurde zum selben Zweck auch noch die – bisher ehrenamtlich tätige – stellvertretende Bürgermeisterin (Mitglied der DBD) aktiviert. Um den Volkspolizei-Arzt unter Druck zu setzen und »von den wirklichen Ursachen des Todes des [...] zu überzeugen«, sollten sowohl der Leiter des VPKA als auch der involvierte Gerichtsmediziner Aussprachen führen.

Die Brigaden, die unmittelbar mit den Einwohnern zu tun hatten, wurden umgehend informiert, mit Argumenten versehen und angewiesen, die Bauern aufmerksam zu beobachten. Um Gerüchte zu verhindern, sollten mit allen Besuchern im Ort Aussprachen geführt werden. Aus demselben Grund wurden auch die SED-Leitung und das MfS im Nachbarkreis Freiberg informiert. Um unkontrollierte Entwicklungen abzufangen, wurden zu einem für den 19. März anberaumten »VdgB-Vergnügen«[102] im Nachbarkreis »gute Genossen« hinbeordert.

99 StAC, SED-BL Karl-Marx-Stadt IV/2/7/5, Bl. 15.
100 StAC, BdVP Karl-Marx-Stadt (Bestand 25), Nr. 056, Bl. 11(RS).
101 StAC, SED-BL Karl-Marx-Stadt IV/2/7/5, Bl. 15f. Dort auch die folgenden Zitate.
102 VdgB: Vereinigung der gegenseitigen Bauernhilfe; von der SED beeinflusster Bauernverband der DDR.

Zur Erarbeitung einer Gegenargumentation gaben sich die Ermittler alle Mühe, Informationen über krankhafte Veranlagung oder private Konflikte zusammenzutragen, um das Suizidmotiv des Bauern verschleiern zu können. In der Familie des Verstorbenen waren Suizide und Suizidversuche vorgekommen, und die eheliche Situation war in den letzten Tagen angespannt gewesen. Im Dorf wusste man, dass die Ehepartner tagelang nicht miteinander gesprochen hatten, und der Abschiedsbrief richtete sich dementsprechend nur an den Sohn. In einem Bericht an die SED-Bezirksleitung wurde behauptet,»daß die Ehefrau des [...] diesen durch einen vorhergehenden Streit in einen Zustand der seelischen Depression versetzte«.[103]

Dieser Schuldvorwurf gegen die Ehefrau war insofern infam, als er verleugnete, dass der Ehestreit nichts anderes als den bevorstehenden Eintritt in die LPG zum Gegenstand hatte. Nach einem Bericht der »Abteilung Leitende Parteiorgane« wollte die Ehefrau ihren Mann von einem Eintritt in die LPG abhalten. Sie hatte argumentiert, dass er dazu nicht verpflichtet sei, solange keine gesetzliche Pflicht zur LPG-Mitgliedschaft bestünde.[104]

Letzter Punkt des Plans der Funktionäre: Die Beerdigung. Zur Vorbereitung sollte mit den auswärtigen Verwandten des Verstorbenen gesprochen werden; zur Witwe wurde eine Mitarbeiterin der Abteilung Inneres des Rates des Kreises geschickt,»um deren Absichten zur Beerdigung ihres Ehemannes in Erfahrung zu bringen«.

Angesichts der Maßnahmen (die zum Modell wurden für das Vorgehen des Staatsapparats bei weiteren Selbsttötungsfällen während der Zwangskollektivierung im Frühjahr 1960) verwundert es kaum, dass nach der Beerdigung »keine Hetze oder sonstige Vorkommnisse« zu vermelden waren. Dass die Trauerfeier trotzdem zur stillen Protestveranstaltung wurde, lässt die Zahl der Besucher vermuten, die laut Schätzung der Volkspolizei etwa 250 betrug.[105]

Als Opfer der SED wurde auch eine Mitarbeiterin des Rates des Kreises einer norddeutschen Kleinstadt angesehen, die sich im Sommer 1978 das Leben nahm. Was genau die Gründe für die Selbsttötung waren, ist nicht bekannt. Überliefert sind jedoch die Reaktionen der Hinterbliebenen, die in der Selbsttötung eine Folge von Mobbing und Menschenverachtung sahen. Bei der Beerdigung registrierte das MfS »äußerst negative und kritische Äußerungen bezüglich der Arbeit mit den Menschen«, die sich vor allem auf den diktatorischen Arbeitsstil des Vorsitzenden des Rates des Kreises sowie des SED-Kreissekretärs bezogen. Ein LPG-Vorsitzender, der Mitglied der SED war, schimpfte: »Wenn man zum Rat des Kreises geladen wird, muß man immer einen Strick mithaben.« Ein Bürgermeister, ebenfalls SED-Mitglied,

103 Ebd., Bl. 14f.
104 SAPMO-BArch, DY 30, IV 2/2.023/4, Bl. 77.
105 StAC, BdVP Karl-Marx-Stadt (Bestand 25), Nr. 056, Bl. 11 (RS).

kündigte an: »Bei passender Gelegenheit lege ich das Parteibuch auf den Tisch«. Ein Direktor eines Volkseigenen Gutes, Mitglied der NDPD, äußerte: »Der [...] (1. Sekretär der KL SED) macht uns alle fertig.«[106] Wenige Tage nach der Beerdigung wurden alle durch Abordnungen der SED-Kreisleitung, des Rates des Kreises und anderer Parteien und Massenorganisationen niedergelegten Kränze entfernt; nur die Kränze der Verwandten blieben auf dem Grab. Das Abräumen des Grabes wurde als politische Handlung aufgefasst, zumal die entsprechenden Kränze bei einer Beerdigung ein Jahr zuvor »weit über vier Wochen die Gräber schmückten«, wie es in einem Polizeibericht hieß.[107]

Parallel ging zudem ein anonymer Brief beim Staatsanwalt des Kreises ein, in dem die Bestrafung der leitenden SED-Funktionäre des Kreises gefordert wurde. Bei der Verfasserin handelte es sich – laut Ermittlungen des MfS – um die LPG-Sekretärin und Vorsitzende der Ortsgruppe des DFD.[108] Nicht bekannt ist, wie die SED auf diese Proteste reagierte.

Die Selbstverbrennung des Pfarrers Brüsewitz im Sommer 1976, das die SED-Führung als einen »der größten konterrevolutionären Akte gegen die DDR« bezeichnete, stellte nicht nur an sich ein bedeutendes Ereignis dar.[109] Das Flammenzeichen löste in der DDR auch eine Reihe weiterer Protestaktionen aus. Vier Ausreiseantragsteller aus Leipzig schickten dem Pfarrer ein Telegramm ins Krankenhaus, »worin sie ihre Sympathie zu seiner Tat bekundeten und gleichzeitig seinen Mut bewunderten«.[110] Brüsewitz' Beerdigung wurde, auch wenn es dort nicht zu offenen Protesten kam, allein durch die Beteiligung von ca. 400 Gästen und das Erscheinen zahlreicher Pfarrer im Talar zu einer politischen Kundgebung.[111]

Ein Pfarrer aus Weißenfels kommentierte die Selbstverbrennung im August 1976 mit den Worten: »Brüsewitz wies uns den Weg, wie es gemacht wird.«[112] Im September 1976 informierte der CDU-Bezirksvorsitzende von Erfurt, dass »es auch unter Jugendlichen, die der Kirche nicht nahestehen, Auffassungen gibt, die Bruesewitz als Held ansehen und dessen Selbstverbrennung als ›fetzende Tat‹ betrachten«.[113]

Zwar war es keineswegs so, dass die Meinungen zu Brüsewitz' Tat einhellig waren, wahrscheinlich sah selbst unter den Pfarrern nur eine Minder-

106 Einschätzung zu einigen Problemen der Führungs- und Leitungstätigkeit, 27. August 1978, in: BStU, MfS, BV Neubrandenburg, KD Neubrandenburg, Nr. 371, Bl. 29.
107 Protokoll zur Überprüfung der Information v. 09.09.1978, 12. September 1978, in: Ebd., Bl. 42.
108 Vgl. ebd., Bl. 2f., 77.
109 ThHStAW, SED-BL Erfurt, Kirchenfragen, IV C 2/14-499, Bl. 18.
110 Aktennotiz vom 6. September 1976, in: StAL, RdB Leipzig, 20753, n. pag.
111 Vgl. BStU, MfS, HA XX/4, Nr. 2920, Bl. 143–146.
112 LHASA, MER, BT/RdB Halle, Stellvertreter des Vorsitzenden für Inneres, Nr. 18983, Bl. 569.
113 ThHStAW, SED-BL Erfurt, Kirchenfragen, IV C 2/14-499, Bl. 14.

heit Brüsewitz als »Held der Kirche im Widerstand gegen den Kommunismus«, wie es beispielsweise aus sächsischen Kirchgemeinden berichtet wurde.[114] Der teilweise erfolgten Glorifizierung des Pfarrers zum Märtyrer standen Hunderte (vom MfS und den Referaten für Kirchenfragen der Räte der Bezirke und Kreise zusammengetragene) ablehnende Äußerungen gegenüber, die vor allem auf die christliche Bewertung von Selbsttötungen als Sünde und das unkonventionelle Auftreten des Pfarrers verwiesen. »Wer allen Ernstes behauptet oder demonstriert, Christsein sei in der DDR so furchtbar wie lebendigen Leibes brennen, hat den Sinn für Realitäten verloren«, lautete eine typische Meinungsäußerung eines Pfarrers.[115]

Aber unabhängig von der Bewertung der konkreten Handlung hatte beispielsweise Bischof Johannes Hempel »den Eindruck, daß durch die Tat von Pfarrer Brüsewitz seit langem aufgestaute Bekümmerungen in unseren Gemeinden wie eine Woge herausbrachen«, wie er vor der Synode der sächsischen Landeskirche im Oktober 1976 bemerkte.[116] Ihre größte Intensität erreichten die Proteste im September, nachdem der Pfarrer durch einen Kommentar im »Neuen Deutschland« verunglimpft worden war. Zahlreiche Christen schrieben Eingaben und Beschwerdebriefe. Allein die Redaktion des »ND« zählte 56 teils von größeren Gruppen verfasste Protestbriefe.[117] »die sache haette ohne die heftige und unsachliche reaktion der ddr-presse halb so viel staub aufgewirbelt«, äußerten (laut einem MfS-Telegramm) auch viele dem sozialistischen Staat gegenüber loyal eingestellte Pfarrer.[118] Der Sicherheitsapparat der SED reagierte mit Härte. So wurde die Veröffentlichung einer sachlichen Entgegnung der Kirchenleitung in letzter Minute verboten. In mehreren Schulen forderten Schüler Diskussionen über die Hintergründe der Selbstverbrennung, was zu repressiven Maßnahmen von Schul- und Parteileitung führte. In Leipzig wurde durch das MfS das Entrollen eines Protest-Transparentes »rechtzeitig verhindert«.[119]

Pfarrer nutzten demgegenüber ihre Schaukästen, um gegen den entstellenden »ND«-Artikel zu protestieren. In Frankfurt/Oder mahnte Mitte September 1976 ein mittels Stempelkasten hergestellter Zettel an einem Bauzaun: »Pfarrer Brüsewitz ist tot / Ehret sein Andenken! / Er war nicht geisteskrank!«[120] Eine Gruppe von staatskritischen Oppositionellen aus Berlin sammelte zur gleichen Zeit Unterschriften für einen Brief, in dem es unter anderem hieß: »Wir sind keine Christen, sondern Sozialisten und beken-

114 BStU, MfS, HA XX/4, Nr. 2921, Bl. 54.
115 Informationsbericht Monat August, 15.9.1976, in: StAL, BT/RdB Leipzig, Nr. 20740, n. pag.
116 Das »Zeichen von Zeitz« bleibt vieldeutig: Mißbrauch mit dem Namen »Brüsewitz«? epd-Dokumentation Nr. 38/77, Frankfurt/M. 1977, S. 9.
117 Vgl. BStU, MfS, HA XX/4, Nr. 5364, Bl. 80–87; Nr. 5365, Bl. 73–77.
118 BStU, MfS, HA XX/4, Nr. 2920, Bl. 99.
119 Vgl. MfS, BV Leipzig, Einschätzung, 8.9.1976, in: BStU, MfS, HA XX/4, Nr. 2921, Bl. 41–47, zit. 43.
120 BStU, MfS, HA XX/4, Nr. 2926, Bl. 43.

nen uns zum Marxismus; gerade deshalb wenden wir uns gegen eine Praxis des Rufmordes, die darin besteht, einen Andersdenkenden persönlich zu verleumden, um der politischen Auseinandersetzung mit ihm auszuweichen.« Drei der Verfasser wurden, noch bevor sie den Brief an Erich Honecker überbringen konnten, verhaftet.[121]

Auch in den folgenden Jahren kam es zu Aktionen; so nahmen im Sommer 1978 Ausreiseantragsteller aus Karl-Marx-Stadt auf Brüsewitz' Grab eine »Einpflanzung« vor, neben die sie eine Karte legten mit der Aufschrift: »Auch für uns gestorben.«[122]

Ein eigenartiges Schicksal hatte eine hölzerne Skulptur einer Bildhauerin aus Greiz, die eigentlich für das Grab des Pfarrers bestimmt war, aber der Witwe nicht behagte. Um zu verhindern, dass das Denkmal in die Bundesrepublik »ausgeschleust« würde, kaufte das MfS das Denkmal der Künstlerin für 3000 Mark ab.[123]

Die Beispiele, deren Aufzählung keinen Anspruch auf Vollständigkeit erhebt, führen vor Augen, dass das Fanal von Zeitz zum Auslöser einer ganzen Kaskade weiterer Aktionen wurde. Hierzu zählt auch die (wegen der einseitigen politischen Ausrichtung allerdings umstrittene und von der Kirche nicht unterstützte) Gründung des »Brüsewitz-Zentrums« im bundesdeutschen Bad Oeynhausen.[124]

Als Spätwirkung der durch Brüsewitz auch bewirkten Sensibilisierung für Selbsttötungen kann eine Begebenheit in Thale gelten, bei deren Akteuren es sich (laut der abfälligen Bemerkung eines Propstes) um »Brüsewitz geschädigte Personen« handelte, das heißt um Pfarrer, die durch die Selbstverbrennung aufgerüttelt und zu politischem Engagement ermutigt worden waren. So hatte Pfarrer Erich Schweidler im Jahr 1976 in einem Leserbrief gegen die Verunglimpfung von Brüsewitz im »Neuen Deutschland« protestiert und sich dann, als er drei Monate lang keine Antwort erhalten hatte, am 13. Dezember 1976 mit einem Schreiben an die Volkskammer gewandt, in dem er gefordert hatte, dem Zentralorgan der SED eine Rüge auszusprechen. Wegen dieses als politische Provokation gewerteten Schreibens war er zur Abteilung Kirchenfragen des Rates des Kreises vorgeladen worden, wo er

121 Vgl. Aktivitäten von kirchlichen Amtsträgern und Laien gegen staatliche Maßnahmen, 6.12.1976, in: BStU, MfS, HA XX/4, Nr. 271, Bl. 316–318; BStU, MfS, AOP 14312/77, Bd. XII, Bl. 7 f., 145. Vier Tage später, am 20. September 1976, gelangte eine Abschrift der Eingabe, persönlich überbracht durch Claudia Wegner und ihre Schwester Bettina, zum ZK der SED. Vgl. Karsten Krampitz u.a. (Hg.), Ich werde dann gehen, S. 120.
122 Überprüfung zu Veröffentlichungen in »Welt am Sonntag« vom 24.9.78 zu Brüsewitz, in: BStU, MfS, HA XX/4, Nr. 2925, Bl. 11–13, zit. 12.
123 Vgl. Birgit Lahann, Genosse Judas, Berlin 1992, S. 154–157.
124 Vgl. u.a. Dietrich Strohmann, Der mißbrauchte Tod, in: Die Zeit von 10. Juni 1977, S. 10; Udo Waschelitz, Die kleine Schar der Unbelehrbaren, in: Deutsche Zeitung vom 24. Juni 1977, S. 20.

erklärte: »Der Staat wertet meine Schreiben als Provokation, für mich ist der ›ND‹-Artikel mit den enthaltenen Halbwahrheiten eine Provokation.«[125]

Ähnlich beherzt reagierte dieser Pfarrer auch im Mai 1980, als von Vertretern der Staatsmacht ein Plakat beanstandet wurde, das in einer in Bahnhofsnähe gelegenen Kirche in Thale über den Tod des 15-jährigen Schülers Volker M. berichtete, der wegen eines Republikfluchtversuches zu einem Jahr Haft verurteilt worden war und sich im Jugendhaus Halle erhängt hatte (vgl. Abschnitt 3.3.2). Trotz mehrfacher Aufforderung beließ der Pfarrer das Plakat gut zwei Wochen lang in der Kirche. Seine Kollegin, Pastorin Ursula Meckel, verschickte zudem etwa 95 Briefe an Bekannte in der DDR, in denen sie über die Hintergründe des Todesfalls informierte.[126]

Der bereits zitierte Propst bezeichnete die Aktivitäten der beiden Pfarrer aus Thale, die ein vielfältiges und sachgerechtes Echo in den bundesdeutschen Medien auslösten, als »eine Privataktion« von Pfarrern, die schon mehrfach für Unruhe gesorgt hätten. Nichtsdestotrotz wurde Anfang Juni in der Kirchenleitung der evangelischen Kirchenprovinz Sachsen erwogen, auf das unverständlich harte Gerichtsurteil gegen Volker M. mit einem Bischofswort zu reagieren. Bereits bei der Beerdigung hatte Pfarrer Schweidler deutliche Kritik an der DDR-Justiz geäußert: »Wir halten Fürbitte für den Staatsanwalt, welcher am 25. 4. 80 die Anklage gegen Volker vertreten hat. Wir bitten dich für die Richter, die das Strafmaß bestimmt und das Unrecht gesprochen haben. Sie müssen damit leben, daß sie Volker auf eine Straße geschickt haben, von der es keine Wiederkehr gibt. Wissen Richter eigentlich, daß Recht ohne Gnade zu Unrecht ausartet?«, soll der Pfarrer laut MfS-Akte gesagt haben. Die Kirchenleitung entschloss sich hingegen nur zu einem Brief an die betroffene Gemeinde in Thale.

Auch ein weiterer Vorstoß eines Propstes aus Quedlinburg auf einer Synodaltagung Mitte Juni 1980 in Naumburg blieb im Ansatz stecken. »Nach den DDR-Gesetzen ist unerlaubtes Weggehen aus der DDR eine kriminelle Handlung, ein kriminelles Verbrechen. Nun muß man sich fragen, ob Jungens, besonders Jugendliche in dieser Mentalität, mit denen zu vergleichen sind, die die üblichen kriminellen Straftaten ausüben. Müßte nicht hier – und das sind die Anfragen, die gestellt werden müssen – sehr differenziert der Strafvollzug im Umgang mit anderen durchgeführt werden?« So lautete der zentrale Kritikpunkt der dreiseitigen Erklärung des Propstes, die er zur Diskussion stellte; zu einer Debatte im Plenum kam es jedoch nicht. »Die sofortige offensive Einflußnahme vorhandener IM in Schlüsselposition sowie der auf der Synode anwesenden Vertreter des Staatsapparates auf kirchenleitende Persönlichkeiten hatten zur Folge, daß die Umstände des Suicids auf der Synode für feindlich-negative Angriffe nicht mißbraucht werden konnten«, re-

125 LHASA, MER, BT/RdB Halle, Stellvertreter des Vorsitzenden für Inneres, Nr. 18983, Bl. 151f.
126 Vgl. Axel Reitel, »Frohe Zukunft« – Keiner kommt hier besser raus. Strafvollzug im Jugendhaus Halle, Magdeburg 2002, S. 252–270.

sümierte das MfS. Stattdessen versuchten führende Kirchenvertreter, das Thema der Strafverfolgung von Jugendlichen bei Gesprächen mit Vertretern der Staatsmacht diskret zur Sprache zu bringen.[127] Das geschah sowohl allgemein als auch in konkreten Einzelfällen. So engagierte sich ein Superintendent im Herbst 1980 für einen christlichen Jugendlichen im Bezirk Halle, der den Wehrdienst verweigert hatte und deshalb inhaftiert worden war. Der Superintendent machte auf Suizidankündigungen des jungen Mannes aufmerksam und erinnerte an das Schicksal von Volker M. aus Thale.[128]

Möglicherweise bewirkte dieser tragische Tod in der DDR eine gewisse Sensibilisierung. Ein Schüler der 8. Klasse, der im folgenden Jahr versuchte, mit Seil und Haken die Grenzsperren zu überwinden, wurde jedenfalls sehr behutsam behandelt. Der Schuldirektor wies auf eine mögliche Suizidgefahr hin und ordnete an, dass »vorsichtig vorgegangen« werden sollte. Der Junge wurde einer Psychologin vorgestellt, die empfahl, von strafrechtlichen Maßnahmen abzusehen. So geschah es. Zwar wurde das »verwerfliche Tun« des Schülers vor der Klasse ausgewertet, er wurde aus der FDJ-Leitung ausgeschlossen und musste Besserung geloben; der Direktor verfolgte jedoch vor allem das Ziel, bei dem Jungen das »Selbstbewußtsein zu stärken«.[129]

Zu den am stärksten beachteten Todesfällen in der DDR gehörte der Tod des 23-jährigen Matthias Domaschk am 12. April 1981 im MfS-Untersuchungsgefängnis Gera. Freunde und Bekannte vermuteten, das MfS hätte den jungen Mann ermordet.[130] Nach 1990 bestärkte das in den Akten dokumentierte Bemühen des MfS um Anerkennung für die Todesversion »Suizid« nochmals diesen Verdacht.[131] Allerdings kann man diese MfS-Aktivitäten auch als Reaktionen auf den Mordvorwurf deuten. Die äußeren Umstände lassen die Schlussfolgerung zu, dass der 23-Jährige tatsächlich, wie es in den MfS-Akten dargestellt wurde, in den Minuten vor der Entlassung aus der MfS-Haft im Besucherraum eine suizidale Verzweiflungstat beging. Er war, nachdem er sich gemeinsam mit einem Freund zu einer Geburtstagsfeier nach Berlin auf den Weg gemacht hatte, völlig überraschend und scheinbar grundlos aus dem Zug geholt und festgehalten worden. Nach Polizei-Vernehmungen, zwei schlaflosen Nächten und stundenlangem zermürbendem Warten auf ein Transportfahrzeug wurde Matthias Domaschk bei den MfS-Verhören in Gera mit belastendem Material konfrontiert; die MfS-Vernehmer hielten ihm die

127 Vgl. BStU, MfS, BV Halle, Abt. XX, ZMA 3483, zit. 58, 10, 12.
128 Vgl. BStU, MfS, HA XX/AKG, Nr. 5993, Bl. 141 f.
129 ThHStAW, BT/RdB Erfurt, Abt. Volksbildung, Nr. 027157, n. pag.
130 Vgl. Henning Pietzsch, Jugend zwischen Kirche und Staat, Köln u. a. 2005, S. 133–156;
      Horch und Guck 12 (2003) Sonderheft I: Matthias Domaschk; Gerold Hildebrand, Politisches Tötungsverbrechen an Matthias Domaschk als Bagatelle?, in: Horch und Guck 9 (2000), S. 69–73; Udo Scheer, Vision und Wirklichkeit, Berlin 1999, S. 203–210; Christian Malzahn, »Ihr sollt in unseren Tränen ersaufen«, in: Spiegel 47 (1993) 20, S. 111–122.
131 Vgl. Renate Ellmenreich, Matthias Domaschk. Die Geschichte eines politischen Verbrechens in der DDR und die Schwierigkeiten, dasselbe aufzuklären, Erfurt 1996, S. 16, 19.

Beteiligung an oppositionellen Aktionen vor, die Jahre zurück lagen. Das MfS benutzte das Material, um bei Domaschk (dessen Freundin inhaftiert war) Angst vor einer langjährigen Verhaftung zu erzeugen. Die Drohungen wirkten, auch angesichts vorheriger Verhaftungserfahrungen: Der 23-Jährige schrieb eine IM-Verpflichtungserklärung.[132] Das oft geäußerte Argument, Domaschk hätte seine Verpflichtungserklärung ganz einfach durch Dekonspiration rückgängig machen können, verkennt die Glaubwürdigkeit des Bedrohungsszenarios des MfS. Sicher hätte Matthias Domaschk durch ein Öffentlichmachen des Anwerbeversuches seine inoffizielle Mitarbeit beenden können. Aber das MfS hätte den jungen Mann dann ins Gefängnis bringen können; dass dafür belastendes Material vorlag, hatte ihm das MfS beim Verhör vor Augen geführt.

Andererseits gibt es hinsichtlich der in den MfS-Akten erfolgten Darstellung auch einige Verdachtsmomente, die heute nicht mehr überprüfbar sind.[133] Ein Mord erscheint zwar ausgesprochen unwahrscheinlich, da ein Motiv fehlt; denkbar wäre allerdings auch ein Tod nach einer tätlichen Auseinandersetzung.

Die Nachricht vom Tod des 23-Jährigen verbreitete sich rasch unter Jugendlichen in Jena, Weimar, Saalfeld und anderen Orten. Am Gründonnerstag 1981, anlässlich der Trauerfeier für den Toten, bildete sich ein spontaner Demonstrationszug zum Friedhof, an dem sich zwischen 107 (Angabe MfS) und 300 (Angabe Roland Jahn) Jugendliche beteiligten. Vonseiten der Staatsmacht war ein großes Aufgebot von Polizei und MfS präsent. Es wurden Blicke »getauscht, die töten könnten«, erinnerte sich Gerold Hildebrand. »Ihr sollt in unseren Tränen ersaufen«, schrie eine Beteiligte (laut MfS-Protokoll) den Stasi-Mitarbeitern ins Gesicht.[134]

»In den Freundes- und Bekanntenkreisen des ›Matz‹ wird dieser jetzt allgemein als Märtyrer angesehen und man fühlt sich wieder in der Meinung bestätigt, daß die ›Stasi‹ sehr willkürlich mit den Bürgern unseres Staates umgeht und wenn es darauf ankommt, auch über Leichen geht«, hieß es in einem MfS-Bericht nach der Beerdigung.[135]

In der Jenaer Szene entstanden mehrere Gedichte und Lieder. »Der Tod von Matthias Domaschk hat ein Bewußtsein dafür geschaffen, daß es existentiell ist, was da in der DDR passiert«, erinnerte sich der Jenaer Opposi-

---

132 Vgl. Fernschreiben »cfs 1412« der MfS-Bezirksverwaltung Gera an die Berliner HA IX vom Abend des 12. April 1981, in: BStU, MfS, HA IX, Nr. 1431, Bl. 1–7.
133 Unklar ist zum Beispiel, welche Relevanz der Aussage eines Obduktionsarztes zukommt, die zeitweise in der Erfassungsstelle in Salzgitter aufbewahrt wurde, bis der Arzt sie wieder zurückzog. Auskunft von Renate Ellmenreich bei einer Filmpremiere am 21. September 2005 in Berlin.
134 Gerold Hildebrand, Trauer, Wut und Anklage. Nach dem Tod von Matthias Domaschk, in: Horch und Guck 12 (2003), Sonderheft 1, S. 35–44, zit. 36.
135 MDA Berlin, MfS, AP 1097/81, Bl. 183.

tionelle Roland Jahn.[136] Für manche war der Tod des jungen Mannes der letzte Anlass, einen Ausreiseantrag zu stellen, bei anderen hat das Ereignis die ohnehin schon oppositionelle »politische Haltung radikalisiert«.[137]

Auf Initiative des Pfarrers Walter Schilling entstanden Gedächtnisprotokolle über diesen und andere Vorfälle, die in einer 60-seitigen Dokumentation zusammengefasst und Bischöfen sowie einflussreichen Kirchenjuristen zugeleitet wurden. In einem offiziell gemachten Gespräch mit einem MfS-Offizier verwies der Thüringer Bischof Werner Leich darauf, dass »der psychische Druck« des MfS »als Mitursache für den Selbstmord« von Matthias Domaschk angesehen werden muss.[138] Folgen hatten diese klaren Worte nicht, auch wenn sie an sich schon unter den Verhältnissen der Diktatur ein Ereignis darstellten.

Die Erschütterung der Freunde und Bekannten über den völlig unverständlichen Tod (dass sich in den MfS-Akten eine handschriftliche IM-Verpflichtung von Matthias Domaschk befand, wurde erst 1990 bekannt) währte Jahre. Am ersten Todestag, zu Ostern 1982, stellten Freunde ein Birkenkreuz auf das Grab. Gleichzeitig wurde eine Sandsteinplastik des Bildhauers Michael Blumenhagen, die einen schutzsuchenden Menschen mit einer gewaltabwehrenden Geste darstellte, auf einem anderen Friedhof in Jena aufgestellt. Sie stand nur vier Tage, dann ließ das MfS die Plastik abtransportieren. Roland Jahn, der sich noch jahrelang für das Totengedenken engagierte, fotografierte diese Aktion; die Fotos gelangten in die Bundesrepublik, wo sie »Der Spiegel« veröffentlichte.

Zudem gelang es zum ersten Todestag 1982 drei Freunden von Matthias Domaschk (anders als ein Jahr zuvor), eine Todesanzeige in der Zeitung zu veröffentlichen. Am Tag des Erscheinens fuhren sie von Kiosk zu Kiosk, schnitten aus den gekauften Zeitungen die Todesanzeige aus und klebten diese an Litfass-Säulen, Lichtmasten und andere öffentliche Stellen in der Stadt. »Sie haben sich sozusagen von der Parteipresse ihre eigenen Flugblätter drucken lassen.«[139]

Auch in den Jahren danach wurde das Totengedenken mit einem weiteren Schweigemarsch, mit Kränzen und Blumen in Jena sowie mit einer aktiven Pressearbeit in der Bundesrepublik fortgeführt.

Während ehemalige MfS-Offiziere ihre Verantwortung für den Todesfall bis in die Gegenwart notorisch leugnen, wurde das Schicksal des 23-Jährigen von DDR-Oppositionellen zum tragischen Symbol erhoben und

136 »Matz hat mich im Gefängnis in Gedanken begleitet.« Interview mit Roland Jahn, in: Horch und Guck 12 (2003), Sonderheft 1, S. 64–66, zit. 64.
137 Vgl. »Entscheidend war, wo er gestorben ist.« Interview mit Dorothea Fischer, in: Horch und Guck 12 (2003), Sonderheft 1, S. 60f., zit. 61.
138 Hildebrand, Trauer, Wut und Anklage, S. 39.
139 Ebd., S. 42.

teilweise sogar in die Nähe christlichen Märtyrertums gerückt.[140] In Jena-Lobeda wurde eine Straße nach Matthias Domaschk benannt, zwei Archive zur Geschichte der Opposition in der DDR in Berlin und Jena tragen seinen Namen.

Nicht nur solche öffentlichkeitswirksamen Todesfälle, auch eher private Tragödien konnten einen mobilisierenden Effekt haben:

»Der Tod meines Bruders Steffen hat meine Wut auf diesen Staat entscheidend verschärft. Es war, als hätte sich eine Weiche bei mir umgestellt: ich wurde radikaler, mutiger, listiger. Ich dachte mir, ich zahle ihnen das Schicksal meines Bruders heim: mit aller Kraft und Intelligenz, die ich habe. Vor dem Tod hatte ich plötzlich keine Angst mehr, mich konnte man nicht mehr einschüchtern«, bekannte Freya Klier in einem Interview:»Es war wie eine Art Vermächtnis von Steffen, daß ich mich nicht unterkriegen lasse und jeden Tag so leben wollte, als ob es der letzte wäre. Ich wollte nie mehr zaghaft und feige sein. Ich war nach dem Suizid kompromißlos gewesen gegenüber diesem System.«[141]

Das von mehrfacher Tragik geprägte kurze Leben des Bruders, das Freya Klier in ihrem Buch»Lüg Vaterland« beschrieben hat, ist zwar nicht ohne weiteres auf die Formel»systematisch von SED, Stasi, Justiz und Psychiatrie zerstört« reduzierbar.[142] Einerseits war das Unglück dieses Lebens von Anfang an mit den politischen Verhältnissen der Diktatur verbunden. Es begann damit, dass der Vater sich auf dem Trittbrett der Straßenbahn mit einem Mann prügelte, der die Mutter heruntergezogen hatte; dieser Mann war, wie sich später herausstellte, ein Polizist, was den Vater für ein Jahr ins Gefängnis brachte und die Kinder in ein Wochenheim.[143] Es ging weiter mit dem begabten, aber renitenten Schüler, der sich einer Clique anschloss, die sich auf dem Rummel mit der Polizei anlegte, welche die »Zusammenrottung« auflösen wollte. Die vierjährige Haft in Mecklenburg bzw. Berlin wurde für den Jugendlichen mit seinem sächsischen Dialekt zu einem einzigen Spießrutenlauf; danach kam es aufgrund der nonkonformen Lebensweise des Haftentlassenen zu weiteren Konfrontationen mit der Polizei.

Andererseits waren es aber auch unpolitische Umstände wie der Suizid eines Onkels, bei dem der Schüler eine gewisse Zeit gelebt hatte, die diesem Leben, das im Alter von 30 Jahren endete, eine unglückliche Richtung ge-

---

140 Vgl. Björn Mensing/Heinrich Rathke (Hg.), Widerstehen. Wirkungsgeschichte und aktuelle Bedeutung christlicher Märtyrer, Leipzig 2002, S. 168 f. sowie Harald Schultze/Andreas Kurschat (Hg.), »Ihr Ende schaut an …«. Evangelische Märtyrer des 20. Jahrhunderts, Leipzig 2006, S. 619 f. (In letztgenannter Publikation wird die IM-Verpflichtungserklärung von Matthias Domaschk verschwiegen.)
141 Manfred Otzelberger, Suizid, Berlin 1999, S. 108 f.
142 Ebd.
143 Vgl. Freya Klier, Wie ich ein stolzer Pionier wurde, in: Volker Handloik/Harald Hauswald (Hg.), Die DDR wird 50, Berlin 1998, S. 87–89.

geben hatten.[144] Aber abgesehen davon, wie man bestimmte, von außen schwer einzuschätzende Umstände (wie die Behandlung des jungen Mannes in einer psychiatrischen Klinik) bewertet, dieser Tod war »vermeidbar gewesen« und gab deshalb einen wichtigen Impuls für das mutige Engagement der DDR-Bürgerrechtlerin in den 1980er Jahren.[145]

7.7 Trauerfeiern und Proteste nach Schülersuiziden

»Die Selbsttötung älterer Menschen aus Vereinsamung wird von der Öffentlichkeit gerade noch begriffen. Suicidale Handlungen von jungen Menschen werden hingegen als etwas so Ungewöhnliches empfunden, daß man übereilt nach dem Verantwortlichen ruft und die Frage nach dem Warum in die undifferenzierte Suche nach *einem* Schuldigen mündet«, schrieben 1973 zwei Magdeburger Psychologen.[146] Ganz allgemein birgt die Selbsttötung eines jungen Menschen stets große soziale Brisanz. Schülersuizide haben daher unter verschiedenen politischen Bedingungen in verschiedenen Epochen zu Auseinandersetzungen zwischen Pädagogen und Kritikern der Schule geführt; um 1910 befasste sich der »Wiener psychoanalytische Verein« mit dem Thema, in der Weimarer Republik gab es mehrfach Auseinandersetzungen, und auch in der Bundesrepublik kam es, besonders ab Mitte der 1970er Jahre, zu einer öffentlichen Kontroverse über die Ursachen vermeintlich gestiegener Selbsttötungsraten junger Menschen.[147]

In der DDR hingegen war an eine öffentliche Debatte nicht zu denken, hier kam es zu unterdrückten und beschränkten Formen der Auseinandersetzung. Zumeist waren das spontane Trauerkundgebungen oder Zusammenkünfte. Diese wurden vom MfS observiert, nicht selten mussten sich die Beteiligten Aussprachen und Verhören unterziehen, im Extremfall kam es sogar zu Verhaftungen. Hauptziel der Interventionen der Staatsmacht war es, möglichst schnell »Ruhe in die Schule [zu] bringen«. Die Bemühungen, das Problem zu verdrängen, hatten jedoch, wie die folgenden Beispiele zeigen, nur teilweise Erfolg.

Im November 1974 – fast ein Jahr, nachdem sich ein Oberschüler das Leben genommen hatte – wurde der Staats- und Sicherheitsapparat in Erfurt informiert, dass Schüler der 11. und 12. Klasse den Toten zum »Idol« erhoben, »einen illegalen ›Club‹ bzw. eine ›Antisekte‹« gegründet und »Gedichte mit staatsfeindlichem Inhalt an der Schule« verbreitet hätten. Sofort wurden

144 Vgl. Freya Klier, Lüg Vaterland, München 1990, S. 136–141.
145 Vgl. Neubert, Opposition, S. 537f., 696–699.
146 Christian Parnitzke/Hans Regel, Selbstvernichtung Jugendlicher bei sozialer Desintegration, in: Psychiatrie, Neurologie und medizinische Psychologie 25 (1973) 10, S. 606–614, zit. 606.
147 Vgl. u.a. Christa Meves, Selbstmord der Schule wegen, in: Rheinischer Merkur vom 13. März 1981, S. 2; Colla-Müller, Suizidales Verhalten; Schiller, Schülerselbstmorde.

MfS, die politische Abteilung K1 der Kriminalpolizei und der Sekretär der SED-Kreisleitung für Agitation und Propaganda eingeschaltet. Nachdem die K1 den Sachverhalt der Gruppenbildung bestätigt hatte, übernahm die SED-Kreisleitung die Koordinierung der Maßnahmen. Binnen weniger Tage wurde das Problem auf insgesamt sechs Partei- und FDJ-Versammlungen diskutiert; unklar blieb allerdings die politische Dimension des Falles. Mehr als den Umstand, dass es »eine Gruppierung von Schülern dieser Schule gibt, die sich außerhalb des Einflußbereiches der Schule und des Jugendverbandes mit literarischen Fragen befaßt«, förderte man auch bei den von zwei Schulinspektoren, einem Kripo-Offizier und dem Schuldirektor vorgenommenen »Aussprachen« nicht zutage. Der »Verdacht auf staatsfeindliche Handlungen« bestätigte sich nicht, deshalb wurde darauf verzichtet, ein Ermittlungsverfahren einzuleiten. Dennoch galt die unabhängige Herstellung und Verbreitung von Gedichten als anstößig: »Den Jugendlichen wurde sehr deutlich ihr politisch unkluges Verhalten dargelegt.«[148]

In einem anderen Fall hingegen, der sich im Bezirk Halle ereignete, kam es zu Verhaftungen: Im Frühjahr 1978 hatte sich ein Lehrling aus Liebeskummer volltrunken von einem Hochhaus gestürzt. Freunde und Bekannte des Toten, die zuvor bereits einen Suizidversuch verhindert hatten, stellten an den folgenden Tagen Kerzen und Blumensträuße an der Aufschlagstelle ab. Im Zuge der Trauerbekundungen wurde auch Geld gespendet, insgesamt 220 Mark kamen zusammen. Davon sollten für 70 Mark Fotos des Verstorbenen vervielfältigt, für den Rest des Geldes Kränze gekauft werden. Zwei Tage nach dem Suizid versammelten sich etwa 30 Freunde in einer Gaststätte, rückten Tische zu einer großen Tafel zusammen und ließen einen Platz frei, an dem sie eine Kerze anzündeten. »Diese 30 Personen begaben sich mit gefüllten Weingläsern zur Aufschlagstelle, wo dieselben teils ausgetrunken bzw. auf die Aufschlagstelle ausgeschüttet wurden«, hieß es in einem MfS-Bericht über das Trauerritual der Jugendlichen. Gegen 23 Uhr wurden die noch am Ort befindlichen zwölf Jugendlichen von der Polizei »zugeführt«, das heißt, sie wurden für kurze Zeit verhaftet.

Drei Tage später (es handelte sich um den Vortag des 1. Mai) kam es dann zu einem »Vorkommnis« mit ernsten Konsequenzen: Jugendliche hatten in der Nacht wiederum eine Kerze an der Aufschlagstelle entzündet, und um diese herum schwarzen Stoff ausgelegt. Wie die im angrenzenden Gebüsch gefundenen Stoffreste zeigten, stammte der schwarze Stoff von einer zerrissenen DDR-Fahne. In der Mangelökonomie der DDR musste schwarzer Stoff »besorgt« werden, insofern war mit dem Zerreißen der Fahne keine unmittelbare politische Absicht verbunden; von den staatlichen Organen wurde diese Handlung aber als Provokation aufgefasst. Was als jugendliche Trauer um einen Toten begonnen hatte, endete als politischer Skandal, der

---

148 Vgl. ThHStAW, BT/RdB Erfurt, Abt. Volksbildung, Nr. 027842 und 027843, n. pag.

weitere Verhöre und Verhaftungen sowie die Überwachung und »Absicherung« der Beerdigung durch das MfS nach sich zog.[149]

Solidarisierungen, spontane gemeinsame Trauervollzüge bis hin zu Protestaktionen waren kein Spezifikum der DDR. Tendenzen der Bewunderung und Heroisierung suizidaler Handlungen wurde in den 1970er Jahren auch bei bundesdeutschen Jugendlichen beobachtet;[150] diese jugendkulturellen Praktiken erfuhren jedoch in der Diktatur eine zusätzliche Aufladung mit politischer Bedeutung. Ein literarisch gestaltetes Beispiel dafür enthält Reiner Kunzes Prosatext »Beweggründe«.[151] In einer Schule hatten Jungen nach der Selbsttötung eines (christlich gebundenen) Schülers schwarze Armbinden getragen, was von der Schulleitung »als Ausdruck oppositioneller Haltung gewertet« wurde. Die Schüler wurden angesichts der anstehenden Prüfungen unter Druck gesetzt, die Armbinden abzulegen; auch der Besuch der Beerdigung wurde vom Direktor untersagt. SED-Mitglieder wurden angewiesen, »Gespräche über den Toten zu unterbinden«.[152]

Oft entstand die Politisierung allein dadurch, dass aufgrund der ideologischen Durchdringung des Volksbildungssektors Kritik an der Schule in der DDR automatisch auch Kritik am politischen System war. Das zeigte sich besonders deutlich nach einer Selbsttötung eines Schülers im katholischen Eichsfeld. Im Sommer 1979 hatte sich in einem Dorf ein Schüler der 10. Klasse erhängt. In der Nacht nach seinem Tod tauchten an Fenstern und Türen der Schule Inschriften auf:

- »Wer ist der nächste Tote?«
- »Er war mein bester Freund.«
- »Warum – Herr?« usw.

Noch am Tag des Suizids wurden Kreisschulrat, SED-Kreisleitung und der Vorsitzende des Rates des Kreises informiert. Die Funktionäre stießen bei ihren Untersuchungen auf massive Schuldvorwürfe gegen eine Lehrerin; hierin waren sich Mitschüler, Angehörige des Jugendlichen, das Elternaktiv und die FDJ-Leitung der Schule einig. Als der Direktor bei den Verwandten zu einem Kondolenzbesuch erschien, fiel die Bemerkung: »Die Mörder sind unter uns.« Über die Lehrerin hieß es: »Man sollte sie totschlagen.« Sie stand wegen ihrer pädagogischen Unsensibilität schon länger in einem schlechten Ruf; beispielsweise hieß es, sie hätte eine Schülerin »gezüch-

149 Vgl. BStU, MfS, BV Halle, Abt. IX, Sachakten Nr. 76, Bl. 1–5.
150 Vgl. Gunther Klosinski, Der Tabletten-Suizidversuch in der Pubertät – Versuch einer Auto-Initiation?, in: Ingeborg Jochmus/Eckart Förster (Hg.), Suizid bei Kindern und Jugendlichen, Stuttgart 1983, S. 92–100, hier 99.
151 Reiner Kunze, Die wunderbaren Jahre, Frankfurt/M. 1994, S. 63.
152 »Ganz gewiß ist an dieser Prosa nichts erfunden, außer eben dem Entscheidenden, der Form«, schrieb der Schriftsteller Heinrich Böll zu Kunzes Buch – diese Einschätzung stützt die Verwendung des literarischen Textes als historische Quelle. Heinrich Böll, Reiner Kunzes Prosa: Die Faust, die weinen kann, in: Die Zeit vom 17. September 1976, S. 17f., zit. 17.

tigt«, als sie diese bei einem Betrugsversuch erwischt hatte. Im vorliegenden Fall hatte die Lehrerin die Ergebnisse der schriftlichen Abschlussprüfungen mitgeteilt, wobei der betreffende Jugendliche eine Fünf bekommen hatte. Ihr Kommentar hatte gelautet: »Du hättest das ganze Jahr über etwas fleißiger lernen müssen.« Als sich der Jugendliche während des Unterrichts auf einen anderen Platz setzen wollte, hatte sie ihm gedroht: »Noch habe ich dich in der Hand.« Unmittelbar nach der Unterrichtsstunde hatte der 16-Jährige die Schule verlassen und sich erhängt. Angesichts des scheinbar offenkundigen Zusammenhangs zwischen dem Fehlverhalten der Lehrerin und der Verzweiflungstat hatten es die SED-Funktionäre schwer, die Empörung im Dorf zu dämpfen.

Als am folgenden Tag alle Schüler der 10. Klassen den Unterricht boykottierten und geschlossen an einer Gebetsstunde für den Toten in der Kirche teilnahmen, stimmte die Schulleitung dem zu, »um es zu keiner weiteren Konfrontation mit der Dorfbevölkerung kommen zu lassen«. Gleichzeitig beratschlagten Vertreter von SED-Kreisleitung, MfS, Volkspolizei und der Kreisschulrat, was man tun könnte, um politische Proteste in Form einer »Identifizierung Lehrerin-Schule-Staat« zu vermeiden. Der Plan lautete: »Ruhe in die Schule bringen; Diskussionen abbiegen, keine Untersuchungen durch VP und MfS mehr; in Ruhe Entscheidungen während der Ferien treffen«.[153]

Dazu wurde die politisch linientreue, aber ohne »pädagogische Wärme« agierende Lehrerin zunächst aus dem Unterricht herausgenommen; später erhielt sie einen Verweis und wurde an eine andere Schule versetzt. Andererseits nahmen Schuldirektor und SED-Funktionäre die Lehrerin aber auch gegen »Rufmord« in Schutz. Mit einem Verwandten, der inzwischen eine Protestresolution an die Schule gerichtet hatte, führte die Volkspolizei eine Aussprache; danach bedauerte dieser »seinen Gefühlsausbruch«. Dass die Schuldzuweisung der Dorfbevölkerung an die Lehrerin tatsächlich einseitig war, zeigten die Einzelheiten, die eine Untersuchung des Kreisschulrates zutage förderte. Laut Beurteilung der Schule war der groß gewachsene, sportliche Schüler stets ruhig und bescheiden aufgetreten, hatte gern körperlich gearbeitet, aber das Lernen war ihm schwergefallen; er konnte nicht stillsitzen. Nicht nur die Lehrer, auch seine in ihrer Erziehung strenge Mutter hatte ihm die besseren Zensuren seiner Geschwister vorgehalten; sie soll mehrfach zu ihm gesagt haben, »daß er doch der Dumme sei und wohl nie erwachsen würde«.[154]

In seinem Tagebuch notierte der Schüler eine letzte resignierte Anklage, die nicht zwischen Schule und Elternhaus unterschied:

»Ich bin zu dumm und komme nicht darüber weg / also bedauert mich nicht denn mein leben ist sowieso nichts weert / Ihr müßt euch sowieso nur mit mir ärgern. / Ich weis auch das mich keiner gern hat und / desshalb werde ich ge-

153 ThHStAW, BT/RdB Erfurt, Abt. Volksbildung, Nr. 027137, Bl. 93 f.
154 ThHStAW, BT/RdB Erfurt, Abt. Volksbildung, Nr. 031566, Bl. 18–21, zit. 19.

hen / hättet ihr mich aus der 8. Klasse rausgelassen / wäre es vielleicht nicht dazu gekommen«.[155]

Damit erscheinen die politischen Rahmenbedingungen (wozu auch der unter Margot Honecker forcierte Druck, möglichst alle Schüler zum Abschluss der 10. Klasse zu bringen, gehörte) in diesem Fall nur als ein Faktor unter vielen – hinzu kamen das pädagogische Fehlverhalten der Lehrerin und die Außenseiter-Stellung des Jungen in der Familie.

Die Selbsttötung eines 17-jährigen Abiturienten an der Kreuzschule in Dresden im Herbst 1983 hingegen war dem Anschein nach tatsächlich vor allem eine Reaktion auf politische Repressionen. Der Abiturient, der sich einer christlichen Gemeinde angeschlossen hatte, wollte Humanmedizin studieren, hatte aber bei der Musterung im März 1983 angekündigt, dass er aus Glaubensgründen keinen Wehrdienst mit der Waffe ableisten würde. Daraufhin war er in mehreren Aussprachen an der Schule unter Druck gesetzt worden, ohne dass sich dabei seine ethischen Bedenken zerstreuen ließen. Nachdem der Schüler im Sommer bei der vormilitärischen Ausbildung »alle theoretischen und praktischen Ausbildungsteile« verweigert hatte, drohte der Direktor der Schule erneut mit einer »Auflösung des Ausbildungsverhältnisses«, weil er »wesentliche Teile des Ausbildungsprogrammes der Abiturstufe« nicht erfüllt hätte. Der begabte und bei seinen Klassenkameraden beliebte Schüler wurde zudem unter Druck gesetzt, so dass er seine Kandidatur für die FDJ-Leitung zurückzog. Zwar soll der 17-Jährige, wie Mitschüler nach dem Tod einräumten, auch an persönlichen Problemen gelitten haben. Dass der Schüler sich aber hauptsächlich wegen der diskriminierenden Behandlung an der Schule, dem drohenden Rauswurf und der dadurch eingeschränkten Zukunftsaussichten vor einen Zug geworfen hatte,[156] daran hegten die Mitschüler keinen Zweifel.

Am Tag nach der Selbsttötung war an der Schule kein Unterricht möglich. Obwohl die Lehrer es verboten hatten, kamen ca. 60 bis 80 Schüler zur Beerdigung, wo sie ein Lied von Dietrich Bonhoeffer vortrugen. Während der Unterrichtsstunden und in den Pausen hatte sie zudem »ca. 1000 Kraniche nach dem Muster der japanischen Faltkunst« gebastelt. Indem die Mitschüler eine Kette mit Papierkranichen auf den Sarg legten und weitere dieser Friedenssymbole, die seit Hiroshima weltweit bekannt geworden waren, ins Grab warfen, bekannten sie sich zu den ethischen Idealen ihres verstorbenen Klassenkameraden.[157]

---

155 Vgl. ThHStAW, BT/RdB Erfurt, Abt. Volksbildung, 027137, Bl. 90–111, 113, zit. 98.
156 Unmittelbar vor seinem Tod hatte er mit seiner Freundin über die Zukunft gesprochen; sie plante ein Studium, er hatte alle diesbezüglichen Pläne aufgegeben und spekulierte über die Möglichkeit, eine Stelle als Winzer zu bekommen.
157 Vgl. Ulrich Manitz, »Ein übler Pazifist, der für die ganze Klasse verseucht«, in: Die Union vom 15. August 1991, S. 12; BStU, MfS, BV Dresden, ZMA KD Dresden-Stadt, Nr. 20814; BStU, MfS, BV Dresden, AKG, PI 319/83, Bl. 1–7, zit. 4–6.

7.8 Suizidale Konflikte in den Gefängnissen

Zeigte sich bereits bei den Auseinandersetzungen um Schülersuizide eine Überformung eines an sich zeitlosen Konfliktfeldes durch die politischen Verhältnisse, so gilt das in noch viel stärkerem Maße für das Phänomen suizidalen Protestverhaltens in den Gefängnissen.

Dass es sich bei den in den Gefängnissen außerordentlich häufigen Suizidversuchen (vgl. Abschnitt 2.4) um eine prinzipiell systemunabhängige Erscheinung handelte, wird durch den Vergleich zweier wissenschaftlicher Untersuchungen deutlich, die fast gleichzeitig in der DDR und in der Bundesrepublik die Ursachen der hohen Suizidalität von Inhaftierten analysierten. Anfang der 1980er Jahre befasste sich in der DDR der Haft-Psychiater Ernst Jung eingehend mit »Selbstmordversuchen Strafgefangener« im Haftkrankenhaus Leipzig.[158] Als Hauptursache arbeitete Jung eine bereits vor der Inhaftierung gestörte Sozialisation heraus. Suizidale Strafgefangene stammten signifikant häufiger aus zerrütteten Elternhäusern, hatten häufiger Kinderheim, Jugendhaus oder Jugendwerkhof durchlaufen und waren auch öfter zum wiederholten Mal straffällig geworden. Andererseits hatten die Suizidenten vor der Haftzeit nicht häufiger suizidal gehandelt als die Personen einer Vergleichsgruppe. Es gab also eine Gruppe von Strafgefangenen, die zwar schon vor der Haft psychisch auffällig waren (80 Prozent wurden bereits nervenärztlich behandelt), die aber erst unter den Bedingungen der Haft verstärkt suizidal reagierten.[159] Über 50 Prozent dieser Patienten mit verminderter »Frustrationstoleranz« litten in der Haft unter »unerträglichen Spannungen«. In diesem Zusammenhang ist bemerkenswert, dass die Suizidversuche, wie Jung an anderer Stelle bemerkte, in vielen Fällen »auch Ausdruck einer konflikthaften Auseinandersetzung mit den Strafvollzugsangehörigen« waren.[160] Bei seinen Befragungen fand Jung heraus, dass 26 Prozent aller Suizidversuche auch durch Konflikte mit Angehörigen des Strafvollzuges motiviert waren (Mehrfachnennungen waren möglich).[161] Gleichzeitig war die Todesintention in vielen Fällen nur schwach erkennbar. Zwar gaben 95 Prozent der von Jung befragten Strafgefangenen an, dass sie

---

158 Jung erhob bei seinen standardisierten Befragungen von 100 Suizidpatienten im Haftkrankenhaus Leipzig-Meusdorf 109 Items und verglich die Ergebnisse mit einer Kontrollgruppe nichtsuizidaler Patienten.
159 Zum gleichen Ergebnis kam eine Folgestudie: Vgl. Wolf, Erfassung und Auswertung, S. 147.
160 Vgl. Jung, Analyse, S. 71.
161 In ähnlicher Größenordnung lag der Anteil der Konflikte mit anderen Häftlingen. Unter den anderen angeführten Motiven war das häufigste »subjektiv erlebte Perspektivlosigkeit« (47 Prozent), ebenfalls recht häufig genannt wurden andere zwischenmenschliche Konflikte, während Krankheit, anders als in den Zuschreibungen von außen, in der Selbstwahrnehmung nur bei zehn Prozent der Suizidpatienten eine Rolle spielte. Vgl. ebd., S. 67.

den eigenen Tod herbeiführen wollten, aber nur 20 Prozent schätzten die gewählte Suizidmethode als »todsicher« ein.[162] Das führte dazu, dass Suizidversuche vom Wachpersonal als taktisches Verhalten bewertet wurden: »Die Selbsttötungsversuche haben in der Mehrzahl keinen ernsthaften Charakter. Ihnen liegt ein Zweckverhalten zugrunde, das verbunden ist mit den Forderungen nach Vergünstigungen. Der mögliche Eintritt des Todes wird nicht geplant«, konstatierte ein Bericht der Untersuchungshaftanstalt Gotha aus dem Jahr 1980. Dennoch erreichten die parasuizidalen Handlungen in vielen Fällen ihr Ziel: »Die Praxis zeigt, daß nach erfolgtem S-Versuch von Verhafteten gewünschte Verlängerungen der Besuchszeit, Forderungen auf Einkauf u. a. m. gewährt wurden.« Das lag oft auch daran, dass es den Verhafteten (VH) bzw. Strafgefangenen (SG) um legitime und nachvollziehbare Anliegen ging, und dass sie mit den parasuizidalen Handlungen eine vonseiten des Wachpersonals verweigerte Kommunikation auf der nächsthöheren Rangebene einfordern wollten: »Die VH und SG wollen auf sich aufmerksam machen. Sie haben Kontakt- und Mitteilungsbedürfnisse, oder auch Probleme, für deren Lösung sie Hilfe erhoffen. Darauf gehen die Genossen der Stationen nicht immer ein und leiten auch nichts an die zuständigen Genossen weiter. [...] Da die Verhafteten wissen, daß sich bei ernsthaften Problemen ein Offizier der UHA mit ihnen beschäftigt und von diesem eine verbindliche Antwort bzw. Entscheidung zu erwarten ist, erzwingen sie durch den Suicidversuch das angestrebte Gespräch.«[163]

Führte das Gespräch nicht zu einer Lösung, war nicht selten eine gewaltsame Eskalation des Konflikts die Folge. »Suizidale Handlungen stellen eine schwere Störung im Vollzugsprozeß dar, sie richten sich sowohl gegen den Inhalt als auch gegen die Gestaltung des Vollzuges. So sind unter dem Aspekt der Gewährleistung von Sicherheit und Ordnung vom Gesetzgeber auch Maßnahmen gegen solche Handlungen festgelegt«, erklärte der Strafvollzugspsychiater Jung.[164] Die üblichen »Sicherungsmaßnahmen zum Schutze des eigenen Lebens gemäß § 33 StVG« reichten von Fesselung, Ankettung und Arrest bis zum Prügeln mit Schlagstöcken. Ein typisches Beispiel: Nach einem Suizidversuch eines Untersuchungshäftlings im Oktober 1975 wurden als Sofortmaßnahmen verfügt: Unterbringung in Einzelhaft, Fesselung der Hände und Sichtkontrolle im Zehn-Minuten-Takt.[165] Allein im Bezirk Potsdam wurden im Jahr 1980 acht Mal derartige »Siche-

---

162 Vgl. ebd., S. 64–66. Nach Einschätzung des Psychiaters hatten nur elf Prozent der Suizidversuche eindeutig den Tod angestrebt. Das Suizid-Arrangement war (nach Einschätzung von Jung) nur in 15 Prozent der Fälle lebensgefährlich, in 35 Prozent begrenzt gefährlich und in 50 Prozent ungefährlich. Der appellative Charakter der meisten Suizidversuche zeigte sich auch dadurch, dass sie in Gegenwart Anderer stattfanden; in nur 31 Prozent der Fälle waren die Ausführenden allein. Vgl. ebd., S. 73.
163 ThHStAW, BdVP Erfurt (1975–90), Nr. 5372, n. pag.
164 Jung, Analyse, S. 5.
165 Vgl. BLHA, Rep. 471/15.2, BdVP Potsdam, Nr. 1138, n. pag.

rungsmaßnahmen« nach Suizid-Ankündigungen durchgeführt.[166] In einer in vielen Gefängnissen vorhandenen, speziell ausgerüsteten Absonderungszelle waren zwei Metallringe an der Wand befestigt, »um den Abgesonderten so zu justieren, dass er sich nichts mehr antun konnte«.[167] Zwar galt die Sicherungsverwahrung offiziell nicht als Strafmaßnahme, aber es kam vor, dass Bewacher einem Strafgefangenen drohten, wenn er »noch mal Spirenzien macht, dann kommt er an die Ringe«.[168]

In bundesdeutschen Gefängnissen war die Situation in vielen Aspekten ähnlich. Die Sozialpädagogin Christine Swientek fand bei ihrer Untersuchung suizidaler Gefangener in einer bundesdeutschen Haftanstalt einen ähnlich großen Anteil krankheitswertiger Störungen (laut Swientek hätte über die Hälfte der Suizidenten eine Therapie gebraucht; Jung hielt bei 44 Prozent der Suizidenten eine psychiatrische Behandlung für erforderlich). Die suizidalen Handlungen waren in der Mehrheit der Fälle ambivalent, keineswegs eindeutig auf den Tod ausgerichtet, und oft Teil von konflikthaften Auseinandersetzungen mit dem Wachpersonal. Mehrheitlich äußerten die Gesprächspartner von Swientek kein singuläres Motiv, sondern eher eine vage Hoffnung, dass sich das komplizierte Geflecht von Konflikten durch die suizidale Handlung auflösen würde. Swientek beschrieb ihre Erfahrungen im Jahr 1979 wie folgt:

»In der Arbeit mit Suicidalen (sowohl inhaftierten als auch nichtinhaftierten) wurde oft festgestellt, daß die Betreffenden bereits ›alle Register‹ gezogen hatten, von denen sie meinten, nur diese stünden ihnen zur Verfügung. Der erwünschte Erfolg war stets ausgeblieben und der Suicidversuch bzw. die -ankündigung waren das Endglied einer Kette unterschiedlichster Bemühungen, die Wünsche zu realisieren.
Es ist kein Zynismus zu behaupten: der Erfolg gab ihnen recht! Wenn Eingaben, Anträge, Beschwerden und Gespräche nichts halfen, ›half‹ die Suicidandrohung oder die Selbstbeschädigung. Die Beamten wurden aufmerksam, bekamen Angst und handelten aus diesem Motiv. (Mit dieser Angst ›arbeiten‹ manche Gefangenen sehr bewußt!) Es wurden andere Personen und Behörden eingeschaltet, es kam zur Vorstellung bei der dafür angestellten Pädagogin – und der Gefangene hatte den Eindruck, daß ›nun endlich‹ etwas für ihn geschah.«[169]

166 Insgesamt wurden »Sicherungsmaßnahmen« 39 mal im Jahr 1980 angewendet. Vgl. BLHA, Rep. 471/15.2, BdVP Potsdam, Nr. 655, n. pag.
167 Schreiben von Vollzugsinspektor Gert Meisel, Bautzen, an den Autor vom 18. August 2005, S. 3.
168 BStU, MfS, BV Potsdam, Abt. VII, Nr. 770, Bl. 233.
169 Christine Swientek, Suicidprophylaxe in Haftanstalten, in: Monatsschrift Kriminologie 62 (1979) 1, S. 9–25, zit. 23.

Scheiterten die Auseinandersetzungen auf der verbalen Ebene, dann stand auch in der Bundesrepublik die Methode der gesonderten Unterbringung zur Verfügung. Im Jahr 1961 wurde aus der Untersuchungshaftanstalt Berlin-Moabit berichtet: »Nach den in der hiesigen Anstalt gemachten Erfahrungen stellt nur eine Verbringung des selbstmordgefährdeten Gefangenen in die Absonderung bzw. seine Fesselung eine 100-prozentig wirksame Maßnahme zur Verhinderung von Selbstmord dar.«[170] Ein mehrtägiger Zwangsaufenthalt in der sogenannten »Beruhigungszelle«, in der die Gefangenen gefesselt wurden, gehörte auch noch in den 1970er Jahren zu den gängigen Methoden bei Suizidgefahr. Auch wenn es keine Vergleichszahlen zur DDR gibt, erscheint die Gesamtzahl der Fesselungen von Inhaftierten im bundesdeutschen Strafvollzug sehr hoch; im Jahr 1978 wurden 3734, im Jahr 1979 sogar 4865 Fesselungen offiziell registriert.[171]

Im Kontext dieses insgesamt vielschichtigen und im Großen und Ganzen nicht diktaturspezifischen Konfliktgeschehens ereigneten sich allerdings auch einzelne politisch motivierte Verzweiflungstaten von Inhaftierten, die zwar keineswegs als repräsentativ für suizidale Konflikte in den DDR-Gefängnissen gelten dürfen, aber großes Aufsehen erregten.

So erfuhren bundesdeutsche Journalisten von freigekauften Strafgefangenen, dass sich am 19. Oktober 1978 in Cottbus ein politischer Häftling angezündet hatte. Im »ZDF-Magazin«, das auch für viele DDR-Bürger eine Informationsquelle darstellte, erhob ein ehemaliger Mitinhaftierter am 11. April 1979 schwere Vorwürfe, insbesondere gegen einen Aufseher mit dem Spitznamen »Roter Terror«: Die Selbstverbrennung sei eine Reaktion auf Misshandlungen gewesen, der betreffende Häftling (Tom Heine*) sei »oft zusammengeschlagen« worden und sei deshalb »moralisch und seelisch so am Ende« gewesen, dass »er sich während der Freistunde, also wo sich die Häftlinge auf dem Hof bewegen können, mit Farbverdünner übergossen hat, angebrannt hat und wie eine lebende Fackel über den Hof gelaufen ist«.[172]

Das MfS protokollierte nicht nur die Fernsehsendung, es überprüfte auch die Angaben, wobei sich bestätigte, dass der mit dem Spitznamen »Roter Terror« belegte Strafvollzugs-Obermeister die Konfrontation mit Strafgefangenen gesucht und »mitunter der Situation nicht angepaßte Mittel« eingesetzt – dass er also geprügelt hatte.[173] Deswegen war er aus dem operativen Dienst entfernt und in die »Aufnahme« versetzt worden; er war also offenbar »mit den Ereignissen der Selbstverbrennung des ehemaligen SG

170 Glaubrecht, Abwendung der Selbstmordgefahr, S. 250.
171 Vgl. Friedrich Dünkel/Anton Rosner, Die Entwicklung des Strafvollzuges in der Bundesrepublik Deutschland seit 1970, Freiburg 1981, S. 505.
172 Tonbandabschrift des ZDF-Magazins vom 11.4.1979, in: BStU, MfS, HA VII/8, ZMA 232/79, Bl. 4–7, zit. 6.
173 Der als »Roter Terror« berüchtigte Aufseher wurde 1997 zu zwei Jahren und acht Monaten Haft verurteilt. Vgl. Prozeß gegen DDR-Aufseher in Cottbus, in: Berliner Zeitung vom 2. Oktober 1998, S. 32.

[…] nicht in Zusammenhang zu bringen«.[174] Allerdings bestätigte ein anderer MfS-Bericht, dass es ständige Konflikte und mutmaßlich auch Handgreiflichkeiten zwischen Tom Heine und dem Wachpersonal gegeben hatte, die jedoch angeblich vor allem von Heine ausgegangen waren. Ständig hätte er »die Konfrontation mit den SV-Angehörigen« gesucht, »um zu erreichen, daß er als unbequemer politischer Strafgefangener in die BRD abgeschoben wird«. Zudem hätte er insgesamt 18 Eingaben, Gesuche und Beschwerden verfasst und offen »faschistisches Gedankengut« verherrlicht, wobei er jedoch »so primitiv und brutal« aufgetreten sei, dass »sich selbst andere feindlich-negativ eingestellte Strafgefangene von ihm abwandten«.[175]

Dass diese Behauptungen des Wachpersonals nicht völlig aus der Luft gegriffen waren, zeigt eine Begebenheit, die in den Akten sehr detailliert wiedergegeben ist. So hatte Heine am 6. Juni 1977 nach seiner Überstellung in die Haftanstalt Cottbus versucht, sich mittels Klopfzeichen mit anderen Strafgefangenen zu verständigen. Das wurde ihm, mit Verweis auf die Hausordnung, verboten, worauf er zu schreien begann. Bei der aggressiven Schimpfrede fielen (nach Angabe eines Oberfeldwebels) Worte wie: »Hier wird man von einem bolschewistischen KZ ins andere verschleppt. Wir sollen ihm endlich sagen, ob wir ihn aufhängen oder vierteilen. In Dresden haben sie auch Gefangene verkehrt aufgehängt, um Aussagen zu erlangen. Wenn noch einmal ein Hornochse aus Dresden auftaucht und ihm sagt, er sei wegen der Luftveränderung hier in Cottbus, geht er ihm an die Gurgel.« Spontan und impulsiv hatte Heine eine Protestaktion angekündigt: »Ab morgen früh geht er in den Hungerstreik bis er umfällt. Dann können wir ihn aus der Zelle zerren und mit den Füßen in die Fresse treten. Er kennt sich aus wie das gemacht wird.«[176]

Der Bericht ist einerseits ein Zeugnis für die kompromisslose, oft auch brutale Praxis der Beendigung von Hungerstreiks in DDR-Gefängnissen, lässt andererseits aber auch eine gewisse aggressive Grundhaltung des Inhaftierten erkennen, die offenbar unter den repressiven Bedingungen des Gefängnisses zur Eskalation von Konflikten mit beigetragen hat. Die verfügbaren biografischen Angaben zu Tom Heine lassen erahnen, wo die Ursachen dieser Welthaltung lagen. Er verbrachte seine Kindheit seit seinem dritten Lebensjahr in Kinderheimen. Nach Abschluss der 7. Klasse begann er eine Malerlehre, die er abbrach, »aus Desinteresse und um mehr Geld zu verdienen«. Im Mai 1967 versuchte er, die Grenze zur Bundesrepublik zu überwinden, wurde verhaftet und zu 20 Monaten Haft verurteilt. Im Jugendgefängnis Luckau schloss er die 8. Klasse ab.

Die gesamte kriminelle Karriere der folgenden Jahre kann als eine Folge jener Weigerung des vormundschaftlichen Staates, den jungen Mann in sein

174 BStU, MfS, HA VII/8, ZMA 232/79, Bl. 16.
175 BStU, MfS, BV Dresden, AP 140/84, Bl. 122–127, zit. 124.
176 BStU, MfS, BV Dresden, AU 1828/77, Vollzugsakte, Bl. 10f.

selbst gewähltes Glück (oder Unglück) ziehen zu lassen, angesehen werden. Dabei vermischten sich kleinkriminelle und politische Delikte. So erfolgte die erste Verurteilung von Heine wegen »Verstoß gegen das Passgesetz« und Diebstahl. In den folgenden Jahren erweiterte sich das Strafregister des jungen Mannes um drei weitere Verurteilungen wegen Diebstahls; auch diese Delikte waren zumeist mit politischen Anschuldigungen (wie zum Beispiel »Staatsverleumdung«) verbunden. Heine, der zwischen seinen Gefängnisaufenthalten als Schrottwerker, Beifahrer und Lagerarbeiter tätig war, kam mit den gesellschaftlichen Normen immer wieder in Konflikt und wurde mehrfach wegen Arbeitsbummelei, undiszipliniertem Verhalten und kleinen Diebstählen gemaßregelt. Konflikten wich er aus, indem er die Arbeitsstelle wechselte.

Sein erneuter Fluchtversuch im März 1977 erfolgte, wie er selbst angab, weil »er sich in der DDR unfrei fühle, was sich insbesondere in den staatlichen Kontrollmaßnahmen zeige. Außerdem sei er in der DDR mehrfach strafrechtlich angefallen, so daß er keine Entwicklungsmöglichkeiten mehr gesehen hätte und deshalb in der BRD neu anfangen wollte.«[177] Zuvor hatte er acht Übersiedlungsanträge gestellt, ohne auch nur in einem Fall eine Rückantwort erhalten zu haben. Zu den »staatlichen Kontrollmaßnahmen« gehörte neben der Auflage, alle Fahrten zu Zielen außerhalb des Kreisgebietes von der Volkspolizei genehmigen zu lassen, auch ein Aufenthaltsverbot für Gaststätten und Kulturhäuser (mit zwei Ausnahmen). Angesichts dessen ist es durchaus nachvollziehbar, dass Heine keine Lust zum Arbeiten hatte und seine Ausreiseanträge damit begründete, dass er »frei sein möchte von den Ketten dieses Staates« und nicht länger »ein Sklave dieses Systems«.[178]

Das letzte Gerichtsurteil von 1977 wies, wie schon vorherige Strafbeimessungen, wiederum eine Mischung von politischen und kleinkriminellen Anklagepunkten auf. Kern der Anklage war der dritte Versuch von Tom Heine, in die Bundesrepublik zu fliehen. Hinzugefügt wurde eine Schadensersatzklage einer Rentnerin, die sich um 20 Mark betrogen sah, sowie eine Klage des Betriebes, weil Heine eine Flasche Schnaps im Wert von 6,55 Mark entwendet hätte; bei der Strafbeimessung wurde jedoch nur der Schnapsdiebstahl berücksichtigt. Das Kreisgericht Dresden-Ost verurteilte den Angeklagten zu 2 Jahren und 8 Monaten Haft.

Nach seiner Verurteilung kam Heine im Juni 1977 nach Cottbus, wo er – wie bereits geschildert – mit einem Hungerstreik Aufsehen erregte. Die repressiven Reaktionen auf sein häufiges Aufbegehren haben wahrscheinlich dazu geführt, dass der Inhaftierte seine Wut zunehmend gegen sich selbst richtete. Im Oktober 1977 schrieb er in depressiver Verfassung einen Abschiedsbrief an seine Mutter. Im März 1978 fügte er sich Schnittwunden am Arm zu, die als vorgetäuschter Suizidversuch gewertet wurden. Anfang Ok-

---

177 BStU, MfS, BV Dresden, AP 140/84, Bl. 91.
178 Ebd., Bl. 78.

tober 1978 schließlich drohte er einem Erzieher, sich umzubringen, wenn er nicht einem Nervenarzt vorgestellt würde. Als dies vier Tage später geschah, lehnte er die Durchführung einer Untersuchung ab, »da der behandelnde Arzt ein Parteiabzeichen trug«.[179]

Am 19. Oktober schließlich nutzte er eine Freistunde, um sich mit auf dem Hof abgestellter Nitroverdünnung zu übergießen und dann mit brennender Kleidung über den Hof zu rennen, wobei er mehrmals »Freiheit!« schrie. Mitgefangene brachten ihn zu Fall, löschten die Flammen und leisteten Erste Hilfe. Die Dringliche Medizinische Hilfe brachte den lebensgefährlich Verletzten in das Bezirkskrankenhaus, wo er von Strafvollzugsbeamten bewacht wurde. Die Ursache der Verbrennungen 1. bis 3. Grades wurde den behandelnden Ärzten verschwiegen. Den Angehörigen wurde mitgeteilt, Tom Heine hätte einen Unfall erlitten. Daraufhin soll eine Verwandte gesagt haben: »Wir wären nicht böse, wenn er kaputt geht. Wenn er wieder gesund wird, dann schiebt ihn ab, damit wir ihn endlich los sind.« Zehn Tage später verlangte die Verwandte dann aber energisch Aufklärung über den Vorfall, nachdem sie vermutlich von einem entlassenen Gefangenen erfahren hatte, was geschehen war. Das MfS reagierte mit verstärkten Sicherungsmaßnahmen. Als der schwer Verletzte am 9. November im Krankenhaus starb, überwachte das MfS mit großem Aufwand die Beerdigung, traf Vorsichtsmaßnahmen gegen eventuell eintreffende westliche Journalisten, kontrollierte die Auswahl des Grabredners, die Kranzschleifen und observierte die Angehörigen noch Tage nach der Beisetzung.

In der Haftanstalt selbst war ein Verschweigen unmöglich. Zwar wurde eine Nachrichtensperre verhängt, aber etwa 100 Gefangene wussten bereits davon, darunter die 62 Gefangenen, die sich auf dem Freihof befanden. 15 Strafgefangene legten unter dem Eindruck dieses Ereignisses spontan die Arbeit nieder.

Das MfS sorgte dafür, dass Haftentlassungen, vor allem Abschiebungen in den Westen, teilweise über Monate hinweg ausgesetzt wurden. Trotzdem kam es, bedingt durch das Ende von Haftstrafen, zu Entlassungen. Im Januar 1979 berichtete die bundesdeutsche Presse das erste Mal über den Fall, im April folgte der bereits erwähnte TV-Beitrag. Im Herbst 1979 schließlich wurden alle verbliebenen Mitwisser auf einmal in den Westen entlassen, um zu vermeiden, dass der Fall noch mehrfach Aufsehen erregen würde.[180]

In einer in der Bundesrepublik publizierten Dokumentation über den politischen Strafvollzug in der DDR wertete Gerhard Finn die Selbstverbrennung als »äußersten Widerstand«.[181] Auch das MfS kam bei seiner Untersuchung zu einem ähnlichen Ergebnis. Der Strafgefangene hätte, hieß es im

---

179 Ebd., Bl. 123.
180 Vgl. Tobias Wunschik, Die Haftanstalt Cottbus und das Ministerium für Staatssicherheit, Vortrag am 6. November 2002 im Forum des Pressehauses der »Lausitzer Rundschau« (www.bstu.de/ddr/widerstand/seiten/vortrag_cottbus.htm).
181 Gerhard Finn, Politischer Strafvollzug in der DDR, Köln 1981, S. 106.

MfS-Bericht, die Absicht verfolgt, »sein insgesamt provokativ-demonstratives und renitentes Verhalten im Strafvollzug erneut zu demonstrieren mit dem Ziel, die Übersiedlung in die BRD zu erwirken«.[182]

Im Jahr 1982 ereignete sich eine zweite, politisch motivierte Selbstverbrennung in einem DDR-Gefängnis, hier war die Motivierung aber nicht so eindeutig.[183] Ein Artikel über diesen Todesfall in einer bundesdeutschen Zeitung hatte sich wohl auch deshalb bei der Nennung konkreter Motive zurückgehalten, und lediglich indirekt, durch Erwähnung von Ankettungen und Schlägertrupps in DDR-Gefängnissen sowie durch eine reißerische Überschrift, eine Schuldzuweisung vorgebracht.[184] Zwar war der mehrfach wegen Betrug, Diebstahl sowie Republikfluchtversuch Vorbestrafte ein Gegner der DDR, was allein der Umstand belegte, dass er während der Haft wegen Staatsverleumdung »nachverurteilt« wurde. Auch war seine Selbstverbrennung als politischer Protest angelegt; aber die Tat erfolgte, nachdem er von Mitgefangenen wegen nicht zurückgezahlter Schulden bedroht und geschlagen worden war.

Zudem erscheint die Selbsttötung in den Akten als ein tragisches Ereignis, da sich zum Zeitpunkt der Selbstverbrennung bereits abzeichnete, dass der Strafgefangene in absehbarer Zeit von der Bundesregierung freigekauft werden sollte. Ein Rechtsanwalt war eingeschaltet, und zwei MfS-Abteilungen hatten bereits die Möglichkeit einer Übersiedlung geprüft und keine Einwände erhoben.[185]

Nach dem Fanal von Brüsewitz ereigneten sich in DDR-Haftanstalten mindestens neun versuchte Selbstverbrennungen, von denen sechs tödlich endeten. Sie waren jedoch mehrheitlich nicht politisch motiviert. In bundesdeutschen Gefängnissen scheinen Selbstverbrennungen seltener gewesen zu sein als in der DDR, aber auch dort ereigneten sich derartige Selbsttötungen.[186] So übergoss sich im Jahr 1971 ein 20-jähriger Häftling der hessischen Jugendstrafanstalt Dotzheim »aus Protest« mit Nitrolösung und zündete sich an.[187]

Auch andere Protest-Suizide von Inhaftierten ereigneten sich in der Bundesrepublik. Aufsehen erregte die gleichzeitig erfolgte Selbsttötung von zwei Strafgefangenen in Hamburg-Fuhlsbüttel, die einen ganzen Katalog von Forderungen zur Veränderung der Haftbedingungen an Justizbehörden und die Presse geschickt hatten, bevor sie sich am 16. Februar 1976 erhängten.[188] Nach Einschätzung des Gefängnispfarrers wiesen die beiden zu langen Haft-

182 BStU, MfS, BV Dresden, AP 140/84, Bl. 125.
183 Ausführlicher dazu: Grashoff, Selbsttötungen, S. 68–74.
184 Aus Datenschutzgründen nicht genauer spezifizierter Beitrag in einer deutschen Tageszeitung im Jahr 1984.
185 BStU, MfS, HA IX, Nr. 18824, Bl. 23, 25.
186 Vgl. Hans von Hentig, Beitrag zur Lehre von der Selbstverbrennung, in: Deutsche Zeitschrift für die gesamte gerichtliche Medizin 56 (1965) 5, S. 324–333.
187 Vgl. Mitunter schrecklich, in: Der Spiegel 25 (1971) 50, S. 55, 57.
188 Vgl. Selbstmord im Knast, in: Suizidprophylaxe 4 (1977) 3, S. 186f.

strafen Verurteilten mit ihrer Selbsttötung auf eine Reihe von verschärften Bestimmungen in der Strafanstalt hin, die »viel Mißstimmung verursacht« hätten. Zugleich sei es aber nicht einsichtig, dass man sich deshalb das Leben nehmen müsste, es sei denn, man wollte der Selbsttötung »zugleich auch noch eine heroische Seite und vielleicht auch einen, wenn man so will, objektiven Wert für andere verleihen«.[189]

7.9 Resümee

Selbsttötungen entfalteten nicht nur unter den Bedingungen kommunistischer Diktaturen ihr politisches Protestpotenzial, aber hier geschah das in verstärktem Maße. Auch in demokratischen Staaten kontrovers diskutierte Phänomene wie Schüler- und Gefangenensuizide wurden in der SED-Diktatur mit zusätzlicher politischer Bedeutung aufgeladen. Eine Vorbedingung hierfür stellte die durch die herrschende Partei verschärfte Tabuisierung dar, wodurch schon das Rühren am Tabu zu einem »Vorkommnis« wurde. Zudem bildete die SED-Diktatur, in augenscheinlichem Kontrast zu demokratischen Staaten, einen starken Resonanzraum für verzweifelte politische Protestaktionen. Die weitverbreitete Erfahrung der Begrenzung und Unterdrückung durch die politischen Verhältnisse begünstigte empathische Reaktionen auf suizidale Handlungen ebenso, wie sie immer wieder gemeinschaftliche Solidarisierungen mit Suizidenten entstehen ließ. Dabei war es oft auch die Erfahrung des Umgangs der Staatsmacht mit Selbsttötungsfällen, die Proteste provozierte und zu oppositionellem Engagement ermutigte.

Wichtigste Aktion des verzweifelten suizidalen Widerstands war die Selbstverbrennung von Oskar Brüsewitz in Zeitz im Jahr 1976. Orientiert am Fanal des Pfarrers, kam es zu weiteren Protest-Suiziden, die jedoch weniger Resonanz fanden, weil sie sich in begrenzten bzw. geschlossenen Milieus (wie den Gefängnissen) ereigneten und vom MfS abgeschirmt und vertuscht wurden. Zugleich bildete das Fanal von Brüsewitz auch einen Bezugspunkt für Ausreisewillige, die mit ähnlichen Aktionen drohten und dafür in der Regel zu Gefängnisstrafen verurteilt wurden. Bei dieser Bestrafung von Suiziddrohungen handelte es sich um ein DDR-Spezifikum, für das es in der Bundesrepublik keine Entsprechung gab.

Zudem stellten Selbsttötungen und Suizidversuche in der DDR auch jenseits spektakulärer Demonstrativtaten teilweise Akte der Resistenz und verzweifelten Selbstbehauptung dar.

---

189 Evangelische Akademie Hofgeismar (Hg.), Suizidprobleme im Strafvollzug (= Protokoll Nr. 126/1977), Hofgeismar 1977, S. 51.

8 Suizidprävention im Sozialismus

8.1 Medizinische Betreuungsstellen für Suizidgefährdete

Die Offenlegung der Selbsttötungsraten in den Statistischen Jahrbüchern der DDR ab 1956 löste unter Sozialhygienikern und Psychiatern Diskussionen darüber aus, ob nicht spezifische Maßnahmen zur Suizidprophylaxe erforderlich seien, wie sie zur gleichen Zeit zum Beispiel in London, Wien und West-Berlin erfolgten. »Auf keinen Fall kann man der manchmal vertretenen Meinung folgen, daß mit dem Aufbau der sozialistischen Gesellschaftsordnung das Selbstmordproblem sich gewissermaßen im Selbstlauf erledigen wird«, betonte 1960 der Leiter der Abteilung Gesundheits- und Sozialwesen des (Ost-)Berliner Magistrats, Kurt Scheidler, und forderte eine verbesserte Prophylaxe, ausgehend von den »Arbeiten und Erfahrungen der Wiener Schule«.[1] In Wien hatte der Psychiater Erwin Ringel 1948 eine Institution geschaffen, die in Zusammenarbeit von psychiatrischer Klinik und »Caritas« Suizidgefährdete betreute. In der DDR, so Scheidler, könne eine ähnliche Kooperation zwischen Psychiatern und gesellschaftlichen Organisationen wie Gewerkschaft oder Demokratischer Frauenbund organisiert werden.

Der Dresdner Sozialhygieniker Alexander Lengwinat plädierte vor allem für eine verstärkte Ursachenforschung: »In der DDR, wo die Gesellschaft die Sorge um den Schutz von Leben und Gesundheit der Bevölkerung übernommen hat, wird die Suche nach Möglichkeiten, die Selbstmordrate zu senken, zur dringenden Aufgabe, die insbesondere das Interesse der medizinischen Forschung, Lehre und Praxis erfordert.«[2] Der Magdeburger Psychiater Karl Herbert Parnitzke forderte neben der verstärkten »Anwendung des Elektroschocks zur Kupierung von Angst- und depressiven Zuständen« und der besseren Erforschung »des versuchten Selbstmords« auch eine »längere nachgehende Beratung« der Menschen, die einen Suizidversuch überlebt haben.[3] »Die notwendige Prophylaxe verlangt eine breite und tiefgründige Hinwendung zum Suicidgeschehen«, hob auch der Arzt und spätere Gesundheitsminister der DDR, Ludwig Mecklinger, hervor.[4] Alle diese Äußerungen stammen aus der Zeit um das Jahr 1960.

---

1 Scheidler, Selbstmordgeschehen in Berlin, S. 954 f.
2 Lengwinat, Vergleichende Untersuchungen, S. 876.
3 Parnitzke, Bemerkungen zum Selbstmordgeschehen, S. 405.
4 Zeitschrift für die gesamte Hygiene 7 (1961), S. 717.

Während sich die Aktivitäten von Psychiatern in Berlin, Magdeburg und Dresden zunächst auf die Forschung beschränkten, richtete der Psychologe Erwin F. Wiele zur gleichen Zeit in Görlitz »versuchsweise« die erste »Beratungs- und Betreuungsstelle für Suicidgefährdete« der DDR ein. Wiele kooperierte mit der chirurgischen Klinik und der lokalen Polizei: »Alle Patienten werden in einer speziellen Kartei erfaßt, so daß sich Rückfälle leicht feststellen lassen. Auch nach durchgeführter Behandlung werden die besonders störanfälligen Patienten zur Vorbeugung möglicher Wiederholungen in prophylaktischer Absicht in größeren Abständen zu uns gebeten bzw. Fürsorgerinnenbesuche organisiert«,[5] berichtete Wiele. Seine Initiative war von begrenzter Dauer, die letzte aktenkundliche Erwähnung der psychologischen Nachbetreuung von Suizidpatienten in Görlitz stammt aus dem Jahr 1965.[6]

Etwa zur gleichen Zeit (während der Diskussion der 1963 formulierten »Rodewischer Thesen«, eines Reformprogramms für die Psychiatrie der DDR) forderten leitende Psychiater den Aufbau einer flächendeckenden psychiatrischen Fürsorgestruktur, was im Ministerium für Gesundheitswesen begrüßt und unterstützt wurde. Bis 1970 sollte es in jedem Kreis und jedem Stadtbezirk eine hauptamtliche psychiatrische Fürsorgerin geben. »In einer nachfolgenden Planetappe muß die Erweiterung um einen Kinderpsychiater und um eine spezielle Gesundheitsfürsorgerin für Alkohol- und Suizidgefährdete erfolgen«,[7] hieß es weiter. Ein Wortführer dieser Bestrebungen war der Dresdner Psychiatrie-Professor Ehrig Lange, der auch als Vorsitzender der Problemkommission »Psychiatrie und Neurologie« beim Rat für Planung und Koordinierung der medizinischen Wissenschaften der DDR fungierte.

Ohne auf zentrale Pläne zu warten, ergriff Lange in seiner Funktion als Leiter der psychiatrischen Klinik der Medizinischen Akademie Dresden die Initiative für eine pragmatische, kurzfristige Lösung in seinem Einflussbereich. Zuvor hatte der Dresdner Psychiater bei einem mehrwöchigen Gastaufenthalt in Wien im Jahr 1967 das dortige Betreuungszentrum für Suizidgefährdete besichtigt. Dieses war inzwischen nicht nur zum Vorbild für vergleichbare »Suicide Prevention Center« in Europa und den USA geworden,[8] es konnte auch auf mutmaßliche Erfolge verweisen: Zwischen 1953 und 1964 war die Selbsttötungsrate in Wien um 25 Prozent gesunken.[9] Wie sich ein bundesdeutscher Arzt erinnerte, »herrschte damals fast selbstver-

5 Erwin F. Wiele, Sozialpsychologische Erfahrungen aus der Betreuung Suicidgefährdeter, in: Psychiatrie, Neurologie und medizinische Psychologie 15 (1963), S. 36–39, zit. 37.
6 Vgl. Telefonat mit Dr. Wolfgang Hasenfelder im Dezember 2000 sowie HStADD, BdVP Dresden, 23.1, Nr. 2644, Bl. 285(RS).
7 Ehrig Lange, Die Entwicklung der Psychiatrie in der DDR, in: Deutsches Gesundheitswesen 21 (1966) 23, S. 1089–1094, zit. 1092.
8 Vgl. Jamison, Verständnis des Selbstmordes, S. 37.
9 Vgl. E[rwin] Ringel, Der gegenwärtige Stand der Selbstmordprophylaxe in Wien, in: Nervenarzt 38 (1967) 3, S. 93–97, hier 96.

ständlich die Phantasie, man könne durch den Aufbau präventiver und nachsorgender Einrichtungen die Suizidrate senken«.[10]

Ehrig Lange begann unmittelbar nach seiner Rückkehr mit dem Aufbau einer der Wiener Einrichtung vergleichbaren Betreuungsstelle an der Medizinischen Akademie in Dresden. Damit wurde die bisher übliche Praxis, Suizidpatienten erst unmittelbar vor ihrer Entlassung durch einen Psychiater begutachten zu lassen (um das Vorliegen psychischer Erkrankungen zu prüfen), durch eine gezielte Betreuung des Patienten abgelöst. Die »personelle Einheit von Konsiliararzt und anschließendem Therapeuten« stellte eine günstige Voraussetzung für einen möglichst geringen »Patientenschwund« im Zuge von Überweisungen dar und begünstigte durch den sehr schnellen Kontakt das Gelingen einer Kurztherapie (Krisenintervention), wofür sich Suizidpatienten unmittelbar nach ihrer Rettung am meisten zugänglich zeigten.[11] Statt – wie bisher üblich – die ursächlichen sozialen oder intrapsychischen Konflikte mit Medikamenten zu überdecken, sahen die Psychiater nun ihre Aufgabe in einer »helfenden zwischenmenschlichen Begegnung« und der »Einbeziehung umfassender sozial wirksamer Maßnahmen«.[12] Neben dem Arzt war in der Betreuungsstelle auch eine Fürsorgerin angestellt, die sich um soziale Belange wie Arbeit, Wohnung, Krippenplatz etc. kümmerte und gegebenenfalls auch Gespräche mit Familienangehörigen und Arbeitskollegen führte. 1970 konnte die Einrichtung schon über erste Erfolge berichten: »Einige Dresdner Betriebe haben zur Beratungsstelle inzwischen ein sehr positives Verhältnis entwickelt, indem sie Patienten bei Notwendigkeit eines Arbeitsstellenwechsels eine neue Tätigkeit vermitteln und uns in den Bemühungen um eine möglichst reibungslose berufliche Neueingliederung in verständnisvoller Weise unterstützen.«[13] Die zunächst auf eine Klinik beschränkte Einrichtung erweiterte schrittweise ihr Einzugsgebiet mit dem Ziel, möglichst allen Suizidpatienten der Stadt Dresden eine Nachbetreuung zu ermöglichen.

Etwa zur gleichen Zeit, im März 1968, wurde auch in Kiel eine »Beratungsstelle für Suicidgefährdete« in einer Poliklinik geschaffen. Da es sich bei Schleswig-Holstein, ähnlich wie Sachsen, um eine protestantisch geprägte Region mit einer traditionell hohen Selbsttötungsrate handelte, war die Problemlage vergleichbar. In Kiel war es allerdings nicht so einfach möglich,

---

10 Hans Wedler, Rückblick auf zehn Jahre DGS, in: Suizidprophylaxe 9 (1982) 1, S. 49–56, zit. 51.
11 Vgl. Werner Felber/Ehrig Lange, 30 Jahre Betreuungsstelle für Suizidgefährdete – mit einer Bibliografie, in: Suizidprophylaxe 25 (1998) 4, S. 133–140. »Konsiliararzt« ist der Psychiater, der nach der medizinischen Behandlung eines Suizidpatienten zu prüfen hat, ob eine psychische Erkrankung vorliegt.
12 E[hrig] Lange/H[elmut] Kulawik, Die ambulante Behandlung des Suizidgefährdeten unter besonderer Berücksichtigung der Psychopharmakotherapie, in: Deutsches Gesundheitswesen 25 (1970), S. 121–125, zit. 123.
13 K[arl] Seidel/H[elmut] Kulawik, Über die Notwendigkeit des Aufbaus von psychiatrischen Beratungsstellen für Suizidgefährdete, in: Deutsches Gesundheitswesen 25 (1970), S. 125–129, zit. 127.

zwei Stellen zu schaffen. Stattdessen fanden sich zehn Ärzte und Psychologen zusammen, die in »Teamwork« die Sprechstunde betreuten. Um Geldmittel für die geplante Einstellung eines Sozialtherapeuten besorgen zu können, wurde ein gemeinnütziger Verein gegründet. Auch in Kiel wurden die Patienten kontinuierlich betreut, gegebenenfalls weitervermittelt oder in eine Gruppentherapie aufgenommen. »Bei der sehr häufigen Isolierung der Patienten sind wir ihnen beim Aufbau sozialer Kontakte (Jugend- und Altenclubs, Turnverein, kirchliche Gesprächskreise u. a. m.) behilflich«, berichteten die Initiatoren gut ein Jahr nach dem Beginn der Sprechstunde, die allerdings nur an einem Abend in der Woche stattfand.[14]

Der Vergleich zur Situation in Kiel macht deutlich, dass es sich bei der Betreuungsstelle in Dresden um eine vergleichsweise optimal ausgestattete Einrichtung handelte. Hier zeigte sich, dass eine institutionalisierte Suizidprävention im »real existierenden Sozialismus« im Prinzip auf sehr günstige Voraussetzungen zurückgreifen konnte.[15] Während die Bundesregierung das Thema »Suizidprophylaxe« erst ab 1975 beachtete,[16] befürwortete das DDR-Gesundheitsministerium bereits im Herbst 1968 die Initiative aus Dresden, da diese einerseits dem »humanistischen Grundanliegen der sozialistischen Gesellschaft« entsprechen würde und andererseits geeignet sei, »den sich im Suizid offenbarenden Widerspruch zwischen dem Verhalten einzelner und dem Inhalt unserer Gesellschaftsordnung zu lösen«.[17]

»Es ist an der Zeit, dem Suicidgeschehen in der DDR erhöhte Aufmerksamkeit zuzuwenden mit dem Ziel, ein umfassendes System vorbeugender Maßnahmen zu entwickeln«, hieß es in einem Rundschreiben des DDR-Gesundheitsministers Max Sefrin (CDU) vom 26. August 1968 an die Bezirksärzte.[18] In diesem Sinne plädierte auch der Dresdner Psychiater Karl Seidel auf einer Tagung am 15. November 1969 dafür, »in Übereinstimmung mit den vom Ministerium für Gesundheitswesen herausgegebenen Empfehlungen [...] in enger struktureller Beziehung zu den psychiatrischen Beratungs- und Behandlungsstellen Suizidgefährdeten-Beratungsstellen aufzubauen«.[19] Gleichzeitig erfuhren die »westlichen« Pioniere der Suizidprävention, Erwin Ringel (Wien) und Klaus Thomas (Berlin), eine positive Würdigung: »Selbst wenn man sich den beispielsweise von *Ringel* oder von

14 F. Reimer, Von der Einrichtung und Arbeit einer Beratungsstelle für Suicidgefährdete, in: Schleswig-Holsteinisches Ärzteblatt vom Juni 1969, S. 424, 429.

15 Vgl. dazu auch Homa Seidel-Aprin, Zum Selbstmordgeschehen in der Bundesrepublik und den sozialistischen Staaten Osteuropas, Diss. Bonn 1980, S. 64.

16 Vgl. Hermann Pohlmeier, Selbstmordverhütung und ihre Rechtfertigung, München u. a. 1983, S. 156.

17 Seidel/Kulawik, Notwendigkeit des Aufbaus, S. 125.

18 Über das Suicidgeschehen in der Deutschen Demokratischen Republik, in: LHASA, MER, BT/RdB Halle, 4. Ablieferung, Nr. 7447, n. pag.

19 Bericht über die Tagung der med.-wissenschaftlichen Gesellschaft für Neurologie und Psychiatrie an der Medizinischen Akademie »Carl Gustav Carus« Dresden am Sonnabend, dem 15.11.1969, in: Psychiatrie, Neurologie und medizinische Psychologie 22 (1970), S. 437–439, zit. 437.

Thomas vertretenen Auffassungen über Ursachen und Dynamik des Suizids nicht oder nur bedingt anschließen kann, so bleibt dennoch die Effektivität der von diesen Autoren geleiteten Institutionen der Suizidbekämpfung nach den mitgeteilten Ergebnissen unbestreitbar«, hoben Seidel und Kulawik hervor.[20]

1970 registrierte ein Bericht der ZK-Abteilung für Gesundheitspolitik, dass die DDR mit ihrer Selbsttötungsrate in den 1960er Jahren bei den Männern den zweiten Platz (hinter Finnland, vor Ungarn), bei den Frauen sogar den Spitzenplatz innehatte, und nannte »das Selbstmordgeschehen unserer Bevölkerung« deshalb »eine bedrückende Erscheinung«.[21]

Nahezu zeitgleich bekannte sich übrigens auch der österreichische Bundeskanzler dazu, dass die Suizidverhütung eine öffentliche Aufgabe sei.[22] Ähnlich wie in der DDR unterstützte der österreichische Staat verbal das Wirken einzelner engagierter Mediziner; in diesem Fall des Psychiaters Ringel, der schon 1965 gefordert hatte, die Suizidprophylaxe solle »planmäßig durchgeführt« werden.[23]

In der DDR stieß der Plan jedoch bald auf materielle und personelle Engpässe. »Voraussetzung für die Herabsetzung der Selbstmordziffern auf ein Minimum ist die Schaffung einer Gesellschaftsordnung, die um das Leben jedes einzelnen Menschen kämpfen kann und auch bereit ist, dafür große materielle Opfer in Kauf zu nehmen«,[24] hieß es in einer medizinischen Dissertation skeptisch. Die am 1. Januar 1970 eröffnete Stelle in Brandenburg-Görden blieb die einzige Einrichtung zur Nachbetreuung von Suizidpatienten, die nach dem Dresdner Vorbild geschaffen wurde. In Halle konnte »aus Mangel an entsprechenden Fachkräften und Einrichtungen« keine spezielle Betreuungsstelle für Suizidgefährdete eingerichtet werden.[25] In Magdeburg war es offenbar ähnlich; der Anfang der 1970er Jahre (in Reaktion auf das als »Führungskonzeption« bezeichnete Rundschreiben des Gesundheitsministeriums) angeregte »schrittweise Aufbau einer Beratungsstelle an der Nervenklinik der Medizinischen Akademie Magdeburg« kam nicht zustande.[26]

20 Seidel/Kulawik, Notwendigkeit des Aufbaus, S. 126.
21 Abteilung Gesundheitspolitik beim ZK, Zum Gesundheitszustand der Bevölkerung der DDR, zit. 11, in:. SAPMO-BArch, DY 30, IV A2/19, 25, n. pag.
22 Vgl. Erwin Ringel, Selbstmordverhütung im Wandel, in: Walter Pöldinger/Marcelle Stoll-Hürlimann (Hg.), Krisenintervention auf interdisziplinärer Basis, Bern u.a. 1980, S. 16–25, hier 25.
23 Erwin Ringel, Selbstmordprophylaxe, in: Dokumenta Ciba Geigy, Selbstmord, Basel 1965, S. 2f., zit. 2.
24 Günter Sobek, Untersuchungen über das Suizidproblem an Hand von 126 Selbstmordversuchen in Leipzig, Diss. Leipzig 1967, S. 56.
25 K. Liebner, Beitrag zum Problem der Selbstmordverhütung, in: Psychiatrie, Neurologie und medizinische Psychologie 21 (1969), S. 472–474, zit. 472f.
26 Vgl. Christian Parnitzke, Suicidale Handlungen im Kindes- und Jugendalter. Eine multifunktionelle Studie, Diss. Magdeburg 1972, S. 77, sowie Regel, Genese, Diagnostik und Prophylaxe, S. 103.

Die ökonomischen Rahmenbedingungen der Mangelwirtschaft der DDR führten auch dazu, dass Mediziner mehrfach den ökonomischen Nutzeffekt prophylaktischer Aktivitäten diskutierten.[27] So wiesen zwei Ärzte aus Quedlinburg auf die erheblichen Kosten der Rettung suizidaler Patienten hin, welche mehrheitlich 2 bis 7 Tage, teilweise aber auch mehrere Wochen stationär behandelt werden mussten: »Wenn man bedenkt, daß ein Krankenbett in unserem Kreiskrankenhaus der Sozialversicherung etwa 20,– DM täglich [...] kostet und wenn man weiterhin die zu zahlenden Krankengelder und nicht zuletzt den Produktionsausfall berechnen würde, so ergeben sich daraus volkswirtschaftlich stark belastende Summen, die anderweitig wesentlich besser angewandt werden könnten.«[28] Zwei Hallesche Psychiater verwiesen am Ende eines Aufsatzes in einer Fachzeitschrift auf den »Widerspruch zwischen dem Aufwand [...], der nach einem Suizidversuch in Intensivstationen und Reanimationszentren an modernsten Methoden und apparativem Einsatz geleistet wird, und dem vergleichsweise bescheidenen, der hinsichtlich der genannten Möglichkeiten und Pflichten zur Suizidprophylaxe versäumt wird«.[29] In den 1960er Jahren wurde auch mehrfach die Frage diskutiert, ob Patienten nach rein demonstrativen Suizidversuchen wegen »der Blockierung von Krankenhausbetten und einer zusätzlichen Belastung der Krankenversicherungen« an den Kosten beteiligt werden sollten. In Leipzig hätten, so rechnete eine Ärztin vor, die 747 Suizidpatienten in den Jahren 1955 bis 1963 die Sozialversicherung immerhin 304 401 Mark gekostet.[30] Eine andere Ärztin wies in ihrer Dissertation darauf hin, dass in der DDR eine Regelung erlassen worden war, wonach die Patienten für ärztliche Leistungen, die durch »Folgen übermäßigen Alkoholgenusses verursacht wurden«, selbst zu zahlen hätten. Eine analoge Regelung für einen Teil der Suizidpatienten verwarf sie aber schließlich als ökonomisch unbedeutend und erzieherisch fragwürdig.[31]

Während sich also abzeichnete, dass der Plan eines DDR-weiten Netzwerks der Suizidprophylaxe so schnell nicht zu realisieren sein würde, entwickelten sich die Betreuungsstellen in Dresden und Brandenburg rasch zu Zentren der Suizidforschung in der DDR. Das Gesundheitsministerium startete keine eigenen Initiativen, signalisierte aber Interesse an Forschung und wissenschaftlichem Austausch, auch über die Grenzen des sozialistischen

27 Vgl. Ursula Mewes, Suicidversuche. Eine Analyse sozialpsychologischer und klinischer Daten, Diss. Magdeburg 1969, S. 116.
28 Wessel/Koch, Suizidgeschehen im Kreise Quedlinburg, S. 683. (Orthografie wie im Original; U.G.)
29 K. Liebner/H. Rennert, Untersuchung zu Problemen der ärztlichen Suizidprophylaxe, in: Zeitschrift für ärztliche Fortbildung 72 (1978) 6, S. 274–277, zit. 276.
30 Vgl. Gisela Clemen, Statistischer Beitrag zum Problem des Selbstmordversuches, Diss. Leipzig 1965, S. 49.
31 Hansi Kleinsorge, Der demonstrative Suizidversuch. Eine Analyse von 100 Fällen aus einem Krankenhaus der DDR, Diss. Hannover 1968, S. 55. Die Dissertation ist eine Kuriosität, da sie erst nach der Republikflucht der Doktorandin in der Bundesrepublik verteidigt wurde, aber noch ganz auf die DDR bezogen ist.

Lagers hinaus, indem es beispielsweise Karl Seidel mehrfach zu den Kongressen der »International Association for Suicide Prevention« reisen ließ.[32]

Der Genehmigung ging allerdings eine zweijährige Überprüfung durch das »Generalsekretariat für medizinisch-wissenschaftliche Gesellschaften« voraus, welches der internationalen Organisation sehr misstrauisch gegenüberstand. Während des Genehmigungsprozesses machte sich das MfS dafür stark, dass Karl Seidel (der seit 1967 als IM verpflichtet war) der offizielle Vertreter der DDR wurde; gleichzeitig sollte damit verhindert werden, dass der in politischer Hinsicht als »labil« eingeschätzte Ehrig Lange in diese Position kam.[33] Die Förderung von Seidel, der später »wegen seiner großen fachlichen und internationalen Bedeutung«[34] zum Leiter der Abteilung Gesundheitspolitik des ZK der SED aufstieg, war jedoch nicht nur eine politische Entscheidung. Der Psychiater war fachlich anerkannt, seine Habilitationsarbeit zum Alterssuizid, die auf einer massiven Datenbasis (6913 Fälle, davon 2526 Rentner) beruhte, wurde international beachtet.[35]

Auf dem Jahreskongress 1972 der Akademie für ärztliche Fortbildung der DDR gaben sich die Leiter der beiden Betreuungsstellen für Suizidgefährdete, Helmut Kulawik und Helmut F. Späte, zuversichtlich, dass eine institutionalisierte Suizidprophylaxe möglich sei, forderten aber gleichzeitig eine umfassende gesellschaftliche Einbindung ihrer Initiativen. Der Erfolg einer suizidpräventiven Einrichtung, so Kulawik im Hinblick auf das Suizidverhütungszentrum in Wien, sei »nicht nur eine Folge der dort durchgeführten Behandlung Suizidgefährdeter, sie muß auch auf die Publikation und Anwendung der in ihnen erzielten wissenschaftlichen Untersuchungsergebnisse in anderen medizinischen und nichtmedizinischen Bereichen zurückgeführt werden«.[36]

Helmut F. Späte schrieb im Jahr 1971: »Um das Gebäude der Suizidprophylaxe sicher aufzubauen, muß eine weitere tragende Säule eingefügt werden: Die Aufklärungsarbeit in der Öffentlichkeit. [...] Ohne das Problem überbewerten oder gar aufbauschen zu wollen, wird es nötig sein, vor allem die Berufsgruppen, die Menschen leiten, erziehen und beaufsichtigen müssen (Ärzte, Schwestern, Lehrer, Richter, Schöffen, VP-Angehörige, leitende Kader in Industrie und Wirtschaft), über die Grundzüge der Suizidprophylaxe zu unterrichten.«[37] Dazu kam es jedoch nur vereinzelt.

32 Vgl. Jahresplan 1973 – Planteil B – Teilnahme an medizinisch-wissenschaftlichen Veranstaltungen im nichtsozialistischen Ausland, in: BArch Berlin, DQ 1, 11045, n. pag.
33 Vgl. BStU, MfS, AIM 13788/83, Bd. I, Bl. 75–78; Bd. II/2, Bl. 8 f.
34 Brief der Abteilung Gesundheitspolitik des ZK an Kurt Hager vom 07. 01. 1976, in: SAPMO-BArch, DY 30, vorl. SED 21898/3, n. pag.
35 Vgl. K[arl] Seidel, Die eigenständige innere Dynamik des Alterssuizids, in: Sozialpsychiatrie 9 (1969), S. 42–62.
36 Kulawik, Bedeutung der Suizidforschung, S. 402.
37 Späte, Suizidprophylaxe aus der Sicht eines Bezirkskrankenhauses, S. 1297.

Trotz der weitgehenden Beschränkung auf die medizinische Fachwelt wurde jedoch allein die Existenz der Betreuungsstellen zur Legitimation für weitere Aktivitäten. So berief sich eine Initiative zur Schaffung einer Telefonseelsorge in Halle/Saale im Jahr 1969 ausdrücklich auf die staatlichen Aktivitäten zur Suizidprophylaxe.[38] Eine Beratung mit Ärzten und Psychologen, die im Februar 1971 in der Abteilung Gesundheitspolitik des ZK der SED stattgefunden hatte, und bei der möglicherweise der »Aufbau eines Systems von Suizidberatungsstellen auf dem Gebiet der Republik« beschlossen wurde, bildete Legitimations- und Anknüpfungspunkt für eine medizinische Forschungsarbeit zu Suizidversuchen in der NVA. In der Dissertation des Militärpsychiaters Gestewitz wurden zugleich aber auch die konzeptionellen Unterschiede zu den medizinischen Maßnahmen im zivilen Bereich deutlich. So schrieb Gestewitz über die Betreuungsstellen für Suizidgefährdete: »In diesen Beratungsstellen werden solche Patienten behandelt und kontrolliert, die schon einen oder mehrere Selbstmordversuche unternommen haben, bzw. die, die gegenüber von Mitmenschen Selbstmordgedanken geäußert haben. Es hat sich als notwendig erwiesen, solche Personen zu erfassen und zu behandeln.«[39] Das klang, anders als etwa in den Aufsätzen von Kulawik, Seidel oder Späte, eher nach Internierung denn nach medizinischer Hilfe; Gestewitz verlegte den Schwerpunkt auf die Kontrolle und Erfassung, und er verwendete im Kontrast zu den Medizinern, die sich in den 1960er Jahren auf den Terminus »Suizid« umgestellt hatten, auch stets den Begriff »Selbstmord«.

»Bemühungen um die Suizidprophylaxe werden nur erfolgreich sein können, wenn sie Systemcharakter tragen«, hatte Karl Seidel im Jahr 1969 prophezeit. Im Großen und Ganzen blieb seine Forderung, dass »sich alle Staatsorgane und Volksvertretungen, die Ausschüsse der Nationalen Front und andere gesellschaftliche Gremien mit dem Problem der Suizidverhütung im jeweiligen Wohnbereich befassen« müssten, unerfüllt.[40] Zwar war die Idee einer systematischen Suizidprophylaxe Anfang der 1970er Jahre in die Hauptstadt »gewandert«, mit Seidel und Kulawik waren zwei bedeutende Vertreter der Suizidforschung an die Berliner Charité gewechselt, und in Berlin-Lichtenberg hatte (wahrscheinlich nur vorübergehend) eine »Abteilung für Suizidgefährdete« ihre Arbeit aufgenommen;[41] eine breit gefächerte, systematische Suizidprävention kam aber nicht zustande. Im Jahr 1974 bemerkte Dieter Decke, zu dieser Zeit Leiter der Dresdner Betreuungsstelle: »Es ist unangemessen, wenn die auf persönliche Initiative entstandenen Ein-

---

38 Schreiben des Hilfswerkes Innere Mission an Pastor Schuster vom 29.9.70, in: ADW, DW DDR II 792.
39 Gestewitz, Erkennung, S. 38.
40 Bericht über die Tagung, S. 437.
41 Vgl. Leonhardt/Matthesius, Zu suizidalen Handlungen, S. 154.

richtungen weiterhin voneinander und von anderen staatlichen Institutionen isoliert arbeiten.«[42]

Neben den Betreuungsstellen hatte Karl Seidel eine zweite Struktur vorgeschlagen, ein aus Experten zusammengesetztes beratendes Gremium auf Kreis- und Bezirksebene, welches er »Aktiv für die Bekämpfung der Suicidmortalität« genannt hatte.[43] Nachweislich entstand eine solche Struktur lediglich im Bezirk Magdeburg in Form eines »Arbeitskreises Suizidprophylaxe«[44] – auch das illustriert die Diskrepanz zwischen Idee und Wirklichkeit der Suizidprävention in der DDR.

Zwar versicherte Gesundheitsminister Ludwig Mecklinger in einem Schreiben an den Magdeburger Bezirksarzt vom 21. Januar 1976 hinsichtlich des Anliegens der »Bekämpfung von Suiciden«: »Diesem bedeutungsvollen Problem muß in Zukunft noch stärkere Aufmerksamkeit gewidmet werden, um Suicidfällen wirkungsvoll vorzubeugen. [...] Auf jeden Fall ist es erforderlich, alle Suicidfälle bei der Abteilung Gesundheits- und Sozialwesen des Rates des Bezirkes zu erfassen, sie analytisch auszuwerten und die gesammelten Erfahrungen den Ärzten, die mit der Betreuung der Suicidpatienten unmittelbar befaßt sind, zugänglich zu machen.«[45] Kurt Winter, Inhaber des Lehrstuhls für Sozialhygiene der Humboldt-Universität, bekräftigte im gleichen Jahr, »daß eine systematische Bekämpfung des Selbstmordes lohnend ist und ein erheblicher Einsatz hierfür unbedingt gefordert werden muß.«[46] Und auch eine »Orientierung des Ministers für Gesundheitswesen zur Diskussion der Entwicklung des Gesundheits- und Sozialwesens im Zeitraum 1976 bis 1980« betonte erneut die Notwendigkeit einer verbesserten Suizidprophylaxe.[47]

Aber das Engagement dafür hatte bereits spürbar nachgelassen. Helmut Kulawik schrieb ebenfalls 1976 mit gebremstem Enthusiasmus, dass »der Aufbau eines dichten Netzes von Dispensaires für Suizidgefährdete noch einige Zeit in Anspruch nehmen wird«.[48] Im gleichen Jahr war die Weiterführung der Dresdner Einrichtung kurzzeitig gefährdet. Während hier die Schwierigkeiten nur temporär waren, stellte die Betreuungsstelle für Suizidgefährdete in Brandenburg ihre Arbeit einige Jahre später ein.[49]

42 Decke, Suicidversuch im Erwachsenenalter, S. 100.
43 Seidel, Suicid im höheren Lebensalter, S. 144.
44 Schreiben des Magdeburger Bezirksarztes Dr. Patz an Gesundheitsminister Mecklinger vom 12.2.1976, in: BArch Berlin, DQ 1, 12006, n. pag.
45 Vgl. den diesbezüglichen Briefwechsel des Gesundheitsministeriums in: BArch Berlin, DQ 1, 12006, n. pag.
46 Winter, Psychotherapie, S. 50.
47 Zit. bei: Leonhardt/Matthesius, Zu suizidalen Handlungen, S. 19.
48 Kulawik, Suizidversuch, S. 201. Dispensaire = vorbeugende Erfassung und Nachbehandlung von Krankheiten.
49 Der letzte auffindbare Hinweis auf die Tätigkeit einer »Suicidkommission« in Brandenburg stammt vom April 1979. Vgl. BLHA, Rep. 471/15.2, BdVP Potsdam, Nr. 1236, n. pag.

Das hatte auch damit zu tun, dass der Leiter der Brandenburger Einrichtung, Helmut F. Späte, inzwischen nach Bernburg gewechselt war. Dort setzte er sein Engagement in anderer Form fort, indem zum Beispiel »seit 1976 alte alleinstehende Bürger Bernburgs für die Zeit der Weihnachtsfeiertage und des Jahreswechsels im Bezirkskrankenhaus für Neurologie und Psychiatrie stationär aufgenommen wurden, weil gerade anläßlich dieser von gefühlsmäßig bestimmter Rückschau und Besinnung geprägten Tage das Alleinsein und die Kommunikationsnot besonders schmerzhaft und als Verlust der Sinnhaftigkeit des eigenen Lebens (Seidel) erlebt werden«.[50] Es handelte sich zumeist um ehemalige Patienten, die zum Teil eine akute Suizidgefährdung aufwiesen (drei der 23 Personen hatten bereits einen Suizid zu Weihnachten vorbereitet). Aber auch diese bemerkenswerte Initiative, die an vergleichbare Bemühungen der Telefonseelsorge und kirchlicher Einrichtungen in West-Berlin erinnerte,[51] blieb in der DDR ein Einzelfall.

Als der Mediziner Peter Rochler im Jahr 1982 für seine Dissertation an 158 Hochschullehrer, Kommilitonen und Klinikmitarbeiter im 110 Kilometer entfernten Leipzig die Frage richtete, ob ihnen Einrichtungen der Suizidprophylaxe in der DDR bekannt seien, antwortete nur ein einziger Hochschullehrer mit »ja«.[52] Zu dieser Zeit war die Existenz der Betreuungsstelle in Dresden offenbar kaum noch bekannt.

Mitte der 1980er Jahre versuchte ein Psychiater in Görlitz an die Initiative seines Lehrers Wiele anzuknüpfen. Wolfgang Hasenfelder, der nie in der SED war und auch in den MfS-Akten nicht erfasst ist, erhielt allein mit einer Bescheinigung des Kreisarztes Zugang zu allen Daten. Nachdem er festgestellt hatte, dass die Selbsttötungsrate sich seit 1959 mehr als verdoppelt und einen Wert von 58,1 erreicht hatte, sah der Psychiater dringlichen Bedarf für den Aufbau einer Suizidgefährdetenberatungsstelle in Görlitz. »Hier wird es nötig sein, die Öffentlichkeit in gewissem Grad über die Ernsthaftigkeit und Aktualität der Suizidproblematik in geeigneter Form zu informieren, denn ohne die Mitarbeit der Bürger, Organe und Institutionen ist eine Suizidprophylaxe nicht möglich.«[53] Gelesen haben dürften diesen Appell nur wenige DDR-Bürger, denn die Arbeit wurde als »Vertrauliche Dienstsache« eingestuft und geheim gehalten.

Eine Studie in Wismar, die 1977 publiziert wurde, zeigte, was geschehen konnte, wenn man die Suizidpatienten nicht nachbetreute: Von 107 Patienten der Jahre 1966 bis 1969 standen im Jahr 1974 noch 50 für eine erneute Befragung zur Verfügung; weitere 15 hatten sich inzwischen suizidiert,

50 K[laus]-R[üdiger] Otto, Suizidprophylaxe im höheren Lebensalter, in: Zeitschrift für Alternsforschung 34 (1979) 5, S. 455–459, zit. 456.
51 Vgl. E. Gohrbrandt, Über den Freitod, in: Archiv für Klinische Chirurgie 287 (1957), S. 349–351; Berliner Kirchenreport vom 5. Dezember 1977.
52 Peter Rochler, Aspekte der Haltung zu Sterben und Tod sowie zum Sinn des Lebens in der Berufsausübung der Ärzte und Krankenschwestern, Diss. o.O. (Berlin) 1982, S. 76.
53 Hasenfelder, Suizidproblematik in Görlitz, S. 102.

sechs saßen im Gefängnis und zwei waren in die Bundesrepublik übergesiedelt.[54]

»Wieviel Einflußnahme auf suizidales Handeln durch das Tabu unterblieb, läßt sich sicherlich nicht in Zahlen ausdrücken – daß es die Arbeit mit den Suizidenten und die Rezeption des Problems in der DDR behindert hat, darf als sicher gelten«, resümierte Olga Jacobasch in ihrer Dissertation über die Geheimhaltungspraxis im medizinischen Bereich.[55]

Es wäre jedoch zu einfach, den Rückgang der Aktivitäten zur Suizidprävention allein mit der Verschärfung der staatlichen Tabuisierungspolitik nach 1977 zu erklären, denn zur gleichen Zeit wurden weltweit zunehmend Zweifel an der Effizienz der Suizidverhütung geäußert.[56] »Schon beim 8. Internationalen Kongreß für Suicidverhütung 1975 in Jerusalem schockierte der deutsche Soziologe Kurt Weis das Plenum mit der Feststellung, ›daß die Suicidverhütung kaum jemanden davon abhält, sich das Leben zu nehmen‹. [...] Auch wenn Weis auf diesem Kongreß nur wenig Zustimmung erhielt, mußte von allen Anwesenden bestätigt werden, daß die Suicidrate durch die Einrichtung von Kriseninterventionszentren bisher nicht zum Sinken gebracht werden konnte.«[57]

Kritische Effizienzuntersuchungen suizidpräventiver Einrichtungen in der Bundesrepublik waren nicht ermutigend. So konnte eine Dissertation, die in den 1980er Jahren am Beispiel von München (das mit vier suizidpräventiven Einrichtungen ausgestattet war) den Einfluss dieser Institutionen auf den Trend der Selbsttötungsraten untersuchte, keine signifikante Senkung der Selbsttötungsrate nachweisen.[58] In Hannover war es ähnlich: »Die Versorgung der Suizidversuchspatienten wird zwar von verschiedenen Einrichtungen mit durchgeführt, jedoch erreichen diese Einrichtungen und Personen nur einen kleinen Teil der Patienten«, stellte eine Untersuchung Ende der 1970er Jahre fest.[59] In Darmstadt wurde sogar im Zuge einer Verbesserung

---

54 J. Rogge, Katamnestische Erhebungen an 107 Patienten, die 1966–1969 wegen Suizidversuchs stationär behandelt wurden, in: Heinz A.F. Schulze/Karl Seidel/Gerhard Göllnitz (Hg.), Akute Krankheitszustände und Notsituationen in der Neurologie und Psychiatrie (= Psychiatrie, Neurologie und medizinische Psychologie, Beiheft 22/23), Leipzig 1977, S. 136–142.
55 Jacobasch, Wissenschaftliche Suizidliteratur, S. 64.
56 Vgl. R. V. Clarke/D. Lester, Suicide: Closing the Exits, New York u.a. 1989, S. 4–6. Lester und Clarke relativierten die damalige vernichtende Kritik, indem sie darauf verwiesen, dass Suicide Prevention Center in den USA in einer Altersgruppe, bei jungen suizidgefährdeten Frauen, einen nachweisbaren Effekt hatten.
57 Christine Swientek, Suicidforschung auf der Suche nach einem neuen Selbstverständnis, in: Literatur-Rundschau 3 (1980) 3, S. 103–114, zit. 108.
58 Vgl. Maria Hobl, Suizide und Suizidversuche in München 1945 bis 1979, Diss. München 1986, S. 124.
59 Harry Wichert, Erfassung und Weiterversorgung von Patienten nach einem Selbstmordversuch im Versorgungssektor der Psychiatrischen Klinik der Medizinischen Hochschule Hannover, Diss. Hannover 1981, S. 12. Vgl. auch Artur Reiner, Verweigerung der angebotenen Hilfe von Seiten der Suizidpatienten, in: Suizidprophylaxe 12 (1985) 1, S. 21–28.

der Betreuung von Suizidpatienten eine Zunahme der Suizidversuche beobachtet.[60]

Kurt Weis hatte angesichts solcher Resultate zu Pragmatismus aufgerufen, und die weltweit entstandenen »Selbstmordverhütungszentralen« mit der Einrichtung der Gefängnisse verglichen, deren Nutzen auch umstritten sei, die aber dennoch benötigt würden. Weis kritisierte den unrealistischen Anspruch der Senkung der Selbsttötungsraten, schätzte diese Einrichtungen aber gleichzeitig in der Form von »Kontakt- und Kriseninterventionszentren« als notwendig und »für alle Beteiligten überaus sinnvoll« ein.[61] Demgegenüber lehnte der Schriftsteller und Publizist Jean Améry die ärztliche Suizidnachsorge als »zudringliche Bemühtheit der Gesellschaft« und Auswirkung des »Berufsehrgeiz[es] der Ärzte« ab. Nicht zuletzt diese öffentlichkeitswirksame Attacke von Améry forcierte Diskussionen um die Legitimität der Suizidverhütung.[62]

Die Zweifel an der Notwendigkeit spezieller Betreuungsstellen für Suizidgefährdete fanden sich auch in einem Papier der Bundesregierung aus dem Jahr 1979 wieder, wo es hieß, dass Probleme der Suizidgefährdeten »besondere Kenntnisse und Zuwendung, aber nicht in jedem Falle besondere Einrichtungen« benötigten.[63]

In der DDR konstatierten Gerichtsmediziner aus Rostock im Jahr 1983:

»Trotz zunehmender Bemühungen um die Suizidprophylaxe in der DDR konnte das Suizidgeschehen nicht entscheidend zurückgedrängt werden.«[64]

Auch ein wissenschaftliches Strategiepapier zur Gesundheitspolitik resümierte 1984 hinsichtlich der Suizidproblematik: »Die Wirksamkeit der Prophylaxe bleibt gering.«[65] Das entsprach einer Studie der Weltgesundheitsorganisation (WHO), die in einer 1985 vom »Institut für Wissenschaftsinformation in der Medizin« für das DDR-Gesundheitsministerium zusammengestellten Materialsammlung enthalten war und feststellte, dass »psy-

60 W. Rölz/A. Eitel/H. Wedler, Krisenintervention im Allgemeinkrankenhaus – meßbare Effekte?, in: Suizidprophylaxe 7 (1980) 2, S. 109–113.
61 Kurt Weis, der Eigennutz des Sisyphos – Zur Soziologie der Selbstmordverhütung, in: Albin Eser (Hg.), Suizid und Euthanasie als human- und sozialwissenschaftliches Problem, Stuttgart 1976, S. 180–193, zit. 187.
62 Die Sozialpädagogin Christine Swientek konstatierte im Jahr 1980: »Die Selbstmordforschung mit ihrem Anspruch, den Suicid in jedem Falle zu verhüten, tritt auf der Stelle.« Swientek, Suicidforschung, S. 107f.
63 Bundesdrucksache 8/2565 vom 13. Februar 1979, abgedruckt in: Suizidprophylaxe 6 (1979) 1, S. 11.
64 Rudolf Wegener/Ulrich Hammer/Ulrich Krüger/Jörg Rummel, Der vollendete Suizid – Analyse von 750 Obduktionsfällen –, in: Wissenschaftliche Zeitschrift der Wilhelm-Pieck-Universität Rostock 32 (1983), Naturwissenschaftliche Reihe, Heft 9, S. 115–119, zit. 117.
65 Jürgen Großer/Jens-Uwe Niehoff, Wissenschaftlicher Vorlauf für eine umfassende Prophylaxe, Berlin September 1984, zit. 18, in: SAPMO-BArch, DY 30, vorl. SED 35717/1, n. pag.

chiatrische und soziale Maßnahmen, die darauf abzielen, denjenigen zu helfen, die Suizidversuche unternommen haben, wirkungslos sind. Diese Nachsorgeprogramme waren jedoch insofern erfolgreich, als daß sie wiederholte suizidale Handlungen zwar nicht verhindern, die sozialen Lebensbedingungen der Patienten jedoch verbessern konnten.«[66]

Insofern trug die Anregung von Ärzten aus dem Ost-Berliner Wilhelm-Griesinger-Krankenhaus, die 1983 in einem Artikel über »suizidale Handlungen im höheren Lebensalter« forderten, dass auch institutionell weniger aufwendige Wege gegangen werden sollten, nicht nur der Mangelökonomie der DDR Rechnung, sie entsprach auch einem partiellen Strategiewechsel der Suizidprävention:

> »Nur sehr begrenzt stehen für eine gezielte spezielle Dispensairebehandlung Betreuungsstellen für Suizidgefährdete zur Verfügung. Ärzte aller Fachrichtungen müssen daher mehr als bisher mit speziellen Fragen der Psychologie, Soziologie und Psychopathologie des höheren Lebensalters vertraut gemacht werden, da sie entsprechende Betreuungsaufgaben mit übernehmen müssen.«[67]

Wohl auch als Erweiterung der ursprünglichen Fokussierung auf Suizidprävention war in der Bundesrepublik in den 1970er Jahren eine Vielfalt von Einrichtungen und Initiativen entstanden, die sich mit psychischen Notsituationen (zu denen akute Suizidalität gehörte) befassten und ihr Engagement als »Krisenintervention« bezeichneten. Analog dazu forderte Helmut Kulawik 1982 die »Entwicklung geeigneter Konzeptionen der Krisenintervention für das Gesundheitswesen der DDR« und den »Aufbau einer geschlossenen Rettungskette«.[68] Auch wenn einige ideologische »Betonköpfe« an dem Begriff »Krise« Anstoß nahmen und behaupteten, in der DDR gebe es keine Krisen, gab es andere Mediziner, die in einer Publikation unverblümt konstatierten, dass das Spektrum solcher psychischen oder sozialen Krisen in der DDR »von Suizidversuch bis Republikflucht« reichte.[69]

Ein Vorläufer einer Kriseninterventionseinrichtung in Ost-Berlin war die im Krankenhaus Herzberge von einer Psychologin durchgeführte »Suizidsprechstunde«, in der Suizidpatienten des Oskar-Ziethen-Krankenhauses nachbetreut wurden.[70] Im Jahr 1982 weilte der Chefarzt, Prof. Klaus Bach,

---

66 WHO, Regionalbüro für Europa Kopenhagen, Neue Formen des Suizidverhaltens (= Euro Berichte und Studien 74), 1984, zit. 43, in: BArch Berlin, DQ 1, 12189, n. pag.
67 M. Böhm u.a., Suizidale Handlungen im höheren Lebensalter – Einige Charakteristika und rehabilitative Ansätze, in: Zeitschrift für Alternsforschung 38 (1983) 1, S. 51–55, zit. 54.
68 Helmut Kulawik, Krisenintervention – Grundsätze des Vorgehens und Aufbau spezieller Institutionen, in: Jürgen Ott (Hg.), Psychotherapie in der Psychiatrie, Leipzig 1983, S. 46–53.
69 K[laus] Weise, Soziale Krisen als Notsituation in der Psychiatrie, in: Schulze/Seidel/Göllnitz (Hg.), Akute Krankheitszustände, S. 148–151, zit. 150.
70 Auch in der Nervenklinik Teupitz gab es 1983 eine »Suicidsprechstunde«. Vgl. BLHA, Rep. 471/15.2, BdVP Potsdam, Nr. 1294, n. pag.

am Zentralinstitut für seelische Gesundheit in Mannheim, wo er mit internationalen Konzepten der Krisenintervention in Berührung kam.[71] Ein IM-Bericht des Chefarztes, den das MfS unter dem Decknamen »Rudolf« führte, kündigte im Januar 1985 »zu Fragen der Krisenintervention weitere Versuche« an. »Dazu soll auch das Verfahren der Anonymität angewandt werden. RUDOLF unterstützt dieses Vorhaben und hält es auch für die DDR als vertretbar.«[72] Anknüpfend an die Erfahrungen der daraufhin eingerichteten anonymen »Samstagssprechstunde« entwickelte der Psychologe Frank-Dietrich Müller im Jahr 1986 eine Konzeption, die Ausgangspunkt für eine später geschaffene integrierte Krisenambulanz wurde.[73]

Zu einem Zeitpunkt, da in der DDR von Suizidprävention kaum noch die Rede war, regten sich verstärkt im kirchlichen Bereich Aktivitäten.[74] Zuvor waren Selbsttötungen auch innerhalb der Kirche stark tabuisiert worden. »Von einem so traurigen Vorfall sollte überhaupt nicht viel Aufhebens gemacht werden (mit Recht bringen unsere Zeitungen keine Meldungen über Suizide!)«, hieß es zum Beispiel 1978 im Handbuch der praktischen Theologie: »Für labile Menschen bedeutet die Nachricht von den Einzelheiten eines Suizids möglicherweise eine tiefe Erschütterung und kann geradezu zur Nachahmung führen.«[75] Noch die schnelle Einigung von SED-Funktionären und Landeskirchenamt auf den Terminus »Brandstiftung« in der Pressenotiz zur Selbstverbrennung von Pfarrer Rolf Günther in Falkenstein und das Verschweigen der innerkirchlichen Konflikte zeugte von einer ähnlichen Interessenlage, was den öffentlichen Umgang mit Selbsttötungen betraf.[76]

Andererseits war die evangelische Kirche der DDR, nicht zuletzt durch die öffentlichkeitswirksamen Selbstverbrennungen in Zeitz (1976) und Falkenstein (1978) regelrecht gezwungen, sich mit dem Thema auseinanderzusetzen, zumal Selbsttötungen auch sonst unter Pfarrern nicht selten waren (vgl. Abschnitt 7.2).

Der übliche Verweis auf die Sündhaftigkeit solcher Verzweiflungstaten geriet dabei zunehmend in die Kritik.[77] Stattdessen wurde zum Beispiel auf einer Synodaltagung der Evangelischen Landeskirche von Berlin-Branden-

---

71 Vgl. BStU, MfS, BV Berlin, AIM 1121/87, Bd. I/1, Bl. 145, 156.
72 BStU, MfS, BV Berlin, AIM 1121/87, Bd. II/1, Bl. 211.
73 Arbeitspapier zum Konzept »Krisenintervention« vom 27. Oktober 1986. Freundlicherweise zur Verfügung gestellt durch Dipl-Psych. Frank-D. Müller.
74 Dabei ist aber auch zu berücksichtigen, dass einzelne Akteure in den medizinischen Betreuungsstellen für Suizidgefährdete aus christlichen Motiven handelten; das war zum Beispiel im Jahr 1979 in einer Berliner »Beratungsstelle für Nerven- und Gemütskranke« der Fall. Vgl. BStU, MfS, AIM 374/81, Bd. I/1, Bl. 277.
75 Ernst-Rüdiger Kiesow, Die Seelsorge, in: Handbuch der praktischen Theologie, Bd. III, Berlin 1978, S. 142–262, zit. 250.
76 Vgl. BStU, MfS, BV Karl-Marx-Stadt, AKG, Nr. 1679, Bd. II, Bl. 115.
77 In diese Zeit fiel auch ein 1977 im Union-Verlag publiziertes Reportagebuch, das den Auswirkungen eines Suizidfalls auf eine Gemeinde im Bezirk Leipzig nachging: Dietrich Mendt, Umfrage wegen eines Pastors, Berlin 1977.

burg im April 1977 eine Diskussion darüber gefordert, ob Selbsttötungen akzeptiert werden können:

»Ist die Selbsttötung als eine Möglichkeit anzusehen? Gefährdete junge Menschen, aber auch zur Depression neigende Erwachsene haben danach gefragt, denn wir leben in einer Gesellschaft, in der die Erscheinung des Selbstmordes nicht unbekannt ist.«[78]

Im Jahr 1980 erschienen in der evangelischen Monatsschrift »Zeichen der Zeit« gleich zwei Publikationen, eine davon mit dem programmatischen Titel: »Selbstmordverhütung – eine Aufgabe für die christliche Gemeinde«.[79] Auch im »Handbuch der Seelsorge« ging Walter Saft, der zeitweise als Seelsorger in der Bezirksnervenklinik Hildburghausen tätig war, ausführlich auf das Thema ein. »Die Kirchen haben [...] nicht nur den Suizidanten ihre seelsorgerliche Hilfe verweigert, sondern auch im Umgang mit Selbstmördern und deren Angehörigen schwere Schuld auf sich geladen«, hieß es dort selbstkritisch. Unter Bezug auf Erwin Ringel plädierte der Autor dafür, das Gespräch mit Suizidgefährdeten zu suchen und zu unterscheiden zwischen der verwerflichen Handlung und dem Mitmenschen, der in Not ist. »Die Forderung, an der Verurteilung des Selbstmordes uneingeschränkt festzuhalten, schließt nicht aus, den Selbstmördern und ihren Angehörigen viel Verständnis und Mitleid entgegenzubringen.«[80] Allerdings wurde gleichzeitig davor gewarnt, »das Thema Selbstmord in Gemeindeabenden oder -seminaren zu behandeln. Anfällige Menschen könnten dadurch erst auf den Gedanken gebracht werden, Selbstmord zu begehen. [...] Auch der Gedanke, in den Gemeinden Begegnungen von Selbstmordgefährdeten zu initiieren, so wie man Blinde oder Hörgeschädigte zusammenführt, ist energisch zurückzuweisen. Die Gruppentherapie von Suizidanten, wie sie zur Nachbehandlung von Selbstmordversuchen gehört, muß vom Arzt durchgeführt werden.«[81] Auch Andreas Ihlefeld plädierte in »Zeichen der Zeit« dafür, eng mit Fachleuten, und vor allem mit eventuell vorhandenen Beratungsstellen für Suizidgefährdete zusammenzuarbeiten.[82]

Bisherige Initiativen im deutschsprachigen Raum, bei denen unter Einbeziehung kirchlicher Einrichtungen Suizidgefährdete betreut wurden, wie die Betreuungsstelle in Wien oder die Telefonseelsorge in West-Berlin, waren von (religiös gebundenen) Ärzten begründet worden und beschäftigten hauptsächlich ausgebildete Psychologen und Psychiater. Teilweise kam es bereits in den 1960er Jahren auch in der DDR zu Initiativen, die sich daran

78 BStU, MfS, HAXX/4, Bl. 1263, Bl. 238–250, zit. 243.
79 Vgl. Andreas Ihlefeld, Selbstmordverhütung – eine Aufgabe für die christliche Gemeinde, in: Zeichen der Zeit 34 (1980), S. 281–292.
80 Walter Saft, Seelsorge an Suizidgefährdeten, in: Reimund Blühm u.a. (Hg.), Handbuch der Seelsorge, Berlin 1983, S. 469–478, zit. 476. Vgl. auch die knappen, aber inhaltlich ähnlichen Ausführungen in: Aufschlüsse. Ein Glaubensbuch, Berlin 1977, S. 214f.
81 Saft, Seelsorge an Suizidgefährdeten, S. 478.
82 Vgl. Ihlefeld, Selbstmordverhütung, S. 292.

orientierten (vgl. den nachfolgenden Abschnitt). In Leipzig beispielsweise gab es im Umfeld des Pfarrers Gerhard Krügel Versuche zur Nachbetreuung von Suizidpatienten des Diakonissenkrankenhauses. Privatpersonen kümmerten sich um gefährdete Jugendliche, besorgten Wohnraum und nahmen sie in die Gemeinden auf; allerdings war der Erfolg gering. »Die Kreise waren mit unseren Erwartungen überfordert und die Menschen nach einem Suicidversuch in ihrer Kontaktfähigkeit überschätzt worden«, schrieb Krügel rückblickend. Später bildete sich ein Team aus Ärzten, Fürsorgern, Juristen, Psychologen und Theologen, die im Haus der Inneren Mission eine samstägliche »Sprechstunde für Menschen in Lebenskonflikten« einrichteten. Krügel, der auch diese Anlaufstelle (die nur im kirchlichen Rahmen publik gemacht werden durfte) initiiert hatte, berichtete 1980 über eine »mehrjährige Arbeit« und gab der Hoffnung Ausdruck, dass die Einrichtung zum Modell für andere größere Städte werden könnte.[83]

Bereits im Herbst 1976 fand die Hauptmitarbeiterversammlung des »Evangelischen Jungmännerwerkes« unter der Losung »In der Spannung zwischen Leben und Tod« statt, wobei sich eine von fünf Arbeitsgruppen nur mit dem Thema »Selbstmord« befasste. Das Thema, das schon ein Jahr zuvor festgelegt worden war, erhielt durch die kurz zuvor erfolgte Selbstverbrennung von Brüsewitz eine zusätzliche politische Brisanz. »Die DDR besitze ›Weltniveau‹ an Selbstmorden, die z. T. auf den enormen ›Leistungsdruck‹ zurückzuführen seien. Aber man würde sie verschweigen, die Presse dürfe hierüber nichts veröffentlichen«, sagte einer der Teilnehmer in der Diskussion. In einer anderen Arbeitsgruppe wies ein Diskutant darauf hin, dass Selbsttötung »auch als Versagen einer Gesellschaftsordnung angesehen werden« könne.[84] Auch die im Rahmen der Tagung erfolgte Filmvorführung von »Ikarus«[85] mit anschließender Diskussion mit dem Drehbuchautor Klaus Schlesinger verdeutlichte, dass die Kirche allgemeine gesellschaftliche Entwicklungen im Blick hatte.

Auf einer Synode des Bundes der Evangelischen Kirchen der DDR im Oktober 1977 mahnte die Berliner Ärztin Irene Blumenthal in einer »viel beachteten Stellungnahme« eine Hinwendung der Diakonie zu den »neuen geschädigten und behinderten Gruppen in unserer Gesellschaft« an, wobei sie besonders auf das Problem »suicidale und dissoziale Kinder und Jugendliche« hinwies.[86] Zur gleichen Zeit sah sich Pfarrer Walter Schilling in der Offenen Arbeit der Jungen Gemeinde in Jena ganz praktisch mit diesem Problem konfrontiert, wie er auf dem »Kirchentag von Unten« 1987 berichtete:

83 Gerhard Krügel, Praxis der Selbstmordverhütung, in: Zeichen der Zeit 34 (1980), S. 461–469, zit. 469.
84 BStU, MfS, HA XX/AKG, Nr. 5364, Bl. 57–67, zit. 60 f.
85 DEFA-Film von Heiner Carow (1975).
86 Der autorisierte Text der Rede befindet sich im MDA Berlin, Dok. Nr. 1977. Vgl. auch Berliner Kirchenreport vom 26. Oktober 1977, ddr-forum, S. 3 f.

»Mitte der siebziger Jahre kamen uns die ersten Selbstmorde auf den Hals und wir waren gezwungen zu fragen: ›Wo kommt das her?‹ Wir merkten auf einmal, daß die jungen Leute nicht nur hart aufbegehrten, sondern zugleich nicht zurecht kamen. Wir haben in der zweiten Phase der Offenen Arbeit entdeckt, daß es so etwas wie ›Sozialdiakonie‹ gibt.«[87]

In Jena hatten sich im Umfeld der »Offenen Arbeit« der Jungen Gemeinde mehrere junge Menschen das Leben genommen oder Suizidversuche verübt. Deshalb führte die Junge Gemeinde Themenabende durch, bei denen über Selbsttötung und Aussteigermentalität diskutiert wurde.[88]

Eine institutionalisierte Form der Sozialdiakonie entstand Anfang der 1980er Jahre auf Initiative von Horst Berger in Berlin. Dort öffnete eine, nicht ausschließlich auf Suizidgefahr fokussierte Krisenberatungsstelle am Berliner Dom.[89]
Einen weiteren, sowohl von kirchlicher wie auch von staatlicher Seite praktizierten Zugang zum Problem der Suizide und Suizidversuche stellten die Telefondienste dar, deren Entstehungsgeschichte im folgenden Abschnitt dargestellt wird.

8.2 Suizidverhütung per Telefon – Diskurs und Realität in der DDR

8.2.1 Telefonseelsorge als »Symptom des Kapitalismus«

Die Telefonseelsorge ist eine modernisierte Variante des seelsorgerischen Gesprächs, die der »Anonymität der Großstadt« Rechnung trägt. Die weltweit erste Telefonseelsorge und Lebensmüdenberatung richtete der Pfarrer Harry Warren im Jahr 1895 in New York ein. Der christliche Dogmatismus des Begründers verhinderte jedoch eine größere Wirkung, und auch die von den US-amerikanischen Telefonseelsorge-Pionieren praktizierte unermüdliche Wiederholung von Bibelsprüchen – sowohl live als auch vom Tonband – konnte wohl nur wenigen Menschen wirkliche Lebenshilfe sein.[90]
In Europa begann die Idee, Suizidgefährdete durch ein Telefongespräch von einer Verzweiflungstat abzubringen, erst nach dem Zweiten Weltkrieg

---

87 Die Offene Arbeit, Referat von Walter Schilling auf dem Kirchentag von Unten in Berlin 1987, in: Umweltblätter, Februar 1989, S. 12. MDA Berlin, Dok. Nr. 4806.
88 Vgl. BStU, MfS, BV Gera, AOV 449/84, Bd. I, Bl. 298–230.
89 Vgl. Brief von Generalsuperintendent Dr. Krusche an Günter Hoffmann vom 20. Januar 1987, in: LAB, Rep. 104, Magistrat von Berlin, Inneres, Abt. Kirchenfragen, Nr. 567, n. pag.
90 Vgl. Michel Heinrich, Telefonseelsorge und Gruppenarbeit, in: Wege zum Menschen 24 (1972) 2/3, S. 57–67.

Fuß zu fassen. Paradoxerweise stiegen die Selbsttötungsraten zahlreicher europäischer Staaten (nach einem starken Absinken während des Krieges) zeitgleich mit dem beginnenden wirtschaftlichen Aufschwung Anfang der 1950er Jahre. Ende 1953 inserierte deshalb der Londoner Baptistenpfarrer West: »Before you commit suicide, ring me up.« In gleicher Weise tat dies kurz darauf der schwedische Pfarrer Erik Bernspang in Helsingborg. Auch Chad Varah, ein anglikanischer Pfarrer in London, startete 1953 Aktivitäten zur Verhinderung von Selbsttötungen. Die von ihm gegründeten »Samaritains« entwickelten das folgenreichste Modell – zahlreiche Telefonseelsorge-Einrichtungen orientierten sich später daran. Die »Samaritains« beschränkten sich nicht darauf, Suizidale und Verzweifelte telefonisch zu beraten, sondern boten ihnen auch persönliche Hilfe und – für eine begrenzte Zeit – Lebensbegleitung an.[91] Demgegenüber orientierte sich der promovierte Arzt und Theologe Klaus Thomas bei der Einrichtung der »Ärztlichen Lebensmüdenbetreuung«, die Ende 1956 als erste deutsche Telefonseelsorge in West-Berlin ihre Arbeit aufnahm, vor allem an der medizinisch ausgerichteten Lebensmüdenbetreuung in Wien.

Etwa zur selben Zeit beschloss der evangelische Zentralausschuss für Innere Mission den Aufbau von Telefonseelsorgestellen in bundesdeutschen Großstädten. Mehrere Einrichtungen wurden daraufhin gegründet, so 1957 in Kassel und Frankfurt/Main (Träger war hier die katholische Kirche), 1958 in Köln, 1959 in Hamburg und Düsseldorf, 1960 in Kiel und Stuttgart. Die Berliner Einrichtung war jedoch ein Sonderfall. Zwar stand sie unter der Schirmherrschaft des Bischofs der Evangelischen Kirche von Berlin-Brandenburg, Otto Dibelius, war aber keine kirchliche Institution, sondern ein von Privatleuten getragener Verein. Den Telefonanschluss stellte ein Rechtsanwalt zur Verfügung. Die Finanzierung erfolgte über Spenden. Die ersten zwanzig Telefonseelsorger »rekrutierte« Klaus Thomas in der Predigerschule »Paulinum« im Ostteil Berlins, wo der vielseitig begabte Arzt und Theologe einen Lehrauftrag hatte. In den ersten Jahren kamen laut Thomas auch zahlreiche Hilfesuchende aus der »Ostzone«. Das änderte sich abrupt mit der Abriegelung West-Berlins am 13. August 1961. Auch einige Mitarbeiter, die ihren Wohnsitz in Ost-Berlin hatten, konnten seit diesem Tag ihr Amt nicht mehr ausüben.

Wie Klaus Thomas berichtete, hatte die SED schon vor dem Mauerbau »wiederholt die Arbeit der Berliner Lebensmüdenbetreuung heftig angegriffen und mit der Begründung kritisiert, hier würden Menschen mit frommen Worten abgespeist, statt daß die eigentliche Ursache des Selbstmordes, die schlechte Regierung, beseitigt würde«.[92] Eine Lebenshilfe per Telefon war daher zur gleichen Zeit, da in der Bundesrepublik zahlreiche Telefonseelsorgestellen entstanden, für staatliche Stellen der DDR kein Thema. In der

91 Vgl. Jörg Wiemers (Hg.), Handbuch der Telefonseelsorge, Göttingen 1995, S. 10f.
92 Thomas, Handbuch, S. 41.

DDR galt Telefonseelsorge als »Symptom des kapitalistischen Systems«; so etwas, hieß es in einem Anflug von ideologisch motiviertem Hochmut, sei in einem sozialistischen Staat unmöglich und zugleich unnötig.[93]

8.2.2 »Günstige Erfahrungen nutzen« – Neue Diskussionen um eine Telefonfürsorge

Diese Situation änderte sich in der zweiten Hälfte der 1960er Jahre. Die internationalen Kongresse der Telefondienste, die seit 1960 regelmäßig stattfanden und der Propagierung der Idee der Telefonhilfe dienen sollten, wirkten sich allmählich auch hinter dem »Eisernen Vorhang« aus. Im Ostblock wurde die Idee in säkularisierter Form aufgegriffen, Ende 1964 richteten Psychiater in der tschechoslowakischen Hauptstadt Prag ein sogenanntes Vertrauenstelefon (»Linka Duvery«) ein. Die ganztägige, von Ärzten durchgeführte Telefonhilfe wurde vom Staat finanziert. »Es ist begreiflich, daß auch bei unseren gesellschaftlichen Bedingungen mit Konfliktzuständen, die in Selbstmordversuchen münden können, gerechnet werden muß – zumindest bis zu der Zeit, bis die Interessen der Gesellschaft und des Einzelnen restlos übereinstimmen werden«, rechtfertigte ein Mitarbeiter von »Linka Duvery« die erste Telefonhilfe in einem sozialistischen Land.[94] In den folgenden Jahren wurden in weiteren Städten Vertrauenstelefone eingerichtet, so in Brno, Příbram, und auch im polnischen Wrocław.

Das wiederum löste auch in der DDR entsprechende Diskussionen aus: »Es gibt jetzt einige Beweise, daß der 24-Stunden-Telefon-Dienst, um isolierten, vereinsamten oder verzweifelten Personen eine Möglichkeit zur Kommunikation zu bieten, dazu verhelfen kann, Suizidhandlungen abzuwenden«, gab der Psychiater Dietfried Müller-Hegemann zu bedenken.[95] Der damalige Leiter des Berliner Wilhelm-Griesinger-Krankenhauses sprach sich dafür aus, dass »alle günstigen Erfahrungen mit suizidgefährdeten Personen aus anderen Ländern genutzt und angewendet werden sollten«.[96] Zur selben Zeit wurde das Thema auch vorsichtig in die Presse gebracht, so durch einen Artikel im »Magazin« im Frühjahr 1968.[97] Die hier veröffentlichte (tschechische) Telefonnummer führte sogar dazu, dass einige DDR-Bürger in Prag anriefen und um Hilfe in Lebenskrisen baten – ein deutliches Zeichen dafür, daß es auch in der DDR einen Bedarf für eine solche Einrich-

93 Richter, Medikamentenabusus, S. 36.
94 M. Plzák u.a., Die Telefonhilfe in Prag, in: Psychiatrie, Neurologie und medizinische Psychologie 18 (1966) 6, S. 212.
95 Dietfried Müller-Hegemann, WHO-Komitee der DDR. Prevention of suicide (Vorbeugung des Suizids), in: Deutsches Gesundheitswesen 24 (1969), S. 999f., zit. 1000.
96 Dietfried Müller-Hegemann (Hg.), Geistige Gesundheit in der neuzeitlichen Gesellschaft (= Psychiatrie, Neurologie und medizinische Psychologie 7, Beiheft), Leipzig 1967, S. 15.
97 Theodor Balk, Erste Hilfe per Telefon, in: Das Magazin, Februar 1968, S. 56f.

tung gab.[98] Auch einzelne interessierte Ärzte fuhren nach Prag, um sich an Ort und Stelle über die Arbeitsweise der Telefonhilfe zu informieren.[99]

Als in Ost-Berlin im Jahr 1968 von Planungen für ein Netz von Betreuungsstellen für Suizidgefährdete die Rede war, kam es auch zu Diskussionen, ob man parallel dazu eine »Telefonhilfe für Menschen in Not« installieren sollte.[100] Um 1970 schien sich die Idee in zahlreichen Staaten des Warschauer Vertrages durchgesetzt zu haben; in mehreren polnischen, ungarischen und tschechischen Großstädten und sogar in Moskau entstanden ähnliche Vertrauenstelefone wie in Prag. In der DDR indes geschah nichts. Wie Helmut Kulawik später erklärte, »hätte die zusätzliche Etablierung eines Telefondienstes aus Kapazitätsgründen eine Qualitätsminderung der Betreuung und Therapie der Patienten mit sich gebracht, die nach einem Suizidversuch in unsere Behandlung gekommen wären«.[101] Da bereits für die Einrichtung von Betreuungsstellen für Suizidgefährdete Mittel und Personal fehlten, konnte man dieser Argumentation eine gewisse Berechtigung nicht absprechen. Zudem hatte sich auch gezeigt, dass zum Beispiel die ungarischen Telefonnotdienste in Debrecen und Budapest keine nachweisbare Senkung der Suizidziffern bewirken konnten. Auch musste bedacht werden, dass die Wirkungsmöglichkeiten angesichts der spärlichen Versorgung der DDR-Bürger mit Telefonanschlüssen – etwa acht Prozent der DDR-Bevölkerung hatten zu Hause Telefon – begrenzt waren.[102] Das entscheidende Gegenargument war jedoch ein politisches: Es war die Sorge, mit den Telefonen eine »Handhabe zur mißbräuchlichen Durchsetzung von Forderungen gegenüber staatlichen Dienststellen zu bieten«.[103]

Zudem wäre die Etablierung von Telefonhilfen nur durch eine breite Öffentlichkeitsarbeit möglich gewesen, wobei wahrscheinlich auch die Verheimlichung der hohen Selbsttötungsrate der DDR zur Sprache gekommen wäre. Insofern bot die fehlende Erfolgsbilanz einiger Telefondienste wahrscheinlich auch einen willkommenen Vorwand, um sicherheitspolitische Gründe nicht benennen zu müssen.[104]

---

98 Die Anrufer hatten Glück: Eine deutsch sprechende Psychologin nahm die Anrufe entgegen. Vgl. Gespräch mit Dr. Hartmut Kirschner, Radeberg, am 17. Januar 2001.
99 Vgl. Kleinsorge, Der demonstrative Suizidversuch, S. 54.
100 Seidel/Kulawik, Notwendigkeit des Aufbaus, S. 128.
101 Kulawik, Suizidversuch, S. 67.
102 Vgl. Uwe Müller/Renate Pfuhl, Die Entwicklung der TS in der DDR, in: Auf Draht Nr. 34, April 1997, S. 21.
103 Richter, Medikamentenabusus, S. 36.
104 Dessen ungeachtet wurde die Telefonhilfe auch weiterhin von einigen Ärzten gefordert. So plädierte der erste Leiter der Betreuungsstelle für Suizidgefährdete in Brandenburg, Helmut F. Späte, im Jahr 1978 für eine solche Einrichtung, um die erste Kontaktaufnahme von Hilfesuchenden zur Betreuungsstelle zu erleichtern. Vgl. Späte u.a., Wohngebiet und suizidale Handlungen.

8.2.3 Die Anfänge der Telefonseelsorge in der DDR

Die Gründungswelle von Telefonseelsorgeeinrichtungen in der Bundesrepublik blieb in der DDR, zumal die Kontakte und Partnerschaften zwischen Landeskirchen, Kirchenkreisen oder Gemeinden ungeachtet der deutschen Teilung fortbestanden, nicht ohne Resonanz. Auch unter den ungünstigeren Rahmenbedingungen gab es in der DDR Bestrebungen, Telefonseelsorgen zu gründen, auch wenn diese nicht aktenkundig wurden.[105] Allein in Leipzig gab es auf lokaler Ebene zwei Initiativen. So initiierte Pfarrer Gerhard Krügel in den 1960er Jahren eine lebensbegleitende Betreuung von Suizidgefährdeten, ganz ähnlich der Idee der »Samaritains«, allerdings ohne Telefondienst. Mitte der 1970er Jahre engagierte sich der Leipziger Arzt Dr. Andres für einen telefonischen Notdienst im Dienste der Suizidprophylaxe – jedoch ohne Erfolg.

In Halle/Saale entstand bereits Ende der 1960er Jahre ein Arbeitskreis zur Schaffung einer Telefonseelsorge. Die Initiative ging von dem Pfarrer-Ehepaar Schuster aus; angeregt wurden die Initiatoren durch eine Tagung, auf der das West-Berliner Telefonseelsorge-Modell vorgestellt worden war. Überregional kaum bemerkt, nahm die Telefonseelsorge Halle nach einem Jahr Ausbildung im November 1969 ihre Arbeit auf.[106] In kirchlichen Einrichtungen wurden Plakate ausgehängt mit dem Wortlaut: »Tag und Nacht für Sie zu sprechen (auf Wunsch auch anonym) Telefonseelsorge, Ruf 26288«. Zeitweise wirkten bis zu sechzig Freiwillige mit. Am Telefon saßen Pastoren und Fürsorger, Universitätsprofessoren und Hausfrauen, täglich bis 22 Uhr. In der Nacht wurde der Telefonanschluss in die Pfarrerswohnung umgelegt.[107]

Obwohl die Telefonseelsorge bei »kommunalen Stellen« auf Widerstand stieß, wobei vor allem die Einhaltung der Gesetze und die Beschränkung aller Aktivitäten auf den kirchlichen Raum angemahnt wurden, genehmigte die Hallesche Stadtverwaltung das Vorhaben. Möglicherweise hat hierbei begünstigend gewirkt, dass auch staatliche Stellen sich Ende der 1960er Jahre dem Suizidproblem zuwendeten und die Schaffung eines Netzwerkes zur Suizidprophylaxe diskutierten.[108]

Allerdings blieb die Telefonseelsorge in Halle ein Einzelfall. Die Einrichtung wurde allein vom persönlichen Engagement der Beteiligten getragen und kaum über die Stadtgrenzen hinaus bekannt. Auch stellte sich bald heraus, dass Suizidalität bei den Hilfesuchenden nicht im Vordergrund stand,

---

105 Vgl. Müller/Pfuhl, Entwicklung der TS.
106 Innerkirchliche Ankündigung der Telefonseelsorge vom 15. Oktober 1969, in: Archiv der Stadtmission Halle.
107 Mitteilungen an den Autor von Monika Schlegelmilch, Evangelische Stadtmission Halle sowie von Pastorin Susanne Schuster.
108 Schreiben des Hilfswerkes Innere Mission an Pastor Schuster vom 29.9.70, in: ADW, DW DDR II 792.

vielmehr waren es Ehe- und Familienprobleme. Daher richtete Frau Schuster parallel eine »Mütterhilfe« ein, die bis Ende 1980 angeboten wurde. Mit dem Ausscheiden der Eheleute Schuster endete auch die Arbeit der ersten Halleschen Telefonseelsorge.[109] Erst in den 1990er Jahren, unter ganz anderen politischen Bedingungen, wurde die Telefonseelsorge in Halle neu gegründet.

8.2.4 Staatliche »Telefone des Vertrauens« in der DDR

Bei einer Fragebogenaktion favorisierten Anfang der 1980er Jahre nur acht Prozent der befragten Mitarbeiter medizinischer Einrichtungen Telefonberatungsdienste als geeignete Mittel zur Suizidprävention (während etwa die Hälfte der Befragten für spezielle Betreuungsstellen plädierte).[110] Groß war auch die Skepsis der Psychiater gegenüber einem psychologischen Telefondienst für »Lebensmüde«.

Insofern ist es bemerkenswert, dass ungeachtet solcher Vorbehalte im November 1983 in Leipzig das erste »Telefon des Vertrauens« (TdV) der DDR entstand. Initiiert wurde es von staatlicher Seite, und zwar vom Sekretär der SED-Bezirksleitung, Roland Wötzel, und vom Kreisarzt der Stadt Leipzig, Heinz Metzig. Als Vorbild diente das Moskauer Vertrauenstelefon, das eine Psychologin gegründet hatte.[111] Wie in der sowjetischen Hauptstadt, so waren es auch in Leipzig Psychologen, die das TdV betrieben. Neben zwei hauptamtlichen Mitarbeitern saßen 14 »berufserfahrene klinische Psychologen« täglich von 17 bis 24 Uhr am Telefon. Für die Mitarbeiter war eine spezielle Ausbildung nach internationalen Telefonseelsorge-Standards durchgeführt worden: Ein bundesdeutsches Lehrbuch bildete die Grundlage, ein Lehrfilm der schwedischen Telefonseelsorge kam zum Einsatz, und das »befriending«-Konzept der Samaritains wurde diskutiert.[112] Das Hilfsangebot wurde in Leipzig durch eine lokale Zeitung, durch Radiobeiträge und ein Plakat publik gemacht. In den beiden Jahren 1984 und 1985 wurden insgesamt 2278 Gespräche geführt.[113] Für alle Anrufer bestand die Möglichkeit, anonym zu bleiben, von der drei Viertel auch Gebrauch machten.

Um bei akuten Notfällen handlungsfähig zu sein, bestand eine Direktverbindung zur Schnellen Medizinischen Hilfe. Das »Telefon des Vertrauens« stellte aber weder eine »psychiatrische Rettungsstation« dar, noch wollten

---

109 Auskunft von Monika Schlegelmilch, Evangelische Stadtmission Halle.
110 Rochler, Haltung zu Sterben und Tod, S. 76.
111 Frank Kunold, Moskauer Kummernummer, in: Für Dich (1986) 2, S. 21.
112 Gespräch mit Dipl.-Psych. Rainer Härtwig am 17. Februar 2001.
113 Laut interner Statistik des TdV kamen dabei 4530 Probleme zur Sprache. Den Hauptanteil bildeten Ehe- und Familienprobleme (26 %), psychische und körperliche Erkrankungen (23,5 %), Probleme mit der eigenen Persönlichkeit (15,5 %), Sucht (8,5 %) und Sexualität (7,5 %). Nur in drei Prozent war Suizidalität Gegenstand des Gesprächs. Vgl. Statistik des TdV Leipzig, dankenswerterweise zur Verfügung gestellt von Uwe Müller.

die Psychologen »in erster Linie Menschen im präsuizidalen Syndrom erreichen, um die Suizidrate zu senken«. Vielmehr ging es darum, »für Menschen im weiten Vorfeld pathologischer Krisenentwicklungen ansprechbar zu sein« und damit eine Lücke in der psychosozialen Betreuung zu schließen.[114] Beispielsweise fielen bisher »abnorme Persönlichkeiten mit hysterisch-querulatorischer Struktur« aus der Behandlungskompetenz der Ärzte, weil sie entweder nicht behandlungsbereit waren, oder aber die Bedingungen der Behandlung (zum Beispiel Anpassung an die Hausordnung) gerade wegen ihrer Persönlichkeitsstörung nicht erfüllen konnten. In manchen Fällen war das Telefongespräch ein erster Schritt hin zu einer Gesprächstherapie in der Klinik für Psychotherapie, wo der Psychologe Rainer Härtwig die Prophylaxeabteilung leitete. Ziel des Hilfsangebotes war es, »ein Abgleiten in Opposition, Kriminalität, Depression, Alkoholismus oder Suizidalität mit zunehmend ungünstigerer Prognose zu vermeiden«.[115]

Die Wirksamkeit des Leipziger »Telefons des Vertrauens« auf das Suizidgeschehen blieb marginal. Nur drei Prozent der Gespräche hatten Suizidalität zum Gegenstand. Es kam in Einzelfällen vor, dass Menschen Hilfe suchten, aber am Telefon schwiegen: »In einem Fall erfuhren wir von einer Ärztin der ITS, dass ein Patient uns vor seinem nicht gelungen[en] Suizid fünfmal anrief, jedoch in keinem Fall den Mut zum Sprechen hatte«, berichteten die Psychologen vom TdV Leipzig.[116] Häufiger jedoch war, dass Suizidgefährdete »kein Vertrauen« empfanden und gar nicht erst anriefen. Das ergab eine Befragung aller Patienten, die 1987 aus einer psychiatrischen Klinik in Leipzig entlassen wurden, und von denen knapp ein Viertel als suizidgefährdet eingeschätzt wurden. Lediglich 2,3 Prozent dieser Patienten hatten beim TdV angerufen.[117]

Das Misstrauen gegen das »Telefon des Vertrauens« war teilweise auch berechtigt. Zwar dienten die dort angefertigten Mitschnitte der Telefongespräche lediglich der internen Auswertung – einmal monatlich fand eine Supervision statt. Aber das MfS versuchte, Zugriff zu diesen Tonbändern zu erlangen, und hatte sogar die Idee, Patienten in die Klinik für Psychotherapie zu schicken, um sie dort aushorchen zu lassen. Es kam zu Auseinandersetzungen mit dem MfS, in deren Folge Rainer Härtwig, der nach eigenen Angaben eine Zusammenarbeit mit dem MfS verweigert hatte, seine Tätigkeit niederlegte; er stieg nicht nur aus dem »Telefon des Vertrauens« und der Klinik aus, sondern begann, nach einem halben Jahr Krankschreibung,

114 R. Härtwig/H. Metzig/H. Gruhn, Telefon des Vertrauens – psychologische Beratung in Konflikt- und Krisensituationen, Vortrag in Schwerin am 6./7. November 1985, S. 6. Privatarchiv Rainer Härtwig.
115 Rainer Härtwig/Heinz Metzig, Konzeption zum Telefon des Vertrauens. Vortrag auf einem Symposion am 16. April 1986, S. 4. Privatarchiv Rainer Härtwig.
116 Härtwig/Metzig/Gruhn, Telefon des Vertrauens, S. 5.
117 Detlev Schmal, Suizidversuchsmotive, Hilfesucheverhalten, Alkoholbeeinflussung und Diagnosen bei stationär behandelten suizidalen psychiatrischen Patienten in Leipzig, in: Suizidprophylaxe 19 (1992) 3, S. 181–192, zit. 187.

eine Ausbildung als Keramiker. Die naheliegende Vermutung, dass seine Kollegen gegenüber den Machenschaften des MfS weniger resistent waren, lässt sich nicht belegen, da keine diesbezüglichen MfS-Akten ausfindig gemacht werden konnten.[118]

8.2.5 Die Telefonseelsorge in Dresden als Präzendenzfall

Ähnlich wie Ende der 1960er Jahre in Halle ging auch die Gründung der Telefonseelsorge Mitte der 1980er Jahre in Dresden auf eine private Initiative zurück. Initiator war Hartmut Kirschner, promovierter Oberarzt und amtierender Abteilungsleiter am Dresdner Diakonissenkrankenhaus. Der Arzt für Innere Medizin trat im Jahr 1983 gleichzeitig an den Kreisarzt und an das Landeskirchenamt mit der Idee heran, Staat und Kirche könnten gemeinsam eine Telefonberatung für Menschen in Krisensituationen aufbauen. Beide Instanzen reagierten zunächst zurückhaltend. Der Kreisarzt empfahl Dr. Kirschner, sich vergleichbare Institutionen anzusehen, woraufhin dieser das Vertrauenstelefon in Prag besuchte und auch Kontakt zum TdV in Leipzig aufnahm.

Gleichzeitig startete Hartmut Kirschner ein Testmodell. Während des Evangelischen Kirchentages in Dresden 1983 bot eine Gruppe von Ärzten und Psychologen – von einem Zimmer in einem Neubaugebiet aus – Telefonseelsorge an. Damit sollte getestet werden, ob angesichts der weitverbreiteten Vermutung, dass die Gespräche abgehört würden, überhaupt jemand anrufen würde. Der Test verlief positiv, der Leidensdruck der Anrufer war offenbar stärker als die Angst vor den Mithörern des MfS.

Durch diese Erfahrung ermutigt, führte Hartmut Kirschner einmal wöchentlich eine telefonische Beratung durch. Zunächst wies ein Zettel in der (katholischen) Hofkirche, die auch von vielen Touristen besucht wurde, auf das Hilfsangebot hin. Nach etwa drei Monaten wurde jedoch verfügt, dass der Zettel abgenommen werden musste. Mit Hilfe des evangelischen Superintendenten von Dresden-Mitte fand sich jedoch schnell eine Alternative: Für die nächsten zweieinhalb Jahre hing das Informationsblatt in der Kreuzkirche.[119]

Zu Beginn des Jahres 1985 beschloss dann das Dresdner Landeskirchenamt, eine Telefonseelsorge im kirchlichen Rahmen aufzubauen. Da man staatliche Behinderungen fürchtete, ging man sehr vorsichtig vor. Ohne die Telefonseelsorge zu erwähnen, beantragte das Landeskirchenamt einen Telefonanschluss für eine Dienststelle der Inneren Mission. Über Konvente

---

118 Auch in Bezug auf »Telefone des Vertrauens« in anderen Städten konnte eine missbräuchliche Nutzung bisher nicht nachgewiesen werden. Es ist allerdings zu berücksichtigen, dass der Erschließungsgrad der Akten der MfS-Abteilung 26 (Telefonüberwachung) zum Zeitpunkt der Anfrage (Ende 2003) lediglich 9,4 Prozent betrug.

119 Vgl. Gespräch mit Dr. Hartmut Kirschner, Radeberg, am 17. Januar 2001.

und Mund-zu-Mund-Propaganda gewann man innerkirchlich 75 Interessenten, von denen fünfzig für eine einjährige Ausbildung ausgewählt wurden. Gegenstand der Ausbildung waren Selbsterfahrung, Rollenspiele und die theoretische Beschäftigung mit psychologischen, ethischen, theologischen und medizinischen Themen – also genau das, was auch zum Ausbildungsstandard der Telefonseelsorger in der Bundesrepublik gehörte. Ausbilder waren zum Beispiel erfahrene Ehe- und Familienberater sowie der Leiter der Dresdner Betreuungsstelle für Suizidgefährdete. Am Ende der Ausbildung stand eine Prüfung, die über die Zulassung als Telefonseelsorger entschied. Nicht jeder der Teilnehmer fühlte sich, trotz guten Willens, der Aufgabe gewachsen. Am Ende blieben 35 Freiwillige aus den verschiedensten Berufsgruppen dabei: Techniker, Ökonomen, Angestellte im kirchlichen Dienst, Hausfrauen und einige wenige Ärzte und Psychologen. Ihre feierliche Berufung fand am 3. Advent 1985 in der Dresdner Zionskirche statt.[120]

Wie aus den Akten des Staatssekretariats für Kirchenfragen hervorgeht, blieben diese Vorbereitungen beim Rat des Bezirkes Dresden lange Zeit unbemerkt. Erst, als bereits in zahlreichen Kirchen Aushänge mit den Worten »anonym miteinander sprechen« den bevorstehenden Start der Telefonseelsorge ankündigten, erfuhr der Sektorenleiter für Kirchenfragen beim Rat des Bezirkes, Gerhard Lewerenz, davon. Am 13. Dezember 1985 berichtete ihm ein katholischer Generalvikar von den Vorbereitungen für die Telefonseelsorge. Eine Woche später legte der Generalvikar im Rat des Bezirkes die Kopien der Aushänge sowie den Text der für die Weihnachtsgottesdienste vorgesehenen Kanzelabkündigung vor.

Der Sektorenleiter für Kirchenfragen reagierte mit »Unverständnis und Verwunderung« darüber, dass er nicht informiert worden war. Der Präsident des Landeskirchenamtes, Kurt Domsch, entschuldigte das – einen Tag vor Weihnachten – gegenüber Lewerenz mit »Vergesslichkeit«. Daraufhin lud der Stellvertreter des Vorsitzenden des Rates des Bezirkes für Inneres, Walter Fuchs, den Kirchenvertreter für den 2. Januar 1986 (den geplanten Start-Termin der Telefonseelsorge) erneut vor.

Ungeachtet dessen wurde in Dresden während der Weihnachtsgottesdienste der bevorstehende Start der Telefonseelsorge angekündigt, und auch am 2. Januar ließen Kurt Domsch und sein Begleiter, Oberkirchenrat Johannes Rau, keinen Zweifel daran, dass sie an ihrem Plan festhielten. Auf den Vorwurf des Stellvertreters für Inneres, dass die Frage der seelsorgerlichen Schweigepflicht bei Anrufen mit strafrechtlicher Relevanz nicht geregelt sei, konterte Rau, dass die Anrufer doch meist Probleme mit sich selbst hätten. Dazu führte er eine (recht zweifelhafte) Statistik der Telefonseelsorge Dortmund an, wo angeblich 90 Prozent der Anrufer suizidgefährdet waren.[121]

---

120 Vgl. Heike Krümmel, Notruf für die Seele, in: Die Union vom 24./25. Dezember 1987, S. 9f. sowie Telefonat mit OKR Hermann Schleinitz, Dahme, am 29. Mai 2002.
121 Vgl. Information des Stellvertreters für Inneres des Rates des Bezirkes Dresden für das Staatssekretariat für Kirchenfragen vom 6. Jan. 1986, in: BArch Berlin, DO 4, 1382, n. pag.

Das fünfstündige Gespräch im Rat des Bezirkes entbehrte insgesamt nicht einer gewissen Dramatik. Beginn des Gespräches war 15 Uhr, am gleichen Tag um 17 Uhr sollte die Telefonseelsorge starten. Während die beiden Kirchenvertreter noch beim Rat des Bezirkes diskutierten, traf bei der Telefonseelsorge schon der erste Anruf ein. Der kam von der Post, ein Telegramm mit guten Wünschen von den »Kollegen« vom staatlichen »Telefon des Vertrauens« in Leipzig wurde durchgegeben. Andere Anrufer fragten nach, ob die Telefonseelsorge tatsächlich ihre Arbeit aufgenommen hätte.[122]

Wie berechtigt diese Frage war, zeigte der Verlauf des Gespräches im Rat des Bezirkes. Dort forderte der Stellvertreter für Inneres, die »Telefonseelsorge bis zur Klärung aller Fragen zu unterlassen«. Zunächst sollte die Kirche eine Konzeption einreichen, die »Absichten, Ziele, Rechtskonsequenzen« der neuen Einrichtung erläuterte. Dann jedoch – angesichts der bereits erfolgten Inbetriebnahme des Seelsorge-Telefons – verzichtete der Staatsfunktionär aus pragmatischen Gründen auf seine Forderung:

»Ein Überkleben der ausgehängten Plakate würde sicher vielfältige negative Diskussionen auslösen. Außerdem sei die Telefonseelsorge ja auch durch Abkündigung bekanntgegeben worden.«[123]

Hieß das, die staatlichen Stellen akzeptierten die geschaffenen Tatsachen? Ein Bericht, den der Sektorenleiter für Kirchenfragen Mitte Januar 1986 verfasste, war sachlich und stützte sich weitgehend auf kirchliche Informationen. Die Telefonseelsorge Dresden entspreche der Beschreibung als »teamwork«, da hier freiwillige Helfer aktiv würden, die pädagogisch und medizinisch vorgebildet seien, hieß es dort. Beim Adressaten des Berichtes, dem Berliner Staatssekretariat für Kirchenfragen, wurde handschriftlich vermerkt, dass Dr. Lewerenz bereit sei, ein Gespräch mit den Verantwortlichen der Telefonseelsorge zu vermitteln, eine Stornierung aber ablehnen würde: »Da gäbe es mehr Krach, als gut wäre.«[124]

»Krach« gab es in der Folgezeit tatsächlich nicht, denn für den 8. Juni 1986 standen Wahlen an, weshalb im Februar 1986 eine Richtlinie des Staatssekretariats für Kirchenfragen forderte: »Vorhandene Probleme im Verhältnis von Staat und Kirche sind im Vorfeld der Wahlen abzubauen. Es ist keine Zuspitzung zuzulassen.«[125]

---

122 Vgl. Gespräch mit Dr. Hartmut Kirschner, Radeberg, am 17. Januar 2001 sowie Telefonat mit OKR Hermann Schleinitz, Dahme, am 29. Mai 2002.
123 Vgl. Information des Stellvertreters für Inneres des Rates des Bezirkes Dresden für das Staatssekretariat für Kirchenfragen vom 6. Januar 1986, in: BArch Berlin, DO 4, 1382, n. pag.
124 Bericht des Sektorenleiters für Kirchenfragen des Rates des Bezirkes Dresden an das Staatssekretariat für Kirchenfragen vom 14. Januar 1986, in: BArch Berlin, DO 4, 1382, n. pag.
125 Vorlage für Dienstbesprechung vom 24.2.1986, S. 4, in: BArch Berlin, DO 4, 952, n. pag.

Gerhard Lewerenz bemerkte in einem Gespräch mit Kirchenvertretern am 10. März 1986 nur, dass sich der ungeklärte Status der Telefonseelsorge »belastend auf das Verhältnis der staatlichen Organe zur Landeskirche Sachsens« auswirken würde.[126] Eine etwas härtere Gangart schlugen der Stellvertreter für Inneres in Dresden, Walter Fuchs, und der Hauptabteilungsleiter beim Staatssekretariat für Kirchenfragen in Berlin, Peter Heinrich, an. Beide »beeinspruchten entschieden die Durchführung dieses Telefonsorgedienstes beim Präsidenten des Landeskirchenamtes Dr. Domsch«. Mehrfach wurde »die staatliche Forderung zur Einstellung der Telefonseelsorge übermittelt« – ohne erkennbare Wirkung: »Von ihm wurden diese Einsprüche ignoriert.«[127]

Zur gleichen Zeit, als die staatlichen Stellen scheinbar unentschieden zwischen Informationsaustausch und Drohung lavierten, fand im Staatsapparat eine interne Überprüfung des »Präzedenzfalls« Telefonseelsorge statt, die ein ganz klares Ziel verfolgte: Man wollte juristische Möglichkeiten für ein Verbot der Telefonseelsorge herausfinden. Dabei setzten die Gegner der Telefonseelsorge vor allem auf die Vorschriften des Post- und Fernmeldewesens. Im zuständigen Ministerium wurde geprüft, ob

1. die Telefonseelsorge eine missbräuchliche Benutzung von Fernmeldeanlagen ist,
2. der Anschluss entzogen werden darf,
3. eine Belästigung oder Behinderung anderer Bürger stattfindet,
4. das Netz überlastet wird und
5. inhaltlich Einfluss genommen werden kann.

Nach eingehender Prüfung mussten die Abteilungsleiter im Ministerium für Post und Fernmeldewesen im September 1986 jedoch feststellen, dass keiner der angeführten Punkte zutraf. Das Seelsorge-Telefon war weder Missbrauch noch Zweckentfremdung, denn es wurde für die Seelsorge der Inneren Mission beantragt. Eine Belästigung anderer Bürger fand schon deshalb nicht statt, weil die Bürger freiwillig anriefen. Da das Telefon nur außerhalb der Spitzenzeiten (zwischen 17 und 23 Uhr) betrieben wurde, konnte auch nicht mit einer Überlastung des Netzes argumentiert werden. Und eine inhaltliche Einflussnahme verbot – so die Stellungnahme des Ministeriums – das Post- und Fernmeldegeheimnis.

Die einzige Maßnahme, die das Ministerium ergreifen konnte, bestand darin, dass »die Bezeichnung ›Telefonseelsorge‹ oder ähnliches nicht im Fernsprechbuch erscheint und für diesen Zweck keine Neuanschlüsse bereitgestellt werden«.

126 Vgl. Information des Sektorenleiters für Kirchenfragen des Rates des Bezirkes Dresden an das Staatssekretariat für Kirchenfragen vom 20. März 1986, in: BArch Berlin, DO 4, 1382, n. pag.
127 Leitungsinformation V/86 vom 27. Dezember 1986, in: BArch Berlin, DO 4, 953, n. pag.

Zuletzt wurden auch noch die Ordnungswidrigkeitsverordnung und das Auflagenrecht des Bürgermeisters (Gesetz über die örtlichen Volksvertretungen) durchgesehen, aber auch hier ergaben sich keine Möglichkeiten für ein Verbot. »Lediglich die Werbung für die Telefonseelsorge in der Öffentlichkeit kann auf Grundlage der AO über das Genehmigungsverfahren für die Herstellung von Druck- und Vervielfältigungserzeugnissen untersagt werden«, lautete das magere Ergebnis der Überprüfung.[128]

Genau das wurde dann aber auch getan. Nachdem »in Dresdner Kirchennachrichtenblättern immer wieder Hinweise auf diese ›Seelsorgemöglichkeit‹ enthalten« waren, verlangten »die Druckgenehmigungsstellen der Abt. Kultur des jeweiligen Stadtbezirkes« im Juni 1986 »die Streichung dieser Hinweise«.[129]

Trotz der recht beschränkten Öffentlichkeitswirkung riefen in den ersten acht Monaten 1038 Hilfesuchende bei der Telefonseelsorge an. Noch im März hatte der Dresdner Sektorenleiter für Kirchenfragen gedroht: »Wenn es Zwischenfälle gebe, liege die Verantwortung dafür eindeutig bei der Kirche.« Im August 1986 konnte Kurt Domsch bilanzieren, dass unter den registrierten Gesprächen kein einziger politischer Anruf und erst recht keine politische Drohung zu verzeichnen gewesen sei.[130]

Angesichts des positiven Resümees von Domsch zeigte sich das Berliner Staatssekretariat für Kirchenfragen unentschieden. Zwar wurde »in relativ kurzer Zeitspanne eine endgültige kirchenpolitische Entscheidung« angekündigt, zur weiteren Verfahrensweise sollten jedoch zwei Alternativen geprüft werden:

»1. Mit welcher Begründung ist die Durchführung der Telefonseelsorge zu untersagen bzw. zu unterbinden. [...]
2. Unter welchen Voraussetzungen und Bedingungen, in welchem konkret absteckbaren Rahmen könnte die Durchführung der Telefonseelsorge durch die Staatsorgane akzeptiert bzw. geduldet werden?«[131]

Die Überprüfung dieser Alternativen zog sich über ein Jahr hin. Solange vom Staatssekretariat für Kirchenfragen noch »keine eindeutige Position« gegen die Telefonseelsorge bezogen wurde, hatten die lokalen staatlichen Stellen einen schweren Stand. Pfarrer weigerten sich, Hinweise auf die Telefonseelsorge aus ihren Veröffentlichungen zu streichen, weshalb es mehrfach zu Auseinandersetzungen mit Kirchenvertretern kam.[132] Schließlich

---

128 Ebd.
129 Informationsbericht des Stellvertreters für Inneres des Rates des Bezirkes Dresden für die Monate Juni/Juli 1986 vom 12. August 1986, S. 2, in: BArch Berlin, DO 4, 1123, n. pag.
130 Kurt Domsch, Erfahrungsbericht über 8 Monate Telefonseelsorge, 15. September 1986, in: BArch Berlin, DO 4, 1382, n. pag. Laut Dienstordnung der Telefonseelsorge wurden alle Anrufe in ein Dienstbuch eingetragen.
131 Leitungsinformation V/86 vom 27. Dezember 1986, in: BArch Berlin, DO 4, 953, n. pag.
132 Leitungsinformation II/87 vom 27. April 1987, S. 8, in: BArch Berlin, DO 4, 954, n. pag.

erschien Anfang Juni 1987 eine Anzeige der Telefonseelsorge im CDU-Bezirksorgan »Union«. Damit waren nicht nur die Auseinandersetzungen um die Mitteilungsblätter der Gemeinden gegenstandslos geworden, es zeichnete sich auch ab, dass »die Kirchgemeinden von einer stillschweigenden staatlichen Zustimmung ausgehen«.[133]

8.2.6 Telefonseelsorge in Ost-Berlin?

Während sich die Telefonseelsorge in Dresden etablierte, begannen unabhängig davon Vorbereitungen für eine Telefonseelsorge in Berlin. Anfang Oktober 1986 entwickelten zwei junge Diakone ein Konzept, das vom Diakonischen Werk unterstützt wurde. Die staatlichen Stellen waren jedoch durch die Dresdner Ereignisse gewarnt und versuchten, das Vorhaben unter allen Umständen zu verhindern. Als Generalsuperintendent Günter Krusche am 20. Januar 1987 einen Telefonanschluss für die »Lebensberatung und Krisenhilfe« am Berliner Dom beantragte, weckte das im Staatssekretariat für Kirchenfragen sofort Befürchtungen: »Ich habe den Verdacht, dass hier erste Versuche unternommen werden, die Telefonseelsorge in Berlin zu installieren. Hier sollten wir schnell reagieren«, notierte ein Mitarbeiter zu dem eingereichten Antrag.[134] »Eine Telefonhotline im Büro des Generalsuperintendenten Krusche für ausreisewillige DDR-Bürger versetzte den Staat in Angst und Schrecken«, erinnerte sich der Initiator und spätere Leiter der Telefonseelsorge, Uwe Müller.[135]

Notizen von einer Beratung mit dem Sektorenleiter Kirchenfragen des Berliner Magistrats dokumentieren die staatliche Position: »Es kommen Fragen ins Spiel die strafrechtlich relevant werden können, Straftaten, Suizid/Selbstmorddrohung, med., Antragsteller, StGB § 27/1, 27/2 = Kann kein legitimes Arbeitsfeld der Kirche sein – Kirche ist für die Gläubigen – [...] Christen können doch beim Pfarrer anrufen«.[136]

Um endlich eine klare Position der staatlichen Stellen zur Telefonseelsorge zu erreichen, überstellte der Staatssekretär für Kirchenfragen, Klaus Gysi, Mitte des Jahres 1987 den Erfahrungsbericht der Telefonseelsorge Dresden an Gesundheitsminister Ludwig Mecklinger mit der Bitte, diesen Bericht auf eventuelle medizinische und ethische Probleme durchzusehen. Gysi machte dabei deutlich, dass er der Telefonseelsorge »sehr kritisch« gegenüberstünde und ihre Tätigkeit bereits »beeinsprucht« hätte, weil hier »ethisch-morali-

133 Leitungsinformation III/87 vom 29. Juni 1987, in: BArch Berlin, DO 4, 955, n. pag.
134 Vermerk für HAL von Behncke vom 9. Februar 1987, in: LAB, Rep. 104, Magistrat von Berlin, Inneres, Abt. Kirchenfragen, Nr. 567, n. pag.
135 10 Jahre Kirchliche Telefonseelsorge 1988–1998, Berlin 1998, S. 4.
136 Handschriftliche Notizen vom 5. März 1987, in: LAB, Rep. 104, Magistrat von Berlin, Inneres, Abt. Kirchenfragen, Nr. 567, n. pag.

sche, medizinische und juristische Fragen tangiert werden, die vor einer Entscheidung zunächst gründlich von den zuständigen Organen geprüft werden müssen«.[137]

Mecklinger sprach sich in seinem Antwortschreiben gegen einen weiteren Ausbau der Telefonseelsorge aus und bat den Staatssekretär um Unterstützung dafür, dass »die telefonischen Beratungsdienste *allein* in der Kompetenz des staatlichen Gesundheitswesens liegen und die telefonische Seelsorge sich nur auf den spezifischen konfessionellen Aspekt ausrichtet und auch so *ausgewiesen* wird«.

Eines jedoch war den Verantwortlichen inzwischen klar geworden: »Ein vollständiges Wegdrücken der Telefonseelsorge durch Untersagung oder andere administrative Maßnahmen ist beim gegenwärtigen Stand der Problematik praktisch nicht mehr möglich und unrealistisch.« Es sollte jedoch verhindert werden, dass die Telefonseelsorge »künftig mit den ›Telefonen des Vertrauens‹ mit gleichem Angebot konkurriert«. Erklärtes Ziel war es nur noch, eine auch für die Kirche akzeptable Begrenzung der Telefonseelsorge zu erreichen. Zudem sollte jetzt sogar geprüft werden, ob ein »unterstützendes Zusammenwirken mit der staatlichen Institution« möglich wäre.[138]

8.2.7 Das »Telefon des Vertrauens« in Berlin

Unter diesen Rahmenbedingungen erschien der im Oktober 1987 forcierte Ausbau der »Telefone des Vertrauens« in der DDR als ein Strategiewechsel von staatlicher Seite. Wollte man nun den Hilfsangeboten der Kirche rasch aus dem Boden gestampfte staatliche Telefondienste entgegenstellen?

Gegen diese Vermutung spricht, dass es nach dem erfolgreichen Start des Leipziger Telefondienstes bereits seit etwa 1985 mehrere Vorstöße für weitere solche Einrichtungen gegeben hatte, die letztlich in der Gründung des Berliner TdV zusammenliefen. So wurde im Berliner Krankenhaus Herzberge, wo es bereits eine anonyme »Suizidsprechstunde« gab, Mitte der 1980er Jahre die Schaffung eines Telefondienstes erwogen. »In Auswertung der bisherigen Erfahrungen der anonymen Sonnabendsprechstunde ist vorerst entschieden worden, dass es einen Telefondienst nicht geben wird. Dies hängt mit der unkomplizierten Erreichbarkeit aus WB/BRD zusammen«, hieß es zwar in einem Bericht des Chefarztes, Prof. Klaus Bach (IM »Rudolf«), vom 26. Juni 1986.[139] Trotzdem erarbeiteten zwei Psychologen ein Ausbildungskonzept für Mitarbeiter eines anonymen Telefondienstes (das später auch zum Einsatz kam).[140] Die beiden Psychologen standen auch in

---

137 Schreiben von Klaus Gysi an Gesundheitsminister Ludwig Mecklinger vom 4. Juni 1987, in: BArch Berlin, DO 4, 1382, n. pag.
138 Leitungsinformation IV/87 vom 31. August 1987, in: BArch Berlin, DO 4, 955, n. pag.
139 BStU, MfS, BV Berlin, AIM 1121/87, Bd. II/1, Bl. 322.
140 Annette Simon und Frank-Dietrich Müller.

persönlichem Kontakt mit dem Initiator der kirchlichen Telefonseelsorge, Uwe Müller; man versorgte sich gegenseitig mit Fachliteratur. Auch fand ein Erfahrungsaustausch mit dem TdV Leipzig statt.[141]

Eine andere Initiative ging von dem Journalisten Karl-Heinz Gerstner aus, der eine Tochter durch Suizid verloren hatte. Gerstner war, auch durch die Recherchen seiner Ehefrau Sibylle Muthesius für das Buch »Flucht in die Wolken« (vgl. Kap. 9), zu der Erkenntnis gelangt, dass viele Menschen an »nicht krankheitsbedingten psychischen Störungen« litten und nicht in die Psychiatrie gehörten. Um diese Menschen hätte sich früher die Kirche gekümmert, jetzt müsse man neue »Formen sozialistischer Seelsorge« entwickeln.

In der späten DDR suchten auch andere Marxisten, in bewusstem Kontrast zur konfrontativen Haltung in der Ulbricht-Ära, Anregungen bei der Religion. So enthielt eine 1983 eingereichte Dissertationsschrift einer Gesellschaftswissenschaftlerin die Bemerkung, dass die suizidhemmende Kraft der Religion bestimmt auch Gesichtspunkte enthalten würde, »die für nichtreligiöse und atheistische Weltanschauungen genauso geltend gemacht werden können«.[142] Karl-Heinz Gerstner verfasste mehrere Konzepte, eines schickte er vor dem XI. Parteitag im Frühjahr 1986 an das ZK der SED. Bei den Funktionären stieß er jedoch zunächst auf Skepsis. »Neurosen und Hysterie sind bürgerliche Erscheinungen. In Arbeiterfamilien gibt es das nicht. [...] Da geht alles einfacher und gesünder zu. Eine sozialistische Seelsorge brauchen wir nicht«, lautete der Einwand eines FDGB-Funktionärs.[143]

Der höchste Gesundheitspolitiker der DDR hingegen, Prof. Karl Seidel, Leiter der ZK-Abteilung für Gesundheitspolitik, revidierte seine anfänglichen Vorbehalte gegenüber einem Telefondienst und sorgte dafür, dass die Einrichtung von »Telefonen des Vertrauens« in den »Maßnahmeplan zur Entwicklung des Gesundheitsschutzes und der medizinischen und sozialen Betreuung im Zeitraum 1986–90« aufgenommen wurde. Dieser Plan sah vor, Telefondienste »in der Hauptstadt Berlin sowie in den Bezirksstädten Dresden, Karl-Marx-Stadt, Halle und Rostock« einzurichten.[144] Gesundheitsminister Mecklinger ging jedoch (nach Gerstners Schilderung) nur widerwillig an die Realisierung dieser Vorgabe: »Die anonymen Telefonanrufe würden die Gefahr in sich bergen, dass Missstände in der DDR massiert bekannt würden.«[145]

141 Vgl. Telefonat mit Dipl.-Psych. Frank-Dietrich Müller, Eisenach, am 20. August 2001.
142 Viola Lehnhardt, Der Charakter von ethischen Werten in der protestantischen Theologie der DDR unter besonderer Berücksichtigung der Kategorie Sinn des Lebens. Eine Analyse vom Standpunkt der marxistisch-leninistischen Philosophie, Diss. Halle 1983, S. 152.
143 Karl-Heinz Gerstner, Sozialistische Seelsorge, in: ders., Sachlich, kritisch, optimistisch, Berlin 1999, S. 425–430, zit. 427.
144 Schreiben von Gesundheitsminister Ludwig Mecklinger an Willi Stoph vom 20. Oktober 1987, S. 1, in: BArch Berlin, DC 20, 5115, n. pag.
145 Gerstner, Sachlich, S. 429.

Um die Sache doch noch in Gang zu bringen, setzte sich Gerstner im Januar 1987 mit dem Berliner Bezirksarzt, Prof. Geerd Dellas, in Verbindung. Dellas galt als Mann der Tat; er hatte von 1977 bis 1986 den Neubau der Charité geleitet. Gemeinsam fuhren die beiden zum »Telefon des Vertrauens« nach Leipzig; die in einer Villa untergebrachte Einrichtung erschien Dellas als gelungenes Beispiel, und er begann die Suche nach einem passenden Haus in Berlin.[146]

Inwiefern die verstärkten Aktivitäten im Gesundheitsministerium den Bezirksarzt in seinem Handeln beeinflusst haben, ist retrospektiv nicht zu klären. Es ist jedoch angesichts der Verzögerungstaktik des Gesundheitsministers wenig wahrscheinlich, dass die »Blitzaktion«, mit der Dellas das TdV in Berlin Ende 1987 innerhalb von acht Wochen realisierte, auf Anordnung des Ministeriums erfolgte. Offen muss auch bleiben, ob es sich dabei tatsächlich um eine absichtliche »Gegenaktion des Staates gegen die Telefonseelsorge« handelte, wie das von einigen Psychologen, die von Dellas eingeladen und vor vollendete Tatsachen gestellt wurden, vermutet wurde.[147]

Der Telefondienst wurde bereits ab dem 21. Dezember 1987 von einer Ambulanz in Berlin-Mitte aus durchgeführt. Gegen den Protest der beteiligten Psychologen hatte Bezirksarzt Dellas durchgesetzt, dass der Start sofort erfolgte, die langfristig konzipierte Ausbildung sollte bei laufendem Betrieb nachgeholt werden. Der von Dellas eingesetzten Leiterin sagten mehrere Zeitzeugen nach, sie käme vom MfS; die Aktenrecherche bei der Bundesbeauftragen für die Stasiunterlagen erbrachte jedoch keine Hinweise in dieser Richtung. Zur ideologischen »Absicherung« beteiligten sich neben Psychologen und Ärzten auch SED-Funktionäre am Telefondienst, Missbrauchsversuche des MfS (wie in Leipzig) wurden von Berlin nicht bekannt. Die etwa 50 nebenberuflichen und bis zu sechs hauptamtlichen Mitarbeiter wurden zwar überprüft, aber das zog sich ein halbes Jahr hin. Als das MfS feststellte, dass der stellvertretende Leiter, Jörg Richter, jahrelang in einem »operativen Vorgang« bearbeitet worden war, hatte das, obwohl der Stadtbezirksarzt dessen Kündigung oder zumindest ein »Telefonverbot« forderte, bemerkenswerterweise keine Konsequenzen. Rückblickend urteilte Richter, der sich nach 1990 als Geschäftsführer für ein Weiterbestehen des Telefondienstes engagierte, über das TdV: »Das war eine seriöse Beratungseinrichtung.«[148] Der wichtigste Unterschied zur Telefonseelsorge bestand darin, dass auch die nebenberuflichen Mitarbeiter für ihre Tätigkeit bezahlt wurden, während das Engagement im kirchlichen Rahmen ehrenamtlich war. Zudem verfügte der Staat auch über bessere Möglichkeiten der Öffentlichkeitsarbeit; der Telefondienst wurde in Zeitungsartikeln bekannt gemacht.

---

146 Gespräch mit Prof. Dr. Geerd Dellas, Berlin, am 8. Mai 2001.
147 Telefonat mit Dipl-Psych. Frank-Dietrich Müller, Eisenach, am 20. August 2001.
148 Gespräch mit Dr. Jörg Richter, Berlin, am 8. Juni 2001.

Dementsprechend groß war die Resonanz: Pro Monat wurden bis zu 1500 Anrufer registriert. Wie in Leipzig, so bestand auch hier das Angebot von Hausbesuchen bzw. einem Gesprächstermin in den Räumen des TdV.[149]

8.2.8 Die »Kirchliche Telefonseelsorge« in Berlin

Während das TdV mit massiver staatlicher Unterstützung zu arbeiten begann, verweigerten die staatlichen Stellen rigoros die Einrichtung eines neuen Telefonanschlusses für die Kirche und übten zudem Druck aus: »Uns als Telefonseelsorge wurde mitgeteilt, dass seit Dezember 1987 eine solche Einrichtung für (Ost)-Berlin existiere und wir unseren Dienst nicht aufzunehmen bräuchten«, erinnerte sich Uwe Müller.

Die Interessenten für eine Mitarbeit an der Telefonseelsorge nutzten die Wartezeit auf den Telefonanschluss, um sich fachlich auf ihre Aufgabe vorzubereiten. Unterstützt wurde der im Januar 1987 begonnene Ausbildungskurs von Mitarbeiterinnen der Telefonseelsorgen in Duisburg und Hannover, nachdem eine Kontaktaufnahme mit der Dresdner Einrichtung an dem dortigen Misstrauen gescheitert war: Man hielt die jungen Diakone aus Berlin für Stasi-Spitzel.

Dass es am 1. November 1988 schließlich zum offiziellen Start der Ost-Berliner Telefonseelsorge kam, ging auf eine spontane Aktion in der »Französischen Friedrichstadtkirche« zurück: »Es kam einer ›Hausbesetzung‹ gleich: ein kleines Büro und das Arbeitszimmer des Bischofs, gerade nicht in Benutzung, aber mit funktionierendem Telefonanschluß.« Von 18 Uhr bis 6 Uhr morgens saßen 27 Mitarbeiter am Telefon. Die Gespräche wurden vom MfS abgehört, es kam zu Störungen der Verbindung und anderen Merkwürdigkeiten, die allerdings im Frühsommer 1989 aufhörten. Zuvor hatte man dem Direktor von Innerer Mission und Hilfswerk, Hans-Dietrich Schneider, bei einem Gespräch bei der Abteilung Inneres des Magistrats mitgeteilt, dass »man ja nun die Arbeit dieser Einrichtung ein gutes halbes Jahr mitverfolgt hätte und sich die Befürchtungen der Abteilung Inneres nicht bestätigt hätten. Es wäre ein guter und hilfreicher Dienst und man wünsche uns nun alles Gute für unsere Weiterarbeit.« In der Folgezeit wurde sogar eine zweite Telefonleitung bewilligt.[150]

Schwierig blieb die Öffentlichkeitsarbeit, die nur im kirchlichen Rahmen erlaubt war. Zeitungsbeiträge über die neuen staatlichen Telefondienste erwähnten die kirchliche Telefonseelsorge nicht.[151] Die Nummer der Telefon-

149 Vgl. Lothar Heinke, Hauptsache, Sie hören zu, in: Neue Berliner Illustrierte 44 (1988) 51, S. 30f.
150 10 Jahre Kirchliche Telefonseelsorge, S. 4, 5, 9.
151 Vgl. Regina Mönch, Signale aus der Sackgasse, in: Neues Leben 38 (1989) 8, S. 30f.

seelsorge durfte auch nicht im Telefonbuch erscheinen. Auch deshalb blieb die Zahl der Anrufer bei der Telefonseelsorge im Vergleich zum TdV gering; 1989 wurden monatlich ca. 300 Anrufe registriert, beim TdV waren es 1200 bis 1500.[152]

8.2.9 Weitere Telefondienste

Kurz nach dem Berliner TdV begann auch in Magdeburg ein staatlicher Telefondienst mit der Arbeit. Auch hier überlagerten sich persönliches Engagement von Einzelpersonen und staatliche Maßnahmen. Als die spätere Leiterin, Waltraud Groscheck, vom Kreisarzt den Auftrag erhielt, eine diesbezügliche Konzeption zu entwerfen, konnte sie an Erfahrungen eines Psychologen anknüpfen, der bereits seit kurzem einmal pro Woche eine Telefonberatung anbot. Diese Einrichtung wurde in das TdV integriert, sie lief von Januar bis September 1988 als Pilotprojekt, danach war das TdV in Magdeburg täglich von 18 bis 24 Uhr zu erreichen.[153]

In Dresden hingegen gestaltete sich die Gründung der auch dort vom Kreisarzt initiierten Einrichtung als schwierig; Grund waren vor allem Auseinandersetzungen um den Standort und die Tatsache, dass die Mitarbeiter teilweise »zwangsverpflichtet« wurden. So startete das Dresdner »Telefon des Vertrauens« am 1. Mai 1989 im Keller der Suchtklinik Oberloschwitz unter Vorbehalt; die Kollegen forderten ultimativ bis zum 7. Oktober einen Umzug in geeignetere Räume. Unter diesen Bedingungen war die Motivation der Psychologen nach Aussagen der damaligen Leiterin sehr gering. Zwei Mitarbeiter des TdV sind später als IM enttarnt worden, dafür aber, dass die Einrichtung im Interesse des MfS betrieben wurde, fehlt bis heute jeglicher Hinweis. Angesichts der Auseinandersetzungen um materielltechnische Fragen ist das auch wenig wahrscheinlich.[154]

Auf einem anderen Weg entstand Anfang 1989 der Telefondienst in Rostock. Hier ging die Initiative vom erst 1989 gegründeten »Freidenkerverband« aus.[155] Eine pensionierte Historikerin, die von englischen Freunden das Konzept der Suizidprävention kannte, besorgte mit Hilfe staatlicher Stellen Räume, Möbel und den Telefonanschluss. Etwa 20 Interessenten aus verschiedenen Berufsfeldern absolvierten eine Ausbildung, die bis Ende

---

152 Vgl. Kirchliche Telefonseelsorge in Ost-Berlin sehr beansprucht, in: Tagesspiegel vom 12. Februar 1989, S. 3.
153 Vgl. Gespräch mit Dr. Waltraud Groscheck über die Anfänge des TdV, in: Jahresbericht der Telefonseelsorge Magdeburg 1996, S. 14–22.
154 Vgl. Hella Pasig, Wie das Telefon des Vertrauens entstanden ist, Dezember 1991. Freundlicher Weise von der Verfasserin zur Verfügung gestellt.
155 Auf dem 1. Verbandstag der Freidenker in Berlin war die Einrichtung von Telefondiensten diskutiert worden. Vgl. Wo Freidenker ihre Wurzeln und ihre Aufgaben hier und heute sehen, in: Neues Deutschland vom 8. Juni 1989, S. 4.

1989 währte. Seit Dezember 1989 war die sogenannte »Kummersprechstunde« in Rostock täglich 16 Stunden erreichbar.[156]

Ende der 1980er Jahre entstand sogar eine Arbeitsgemeinschaft der Telefondienste »mit dem Ziel des Erfahrungsaustausches und einer Standardisierung sowohl der materiellen, personellen Bedingungen als auch des methodischen Vorgehens«.[157] Dabei kam es teilweise zu einer Annäherung an die kirchlichen Telefondienste; in Dresden verhandelten die beiden Telefondienste im Herbst 1989 sogar über eine Zusammenlegung. Bei einem Erfahrungsaustausch stellte man fest, dass man teilweise die gleichen »Stammkunden« hatte.[158] In der konkreten Arbeit unterschieden sich die staatlichen und kirchlichen Telefondienste, entgegen den Verdächtigungen staatlicher Vertreter der DDR, entgegen aber auch später erhobener Vorwürfe von kirchlicher Seite, kaum voneinander.[159] Die polemischen Auseinandersetzungen nach 1990 waren in erster Linie Verteilungskämpfe um öffentliche Gelder. Die Telefonseelsorge wurde (auch als Mittel der Remissionierung des Ostens)[160] ausgebaut, innerhalb von vier Jahren schuf die Kirche 16 neue Telefonseelsorgen.[161] Das TdV Berlin hingegen, zunächst als Verein weitergeführt, stellte seine Arbeit ein; das Magdeburger TdV ging in der Telefonseelsorge auf. Die anderen Einrichtungen bestanden in modifizierter Form weiter. Es kamen vereinzelt auch neue hinzu. So entstand in Jena, auf Initiative des »Runden Tisches«, eine nichtkonfessionelle »Telefonberatung« (in Trägerschaft der Stadtverwaltung), die seit September 1991 arbeitsfähig war.[162]

Die Etablierung von psychologischen Telefondiensten in den 1980er Jahren kann (auch wenn die Telefonhilfe sich nur teilweise mit Suizidalität befasste) als Zeichen einer erneuten Lockerung des Suizid-Tabus gewertet werden. Im Widerstreit zwischen Sicherheitsbedenken und Sozialfürsorge behielt letztlich die Idee der Fürsorge die Oberhand.

Insgesamt ist die Geschichte der psychologischen Telefonhilfe in der DDR aber auch ein Beispiel für eine »Verspätung« der ostdeutschen Gesellschaft. Zur gleichen Zeit, als in der DDR der Aufbau von Telefondiensten mit dem erklärten Ziel der Suizidprävention begann, zeichnete sich in der

---

156 Vgl. Telefonat mit Frau Prof. Liselott Huchthausen, Rostock, am 29. August 2001.
157 Schreiben von Hella Pasig an den Autor vom 21. Februar 2001.
158 Gisela A[chminow], Sie fassten sich ein Herz …, in: Auf Draht Nr. 14, April 1990, S. 21f.
159 Vgl. die recht oberflächliche Abkanzelung der »Telefone des Vertrauens« in: Wiemers (Hg.), Handbuch, S. 94.
160 Vgl. Kristina Bischoff, Die Chance zur Evangelisierung in den neuen Bundesländern – am Beispiel von Beratungsdienst und Telefonseelsorge, in: Auf Draht Nr. 37, April 1998, S. 13f.
161 Vgl. Müller/Pfuhl, Entwicklung der TS.
162 Vgl. Auf Draht Nr. 18, Dezember 1991, S. 7f. 1994 übernahm ein kirchennaher Verein die Trägerschaft. Vgl. Auf Draht 25, April 1994, S. 4.

Bundesrepublik, wo Untersuchungen der Wirkung und Effizienz solcher Einrichtungen nachgewiesen hatten, dass nur ein kleiner Teil der Suizidgefährdeten die Telefondienste in Anspruch nahm, bereits ein Abrücken vom einstigen Anspruch umfassender Suizidprävention ab. Eine Dissertation, die das Wirken der Telefonseelsorge in bundesdeutschen Städten evaluiert hatte, konstatierte, es sei »kein Hinweis auf eine suizidsenkende Wirkung der Telefonseelsorge« erkennbar.[163] Das bedeutet nicht, dass Telefonhilfe hinsichtlich der Suizidprävention nutzlos ist; nur ist ihre Wirkung nicht so gravierend, dass sich die Selbsttötungsrate ändert.

8.3 Suizidprävention in verschiedenen Sektoren der DDR-Gesellschaft

Die Bemühungen der Mediziner waren keineswegs vereinzelte, isolierte Aktionen von Idealisten in einem Umfeld, das völlig andere Ziele verfolgte. Vielmehr entwickelte sich in der DDR gleichzeitig in verschiedenen Sektoren der Gesellschaft ein ähnliches Spektrum von Reaktionsformen auf suizidales Verhalten.

8.3.1 Kriminalpolizei und Suizidprävention

Neben Medizinern und Sozialdiakonen befasste sich auch die Volkspolizei mit Suizidprävention. Juristisch gesehen war Selbsttötung zwar keine Straftat, weshalb die Kriminalitätsstatistiken in der Regel auch keine Angaben dazu enthielten. Dennoch nahm die Bearbeitung von unnatürlichen Todesfällen, zu denen neben Selbsttötungen auch Unfälle und Morde zählten, einen bedeutenden Platz in der täglichen Ermittlungsarbeit der Kriminalpolizei ein. »Da aller 2 1/4 Stunden sich in Sachsen ein Selbstmord oder tödlicher Unfall ereignet, bedeutet dies eine große Bindung von Polizeikräften, die zur Klärung dieser Fälle eingesetzt werden«, hieß es in einem Polizeibericht im Herbst 1949.[164] Um die Mordkommission von diesen kriminalistisch zumeist belanglosen Todesfällen zu entlasten, wurde zum Beispiel in Berlin im Jahr 1969 eine spezielle Arbeitsgruppe gebildet, die immer dann zum Einsatz kam, wenn kein Mord vorlag.[165] »Die Bearbeitung von Anzeigen und Mitteilungen über unnatürliche Todesfälle erfolgt mit dem Ziel, den

---

163 Eberhard Marchner, Beeinflussung der Selbstmordhäufigkeit durch die Telefonseelsorge. Eine Untersuchung in 25 Städten der Bundesrepublik Deutschland, Diss. München 1983, S. 391.
164 Vgl. Bericht der LdVP Sachsen vom 4. Oktober 1949, in: HStADD, LdVP Sachsen (Bestand 11370), Nr. 221, n. pag.
165 Vgl. Eichhorn/Zech, Zur kriminalistischen Untersuchung, Bl. 11.

Verdacht einer Straftat zu prüfen bzw. ihn eindeutig auszuschließen«, schrieb eine Instruktion des Leiters der Hauptabteilung Kriminalpolizei des MdI im Jahr 1972 vor.

Neben der Aufgabe, Rechtssicherheit herzustellen, war in der Instruktion aber auch eine Zuständigkeit der Polizei für suizidprophylaktische Maßnahmen zur Verhinderung von Rezidiven festgelegt: »Bei versuchten Suiziden sind die Ermittlungen auf die strafbare Mitwirkung anderer Personen und die Feststellung des Motives zu konzentrieren sowie angemessene Maßnahmen zur Beseitigung der Ursachen und Bedingungen einzuleiten.«[166] Die Kriminalisten waren sich generell im Klaren, dass die Zahl der Selbsttötungen nur reduziert werden könnte, wenn sich auch andere »gesellschaftliche Kräfte« des Problems annehmen würden. Ein Kulminationspunkt der von Kriminalisten geäußerten Forderungen nach verstärkter Suizidprävention war das Jahr 1965, als die Selbsttötungsrate in der DDR, die nach dem Mauerbau angestiegen war, ein Maximum erreichte. »Durch bessere Betreuung durch die Volkssolidarität und die Ausschüsse der Nationalen Front der Wohngebiete könnte vielen Rentnern das Gefühl, in der Gesellschaft allein zu stehen, genommen und so Selbsttötungen dieser Personen verhindert werden«, gab ein VP-Offizier zu bedenken.[167] In Dresden schlug die Polizei eine gezielte Öffentlichkeitsarbeit vor:

> »Für zweckmäßig wird erachtet, wenn von berufenen Fachvertretern, vor allem Psychiatern, Methoden zur Erfassung präsuizidaler Syndrome erarbeitet und breite Kreise von Ärzten, aber auch Studenten höherer Semester damit vertraut gemacht werden. Das könnte als Ausgangsposition für die Erfassung von Selbstmordgefährdeten und deren individuelle prophylaktische Betreuung genommen werden.«[168]

Im Bezirk Halle kam es 1965 zu einer informellen Kooperation zwischen Staatsmacht und Ärzten: »Über den Staatsanwalt des Bezirkes wurde dem Bezirksarzt Material zur Verfügung gestellt, das zur Auswertung mit den Kreisärzten Verwendung finden soll mit dem Ziel, ärztlicherseits Maßnahmen gegen Selbsttötungen vorbeugend einzuleiten.«[169] Im Bezirk Dresden ging die Zusammenarbeit von Medizinern und Polizisten sogar über informelle Beziehungen hinaus: Hier fuhr der Psychiater Karl Seidel während der Erarbeitung seiner Habilitation in den Jahren 1965 bis 1967 zeitweise bei den Einsätzen der Mordkommission mit. Später wurde die Polizei auch,

---

166 Instruktion Nr. 52/72 des Leiters der Hauptabteilung Kriminalpolizei über die Bearbeitung von Anzeigen über vermißte Personen und unnatürliche Todesfälle vom 8. August 1972, in: BStU, MfS, HA IX, Nr. 13954, Bl. 54–56, zit. Bl. 54 und 56.
167 BdVP Halle, Einschätzung der Analyse der Selbstmorde im Bezirk Halle im Berichtszeitraum 1964, in: LHASA, MER, BdVP Halle, 19.1 (1961–1975), Nr. 0264, Bl. 186f.
168 Schreiben von OL Trägner, VPKA Dresden, an die BdVP Dresden, 19.1.1965, in: HStADD, BdVP Dresden, MUK, Nr. 2644, n. pag.
169 BdVP Halle, Einschätzung der Analyse der Selbstmorde im Bezirk Halle im Berichtszeitraum 1964, in: LHASA, MER, BdVP Halle, 19.1 (1961–1975), Nr. 0264, Bl. 186f.

nachdem Seidels Chef, der Dresdner Psychiatrie-Professor Ehrig Lange, den Aufbau eines »Suicidgefährdeten-Fürsorgeberatungsdienstes« eingeleitet hatte, in dieses Konzept eingebunden.[170] Bei einer Beratung am 5. Juli 1968 wurde festgelegt, dass die Kriminalpolizei alle bekannt gewordenen Suizidversuche an die Betreuungsstelle der psychiatrischen Klinik melden sollte. Alle Suizidenten sollten medizinisch betreut werden; dafür entfielen die kriminalistischen Ermittlungen. Ausnahmen waren Suizidversuche von Kindern unter 16 Jahren; aber auch hier sollte der Betreuungsstelle ein Durchschlag des polizeilichen Ermittlungsberichtes zugestellt werden. Im Gegenzug erklärte sich der Leiter der Betreuungsstelle, Helmut Kulawik, zur Herausgabe aller seit 1967 gesammelten Unterlagen über Suizidversuche sowie zur sofortigen Benachrichtigung der Kripo im Falle eines Verdachts auf strafbare Handlungen bereit.[171]

Zuvor hatten Polizisten geklagt, dass sie Suizidversuche nur sehr unvollständig erfassen konnten, unter anderem deshalb, weil Ärzte unter Verweis auf die ärztliche Schweigepflicht keine Meldungen erstatteten.[172] Nun fanden in Dresden regelmäßige Beratungen mit der Kriminalpolizei und mit Pathologen statt; dadurch erfuhren die Betreuungsstellen auch, wenn sich Patienten später doch noch das Leben genommen hatten.

Im Bezirk Magdeburg wurden Suizidversuche ab etwa 1970 systematisch erfasst, nachdem nicht nur das Gesundheitsministerium, sondern auch das MdI Bemühungen zur Suizidprophylaxe gefordert hatte. Während in zahlreichen Kreisen des Bezirkes Magdeburg »Auskünfte von Ärzten an die K[riminalpolizei] bedenkenlos gegeben« wurden, weckten die Erfassungsbestrebungen der Kriminalpolizei teilweise auch Misstrauen und Widerstand bei den Ärzten. In Havelberg kam es zu Kontroversen. Mediziner verweigerten die Auskunft, woraufhin die Polizei versuchte, die Ärzte zu zwingen, »ihre Schweigepflicht bei der Untersuchung besonders v. Selbstmorden zu brechen«.[173] Da zu befürchten war, dass der Kreisarzt die Ausfüllung der Meldebögen anweisen würde, wandte sich im Oktober 1975 ein Internist an die Zeitschrift »Medizin aktuell«, die ihn an das Gesundheitsministerium verwies. Von dort erhielt er die Antwort, dass sich die Erfassung der Suizidversuche auf eine Weisung des Bezirksarztes von Magdeburg aus dem Jahr 1968 stützen würde und rechtmäßig sei; allerdings erachtete der Leiter der Rechtsabteilung des Gesundheitsministeriums eine namentliche Erfassung nicht als notwendig für die Erarbeitung suizidprophylaktischer Maßnahmen.[174]

170 Felber/Lange, 30 Jahre Betreuungsstelle, S. 134.
171 Vgl. Schreiben des Kommissariats III der Abteilung Kriminalpolizei des VPKA Dresden an den Leiter der Abteilung Kriminalpolizei vom 9. Juli 1968, in: HStADD, BdVP Dresden, 23.1, Nr. 2644, Bl. 250f.
172 Vgl. BdVP Dresden, Analyse über Selbstmorde und versuchte Selbstmorde im Bezirk Dresden, 26. Juli 1966, in: HStADD, BdVP Dresden, 23.1, Nr. 2644, Bl. 256–262.
173 BStU, MfS, BV Magdeburg, AIM 2487/87, Bd. II/1, Bl. 25, 12.
174 Vgl. BArch Berlin, DQ 1, 12006, n. pag.

Solche Konflikte bildeten aber in der DDR eine Ausnahme. In Brandenburg beispielsweise gab es zur gleichen Zeit eine enge Kooperation zwischen Polizei und Psychiatrie. Dort stellte die Kriminalpolizei dem Leiter der Betreuungsstelle für Suizidgefährdete, Helmut F. Späte, die Selbsttötungsstatistiken zur Verfügung. Auch in Karl-Marx-Stadt funktionierte die Zusammenarbeit zumindest zeitweise; dort unterstützte die Polizei 1978/79 die Dissertationsarbeit einer Ärztin: Die »Genossen der Abt. K des VPKA Karl-Marx-Stadt« füllten »entgegenkommenderweise« 170 Fragebogen zu Selbsttötungsfällen aus.[175] Und in Neubrandenburg gab es ca. 1977 bis 1982 eine lokale Regelung, dass Kriminalpolizei und Nervenklinik Informationen über Suizide und Suizidversuche austauschten.[176]

Zudem wurde der Polizei auch die Aufgabe zugemessen, im Sinne einer sozialen Suizidprävention dafür zu sorgen, dass Selbsttötungen in bestimmten Fällen in den betroffenen gesellschaftlichen Bereichen (Arbeitskollektive, Familien, Partei- und Gewerkschaftsgruppen) ausgewertet würden. So forderten die Verfasser einer kriminalistischen Diplomarbeit, dass »von Möglichkeiten kollektiver Auswertungen in den Fällen stärker Gebrauch gemacht werden sollte, wo einerseits die Suizidmotive aus Konflikten im gesellschaftlichen Zusammenleben resultierten, andererseits dort[, wo] tatsächlich echtes Fehlverhalten korrigiert werden muß« – ein Vorschlag, der immerhin 23 Prozent aller von den Kriminalisten untersuchten Selbsttötungen betraf.[177]

Es blieb auch nicht nur bei verbalen Appellen. Nach dem Tod einer Mitarbeiterin eines Baubetriebes – die auf die üble Nachrede ihrer Kollegen (wegen einer Liebschaft) erst mit einem Nervenzusammenbruch und dann, als sie gesundgeschrieben und den ersten Tag wieder auf Arbeit war, mit Suizid reagiert hatte – initiierte die Volkspolizei eine Aussprache mit den Verantwortlichen »über das Arbeitsklima in der genannten Firma«.[178]

Auch in einer Kleinstadt im Bezirk Karl-Marx-Stadt schaltete sich die Kriminalpolizei ein, nachdem zwei Schülerinnen der 10. Klasse, die nicht an der Wahl der FDJ-Leitung teilgenommen hatten, von eifrigen FDJ-lern von der Straße geholt und für ihr Verhalten vor der FDJ-Versammlung »offen« kritisiert worden waren. Daraufhin hatten die beiden miteinander befreundeten und ansonsten eher unauffälligen Schülerinnen sich zu Hause die Pulsadern aufgeschnitten. Bei der Auswertung des Vorkommnisses, das nicht tödlich endete, hatte die Schulleitung zwar behauptet, die Kritik sei »nicht entwürdigend sondern sachlich« gewesen, dennoch sah die Kriminalpolizei Handlungsbedarf, da sich in der Kleinstadt »aus ähnlichen Situationen heraus« schon mehrfach Suizidversuche ereignet hätten.[179]

175 Christine Garten, Elternverlust durch Verwaisung und suicidales Handeln im Erwachsenenalter, Diss. Dresden 1982, S. 19.
176 Telefonische Mitteilung von Prof. Hans Berndt am 12. Juli 2001.
177 Höfer/Opitz, Untersuchung nichtnatürlicher Todesfälle, Bl. 18. Vgl. ebd., Bl. 75.
178 BLHA, Rep. 471/15.2, BdVP Potsdam, Nr. 1051, n. pag.
179 Vgl. StAC, BT/RdB Karl-Marx-Stadt, Abt. Volksbildung (30413), Nr. 113412, n. pag.

Insgesamt aber blieben solche Ansätze (sicher auch wegen der Tabuisierung von Selbsttötungen) auf wenige Einzelfälle beschränkt. »Es müßten Mittel und Wege gefunden werden, um auch die bei der Untersuchung unnatürlicher Todesfälle festgestellten Ursachen und begünstigenden Bedingungen auszuwerten, damit vorbeugende Maßnahmen in dieser Richtung eingeleitet werden können. Die gegenwärtige Praxis, daß festgestellte Ursachen nur den Untersuchungsorganen und der Staatsanwaltschaft bekannt bleiben und von diesen Stellen mehr oder weniger als ›geheimes Material‹ behandelt werden, entspricht nach meiner Auffassung keinesfalls den Prinzipien der sozialistischen Rechtspflege«,[180] kritisierte ein Kriminalist in seltener Deutlichkeit die Situation, die sich aber auch in der Folgezeit nicht änderte. Neben der Geheimhaltung der Ergebnisse der kriminalpolizeilichen Analysen behinderte aber auch ein weitverbreitetes Misstrauen gegen die Aktivitäten der Sicherheitsorgane eine größere Wirksamkeit.

Den wichtigsten eigenen Beitrag zur Suizidprävention sah die Polizei ohnehin in der Verbesserung der eigenen Ermittlungsarbeit. So sammelte die Kriminalpolizei in den Bezirken Dresden und Potsdam alle Ermittlungsberichte über Selbsttötungen und wertete diese vor allem im Bezirk Dresden sehr kritisch aus; die dabei festgestellte teilweise mangelhafte Todesursachenermittlung führte zum Beispiel im Jahr 1977 zu drei personellen Veränderungen.[181] Es fällt auf, dass es sich hier um jene Bezirke handelte, in denen Institutionen der medizinischen Suizidprophylaxe entstanden waren. In anderen Bezirken blieb hingegen »alles beim Alten«, weshalb zum Beispiel eine kriminalistische Diplomarbeit noch 1981 die undifferenzierte und, was das Motiv betraf, oft oberflächliche Behandlung von Selbsttötungen in Berlin kritisierte. Mahnend hieß es, dass dadurch »der Zugang für prophylaktische Maßnahmen verschlossen bleibt«.[182]

Auch in der Bundesrepublik gab es zahlreiche Initiativen von polizeilicher Seite, um suizidale Verhaltensweisen einzudämmen.[183] Suizide und Suizidversuche wurden bis 1965 in den Kriminalitätsstatistiken erfasst. 1966 endete die bundesweite Erfassung suizidaler Handlungen durch die Polizei, »weil

---

180 Hans-Rolf Jores, Die kriminalistische Untersuchung der Motive und des modus operandi bei Selbsttötungen, dargestellt am Beispiel des Bereiches der Volkspolizei-Inspektion Berlin Prenzlauer Berg, Berlin 1968, S. 55.
181 BdVP Dresden, Analyse der im Bezirk Dresden in den Jahren 1975 und 1976 durch die Kriminalpolizei untersuchten Suicide, in: BStU, MfS, BV Dresden, Leiter der BV, Nr. 10260, Bl. 29.
182 Höfer/Opitz, Untersuchung nichtnatürlicher Todesfälle, S. 17. Gleichzeitig räumten die Verfasser aber auch ein, dass »eine ausgefeilte und aufwendige Motivforschung unter den derzeitigen Arbeitsbedingungen der Gruppe UT nicht möglich« sei.
183 Vgl. z.B. Rupprecht, Zahl der Selbsttötungen; F. Stiebitz, Das Einschreiten der Polizei nach Selbstmordversuchen, in: Suizidprophylaxe 7 (1980) 2, S. 93–95; W. Merkel, Suizid, das verheimlichte Drama, in: Sozialwerk der Polizei (Hg.), 35 Jahre Gewerkschaft der Polizei Landesbezirk Baden-Württemberg, 1985, S. 95f.

Suizide keine Straftaten an sich sind«.[184] Hinsichtlich der nichtletalen Suizidversuche setzte sich die Ansicht durch, »die Bearbeitung der Selbstmordversuchs-Vorgänge könne [...] den Gesundheitsämtern, Sozial-, Jugend- und Fürsorgebehörden als den zuständigen staatlichen Institutionen übertragen werden«.[185] Dagegen regte sich Widerspruch von Kriminalisten, die in einer gelenkten Suizidprophylaxe eine »ethische Aufgabe des Gemeinwesens« sahen und »eine zentrale Erfassung aller in Erscheinung getretenen Lebensüberdrüssigen in den Karteien der Kriminalpolizei und der Staatsanwaltschaft« forderten.[186] Dazu kam es zwar nicht auf Bundesebene, aber Anfang der 1980er Jahre wurden Suizidversuche durch die Polizei in den Bundesländern systematisch erfasst und auch an verschiedene Ämter weitergemeldet. Zur Informationsbeschaffung hörte die Polizei mancherorts sogar den Notarztfunk ab.[187] Im Bundeskriminalamt wurden die Angaben über Suizidversuche seit 1981 in einem eigenen Informationssystem gespeichert.

Mit diesen Aktivitäten stiftete die Polizei aber bald Unbehagen. »In Bayern ruft ein Sachbearbeiter, der den FRTOD-Vermerk im Inpol-Computer verwaltet, immer mal seine Kandidaten an. Danach entscheidet er, ob sie im Computer bleiben«, berichtete 1986 »Der Spiegel«. Viele Betroffene empfanden das als Zudringlichkeit. Eine Studentin in Niedersachsen, die nach einem Suizidversuch alle vier bis sechs Wochen einen Anruf von der Polizei bekam, beschwerte sich mit einer Eingabe.[188] Mehrere Datenschützer erhoben Einspruch gegen die polizeiliche Erfassung von Suizidversuchen, woraufhin zum Beispiel in Hessen im Oktober 1984 diese Daten aus dem Polizeicomputer gelöscht wurden.[189]

Unter den politischen Verhältnissen der SED-Diktatur waren die Einwirkungsmöglichkeiten der Polizei bis tief in die Privatsphäre der Bürger umfassender, was bezogen auf das Anliegen der Suizidprävention sogar ein Vorteil sein konnte. Ein Informationsaustausch zwischen Kriminalpolizei und Ärzten war ohne bürokratische Verzögerungen möglich, Bedenken bezüglich des Datenschutzes wurden zumeist dem Anliegen der Suizidprävention nachgeordnet. Innerhalb des Staatsapparates bestand auch die Möglichkeit, Informationen über Suizidgefährdung schnell weiterzugeben: Nachdem sich ein Mitarbeiter eines Rates des Kreises das Leben genommen hatte, erfuhr die Kriminalpolizei von einem Verwandten, dass der Sohn des Verstorbenen, der seinen Wehrdienst in der NVA ableistete, sich möglicherweise auch etwas antun könnte. Die Kriminalpolizei informierte umgehend das

184 Schreiben von Kriminaloberkommissarin Sabine Hamm, BKA Wiesbaden, vom 17. Juli 2001 an den Autor.
185 Reiner Haehling von Lanzenauer, Ermittlungen nach Selbstmordversuch, in: Kriminalistik 23 (1969) 11, S. 595f., zit. 595.
186 Ebd, S. 596.
187 Vgl. Datenschutz. Letzte Anschrift, in: Der Spiegel 37 (1983) 49, S. 114–116.
188 Datenschutz. Merkmal FRTOD, in: Der Spiegel 40 (1986) 38, S. 72–76, zit. 76.
189 Anne-Marie Henn/Sabine Wuhk, Polizei und Suizid, in: Psychologie und Gesellschaftskritik 11 (1987) Heft 42/43, S. 155–167.

Wehrkreiskommando und betonte, dass es erforderlich sei, »weitere Maßnahmen zu veranlassen«.[190]

Dieses Beispiel aus dem Jahr 1971 unterstreicht noch einmal, dass der real existierende Sozialismus über günstige Ausgangsbedingungen zur Verwirklichung einer zentral geplanten, flächendeckend operierenden Suizidprophylaxe verfügte – wenngleich diese praktisch kaum wirksam wurden.

8.3.2 Fürsorge für lebensmüde Genossen: Suizidprävention im Partei- und Staatsapparat

In einem Sammelband zur Geschichte der Friedrich-Schiller-Universität Jena (FSU) beschrieb Jörg Faltin die Selbsttötung einer Studentin als Beispiel für die »Macht und Skrupellosigkeit der SED an der FSU«.[191] Die junge Geschichtsstudentin hatte sich Mitte der 1950er Jahre in direkter Reaktion auf den als ungerecht empfundenen Ausschluss aus der SED das Leben genommen. Anlass für das Parteiverfahren gab ein Liebesverhältnis mit einem verheirateten Mann, der ebenfalls SED-Mitglied war. Von diesem Mann hatte sie verächtliche Bemerkungen über die Sowjetunion gehört und zunächst für sich behalten. Deshalb wurde gegen sie wegen »mangelnder politischer Wachsamkeit« und »Unmoral« eine tribunalartige Parteiversammlung durchgeführt. Dabei vermischten sich politische und sexuelle Motive. »Soll Dir etwa die Partei einen Mann besorgen?« fragte der FDJ-Sekretär. Ein Leitungsmitglied der Parteigruppe warf ihr »sexuellen Notstand« vor. Witzeleien darüber, wer das »schwächste Glied« in der Parteigruppe sei, schlossen sich an. Die wenigen, die sich zur Verteidigung der Studentin äußerten, wurden als »Diskussionsverlängerer« beschimpft und eingeschüchtert. In der Versammlung wurde behauptet, die Studentin hätte schlechte Studienleistungen erbracht; in Wirklichkeit hatte sie nur ausgezeichnete Noten vorzuweisen und erreichte in der Zwischenprüfung die Note 1,0. Aber niemand verteidigte sie in diesem Punkt. Am Ende sprachen sich alle Kommilitonen für einen Parteiausschluss aus. Damit drohte der Studentin auch die Exmatrikulation, das abrupte Ende des Studiums. Noch am selben Abend vergiftete sie sich mit Gas.

Nach ihrem Tod höhnte der FDJ-Sekretär am Kneipentisch: »Eine Gasleiche haben wir schon, heute wird es noch eine Bierleiche geben.« Der Parteisekretär (der selbst eine Affäre mit der Ehefrau eines Genossen hatte, ohne dass er dafür zur Verantwortung gezogen wurde) erklärte: »Der Selbstmord ist eine Bestätigung der Richtigkeit unseres Beschlusses.« Auch die üble Nachrede ging weiter. So erzählte ein Dozent, »dass man auch zu guten

---

190 BStU, MfS, BV Gera, AP 176/73, Bl. 18A.
191 Jörg Faltin, Die Rolle der Universitätsparteileitung, in: Rektor der Friedrich-Schiller-Universität (Hg.), Vergangenheitsklärung an der Friedrich-Schiller-Universität Jena, Leipzig 1994, S. 38–43, zit. 39.

Zensuren kommen könne, wenn man dem Professor den Kopf verdreht« – es handelte sich hierbei um einen Dozenten, der die Studentin selbst geprüft und ihr die Note 1 zuerkannt hatte.

Diese Begebenheit muss wohl vor allem dem Bereich zwischenmenschlicher Gehässigkeit zugerechnet werden; als Beleg für eine allgemeine moralische Verkommenheit der SED ist sie kaum geeignet, denn sie löste innerhalb der Partei große Empörung aus. Die übergeordnete Parteileitung kritisierte diese »falschen Methoden« und befand, dass »hier richtig seelenlos und unkameradschaftlich diskutiert wurde«. Persönliche Aussprachen und eine Parteiversammlung »über das Wesen der Partei als Kampfbund von Gleichgesinnten« wurden durchgeführt; es wurde außerdem festgelegt, dass künftig Parteiverfahren nur noch nach Rücksprache mit der Universitätsparteileitung stattfinden sollten. Die Universitätsparteileitung war also sichtlich bemüht, die »Vergesellschaftungsstörung« in den eigenen Reihen zu beseitigen.[192]

Im Gegensatz zu solchen Extremfällen, die Empörung auslösten, war für die SED insgesamt ein ambivalenter Umgang charakteristisch. Selbsttötungen widersprachen zwar dem historischen Zukunftsoptimismus der marxistisch-leninistischen Ideologie und wurden als eine Schädigung der Partei verbal verurteilt. Andererseits bedeutete eine Verzweiflungstat eines Genossen aber auch, dass das Kollektiv versagt hatte. Im Jahr 1952 monierte ein Bericht des Operativstabes der Potsdamer BdVP nach einer Selbsttötung, dass »sich die FDJ- und Parteileitungen noch immer zu wenig mit den persönlichen Sorgen und Nöten der Genossen VP.-Angehörigen befassen, sonst hätte auch dieser Selbstmord verhindert werden können und ein Genosse wäre für unseren Aufbau des Sozialismus geblieben«.[193] Nach der Selbsttötung von Gerhart Ziller im Dezember 1957 kritisierten SED-Mitglieder, dass »es in der parteiführung und im arbeitsbereich des genossen ziller eine nur schwach entwickelte ›sorge um den menschen‹ geben wuerde«.[194]

Nach dem Mauerbau verstärkten sich Aufrufe zur »Arbeit mit den Menschen«, zur Schaffung von sozialistischen Beziehungen und einer »optimistischen Atmosphäre«. »Bei guter Kaderarbeit und bei richtiger Auswertung der Staatsratserklärung hätte die Kollegin [...] mit ihren Sorgen nicht allein dastehen dürfen. Das Gefühl der Hilfe und Unterstützung durch die Leiterin und die anderen Kolleginnen hätte die Kollegin sicherlich von diesem Schritt abhalten können«, kommentierte ein Bezirksschulrat die Selbsttötung einer Kindergärtnerin im Jahr 1962.[195] Zwei Jahre später hieß es in einer Vorlage für das Kollegium des Ministeriums des Innern:

192 Vgl. ThStAR, BPA SED Gera, UPL Jena, Nr. 1411, n. pag.
193 BLHA, Rep. 471/15, BdVP Potsdam, Nr. 29, Bl. 194.
194 SAPMO-BArch, DY 30, IV 2/11/v.-520, Bl. 188.
195 StAC, SED-BL Karl-Marx-Stadt, IV/2/9.02/4, Bl. 267.

»Es gibt solche Fälle, wo wir Kenntnis erhalten haben, daß in den Familien etwas nicht in Ordnung ist. Wir haben nicht genügend Hilfe gegeben. Die Genossen wurden vor den Kopf gestoßen. Wir müssen davon ausgehen, daß jeder Selbstmord und Selbstmordversuch eine ernste Kritik an unserer Leitungs- und Führungstätigkeit ist.«[196]

Wo Missstände aufgedeckt wurden, kam es in der Regel zu personellen Veränderungen, so im Jahr 1969 im VPKA Naumburg, nachdem sich dort zwei Suizidversuche ereignet hatten.[197]

In einem anderen Fall endete die Untersuchung mit einem Schuldfreispruch für das Kollektiv:

»Das Verhalten des Gen. [...] ist nicht auf die Atmosphäre im Dienst- oder Parteikollektiv zurückzuführen. Vorgesetzte und Parteifunktionäre haben mit viel Mühe und Geduld versucht, ihn zu beeinflussen, seinem Leben einen anderen Inhalt zu geben. Die zerrüttete Ehe, seine Labilität und sein mehr scheinen wollen, als was er tatsächlich ist, haben seine Handlungen offensichtlich primär beeinflußt. Der Zerfall seiner Ehe ist weitestgehend, wie er selbst einschätzt, auf ihn zurückzuführen.«[198]

Teilweise dokumentieren die Akten eine erstaunliche Geduld und relative Milde beim Umgang mit suizidgefährdeten Genossen. Im Fall eines angehenden Lehrers im Bezirk Erfurt, der einen öffentlichen Skandal verursacht hatte, entschieden sich die Genossen letztlich dafür, dem jungen Mann eine Chance zu geben – in der Hoffnung, ihn künftig positiv beeinflussen zu können. Der junge Genosse hatte – leicht angetrunken – auf einer Einwohnerversammlung einen Referenten der SED-Kreisleitung herausgefordert; er hatte vom Referenten verlangt, nach den Ausführungen über gestiegene Rüstungsausgaben der BRD auch die Ausgaben der DDR zu nennen, und sich außerdem für das Hören von Westsendern und für Reisemöglichkeiten von DDR-Bürgern in den Westen ausgesprochen; vor allem Letzteres hatte bei anderen Genossen Empörung und Entsetzen ausgelöst. Am nächsten Schultag hatte ihm die Schulleiterin zu verstehen gegeben, dass sie es nicht länger verantworten könne, ihn vor die Klasse treten zu lassen, und hatte ihn nach Hause geschickt. Dort versuchte der junge Mann, sich mit Tabletten das Leben zu nehmen. Das (gleich nach seiner Einlieferung in das Krankenhaus beantragte) Disziplinarverfahren endete aber lediglich mit einem Verweis und einer Verlängerung der Absolventenzeit.[199]

Auch an einer Hochschule in Potsdam setzten sich die Genossen nach einem Suizidversuch für einen Verbleib des Mitarbeiters im Kollektiv ein: »Ausgehend von seiner erfolgreichen Arbeitstätigkeit und seinem Auftreten

---

196 Lindenberger, Volkspolizei, S. 207.
197 Vgl. LHASA, MER, BdVP Halle 19.1, Nr. 94, Bl. 164f.
198 StAL, BdVP Leipzig 24.1, Nr. 2211, n. pag.
199 ThHStAW, BT/RdB Erfurt, Abt. Volksbildung, Nr. 027848, n. pag.

als Genosse sind sie der Meinung, daß man unter Nutzung aller der Partei-gruppe und dem Kollektiv zur Verfügung stehenden Möglichkeiten um die Stabilisierung seines Gesundheitszustandes ringen muß«, hieß es 1980 in einem Bericht.[200]

Im Fall einer Pionierleiterin, die aufgrund von Beziehungsproblemen versucht hatte, sich das Leben zu nehmen, berichtete ein Stadtschulrat im Bezirk Halle von erfolgreicher Hilfeleistung:

> »In Abstimmung mit der KL der SED und der KL der FDJ wurde Genn. [...] nach ihrer Genesung sehr zielgerichtet, vertrauensvoll und geschickt durch den Sekretär der SPO und den Schuldirektor der 4. POS psychisch gefestigt. Durch Vertrauen, Offenheit, Hilfe und Arbeitstherapie fand sie wieder eine richtige Einstellung zu sich und den Pflichten als FPL [Freundschaftspionierleiterin; U. G.] und junge Mutter.«

Zudem hätte sich eine »Freundschaft zu guten Genossinnen« entwickelt.[201]

Oft wurde in den Berichten über Suizide oder -versuche auf familiäre Konflikte als Kern des Suizidproblems verwiesen, und es wurde gefordert, darauf Einfluss zu nehmen. In der Praxis erwiesen sich die Familienstrukturen jedoch als relativ resistent gegenüber Beeinflussungsversuchen durch die Partei. »Es gelang nicht, in die Intimsphäre der Familie einzudringen«, berichtete beispielsweise eine Schuldirektorin nach dem Suizidversuch einer Kollegin und Genossin über den Versuch, durch Aussprachen die familiären Konflikte zu entschärfen.[202]

Ein Ehepaar beispielsweise – er war Polizei-Offizier, sie stellvertretende Schuldirektorin – spielte Vorgesetzten und Parteigruppe eine ideale Ehe vor, und beteuerte auf Nachfrage, dass es keine Probleme geben würde; dann aber nahm sich der Mann wegen ihm unlösbar erscheinender Eheprobleme das Leben.[203]

Immer wieder kam es vor, dass die Hilfe der eigenen Genossen nicht angenommen wurde. So im Fall eines Fachschullehrers, den die Partei durch verschiedene Disziplinarmaßnahmen vom Alkohol zu lösen versuchte. »Trotz aller Bemühungen der KPKK und besonders der Genossen seiner Grundorganisation, ist es nicht gelungen, Genossen [...] zu einem normalen Lebensstil zu führen. Trotz einer Entziehungskur in Brandenburg muß eingeschätzt werden, daß es ihm nicht gelungen ist, die Probleme seines Lebens zu meistern.«[204] 1978 nahm er sich das Leben.

200 BLHA, Rep. 531, SED-KL Potsdam, Nr. 2219, n. pag.
201 LHASA, MER, BT/RdB Halle, Abt. Volksbildung, 4. Ablieferung, Nr. 6256, n. pag.
202 StAC, BT/RdB Karl-Marx-Stadt, Abt. Volksbildung (Bestand 30413), Nr. 109137, n. pag.
203 Vgl. StAL, BdVP Leipzig, 24.1, Nr. 2183, n. pag.
204 BLHA, Rep. 531, SED-KL Potsdam, Nr. 2219, n. pag.

Einen Eindruck, wie die Maßnahmen der Partei konkret aussahen, vermittelt ein ähnlicher Fall, der sich ein Jahr später ereignete. Ein Mitarbeiter eines Institutes trank während der Arbeitszeit Alkohol, weshalb mit ihm mehrfach »parteiliche Auseinandersetzungen« geführt wurden; ohne Erfolg. Seit November 1978 kam er überhaupt nicht mehr in den Betrieb, nahm nicht mehr an den Parteiversammlungen teil und zahlte auch keine Beiträge mehr. Daraufhin führten Genossen einen Hausbesuch durch, ohne etwas bewirken zu können. Der alkoholkranke Genosse ließ auch eine Aussprache bei der Kreisparteikontrollkommission im Januar 1979 folgenlos über sich ergehen; zwei weiteren Aussprachen blieb er fern. Erst jetzt meldete ihn der Betrieb wegen »Arbeitsbummelei« an die Abteilung Inneres des Rates der Stadt, welche den Mann mehrfach vorlud, ohne dass dieser erschien. Schließlich wurde er durch die Polizei »vorgeführt«, ihm wurden durch die Abteilung Inneres Auflagen erteilt. Er versprach, sie zu erfüllen, tat dies aber nicht. Als nächste Maßnahme war für den 8. Mai 1979 eine Aussprache in Beisein des Bruders, eines Polizeioffiziers, geplant. Sie konnte nicht mehr stattfinden, da der Vorgeladene sich das Leben nahm.[205]

Die Beispiele einer (wohl auch wegen der materialistischen Geringschätzung der menschlichen Psyche) oft vergeblichen Hilfe für lebensmüde Genossen stützen die in Kapitel 2 geäußerte Vermutung, dass die wahrscheinlich relativ geringe Selbsttötungshäufigkeit in der SED in erster Linie die Folge einer Auslese der Kandidaten gewesen ist. Sie zeigen zudem, dass sich im Partei- und Staatsapparat der DDR in der Ära Honecker offenbar nur sehr langsam die Erkenntnis durchsetzte, dass psychische Probleme eine gewisse Eigendynamik entfalten können und deshalb in die Fachkompetenz der Ärzte fallen.

8.3.3 Zum Umgang mit Selbsttötungen in den »bewaffneten Organen«

Da Selbsttötungen in der NVA als meldepflichtige Vorkommnisse mit der Dringlichkeitsstufe »dringend« versehen waren, mussten sie unverzüglich bis zum Chef des Hauptstabes gemeldet werden. Die Untersuchung geschah unter Federführung der Militärstaatsanwaltschaft. Bei fast allen Selbsttötungen wurden gerichtsmedizinische Obduktionen durchgeführt, um einen Mordverdacht definitiv ausschließen zu können.[206] Die Frist, in der ein unnatürlicher Todesfall innerhalb der NVA aufzuklären war, betrug vier Tage;[207]

---

205 Ebd.
206 S. Arnold, Einige Gedanken zur Bearbeitung nichtnatürlicher Todesfälle, in: Militärjustiz (1983) 4, S. 20–24, zit. 21.
207 Ordnung 036/9/001 des Ministers für nationale Verteidigung über die Meldung, Untersuchung und Bearbeitung von Straftaten und andere Rechtsverletzungen, besondere Vor-

häufig wurde die Untersuchung aber schon schneller abgeschlossen. Eine Überprüfung ergab im Jahr 1979, dass bei der Mehrheit der Suizidfälle »innerhalb einer Stunde nach Eingang der Meldung der Ereignisort durch einen Militärstaatsanwalt oder Untersuchungsführer aufgesucht und unverzüglich mit der Durchführung der Untersuchungen begonnen wurde«.[208]

Bei vermuteten politischen Ursachen oder Motiven – vor allem bei Selbsttötungen von fahnenflüchtigen Soldaten, von Armeeangehörigen, die inoffizielle Mitarbeiter waren oder vom MfS »operativ bearbeitet« wurden, sowie von »Militärangehörigen in besonderer Stellung« – wurde anstelle der Militärstaatsanwaltschaft eine Spezialkommission des MfS tätig, zumeist in »operativem Zusammenwirken« mit der Militärstaatsanwaltschaft. Das MfS leitete die Untersuchungen, durfte aber nicht vollkommen in eigener Regie arbeiten; für die Beendigung des Untersuchungsvorgangs war eine sogenannte »Abverfügung« des Militärstaatsanwalts erforderlich.[209]

So schnell der Zugriff auf die Selbsttötungen bei der NVA erfolgte, so schnell war er aber auch wieder beendet. Mit dem Verfassen der obligatorischen Meldung war das »Vorkommnis« in der Regel abgeschlossen. Die Ermittlungsergebnisse blieben geheim. Eine weitere Auseinandersetzung fand bei der Armee, wo per Definition festgelegt war, dass »der Dienst in den bewaffneten Organen niemals die Ursache eines Suicides sein kann«, nicht statt.[210]

Suizidale Problemfälle schoben die Kommandeure in der Regel in die »Medpunkte« ab. Ein Aufsatz zweier Truppenärzte aus dem Jahr 1973 warf ein Schlaglicht auf die dort übliche Behandlung suizidgefährdeter Soldaten. Wenn Militärmediziner Symptome für depressive Störungen (zum Beispiel Unlustgefühl, Mattigkeit, Appetitlosigkeit, Suizidgedanken) überhaupt ernst nahmen, dann verordneten sie in der Regel Psychopharmaka wie Radepur oder Faustan. Demgegenüber forderten die Verfasser des Aufsatzes die Berücksichtigung der Ursachen des Fehlverhaltens, die nach Meinung der Autoren vor allem in einer »konstitutionelle[n] psychische[n] Minderbelastbarkeit, die erst durch die ungewohnten Lebensumstände [bei neu einberufenen Wehrpflichtigen; U. G.] zur Dekompensation gebracht wird«, zu suchen wäre: »Persönlichkeitsbedingte Anpassungs- und Einordnungsschwierigkeiten an die militärischen Lebensbedingungen sind keine Krankheiten, die sich mit einem Medikament heilen lassen. Die Behandlung sollte in diesen Fällen stets auf die Beseitigung der Anpassungs- und Einordnungsschwierigkeiten des Patienten durch Zusammenarbeit des Truppenarztes mit den Vorgesetz-

kommnissen und nachweispflichtigen Schäden sowie über die Aufgabe bei der Durchsetzung des sozialistischen Rechts in der NVA vom 21. März 1975, in: BA-MA Freiburg, VA-01, 34597, Bl. 21.

208 P. Marr, Einige Probleme der Untersuchung von Suiciden, in: Militärjustiz (1979) 5, S. 10–16, zit. 11.
209 Vgl. Neubauer, Probleme des operativen Zusammenwirkens, Bl. 11–13.
210 Arnold, Einige Gedanken, S. 24.

ten und einzelnen geeigneten Kollektivmitgliedern abzielen.«[211] Der im Zitat verwendete Konjunktiv ist ein Indiz dafür, dass das idealtypische kameradschaftliche Zusammenwirken verschiedener Instanzen in der Praxis nicht funktionierte. Während in der Bundeswehr Militärseelsorger, später auch Psychologen und Sozialarbeiter in Krisensituationen ihre Hilfe anboten, fehlten solche mildernden Institutionen in der NVA fast völlig.

Wie rau und undifferenziert die Behandlung geretteter Suizidenten in der NVA oft war, lässt sich nur anhand weniger Beispiele skizzieren; die Wahrscheinlichkeit, dass sie repräsentativ sind, ist jedoch groß (zumal es auch im zivilen Bereich Ärzte gab, die glaubten, man könne gerettete »Selbstmörder« am besten dadurch von einer Wiederholung ihrer Tat abhalten, indem man sie unwirsch behandelte und möglichst schnell wieder nach Hause schickte).

So befasste sich die Parteikontrollkommission des Bezirkes Karl-Marx-Stadt Ende 1965 mit einem Genossen, einem gelernten Krankenpfleger, der bei der NVA als Sanitäter eingesetzt war und gegen den ein Parteiverfahren wegen »Verletzung der Disziplin, Verleumdung und Anmaßung von Dienstbefugnissen« durchgeführt werden sollte. Als die Kontrollkommission den Fall verhandelte, war der Genosse bereits wieder aus der NVA entlassen, offiziell »aus gesundheitlichen Gründen«. Die ihm vorgeworfene »Verleumdung« bzw. »Anmaßung«, so berichtete der Mann seinem Parteisekretär im Heimatort, hätte darin bestanden, dass er sich in einer Parteiversammlung beschwert hatte, die Ärzte der Armee würden nur über geringe medizinische Kenntnisse verfügen. Als Beleg hatte er das Beispiel eines Patienten angeführt, der an starken Magenbeschwerden litt und ankündigte, sich das Leben zu nehmen. »Nun dann sind wir ihn wenigstens los«, soll die Antwort des zuständigen Armeearztes gelautet haben. Es gibt keine Anzeichen dafür, dass der Krankenpfleger sich diese Begebenheit ausgedacht hat, zumal sowohl die Parteileitung als auch die Kollegen des heimatlichen Krankenhauses den Genossen sehr positiv einschätzten und seine Schilderung für glaubwürdig hielten.[212]

In der Bundeswehr wurden seit den 1970er Jahren mehrere Studien und Fragebogenaktionen zur Suizidalität von Soldaten durchgeführt, und im Herbst 1982 wurde die Schaffung eines »Betreuungsverbunds« diskutiert, »in dem einerseits militärische Vorgesetzte und Vertrauensleute, andererseits Militärpfarrer, Sozialarbeiter und Truppenärzte miteinander ihre helfenden Maßnahmen planen, abstimmen und diese dann unter wechselseitiger Information und guter Kooperation verwirklichen« sollten.[213] Zwar rührten die Initiati-

---

211 H. Fanter/B. Dietz, Schädliche Folgen bei der Anwendung von Psychopharmaka in der truppenärztlichen Praxis, in: Informationsdienst der NVA 2/73, Reihe Militärmedizin, S. 55–62, zit. 60f.
212 StAC, SED-BL Karl-Marx-Stadt, IV A/2/4/247, Bl. 76f.
213 Vgl. Selbstmordverhütung in der Bundeswehr, in: Suizidprophylaxe 10 (1983) 4, S. 286–298, zit. 298.

ven für Suizidprophylaxe auch in der Bundeswehr an ein Tabu und mussten Widerstände überwinden. In der Nationalen Volksarmee verhinderte jedoch die politisch motivierte Tabuisierung jegliche offene Auseinandersetzung mit den Suiziden von vornherein.

Nachweislich befasste sich die Armeeführung der NVA nur einmal, im Jahr 1959, intensiver mit Selbsttötungen, die zu dieser Zeit außergewöhnlich häufig waren. In den Beratungen des »Kollegiums« herrschte Konsens, dass die gestiegene Zahl der Selbsttötungen ein Alarmsignal darstellte. Dementsprechend nahm der Chef des Militärbezirks V am 31. März 1959 die Auswertung der Selbsttötungen zweier Offiziere zum Anlass, um die »formale Kaderarbeit der Kommandeure und Parteiorganisationen« zu kritisieren. Zwei Wochen danach beschloss das Kollegium, den »Kampf gegen besondere Vorkommnisse« aufzunehmen; es wurden »konkrete Forderungen und Maßnahmen für eine tiefgründige Erziehungsarbeit und für die schnelle Entwicklung des Vertrauensverhältnisses der Unterstellten zu ihren Vorgesetzten und zwischen den Armeeangehörigen« angemahnt. Aus dem Urlaub zurückgekehrt, wies der Minister für Nationale Verteidigung, Willi Stoph, in der Kollegiumssitzung am 27. Mai nochmals explizit »auf die verhältnismäßig hohe Zahl der Selbstmorde« hin; das gab wahrscheinlich den Ausschlag dafür, dass eine Untersuchungskommission eingesetzt wurde. Am 5. August traf deren Bericht im Ministerium für Nationale Verteidigung ein, eine Woche später wurde er im Kollegium diskutiert. Generalmajor Ottomar Pech, Stellvertreter des Chefs des Hauptstabes für allgemeine Fragen, konstatierte eine »ernste Entwicklung der Selbstmorde und Selbstmordversuche« in der Truppe. Die Ursache für die zahlreichen Selbsttötungen sah die Kommission vor allem in einem »Mangel in der Bewußtseinsbildung«, auch und insbesondere bei SED- und FDJ-Mitgliedern. Diese stellten im ersten Halbjahr 1959 das Gros der Suizidenten, 41 Prozent waren SED-Mitglieder, 38 Prozent in der FDJ, und nur 21 Prozent nicht organisiert.

Die marxistisch-leninistische Weltanschauung konnte in der Tat, wie in Kapitel 2 am Beispiel des Schriftstellers Ludwig Renn geschildert wurde, im Einzelfall suizidpräventiv wirken.[214] Dass Verzweiflung und gefühlter Ausweglosigkeit aber allein mit dem Verweis auf die marxistisch-leninistische Ideologie und deren historischen Optimismus nicht beizukommen war, schien auch den DDR-Militärs bewusst gewesen zu sein, weshalb der Kommissionsbericht auch eine auf die Eigenheiten der Menschen abge-

---

214 In der DDR war stets nur eine Minderheit von der Lehre des Marxismus-Leninismus überzeugt. Das galt in besonderem Maße für Suizidpatienten, wie eine Befragung in Görlitz Anfang der 1980er Jahre ergab: »Nur 7,6 % bekannten sich zu einer echten materialistischen und 10,4 % zu einer echten christlichen Auffassung, die ihre Lebensweise maßgeblich bestimmte.« Die von SED-Ideologen beschworene »Geborgenheit im Kollektiv« blieb für jene knapp 28 Prozent der Suizidtoten in Görlitz, die als »sozial Desintegrierte« eingestuft wurden, ebenso wie für die 45 Prozent »Isolierte im höheren Lebensalter und chronisch Schwerkranke« eine unerreichbare Idee. Hasenfelder, Suizidproblematik in Görlitz, S. 62.

stimmte Erziehungsarbeit, besseres persönliches Kennenlernen, Zurückdrängung herzlosen Verhaltens, Berücksichtigung der Charaktereigenschaften der Menschen, kurz: die Stärkung tragfähiger zwischenmenschlicher Bindungen einforderte. Künftig sollten, so Generalmajor Pech, die Kommandeure verpflichtet werden, »jeden typischen Fall derartiger Vorkommnisse unverzüglich, prinzipiell und allgemeingültig auszuwerten«. Das bedeutete, dass sie auch nach Ursachen und begünstigenden Umständen innerhalb der Truppe sowie nach Fehlern in der Erziehungsarbeit suchen sollten.[215]

Unter den Bedingungen einer auf dem Prinzip von Befehl und Gehorsam basierenden Institution blieben solche Forderungen jedoch ebenso realitätsfremd wie die Erwartung, das »Bewusstsein« durch Politschulungen verbessern zu können. In einem ausführlichen Bericht vor dem Kollegium mussten Generalleutnant Riedel und Admiral Verner am 2. Oktober 1964 konstatieren, dass die Maßnahmen der letzten fünf Jahre nahezu wirkungslos geblieben waren. Die Generäle sahen in der immer noch recht großen Zahl von Selbsttötungen ein Versagen der sozialistischen Erziehung, zumal »die Mehrzahl besonders der an Selbsttötungen beteiligten Armeeangehörigen eine über 2–3jährige Dienstzeit hatte und während dieser Zeit in einem festen System der politisch-ideologischen Erziehung und der Beeinflussung ihrer Vorgesetzten unterlag«.[216] Ein »echtes Vertrauensverhältnis« hätte sich auch längerfristig nicht herausgebildet, in den meisten Fällen seien den Vorgesetzten die Sorgen und Schwierigkeiten sowie der Lebenswandel der Unterstellten unbekannt geblieben. Diese Bilanz muss für die Anhänger der Ideologie des »historischen Optimismus« eine herbe Enttäuschung gewesen sein. Möglicherweise ist das auch der Grund dafür, dass das Thema in den folgenden Jahren im Kollegium kaum noch behandelt wurde.

Zur gleichen Zeit, als in der NVA-Führung nicht mehr über Selbsttötungen gesprochen wurde, verlagerte sich die Untersuchungstätigkeit zum Ministerium für Staatssicherheit: Ein MfS-Bericht von 1970 lokalisierte die Ursachen für suizidale Handlungen vor allem in der Persönlichkeitsstruktur. Die »Täter« hätten sich »überwiegend in einer persönlichen Konfliktsituation« befunden, »in der sie auf Grund ihres Charakters, vor allem vorhandener Willensschwäche, geraten waren«. Den Suizidenten unterstellte man, für die Konflikte selbst verantwortlich zu sein, und warf ihnen vor, mit falschen Mitteln darauf reagiert zu haben: »Sie waren außerstande, derartige Konfliktsituationen im Interesse unserer sozialistischen Gesellschaftsordnung zu lösen.«[217] Angesichts dessen verwundert es nicht, dass auch das MfS keine Maßnahmen zur Suizidprävention anregte.

215 BA-MA Freiburg, DVW 1, 55503, Bl. 102f.
216 BA-MA Freiburg, DVW 1, 55523, Bl. 38.
217 Information über die Entwicklungstendenzen der Selbstmorde und Selbstmordversuche in der NVA im Zeitraum vom 1.1.1969 bis 20.2.1970, in: BStU, MfS, HA I, Nr. 13241, Bl. 253–260, zit. 259.

In den Sitzungen des NVA-Kollegiums wurden Selbsttötungen erst Ende 1979 wieder angesprochen:»Im Berichtszeitraum traten 110 Selbsttötungen und 212 Selbsttötungsversuche auf, deren Ursachen überwiegend im persönlichen bzw. familiären Bereich der Betreffenden lagen«, stellte der Bericht für Dezember 1977 bis November 1979 fest, und verband damit gleichzeitig eine kritische Bemerkung an die Vorgesetzten:»Die Probleme, die zur Selbsttötung führten, waren in der Mehrzahl den Vorgesetzten bekannt, oftmals unterblieb jedoch eine zielgerichtete Einflußnahme.« Hinsichtlich der 17 Selbsttötungen von Offizieren wurden teilweise»ernsthafte Konfliktsituationen im dienstlichen Bereich bis zur Überforderung in der Dienststellung« eingeräumt.[218]

Noch deutlicher wurde das Protokoll im Jahr 1986. Zwar hieß es zunächst:»Ein direktes schuldhaftes Verhalt[en] der Vorgesetzten und Kollektive ist nicht aufgetreten«; dann folgte aber die Mahnung:

>»Trotzdem ist aus den herausgearbeiteten, unverändert gebliebenen begünstigenden Bedingungen feststellbar, daß bei mehr Verständnis für die Sorgen des anderen und Hineindenken in die Situation und die Probleme der Mitarbeiter und Unterstellten einzelne Selbsttötungen zu verhindern gewesen wären.«[219]

Das war das Maximum an Selbstkritik, was innerhalb der Führungskreise der DDR-Armee möglich war. Die Einschätzung wurde jedoch ein Jahr später zum größten Teil wieder revidiert:

>»Die Ursachen der Selbsttötungen lagen in den meisten Fällen in der Persönlichkeit der Betreffenden. Dabei handelte es sich vor allem um Veranlagungen wie seelische Unausgeglichenheit, Neigung zu Affekthandlungen oder andere Eigenschaften psychischer Natur.
>
> Als begünstigende bzw. auslösende Faktoren zeigten sich wie bisher zerrüttete familiäre Verhältnisse bzw. gestörte persönliche Beziehungen sowie Angst vor der Verantwortung im Dienst. Die dadurch entstandenen Konfliktsituationen wurden von den Betreffenden als ausweglos empfunden.
>
> Die Untersuchungen ergaben, daß kein direktes schuldhaftes Verhalten von Vorgesetzten der Kollektive vorlag.«[220]

In diesem Umfeld stellte die bereits erwähnte Dissertation des Militärpsychiaters Gestewitz aus dem Jahr 1978 gegenüber dem noch an die alte deutsche Heerespsychiatrie angelehnten Umgang mit Suizidgefährdeten in der NVA einen Fortschritt dar. Gestewitz' Zugrundelegung differenzierter psychiatrischer Diagnosen eröffnete, trotz der damit verbundenen Verleugnung

218 BA-MA Freiburg, DVW 1, 55615, Bl. 55.
219 BA-MA Freiburg, DVW 1, 55641, Bl. 114f.
220 BA-MA Freiburg, DVW 1, 55647, Bl. 163.

dienstlicher Suizidursachen, eine adäquatere Behandlungsweise von Suizid-patienten in der NVA.

In den 1980er Jahren vollzog sich dann auch im MfS ein »Paradigmen-wechsel« im Umgang mit Selbsttötungen: »Die Suizidproblematik ist als menschliches Phänomen zu betrachten«, hieß es in einer Anweisung des Leiters des Zentralen Medizinischen Dienstes des MfS vom 11. März 1986. »Suizidalität und Suizidversuch sind krankheitswertige Symptome, deren Ursachen ärztlicher Diagnostik und Therapie bedürfen.«[221]

Diese Dienstanweisung kann, wie Sonja Süß ausgeführt hat, als Ausdruck eines bereits seit einiger Zeit praktizierten veränderten Umgangs mit suizid-gefährdeten MfS-Mitarbeitern angesehen werden.[222]

8.3.4 Der Umgang mit suizidalen Handlungen von Schülern und Jugendlichen

Insgesamt fällt bei der Behandlung von Suizid-Vorkommnissen in den 1960er Jahren ein relativ starker Hang zur Politisierung auf, der sicher auch dadurch entstand, dass sich hauptamtliche SED-Funktionäre in die Ausein-andersetzungen zwischen Lehrern und Eltern einschalteten (vgl. Abschnitt 5.4). Dabei ergriffen die Parteifunktionäre in der Regel Partei für die Eltern bzw. die Kritiker der Schule und nutzten die Selbsttötung als Anlass, um Lehrer in ideologischer Hinsicht zu disziplinieren. Spezifische Maßnahmen, die geeignet waren, Selbsttötungen zu verhindern, erfolgten hingegen kaum, vielmehr liefen die Auseinandersetzungen zumeist auf prinzipielle Fragen der sozialistischen Erziehung hinaus. Das änderte sich jedoch in der zweiten Hälfte der 1960er Jahre. Seitdem wurden Selbsttötungen von Kindern und Jugendlichen in der DDR auch im medizinischen Bereich stärker beachtet. Ein wichtiges Ereignis war das Symposion der »Arbeitsgruppe von Kinder- und Jugendpsychiatern sozialistischer Länder«, das im Herbst 1967 in Ros-tock stattfand; dort befasste sich ein Drittel aller Beiträge mit der Suizidali-tät Jugendlicher.[223] Möglicherweise war es diese medizinische Fachtagung, die das Interesse Walter Ulbrichts an der Thematik weckte. Jedenfalls ließ sich Ulbricht im Sommer 1968 eine Analyse der Kriminalpolizei erstellen, in der alle Selbsttötungen von DDR-Jugendlichen (im Alter von 14 bis 24 Jahren) ausgewertet wurden.[224]

Spätestens nach dieser einmaligen Aktion des Staats- und Parteichefs for-cierte das Ministerium für Volksbildung dann die Bestrebungen, alle suizi-dalen Handlungen zu erfassen. Im Jahr 1964 verzeichneten die Akten des

221 BStU, MfS, BdL/Dok, Nr. 008345, Bl. 1–3, zit. 2.
222 Vgl. Süß, Politisch mißbraucht, S. 724–726.
223 Tagungsbeiträge abgedruckt in: Wissenschaftliche Zeitschrift der Universität Rostock 17 (1968), Mathematisch-Naturwissenschaftliche Reihe, Heft 6/7.
224 Vgl. BArch Berlin, DO 1, 0.5.0., 41550, n. pag.

Ministeriums für Volksbildung noch mehrere Fälle, in denen Selbsttötungen von Schülern nicht nach Berlin gemeldet und nur zufällig auf anderem Weg (beispielsweise über SED-Bezirksleitungen) bekannt geworden waren. Oftmals zog das ein Disziplinarverfahren für den verantwortlichen Schulrat bzw. Direktor nach sich. Durch exemplarische Bestrafungen versuchte das Ministerium die allgemein übliche Praxis zu beenden, »nicht alles an die große Glocke zu hängen, ›wenn wir es doch unter uns klären können‹«.[225] 1965 räumte eine Analyse des Ministeriums ein, es werde zwar »viel ›berichtet‹, aber wenig echte Probleme sichtbar gemacht (Probleminformation) um daran zu zeigen, wieweit der Bezirk dieses Problem mit eigenen Kräften löst und was durch die Zentrale entschieden werden muß«.[226]

Ab Anfang der 1970er Jahre fand demgegenüber eine systematische Meldung von Schülersuiziden an das Ministerium für Volksbildung statt. Zwar signalisierten häufig durchgeführte Kontrollen, dass die 1971 erlassene Meldeordnung nur mit permanentem Druck durchgesetzt werden konnte. Nichtsdestotrotz erfolgte die Meldung der Schülersuizide wahrscheinlich schon bald nahezu vollständig; ein Indiz hierfür ist, dass es nicht mehr zu Disziplinarverfahren wegen Nichtmeldung von Vorkommnissen, sondern nur noch wegen verspäteter Meldung kam.

In der Hauptschulinspektion wurden die zu Hunderten eintreffenden Vorkommnismeldungen statistisch ausgewertet und allgemeine Einschätzungen formuliert.

In der gründlichen Erforschung der Suizid-Motive sah die Hauptschulinspektion eine notwendige Bedingung für »vorbeugende pädagogische Arbeit« und »helfende Maßnahmen«.[227] Anfang der 1970er Jahre war Suizidalität einer von drei Analyse-Schwerpunkten der Hauptschulinspektion; eine Folge war, dass der Anteil der Selbsttötungen, bei denen kein Motiv ermittelt werden konnte, sank. Gleichzeitig stellte sich bei den Analysen eine relative Konstanz, was die Zahl der Selbsttötungen und die Motiv-Verteilung betraf, heraus. Zwischen 1975 und 1983 wurden jährlich durchschnittlich 70 Selbsttötungen von Schülern registriert, im Zeitraum 1984 bis 1988 waren es dann – entsprechend der allgemeinen Entwicklung der Selbsttötungsraten – deutlich weniger (im Durchschnitt 43). Der Einfluss der Schule auf die Häufigkeit von Selbsttötungen schien gering zu sein: »Nach den uns vorliegenden Informationen liegen die Ursachen in der großen Mehrzahl der Fälle in gestörten Beziehungen zu Eltern bzw. Freunden (mangelndes Vertrauen; sich unverstanden fühlen; Liebeskummer; Druckmittel zur Durchsetzung persönlicher Wünsche u. ä.)«, hieß es in einer Auswertung der Hauptschul-

---

225 Aus dem Bericht des Bezirksschulrates Leipzig an das Ministerium für Volksbildung vom 27.4.1965, in: BArch, DR 2, A 1408, n. pag.
226 BArch, DR 2, A 1418, n. pag.
227 Information über versuchte und gelungene Selbstmorde bei Schülern und Pädagogen im Schuljahr 1971/72, Berlin, 14.9.1972, in: BArch, DR 2, A 7343, n. pag.

inspektion von 1975.[228] Nichtsdestotrotz hielt man die Probleme für beeinflussbar »durch zielgerichtete Arbeit«. Entsprechend äußerte sich auch der Erfurter Bezirksschulrat im Jahr 1973:

> »Wenn auch jeder dieser Selbstmordversuche nach außen hin als individueller Einzelfall erscheint, so mußte doch überall festgestellt werden, daß diese unüberlegten Kurzschlußreaktionen erfolgt sind, weil diese Schüler in ihrer Konfliktsituation weder den Weg zu den Eltern noch zu ihren Lehrern oder den Freunden des FDJ-Kollektivs fanden. Hier stellt sich ganz ernst die Frage nach der Wirksamkeit der Kollektiverziehung in unseren Schulen, nach dem echten Vertrauensverhältnis zwischen Kindern und Eltern, zwischen Lehrern und Schülern und insgesamt nach der pädagogischen Atmosphäre in unseren Schulkollektiven.«[229]

Angesichts dieser Bewertung suizidaler Handlungen als Symptome gesellschaftlichen Versagens war es nur folgerichtig, wenn zum Beispiel nach der Selbsttötung eines Schülers (der zudem noch in seinem Abschiedsbrief erklärt hatte, dass er sich an seiner Schule nicht wohlfühlte), die für Mai 1977 geplante Verleihung eines Ehrennamens für eine Schule in Leipzig ausgesetzt und stattdessen eine Untersuchung eingeleitet wurde.[230]

Die Etablierung des Meldesystems im Volksbildungssektor bewirkte, dass Lehrer, und oft auch Eltern und Mitschüler, angesichts suizidaler Handlungen von Schülern mit der Frage nach ihrer eigenen Verantwortlichkeit konfrontiert wurden. Es hat zwar teilweise den Anschein, dass bei der Auswertung von Vorkommnissen die Einhaltung der Meldeordnung wichtiger genommen wurde als eine pädagogisch einfühlsame Reaktion auf die Verzweiflungstaten von Schülern.[231] Andererseits eröffnete die Meldepflicht aber Möglichkeiten für individuell zugeschnittene prophylaktische Maßnahmen. So ergriff eine Schule im Herbst 1971 Partei für einen Schüler, der von seinem Stiefvater (einem Volkspolizisten) oft geschlagen wurde und der einen Suizidversuch unternommen hatte (nachdem er den Vater mit einer anderen Frau in der Wohnung überrascht hatte). Der »pädagogisch instinktlose« Vater wurde zu einem Gespräch bestellt:

> »Im Verlauf der Aussprache wurde er dringend darauf hingewiesen, seine gesellschaftlichen Pflichten gegenüber seiner Familie und besonders gegenüber

228 BArch, DR 2, A 8520, n. pag.
229 ThHStAW, BT/RdB Erfurt, Abt. Volksbildung, Nr. 027846, n. pag.
230 Vgl. StAL, BT/RdB Leipzig, Abt. Volksbildung, Nr. 24791, Bl. 139.
231 Ein Beispiel aus dem Jahr 1982: Ein Lehrer, der eine Schülerin zufällig traf, die Selbsttötungsgedanken geäußert hatte und nicht in der Schule erschienen war, hatte die Schülerin mit nach Hause genommen, um sich mit ihr mehrere Stunden lang auszusprechen; erst danach hatte er die Schule informiert. Wegen dieses Verstoßes gegen die Meldeordnung (wonach die Information stets unverzüglich zu erfolgen hatte) musste der Lehrer zwei Aussprachen über sich ergehen lassen. Vgl. ThHStAW, BT/RdB Erfurt, Abt. Volksbildung, Nr. 031992, Bd. 2, n. pag.

dem Jungen richtig wahrzunehmen. Der Stiefvater erhielt umfangreiche praktische Erziehungshinweise.«[232]

Dieser Fall kann als typisch gelten. Nach Suizidversuchen von Schülern erfolgten oft Interventionen der Schule, insbesondere dann, wenn gestörte Familienbeziehungen vorlagen.[233]

Im Fall eines Schülers im Bezirk Halle, der 1983 versucht hatte, sich in der Schule die Treppe hinabzustürzen, engagierte sich die Schule dafür, dass der Jugendliche, der als Außenseiter galt und im Alter von fast 14 Jahren immer noch Bettnässer war, professionelle Hilfe bekam. Zunächst wurde (zusätzlich zu einer psychotherapeutischen Behandlung) eine Heimeinweisung diskutiert, dann aber bekam der Junge eine Kur und konnte danach weiter die Schule besuchen. Da die Ursachen für die psychischen Probleme offenbar in der Familie lagen, wurde die Mutter zu einer Aussprache in die Schule bestellt; dort wurde zum Beispiel festgelegt, dass der Schüler ein eigenes Zimmer bekommen sollte.[234]

Nach dem Suizidversuch eines Schülers der 10. Klasse im Bezirk Erfurt, der wegen schlechter schulischer Leistungen und des Verdachts auf Schulbummelei von seiner Mutter geschlagen worden war, wies der Schuldirektor Lehrer und Schüler an, dem Schüler bei der Prüfungsvorbereitung zu helfen. Dennoch verließ den Schüler kurz vor den Prüfungen im Februar 1976 erneut der Mut, er unternahm einen weiteren Suizidversuch. Bemühungen des Direktors, den offenbar angekündigten Suizidversuch zu verhindern, scheiterten zunächst an der Mutter, die sich weigerte, die Arbeitsstelle zu verlassen, um nach ihrem Sohn zu sehen. Auch einem Lehrer, der nach Feierabend zum Krankenbesuch erschien, verweigerte die Mutter den Zutritt zur Wohnung. Daraufhin alarmierte der Direktor am folgenden Tag die Polizei, die feststellte, dass der Schüler bereits wenige Stunden zuvor mit einer Tablettenvergiftung ins Krankenhaus eingeliefert worden war. Nach seiner Genesung und der ärztlichen Feststellung, dass keine psychische Erkrankung vorlag, nahm der Direktor den Schüler unter persönliche Kontrolle, veranlasste wiederum eine Lernpatenschaft, und glaubte zudem durch Beschaffung einer Lehrstelle die Zukunftsperspektive des Jugendlichen gesichert zu haben.

Indes, so einfach war das Problem nicht zu lösen. Zusätzliche Dramatik entstand dadurch, dass die Eltern der Freundin des Jungen die Freundschaft der beiden nicht akzeptierten. Deshalb unternahm die Freundin einen Monat

---

232 ThHStAW, BT/RdB Erfurt, Abt. Volksbildung, Nr. 027848, n. pag.
233 Diese Entwicklung korrespondiert mit der allgemeinen Feststellung zum Gestaltwandel der SED-Diktatur, dass der »Unterdrückungs- und Überwachungsapparat [...] zusehends präventiv-pazifizierende wirtschafts- und sozialplanerische Züge an[nahm]; physischer und psychischer Druck verschwamm mit ›Fürsorge‹ und ›Überzeugungsarbeit‹«. Christoph Boyer, Totalitäre Elemente in staatssozialistischen Gesellschaften, in: Henke (Hg.), Totalitarismus, S. 79–91, zit. 88.
234 Vgl. LHASA, MER, BT / RdB Halle, Abt. Volksbildung, 4. Ablieferung, Nr. 6259, n. pag.

später, im März 1976, ebenfalls einen Suizidversuch. Wieder kam es zu Aussprachen, in denen die Eltern zwar die Freundschaft immer noch ablehnten, sich aber um ein besseres Verhältnis zur Tochter bemühen wollten. Mit einem ergebnisoffenen »augenblicklich besteht die Freundschaft zwischen [...] und [...] weiter« endete die Berichterstattung des Schulrats, die den Eindruck erweckte, dass die Interventionen der Schule im Sinne der Schüler erfolgreich waren.[235]

Der Kreisschulrat von Aue setzte im Herbst 1972 sogar eine Arbeitsgruppe unter Leitung der Kreisschulinspektorin ein, um die Ursachen der Selbsttötung eines Schülers der 7. Klasse herauszufinden. Der 13-Jährige war zuvor »durch hochgradige Nervosität, sensibles Verhalten und dadurch hervorgerufenes, zeitweilig geringeres Leistungsvermögen« aufgefallen. Deshalb hatte die Schule eine psychologische Behandlung veranlasst. Zur Unterstützung dieser Maßnahme wäre jedoch, wie die Untersuchung des Todesfalls feststellte, das »enge und vertrauensvolle Zusammenwirken von Pädagogen und Eltern und das individuelle Eingehen auf diesen Schüler im Unterricht« nötig gewesen, dazu war es nicht gekommen.

Die Lehrer hatten, so ergab die Untersuchung, die Konfliktsituation des Schülers zumindest begünstigt, indem sie seine Leistungen mehrfach mit der Note 5 bewertet und dann verlangt hatten, dass er dafür die Unterschrift der Eltern bringen sollte. »Aus Angst fälschte er die Unterschrift der Mutter. Daraufhin sagte sich der Klassenleiter zu einem Elternbesuch an.« Die Drucksituation hatte mit dazu beigetragen, »eine Atmosphäre der Ausweglosigkeit bei dem Jungen zu erzeugen«. Wegen dieser »falschen Arbeitsweise mit Lob und Tadel« ließ der Schulrat gegen drei Lehrer Disziplinarverfahren eröffnen, die mit zwei strengen Verweisen und einer Missbilligung endeten. Zudem sollte der Schuldirektor einen Verweis erhalten; der Bezirksschulrat verlangte dann sogar einen »strengen Verweis«.

Das Eingreifen des Schulrats erweckt jedoch einen ambivalenten Eindruck. Einerseits ist die engagierte Parteinahme für eine differenzierte und pädagogisch angemessene Behandlung von Schülern erkennbar. Andererseits wurde das Vorkommnis auch genutzt, um mit der zentralen »Hilfe, Anleitung und Kontrolle [...] noch konkreter an Ort und Stelle« wirksam zu werden. Dies lief praktisch auf eine politisch-ideologische Disziplinierung der Lehrer hinaus: So wurden bei den Disziplinarverfahren »ungenügende politisch-ideologische Standpunkte zu den Fragen der Erziehung zum Haß gegen den Imperialismus und der Abgrenzung gegenüber der imperialistischen Politik der BRD« an vorderster Stelle mit verhandelt.[236]

»Klassenleiter Koll. [...] CDU, ist überheblich und brachte in der Aussprache zum Ausdruck, daß er die mat[erialistische] Weltanschauung ab-

---

235 Vgl. ThHStAW, BT/RdB Erfurt, Abt. Volksbildung, Nr. 027121, n. pag.
236 StAC, BT/RdB Karl-Marx-Stadt, Abt. Volksbildung, Nr. 57844, n. pag.

lehnt, auch ihre Vermittlung, er lehnt die Abgrenzung ab«, berichtete ein Schulinspektor, der vom MfS als IM »Kosmonaut« geführt wurde. Neben solchen ideologischen Grundsatzfragen ging es aber auch um echte pädagogische Fehlleistungen. So hieß es im gleichen Bericht an das MfS über den Mathematiklehrer: »Hat auch den Schüler moralisch mißhandelt, die Schüler haben Angst vor ihm, er nahm schon körperl[iche] Züchtigung vor.«[237]

Solche Beispiele für eine Politisierung von Suizid-Vorkommnissen waren in den 1970er Jahren seltener als im Jahrzehnt zuvor. Gleichzeitig zeigten sich Schulräte vermehrt im Sinne einer Deeskalation bemüht, politische Aspekte nicht zu sehr in den Vordergrund zu spielen. Das verdeutlicht ein Vorgang nach einem Suizidversuch eines Schülers der 10. Klasse im Bezirk Karl-Marx-Stadt im Jahr 1974. Der Schüler, der wegen Disziplinschwierigkeiten und einem Zigarettendiebstahl bereits mit Tadel und Verweis bestraft worden war, hatte eine Lehrerin auf der Straße als »Herbariumtante« und »Nutte« beschimpft. Daraufhin wurde er (zusammen mit seinem Vater) zur Versammlung der Schulparteiorganisation (SPO) vorgeladen, wo er sich offenbar halbherzig entschuldigte. Daraufhin wurde ihm gesagt, dass er die Entschuldigung vor dem Lehrerkollektiv wiederholen müsse; zudem wurde er (in drohendem Ton) gefragt, wie er die 10. Klasse abzuschließen gedenke. Unmittelbar nach seiner Rückkehr nach Hause schluckte der Jugendliche eine Überdosis Tabletten, konnte aber gerettet werden. In Auswertung des Suizidversuchs wurde der Direktor nicht nur angewiesen, weitere Erziehungsmaßnahmen sorgfältig abzuwägen, der Schulrat gab ihm auch deutlich zu verstehen, »daß die Mitgliederversammlung der SPO nicht das Forum sein kann, um direkten erzieherischen Einfluß auf Schüler zu nehmen«.[238]

Auch die Reaktionen eines Kreisschulrates im Bezirk Halle auf den Suizidversuch einer Abiturientin im Jahr 1984 zeugten eher von Pragmatismus als von einer ideologisch verengten Perspektive. Über die Schülerin wurde berichtet, dass sie unter einem nicht realisierbaren Berufswunsch leiden würde, dass es Probleme mit den Eltern gäbe und dass die Schülerin zeitweilig die »Junge Gemeinde« besucht hätte. »Habe Leute kennengelernt, die mich endlich verstehen, die so denken wie ich«, hatte die Schülerin ihren Eltern geschrieben. Der Schulrat betrachtete das Problem nüchtern; die Schülerin hätte »Verbindung zu Personen gesucht und gefunden, die ihren Lebensinhalt nicht in Arbeit und Pflichterfüllung sehen. Widersprüchliche Einflußnahmen im Elternhaus (Strenge des Vaters, Milde der Mutter) bzw. geringe Ausklärung der Probleme wirkten wesentlich mit verursachend dafür, daß gegenwärtig echt die Gefahr besteht, daß [...] sozial abgleitet.«[239] Sein Vorschlag

---

237 BStU, MfS, BV Karl-Marx-Stadt, AIM 41/89, Bd. III, Bl. 307.
238 StAC, BT/RdB Karl-Marx-Stadt, Abt. Volksbildung, Nr. 57846, n. pag.
239 LHASA, MER, BT/RdB Halle, Abt. Volksbildung, 4. Ablieferung, Nr. 6262, n. pag.

lautete, dass die Schülerin das Abitur abbrechen und eine Lehre beginnen sollte.

Verfolgt man den Meldeweg der »Vorkommnisse« von den Schulen über die Kreis- und Bezirksschulräte bis zum Ministerium für Volksbildung (was in einigen Fällen möglich ist), so zeigen sich auch hier in Einzelfällen Veränderungen im Sinne einer Deeskalation. So strich 1982 der Bezirksschulrat von Karl-Marx-Stadt aus einem Bericht des Kreisschulrates von Zwickau über einen Suizidversuch die Passage über die Mutter: »Frau B. hat keine positive Einstellung zu unserem Staat.« In einem anderen Bericht ließ der Bezirksschulrat den Hinweis auf kirchliche Kontakte weg.

Stattdessen legte der Schulrat den Schwerpunkt darauf, die suizidalen Schüler zu stabilisieren. Im ersten Fall wurde festgelegt, dem Schüler die Belastung eines Wechsels der Klasse zu ersparen, vielmehr sollten ihm die Lehrer erfüllbare Aufträge erteilen und bei durch echte Anstrengung erzielten Erfolgen loben, »um sein Selbstwertgefühl zu erhöhen«.[240] Nach zwei Monaten meldete der Schulrat erste Erfolge an das Ministerium. Der Schüler sei diszipliniert und bemühe sich, wenngleich er noch unsicher und zurückhaltend auftreten würde.

Natürlich stand dahinter das Bemühen, die vom Ministerium erwarteten Erfolge zu melden und gleichzeitig den Eindruck zu vermitteln, alles im Griff zu haben – »die Entwicklung des Jungen bleibt unter Kontrolle«, hieß es abschließend im Bericht des Bezirksschulrates; dass Lehrer und Schulfunktionäre nichtsdestotrotz bemüht waren, suizidale Schüler in ihr soziales Umfeld zu integrieren, wird dadurch nicht in Frage gestellt.

Die Realisierung dieser Intention war jedoch nicht einfach. »Einzelne Vorgänge machen deutlich, daß es oft noch nicht gelingt, lange bekannte und ernsthafte Konflikte in der Erziehungssituation in bestimmten Familien günstiger zu gestalten oder die Kinder rechtzeitig einem solchen Milieu zu entziehen«, räumte ein Bericht der Hauptschulinspektion des Volksbildungsministeriums in einer Auswertung von suizidalen Vorkommnissen Anfang des Jahres 1974 ein.[241]

Teilweise reagierten Pädagogen enttäuscht auf die offensichtliche Vergeblichkeit der eigenen Bemühungen. So hieß es in einer Dienstvorlage des Bezirksschulrats von Halle am 15. Februar 1988: »Es zeigt sich, daß Pädagogen bzw. Schüler sich nicht in der Lage sehen, aufgetretene Probleme bewältigen zu können. Das Vertrauensverhältnis zum Kollektiv ist nicht so entwickelt, daß entstandene Konfliktsituationen entschärft werden.«[242]

---

240 StAC, BT/RdB Karl-Marx-Stadt, Abt. Volksbildung (Bestand 30413), Nr. 109137, n. pag.
241 BArch Berlin, DR 2, A 7343, n. pag.
242 LHASA, MER, BT/RdB Halle, Abt. Volksbildung, 4. Ablieferung, Nr. 6272, n. pag.

Nach dem Suizidversuch einer Schülerin im Bezirk Halle meldete der Kreisschulrat im Frühjahr 1984: »Der Gruppenrat ist rührend um sie bemüht, da er als einzigster von dem Vorfall wußte. Er hat ihr eine besondere Gruppenratssitzung gewidmet und die Situation entsprechend eingeschätzt.« Mitschüler und Lehrer stellten ein »Programm zur Stabilisierung der Persönlichkeitsentwicklung« auf. Die kontaktarme und schüchterne Schülerin erhielt in einem Fach Förderunterricht, ihr wurden kleinere Aufgaben als Fachhelferin oder Essengeldkassierer sowie als Brigadeleiterin »bei der Arbeit am Pionierobjekt« zugeteilt, die sie »sehr bereitwillig« übernahm. In den folgenden Monaten zeigte die Schülerin stabile schulische Leistungen. »Sie hat einen guten Kontakt zu ihren Mitschülern; mehrfach sind Freundschaften entstanden«, berichtete der Kreisschulrat.

Der Erfolg war aber nur oberflächlich. Die unerträgliche familiäre Situation der Schülerin und die daraus resultierenden Depressionen blieben bestehen. Die Eltern galten als »fast asozial«, weshalb die Schülern gehänselt, von Hausbewohnern geschlagen und von Mitschülerinnen beleidigt wurde, »indem ihr nachgesagt wurde, ihr Vater sei im Gefängnis gewesen«. Von der Mutter erhielt die Schülerin, die sich teilweise für ihr Elternhaus schämte, nicht die erhoffte Zuwendung, mit den Geschwistern, die mehrheitlich die Hilfsschule besuchten, gab es Streit. Im Herbst 1985 versuchte die Schülerin erneut, sich das Leben zu nehmen. Damit wurde das Versagen des Stabilisierungsprogramms offenkundig; nun wurde das Referat Jugendhilfe eingeschaltet. Da die Schülerin sich unter Androhung weiterer Suizidversuche weigerte, ins Elternhaus zurückzukehren, wies die Jugendhilfe sie (auf eigenen, »energischen Wunsch« hin) in ein Kinderheim ein.[243]

Als langwieriger Problemfall weit über die Schulzeit hinaus erwies sich ein Abiturient, der 1983 zwei Suizidversuche unternommen hatte, um nicht an der vormilitärischen Ausbildung im GST-Lager teilnehmen zu müssen. Das MfS, das den Schüler bereits seit 1982 in einer »Operativen Personenkontrolle« ausspionierte, erfuhr von einem Inoffiziellen Mitarbeiter, dass der Schüler »nur so viele Tabletten eingenommen hatte, um keinen körperlichen Schaden zu erleiden«. Die MfS-Überwachung setzte ein, nachdem der Schüler geprahlt hatte, er wollte zu einem reichen Onkel nach Österreich fliehen; dieser Onkel existierte jedoch ebensowenig wie ernsthafte Fluchtabsichten. Vermutlich wollte der Jugendliche, der an einem Sprachfehler litt, mit seinen parasuizidalen Demonstrativhandlungen »seine nicht verstandene Außenseiterrolle verdeutlichen«.[244]

Der wiederholte Suizidversuch bewirkte eine Zurückstufung vom Wehrdienst, aber auch einen negativen Satz in der Beurteilung, in der es hieß, der Schüler beurteile »die Problematik der Friedenssicherung und der Abrüstung in der Welt nicht vom Standpunkt der Arbeiterklasse aus«. Da absehbar war,

243 LHASA, MER, BT/RdB Halle, Abt. Volksbildung, 4. Ablieferung, Nr. 6263, n. pag.
244 Vgl. BStU, MfS, BV Halle, AOPK 2451/84, Bd. 1, Bl. 57–61.

dass diese Einschätzung zur Ablehnung der Studienbewerbung führen würde, ergriff die Schulleitung Vorsichtsmaßnahmen, um die Reaktion des Schülers psychologisch abzusichern.[245] Als die Ablehnung eintraf, wurde der Schüler gemeinsam mit der Mutter in die Schule bestellt, und es wurde als Alternative ein beschleunigter Facharbeiterabschluss vereinbart. Nach dem erfolgreichen Abschluss der Lehre zog der junge Mann mit seiner Freundin zusammen, die er anschließend auch heiratete. Doch auch hier gab es Probleme, auf die der inzwischen 22-Jährige wiederum mit einem Suizidversuch reagierte. Die ärztliche Prognose für ihn lautete, dass »mit hoher Wahrscheinlichkeit bei erneutem Auftauchen ähnlicher Probleme mit einem Rezidiv zu rechnen« sei.

Einerseits scheint damit ein Beispiel für eine in ihrer kausalen Bedingtheit nur schwer einzuschätzende psychopathologische Entwicklung vorzuliegen, andererseits hob die medizinische Fallbeschreibung auch den ungünstigen Einfluss der Reaktionen der Lehrer auf den ersten Suizidversuch hervor, die zu einer Festigung der suizidalen Verhaltensweisen geführt hätten.[246]

Besonders dann, wenn es zu einer Häufung von Suiziden kam, wurden auch allgemeine Maßnahmen zur Suizidprävention ergriffen. So wurde nach dem Suizidversuch einer Schülerin in Weimar im Herbst 1971 festgelegt, dass sich eine FDJ-Veranstaltung »ohne auf den Vorfall einzugehen, mit dem Thema: ›Sinn des Lebens‹ befassen« sollte.[247] In Halle, wo sich 1981 in einer 8. Klasse gleich zwei Suizidversuche ereigneten, wurde eine »Veranstaltung in Vorbereitung der Jugendweihe zum Thema: ›Freundschaftliche Beziehungen, ihre Probleme und Lösungen‹« sowie eine Elternversammlung unter Beteiligung der Schüler durchgeführt.[248] Aber auch unabhängig von konkreten Suizidfällen wurde die Erziehung zu einer optimistischen, diesseitsorientierten Weltanschauung als ein wichtiges Mittel der allgemeinen Suizidprävention angesehen. »Verstärkt sollen offene Aussprachen, Veranstaltungen und psychologisch-medizinische Aufklärungen in den Schüler- und Lehrerkollektiven eine Rolle spielen, um besonders Fragen nach dem Sinn des Lebens aufzuwerfen und zu beantworten«, empfahl zum Beispiel im Juni 1976 eine Analyse der SED-Bezirksleitung Magdeburg.[249]

---

245 Vgl. LHASA, MER, BT / RdB Halle, Abt. Volksbildung, 4. Ablieferung, Nr. 6262, n. pag.
246 Vgl. Altstadt/Beau, Erscheinungsbild, S. 83–85.
247 ThHStAW, BT/RdB Erfurt, Abt. Volksbildung, Nr. 027847, n. pag.
248 LHASA, MER, BT/RdB Halle, Abt. Volksbildung, 4. Ablieferung, Nr. 6271, n. pag.
249 Analyse über besondere Vorkommnisse im Bereich der Volksbildungseinrichtungen vom 24.6.1976, in: LHASA MD, Rep. P 13, SED-BL Magdeburg, IV/c-2/9.02/665, Bl. 5.

8.4 Resümee

Suizidales Verhalten erschien in der DDR, schrieb der Dresdner Philosoph Detlef Belau, »als Makel, in einer ansonsten gesunden Gesellschaft. Daraus geht zwangsläufig die politische und ideologische Idee der Tabuisierung der Suizidproblematik hervor.«[250]

Das war jedoch nur die halbe Wahrheit, denn aus der SED-Ideologie ergab sich auch »die Pflicht und die Möglichkeit, derartige Handlungen zu verhindern oder entsprechend einzudämmen«.[251] »Die Entwicklung der Selbstmordverhütung in den letzten 30 Jahren ist ein beredtes Zeugnis für die Möglichkeit sozialen Engagements, helfender Mitmenschlichkeit, einfacher Nächstenliebe und der Besinnung auf den Menschen, verbunden mit entsprechender Erkenntnis seiner vielfältigen Möglichkeiten und ihrer Gründe, wie es in dieser seelenlosen Welt nicht unbedingt zu erwarten ist«, stellte 1981 der bundesdeutsche Mediziner Hermann Pohlmeier fest und verwies damit auf den universalen humanistischen Anspruch der Aktivitäten der internationalen Bewegung zur Suizidprävention in der zweiten Hälfte des 20. Jahrhunderts.[252]

Auch die SED bekannte sich zum Humanismus, daher befürwortete das DDR-Gesundheitsministerium die von Psychiatern angeregten Betreuungsstellen für Suizidgefährdete, die Ende der 1960er Jahre in Dresden und Brandenburg (nach Wiener Vorbild) geschaffen wurden.

Die Betreuungsstellen wirkten im klinischen Bereich; dabei kam es jedoch auch zu einer Kooperation mit der Kriminalpolizei, die zur Sensibilisierung der Polizisten und zur Verbesserung der kriminalistischen Ermittlungen führte. Hier wurde ein »Vorzug des Sozialismus« wirksam, der in einer leichteren Verfügbarkeit personenbezogener Daten bestand. Demgegenüber stellte der Datenschutz für Polizei und Suizidforscher in der Bundesrepublik ein Hindernis dar.

Allerdings scheiterte die beabsichtigte Schaffung eines Netzwerks der Suizidprophylaxe an materiellen Engpässen ebenso wie an Kommunikationsbarrieren. So wurde von staatlicher Seite darauf geachtet, dass die Suizidprophylaxe auf den medizinischen Bereich beschränkt blieb. Zudem behinderte die SED-Führung durch eine Verschärfung der Tabuisierung in Krisenzeiten wie 1963 und 1977 die Bemühungen um eine systematische Suizidprophylaxe. Eine gesamtgesellschaftliche Breitenwirkung, die Psychiater als unabdingbare Voraussetzung für eine wirksame Suizidprävention ansahen, war im SED-Staat unmöglich.

---

250 Belau, Interpretation, S. 273.
251 Melzer, Die kriminalistische Untersuchung, S. 4.
252 Hermann Pohlmeier, Entwicklung der Suizidverhütung als Fortschritt der Humanität, in: W. Pöldinger/J. Lange/A. Kirchmayr (Hg.), Psychosoziales Elend, Wien–Freiburg–Basel 1981, S. 177–193, zit. 178.

Dennoch gab es auch in anderen Bereichen der DDR-Gesellschaft, wenngleich isoliert und ohne Öffentlichkeitswirkung, Bemühungen um Suizidprävention. In der Sozialistischen Einheitspartei sowie in den Schulen der DDR bestanden diese Bemühungen, entsprechend der marxistisch-leninistischen Ideologie, vor allem in Versuchen, Suizidgefährdete durch soziale Kontakte zu stabilisieren und zu integrieren. Dabei wurde jedoch die begrenzte Beeinflussbarkeit deutlich; eine Grenze stellte die Privatsphäre dar, in welche die Partei (wie manche Genossen bedauerten) kaum eingreifen konnte, eine andere Grenze bildeten psychopathologische Faktoren.

Eine indirekte Folge der verstärkten Aktivitäten im medizinischen Bereich war ein Paradigmenwechsel bei der NVA und im MfS, wo suizidale Handlungen häufig als Dienstvergehen betrachtet wurden; hier setzte sich in den 1980er Jahren eine an medizinischen Erkenntnissen orientierte Interpretation von Selbsttötungen durch.

Das geschah zu einer Zeit, als die medizinische Forschung, behindert durch die Verschärfung der Tabuisierung ab 1977, zunehmend verebbte. Bemerkenswert ist, dass gleichzeitig verstärkt kirchliche Initiativen zur Senkung der Selbsttötungsraten erfolgten, und sich, wie 1985/86 die Telefonseelsorge Dresden, gegen staatliche Behinderungen und Anfeindungen durchsetzen konnten. Damit verbunden kam es Ende der 1980er Jahre zu einem ungleichen »Wettbewerb« zwischen staatlichen und kirchlichen Stellen bei der Schaffung von Telefonhilfen. Sachlich betrachtet, waren sich Telefonseelsorgen und »Telefone des Vertrauens« recht ähnlich; mit diesen Einrichtungen holte die DDR eine Entwicklung nach, die sich in der Bundesrepublik bereits seit Ende der 1950er Jahre vollzogen hatte.

Eine kritische Selbstreflexion der Einrichtungen der Suizidprophylaxe, wie sie in der Bundesrepublik in den 1980er Jahren einsetzte, als deutlich wurde, dass die (im Vergleich zur DDR wesentlich zahlreicheren) Betreuungsangebote für Suizidgefährdete keinen Einfluss auf die Selbsttötungsraten hatten, wurde in der DDR durch die Geheimhaltung der Statistiken behindert. Während in der Bundesrepublik ab Mitte der 1970er Jahre, ausgelöst durch Hungerstreiks und Selbsttötungen von inhaftierten RAF-Terroristen, die Legitimation der Suizidverhinderung (auch gegen den Willen des Suizidenten) hinterfragt wurde, wurde die »Fragen nach dem suizidprophylaktischen Auftrag« in der DDR nicht aufgeworfen. Erst nach 1989 relativierte der Leiter der Dresdner Betreuungsstelle, Werner Felber, den »Optimismus der Gründerjahre« und bekannte sich zu einer »postmodernen Suizidprophylaxe, die das Wählen zum Ja als Akt freiheitlich fördert«. Dazu gehöre auch, das »Nein« zu akzeptieren.[253]

253 W[erner] Felber, Der Selbstmord im geschichtlichen Spiegel – die Nachtseite des Lebens, in: Fundamenta Psychiatrica 5 (1991) 12, S. 17–22, zit. 22.

9 Das »Selbstmord«-Thema in der Belletristik der DDR

Fiktionale Texte unterliegen zweifellos einer eigenen, ästhetischen Logik. Der Umgang mit dem »Selbstmord«-Thema in der DDR-Belletristik kann dennoch als Sondierungsgebiet zur Beschreibung des Umgangs mit Selbsttötungen in der DDR dienen, da die starke Rückbindung an die gesellschaftliche Wirklichkeit, der Anspruch, unter dem normativen Leitbild des »sozialistischen Realismus« typische gesellschaftliche Wirklichkeit widerzuspiegeln, fiktionale Texte der DDR-Literatur in besonderer Weise für historische Analysen prädestiniert hat. Literatur erfüllte in der DDR auch die Funktion einer Ersatzöffentlichkeit, insofern kam literarischen Texten im »Leseland DDR« eine weit über den ästhetischen Bereich hinausreichende Bedeutung zu.[1] Es kann im Folgenden nicht darum gehen, eine vollständige Darstellung der Verwendung des »Selbstmord«-Themas in der DDR-Literatur zu geben.[2] Die literarischen Texte werden vor allem als *historische* Sachverhalte behandelt und nach ihrer Rolle im gesellschaftlichen Kontext befragt; deshalb steht auch die Rezeptionsgeschichte im Vordergrund.

In den 1950er und 1960er Jahren war die literarische Behandlung des »Selbstmord«-Themas in der DDR nicht völlig tabu; Selbsttötungen standen jedoch meist in eindeutigem Bezug zu Imperialismus oder Faschismus.[3] So war Friedrich Wolfs im Jahr 1933 verfasstes Drama »Professor Mamlock« Pflichtlektüre in den Schulen der DDR, wobei die Tragik des jüdischen Arztes jedoch in den Hintergrund gespielt wurde:

> »Er erkennt zu spät, daß seine humanistischen Prinzipien nur wirklich verteidigt worden wären, hätte er so wie die Kommunisten und gemeinsam mit ihnen aktiv das faschistische Regime bekämpft. So ist Mamlock zwar der Ti-

---

1 Vgl. die germanistische Einschätzung zu DDR-Prosatexten über das Thema Selbsttötung: »Ihr kommunikatives Anliegen wird in einer klaren Sprache formuliert, so daß der Leser in seiner Rezeption nicht ›fehlgehen‹ kann.« Claudia Lembach, Selbstmord Freitod Suizid. Diskurse über das Unsägliche, München 1998, S. 207.
2 Grundlegend: Michael Rohrwasser, Das Selbstmordmotiv in der DDR-Literatur, in: Paul Gerhard Klussmann/Heinrich Mohr [Hg.], Probleme deutscher Identität (= Jahrbuch zur Literatur in der DDR, Bd. 3), Bonn 1983, S. 209–231; Kai Riemer, Das Motiv des Selbstmords in der DDR-Literatur der Siebziger und Achtziger Jahre, Magisterarbeit Leipzig 2003 (vom Verfasser dankenswerterweise zur Verfügung gestellt). Außerdem: Michael Zimmermann, Suicide in the German Novel 1945–89, Frankfurt/M. 2002.
3 Vgl. auch: Jurek Becker, Jakob der Lügner, Berlin 1969.

telheld des Schauspiels; die positiven Helden aber verkörpert Wolf in Mamlocks Sohn und dessen Freunden – in den kommunistischen Repräsentanten des aktiven antifaschistischen Widerstandskampfes.«

Dem gegenüber, so hieß es im Nachwort, hätte der Protest des bürgerlichen Arztes »lediglich bis zum Selbstmord« gereicht.[4] Auch in Anna Seghers' Roman »Das siebte Kreuz«, der ebenfalls Schullektüre war, wurde Selbsttötung im Kontext der nationalsozialistischen Herrschaft dargestellt. Einer der sieben aus dem KZ geflohenen Häftlinge (Belloni) stürzte sich vom Dach, nachdem ihm die Verfolger in die Füße geschossen hatten.[5] Sein Sturz in den Tod war ein verzweifelter Akt der Selbstbehauptung, eine letzte selbstbestimmte Handlung, die der Hinrichtung zuvorkam.

So wie in diesen Texten erschien der Tod bereits zur Zeit der Weimarer Republik in der kommunistischen Literatur fast ausschließlich in politisierter Form. »Nirgendwo wird ein natürlicher oder ›zufälliger‹ Tod gestorben«, stellte Michael Rohrwasser fest. Der Tod sei, zumeist sinnhaft eingebunden in Kämpfe für eine kommunistische Zukunft, ein Opfertod, der als »die politische Form des Freitods« angesehen werden könne.[6]

Auch in der Gegenwartsliteratur der frühen DDR war der Tod, wenn überhaupt, nur als heroische Aufopferung präsent. Als Erwin Strittmatter in »Ole Bienkopp« (1963) das Motiv der Aufopferung in realsozialistische Verhältnisse übertrug, indem er seinen Helden, verbittert durch bürokratische Hindernisse, bei der Arbeit sterben ließ, löste bereits das eine heftige Debatte aus. Schon mit der Darstellung dieses frühen, voreiligen Todes (die Lösung der Probleme war bereits in Sicht, was Bienkopp aber nicht wusste) hatte Strittmatter »das Wertesystem einer Gemeinschaft getroffen«,[7] die Tod und Todesfurcht durch Verweise auf den historischen Optimismus des Marxismus-Leninismus zu bewältigen suchte. Texte der Gegenwartsliteratur wie etwa Uwe Johnsons Roman »Mutmaßungen über Jakob«, der sich dem Thema Selbsttötung zu nähern suchte, konnten in der DDR nicht erscheinen.[8] Es ist anzunehmen, dass die Selbstzensur in dieser Zeit eine große Rolle spielte. Zudem wurde das Tabu, sofern es nicht freiwillig respektiert wurde, gegebenenfalls auch erzwungen. Das bekam zum Beispiel im Jahr 1965 der damalige Ehemann von Brigitte Reimann zu spüren, der versuchte, die Hintergründe der Selbsttötung eines jungen Mannes zu recherchieren. »Seitdem

---

4 Wilfried Adling, Nachwort, in: Friedrich Wolf, Professor Mamlock, Leipzig 1974, S. 73–79, zit. 78.
5 Anna Seghers, Das siebte Kreuz, Leipzig 1961, S. 110.
6 Michael Rohrwasser, Über den Umgang mit dem Tod in der sozialistischen Literatur, in: Frankfurter Hefte 38 (1983) 3, S. 55–66, zit. 57.
7 Achim Trebeß, Zum Todesmotiv in der Literatur der DDR, in: Weimarer Beiträge 47 (2001) 1, S. 70–91, zit. 74.
8 Dass der Roman in der DDR nicht veröffentlicht werden konnte, lag nicht allein an Andeutungen einer Selbsttötung; das Buch über den mysteriösen Tod eines jungen Mannes, der mit dem Staatssicherheitsdienst zu tun hatte, war ein multipler Tabubruch.

man hier herausgekriegt hat, daß Hans die Sache verfolgt, werden ihm alle erdenklichen Szenen in den Weg gelegt. Alle Panzerschränke sind verschlossen, Protokolle unauffindbar verschwunden; mit seinen Gewährsmännern, Freunden des Toten, muß er sich heimlich treffen, ins Druckgaswerk, in dem sich alles abgespielt hat, wird er auf Anweisung der Staatssicherheit nicht mehr reingelassen«, notierte Brigitte Reimann in ihrem Tagebuch.[9]

Später sprach sie das Thema Selbsttötung in ihrem Roman »Franziska Linkerhand« an; dort ging es um die scheinbar häufigen Suizide in einer Plattenbausiedlung: »Ich interessiere mich für die Suizidziffern in Neubaugebieten«, hielt die Titelheldin einem Arzt entgegen, der sie belehrte: »Sie wissen, daß ich Ihnen kein Material geben darf.« Später erklärte er dann doch noch: »Soviel kann ich Ihnen sagen, im Schnitt haben wir jede Woche zwei Suizide oder Suizidversuche. Das bleibt unter uns.«[10]

In dem Buch, das 1974 erschien, waren diese (wie auch zahlreiche andere Passagen zum Thema Selbsttötung) durch den Lektor Walter Lewerenz herausredigiert worden, weshalb das Buch den Eindruck erweckte, »die Autorin habe zwar ein Tabu angerührt, es aber an keiner Stelle entscheidend verletzt.«[11] Wie schonungslos Brigitte Reimann das Thema in Wirklichkeit angegangen war, zeigte die 1998 wiederhergestellte originale Textversion. Für die Rezeption in der DDR hingegen war nur die zensierte Fassung relevant; ihre Entstehungsgeschichte kann als Beleg für die Widerstände gelten, die zu überwinden waren, als sich Anfang der 1970er Jahre ein allmählicher Wandel im Umgang mit dem Thema Selbsttötung vollzog.

Eine Pionierrolle bei der Etablierung des »Selbstmord«-Themas in der DDR-Literatur kam Christa Wolf zu, die in mehreren Romanen das Leiden des Individuums an der Gesellschaft behandelte. In »Nachdenken über Christa T.« (1969) erwähnte sie, dass die gleichnamige Heldin im »Frühsommer dreiundfünfzig« eine Selbsttötung erwogen und bereits einen Abschiedsbrief geschrieben hatte – eine vorsichtige Bezugnahme auf die Ereignisse um den 17. Juni 1953. Wie auch in anderen Büchern der Autorin blieb das Erspüren gesellschaftlicher Bedingungen für psychosomatisches Leiden eher Andeutung als Deutung, so dass es den Lesern überlassen blieb, die Geschichte in die eine oder andere Richtung zu interpretieren.[12] Das tat zum Beispiel Rowohlt-Cheflektor Fritz J. Raddatz: »Was hier beschrieben wird, ist ja nicht der Tod durch Leukämie – es ist die Geschichte eines Selbstmords.« Bemerkenswerter noch als diese überspitzte Deutung war, dass Raddatz einen Trend zu erkennen glaubte:

9 Withold Bronner, Franziska Linkerhand: Vom Typoskript zur Druckfassung, in: Brigitte Reimann, Franziska Linkerhand, Berlin 2001 [EA 1974], S. 605–631, zit. 630.
10 Brigitte Reimann, Franziska Linkerhand, Berlin 2001 [EA 1974], S. 588.
11 Bronner, Vom Typoskript, S. 618.
12 Bereits in »Der geteilte Himmel« hatte Christa Wolf einen Suizidversuch ihrer Heldin, im Übrigen kurz nach dem Mauerbau, angedeutet, jedoch so versteckt, dass das in der DDR weitestgehend unbemerkt blieb. Vgl. Sevin, Textstrategien, S. 37.

»Dieses Problem der extremsten Individuation spielt in der DDR, in der mit 27 auf 100 000 die Selbstmordrate besonders hoch ist, neuerdings auch literarisch eine besondere Rolle: ob in Manfred Bielers Titelerzählung ›Der junge Roth‹ oder in Fritz Rudolf Fries' demnächst im Mitteldeutschen Verlag erscheinenden Erzählungen ›Der Fernsehkrieg‹.«[13]

Auch diese Behauptung war übertrieben. Tatsächlich spielte das Thema zu jener Zeit in der DDR-Literatur noch kaum eine Rolle, und wenn, dann in Texten (wie dem von Bieler), die nur in der Bundesrepublik erschienen. Erwähnenswert ist in diesem Zusammenhang vor allem Günter Kunerts kurze Erzählung »Die Bremse muß nachgestellt werden« (1968), die das entfremdete Leben eines Kraftfahrers in der DDR schilderte, der sich das Leben nahm, nachdem er sexuell versagt hatte. Indem Kunert am Ende konstatierte, dass »der in seiner Gattung Unsterbliche tot ist«, wurde der Text gleichzeitig zu einem ironischen Marx-Kommentar.[14] Indes: Die Veröffentlichung des Textes fand wiederum nur in der Bundesrepublik statt.[15]

Wie stark tabuisiert die Darstellung menschlichen Scheiterns noch im Jahr 1968 war, verdeutlichen allein die Schwierigkeiten bei der Veröffentlichung des Romans »Nachdenken über Christa T.« in der DDR. Christa Wolf notierte in ihrem Tagebuch über die Auseinandersetzungen mit dem Zensor:

»Ihm fehlten in der Erzählung vor allem die ›positiven Züge‹ unserer Gesellschaft. Alle Nebenfiguren verstand er als ›angeknackst‹. Christa T. sei ›lebensuntüchtig‹. [...] Er schlug mir vor, eine ganz andere Geschichte zu schreiben«.[16]

1969 entstand die groteske Situation, dass erste Rezensionen erschienen, aber das Buch nicht verkauft werden durfte. Dann wurde zunächst nur eine begrenzte Zahl von Büchern ausgeliefert, und erst 1972 kam das Buch, rückdatiert auf 1968, in größerer Auflagenhöhe in die Buchläden.[17]

Während Christa Wolf sich dem Thema Selbsttötung eher in nachdenklichem Ton annäherte, gelang Ulrich Plenzdorf mit »Die neuen Leiden des jungen W.« (1973) – einer Aktualisierung von Goethes Briefroman »Die Leiden des jungen Werthers« in verschiedenen Fassungen: als Theaterstück, Prosatext und Film – ein spielerischer und vom Geist der 1968er-Revolte

13 Fritz J. Raddatz über Christa Wolf: »Nachdenken über Christa T.«, Mein Name sei Tonio K., in: Der Spiegel 23 (1969) 23, S. 153 f., zit. 153.
14 Marx hatte den Tod als den »harten Sieg der Gattung über das Individuum« bezeichnet (Marx, Manuskripte, S. 188).
15 Günter Kunert, Die Bremse muß nachgestellt werden, in: ders., Die Beerdigung findet in aller Stille statt. Erzählungen, München 1968, S. 111–121, zit. 121.
16 Christa Wolf, Tagebuchauszüge zu »Nachdenken über Christa T.«, in: Angela Drescher, Dokumentation zu Christa Wolf »Nachdenken über Christa T.«, Hamburg–Zürich 1992, S. 193–213, zit. 195.
17 Vgl. Ernest Wichner/Herbert Wiesner [Hg.], Ausstellungsbuch. Zensur in der DDR, Berlin 1991, S. 88.

beflügelter Umgang mit dem Tabu.[18] Plenzdorf löste die pathetische Vorlage in einen jugendlichen Jargon auf; beispielsweise nannte Plenzdorfs Aussteiger-Held Edgar Wibeau das Goethe-Buch ironisch seine »Werther-Pistole« und bekannte: »Ich meine, ich hätte nie im Leben freiwillig den Löffel abgegeben.«[19] Nichtsdestotrotz, unterhalb der großspurigen Kommentare des Helden aus dem Jenseits lief ein suizidaler Subtext mit. Wibeau verleugnete seine Selbsttötungsabsicht mehrfach, um sie dann doch immer wieder in Erwägung zu ziehen.

Plenzdorfs Buch und Stück lösten unterschiedliche Reaktionen aus. Nach anfänglicher Euphorie der Kritiker wurde auf der 9. Tagung des ZK der SED im Mai 1973 von Erich Honecker, Kurt Hager und anderen SED-Funktionären deutliche Kritik geäußert. Einer der heftigsten Kritiker, der DDR-Rechtsanwalt Friedrich Karl Kaul, monierte die »laudierte Inbezugsetzung eines verwahrlosten – der Fachmann würde sagen ›verhaltensgestörten‹ – Jugendlichen mit der Goetheschen Romanfigur«.[20] Kaul nahm vor allem an der Aussteiger-Attitüde des Helden Anstoß, die an die westliche Flower-Power Jugendbewegung anknüpfte; er äußerte sich, wie auch andere Kritiker, nicht spezifisch zum suizidalen Aspekt der Geschichte.

Das mochte zum Teil auch daher rühren, dass Plenzdorf die Todesursache bewusst offengehalten hatte. Hätte Plenzdorf seinen Helden wirklich durch eigene Hand sterben lassen, wäre der Text möglicherweise »sofort und total totgeschwiegen worden«, so jedenfalls eine Spekulation des Germanisten Dieter Sevin.[21] Der Umstand, dass »der suizidale Motivknoten weder aufgelöst und fortgeführt, sondern von außen mit einem elektrischen Schlag zerstört« wurde, weckte mehrfach den »Verdacht opportunistischen Taktierens, einer Konzession vor dem Tabu des Selbstmords«. Andererseits spiegelte diese Inkonsequenz aber auch die Ambivalenz parasuizidaler Verhaltensweisen wider, welche zu dieser Zeit Konjunktur hatten; darin lag wohl auch ein Grund für den Erfolg des Textes in der Bundesrepublik.[22] »Der Leidensjüngling geht – schaut man in Kenntnis zwiespältiger oder verborgener Suizidkomplexe genauer hin – als Desperado zugrunde, der alles auf eine Karte setzt«, diagnostizierte ein bundesdeutscher Psychiater.[23] »Die Ambivalenz und Perspektivenvielfalt des Textes« erwies sich letztlich auch in der DDR als großer Vorzug: »Die intensive, breit gefächerte DDR-Diskussion um

18 Eine erste Textversion war bereits 1968/69 als Filmskript entstanden, allerdings überlebte der Held in dieser Version.
19 Ulrich Plenzdorf, Die neuen Leiden des jungen W., Rostock 1977 [EA 1973], S. 110.
20 Diskussion um Plenzdorf, in: Sinn und Form 25 (1973) 1, S. 219–252, zit. 220.
21 Sevin, Textstrategien, S. 94.
22 Neben zahlreichen Theateraufführungen wurde die Geschichte auch mit Klaus Hoffmann in der Hauptrolle verfilmt; Erstsendung in der ARD war am 20. April 1976.
23 Gerhardt Schmidt, Suggestion – Unfall – Selbstmord: Psychiatrische Notizen zu Ulrich Plenzdorf: »Die neuen Leiden des jungen W.«, in: Internistische Praxis 17 (1977), S. 303–306.

dieses Werk«, so Dieter Sevin, »trug dazu bei, den Diskursfreiraum der DDR-Literatur zu erweitern.«[24]

Eine kritische Bezugnahme auf den Plenzdorf-Text unternahm Volker Braun in seiner »Unvollendeten Geschichte«: »Karin gefiel die Geschichte, und es schien ein authentischer Fall zu sein, und wenn nicht das, so klangen doch die Gedanken dieses Wibeau, und wie er sie äußerte, wie mitgeschrieben«, schilderte Volker Braun die Lektüre-Erfahrung seiner Heldin Karin:

»Nur war ihr, als sie nachdachte, der ›junge W.‹ zu jung, zwei Jahre wenigstens: sie verstand ihn, aber verstand sich davon nicht besser. Er sprach sich mal herrlich aus – aber der Werther, den er immer zitierte, hing noch ganz anders mit der Welt zusammen. Das hatten sie in der Schule behandelt. Der stieß sich an ihrem Kern. W. stieß sich an allem Äußeren, das war lustig, und ging per Zufall über den Jordan. Das Ungeheure in dem ›Werther‹ war, daß da ein Riß durch die Welt ging, und durch ihn selbst. Das war eine alte Zeit. Und doch war auch in all dem Äußeren ein Inneres, W. drang nur nicht hinein, ein tieferer Widerspruch – den man finden müßte!«[25]

Volker Braun lotete mit seiner Geschichte (die man als Aktualisierung des Romeo-und-Julia-Motivs lesen konnte) genau diesen Widerspruch aus; er schilderte, übrigens nach einem authentischen Fall, wie eine Verdächtigung der Staatssicherheit in einer Funktionärsfamilie eine tödliche Verzweiflungssituation erzeugte. Anhand des suizidalen Konfliktes des jungen Paares Karin und Frank legte Braun die Erstarrung einer Gesellschaft offen, in der alle Impulse verdächtig erschienen, »die nicht aus hierarchischem Denken und faktischen Machtpositionen« herrührten, was dazu führte, dass »das verhängnisvolle Fehlverhalten des ebenso übereifrigen wie voreiligen Staatssicherheitsdienstes in fataler Gleichförmigkeit von allen anderen beteiligten gesellschaftlichen Organen bedingungslos und ungefragt reproduziert« wurde. Auch der Suizidversuch konnte hier nichts verändern, er wurde nicht etwa Anlass zu kritischer Überprüfung, sondern »in schöner Eintracht unter den Tisch gekehrt und vertuscht«.[26] Das fatale System blieb intakt.[27]

Allerdings: Am Ende starben die Liebenden nicht. Die in Marxscher Terminologie formulierte Kritik Erich Honeckers an Plenzdorfs Text, der Verfasser würde versuchen, »eigene Leiden der Gesellschaft aufzuoktroyie-

24 Sevin, Textstrategien, S. 109.
25 Volker Braun, Unvollendete Geschichte. Arbeit für morgen, Halle–Leipzig 1988, S. 37.
26 Hanno Beth, Die Ver(w)irrungen des Zöglings Karin, in: Heinz Ludwig Arnold, Text+Kritik 55, Volker Braun, München 1977, S. 49–56, zit. 56.
27 Und die Verstrickung der realen Personen erwies sich nach 1990 als noch umfassender, als Braun das 1975 wissen konnte: Karin war IM, sie sollte Frank kontrollieren. Frank wurde schließlich auch IM; aber kurz darauf beendeten beide die Zusammenarbeit mit dem MfS und reisten in den Westen aus. Vgl. Volker Braun, Es bleibt die unvollendete Geschichte. Ein Nachtrag, in: Sinn und Form 46 (1997) 1, S. 156.

ren«,[28] wendete Braun mit souveräner Ironie ins Positive: »Das wäre [...]
immerhin neu, daß das Leid des einzelnen die Gesellschaft stören würde. Da
müßte der einzelne allerhand in ihr bedeuten.«[29] Damit wurde Volker
Brauns Text zu einem bitteren Kommentar jener Ambivalenz von Repression und Fürsorge, die für den Machtbereich der SED typisch war.

Im Gegensatz zu Plenzdorfs Text, der eine ausgesprochen breite Rezeption erfuhr (auch in der Bundesrepublik, wo die »Neuen Leiden« in Theatern
aufgeführt und verfilmt wurden), und der sogar im Zentralkomitee der SED
diskutiert wurde, was die Bedeutung dieses Buches in der DDR unterstreicht, gab es auf Volker Brauns »Unvollendete Geschichte« keine offiziellen Reaktionen, weder positive noch negative. Die DDR-Literaturkritik
schwieg zu dem Text, der 1975 nicht in Buchform, sondern nur versteckt in
einer Ausgabe von »Sinn und Form« über armenische Literatur erschienen
war.[30]

In der Bundesrepublik löste die Geschichte ein großes, oft euphorisches
Echo aus; der Literaturkritiker Rolf Michaelis bezeichnete den Text Anfang
1976 als »das erregendste und ernsteste Stück Prosa, das in den letzten Jahren in der DDR erschienen ist«.[31] Für die SED-Führung war das Beifall aus
der falschen Ecke, weshalb der Text in Buchform nicht gedruckt werden
durfte.[32] Erst 1988 wurde die »Unvollendete Geschichte« als Buch verlegt
und nun auch rezensiert.[33]

Der Umstand, dass der Text nur an entlegener Stelle veröffentlicht worden war, hieß jedoch nicht, dass er nicht gelesen wurde. Die »Unvollendete
Geschichte«, von der alternativen Jugendszene als »erschütternd realistisch«
empfunden,[34] kursierte als Geheimtipp »unter der Hand«, in der Humboldt-
Universität wurden sogar »illegale Seminare« dazu abgehalten.[35]

Im nachfolgenden Heft von »Sinn und Form« griff der Dramaturg des
»Berliner Ensembles«, Friedrich Dieckmann, die Suizid-Thematik erneut
auf. Bezogen auf die umstrittene Inszenierung von Strindbergs »Fräulein Julie« – auch das die Geschichte eines Absturzes aus dem gesellschaftlichen
Zusammenhang in die Selbstzerstörung – verwies Dieckmann darauf, dass
»mit der Abschaffung der Klassengegensätze nicht automatisch eine harmo-

28 Erich Honecker, Geistig-kulturelle Entwicklung gehört zur Hauptaufgabe, in: Sonntag 27
   (1973) 23, S. 3.
29 Braun, Unvollendete Geschichte, S. 36.
30 Vgl. Sinn und Form 24 (1975) 5, S. 941–980. Für die Unterstützung durch zahlreiche bib-
   liografische Angaben möchte ich Dr. Horst Tanneberger von der Berlin-Brandenbur-
   gischen Akademie der Wissenschaften herzlich danken.
31 Rolf Michaelis, Zwei Welten in einem Land, in: Die Zeit 31 (1976) 4, S. 33f., zit. 33.
32 Wichner/Wiesner [Hg.], Zensur, S. 166.
33 Volker Brauns »Unvollendete Geschichte« erregte als Buch 1988/89 kaum noch Aufsehen. Auch Frank Beyers Verfilmung der Geschichte unter dem Titel »Der Verdacht«
   (1990) fand keine größere Resonanz.
34 Meinicke, Ostkreuz, S. 240.
35 Vgl. Grunenberg, Aufbruch, S. 165.

nische Gesellschaft entsteht«. Dem anachronistischen Freund-Feind-Denken der Funktionäre hielt er entgegen:

>»Es sind keine massiven Mauern, an denen sich der einzelne großartig den Schädel einschlagen kann, sondern so etwas wie dünne, elastische Geflechte: nachgiebig und undurchdringlich. Das bedrängte Individuum verfitzt sich in ihnen in einer Weise, in der das Ringen mit sich selbst und das mit den Verhältnissen ununterscheidbar werden.«[36]

Zur gleichen Zeit diskutierten DDR-Schriftsteller und Germanisten die Selbsttötungsproblematik an einem auf den ersten Blick eher literaturhistorischen Gegenstand. Ausgelöst durch einen Lexikonartikel kam es zu einer kontroversen Diskussion über die Bewertung von Leben und Wirken des »Selbstmörders« Heinrich von Kleist. Vor allem Günter Kunert und Christa Wolf wiesen hierbei auf das Moment des »Sich-Findens vor dem Absprung« in den Tod hin, und hoben – zur gleichen Zeit, da in der Bundesrepublik Jean Améry mit ähnlichen Thesen für Aufsehen sorgte[37] – die Interpretation von Selbsttötung als »Akt der Ich-Stärke« des Individuums gegenüber der Gesellschaft auch in der DDR auf den Prüfstand.[38] So wies Günter Kunert auf die Heiterkeit von Henriette Vogel und Heinrich von Kleist in ihrer letzten Stunde hin und bezeichnete den gemeinsamen Tod der beiden als »ein unwiderrufliches Gelingen in einer Sphäre von Mitmenschlichkeit«.[39]

Mit einem möglichen Absprung in den Tod, einer suizidalen Phantasie eines Neunjährigen endete auch die Erzählung »Neun« (1977) von Klaus Schlesinger. Schlesingers Text hatte ein reales Vorbild: Im April 1962 hatte sich der neunjährige Thomas W. von einem Dach in der Bernauer Straße gestürzt. »Die Feuerwehr hat ihn aufgefangen: ein kleiner, dummer Junge, den seine Mutter in dás sozialistische Fürsorgeheim stecken wollte«, wurde damals berichtet.[40]

Die von Schlesinger erzählte bedrückende Geschichte erhielt in der DDR größere Bekanntheit durch die Verfilmung von Heiner Carow (»Ikarus«, 1975), wobei die Fabel im Film jedoch stark verändert wurde.[41] Im Prosatext stand der Junge (dem der geschiedene Vater zum neunten Geburtstag einen Rundflug versprochen, das aber offenbar vergessen hatte) am Ende des Tex-

36 Sibylle Wirsing, Schwierigkeiten auf dem Weg zum Glück, in: Frankfurter Allgemeine Zeitung vom 23. Dezember 1975, S. 25.
37 Vgl. Jean Améry, Hand an sich legen. Diskurs über den Freitod, Stuttgart 1976.
38 Vgl. Rohrwasser, Selbstmordmotiv, S. 220–224.
39 Günter Kunert, Heinrich von Kleist – ein Modell, in: Die Zeit 32 (1977) 49, S. 48.
40 Die anderen hinter der Mauer, in: Deutsches Allgemeines Sonntagsblatt vom 22. April 1962, S. 5.
41 Vgl. Friedrich Dieckmann, Ikarus vielfach umgedeutet, in: Film und Fernsehen 3 (1975) 11, S. 17–21.

tes verzweifelt an der Dachluke eines Wohnhauses und malte sich seine eigene Beerdigung aus.[42]

Die Suizidalität von Jugendlichen thematisierte auch ein Hörspiel von Gisela Steineckert, das der Berliner Rundfunk im Jahr 1973 ausstrahlte; es beschrieb die Konfliktsituation einer 17-Jährigen, die einen Suizidversuch beging.[43] Selbsttötung war auch ein Thema in der damals viel beachteten Lyrik-Anthologie »Auswahl 74«, die unter anderem »Drei Epigramme über den Selbstmord« von Christoph Eisenhuth enthielt.[44]

Ließen diese Texte noch positive Lösungen offen, war Werner Heiduczeks 1977 veröffentlichter Roman »Tod am Meer« von einer Stimmung durchzogen, »in der man Schlaftabletten nimmt oder den Gashahn aufdreht«. Durch sein verantwortungsloses, triebgesteuertes Leben hinterließ Heiduczeks Held Jablonski eine Spur von Zerstörung und Tod, die er auch selbst in sich trug: »Ich brauche nichts. Nur den Gedanken an den Tod brauche ich«, bekannte er.

Eiskalt schilderte Jablonski die Selbsttötung einer Frau:

> »Sie gehörte nicht zu den Menschen, die mit dem Selbstmord lediglich kokettieren. Sie wußte, daß man nicht quer übers Handgelenk schneiden darf, sondern die Pulsadern längs aufritzen muß. Sie tat es auch nicht in ihrem Zimmer, dort wäre sie schnell entdeckt worden. Sie lief in den Park [...].«[45]

Kein Wunder, dass der parteitreue Schriftstellerkollege Dieter Noll »schwer schockiert« war von dem Buch;[46] auch der SED-Literaturideologe Hans Koch zeigte sich entsetzt über »selbstzerstörerische Züge« und eine »Häufung von Begebenheiten, die zu moralischer Bedrückung und Scham Anlaß bieten«. Andererseits betonte Koch aber auch:

> »Literatur, die mit Enttäuschung fertig zu werden hilft, die Verzweiflungen auslebt, um aus ihnen emporzureißen, die alle – aber auch alle – Gefühlslagen eines unendlich schwierigen historisch-schöpferischen Prozesses sich zu eigen macht – eine solche Literatur wird gebraucht.«[47]

In den Aussagen des Literaturideologen Koch setzte sich eine Haltung fort, die bereits seit dem Machtwechsel von Walter Ulbricht zu Erich Honecker

---

42 Vgl. Klaus Schlesinger, Neun, in: ders., Berliner Traum. Fünf Geschichten, Rostock 1977, S. 104–114.

43 Gisela Steineckert, Die letzte Seite im Tagebuch, Erstsendung am 15. März 1973 im Berliner Rundfunk.

44 Vgl. Auswahl 74. Neue Lyrik – Neue Namen, Berlin 1974, S. 41.

45 Werner Heiduczek, Tod am Meer, Halle/Saale 1977, S. 137 und 15.

46 Vgl. Joachim Walther, Sicherungsbereich Literatur, Berlin 1996, S. 535.

47 Hans Koch, Kunst und realer Sozialismus, in: Neues Deutschland vom 15./16. April 1978, S. 4. Heiduczeks Buch erregte zudem vor allem deshalb Anstoß, weil Heiduczek die Vergewaltigung deutscher Frauen durch sowjetische Soldaten zu Kriegsende 1945 angesprochen hatte, was einen Protest von sowjetischer Seite auslöste. Vgl. Wichner/Wiesner [Hg.], Zensur, S. 58.

von der SED-Führung vertreten wurde. Erich Honecker hatte auf der 4. Plenartagung des ZK der SED im Dezember 1971 sein ausdrückliches *placet* für Tabubrüche gegeben: »Wenn man von der festen Position des Sozialismus ausgeht, kann es meines Erachtens auf dem Gebiet von Kunst und Literatur keine Tabus geben.«[48] Die schrittweise Etablierung des »Selbstmord«-Themas in der DDR-Literatur vollzog sich in den folgenden Jahren vor dem Hintergrund dieser Vorgabe durch die SED-Führung, die bis tief in die Reihen der staatskonformen, apologetischen Schriftsteller hinein als Aufbruchsignal verstanden wurde. So unternahm Günter Görlich, zu dieser Zeit Kandidat des Zentralkomitees der SED, den Versuch, sich auf parteikonforme Weise mit dem Thema Selbsttötung auseinanderzusetzen. Angeregt wurde er durch eine Schülerin, die, wie Görlich berichtete, ihm geschrieben hätte, »ihr Staatsbürgerkundelehrer sei gestorben, er habe sich das Leben genommen, was aber vor den Schülern verheimlicht wurde. Das Mädchen äußerte, es sei betroffen darüber, in der Schule nicht ernst genommen zu werden, und fragte mich, wie ich das Verhalten ihrer Lehrer beurteile.«[49]

Der daraufhin entstandene, 1978 veröffentlichte Roman »Eine Anzeige in der Zeitung« war vor allem hinsichtlich der Breitenwirkung in der DDR bedeutend. In der Bundesrepublik wurde das Buch kaum wahrgenommen oder mit knappen Worten verrissen. »Wo Konflikte bloßgelegt werden müßten, werden sie zugeschüttet«, befand Fritz J. Raddatz in der »Zeit«, und rechnete den Roman deshalb der »Trivialliteratur« zu.[50]

Nichtsdestotrotz soll es auch in der DDR Widerstände gegen die Veröffentlichung gegeben haben; wahrscheinlich war es Margot Honecker persönlich, die Ministerin für Volksbildung, die das Buch durchsetzte.[51] Daraufhin erfolgte eine ungewöhnlich massive Verbreitung. Bevor das Buch erschien, wurde der Roman Anfang 1978 als Fortsetzungsgeschichte in der »Neuen Berliner Illustrierten« und auszugsweise im Januarheft der »Neuen Deutschen Literatur« abgedruckt. Die zahlreichen Leserzuschriften dokumentierten, dass das Interesse am Thema sehr groß war; eine Leserin aus Leipzig äußerte sich »begeistert, daß man eine solch ›heiße‹ Thematik aufgegriffen und literarisch gestaltet hat«.[52]

Zur Buchpremiere am 27. April 1978 in Berlin kamen 700 Besucher. Das Buch wurde vielfach öffentlich diskutiert und zum Vorbereitungsmaterial des VIII. Pädagogischen Kongresses 1978 erklärt.[53] Vor allem unter Pädagogen löste der Roman ein starkes und differenziertes Echo aus; davon zeugt allein die fast ein halbes Jahr während Leserbrief-Debatte in der

---

48 Erich Honecker, Zu aktuellen Fragen bei der Verwirklichung der Beschlüsse unseres VIII. Parteitages, in: Neues Deutschland vom 18. Dezember 1971, S. 3–5, zit. 5.
49 Dorothea Körner, Der Leser als Partner, in: Der Morgen vom 6./7. Mai 1978, S. 4.
50 Fritz J. Raddatz, Drucken, nicht verlegen, in: Die Zeit vom 15. September 1978, S. 49.
51 Vgl. Günter Görlich, Keine Anzeige in der Zeitung. Erinnerungen, Berlin 1999, S. 210.
52 Neue Berliner Illustrierte 34 (1978) 18, S. 38.
53 Deutsche Lehrerzeitung 25 (1978) 7, S. 3.

»Deutschen Lehrerzeitung«.[54] In einer öffentlichen Leserdiskussion Anfang Mai äußerte eine Frau, »sie sei froh, daß gerade Günter Görlich das Problem des Selbstmordes aufgegriffen habe, denn sie schätze ihn als Kommunisten«.[55] Warum Mitglieder der SED-Führung, unter ihnen DDR-Kulturminister Hoffmann, von dem Buch geradezu begeistert waren, verdeutlichte eine Rezension in der kulturpolitischen Wochenzeitung »Sonntag«:

> »Görlich greift ein bewegendes Thema auf. Warum wählt der Lehrer Just heute, da der Mensch ein historisch neues Verhältnis zu seiner Welt errungen hat, die viele Möglichkeiten zur Verwirklichung seiner Individualität in sich birgt, warum wählt heute dieser aktive, schöpferische Mensch – wahrscheinlich – den Freitod?
>
> Der Autor zeigt Verhaltensweisen, die sich weder an Generationen brechen müssen noch antagonistischen Charakter tragen, die aber auch in der sozialistischen Gesellschaft zu Resignation und Verzweiflung führen, wenn nicht gar tödlich wirken können. Da sind Routine, vorgefestigte Meinungen, Intoleranz gegenüber neuen Erscheinungen, Festgefahrenes im Arbeitsbereich, auch Unaufmerksamkeit, Herzlosigkeit, Gleichgültigkeit gegenüber dem einzelnen, aus denen sich echte individuelle Konflikte ergeben.«[56]

Der Tod durch eigene Hand wurde in Görlichs Darstellung also verstanden als tragischer Einzelfall jenseits der antagonistischen Klassengegensätze, er erschien auch abgekoppelt vom Wesen der sozialistischen Gesellschaft als menschliche, private Tragödie. Der Schriftsteller verwirklichte damit offenbar genau das, was Erich Honecker 1971 vorschwebte, als er davon sprach, dass es keine Tabus geben müsse, »wenn man von der festen Position des Sozialismus ausgeht«. Görlich griff die gesellschaftskritische Potenz eines Tabuthemas auf und neutralisierte sie: Zum Schluss des Buches stellte sich heraus, dass der Lehrer Just sich das Leben genommen hatte, weil er schwer krank war.

Aus ästhetischer Perspektive war das ein Makel. Scharfsinnig bemängelte der Rezensent in den »Weimarer Beiträgen«, dass das Buch »auf eine tragische Konstellation hin angelegt ist, sie in der Handlungsführung aber nicht konsequent durchführt«.[57] Auch eine Leserin der »Deutschen Lehrerzeitung« fragte sichtlich enttäuscht:

> »Wird nicht durch die letztendliche Verlagerung der Gründe für den Selbstmord in medizinische Bereiche die Frage nach Schuld oder Nichtschuld, nach dem gestörten Vertrauensverhältnis, nach dem Verhältnis verschiedener Leh-

54 Vgl. ebd., Nr. 20–42.
55 Körner, Leser als Partner.
56 Gerda Zschokke, Eine Anzeige in der Zeitung, in: Sonntag 32 (1978) 20, S. 5.
57 Horst Haase, Günter Görlich: Eine Anzeige in der Zeitung, in: Weimarer Beiträge 26 (1980) 1, S. 143–148, zit. 148. Vgl. auch Klaus Jarmatz, Der Tod eines Lehrers, in: Wochenpost 25 (1978) 17, S. 14.

rergenerationen untereinander, von vornherein in Regionen delegiert, die sich unserer Urteilsfähigkeit entziehen«?[58]

Ein Pädagoge aus Güstrow kritisierte zudem das »thesenhaft plädoyerhafte« der letzten Briefe Justs, die sich bemühten, in Kontrast zu der zutiefst resignativen Handlung eine optimistische Abschiedsbotschaft zu vermitteln.[59]

Der 1980 ausgestrahlte gleichnamige Fernsehfilm schaltete am Ende als zusätzliche Instanz einen Arzt ein, der aus seiner Überzeugung keinen Hehl machte, dass die Krankheit höchstens eine Teilerklärung für die Selbsttötung sein konnte. Just »war Idealist, und solche Leute sind meistens allein«, erklärte der Mediziner im Schlussdialog gegenüber Kähnes Ehefrau:

– Arzt: »Keine Routine mehr, kein Hinwegmogeln über Probleme, keine falschen Erfüllungsmeldungen, mehr Meinungsstreit, weniger Selbstzufriedenheit, mehr Humor, Toleranz und so weiter und so fort. Aber, na Sie werden das ja alles kennen, nehme ich an.«
– Eva Kähne: »Sie halten wohl nichts von solchen Spinnereien?«
– Arzt: »Glauben Sie wirklich, daß man bei uns mit sowas sehr weit kommt?«[60]

Damit schlug der Film zum Ende den Bogen zurück zur Gesellschaft, was Görlichs Held Kähne im Buch nicht gewagt hatte. Er hatte sich in der Suche nach den Ursachen der Selbsttötung zaghaft und ängstlich verhalten; daher konnte das Buch auch kein Beitrag zur Erhellung der unmittelbaren Ursachen suizidaler Handlungen sein. Es war aber ein Diskussionsangebot; als solches wurde es auch angenommen.

Einerseits entschärfte Görlich die gesellschaftskritischen Potenzen des Themas Selbsttötung, andererseits zeichnete er ein realistisches Bild des aus politischen Motiven tabuisierten *Umgangs* mit Selbsttötungen. Dabei nahm der Autor die Schule bewusst als »pars pro toto«; er wollte seine Schule verstanden wissen als eine »kleine DDR«. In diesem Sinne erklärte Görlich in einer Leserdiskussion, die DDR sei im Gegensatz zur Bundesrepublik »eine große pädagogische Gesellschaft«.[61]

Dementsprechend verdanken die Helden in Görlichs Roman ihre Namen einer didaktischen Absicht:
– Strebelow (»Was gibt's denn da nachzudenken? Der ist hinüber.«) war der Funktionär, dessen Streben im Zeichen von Disziplin und Ordnung stand. Er repräsentierte die »starre, dogmatische Haltung, die sich den lebendigen, widerspruchsvollen Prozessen in der Gesellschaft verschließt«[62] – die

58 Deutsche Lehrerzeitung 25 (1978) 29, S. 7.
59 Erwin Neumann, Einen guten Streit wert, in: Deutsche Lehrerzeitung 25 (1978) 33, S. 7.
60 Eine Anzeige in der Zeitung (Drehbuch: Juri Kramer), DDR-Fernsehen, 1. Programm, Erstsendung am 7. September 1980, 20 Uhr, in: DRA Potsdam, IDNR 12299.
61 Körner, Leser als Partner.
62 Haase, Günter Görlich, S. 146.

Haltung des Politbüros etwa, das 1977 die Verschärfung der Geheimhaltung der Suizidstatistiken beschlossen hatte. Wie die Parteispitze in der Realität, so verwendete auch der literarische Held Strebelow seine ganze Autorität darauf, die Selbsttötung geheim zu halten. Einer Lehrerin, die sich nicht an die Schweige-Anweisung gehalten hatte, drohte er mit einem Disziplinarverfahren.

– Just (»Ich strebe Aufrichtigkeit an.«) war mit seiner Frische, seiner Spontaneität der Vertreter einer neuen DDR-Generation, er bildete den dynamischen Gegenpol zum dogmatischen »Strebelowtum«.

– Die Schüler (die längst wussten, dass Just sich das Leben genommen hatte) repräsentierten die in Unmündigkeit gehaltenen DDR-Bürger.

– Justs Lehrerkollege Kähne schließlich war einerseits der indifferente Mittelmäßige, der sich treiben ließ wie ein Kahn im Strom der Zeit. Andererseits repräsentierte Kähne aber auch die Entwicklung, die sich in der DDR-Gesellschaft vollzogen hatte. Klaus Höpcke bezeichnete Kähne als den eigentlichen Helden des Buches: »Ihn die Wende schaffen zu sehen, ist das Haupterlebnis des Buches.«[63] Die »Wende« führte Kähne von einer Verleugnung der Selbsttötung, wie sie Schuldirektor Strebelow vertrat, hin zu einer Problematisierung. Damit durchlief der angepasste, charakterlich farblose Kähne eine »Bewusstseinserweiterung«, wie sie sich auch im SED-nahen Diskurs Mitte der 1970er Jahre vollzog. Zum Schluss beschwor Kähne die Harmonisierung aller Gegensätze. Einerseits bekannte er: »Jede Erstarrung muß aufgebrochen werden im Interesse unserer Sache. Gegen Stillstand und Routine gilt es anzutreten.« Andererseits äußerte er (für viele Leser schwer nachvollziehbare) Sympathie und Bewunderung für den dogmatischen Direktor Strebelow. Die Botschaft Kähnes kann man mit dem Motto »Kontinuität und Erneuerung« zusammenfassen, der späteren Gegen-Losung der SED gegen Michail Gorbatschows Politik von »Glasnost« und »Perestroika«.

Görlichs Buch war literarisch belanglos, aus historischer Sicht indes ein Meilenstein eines unverkrampfteren, offeneren Umgangs mit Selbsttötungen in der DDR-Literatur (und damit, betrachtet man die Literatur des sozialistischen Realismus als Ersatzöffentlichkeit, auch in der DDR-Gesellschaft). Am Beispiel der Figur Strebelow machte Görlich deutlich, dass die Verleugnung der Selbsttötung einem dogmatischen Denken entsprang, das zunehmend als überkommen angesehen wurde. Der Autor machte die »harte« Haltung an Ostrowskis »Wie der Stahl gehärtet wurde« fest – nicht zufällig war es Strebelow, der Pawel Kortschagin zitierte; hinzu kam der Hausmeister, der mit undifferenziertem Urteil (»Feigling«) das handfeste Proletariat repräsentieren sollte. Dennoch vertrat Görlich keine »Anti-Ostrowski-Kon-

---

63 Klaus Höpcke, Konflikt um das Schicksal eines Lehrers, in: Neues Deutschland vom 28. April 1978, S. 4.

zeption«, wie eine Rezensentin feststellte. Görlichs Buch weckte vielmehr Verständnis für »menschliche Schwächen« in schwierigen Situationen: »Das freiwillige Abtreten des Lehrers wird nicht gebilligt, es wird aber auch nicht pauschal verurteilt.«[64] Der Roman verdeutlichte modellhaft einen Prozess, der sich in der DDR-Gesellschaft vollzog und in dessen Verlauf die dogmatische Überzeugung, dass »es keine nennenswerten Differenzen zwischen den gesellschaftlichen Zielsetzungen und den individuellen Bedürfnissen gebe, und daß sich das Individuum im Zweifelsfall den sozialistischen Verhältnissen anzupassen habe«,[65] spürbar relativiert wurde.

Der für DDR-Verhältnisse relativ offene Umgang mit dem Thema Selbsttötung im Zuge der Diskussionen um »Eine Anzeige in der Zeitung« hatte jedoch eine repressive Kehrseite. Zur selben Zeit fand, ausgelöst durch die Ausbürgerung von Wolf Biermann im November 1976 durch die SED-Führung, ein Exodus von DDR-Schriftstellern statt. Mit den Autoren wurde auch die radikale, gesellschaftskritische Lesart ausgegrenzt. Zahlreiche Texte konnten in der DDR nicht mehr veröffentlicht werden und erschienen dann 1977/78 in der Bundesrepublik.[66] Die Kurzgeschichte »Und über uns schließt sich ein Himmel aus Stahl« von Thomas Brasch schilderte die mutmaßliche Selbsttötung eines exmatrikulierten Studenten, der versucht hatte, in den Westen zu fliehen.[67] Reiner Kunze skizzierte in »Die wunderbaren Jahre« den Monolog einer Mutter über den Suizid ihres Sohnes, der unmittelbar vor seiner Einberufung zur Armee beim Versuch, in den Westen zu fliehen, erwischt worden war, sowie die Reaktionen von Schülern darauf, dass sich ein Mitglied der Jungen Gemeinde erhängt hatte.[68]

In diese Aufzählung gehört auch die Rockgruppe »Renft«, die Ende 1975 wegen der »Rockballade vom kleinen Otto« verboten wurde. In der Ballade wurde das Schicksal des kleinen Otto geschildert, dessen Versuch, nach Hamburg zum »großen Otto« zu gelangen, im Gefängnis endete. Nach der Haftentlassung ging er in die Elbe, lapidar hieß es im Schluss-Vers: »Vielleicht taucht er in Hamburg wieder auf«.[69]

Diese Ausgrenzung der konsequent gesellschaftskritischen Deutung suizidaler Handlungen thematisierte Joachim Seyppel (der 1973 aus der Bundesrepublik in die DDR gekommen war, und sie 1979 schwer enttäuscht wieder verließ) in seinem Majakowski-Drama »Die Unperson« mit dem be-

64 Renate Drenkow, Erziehung der Erzieher, in: Neue Deutsche Literatur 26 (1978) 5, S. 127–133, zit. 131.
65 Grunenberg, Aufbruch, S. 193.
66 Von Jürgen Fuchs' Prosatext »Das Fußballspiel« war bereits in Kapitel 7 die Rede. Vgl. Fuchs, Gedächtnisprotokolle, S. 22f.
67 Vgl. Thomas Brasch, Und über uns schließt sich ein Himmel aus Stahl, in: ders., Vor den Vätern sterben die Söhne, Berlin (West) 1977, S. 27–60.
68 Vgl. Reiner Kunze, Die wunderbaren Jahre, Frankfurt/M. 1994 [EA 1978], S. 16, 63.
69 Vgl. Delle Kriese, Nach der Schlacht. Die Renft-Story – von der Band selbst erzählt, Berlin 1998, S. 65–81, zit. 66.

zeichnenden Untertitel »Der Schriftsteller im real existierenden Sozialismus nach Biermann« (1979).[70]

Die Selbsttötung von Majakowski war zu dieser Zeit in der DDR kein Tabu, schon Günter Görlich hatte die Selbsttötung des avantgardistischen Poeten als Bezugspunkt gewählt, der Trost spenden und Verständnis wecken konnte; und der stellvertretende Kulturminister Klaus Höpcke hatte das in seiner Rezension im »Neuen Deutschland« noch einmal besonders hervorgehoben.[71] Auch in der Sowjetunion wurde Majakowski als Dichter hoch geehrt. In dem Haus, in dem sich der Dichter 36-jährig erschoss, wurde ein Museum eröffnet. Gleichzeitig wurde die Selbsttötung (die vor allem eine Trotzreaktion auf die harte, zum Teil politisch motivierte Kritik an seinem Stück »Das Schwitzbad« war) als persönliche Schwäche, als »Verzweiflungsanfall« infolge einer »unseligen Verkettung von Zufällen« bagatellisiert. Die Entpolitisierung von Majakowskis Scheitern und die einseitige Stilisierung und Instrumentalisierung unter Stalin erschien liberaleren SED-Funktionären offenbar als Vorbild im Umgang mit dem »Selbstmord«-Thema in der Kunst der DDR.[72] Zudem war auch die Parallele Just–Majakowski, die Görlich angedeutet hatte, nicht ganz abwegig, denn auch Majakowski war in seinem Kampf gegen Erstarrung gescheitert, ohne dass dabei sein prinzipieller Glaube an die Sowjetmacht erschüttert wurde.

Ganz anders war nun der Zugang, den Seyppel wählte. Er kritisierte die fehlende »Redlichkeit« im Umgang mit dem Tod Majakowskis, den er als Ausdruck einer allgemein »mangelnde[n] Bewältigung eines menschlichen Grundproblems« ansah, und bezog sich dabei wiederum auf Görlichs Roman:

> »Der Selbstmord aber eben nur ein ›Betriebsunfall‹ oder Produkt einer ›unheilbaren Krankheit‹? So daß eine Anzeige in der Zeitung genügt, das Problem abzuschließen, und ein Roman, um den Fall zu trivialisieren, weil man ›gezeigt‹ hat, man würde ›die Sache schon in den Griff kriegen‹? Während die eigentlichen, echten Konflikte unterschlagen werden?«[73]

---

70 Vgl. Joachim Seyppel, Die Unperson oder Schwitzbad und Tod Majakowskis, Frankfurt/M. 1979.
71 Höpcke, Konflikt.
72 Allerdings war Majakowskis Tod auch die Reaktion einer narzisstisch gestörten Persönlichkeit auf einen Entzug von Anerkennung und Liebe. »Erstmals widerfuhr ihm, was anderen bereits vor ihm widerfahren war, worüber er aber höchstwahrscheinlich kaum nachgedacht hatte«, schrieb die Majakowski-Biografin Nyota Thun. Majakowski musste monatelang um die Genehmigung zur Aufführung eines Stückes kämpfen, und als es dann gespielt wurde, fiel es bei der Kritik und beim Publikum durch. Auch seine Ausstellung »20 Jahre Arbeit« hatte nicht den erhofften Erfolg. Stattdessen häuften sich feindselige Stellungnahmen. In dieser Krisensituation zerbrach schließlich auch Majakowskis Beziehung zu einer jungen Schauspielerin, die sich den ultimativen Forderungen des Dichters entzog. Vgl. Nyota Thun, Ich – so groß und so überflüssig. Wladimir Majakowski. Leben und Werk, Düsseldorf 2000, S. 313–358, zit. 316.
73 Seyppel, Unperson, S. 67f.

Im Gegensatz zu Görlich, dessen Protagonist Kähne sich eine Kompromisslösung abgerungen hatte, ging es Seyppel um schonungslose Aufklärung. Seyppel fuhr deshalb eigens nach Moskau, sprach mit Zeitzeugen und stellte seinem Bühnenstück einen ausführlichen Bericht über die Recherchen voran.[74] Dabei bestätigte er einerseits, dass Majakowski infolge der geballten öffentlichen Kritik, hinter der eine politbürokratische Feindseligkeit gegenüber künstlerischen Experimenten stand, »Opfer einer allgewaltigen Bürokratie« geworden war.[75] Andererseits relativierte Seyppel aber auch das häufig anzutreffende Klischee, dass »der Dichter Opfer stalinistischen Psychoterrors gegen ›sozialistische Individualisten‹ geworden« sei.[76] Wenn man von Terror spreche, so Seyppel, müsse man auch Majakowskis Terror sehen. Er sei »unduldsam, rechthaberisch, aufbrausend, arrogant, besserwisserisch, ungerecht« gewesen. Einen Kritiker hatte er öffentlich als »Gartenzwerg« beschimpft, im »Schwitzbad« hatte er gegen »Musenpriester, Kunstphilister, Kleinbürgerseelen, Individualitäts-Pfaffen, ›Kunst von rechts‹, ›linken Schwatz‹ – also praktisch gegen alles« polemisiert. Im Grunde, so Seyppel, hatte Majakowski sich selbst isoliert.[77]

Im Stück »Die Unperson« kulminierte die Darstellung von Majakowskis Scheitern in der Behauptung eines Funktionärs: »Majakowski hat sich überhaupt nicht erschossen.«[78] Damit schlug der Text den Bogen zu Seyppels aktuellen Erfahrungen im Umgang mit Majakowskis Tod in der DDR: Seyppel hatte mit seinem Majakowski-Projekt bei Theatern und beim Rundfunk ausweichende Antworten geerntet; das Fernsehen antwortete überhaupt nicht, ein Bühnenvertrieb lehnte ab.[79] »Die Unperson« erschien als Buch nur in der Bundesrepublik, dort wurde das Stück auch 1979 (in Münster) uraufgeführt.

Dadurch, dass in den Jahren 1976 bis 1978 zahlreiche kritische Künstler durch staatlichen Druck aus der DDR herausgedrängt wurden,[80] vollzog sich eine Ausgrenzung der Darstellung von Selbsttötung in Verbindung mit radikaler Gesellschaftskritik; übrig blieben nach dem Exodus die weniger aggressiven, eher unpolitischen Texte. Aber auch das waren nicht wenige.

74 Vgl. ebd., S. 18, 23.
75 Ebd., S. 86.
76 Lembach, Selbstmord, S. 116.
77 Vgl. Seyppel, Unperson, S. 33, 36, 59. Interessant ist in diesem Zusammenhang auch ein Aufsatz von Fritz Mierau, der zu dem Schluss kam, Majakowski hätte 1929/30 erkannt, dass sich in der Sowjetunion ein ästhetischer Trendwechsel vollzog: »Majakowskis Versuch, sich an die Spitze dieser fälligen Korrekturen zu setzen, mißlang.« Fritz Mierau, Majakowski lesen, in: Sinn und Form 30 (1978) 3, S. 650–662, zit. 657.
78 Vgl. Seyppel, Unperson, S. 156.
79 Ebd., S. 23.
80 Andere Texte wie »Und die Segel ganz weiß« von Dieter Schubert oder »Flugversuch« von Uwe Saeger kursierten in nur wenigen Exemplaren als Samisdat. Vgl. Karsten Dümmel, Identitätsprobleme in der DDR-Literatur der siebziger Jahre und achtziger Jahre, Frankfurt/M. u.a. 1997, S. 135.

Hedda Zinner fragte in einem Roman angesichts der Selbsttötung der jungen »Katja« nach dem Schuldanteil der Mutter, der die eigenen schrecklichen Erfahrungen im KZ Ravensbrück, wo sie als antifaschistische Widerstandskämpferin inhaftiert war, zum Lebensinhalt geworden waren.[81] Rosemarie Zeplin stellte in ihrer Erzählung »Die kleine Seejungfrau« (1980) die Unfähigkeit, aber auch den Unwillen der Mitmenschen dar, eine suizidale Situation zu lösen.[82] Joachim Nowotny zeichnete in »Ein seltener Fall von Liebe« (1978) ein einfühlsames Porträt eines kauzigen Außenseiters, der sich aus Mangel an Liebe erhängte.[83] Frank Weymann beschrieb in der Kurzerzählung »Die Analyse«, unter Verwendung von Tagebuchnotizen eines Schülers, die Selbsttötung eines Lehrers, dem nachgesagt wurde, er hätte eine Schülerin verführt.[84]

Selbsttötung wurde von den in der DDR Gebliebenen vor allem als spezifisch individuelle Verzweiflung ins Blickfeld genommen. »Der Tod, noch bis vor wenigen Jahren persona non grata, wenn er nicht Opfer war, jetzt zieht er ein: als Unfall und Krankheit, als Selbstmord und Mord«, bemerkte ein bundesdeutscher Kritiker in den 1980er Jahren.[85]

Spätestens 1977 war Selbsttötung in der DDR-Literatur kein verbotenes Thema mehr. Nicht nur in der fiktionalen Prosa, auch in einigen dokumentarischen Büchern kam Selbsttötung nun deutlich zur Sprache. Der im Union-Verlag erschienene dokumentarische Report »Umfrage wegen eines Pastors« (1977) schilderte die Nachwirkungen der Selbsttötung eines Mitglieds einer christlichen Gemeinde.[86] In Maxie Wanders Tonbandprotokollen »Guten Morgen, du Schöne« (1977) sprachen mehrere der interviewten Frauen über eigene Suizidversuche oder Selbsttötungen von Verwandten.[87]

Besonders wichtig war das 1981 veröffentlichte Buch »Flucht in die Wolken«. Mit Briefen, Tagebuchnotizen, Erinnerungen, Zeichnungen und Gedichten ging Sibylle Muthesius der Frage nach, ob der Tod ihrer Tochter,

---

81 Die Erstausgabe erschien 1980 im DDR-Verlag »Der Morgen«, 1981 folgte eine Ausgabe als »Romanzeitung«, im gleichen Jahr erschien der Roman auch in der Bundesrepublik. Eine differenzierte Interpretation des Buches gibt: Petra M. Bagley, The Death of a Daughter: the End of a Story. A comparison of Hedda Zinner's *Katja* (1979) and Christine Haidegger's *Zum Fenster hinaus* (1979), in: Marianne Henn/Britta Hufeisen [Hg.], Frauen: MitSprechen MitSchreiben, Stuttgart 1997, S. 164–185.

82 Vgl. Rosemarie Zeplin, Die kleine Seejungfrau, in: dies., Schattenriß eines Liebhabers, Berlin ³1982, S. 121–202.

83 Vgl. Joachim Nowotny, Ein seltener Fall von Liebe, Halle–Leipzig 1978. Vgl. auch den gleichnamigen Funkmonolog von Kurt Böwe, Erstsendung Berliner Rundfunk am 2. Februar 1978, in: DRA Potsdam, IDNR: 3001461X00.

84 Vgl. Frank Weymann, Die Analyse, in: ders., Der Erbe. Erzählungen, Berlin ⁷1989 [EA 1978], S. 67–95.

85 Matthias Altenburg, zit. bei: Siegmar Faust, Bürgermeister in Nöten, in: Die Welt vom 9. Oktober 1985, Sonderbeilage, S. III.

86 Vgl. Dietrich Mendt, Umfrage wegen eines Pastors, Berlin 1977.

87 Vgl. Maxie Wander, Guten Morgen, du Schöne, Berlin–Weimar 1980 [EA 1977], S. 95f., 110, 139, 187.

die sich im Jahr 1971 das Leben genommen hatte, unvermeidlich gewesen war.

Damit geriet, nach der Volksbildung bei Görlich, ein anderer für das humanistische Anliegen der Suizidprophylaxe wichtiger Bereich der DDR-Gesellschaft in die Kritik: die Psychiatrie. Und wie Günter Görlich galt auch Sibylle Muthesius (allein schon durch ihren Ehemann, den Journalisten Karl-Heinz Gerstner) als eng verbunden mit der SED.[88] Umso schwerer wog, dass eine Nicht-Ärztin die Rückständigkeit der DDR-Psychiatrie eindrücklich schilderte und den Fachleuten eine ungerechtfertigte Verurteilung der Freudschen Tiefenpsychologie und Psychoanalyse vorwarf. Insofern war es auch nicht verwunderlich, dass das 1977 fertiggestellte Manuskript zunächst auf Betreiben des Gesundheitsministeriums nicht veröffentlicht werden durfte.[89] Als es vier Jahre später erschien, wurde es durch einen Begleittext des Psychotherapeuten Kurt Höck »abgesichert«.

In der DDR fand das Buch, das zeitgleich auch in der Bundesrepublik verlegt wurde, großen Zuspruch. »Für Sibylle Muthesius' Buch um Leser zu werben, wäre ein verfehltes Unterfangen. Es hat bereits so viele Interessenten gefunden, daß, wer's noch erwerben will, schon großes Glück haben oder auf eine Nachauflage warten muß«, hieß es in einer Rezension.[90] Im Gegensatz zu Görlichs Roman löste das Buch aber keine öffentliche Debatte aus; die Zahl der Rezensionen blieb gering. »Dennoch verstand es der Verlag, das Buch weiter zu publizieren, und es gelangte ohne Unterstützung durch Werbung und Kritik in die Breitenlektüre.«[91] Noch sieben Jahre nach der Erstveröffentlichung landete das »Kultbuch« in einer Meinungsumfrage (bei der die Frage »Haben Sie in letzter Zeit ein Buch gelesen, das Sie stark beeindruckt hat?« gestellt wurde) auf Platz 18.[92] Insgesamt wurden allein in der DDR 120 000 Exemplare des Buches verkauft.[93]

Eine ähnliche Entwicklung wie in der Literatur vollzog sich auch im Film. Spielfilme wie »Solo Sunny« (Konrad Wolf/Wolfgang Kohlhaase, 1979) oder »Der Traum vom Elch« (Siegfried Kühn, 1986) zeigten individuelle suizidale Verzweiflungstaten in der DDR. Auch in einzelne Folgen der Fern-

---

88 Karl-Heinz Gerstner schrieb für die »Berliner Zeitung«, war Moderator bei der Fernsehsendung »Prisma« und kommentierte 1955 bis 1988 einmal wöchentlich unter dem Motto »Sachlich, kritisch, optimistisch« in der »Sonntäglichen Wirtschaftsbetrachtung« des Berliner Rundfunks. Seine Ehefrau Sibylle Muthesius arbeitete als Journalistin (nach ihr wurde die Modezeitschrift »Sibylle« benannt), als Bühnenbildnerin bei der DEFA sowie als Dolmetscherin.

89 Vgl. Gerstner, Sachlich, S. 418.

90 Christel Berger, Auskünfte über ein Mädchenschicksal, in: Berliner Zeitung vom 28. Oktober 1981, S. 7.

91 Dietrich Löffler, Lektüren im »Leseland« vor und nach der Wende, in: Aus Politik und Zeitgeschichte vom 20. März 1998 (= B 13/98), S. 20–30, zit. 25.

92 Befragung von 1718 Personen in Magdeburg im Jahr 1988. Vgl. Ebd., S. 24.

93 Vgl. Gerstner, Sachlich, S. 424.

sehserie »Polizeiruf 110« wurden suizidale Handlungen einbezogen.[94] Allerdings war die SED-Führung bemüht, die Wirkung allzu beklemmender Filme zu begrenzen; so wurde Frank Beyers Film »Geschlossene Gesellschaft« zwar nicht verboten, aber nur einmal, ohne Ankündigung und nach einstündiger Verschiebung durch eine Sondersendung, um 22.30 Uhr im Fernsehen gezeigt.[95]

Die künstlerische Behandlung von Selbsttötungen und Selbsttötungsversuchen blieb nicht auf die Darstellung von Außenseitern der Gesellschaft beschränkt. Auch Selbsttötungen von SED-Funktionären waren in der DDR-Literatur in den 1980er Jahren ein akzeptiertes Motiv; als Beispiel hierfür kann der dritte Teil des Roman-Zyklus »Der Friede im Osten« von Erik Neutsch (»Wenn die Feuer verlöschen«) gelten. Neutschs Hauptfiguren waren Genossen, die »über ein gemeinsames Ethos verfügen, innerhalb dessen ihnen die Zugehörigkeit zur Partei als einer ihrer höchsten Lebenswerte gilt [...]. Aber eben diese Menschen [...] quälen, zerreißen und zerreiben sich zuzeiten in Konflikten, die bis an Grenzen ihrer psychischen und physischen Existenz gehen, und der Parteisekretär Manfred Kühnau schießt sich eine Kugel in den Kopf.« Rezensent Hans Koch befand, das Buch helfe »deutlicher zu verstehen, woran derartige Konflikte ihren Anlaß, worin sie ihre Ursache haben, in welchen Situationen sie sich bis zur Unerträglichkeit zuspitzen können«, wobei ersichtlich würde, dass die Verzweiflungstat des Parteisekretärs »auch die Schuld seiner Genossen ist«.[96] Dieses Beispiel von 1986 unterstreicht: Die bloße Thematisierung von Selbsttötung war in der DDR-Literatur der 1980er Jahre keine unerhörte Provokation mehr.

So bestand auch in Christoph Heins Roman »Horns Ende« (1985) das »Unerhörte« nicht in der Selbsttötung des Titelhelden, des in ein Heimatmuseum strafversetzten Historikers und SED-Mitglieds Horn.[97] Zwar rückten einige westliche Rezensenten Horn als Opfer stalinistischer Maßregelung in den Vordergrund.[98] »Als man ihm, nach der Republikflucht seiner Schwester, aus einem banalen Aufsätzchen zur Frühgeschichte einen revisionisti-

94 Zum Beispiel: »Tödliche Illusion«, Erstsendung am 8. April 1979.
95 Sendung des Films am 28. November 1978. Vgl. Rosemarie Kuheim, Deutsches Filmhaus (www.deutsches-filmhaus.de).
96 Hans Koch, Ethos und Aktion, in: Neue Deutsche Literatur 34 (1986) 1, S. 124–127, zit. 126f. (Die sprachlichen Eigenheiten entsprechen dem Original.)
97 Der Roman erzählt ausdrücklich nicht die Geschichte des Leipziger Philosophen Johannes Heinz Horn, der sich 1958 das Leben nahm. Vgl. Phil McKnight, Ein Mosaik. Zu Christoph Heins Roman »Horns Ende«, in: Sinn und Form 36 (1987) März/April, S. 415–425.
98 Der Schwerpunkt der Rezeption dieses in beiden deutschen Staaten nahezu zeitgleich veröffentlichten Buches lag in der Bundesrepublik; in der DDR wurde der Roman – der nach mehrfachen Verzögerungen im Februar 1986 ohne Auslieferungsgenehmigung in die Buchläden kam – zunächst nur in einigen Zeitungen südlich von Berlin rezensiert; später erschienen einige größere Besprechungen in Literaturzeitschriften (»Sinn und Form«, »Neue Deutsche Literatur«, »Weimarer Beiträge«). Vgl. Christel Berger, Nachwort, in: Christoph Hein, Horns Ende, Leipzig 1996, S. 269–298; Klaus Hammer, Christoph Hein: »Horns Ende«, in: Weimarer Beiträge 33 (1987) 8, S. 1358–1369.

schen Fauxpas konstruiert und ein neues Parteiverfahren droht, nimmt er den Strick und erhängt sich«, schrieb beispielsweise Claus Leggewie in der »Zeit«.[99] Die Rezensenten in der DDR, die das Buch gegen diese »gefährliche Lesart« in Schutz nahmen, konnten sich hingegen mit gutem Recht auf die komplexe Struktur des Buches berufen.[100] Aber auch in der Bundesrepublik bemerkten einige Rezensenten die unterschwellige, aber nachhaltige Entpolitisierung der Selbsttötungsthematik.[101]

Christoph Hein hatte weder eine Anklageschrift gegen den Stalinismus der SED verfasst noch das »Opfer« zum Sympathieträger stilisiert. Ihm ging es nur am Rande um die Ursachen der Selbsttötung von Horn; der tote Wahrheitsfanatiker bildete vielmehr eine Projektionsfläche für ein »vielschichtiges, fein strukturiertes Porträt provinziellen Bürgertums« im Jahr 1957.[102] Heins »Anklage« reichte damit tiefer: Der eigentliche Tabubruch bestand im Verweis auf Kontinuitäten eines kleinstädtischen Milieus im Übergang von Nationalsozialismus zum Sozialismus, in der Darstellung von Denunziantentum, Fremdenfeindlichkeit und provinzieller Enge.[103]

Das betraf nicht nur den Umgang mit dem geschichtlichen Erbe im Allgemeinen, es betraf auch ganz unmittelbar den Umgang mit Selbsttötungen. So bemerkte Sibylle Cramer in der »Frankfurter Rundschau« scharfsinnig zur Figur des SED-Bürgermeisters Kruschkatz:

> »Aus der Nacht dieser Geschichtslosigkeit kann er verkünden, Horn sei lebensuntüchtig gewesen und für den Selbstmord, den er beging, bestimmt wie ein ›Ochse für den Schlachthof‹. Er merkt nicht einmal, welche Nachfolge er mit seinem Vokabular antritt.«[104]

Hein hielt durch seine multiperspektivische Darstellung die Verstörung, die eine Selbsttötung bei den Mitmenschen bewirkt, als Wunde der Weiterlebenden offen; die schreckliche Tat wurde weder in Richtung Politisierung (wie bei Thomas Brasch) noch in Richtung Pathologisierung (wie bei Günter Görlich) aufgelöst. Auf diese Weise konnte der vermeintliche Kausalnexus von Selbsttötung und Gesellschaft zugleich in Frage gestellt werden und doch, unter Vermeidung trivialer Schuldzuweisung, in einem weiteren Sinne latent bleiben.

So wie »Horns Ende« entzogen sich auch andere Werke der DDR-Literatur einer eindeutigen Schuldzuweisung an die Gesellschaft, und erschlossen

99 Claus Leggewie, Wie ein Alp auf den Seelen, in: Die Zeit 41 (1986) 14, S. 59.
100 Berger, Nachwort, S. 279, 294.
101 Sibylle Cramer, Kampf um Erinnerung, in: Frankfurter Rundschau vom 9. Oktober 1985, Beilage, S. 6.
102 Uwe Wittstock, Der Mann mit dem Strick um den Hals, in: Frankfurter Allgemeine Zeitung vom 19. November 1985, S. 33.
103 Vgl. Dietrich Löffler, Christoph Heins Prosa – Chronik der Zeitgeschichte, in: Weimarer Beiträge 33 (1987) 9, S. 1484–1487.
104 Cramer, Kampf um Erinnerung.

damit gleichzeitig einen qualitativ neuen Zugang zum Thema Selbsttötung. »Die Literatur verwirft in Schritten oder Sprüngen, behutsam oder aggressiv, die Doktrin des ›sozialistischen Realismus‹ und entwickelt Schreibweisen, die den Foucaultschen Bestimmungen des Gegendiskurses nahekommen«, beschrieb Wolfgang Emmerich die neue Schreibhaltung.[105] Die These von Emmerich kann auch für Jurek Beckers Roman »Aller Welt Freund« (1982) geltend gemacht werden, in welchem der verunglückte Suizidversuch des Romanhelden Kilian eher komisch als tragisch erscheint. Kilian hatte offenbar keinen wirklichen Grund, zu sterben. Zudem ließ Becker offen, an welcher Gesellschaft der Held litt, denn der Roman spielte in einem deutschen Niemandsland. Über die Motive des seit 1977 in Westberlin lebenden Autors mutmaßte »Der Spiegel«-Rezensent W. Martin Lüdke:

> »Vermutlich hat sich Becker darum bemüht, sein neues Buch auch für seinen alten Verlag (Hinstorff in Rostock) akzeptabel zu machen, nur wird sich das, fürchte ich, als vergebliche Mühe erweisen. Denn dort, wo die mangelnde ›Zuversicht‹ privater Lebensperspektive mit den administrativ vergebenen Ansprüchen sozialistisch-kollektiver Lebensplanung kollidiert, wird der Aussteiger zu einer Provokation. ›Null-Bock‹, bei uns in die Subkultur abgedrängt und damit auch aus dem (gesellschafts-)politischen Bewußtsein verdrängt, bleibt in der DDR ein Politikum.«[106]

Der Rezensent hatte nicht ganz Unrecht mit seiner Skepsis, unterschätzte jedoch die Enttabuisierung, die in der DDR stattgefunden hatte: 1983 kam das Buch, obwohl es zuvor von der Hauptverwaltung Kultur als »minderwertig« eingestuft worden war,[107] im Rostocker Hinstorff-Verlag heraus.[108]

Einar Schleef, dessen 1982 veröffentlichter Erzählband gleich mehrere Selbsttötungen darstellte, verweigerte sich ebenfalls den Interpretationsmustern von Politik oder Psychologie.[109] »Der Selbstmord bleibt der monströse Sprung aus Familie, Beruf, Gesellschaft«, konstatierte hierzu Michael Rohrwasser: »Keine Anklagen werden laut bei Becker und Schleef, eher ist eine Ignorierung der DDR zu beobachten; der Staat und die Frage nach der Verwirklichung des Sozialismus sind kein explizites Thema mehr.« Damit schien die DDR-Literatur in der Postmoderne angekommen zu sein. Mit dem Ende der »großen Erzählungen« trat Selbsttötung als Zufall in Erscheinung, »in seiner düstersten, pessimistischsten Gestalt«.[110]

---

105 Wolfgang Emmerich, Status melancholicus, in: Heinz Ludwig Arnold [Hg.], Text+Kritik Sonderband »Literatur in der DDR«, 1991, S. 232–245, zit. 237.
106 W. Martin Lüdke über Jurek Becker: »Aller Welt Freund«, Ein starker Abgang? In: Der Spiegel 36 (1982) 39, S. 237.
107 Vgl. Sander L. Gilman, Jurek Becker, München 2002, S. 214–217.
108 Vgl. Jurek Becker, Aller Welt Freund, Rostock 1983 [EA Frankfurt/M. 1982].
109 Vgl. Einar Schleef, Die Bande, Frankfurt/M. 1982.
110 Rohrwasser, Selbstmordmotiv, S. 225, 228, 230.

Ende der 1980er Jahre verwies das »Selbstmord«-Motiv in der DDR-Literatur auf Desillusionierung, Kommunikationsstörung und Trostlosigkeit bar jeder Utopie. Hierfür können beispielhaft Prosatexte wie »Aus einem Herbst jagdbaren Wildes« (1988) von Uwe Saeger, »Der Dienst« von Angela Krauß (die dafür 1988 den Bachmann-Preis erhielt), das Hörspiel »Petra« (1989), der »Silly«-Song »Über ihr taute das Eis« (1989) oder der DEFA-Film »Coming out« (Heiner Carow, 1989), der am Anfang einen Suizidversuch zeigte, angeführt werden.[111]

Als Resümee kann festgehalten werden: In der Literatur, die als Ersatzöffentlichkeit diente in einer Gesellschaft, der es an Pressefreiheit, Rede- und Versammlungsfreiheit mangelte, vollzog sich im Verlauf der 1970er Jahre eine spürbare Enttabuisierung des Umgangs mit Selbsttötungen. Die irreversible Etablierung des »Selbstmord«-Themas in der Belletristik der DDR ging jedoch sowohl mit repressiven als auch mit permissiven Maßnahmen der SED-Führung einher. Einerseits kam es zur Ausgrenzung oppositioneller und kritischer Schriftsteller (die das Land verließen) und deren radikal gesellschaftskritischer Lesart; andererseits gehörte das Thema – spätestens seit Günter Görlichs »Eine Anzeige in der Zeitung« und den damit verbundenen von der SED geförderten öffentlichen Diskussionen – selbst für staats- und parteinahe Autoren zum Repertoire und fand seit Mitte der 1970er Jahre im Kontext des »sozialistischen Realismus« relativ breite Verwendung.

Die DDR-Literatur reflektierte damit nicht nur einen wichtigen Teil der gesellschaftlichen Realität, in der Literatur des sozialistischen Realismus wurde der gesellschaftliche Enttabuisierungsprozess selbst zum Gegenstand der Darstellung, etwa in Günter Görlichs Roman »Eine Anzeige in der Zeitung«: Die Entwicklung des Helden, des Lehrers Kähne, kann als Allegorie auf eine in den 1970er Jahren in der DDR-Gesellschaft erfolgte Normalisierung des Umgangs mit Selbsttötungen gelesen werden.

---

111 Vgl. Dümmel, Identitätsprobleme, S. 193–205; Angela Krauß, Der Dienst, Frankfurt/M. 1990; Monika Stein, Petra, Kurzhörspiel, Erstsendung am 11. Mai 1989, Radio DDR I; Silly, LP »Februar«, 1989.

Entwicklungslinien der Tabuisierung – Ergebnisse des II. Teils

Der Umgang mit Selbsttötungen war wesentlich stärker als die Höhe der Selbsttötungsrate durch die SED-Diktatur geprägt. Zwar kann die marxistisch-leninistische Moralauffassung gegenüber suizidalen Handlungen als säkularisierte Variante der protestantischen Pflichtethik beschrieben werden; zudem vollzog sich innerhalb der SED ein ähnlicher Prozess der »Rehumanisierung« (Jörns) des Umgangs mit Selbsttötungen wie zur gleichen Zeit in der evangelischen Kirche. Nichtsdestotrotz wurde die Entwicklung des im christlich geprägten Europa seit Jahrhunderten tradierten Suizid-Tabus in der DDR zusätzlich politisch überformt.

Motiviert durch das Streben nach Vertuschung gesellschaftlicher »Makel«, zu denen die SED entsprechend der marxistisch-leninistischen Ideologie auch die hohe Selbsttötungsrate im eigenen Land rechnete, forcierte die SED-Führung zu bestimmten Zeiten die Tabuisierung durch Geheimhaltung der Statistiken; verbunden damit waren weitere Rede- und Veröffentlichungsverbote. Sowohl 1963 als auch 1977 geschah das angesichts steigender Selbsttötungsraten, was ein deutlicher Beleg dafür ist, welche Bedeutung die SED-Führung der Höhe der Selbsttötungsrate als Gradmesser für soziale Lebensqualität beimaß.

In der Perspektive der marxistisch-leninistischen Ideologie mussten die unverändert hohen Selbsttötungsraten als Ausdruck des eigenen Versagens beim Aufbau einer sozialistischen Gesellschaftsordnung erscheinen. Das teilweise aktionistische Eingreifen des Partei- und Staatsapparates zum Beispiel bei Schülersuiziden in den 1960er Jahren ist Ausdruck dieser Wahrnehmung von Selbsttötungen als gesellschaftliche Alarmsignale. Die dann ergriffenen vorwiegend ideologischen Maßnahmen zeugen von einem vereinfachten Menschenbild, in dessen Namen SED-Funktionäre menschlicher Verzweiflung nur mit normativen Reaktionen zu begegnen vermochten.

Allerdings durchlief die SED in ihrer Auseinandersetzung mit dem Suizid-Thema einen Erkenntnisprozess, wobei die ideologische Überzeugung, die sozialistische Gesellschaft sei schon per se die Lösung des Suizidproblems, durch eine realistischere Sichtweise abgelöst wurde. So wurde in den 1970er Jahren die Eigendynamik psychischer Entwicklungen stärker beachtet. Praktisch zeigte sich das zum Beispiel in der NVA, wo die Armeeführung um 1960 noch erwartet hatte, durch Vermittlung der marxistisch-leninistischen Weltanschauung die Selbsttötungsrate senken zu können. Seit den 1970er Jahren wurde die Suizid-Problematik verstärkt unter medizinischen Gesichtspunkten behandelt und bewertet; eine ähnliche Entwicklung vollzog sich auch innerhalb des Ministeriums für Staatssicherheit.

Angeregt durch Psychiater und Psychologen, die erkannt hatten, dass spezifische Maßnahmen erforderlich waren, kam es in der DDR vor allem zu Beginn der 1970er Jahre zu einem Aufschwung der Suizidforschung und zu suizidprophylaktischen Maßnahmen. Die medizinische Suizidforschung der DDR orientierte sich an der internationalen Bewegung zur Suizidprävention (die sich ab etwa 1960 formiert hatte), aber gleichzeitig sahen Mediziner in der Suizidprophylaxe auch einen Beitrag zur Verwirklichung des humanistischen Grundanliegens des Sozialismus. In den späten 1950er Jahren entstand eine psychologische Betreuungsstelle, Ende der 1960er Jahre wurden zwei psychiatrische Betreuungsstellen für Suizidgefährdete und eine Telefonseelsorge geschaffen. In den 1980er Jahren entstanden fünf staatliche »Telefone des Vertrauens« und zwei kirchliche Telefonseelsorgen. Bemerkenswert ist, dass diese Initiativen jeweils zu einer Zeit stattfanden, in der die Selbsttötungsraten sanken.

Der humanistische Anspruch, Selbsttötungen zu verhindern, da sie »dem Sozialismus wesensfremd« seien, führte jedoch nicht nur im medizinischen Bereich zu Aktivitäten. So schuf das im Volksbildungssektor etablierte Meldesystem für Vorkommnisse die Voraussetzung für suizidpräventive Maßnahmen bei Kindern und Jugendlichen in den 1970er und 1980er Jahren.

Gleichzeitig vollzog sich innerhalb der DDR-Gesellschaft eine sukzessive Versachlichung der moralischen Bewertung und des Umgangs mit Selbsttötungen. Belege hierfür finden sich im Umgang der SED mit Selbsttötungen in den eigenen Reihen, in den bewaffneten Organen und den Schulen ebenso wie im kirchlichen Bereich, wo es ebenfalls zu suizidpräventiven Initiativen kam. Zudem verdeutlicht auch die Etablierung des »Selbstmord«-Themas in der »Ersatzöffentlichkeit« der DDR-Literatur, wie tief greifend die Enttabuisierung von Selbsttötungen im Verlauf der 1970er Jahre war.

Im Gegensatz zu der relativ kontinuierlichen gesamtgesellschaftlichen Versachlichung und Enttabuisierung war die Politik der SED-Führung durch einen Wechsel von Lockerungen und Verschärfungen der Tabuisierung gekennzeichnet. Das zeigte sich unter anderem in der Veröffentlichungspraxis von Selbsttötungen von Mitgliedern der SED-Führung. Bestand das Tabu in liberaleren Zeiten vor allem darin, dass die Ursachen der Selbsttötungen von SED-Funktionären durch Pathologisierung verschleiert wurden, ließ sich die SED die Option offen, Selbsttötungen gegebenenfalls auch vollständig zu verheimlichen.

Hinter der wechselhaften Tabuisierungspolitik der SED stand der Interessenkonflikt zwischen humanistischem Anspruch und Staatsräson, der im Zweifelsfall im Sinne der Wahrung des internationalen Prestiges der DDR entschieden wurde. Die phasenweise erfolgte Verschärfung der Tabuisierung behinderte die medizinischen Bestrebungen, was sich zum Beispiel in einer 20-jährigen Verzögerung der Schaffung von Vertrauenstelefonen und in einem temporären Rückgang der Intensität der medizinischen Suizidforschung äußerte.

Andererseits wurde die in zahlreichen Bereichen der Gesellschaft zu beobachtende Enttabuisierung des Umgangs mit Selbsttötungen durch Maßnahmen der SED-Führung teilweise sogar gefördert, beispielsweise durch die öffentlichen Diskussionen um den Roman »Eine Anzeige in der Zeitung«. Zu repressiven Maßnahmen griff die SED lediglich gegenüber solchen Aktivitäten, die in der Lage waren, das politische Protestpotenzial suizidaler Handlungen zu aktivieren. Beispielsweise wurden Suiziddrohungen von Ausreisewilligen juristisch geahndet und führten in der Regel zu Haftstrafen; mehrere Schriftsteller, die das gesellschaftskritische Potenzial von Suiziden literarisch fruchtbar gemacht hatten, durften nicht mehr veröffentlichen und verließen zumeist das Land.

Anders als etwa die Bundesrepublik bildete die SED-Diktatur einen wirksamen Resonanzraum für suizidale Proteste. Hier wurde nicht nur die Selbstverbrennung des Pfarrers Oskar Brüsewitz zum viel diskutierten Symbol verzweifelten politischen Widerstands; Brüsewitz' Tat wurde zum Vorbild und Bezugspunkt für weitere Aktionen. Zwar ereigneten sich politisch motivierte Protestsuizide in den 1970er Jahren auch in der Bundesrepublik, aber in der DDR waren solchen Handlungen häufiger, und sie lösten Reaktionen aus, die von Empathie über Empörung bis hin zu Bewunderung reichten. Insgesamt blieben Protestsuizide aber auch in der DDR seltene Einzelfälle, so erwiesen sich von 60 in den MfS-Akten nachgewiesenen Selbstverbrennungen lediglich fünf als zumindest teilweise politisch motiviert.

Auch in gesellschaftlichen Konfliktfeldern, die in ähnlicher Form in der Bundesrepublik bestanden (wie Konflikte nach Schülersuiziden und suizidale Auseinandersetzungen in Gefängnissen), war in der DDR eine mit kommunikativen Beschränkungen verbundene Politisierung zu verzeichnen. Der durch die Rahmenbedingungen der Diktatur nahezu zwangsläufigen Skandalisierung von Selbsttötungen versuchte die SED-Führung durch Verheimlichung zu begegnen. Oft hatte dies jedoch zur Folge, dass Gerüchte und politische Verdächtigungen größeren Umfangs entstanden und kursierten; teilweise wurden überzogene Erwartungen hinsichtlich der Auswirkungen politischer Repression auf die Selbsttötungsrate noch bestärkt. Ein »Erbe« der Informationswillkür der SED stellen mehrere Suizidfälle (insbesondere von Inhaftierten sowie von SED-Funktionären) dar, bei denen bis in die jüngste Vergangenheit der Verdacht besteht, es könnte sich um Mordverbrechen gehandelt haben.

Für das Zustandekommen solcher unzutreffenden Verdachtsmomente spielte offenbar die Art und Weise der Verleugnung, die oft in einem apodiktischen Rede- und Veröffentlichungsverbot bestand (zum Beispiel hinsichtlich der Selbsttötungswelle des Jahres 1945, deren Ursachen in der

DDR nicht diskutiert werden durften), eine wichtige Rolle. In zahlreichen Fällen war es die SED-Führung selbst, die durch undifferenzierte Reaktionen jene Freund-Feind-Polarisierung erzeugte, auf die sie dann mit Zwangsmaßnahmen reagieren konnte. Zudem gehörte zu den Charakteristika des tabuisierten Umgangs mit der Selbsttötungsthematik in der DDR, dass selbst in Funktionärskreisen nicht offen und sachgerecht darüber diskutiert wurde.

Die Beschränktheit und Zwanghaftigkeit der Kommunikation in der Diktatur äußerte sich vor allem im reflexhaften Reagieren von SED-Funktionären, aber oft auch in einer ähnlich undifferenzierten und Klischees verhafteten Argumentation auf der Seite der Gegner und Kritiker der SED-Diktatur. Das zeigte sich zum Beispiel nach der Selbstverbrennung von Brüsewitz. Während die SED-Führung versuchte, die Selbsttötung des Pfarrers als »Wahnsinnstat« zu pathologisieren, und gleichzeitig im »Neuen Deutschland« jede Gelegenheit nutzte, um den vermeintlichen Zusammenhang von kapitalistischer Ausbeutung und suizidaler Verzweiflung mit Beispielen zu belegen, bemühten sich hingegen bundesdeutsche Journalisten, der Selbstverbrennung den Anschein einer extremen Einzeltat zu nehmen, und unternahmen damit ebenfalls den Versuch einer unzutreffenden Generalisierung. Die mit Brüsewitz' Selbstverbrennung erfolgte Politisierung suizidalen Handelns in der DDR erzeugte in der Öffentlichkeit der Bundesrepublik ebenso wie unter DDR-Oppositionellen eine teilweise überzogene Erwartungshaltung, die in der Rückschau als reflexhafte Negation der absoluten Verleugnung politischer Ursachen und Hintergründe von suizidalen Handlungen in der DDR erscheint.[112]

Damit wurde im zweiten Teil dieser Untersuchung der Kontext deutlich, aus dem die Klischees und Übertreibungen, die im ersten Teil kritisch hinterfragt wurden, entsprangen: Die Fehlinterpretationen der Höhe der Selbsttötungsrate der DDR ebenso wie die überzogenen Erwartungen bezüglich der Höhe der Selbsttötungsrate in Gefängnissen, bei den Grenztruppen etc. waren Resultat eines stark durch Mundpropaganda, Gerüchte und Verdächtigungen geprägten tabuisierten Umgangs mit Selbsttötungen in der SED-Diktatur. Angesichts der äußerst beschränkten Zugänglichkeit von Informationen war eine sachgerechte Einschätzung des Selbsttötungsgeschehens sowohl für DDR-Bürger als auch für Außenstehende nahezu unmöglich.

Zudem verhinderte die ideologische Frontenbildung eine differenzierte, wissenschaftlich fundierte Auseinandersetzung mit den Ursachen der erhöhten Selbsttötungsrate in der DDR, die es in Ansätzen (etwa um das Jahr 1960) gegeben hatte. Die SED verschärfte die Geheimhaltung selbst dann, wenn politische Ursachen für den Anstieg der Selbsttötungsrate eher un-

---

112 Vgl. Udo Grashoff, Wie ein Blitzschlag in der »hochelektrisch geladenen Atmosphäre eines totalitären Systems«? Zum 30. Jahrestag der Selbstverbrennung von Oskar Brüsewitz in Zeitz, in: Deutschland Archiv 39 (2006) 4, S. 619–628.

wahrscheinlich waren, weil sich aus dem ideologischen Kausalnexus von Sein und Bewusstsein nahezu zwangsläufig die Schlussfolgerung ergab, dass Anstiege der Selbsttötungsrate soziale Ursachen haben müssten. So gab zwar nicht die Ideologie *an sich* den Ausschlag dafür, dass die SED-Führung das Tabu politisch überformte – das geschah vielmehr jeweils dann, wenn die Selbsttötungsraten deutlich anstiegen. Die marxistisch-leninistische Ideologie ist jedoch verantwortlich dafür, dass die SED ihre Tabuisierungspolitik sehr stark an den Verlauf der Selbsttötungsraten koppelte, wobei sie durch den Versuch der Verheimlichung einen Verdacht weckte, den sie eigentlich tilgen wollte.

Anhang

Quellennachweise

Archive

ADW: Archiv des Diakonischen Werkes Berlin
AZG: Archiv des »Zeit-Geschichte(n) – Verein für gelebte Geschichte e.V.« Halle/
Saale
BA Berlin: Bundesarchiv Berlin
  (Bestände SAPMO; Ministerium für Gesundheitswesen; Ministerium des Innern;
  Ministerium für Volksbildung)
BA-MA Freiburg i. Br.: Militärarchiv Freiburg im Breisgau
  (Nationale Volksarmee, Bestände DVW-01 und VA-01)
BStU: Archiv der Bundesbeauftragten für die Unterlagen des Staatssicherheitsdiens-
  tes der ehemaligen DDR, Außenstelle Leipzig
  (Es wurden alle bei der BStU verfügbaren MfS-Akten, die über die Stichworte
  »Selbstmord«, »Suizid«, »Selbsttötung« bzw. »Freitod« erfasst sind, ausgewertet.)
BLHA Potsdam: Brandenburgisches Landeshauptarchiv Potsdam
  (Bezirksbehörden der Volkspolizei Cottbus, Frankfurt/Oder und Potsdam; SED-
  Bezirksleitung Potsdam und SED-Kreisleitungen; SED-Bezirksleitung Frank-
  furt/Oder; Bezirkstag/Rat des Bezirkes Potsdam, Abteilung Kirchenfragen und
  Abteilung Volksbildung)
Carl-Zeiss-Archiv Jena
DRA: Deutsches Rundfunkarchiv Potsdam
  (Fernsehen und Rundfunk der DDR)
GLA: Badisches Generallandesarchiv
  (Nachlass Willy Andreas)
HStADD: Sächsisches Hauptstaatsarchiv Dresden
  (Bezirksbehörde der Volkspolizei Dresden; SED-Bezirksleitung Dresden)
LAB: Landesarchiv Berlin
  (Archiv der Humboldt-Universität zu Berlin, Personalakte Willy Flach; Magistrat
  zu Berlin, Abteilung Kirchenfragen)
LHASA MD: Landeshauptarchiv Sachsen-Anhalt, Abteilung Magdeburg
  (Bezirksbehörde der Volkspolizei Magdeburg; SED-Bezirksleitung Magdeburg;
  Bezirkstag/Rat des Bezirkes Magdeburg, Abteilung Volksbildung)
LHASA MER: Landeshauptarchiv Sachsen-Anhalt, Abteilung Merseburg
  (Bezirksbehörde der Volkspolizei Halle; SED-Bezirksleitung Halle; Bezirkstag/
  Rat des Bezirkes Halle, Abteilung Volksbildung, Abteilung Gesundheits- und So-
  zialwesen und Stellvertreter des Vorsitzenden für Inneres)
MDA Berlin: Matthias-Domaschk-Archiv Berlin
StAC: Sächsisches Staatsarchiv Chemnitz
  (Bezirksbehörde der Volkspolizei Karl-Marx-Stadt; SED-Bezirksleitung Karl-
  Marx-Stadt; Bezirkstag/Rat des Bezirkes Karl-Marx-Stadt, Abteilung Volksbil-
  dung)
StAL: Sächsisches Staatsarchiv Leipzig
  (Bezirksbehörde der Volkspolizei Leipzig und VPKÄ; SED-Bezirksleitung Leip-
  zig und SED-Kreisleitungen; Bezirkstag/Rat des Bezirkes Leipzig, Abteilung Kir-
  chenfragen und Abteilung Volksbildung)

ThHStAW: Thüringisches Hauptstaatsarchiv Weimar
(Bezirksbehörde der Volkspolizei Erfurt; SED-Bezirksleitung Erfurt; Bezirkstag/Rat des Bezirkes Erfurt, Abteilung Volksbildung)
ThStAMgn: Thüringisches Staatsarchiv Meiningen
(Bezirksbehörde der Volkspolizei Suhl; Kreisstaatsanwaltschaft Bad Salzungen)
ThStAR: Thüringisches Staatsarchiv Rudolstadt
(Bezirksbehörde der Volkspolizei Gera und VPKÄ; SED-Bezirksleitung Gera und SED-Kreisleitungen FSU Jena und Pößneck; Bezirkstag/Rat des Bezirkes Gera, Abteilung Volksbildung)
Privatarchive:
Prof. Werner Felber, Rainer Härtwig, Tobias Kaiser, Frank-Dietrich Müller, Hella Pasig, Prof. Helmut F. Späte, Alois Track.

Zeitzeugen

Interviewpartner:

Prof. Geerd Dellas, Berlin
Prof. Werner Felber, Dresden
Dipl.-Psych. Rainer Härtwig, Leipzig
Prof. Liselott Huchthausen, Rostock
Dr. Hartmut Kirschner, Radeberg
Dr. Rainer Leonhardt, Berlin
Dr. Rolf Matthesius, Berlin

Vollzugsinspektor Gert Meisel, Bautzen
Dipl.-Psych. Frank-Dietrich Müller, Eisenach
Uwe Müller, Berlin
Dr. Jörg Richter, Berlin
Walter Schilling, Braunsdorf
Prof. Helmut F. Späte, Halle

Für Auskünfte und hilfreiche Unterstützung sei weiterhin gedankt:
Edda Ahrberg, Thomas Ammer, Thomas Auerbach, Lothar Baumbach, Prof. Hans Berndt, Heidi Bohley, Matthias Büchner, Thomas Bulmahn, Prof. Heinz David, Marion Detjen, Prof. Horst Dohle, Dr. Karsten Dümmel, Dr. Bernd Eisenfeld, Prof. Friedemann Ficker, Ute Friedrich, Prof. Hans Girod, Irmhild Göbner, Prof. Jürgen Großer, Bettina Greiner, Thomas Grund, Baldur Haase, Dr. Wolfgang Hasenfelder, Dr. Steffen Heide, Lothar Hellmann, Dr. Andreas Herbst, Dr. Jürgen Hesse, Gerold Hildebrand, Tobias Hollitzer, Clemens Jaunich, Dr. Tobias Kaiser, Achim Kilian, Freya Klier, Thomas Kochan, Eckart König, Dr. Reinhard Köppe, Andreas Kötzing, Erich Kripstedt, Prof. Ehrig Lange, Cornelia Liebold, Dr. Ulrich Mählert, Dr. Heinz Mestrup, Prof. Erich Müller, Christian Münter, Dr. Ehrhart Neubert, Prof. Jens-Uwe Niehoff, Dr. Ingrid Oertel, Dr. Hella Pasig, Dr. Gerhard Patz, Dr. Henning Pietzsch, Peter Picchiani, Michael Rafalski, Robert Reichmuth, Renate Reitz-Schiwek, Dr. Jörg Rummel, Doris Ruttkowski, Prof. Dieter Seefeldt, OKR Hermann Schleinitz, Dr. Jens Schöne, Monika Schlegelmilch, Susanne Schuster, Tom Sello, Dr. Horst Spaar, Dr. Horst Tanneberger, Susanne Timm, Alois Track, Andreas Tuemmler, Prof. Volker Wahl, Dr. Francesca Weil, Erhard Weimann, Dr. Rüdiger Wenzke, Dr. Oliver Werner, Manfred Wettstein, Dr. Eckehard Wetzstein, Dr. G. Wiesner, Prof. em. Dr. Friedrich Wolff, Dr. Roland Wötzel, Tilo Zimmermann sowie weiteren, hier nicht namentlich angeführten Zeitzeugen.

Literaturverzeichnis

Monografien, Sammelbände, Artikel in Fachzeitschriften

Vladeta Adjacic-Gross, Suizid, sozialer Wandel und die Gegenwart der Zukunft, Bern u.a. 1999.

Wilfried Adling, Nachwort, in: Friedrich Wolf, Professor Mamlock, Leipzig 1974, S. 73–79.

Bernd Aedtner, Der Selbstmord im deutschen Heer von 1873 bis 1913, Diss. Leipzig 1998.

Günter Agde, Kahlschlag. Das 11. Plenum des ZK der SED 1965, Berlin 1991, S. 263–272.

Wilfried Ahrens, Hilferufe von drüben. Die DDR vertreibt ihre Kinder, Huglfing 1978.

Susanne Altstadt/Henning Beau, Zum Erscheinungsbild suizidalen Denkens, Diss. Halle 1992.

Susanne Altweger, Suizid, Suizidversuch und Suizidgefährdung im Schauspielerberuf, Frankfurt/M. u.a. 1993.

Manfred Amelang, Sozial abweichendes Verhalten, Berlin u.a. 1986, S. 344–409.

Clemens Amelunxen, Der Selbstmord. Ethik – Recht – Kriminalistik, Hamburg 1962.

Jean Améry, Hand an sich legen. Diskurs über den Freitod, Stuttgart 1976.

Thomas Ammer,»Weiße Rose« in Jena. Eine»unbekannte« Widerstandsgruppe gegen das SED-Regime, in: Deutschlandarchiv 36 (2003) 4, S. 615–626.

Kevin Anderson/Eric A. Plaut (Hg.), Karl Marx, Vom Selbstmord, Köln 2001.

Margarete von Andics, Über Sinn und Sinnlosigkeit des Lebens, Wien 1938.

Willy Andreas, Nekrolog, in: Historische Zeitschrift (1954), Bd. 177, S. 665–667.

Bruno Apitz, Nackt unter Wölfen, Halle/Saale 1958.

Phillippe Ariès, Geschichte des Todes, Darmstadt 1996 (dt. EA München–Wien 1980).

Heinz Peter Arndt, Suizide bei psychisch Kranken im Krankenhaus und nach ihrer Entlassung, Diss. Berlin 1981.

Timothy Garton Ash,»Und willst du nicht mein Bruder sein ...«. Die DDR heute, Hamburg 1981.

Auf Biegen und Brechen. Der Geschlossene Jugendwerkhof Torgau, Wanderausstellung des Dokumentations- und Informationszentrums Torgau, 1996.

Aufschlüsse. Ein Glaubensbuch, Berlin 1977.

Auswahl 74. Neue Lyrik – Neue Namen, Berlin 1974.

Autorenkollektiv (Hg.), Wörterbuch der sozialistischen Kriminalistik, Berlin 1981.

Andreas Bähr, Der Richter im Ich, Göttingen 2002.

Jean Baechler, Tod durch eigene Hand, Frankfurt/M. u.a. 1981.

Andreas Bähr/Hans Medick (Hg.), Sterben von eigener Hand. Selbsttötung als kulturelle Praxis, Köln u.a. 2005.

Petra M. Bagley, The Death of a Daughter: the End of a Story. A comparison of Hedda Zinner's *Katja* (1979) and Christine Haidegger's *Zum Fenster hinaus* (1979), in: Marianne Henn/Britta Hufeisen (Hg.), Frauen: MitSprechen MitSchreiben, Stuttgart 1997, S. 164–185.

F. Balck/C. Reimer, Warum Partnerkonflikte zum Suizid führen können, in: Psycho 8 (1982) 2, S. 92–96.

Uwe Bastian/Hildigund Neubert, Schamlos ausgebeutet, Berlin 2003.

Arnd Bauerkämper, Ländliche Gesellschaft in der kommunistischen Diktatur. Zwangsmodernisierung und Tradition in Brandenburg 1945–1963, Köln u.a. 2002.

Ursula Baumann, Vom Recht auf den eigenen Tod, Köln u.a. 2001.

Ursula Christine Beck, Todesfälle in Bayerischen Justizvollzugsanstalten in den Jahren 1975 bis 1983 unter besonderer Berücksichtigung der Suizide, Diss. München 1988.

Jurek Becker, Jakob der Lügner, Berlin 1969.

Jurek Becker, Aller Welt Freund, Rostock 1983 (EA Frankfurt/M. 1982).

M. Becker, Selbstmordhandlungen im Strafvollzug, in: Suizidprophylaxe 4 (1977), S. 161–180.

Detlef Belau, Interpretation der Selbsttötung auf dem Hintergrund der DDR-Kultur, in: Suizidprophylaxe 18 (1991) 4, S. 271–285.

Johannes Beleites, Schwerin, Demmlerplatz. Die Untersuchungshaftanstalt des Ministeriums für Staatssicherheit in Schwerin, Schwerin 2001.

Johannes Beleites, Anatomie der Staatssicherheit, Geschichte, Struktur und Methoden (= MfS-Handbuch, Teil III/9), Abteilung XIV: Haftvollzug, Berlin 2003.

Inge Bennewitz/Rainer Potratz, Zwangsaussiedlungen an der innerdeutschen Grenze, Berlin 1994.

Christel Berger, Nachwort, in: Christoph Hein, Horns Ende, Leipzig 1996, S. 269–298.

Peter A. Berger, Sozialstrukturelle Umbruchsdynamiken, in: Prokla. Zeitschrift für kritische Sozialwissenschaft 23 (1993) 2 (= Heft 91), S. 205–230.

Bericht über die Tagung der med.-wissenschaftlichen Gesellschaft für Neurologie und Psychiatrie an der Medizinischen Akademie »Carl Gustav Carus« Dresden am Sonnabend, dem 15.11.1969, in: Psychiatrie, Neurologie und medizinische Psychologie 22 (1970), S. 437–439.

Berliner Statistik 4 (1950) 9, S. 207–210.

Gerhard Besier/Stephan Wolf (Hg.), »Pfarrer, Christen, Katholiken«. Das Ministerium für Staatssicherheit der ehemaligen DDR und die Kirchen, Neukirchen/Vluyn 1992.

Richard Bessel/Ralph Jessen (Hg.), Die Grenzen der Diktatur. Staat und Gesellschaft in der DDR, Göttingen 1996.

Hanno Beth, Die Ver(w)irrungen des Zöglings Karin, in: Heinz Ludwig Arnold, Text+Kritik 55, Volker Braun, München 1977, S. 49–56.

Charlotte Bethge, Untersuchungen zur psychologischen Problematik von Selbstmordtendenzen bei Jugendlichen, Diss. Leipzig 1964.

Werner Betz, Tabu – Wörter und Wandel, in: Meyers Enzyklopädisches Lexikon, Mannheim u.a. 1978, Bd. 23, S. 141–144.

Oliver Bieri, Suizid und sozialer Wandel in der westlichen Gesellschaft, Zürich 2005.

Kristina Bischoff, Die Chance zur Evangelisierung in den neuen Bundesländern – am Beispiel von Beratungsdienst und Telefonseelsorge, in: Auf Draht Nr. 37, April 1998, S. 13f.

M. Bittner, Der geschlossene Jugendwerkhof Torgau (GJWH). Geschichte und Struktur, Torgau 1999.

Wilhelm Bleek/Lothar Mertens, DDR-Dissertationen. Promotionspraxis und Geheimhaltung von Doktorarbeiten im SED-Staat, München 1994.

Reinhard Bobach, Der Selbstmord als Gegenstand historischer Forschung, Regensburg 2004.

H. J. Bochnik, Verzweiflung, in: Randzonen menschlichen Verhaltens. Beiträge zur Psychiatrie und Neurologie. Festschrift zum fünfundsechzigsten Geburtstag von Prof. Dr. Hans Bürger-Prinz, Hamburg, Stuttgart 1962, S. 201–227.

M. Böhm/M. Conradi/W. Rissmann, Suizidale Handlungen im höheren Lebensalter – Einige Charakteristika und rehabilitative Ansätze, in: Zeitschrift für Alternsforschung 38 (1983) 1, S. 51–55.

Klaus Böhme, Krankheit zum Tode? Suizidalität ist auch ein Krankheitssymptom, in: Michael Haller (Hg.), Freiwillig sterben – freiwillig?, Reinbek b. Hamburg 1986, S. 163–178.

Volker Bornschier, Westliche Gesellschaft im Wandel, Frankfurt/M.–New York 1988.

Christoph Boyer, Totalitäre Elemente in staatssozialistischen Gesellschaften, in: Klaus-Dietmar Henke, Totalitarismus: sechs Vorträge über Gehalt und Reichweite eines klassischen Konzepts der Diktaturforschung, Dresden 1999, S. 79–91.

Elizabeth Brainerd, Economic reform and mortality in the former Soviet Union. A study of the suicide epidemic in the 1990s, Bonn 2001.

Thomas Brasch, Und über uns schließt sich ein Himmel aus Stahl, in: ders., Vor den Vätern sterben die Söhne, Berlin (West) 1977, S. 27–60.

Volker Braun, Unvollendete Geschichte. Arbeit für morgen, Halle–Leipzig 1988.

Volker Braun, Es bleibt die unvollendete Geschichte. Ein Nachtrag, in: Sinn und Form 46 (1997) 1, S. 156.

Herbert Breit, Die Sinndeutung des Todes im Alten Testament und bei Karl Marx, in: Rainer Albertz u.a. (Hg.), Werden und Wirken des Alten Testaments. Festschrift für Claus Westermann zum 70. Geburtstag, Göttingen–Neukirchen–Vluyn 1980, S. 460–470.

R. Brickenstein, Suicidprävention in der Bundeswehr, in: Nervenarzt 43 (1972) 4, S. 211–216.

Wolfgang Brinkschulte/Hans Jörgen Gerlach/Thomas Heise, Freikaufgewinnler, Frankfurt/M.–Berlin 1993.

Bernhard Bron, Suizidale Entwicklungen bei jungen Menschen in der heutigen Zeit, in: Praxis der Kinderpsychologie und Kinderpsychiatrie 27 (1978), S. 15–21.

T(homas) Bronisch/J(ürgen) Bronner, Neurobiologie, in: Thomas Bronisch/Paul Götze/Armin Schmidtke/Manfred Wolfersdorf (Hg.), Suizidalität, Stuttgart 2002, S. 25–47.

Withold Bronner, Franziska Linkerhand: Vom Typoskript zur Druckfassung, in: Brigitte Reimann, Franziska Linkerhand, Berlin 2001 (EA 1974), S. 605–631.

Thomas Bulmahn, Modernity and Happiness, in: Journal of Happiness Studies 1 (2000), S. 375–400.

Bundesdrucksache 8/2565 vom 13. Februar 1979, abgedruckt in: Suizidprophylaxe 6 (1979) 1, S. 11.

Bundesministerium für innerdeutsche Fragen (Hg.), DDR-Handbuch, Bd. 2, Köln 1985.

Bundesministerium für soziale Sicherheit, Generationen und Konsumentenschutz (Hg.), Suizide von Männern in Österreich, Wien 2002.

Bundesministerium für Vertriebene, Flüchtlinge und Kriegsgeschädigte (Hg.), Dokumentation der Vertreibung der Deutschen aus Ost- und Mitteleuropa, Bonn, mehrere Bde. 1955–1961.

Bundesministerium für Vertriebene, Flüchtlinge und Kriegsgeschädigte (Hg.), Dokumentation der Vertreibung der Deutschen aus Ost- und Mitteleuropa, 3. Beiheft: Ein Bericht aus Ost- und Westpreussen 1945–1947, Aufzeichnungen von Hans Graf von Lehndorff, o.O. 1960.

W. Bungard, Isolation, Einsamkeit und Selbstmordgedanken im Alter, in: Aktuelle Gerontologie 7 (1977), S. 81–89.

Angelika Burgmayer, Suicid im Gefängnis, Diss. Kiel 1975.

Wolfgang Buschfort, Das Ostbüro der SPD, München 1991.

Norbert Buske, Das Kriegsende in Demmin, Schwerin 1995.

Dr. Günter Camenz, Karl Griewank. Die kleine Exzellenz aus Bützow, in: Kreisvolkshochschule Güstrow (Hg.), Prof. Dr. Karl Griewank und das moderne Demokratieverständnis. Zum Lebenswerk des gebürtigen Bützowers anläßlich seines 100. Geburtstages, Bützow 2000, S. 7–13.

Waltraut Casper, Mortalität – ein Tabu ist gebrochen, in: Humanitas (1990) 8, S. 11.

W. Casper/K. Fritz/F.-D. Müller, Selbstmordsterblichkeit in der DDR zwischen 1961 und 1988, in: Suizidprophylaxe 17 (1990), S. 227–236.

Eva Chirrek, Sterben, Tod und Sinn des Lebens – eine Analyse von Positionen der marxistisch-leninistischen Philosophie und Auswertung einer empirischen Untersuchung zu individuellen Einstellungen und Haltungen, Diss. Berlin 1989.

R. V. Clarke/D. Lester, Suicide: Closing the Exits, New York u. a. 1989.

Gisela Clemen, Statistischer Beitrag zum Problem des Selbstmordversuches, Diss. Leipzig 1965.

Herbert Ernst Colla-Müller, Suizidales Verhalten von Jugendlichen, in: Suizidprophylaxe 9 (1982) 3, S. 118–146.

Herbert Ernst Colla-Müller, Suizidale Handlungen Jugendlicher, in: Suizidprophylaxe 14 (1987) 1, S. 29–48.

Herbert E. Colla, Suizid, in: Hanns Eyferth u. a. (Hg.), Handbuch zur Sozialarbeit/Sozialpädagogik, Neuwied–Darmstadt 1987, S. 1160–1179.

Reinhard Cordes, Das Selbstmordgeschehen in der DDR im gesamtdeutschen und internationalen Rahmen, Diss. Berlin 1963.

R[einhard] Cordes, Die Selbstmorde in der DDR im gesamtdeutschen und internationalen Vergleich, in: Zeitschrift für ärztliche Fortbildung 58 (1964), S. 985–992.

Jürgen Cromm, Familienbildung in Deutschland, Opladen 1998.

Das »Zeichen von Zeitz« bleibt vieldeutig: Mißbrauch mit dem Namen »Brüsewitz«? (= epd-Dokumentation Nr. 38/77), Frankfurt/M. 1977.

Klaus Dau, Wehrdisziplinarordnung, München 1979.

Dieter Decke, Der Suicidversuch im Erwachsenenalter, Diss. Dresden 1974.

Dieter Decke, Dispensaire-Betreuung suizidgefährdeter Menschen in der zweiten Lebenshälfte, in: Psychiatrie, Neurologie und medizinische Psychologie 27 (1975) 9, S. 534–541.

Dieter Decke/Ehrig Lange/Friedemann Ficker, Suizidale Handlungen bei Mitarbeitern des Gesundheitswesens, in: Zeitschrift für Klinische Medizin 45 (1990) 26, S. 2303–2307.

Rolf Degen, Ex-DDR: Hohe Selbstmordrate, in: Psychologie heute 18 (1991) 2, S. 14 f.

Jochen Desel, Oskar Brüsewitz. Ein Pfarrerschicksal in der DDR, Lahr-Dinglingen 1991.

Deutscher Bundestag (Hg.), Materialien der Enquete-Kommission »Aufarbeitung von Geschichte und Folgen der SED-Diktatur in Deutschland« (12. Wahlperiode des Deutschen Bundestages), Bd. VII/1, Baden-Baden/Frankfurt/M. 1995.

Friedrich Dieckmann, Ikarus vielfach umgedeutet, in: Film und Fernsehen 3 (1975) 11, S. 17–21.

Anne Dietel, Langzeitkatamnestische Untersuchung ehemals kindlicher und jugendlicher Parasuizidenten, Diss. Dresden 1990.

Reiner Hans Dinkel/Edmund Görtler, Die Suizidsterblichkeit der Geburtsjahrgänge in beiden Teilen Deutschlands, in: Soziale Präventivmedizin 39 (1994), S. 198–208.

Hans Dornedden, Der Selbstmord in Deutschland, in: Deutsche medizinische Wochenschrift (1931) 41, S. 1750–1752.

Renate Drenkow, Erziehung der Erzieher, in: Neue Deutsche Literatur 26 (1978) 5, S. 127–133.

Eugen Drewermann, Vom Problem des Selbstmords oder: Von einer letzten Gnade der Natur, in: Studia Moralia 21 (1983) 1, S. 313–350 und 22 (1984) 1, S. 17–62.

Fred Dubitscher, Der Suizid unter besonderer Berücksichtigung versorgungsärztlicher Gesichtspunkte, Stuttgart 1957.

Karsten Dümmel, Identitätsprobleme in der DDR-Literatur der siebziger Jahre und achtziger Jahre, Frankfurt/M. u.a. 1997.

Friedrich Dünkel/Anton Rosner, Die Entwicklung des Strafvollzuges in der Bundesrepublik Deutschland seit 1970, Freiburg 1981.

Emile Durkheim, Der Selbstmord, Frankfurt/M. 1973 (frz. EA 1897).

Angelika Ebbinghaus, Soldatenselbstmord im Urteil des Psychiaters Bürger-Prinz, in: Angelika Ebbinghaus/Karsten Linne (Hg.), Kein abgeschlossenes Kapitel: Hamburg im »Dritten Reich«, Hamburg 1997, S. 487–531.

Wolfgang Eggeling, Über die Häufigkeit und Art der Suicide im Bezirk Halle auf Grund von Instituts-Sektionen von 1.10.1947–1.10.1952, Gedanken zur Prophylaxe, Diss. Halle 1954.

Ulrich Ehebald, Über Konflikte selbstmordgefährdeter Menschen, in: Wege zum Menschen 18 (1966) 7/8, S. 283–307.

Gisela Ehle, Die depressive Entwicklung zum Suizidversuch, Diss. Berlin 1969.

Wolfgang Eichhorn I, Von der Entwicklung des sozialistischen Menschen, Berlin 1964.

Jan Eik, Besondere Vorkommnisse. Politische Affären und Attentate, Berlin 1995.

C. H. Eikenbusch, Anomie als Ursache des Selbstmordes in den Haftanstalten, in: Suizidprophylaxe 4 (1977) 3, S. 181–187.

Ein Pfarrer in der DDR verbrannte sich selbst, epd-Dokumentation Nr. 41a/76, Frankfurt/M. 1976.

Eine Todesanzeige, in: SBZ-Archiv 4 (1953) 23, S. 351.

Bernd Eisenfeld, Die Ausreisebewegung – eine Erscheinungsform widerständigen Verhaltens, in: Ulrike Poppe/Rainer Eckert/Ilko-Sascha Kowalczuk (Hg.), Zwischen Selbstbehauptung und Anpassung. Formen des Widerstandes und der Opposition in der DDR, Berlin 1995, S. 192–223.

Renate Ellmenreich, Matthias Domaschk. Die Geschichte eines politischen Verbrechens in der DDR und die Schwierigkeiten, dasselbe aufzuklären, Erfurt 1996.

Constanze Elsner, Die Trilogie vom Tod. No. 1 Selbstmord, Frankfurt/M. 1985.

Eckart Elsner, Selbstmord in Berlin, in: Berliner Statistik 37 (1983) 11, S. 218–239.

Wolfgang Emmerich, Status melancholicus, in: Heinz Ludwig Arnold (Hg.), Text+Kritik Sonderband »Literatur in der DDR«, München 1991, S. 232–245.

Ernst Engelberg (Hg.), Trier – und wie weiter?, Berlin 1959.

Friedrich Engels, Die Lage der arbeitenden Klasse in England, in: Marx-Engels Werke, Berlin 1976, Bd. 2, S. 225–506.

Norbert Erlemeier, Suizidalität im Alter. Studie im Auftrag des Bundesministeriums für Familie und Senioren, Stuttgart u. a. 1992.

Wolfgang Ermert, Die soziale Beurteilung des Selbstmordes, Diss. Düsseldorf 1953.

Karen Essig, Die Entwicklung des Strafvollzuges in den neuen Bundesländern, Mönchengladbach 2000.

Evangelische Akademie Hofgeismar (Hg.), Suizidprobleme im Strafvollzug (= Protokoll Nr. 126/1977), Hofgeismar 1977.

Friedrich Facius, Willy Flach, in: Der Archivar 12 (1959) 3, S. 243–251.

Jörg Faltin, Die Rolle der Universitätsparteileitung, in: Rektor der Friedrich-Schiller-Universität (Hg.), Vergangenheitsklärung an der Friedrich-Schiller-Universität Jena, Leipzig 1994, S. 38–43.

H. Fanter/B. Dietz, Schädliche Folgen bei der Anwendung von Psychopharmaka in der truppenärztlichen Praxis, in: Informationsdienst der NVA 2/73, Reihe Militärmedizin, S. 55–62.

Werner Felber, Der Selbstmord im geschichtlichen Spiegel – die Nachtseite des Lebens, in: Fundamenta Psychiatrica 5 (1991) 12, S. 17–22.

Werner Felber, Suizid und Öffentlichkeit im Wandel – Psychiatrische Impressionen nach der Wende, in: Psychiatria Dresdensis (= Band 26 der Schriften der Medizinischen Akademie Dresden), Dresden 1997, S. 98–105.

Werner Felber/Christian Reimer (Hg.), Klinische Suizidologie, Berlin u. a. 1991.

Werner Felber/Ehrig Lange, Der restriktive Umgang mit dem Suizidphänomen im totalitären System, in:»Pro et contra tempora praeterita« (Schriftenreihe der Medizinischen Akademie Dresden, Bd. 27), Dresden 1993, S. 140–145.

W[erner Felber] u. a., Old-Age Suicide in 40 Years Former GDR, in: Klaus Böhme u. a. (Hg.), Suicidal behaviour, Regensburg 1993, S. 146–150.

Werner Felber/Ehrig Lange, 30 Jahre Betreuungsstelle für Suizidgefährdete – mit einer Bibliografie, in: Suizidprophylaxe 25 (1998) 4, S. 133–140.

Werner Felber/Peter Winiecki, Suizide in der ehemaligen DDR zwischen 1961 und 1989 – bisher unveröffentlichtes Material zur altersbezogenen Suizidalität, in: Suizidprophylaxe 25 (1998) 2, S. 42–49.

Werner Felber, Typologie des Parasuizids, Regensburg 1999.

Werner Felber, Presseerklärung zur Herbsttagung der Deutschen Gesellschaft für Suizidprävention – Hilfe in Lebenskrisen e. V. (DGS), in: Manfred Wolfersdorf/Christoph Franke (Hg.), Suizidforschung und Suizidprävention am Ende des 20. Jahrhunderts, Regensburg 2000, S. 15–18.

Peter Feudell, Epikrise zu 700 Selbstmordversuchen, in: Psychiatrie, Neurologie und medizinische Psychologie 4 (1952), S. 147–152.

Wilhelm Feuerlein, Selbstmordversuch oder parasuicidale Handlung, in: Nervenarzt 42 (1971) 3, S. 127–130.

W[ilhelm] Feuerlein, Sucht und Suizid, in: C[hristian] Reimer (Hg.), Suizid. Ergebnisse und Therapie, Berlin u. a. 1982, S. 43–50.

Friedemann Ficker, Suizidale Handlungen in Kindheit und Pubertät, Diss. Dresden 1977.

Gerhard Finn, Politischer Strafvollzug in der DDR, Köln 1981.

Asmus Finzen, Der Patientensuizid, Bonn 1988.

Sibylle Firchau, Die Problematik des Selbstmordes bei Männern im Material des Institutes für Gerichtliche Medizin der Martin-Luther-Universität vom 1.1.1928–31.12.1962, Diss. Halle 1967.

Hermann Flach, Ergebnisse der 9. Herbsttagung der Deutschen Gesellschaft für Selbstmordverhütung vom 02.–04. Oktober 1981 in Lüneburg, Arbeitsgruppe Suizidales Verhalten in der Bundeswehr, in: Suizidprophylaxe 9 (1982) 3, S, 169–184.

Gerald Frankenhäuser, Die Auffassungen von Tod und Unsterblichkeit in der klassischen deutschen Philosophie als eine theoretische Quelle zur philosophischen Begründung einer Thanatologie aus marxistischer Sicht, Diss. B Halle 1988.

Karl Wilhelm Fricke, Zur Menschen- und Grundrechtssituation politischer Gefangener in der DDR, Köln 1986.

Karl Wilhelm Fricke/Silke Klewin, Bautzen II. Sonderhaftanstalt unter MfS-Kontrolle 1956 bis 1989, Leipzig 2001.

Volker Friedrich, Selbstmord und Selbstmordversuch unter Göttinger Studierenden, Diss. Göttingen 1972.

Jürgen Fuchs, Das Fußballspiel, in: ders., Gedächtnisprotokolle, Reinbek b. Hamburg 1977, S. 22 f.

Jürgen Fuchs, Bearbeiten, dirigieren, zuspitzen. Die »leisen« Methoden des MfS, in: Klaus Behnke/Jürgen Fuchs (Hg.), Zersetzung der Seele, Hamburg 1995, S. 44–83.

Jürgen Fuchs, Magdalena, Berlin 1998.

Gerhard Füllkrug, Der Selbstmord, Schwerin 1919, S. 57.

Anna Funder, Stasiland, Hamburg 2004.

Gilbert Furian, Mehl aus Mielkes Mühlen, Berlin 1991.

Christine Garten, Elternverlust durch Verwaisung und suicidales Handeln im Erwachsenenalter, Diss. Dresden 1982.

Ines Geipel, Die Welt ist eine Schachtel, Berlin 1999.

Dominik Geppert, Störmanöver. Das ›Manifest der Opposition‹ und die Schließung des Ost-Berliner ›Spiegel‹-Büros im Januar 1978, Berlin 1996.

Jens Gerlach, Tod eines Kämpfers. In memoriam Prof. Dr. Gerhard Riege, Berlin 1992.

Karl-Heinz Gerstner, Sozialistische Seelsorge, in: ders., Sachlich, kritisch, optimistisch, Berlin 1999, S. 425–430.

Gesellschaft zum Schutz von Bürgerrecht und Menschenwürde (Hg.), Unfrieden in Deutschland, Weißbuch Diskriminierung in den neuen Bundesländern, o. O. 1992.

Gunther Geserick/Klaus Vendura/Ingo Wirth, Zeitzeuge Tod, Leipzig 2003.

Gespräch mit Dr. Waltraud Groscheck über die Anfänge des TdV, in: Jahresbericht der Telefonseelsorge Magdeburg 1996, S. 14–22.

Bernd-Joachim Gestewitz, Zur Erkennung, Behandlung und militärmedizinischen Begutachtung selbstmordgefährdeter Armeeangehöriger, Diss. Greifswald 1978.

Ingeborg Giegler, Beitrag zur akuten CO-Intoxikation, in: Deutsches Gesundheitswesen 33 (1978) 19, S. 875 f.

Sander L. Gilman, Jurek Becker, München 2002, S. 214–217.

Hans Girod, Leichensache Kollbeck und andere Selbstmordfälle aus der DDR, Berlin 2000.

Ekkehard Gläsel/Martin Gülzow, Exogene Intoxikationen, in: Zeitschrift für die gesamte innere Medizin 19 (1964) 20, S. 769–775.

Wilhelm Glaubrecht, Zur Frage der Abwendung der Selbstmordgefahr bei Untersuchungsgefangenen, in: Zeitschrift für Strafvollzug 10 (1961) 4, S. 248–250.

Erving Goffman, Asyle. Über die soziale Situation psychiatrischer Patienten und anderer Insassen, Frankfurt/M. 1973.

E. Gohrbrandt, Über den Freitod, in: Archiv für Klinische Chirurgie 287 (1957), S. 349–351.

Helmut Gollwitzer, Exkurs über das Todesproblem im Marxismus, in: Gerhard Debus/Arnim Juhre (Hg.), Tod in der Gesellschaft (= Almanach 5 für Literatur und Theologie), Wuppertal 1971, S. 49–55.

Rolf Gores, Suizid als Problemlösung – Eine Fokaltheorie suizidalen Handelns, Düsseldorf 1981.

Günter Görlich, Ein Anruf mit Folgen, Berlin 1995.

Günter Görlich, Eine Anzeige in der Zeitung, Berlin 1982.

Günter Görlich, Keine Anzeige in der Zeitung. Erinnerungen, Berlin 1999.

Udo Grashoff/Christian Goeschel, Der Umgang mit Selbstmorden in beiden Diktaturen in Deutschland, in: Günther Heydemann/Heinrich Oberreuter (Hg.), Diktaturen in Deutschland – Vergleichsaspekte, Bonn 2003, S. 476–503.

Udo Grashoff, Selbsttötungen in der DDR und das Wirken des Ministeriums für Staatssicherheit, Magdeburg 2004.

Udo Grashoff, Der revolutionäre Herbst 1989 in Halle an der Saale, Halle 2004.

Udo Grashoff (Hg.), Ich möchte jetzt schließen. Briefe vor dem Freitod, Leipzig 2004.

Udo Grashoff, Wie ein Blitzschlag in der »hochelektrisch geladenen Atmosphäre eines totalitären Systems«? Zum 30. Jahrestag der Selbstverbrennung von Oskar Brüsewitz in Zeitz, in: Deutschland Archiv 39 (2006) 4, S. 619–628.

Günter Grass, Ein weites Feld, Göttingen 1995.

Dominik Groß, Sektionen in Deutschland: Historische Wurzeln, gegenwärtiger Stellenwert und aktuelle ethische Probleme, in: Ethik in der Medizin 11 (1999) 3, S. 169–181.

Gerd Grözinger, Deutschland im Winter, in: Suizidprophylaxe 19 (1992) 3, S. 193–205.

Helga Grubitzsch/Erhard Lucas/Sibylle Quack, Tödliche Wünsche. Emanzipationsbewegung und Selbstmord, in: Kursbuch 58, Berlin 1979, S. 169–191.

Hans W. Gruhle, Selbstmord, Leipzig 1940, S. 55.

Antonia Grunenberg, Aufbruch der inneren Mauer. Politik und Kultur in der DDR 1971–1990, Bremen 1990.

Matthias Grünwald, Der Suizid im Spiegel von Bestattungsritualen, in: Hans-Peter Balz/Pascal Mösli (Hg.), Suizid …? Aus dem Schatten eines Tabus, Zürich 2003, S. 49–56.

Horst Haase, Günter Görlich: Eine Anzeige in der Zeitung, in: Weimarer Beiträge 26 (1980) 1, S. 143–148.

Thomas Haenel, Suizidhandlungen, Berlin u. a. 1989.

Heinz Häfner, Epidemiologie von Suizid und Suizidversuch, in: Psychiatrie, Neurologie und medizinische Psychologie 41 (1989) 8, S. 449–475.

Eva-Maria Hagen, Eva und der Wolf, München 1998.

Lothar Hahn, Über das Suizidgeschehen im chirurgischen Krankengut, Diss. Leipzig 1965.

Susanne Hahn/Uwe Körner/Achim Thom, Zur Entwicklungsgeschichte und den bisherigen Ergebnissen der Debatte um die ärztliche Bewahrungspflicht im Prozeß der Entwicklung unseres sozialistischen Gesundheitswesens, in: Zeitschrift für die gesamte Hygiene 27 (1981) 4, S. 296–305.

Susanne Hahn/Achim Thom, Sinnvolle Lebensbewahrung – humanes Sterben (= Weltanschauung heute, Bd. 40), Berlin 1983.

Susanne Hahn/Tilo Nimetschek, Suizidalität: Durchbrochenes Tabu, in: Suizidprophylaxe 20 (1993), S. 181–201.

Karl Hagenbuchner, Der Selbstmord des alten Menschen, Wissenschaftliches Beiblatt zu Materia Medica Nordmark Nr. 58, Hamburg März 1967, S. 1–48.

Michael Haller (Hg.), Freiwillig sterben – freiwillig?, Reinbek b. Hamburg 1986.

Klaus Hammer, Christoph Hein:»Horns Ende«, in: Weimarer Beiträge 33 (1987) 8, S. 1358–1369.

Bernhard Häring, Das Gesetz Christi. Moraltheologie, München und Freiburg 1967.

Hans Harmsen (Hg.), Sozialhygienische Analyse der unterschiedlichen Selbstmordverhältnisse unter besonderer Berücksichtigung der Bundesrepublik Deutschland, der »DDR« und West-Berlin, Hamburg 1966.

Fritz Hartung, Nachruf, in: Wissenschaftliche Annalen 3 (1954), S. 185 f.

Wolfgang Hasenfelder, Aktuelle Darstellung der Suizidproblematik in Görlitz, Diss. Berlin 1986.

Gertrud Dorothea Hausmann, Über den Selbstmord, Diss. Heidelberg 1952.

Hans Haussherr, Martin Lintzel, in: Wissenschaftliche Zeitschrift der Martin-Luther-Universität Halle-Wittenberg 5 (1956) 4, S. 511–522.

Hans Haussherr, Nachruf auf Martin Lintzel, in: Jahrbuch der Deutschen Akademie der Wissenschaften zu Berlin 1958, Berlin 1959, S. 96–98.

Martin Hautzinger/Nikolaus Hoffmann (Hg.), Depression und Umwelt, Salzburg 1979.

Steffen Heide, Der Suizid im Landkreis Sebnitz in den Jahren 1987–1991, Diss. Dresden 1997.

Werner Heiduczek, Tod am Meer, Halle/Saale 1977.

N. Heim/N. Konkol, Suizidverteilung in der Bundesrepublik Deutschland (1981–1986), in: Öffentliches Gesundheitswesen 51 (1989), S. 608–613.

Hermann Heimpel, Nachwort, in: Ingeborg Horn (Hg.), Karl Griewank, Der neuzeitliche Revolutionsbegriff, Weimar 1955, S. 323–326.

Michel Heinrich, Telefonseelsorge und Gruppenarbeit, in: Wege zum Menschen 24 (1972) 2/3, S. 57–67.

Klaus-Dieter Henke, Die amerikanische Besetzung Deutschlands, München 1995.

Anne-Marie Henn/Sabine Wuhk, Polizei und Suizid, in: Psychologie und Gesellschaftskritik 11 (1987) H. 42/43, S. 155–167.

Heinz Henning/Helmut F. Späte (Hg.), Krisenintervention bei psychiatrischen Patienten im Jugendalter (= Martin-Luther-Universität Halle-Wittenberg, Wissenschaftliche Beiträge 1988/14 [R 103]), Halle/Saale 1988.

Heinz Henseler, Narzißtische Krisen, Reinbek b. Hamburg 2000.

Hans von Hentig, Beitrag zur Lehre von der Selbstverbrennung, in: Deutsche Zeitschrift für die gesamte gerichtliche Medizin 56 (1965) 5, S. 324–333.

Andrea Herz/Wolfgang Fiege, Untersuchungshaft und Strafverfolgung beim Staatssicherheitsdienst Erfurt/Thüringen. I. Die MfS-Haftanstalt Andreasstraße 37 (1952/54–1989), Erfurt 2000.

M. Heuser/J. Scherer, Prävention von Suizid und Suizidalität in der Bundeswehr, in: G. A. E. Rudolf/R. Tölle, Prävention in der Psychiatrie, Berlin u.a. 1984, S. 81–83.

Richard Hilmer, Motive und Hintergründe von Flucht und Ausreise aus der DDR, in: Deutscher Bundestag (Hg.), Materialien der Enquete-Kommission »Aufarbeitung von Geschichte und Folgen der SED-Diktatur in Deutschland« (12. Wahlperiode des Deutschen Bundestages), Bd. VII/1, Baden-Baden–Frankfurt/M. 1995, S. 322–330 und 430–449.

Sonja Hilzinger, Das Leben fängt heute an. Inge Müller. Biografie, Berlin 2005.

Maria Hobl, Suizide und Suizidversuche in München 1945 bis 1979, Diss. München 1986.

Gerald Höfer/Wolfgang Opitz, Aktuelle Probleme der Untersuchung nichtnatürlicher Todesfälle, dargestellt am Beispiel der Gruppe ›Unnatürliche Todesfälle‹ (UT) des Modells PdVP Berlin, Diss. Berlin 1981.

Christina Hoffmann, Suizidversuch und Neurose, Diss. Berlin 1983.

H. Hoffmeister/G. Wiesner/B. Junge/H. Kant, Selbstmordsterblichkeit in der DDR und in der Bundesrepublik Deutschland, in: Münchener medizinische Wochenschrift 132 (1990) 39, S. 603–609.

H. Hoffmeister/G. Wiesner/B. Junge/H. Kant, Suizidalität in Ost und West: Stabile Unterschiede seit 1910, in: Münchener medizinische Wochenschrift 133 (1991) 45, S. 16–18.

Ute Hofmann, Analyse von Suizidversuchen bei Frauen in Magdeburg, Diss. Magdeburg 1969.

Adrian Holderegger, Suizid und Suizidgefährdung, Freiburg i.Ue. 1979.

Erich Honecker [Berichterstatter], Bericht des Zentralkomitees der Sozialistischen Einheitspartei Deutschlands an den X. Parteitag der SED, Berlin 1981.

Anna-Dorothea Hopp, Untersuchungen zu Suicid und Suicidversuch, in: Psychologische Beiträge IX (1967) 4, S. 536–587.

Horch und Guck 12 (2003) Sonderheft I: Matthias Domaschk.

Helga E. Hörz, Blickpunkt Persönlichkeit (= Weltanschauung heute, Bd. 1), Berlin 1975.

Herbert Hörz, Mensch contra Materie? (= Weltanschauung heute, Bd. 10), Berlin 1976.

P. Hrdina, Genetic variation in European suicide rates, in: The British Journal of Psychiatry 181 (2002), S. 350.

Gerd Huber, Psychiatrie. Systematischer Lehrtext für Studenten und Ärzte, Stuttgart–New York 1987.

Wilfried Hüfler/Manfred Westermeyer (Hg.), Hartmut Gründler. Ein Leben für die Wahrheit. Ein Tod gegen die Lüge, Gundelfingen 1997.

Heidemarie Hugler, Alkoholismus und Suizid, in: Zeitschrift für ärztliche Fortbildung 83 (1989), S. 823 f.

Klaus Hurrelmann, Sozialisation und Gesundheit, Weinheim–München 1988.

Wolfgang Huschke, Willy Flach zum Gedenken, in: Mitteldeutsche Familienkunde 1 (1963) 11, S. 105–108.

Georg G. Iggers u.a. (Hg.): Die DDR-Geschichtswissenschaft als Forschungsproblem (= Historische Zeitschrift, Beihefte [neue Folge] Bd. 27), München 1998.

Andreas Ihlefeld, Selbstmordverhütung – eine Aufgabe für die christliche Gemeinde, in: Zeichen der Zeit 34 (1980), S. 281–292.

Internationales Institut für Sozialgeschichte Amsterdam (Hg.), August Bebel. Ausgewählte Reden und Schriften, Bd. 10/2, München u.a. 1996.

Olga Jacobasch, Wissenschaftliche Suizidliteratur der DDR als Verschlußsache, Diss. Dresden 1996.

10 Jahre Kirchliche Telefonseelsorge 1988–1998, Berlin 1998.

Kay Redfield Jamison, Wenn es dunkel wird. Zum Verständnis des Selbstmordes, Berlin 2000.

Günter Jordan, Der Verrat oder Der Fall Harnack, in: apropos: Film 2004. Das Jahrbuch der DEFA-Stiftung, Berlin 2004, S. 148–173.

Karl Jordan, Martin Lintzel, in: Historische Zeitschrift (1956), Bd. 181, S. 240 f.

Gerhard Jörns, Der Jugendwerkhof als Beispiel für eine gescheiterte Erziehungsform, in: Ministerium für Bildung, Jugend und Sport des Landes Brandenburg (Hg.), Einweisung nach Torgau, Berlin 2002, S. 241–269.

Klaus-Peter Jörns, Nicht leben und nicht sterben können, Göttingen 1979.

Günther Kaiser/Heinz Schöch, Strafvollzug, Heidelberg 2002.

Monika Kaiser, Machtwechsel von Ulbricht zu Honecker, Berlin 1997.

Tobias Kaiser, Karl Griewank (1900–1953) – ein deutscher Historiker im »Zeitalter der Extreme«, Diss. Jena 2004.

Tobias Kaiser, Karl Griewank – ein bürgerlicher Historiker?, in: Tobias Kaiser/Steffen Kaudelka/Matthias Steinbach (Hg.), Historisches Denken und gesellschaftlicher Wandel. Studien zur Geschichtswissenschaft zwischen Kaiserreich und deutscher Zweistaatlichkeit, Berlin 2004, S. 13–51.

C. H. Kalbitzer, Der »Suizidversuch« und seine wehrstrafrechtliche Zuordnung aus wehrpsychiatrischer Sicht, in: Wehrmedizinische Wochenschrift 27 (1983) 1, S. 7–13.

Heinz Katschnig, Lebensverändernde Ereignisse als Ursache psychischer Krankheiten – Eine Kritik des globalen Ansatzes in der Life-Event-Forschung, in: ders. (Hg.), Sozialer Streß und psychische Erkrankung, München u. a. 1980, S. 1–93.

B. M. Kedrow, Gedanken zu den Aufgaben der Medizin in der kommunistischen Gesellschaft, in: F. Jung u. a. (Hg.), Arzt und Philosophie. Humanismus. Erkenntnis. Praxis, Berlin 1961, S. 56.

Peter Graf Kielmannsegg, Krise der Totalitarismustheorie?, in: Eckhard Jesse (Hg.), Totalitarismus im 20. Jahrhundert, Baden-Baden 1999, S. 286–304.

Ernst-Rüdiger Kiesow, Die Seelsorge, in: Handbuch der praktischen Theologie, Bd. III, Berlin 1978, S. 142–262.

Wolfgang Kießling, Partner im »Narrenparadies«, Berlin 1994.

Wolfgang Kießling, »Leistner ist Mielke«, Berlin 1998.

Wulf Kirsten/Rudolf Scholz/Michael Wüstefeld (Hg.), Gedenkminute für Manfred Streubel (1932–1992), Dresden 1993.

Thomas Klein/Wilfriede Otto/Peter Grieder, Visionen. Repression und Opposition in der SED (1949–1989), Frankfurt/Oder 1997, Teil 2.

Thomas Klein, »Für die Einheit und Reinheit der Partei.« Die innerparteilichen Kontrollorgane der SED in der Ära Ulbricht, Köln u. a. 2002.

Hansi Kleinsorge, Der demonstrative Suizidversuch. Eine Analyse von 100 Fällen aus einem Krankenhaus der DDR, Diss. Hannover 1968.

Manfred Klemann, Zur frühkindlichen Erfahrung suizidaler Patienten, Frankfurt/M. 1983.

Freya Klier, Lüg Vaterland, München 1990.

Freya Klier, Wie ich ein stolzer Pionier wurde, in: Volker Handloik/Harald Hauswald (Hg.), Die DDR wird 50, Berlin 1998, S. 87–89.

Freya Klier, Oskar Brüsewitz. Leben und Tod eines mutigen DDR-Pfarrers, Berlin 2004.

Bernhard Klose, Ehescheidung und Ehescheidungsrecht in der DDR – ein ostdeutscher Sonderweg?, Baden-Baden 1996.

Gunther Klosinski, Der Tabletten-Suizidversuch in der Pubertät – Versuch einer Auto-Initiation?, in: Ingeborg Jochmus/Eckart Förster (Hg.), Suizid bei Kindern und Jugendlichen, Stuttgart 1983, S. 92–100.

Jürgen R. Kneißle, Zur Selbstmordentwicklung in der DDR. Abwandlung, Widerspruch, Suizid, Lüneburg 1996.

Phil McKnight, Ein Mosaik. Zu Christoph Heins Roman »Horns Ende«, in: Sinn und Form 36 (1987) März/April, S. 415–425.

August Knorr, Zum Problem des Selbstmordes, Tübingen 1948.

Hans Koch, Ethos und Aktion, in: Neue Deutsche Literatur 34 (1986) 1, S. 124–127.

Jenö Kollarits, Ein Erklärungsversuch für die Selbstmordhäufigkeit der Protestanten, in: Zeitschrift für die gesamte Neurologie und Psychiatrie 49 (1919), S. 357–372.

Johannes Kopp, Scheidung in der Bundesrepublik, Wiesbaden 1994.

Ilko-Sascha Kowalczuk, Legitimation eines neuen Staates, Berlin 1997.

Karsten Krampitz/Lothar Tautz/Dieter Ziebarth (Hg.), Ich werde dann gehen. Erinnerungen an Oskar Brüsewitz, Leipzig 2006.

Angela Krauß, Der Dienst, Frankfurt/M. 1990.

Delle Kriese, Nach der Schlacht. Die Renft-Story – von der Band selbst erzählt, Berlin 1998.

Gudrun Krostewitz, Zum Suizidgeschehen im Kreis Sangerhausen, Diss. Berlin 1985.

Gerhard Krügel, Praxis der Selbstmordverhütung, in: Zeichen der Zeit 34 (1980), S. 461–469.

Dieter Krüger, Das Kriegsende 1945 im Erleben der Bevölkerung, in: Neubrandenburger Mosaik (1992), Nr. 15/16, S. 114–125.

Dieter Krüger, 1945. Das Kriegsende in Neubrandenburg und im Kreis Mecklenburg-Strelitz, in: Neubrandenburger Mosaik (1994), Nr. 18, S. 129–184.

Horst Krüger, Männer erhängen, Frauen vergiften sich, in: Kriminalistik 40 (1986) 1, S. 19f., 37–40.

Marianne Krüll, Im Netz der Zauberer, Frankfurt/M. 1999.

Justus Krümpelmann, Aktuelle Probleme des Haftrechts in empirischer und verfahrensrechtlicher Sicht, in: Hans Göppinger/Günther Kaiser (Hg.), Kriminologie und Strafverfahren, Stuttgart 1976, S. 44–55.

Helmut Kulawik, Die Bedeutung der Suizidforschung für die Praxis der Suizidverhütung, in: Zeitschrift für ärztliche Fortbildung 67 (1973) 8, S. 401–403.

Helmut Kulawik, Erfassungsbeleg für Suizidenten als Grundlage für die Betreuung Suizidgefährdeter, in: Psychiatrie, Neurologie und medizinische Psychologie 25 (1973) 7, S. 414–428.

Helmut Kulawik, Zur Psychopathologie der Suizidalität, in: Psychiatrie, Neurologie und medizinische Psychologie 29 (1977) 5, S. 257–265.

Helmut Kulawik, Krisenintervention – Grundsätze des Vorgehens und Aufbau spezieller Institutionen, in: Jürgen Ott (Hg.), Psychotherapie in der Psychiatrie, Leipzig 1983, S. 46–53.

Helmut Kulawik, Psychodynamische Kurztherapie, Leipzig 1984.

Helmut Kulawik, Suizidalität älterer Menschen, in: Heilberufe 44 (1992) 6, S. 294f.

Günter Kunert, Die Bremse muß nachgestellt werden, in: ders., Die Beerdigung findet in aller Stille statt. Erzählungen, München 1968, S. 111–121.

Reiner Kunze, Die wunderbaren Jahre, Frankfurt/M. 1994 (EA 1978).

Oscar Kürten, Statistik des Selbstmords im Königreich Sachsen, Leipzig 1913.

Birgit Lahann, Genosse Judas, Berlin 1992.

Paul Ludwig Landsberg, Der Selbstmord als moralisches Problem, in: Hochland 39 (1946/47) 5, S. 401–419.

Ehrig Lange, Die Entwicklung der Psychiatrie in der DDR, in: Deutsches Gesundheitswesen 21 (1966) 23, S. 1089–1094.

E[hrig] Lange/H[elmut] Kulawik, Die ambulante Behandlung des Suizidgefährdeten unter besonderer Berücksichtigung der Psychopharmakotherapie, in: Deutsches Gesundheitswesen 25 (1970), S. 121–125.

Ehrig Lange/Christine Garten, Eltern-, Mutter- oder Vaterverlust in der Kindheit und suizidales Verhalten im Erwachsenenalter, in: Psychiatrie, Psychologie und medizinische Psychologie 41 (1989) 4, S. 218–223.

Reiner Haehling von Lanzenauer, Ermittlungen nach Selbstmordversuch, in: Kriminalistik 23 (1969) 11, S. 595 f.

Peter Joachim Lapp, Un-Ruhestand und Tod des Vincenz Müller (1958–1961), in: ders., Ulbrichts Helfer, Bonn 2000, S. 140–158.

Peter Joachim Lapp, General bei Hitler und Ulbricht. Vincenz Müller – Eine deutsche Karriere, Berlin 2003.

Jana Laskowski, Zum Problem der »wahren« Suizidziffern – Zusammenstellung der im Stadt- und Landkreis Rostock obduzierten Suizide (1980–1990) im Vergleich mit der offiziellen Todesursachenstatistik, Diss. Rostock 1999.

Richard Lazarus, Psychological Stress and the Coping Process, New York u. a. 1966.

Viola Lehnhardt, Der Charakter von ethischen Werten in der protestantischen Theologie der DDR unter besonderer Berücksichtigung der Kategorie Sinn des Lebens. Eine Analyse vom Standpunkt der marxistisch-leninistischen Philosophie, Diss. Halle 1983.

Claudia Lembach, Selbstmord Freitod Suizid. Diskurse über das Unsägliche, München 1998.

A. Lengwinat, Sozialhygienische Gesichtspunkte zum Selbstmordproblem, in: Zeitschrift für ärztliche Fortbildung 53 (1959) 16, S. 1008–1020.

A. Lengwinat, Vergleichende Untersuchungen über die Selbstmordhäufigkeit in beiden deutschen Staaten, in: Das deutsche Gesundheitswesen 16 (1961) 19, S. 873–878.

Karl Leonhard, Psychologische Entwicklung zum Selbstmord, in: Zeitschrift für Psychotherapie und medizinische Psychologie 9 (1959), S. 8–17.

Rainer Leonhardt / Rolf Matthesius, Zu suizidalen Handlungen in der Hauptstadt der Deutschen Demokratischen Republik, Berlin, Diss. Berlin 1977.

Dr. Leutner, Vergleich der Lebenserwartung und ausgewählter Todesursachen in der Deutschen Demokratischen Republik und in der Bundesrepublik Deutschland 1975, in: Hans Harmsen (Hg.), Aktuelle Bevölkerungsfragen in Ost und West, in der DDR und in der Bundesrepublik, Hamburg 1978, S. 35–46.

K. Liebner, Beitrag zum Problem der Selbstmordverhütung, in: Psychiatrie, Neurologie und medizinische Psychologie 21 (1969), S. 472–474.

K. Liebner / H. Rennert, Untersuchung zu Problemen der ärztlichen Suizidprophylaxe, in: Zeitschrift für ärztliche Fortbildung 72 (1978) 6, S. 274–277.

Vera Lind, Selbstmord in der frühen Neuzeit. Diskurs, Lebenswelt und kultureller Wandel am Beispiel der Herzogtümer Schleswig und Holstein, Göttingen 1999.

Karl-Joachim Linden, Der Suizidversuch. Versuch einer Situationsanalyse, Stuttgart 1969.

Thomas Lindenberger, Volkspolizei. Herrschaftspraxis und öffentliche Ordnung im SED-Staat 1952–1968, Köln u. a. 2003.

Christa Lindner-Braun, Soziologie des Selbstmords, Opladen 1990.

Sonja Lippmann, Analytische Betrachtung zum Suizidgeschehen des Kreises Senftenberg in den Jahren 1987–1991, Diss. Dresden 1999.

Franz Xaver Lochbrunner, Die Ergebnisse der Fragebogenaktion des Wehrbeauftragten des Deutschen Bundestages über die Selbsttötungsversuche von wehrpflichtigen Soldaten in der Zeit vom 1. Juni 1976 bis 31. Mai 1977, in: Suizidprophylaxe 7 (1980) 4, S. 215–233.

Dietrich Löffler, Christoph Heins Prosa – Chronik der Zeitgeschichte, in: Weimarer Beiträge 33 (1987) 9, S. 1484–1487.

Dietrich Löffler, Lektüren im »Leseland« vor und nach der Wende, in: Aus Politik und Zeitgeschichte vom 20. März 1998 (= B 13/98), S. 20–30.

Rolf Löther, Medizin in der Entscheidung (= Unser Weltbild, Bd. 6), Berlin 1967.

Rolf Löther/Helmut F. Späte, Suizid und Ideologie – philosophische und psychiatrische Gesichtspunkte, in: Uwe Körner/Karl Seidel/Achim Thom (Hg.), Grenzsituationen ärztlichen Handelns, Jena 1981, S. 175–197.

Anatanas Maceina, Sowjetische Ethik und Christentum, Witten 1969.

A[nton] S[emjonowitsch] Makarenko, Der Weg ins Leben, Berlin 1953.

Siegfried Mampel, Der Untergrundkampf des Ministeriums für Staatssicherheit gegen den Untersuchungsausschuß Freiheitlicher Juristen in West-Berlin, Berlin 1999.

Eberhard Marchner, Beeinflussung der Selbstmordhäufigkeit durch die Telefonseelsorge. Eine Untersuchung in 25 Städten der Bundesrepublik Deutschland, Diss. München 1983.

Ludwig Marcuse, Mein zwanzigstes Jahrhundert, Frankfurt/M.–Hamburg 1968.

Ulrich Martens/Gernot Steinhilper, Zum Zusammenhang zwischen Arbeitslosigkeit und Kriminalität, in: Kriminalistik (1978) 11, S. 498–503.

Karl Marx, Ökonomisch-philosophische Manuskripte, Leipzig 1974.

Klaus Marxen/Gerhard Werle (Hg.), Strafjustiz und DDR-Unrecht, Bd. 3, Amtsmissbrauch und Korruption, Berlin–New York 2002.

Matthias Matussek, Das Selbstmord-Tabu, Reinbek b. Hamburg 1992.

Armin Mechler, Psychiatrie des Strafvollzugs, Stuttgart u.a. 1981.

Dietrich Mendt, Umfrage wegen eines Pastors, Berlin 1977.

Björn Mensing/Heinrich Rathke (Hg.), Widerstehen. Wirkungsgeschichte und aktuelle Bedeutung christlicher Märtyrer, Leipzig 2002.

Ivett Merkel, Zur Epidemiologie der Suizide auf dem Gebiet der DDR und der Bundesrepublik Deutschland von 1950 bis 1992, Diss. Berlin 1996.

W. Merkel, Suizid, das verheimlichte Drama, in: Sozialwerk der Polizei (Hg.), 35 Jahre Gewerkschaft der Polizei Landesbezirk Baden-Württemberg, 1985, S. 95f.

Lothar Mertens, Von Priestern der Klio zu Sprachrohren der Partei. Die personelle Umstrukturierung der Geschichtswissenschaft der SBZ/DDR 1945/46 bis 1958, in: ders. (Hg.), Politischer Systemumbruch als irreversibler Faktor von Modernisierung in der Wissenschaft, Berlin 2001, S. 101–165.

Sigrid Meuschel, Totalitarismustheorie und moderne Diktaturen. Versuch einer Annäherung, in: Klaus-Dietmar Henke (Hg.), Totalitarismus, Dresden 1999, S. 61–77.

Ursula Mewes, Suicidversuche. Eine Analyse sozialpsychologischer und klinischer Daten, Diss. Magdeburg 1969.

Georges Minois, Geschichte des Selbstmords, Düsseldorf 1996.

Klaus-Peter Möller, Der wahre E. Ein Wörterbuch der DDR-Soldatensprache, Berlin 2000.

Klaus Motschmann, Oskar Brüsewitz: Sein Protest – Sein Tod – Seine Mahnung, Würzburg 1978.

Christiane Mückenberger, Die zeitkritischen Filme der DEFA in ihren Anfangsjahren, in: Raimund Fritz (Hg.), Der geteilte Himmel. Höhepunkte des DEFA-Kinos 1946–1992, Bd. 2, S. 13–23.

Günter Mühlpfordt/Günter Schenk, Der Spirituskreis (1890–1958), Bd. 2, Halle 2004.

Berthold Müller/Johann Sitka, Untersuchungen über das Verhalten des Selbstmords unter dem Einfluss der Verhältnisse der letzten Jahre, in: Ärztliche Wochenschrift 4 (1949) 41/42, S. 663–667.

Erich Müller, Der Suicid unter Berücksichtigung der Situation in der Stadt Leipzig, Diss. Leipzig 1963.

Klaus-Dieter Müller/Annegret Stephan (Hg.), Die Vergangenheit läßt uns nicht los, Berlin 1998.

Markus L. Müller, Identitätsprobleme der Menschen in der DDR seit 1989/90, in: Wolfgang Dümcke/Fritz Vilmar (Hg.), Kolonialisierung der DDR, Münster 1996, S. 209–241.

Peter Müller, Suizid in Sachsen. Soziologische Annäherung an ein brisantes Thema, in: Mensch, Medizin, Gesellschaft 16 (1991), S. 136–145.

Peter Müller, Suizid in der DDR – Ausfluß politischer Repression?, in: Hans Günter Meyer (Hg.): Soziologen-Tag in Leipzig 1991. Soziologie in Deutschland und die Transformation großer gesellschaftlicher Systeme, Berlin 1992, S. 1310–1316.

Uwe Müller/Renate Pfuhl, Die Entwicklung der TS in der DDR, in: Auf Draht Nr. 34, April 1997, S. 21.

Helmut Müller-Enbergs/Marco Wiesner/Wolfgang Stock, Das Fanal. Das Opfer des Pfarrers Brüsewitz aus Rippicha und die evangelische Kirche, Frankfurt/M. 1999.

Helmut Müller-Enbergs/Jan Wielgohs/Dieter Hoffmann (Hg.), Wer war wer in der DDR?, Berlin 2001.

Dietfried Müller-Hegemann (Hg.), Geistige Gesundheit in der neuzeitlichen Gesellschaft (= Psychiatrie, Neurologie und medizinische Psychologie 7, Beiheft), Leipzig 1967, S. 15.

Dietfried Müller-Hegemann, WHO-Komitee der DDR. Prevention of suicide (Vorbeugung des Suizids), in: Deutsches Gesundheitswesen 24 (1969), S. 999 f.

Dietfried Müller-Hegemann, Die Berliner Mauer-Krankheit, Herford 1973.

M. Müller-Küppers/E. Schilf, Beiträge zur Kinderpsychologie, III. Selbstmord bei Kindern, in: Psychiatrie, Neurologie und medizinische Psychologie 7 (1955) 2, S. 42–54.

Ehrhart Neubert, Geschichte der Opposition in der DDR 1949–1989, Berlin 1997.

Ehrhart Neubert, Politische Verbrechen in der DDR, in: Stéphane Courtois u.a., Das Schwarzbuch des Kommunismus, München 1998, S. 829–884.

Ulrich Neuhäußer-Wespy, Günter Mühlpfordt und die Gleichschaltung der DDR-Geschichtswissenschaft in den fünfziger Jahren, in: Erich Donnert (Hg.), Europa in der frühen Neuzeit, Festschrift für Günter Mühlpfordt, Bd. 5, Aufklärung in Europa, Köln u.a. 1999, S. 721–743.

Erwin Neumann, Einen guten Streitwert, in: Deutsche Lehrerzeitung 25 (1978) 33, S. 7.

Ulf Nitzschner, Beitrag zur Epidemiologie des Parasuizids am Beispiel des Krankengutes der Klinik für Innere Medizin des Bezirkskrankenhauses »St. Georg« Leipzig, Diss. Berlin 1990.

Rudolf Niederschelp/Jürgen Koch, Wenn Menschen nicht mehr weiter wissen, in: Polizeipräsident Dr. Hans Lisken (Hg.), Polizei in Düsseldorf 1985, Düsseldorf 1985, S. 42–47.

Tilo Nimetschek, Über den Umgang mit der Suizidproblematik in der DDR. Eine retrospektive Analyse unter besonderer Berücksichtigung der medizinischen Fachzeitschriften, Diss. Leipzig 1999.

Karl-Heinz Noack, Karl Griewank, in: Heinz Heitzer/Karl-Heinz Noack/Walter Schmidt (Hg.), Wegbereiter der DDR-Geschichtswissenschaft. Biographien, Berlin 1989, S. 75–92.

Joachim Nowotny, Ein seltener Fall von Liebe, Halle–Leipzig 1978.

W. Oehmisch/W. Gerhardt, Die Entwicklung der Sterblichkeit in der DDR in den Jahren 1953–1963, in: Deutsches Gesundheitswesen 21 (1966) 3, S. 126 f.

Klaus Oesterreich, Über eine Ethik des Selbstmordproblems, in: Zeitschrift für Evangelische Ethik 10 (1966) 5, S. 144–159.

Marc-Dietrich Ohse, Jugend nach dem Mauerbau. Anpassung, Protest und Eigensinn (DDR 1961–1974), Berlin 2003.

T[eodor] I[ljitsch] Oiserman, Die Entfremdung als historische Kategorie, Berlin 1965.

Wolf Oschlies, Selbstmorde in der DDR und in Osteuropa, in: Deutschland Archiv 9 (1976) 1, S. 38–55.

Wolf Oschlies, Jugendselbstmorde in Osteuropa und im intersystemaren Vergleich, Köln 1979.

Jonathan Osmond, Kontinuität und Konflikt in der Landwirtschaft der SBZ/DDR zur Zeit der Bodenreform und der Vergenossenschaftlichung, 1945–1961, in: Bessel/Jessen (Hg.), Grenzen, S. 137–169.

Österreichisches Statistisches Zentralamt (Hg.), Selbstmordhandlungen, Wien 1961.

Nikolai Ostrowski, Wie der Stahl gehärtet wurde, Leipzig 1964.

Klaus-Rüdiger Otto/Helmut F. Späte, Suizidhandlungen im Stadt- und Landkreis Brandenburg, Psychiatrie, Neurologie und medizinische Psychologie 27 (1975) 4, S. 239–246.

K[laus]-R[üdiger] Otto, Suizidprophylaxe im höheren Lebensalter, in: Zeitschrift für Altersforschung 34 (1979) 5, S. 455–459.

Wilfriede Otto, Das Verschwinden des Willi Kreikemeyer, in: Utopie kreativ 10 (1999), H. 100, S. 47–52.

Wilfriede Otto, Erich Mielke – Biografie, Berlin 2000.

Manfred Otzelberger, Suizid, Berlin 1999.

Christian Parnitzke, Suicidale Handlungen im Kindes- und Jugendalter. Eine multifunktionelle Studie, Diss. Magdeburg 1972.

Christian Parnitzke/Hans Regel, Selbstvernichtung Jugendlicher bei sozialer Desintegration, in: Psychiatrie, Neurologie und medizinische Psychologie 25 (1973) 10, S. 606–614.

K. H. Parnitzke, Bemerkungen zum Selbstmordgeschehen der letzten Jahre, in: Psychiatrie, Neurologie und medizinische Psychologie 13 (1961) 11, S. 397–406.

Hans Patze, Willy Flach zum Gedächtnis, in: Jahrbuch für die Geschichte Mittel- und Ostdeutschlands 8 (1959), S. 349–363.

Renate Pfuhl, Aufbruch in den 24-Stunden-Dienst, in: Auf Draht Nr. 17, September 1991, S. 5f.

Henning Pietzsch, Jugend zwischen Kirche und Staat, Köln–Weimar–Wien 2005.

Sandra Pingel-Schliemann, Zersetzen. Strategien einer Diktatur, Berlin 2002.

Andrea Piontke, Suizide und Suizidversuche im Stadt- und Landkreis Greifswald in den Jahren 1989 bis 1992, Diss. Greifswald 1999.

Ulrich Plenzdorf, Die neuen Leiden des jungen W., Rostock 1977 (EA 1973).

M. Plzák/K. Soucek/F. Martonová, Die Telefonhilfe in Prag, in: Psychiatrie, Neurologie und medizinische Psychologie 18 (1966) 6, S. 212.

Hermann Pohlmeier, Sozialpsychiatrische Betrachtung der Selbstmordhandlung, in: Klaus-Peter Jörns (Hg.), Zum Problem des Selbstmords (= Sonderdruck aus: Wege zum Menschen 26 (1974) 5/6), Tübingen 1974, S. 188–195.

Hermann Pohlmeier, Der politische Selbstmord, in: Münchener medizinische Wochenschrift 122 (1980) 18, S. 667–670.

Hermann Pohlmeier, Entwicklung der Suizidverhütung als Fortschritt der Humanität, in: W. Pöldinger/J. Lange/A. Kirchmayr (Hg.), Psychosoziales Elend, Wien–Freiburg–Basel 1981, S. 177–193.

Hermann Pohlmeier, Selbstmordverhütung und ihre Rechtfertigung, München u.a. 1983.

Hermann Pohlmeier (Hg.), Selbstmordverhütung. Anmaßung oder Verpflichtung, Düsseldorf–Bonn 1994.

Werner Pöldinger, Die Abschätzung der Suizidalität, Bern–Stuttgart 1968.

Detlef Pollack, Kirche in der Organisationsgesellschaft. Zum Wandel der gesellschaftlichen Lage der evangelischen Kirchen in der DDR, Stuttgart u.a. 1994.

Kirsten Poutrus, Von den Massenvergewaltigungen zum Mutterschutzgesetz, in: Bessel/Jessen (Hg.), Grenzen, S. 170–198.

Edith Preiß, Die Problematik des Selbstmords bei Frauen im Material des Institutes für Gerichtliche Medizin der Martin-Luther-Universität vom 1.1.1928–31.12. 1962, Diss. Halle 1967.

Stefan Priebe/Doris Denis/Michael Bauer, Eingesperrt und nie mehr frei. Psychisches Leiden nach politischer Haft in der DDR, Darmstadt 1996.

Konstantin Pritzel, Der Selbstmord im sozialistischen Paradies, in: Berliner Ärzteblatt 90 (1977) 24, S. 1108–1114.

Klaus-Jürgen Preuschoff, Suizidales Verhalten in deutschen Streitkräften, Diss. Regensburg 1988.

Peter Przybylski, Tatort Politbüro. Die Akte Honecker, Reinbek b. Hamburg 1992.

Peter Przybylski, Tatort Politbüro, Bd. 2: Honecker, Mittag und Schalck-Golodkowski, Berlin 1992.

Hans-Jürgen Raatschen, Suizide durch Selbstverbrennung – eine rechtsmedizinische Auswertung Berliner Fälle 1990 bis 2000, Diss. Berlin 2002.

Johannes Raschka, »Für kleine Delikte ist kein Platz in der Kriminalitätsstatistik«. Zur Zahl der politischen Häftlinge während der Amtszeit Honeckers, Dresden 1997.

Johannes Raschka, Zwischen Überwachung und Repression – Politische Verfolgung in der DDR 1971 bis 1989 (= Hannsjörg F. Buck/Gunter Holzweißig [Hg.], Am Ende des realen Sozialismus, Bd. 5), Opladen 2001.

Johannes Raschka, Paragraphen für den Ausnahmezustand. Die Militarisierung der Strafgesetzgebung in der DDR, in: Hans Ehlert (Hg.), Militär, Staat und Gesellschaft in der DDR, Berlin, 2004, S. 419–438.

Siegfried Rataizick, Der Untersuchungshaftvollzug im MfS, in: Reinhard Grimmer u.a. (Hg.), Die Sicherheit. Zur Abwehrarbeit des MfS, Bd. 2, Berlin 2003, S. 495–519.

Hans Regel, Einige psychologische Aspekte zur Genese, Diagnostik und Prophylaxe von Suizidversuchen, in: Probleme und Ergebnisse der Psychologie (1978) Heft 65, S. 87–105.

Ludwig A. Rehlinger, Freikauf. Die Geschäfte der DDR mit politisch Verfolgten 1963–1989, Berlin 1991.

Brigitte Reimann, Franziska Linkerhand, Berlin 2001 (EA 1974).

C[hristian] Reimer (Hg.), Suizid. Ergebnisse und Therapie, Berlin u.a. 1982

F. Reimer, Von der Einrichtung und Arbeit einer Beratungsstelle für Suicidgefährdete, in: Schleswig-Holsteinisches Ärzteblatt vom Juni 1969, S. 424, 429.

Artur Reiner, Verweigerung der angebotenen Hilfe von Seiten der Suizidpatienten, in: Suizidprophylaxe 12 (1985) 1, S. 21–28.

Artur Reiner, Wegfall des Verbotes des kirchlichen Begräbnisses für Suizidtote, in: Suizidprophylaxe 14 (1987) 3, S. 235f.

Siegfried Reiprich, Der verhinderte Dialog, Berlin 1996.

Axel Reitel, »Frohe Zukunft« – Keiner kommt hier besser raus. Strafvollzug im Jugendhaus Halle, Magdeburg 2002.

Ludwig Renn, Anstöße in meinem Leben, Berlin 1982.

Michael Richter/Erich Sobeslavsky, Die Gruppe der 20, Köln u.a. 1999.

Ruthard Richter, Bewußter und unbewußter Medikamentenabusus unter Berücksichtigung der Suizidfälle, Diss. Dresden 1969.

Walter Richter, Der Militärische Nachrichtendienst der Nationalen Volksarmee der DDR und seine Kontrolle durch das Ministerium für Staatssicherheit, Frankfurt/M. u.a. 2004, bes. S. 173–180.

Erwin Ringel, Der Selbstmord. Abschluß einer krankhaften psychischen Entwicklung, Wien–Düsseldorf 1953.

Erwin Ringel, Selbstmordprophylaxe, in: Dokumenta Ciba Geigy, Selbstmord, Basel 1965, S. 2f.

E[rwin] Ringel, Der gegenwärtige Stand der Selbstmordprophylaxe in Wien, in: Nervenarzt 38 (1967) 3, S. 93–97.

Erwin Ringel, Selbstmordverhütung im Wandel, in: Walter Pöldinger/Marcelle Stoll-Hürlimann (Hg.), Krisenintervention auf interdisziplinärer Basis, Bern u.a. 1980, S. 16–25.

Peter Rochler, Aspekte der Haltung zu Sterben und Tod sowie zum Sinn des Lebens in der Berufsausübung der Ärzte und Krankenschwestern, Diss. o.O. (Berlin) 1982.

Dietmar Roeschke, Sogwirkung?, in: Suizidprophylaxe 11 (1984) 1, S. 80–84.

J. Rogge, Katamnestische Erhebungen an 107 Patienten, die 1966–1969 wegen Suizidversuchs stationär behandelt wurden, in: Heinz A.F. Schulze/Karl Seidel/Gerhard Göllnitz (Hg.), Akute Krankheitszustände und Notsituationen in der Neurologie und Psychiatrie (= Psychiatrie, Neurologie und medizinische Psychologie, Beiheft 22/23), Leipzig 1977, S. 136–142.

Michael Rohrwasser, Über den Umgang mit dem Tod in der sozialistischen Literatur, in: Frankfurter Hefte 38 (1983) 3, S. 55–66.

Michael Rohrwasser, Das Selbstmordmotiv in der DDR-Literatur, in: Paul Gerhard Klussmann/Heinrich Mohr (Hg.), Probleme deutscher Identität (= Jahrbuch zur Literatur in der DDR, Bd. 3), Bonn 1983, S. 209–231.

W. Rölz/A. Eitel/H. Wedler, Krisenintervention im Allgemeinkrankenhaus – meßbare Effekte?, in: Suizidprophylaxe 7 (1980) 2, S. 109–113.

Anton Rosner, Suicid im Strafvollzug der Bundesrepublik Deutschland – wirklich ein Problem?, in: Kriminalpädagogische Praxis 14 (1986) 21–22, S. 42–49.

Hans Rost, Die katholische Kirche, die Führerin der Menschheit, Westheim b. Augsburg 1949.

Reinhard Rupprecht, Nimmt die Zahl der Selbsttötungen zu?, in: Kriminalistik 27 (1973) 4, S. 153–155.

Stephan Rupprecht, Das Suizidgeschehen im Kreis Freital in den Jahren 1988 bis 1992, Diss. Dresden 2000.

Walter Saft, Seelsorge an Suizidgefährdeten, in: Reimund Blühm u.a. (Hg.), Handbuch der Seelsorge, Berlin 1983, S. 469–478.

Paul Schaffer, Einstellung und Befinden von Inhaftierten unter besonderer Berücksichtigung der Suicidalität, Frankfurt/M. 1986.

Markus Schär, Seelennöte der Untertanen. Selbstmord, Melancholie und Religion im Alten Zürich, 1500–1800, Zürich 1985.

Udo Scheer, Vision und Wirklichkeit, Berlin 1999.

Kurt Scheidler, Zum Selbstmordgeschehen in Berlin, in: Zeitschrift für ärztliche Fortbildung 54 (1960) 16, S. 947–955.

W. Schellworth, Zur Problematik der Suicidbeurteilung, in: Der medizinische Sachverständige 54 (1958) 10, S. 216–218.

Joachim Schiller, Leben wir in einer Selbstmordgesellschaft?, in: Criticón 12 (1982) 71, S. 117–119.

Joachim Schiller, Schülerselbstmorde in Preußen, Frankfurt/M. u.a. 1992.

Karl Schirdewan, Aufstand gegen Ulbricht, Berlin 1995.

Alexander Fjodorowitsch Schischkin, Grundlagen der marxistischen Ethik, Berlin 1965.

Einar Schleef, Die Bande, Frankfurt/M. 1982.

Cordia Schlegelmilch, Deutsche Lebensalter – Erkundungen in einer sächsischen Kleinstadt, in: Prokla 23 (1993) 2 (= Heft 91), S. 269–295.

Klaus Schlesinger, Neun, in: ders., Berliner Traum. Fünf Geschichten, Rostock 1977, S. 104–114.

Karin Schliep/Edwin Schliep (Hg.),»Selbst«mord in U-Haft. Briefe und Dokumente, Berlin 1976.

Reinhold Schlothauer, Untersuchungshaft, Heidelberg 1992.

Detlev Schmal, Suizidversuchsmotive, Hilfesucheverhalten, Alkoholbeeinflussung und Diagnosen bei stationär behandelten suizidalen psychiatrischen Patienten in Leipzig, in: Suizidprophylaxe 19 (1992) 3, S. 181–192.

Erich Schmalenberg, Tötende Gewalt. Eine theologisch-ethische Studie, Frankfurt/M.–Bern 1981.

Gerhard Schmidt, Über den Selbstmord als Katastrophenreaktion, in: Bibiliotheca psychiatrica neurologica (1968), Nr. 137, S. 84–90.

Gerhardt Schmidt, Suggestion – Unfall – Selbstmord: Psychiatrische Notizen zu Ulrich Plenzdorf:»Die neuen Leiden des jungen W.«, in: Internistische Praxis 17 (1977), S. 303–306.

Walter Schmidt, Die DDR-Geschichtswissenschaft in den fünfziger Jahren, in: Alfred Anderle (Hg.), Entwicklungsprobleme der marxistisch-leninistischen Geschichtswissenschaft in der UdSSR und in der DDR, MLU Halle-Wittenberg, Wissenschaftliche Beiträge 1983/54/C 30, Halle/Saale 1983, S. 32–72.

Armin Schmidtke, Zur Entwicklung der Häufigkeit suizidaler Handlungen im Kindes- und Jugendalter in der Bundesrepublik Deutschland 1950 bis 1981, in: Suizidprophylaxe 11 (1984) 1, S. 45–79.

Armin Schmidtke/Heinz Häfner, Die Vermittlung von Selbstmordversuchen und Selbstmordhandlung durch fiktive Modelle, in: Nervenarzt 57 (1986), S. 502–510.

Armin Schmidtke, Suizidologie – von der Domain- zur Doctrinforschung?, in: Suizidprophylaxe 15 (1988), S. 87–106.

Armin Schmidtke, Verhaltenstheoretisches Erklärungsmodell suizidalen Verhaltens, Regensburg 1988.

Armin Schmidtke, Entwicklung der Suizid- und Suizidversuchshäufigkeit in der Bundesrepublik Deutschland 1970–1988, in: Suizidprophylaxe 16 (1989), S. 271–280.

Armin Schmidtke, Probleme der zuverlässigen Erfassung, Reliabilität und Validität von Suizid- und Suizidversuchsraten als Indikatoren»psychischer Gesundheit«, in: Psycho 17 (1991) 4, S. 234–247.

A[rmin] Schmidtke / B[ettina] Weinacker, Suizidraten, Suizidmethoden und unklare Todesursachen alter Menschen, in: Zeitschrift für Gerontologie 24 (1991), S. 3–11.

Armin Schmidtke/Bettina Weinacker/Susanne Fricke, Suizid- und Suizidversuchsraten bei Kindern und Jugendlichen in den alten Ländern der Bundesrepublik und in der ehemaligen DDR, in: Der Kinderarzt 27 (1996) 2, S. 151–162.

Armin Schmidtke/Bettina Weinacker/Steven Stack/David Lester, The impact of the reunification of Germany on the suicide rate, in: Archives of Suicide Research 5 (1999), S. 233–239.

Jürgen Schmied, Verschärfter DDR-Strafvollzug an politischen Gefangenen, in: Menschenrechte 10 (1986) 5, S. 6.

Barbara Schneider, Risikofaktoren für Suizid, Regensburg 2003.

Reinhold Schneider, Über den Selbstmord, Baden-Baden 1947.

Jens Schöne, Frühling auf dem Lande? Die Kollektivierung der DDR-Landwirtschaft, Berlin 2005.

Friedrich Schorlemmer, An einer vergifteten Atmosphäre gestorben, in: F. Eckhard Ulrich, Ich habe aufgegeben dieses Land zu lieben, Halle 1992, S. 57–63.

W. Schröder, Suizidprophylaxe und kirchliche Bestattung, in: Suizidprophylaxe 5 (1978) 3, S. 140–142.

Walter Schulte, Das Selbstmordproblem in der ärztlichen Praxis und seelsorgerlichen Arbeit, in: Junge Kirche 10 (1949) 7/8, S. 195–213.

Dietmar Schultke, Das Grenzregime der DDR. Innenansichten der siebziger und achtziger Jahre, in: Aus Politik und Zeitgeschichte, B 50/97, S. 43–53.

Harald Schultze u.a. (Hg.), Das Signal von Zeitz. Reaktionen der Kirche, des Staates und der Medien auf die Selbstverbrennung von Oskar Brüsewitz 1976. Eine Dokumentation, Leipzig 1993.

Harald Schultze/Andreas Kurschat (Hg.), »Ihr Ende schaut an ...«. Evangelische Märtyrer des 20. Jahrhunderts, Leipzig 2006.

Joachim Schultz-Naumann, Mecklenburg 1945, Frankfurt/M. u.a. 1991.

W. Schulz, Die Untersuchung unnatürlicher Todesfälle, Berlin 1965.

Andreas Schulze, Selbstmord und Selbstmordversuch in Leipzig. Zur Erklärung suizidaler Handlungen in der DDR, Regensburg 1986.

Winfried Schulze, Deutsche Geschichtswissenschaft nach 1945, München 1989 (= Historische Zeitschrift, Beihefte [Neue Folge] Bd. 10).

Bernhard Schwarz/Klaus Weise/Achim Thom, Sozialpsychiatrie in der sozialistischen Gesellschaft, Leipzig 1971.

Anna Seghers, Das siebte Kreuz, Leipzig 1961.

J. Jürgen Seidel, Aus den Trümmern, Göttingen 1996.

Karl Seidel, Der Suicid im höheren Lebensalter unter sozialpsychiatrischem Aspekt, Habil. Dresden 1967.

K[arl] Seidel, Die eigenständige innere Dynamik des Alterssuizids, in: Sozialpsychiatrie 9 (1969), S. 42–62.

K[arl] Seidel/H[elmut] Kulawik, Über die Notwendigkeit des Aufbaus von psychiatrischen Beratungsstellen für Suizidgefährdete, in: Deutsches Gesundheitswesen 25 (1970), S. 125–129.

Siegfried Seidel, Zur Position Erich Apels, in: Günter Agde, Kahlschlag, Berlin 1991, S. 252–257.

Homa Seidel-Aprin, Zum Selbstmordgeschehen in der Bundesrepublik und den sozialistischen Staaten Osteuropas, Diss. Bonn 1980.

Werner Seifert, Zeit nach Sonnenuntergang, Neuried 1995.

Selbstmord im Knast, in: Suizidprophylaxe 4 (1977) 3, S. 186f.

Selbstmordverhütung in der Bundeswehr, in: Suizidprophylaxe 10 (1983) 4, S. 286–298.

Jürgen Serke, zuhause im exil. Dichter, die eigenmächtig blieben in der DDR, München 1998.

Dieter Sevin, Textstrategien in DDR-Prosawerken zwischen Bau und Durchbruch der Berliner Mauer, Heidelberg 1994.

Joachim Seyppel, Die Unperson oder Schwitzbad und Tod Majakowskis, Frankfurt/M. 1979.

Georg Siegmund, Die Selbstmordhäufigkeit als Index für den Stand der seelischen Gesundheitslage, in: Hippokrates 32 (1961), S. 895–899.

Gabriela Signori (Hg.), Trauer, Verzweiflung und Anfechtung. Selbstmord und Selbstmordversuche in mittelalterlichen und frühneuzeitlichen Gesellschaften, Tübingen 1994.

Gerhard Simson, Die Suizidtat. Eine vergleichende Betrachtung, München 1976.

Hagen Slusariuk, Untersuchung über Umfang und Ursachen des Suizidgeschehens im Kreis Bautzen in den Jahren 1982 bis 1984 mit dem Ziel einer Verbesserung der Suizidprophylaxe, Diss. Dresden 1987.

Günter Sobek, Untersuchungen über das Suizidproblem an Hand von 126 Selbstmordversuchen in Leipzig, Diss. Leipzig 1967.

Gernot Sonneck/Martin Schjerve, Die Krankheitsthese des Suizides, in: Walter T. Haesler/Jörg Schuh (Hg.), Der Selbstmord/Le Suicide, Grüsch 1986, S. 39–52.

Helmut F. Späte, Suizidprophylaxe aus der Sicht eines Bezirkskrankenhauses für Neurologie und Psychiatrie, in: Zeitschrift für ärztliche Fortbildung 65 (1971) 24, S. 1295–1299.

Helmut F. Späte, Suizidprophylaxe in der Praxis, in: Zeitschrift für ärztliche Fortbildung 67 (1973) 8, S. 403–405.

Helmut F. Späte, Über kommunikative Elemente suizidaler Handlungen, in: Psychiatrie, Neurologie und medizinische Psychologie 24 (1973) 11, S. 647–655.

H[elmut] F. Späte u. a., Wohngebiet und suizidale Handlungen, in: Zeitschrift für die gesamte Hygiene 24 (1978) 12, S. 948–956.

Helmut F. Späte, Über einen Gruppensuizidversuch Heranwachsender – Psychodynamik und Katamnese, in: Wissenschaftliche Zeitschrift der Martin-Luther-Universität Halle XXXV '86 M, H. 2, S. 43–48.

H[elmut] F. Späte, Sociocultural Upheavel and Suicide Experiences after the End of the GDR, in: Klaus Böhme u. a. (Hg.), Suicidal Behaviour, Regensburg 1993, S. 487–490.

Eckhard Sperling, Das therapeutische Gespräch mit Suicidalen, in: ders./Jürgen Jahnke (Hg.), Zwischen Apathie und Protest, Bd. 1, Bern u. a. 1974, S. 160–166.

Staatliche Zentralverwaltung für Statistik (Hg.), Statistisches Jahrbuch der Deutschen Demokratischen Republik 1 (1956) bis 8 (1963).

Statistisches Bundesamt (Hg.), Sonderreihe mit Beiträgen für das Gebiet der ehemaligen DDR, Heft 27, Gesundheits- und Sozialwesen in Übersichten (Teil IV), Wiesbaden 1995.

Statistisches Jahrbuch für die Bundesrepublik Deutschland, Stuttgart–Mainz 1970 bis 1974.

Katja Steffen, Der Alterssuizid in Mecklenburg, Diss. Rostock 1994.

Erwin Stengel, Selbstmord und Selbstmordversuch, in: Hans W. Gruhle u. a. (Hg.), Psychiatrie der Gegenwart, Bd. III, Berlin u. a. 1961, S. 51–74.

Leo Stern, Zum Andenken an Martin Lintzel, in: Zeitschrift für Geschichtswissenschaft 3 (1955) 5, S. 817–819.

Hans Steußloff, Zur Kritik der ideologisch-theoretischen Verschleierung des Todesproblems in der modernen christlichen Theologie, Diss. B Leipzig 1966.

F. Stiebitz, Das Einschreiten der Polizei nach Selbstmordversuchen, in: Suizidprophylaxe 7 (1980) 2, S. 93–95.

Sibylle Straub, Suizide in Thüringen vor und nach der Wende, Diss. Jena 1998.

Sibylle Straub, Der Suizid und »die Wende« in der DDR. Zur Tragfähigkeit von

Durkheims Konzeption des (anomischen) Selbstmords am Beispiel Thüringens, in: System Familie 13 (2000), S. 59–69.

Hannelore Strehlow, Der gefährliche Weg in die Freiheit, Potsdam 2004.

Suizidalität in Ost und West: Daten vorschnell interpretiert? Zuschrift von R. Wegener, in: Münchener medizinische Wochenschrift 133 (1991) 13, S. 21 f.

Sonja Süß, Politisch mißbraucht? Psychiatrie und Staatssicherheit in der DDR, Berlin 1999.

Sonja Süß, Repressive Strukturen in der SBZ/DDR – Analyse von Strategien der Zersetzung durch Staatsorgane der DDR gegenüber Bürgern der DDR, in: Enquete-Kommission »Überwindung der Folgen der SED-Diktatur im Prozeß der deutschen Einheit«, Bd. II/1, Baden-Baden 1999, S. 193–288.

Christine Swientek, Suicidprophylaxe in Haftanstalten, in: Monatsschrift Kriminologie 62 (1979) 1, S. 9–25.

Christine Swientek, Suicidforschung auf der Suche nach einem neuen Selbstverständnis, in: Literatur-Rundschau 3 (1980) 3, S. 103–114.

Christine Swientek, Autoaggressivität bei Gefangenen aus pädagogischer Sicht, Göttingen 1982.

Christine Swientek, Der Gefangenenselbstmord zwischen Zahlenspielereien und der Suche nach einem Schuldigen, in: Suizidprophylaxe 11 (1984) 3, S. 212–218.

Themenheft Selbstmord, Münchener medizinische Wochenschrift 122 (1980) 18, S. 665–681.

Helmut Thielicke, Theologische Ethik, Tübingen 1986.

Erich Thole, Suicid im Gefängnis, in: Zeitschrift für Strafvollzug 25 (1976), S. 110–114.

Klaus Thomas, Handbuch der Selbstmordverhütung, Stuttgart 1964.

Klaus Thomas, Menschen am Abgrund, Hamburg 1970.

Nyota Thun, Ich – so groß und so überflüssig. Wladimir Majakowski. Leben und Werk, Düsseldorf 2000.

Ferdinand Tönnies, Der Selbstmord in Schleswig-Holstein, Breslau 1927.

Achim Trebeß, Zum Todesmotiv in der Literatur der DDR, in: Weimarer Beiträge 47 (2001) 1, S. 70–91.

Wolfgang Trillhaas, Ethik, Berlin 1959.

Günter Ullmann, Schwarze Schafe lesen Camus, Vechta-Langenförden 2004.

Roderich von Ungern-Sternberg, Die Selbstmordhäufigkeit in Vergangenheit und Gegenwart, in: Jahrbücher für Nationalökonomie und Statistik 171 (1959), S. 187–207.

Roderich von Ungern-Sternberg, Die Ursachen der Steigerung der Selbstmordhäufigkeit in Westeuropa während der letzten hundert Jahre (= Veröffentlichungen aus dem Gebiet der Medizinalverwaltung XLIV. Bd., 9. Heft), Berlin 1935.

Carlo La Vecchia et. al., Trends in suicide mortality in Europe, 1955–89, in: Soziale Präventivmedizin 38 (1993), S. 379–397.

Verein Zeit-Geschichte(n) (Hg.), Darf man das? Die Veröffentlichung von Stasi-Listen in Halle an der Saale im Sommer 1992 und die Folgen, Halle 2004.

Hannelore Volland, Zu Möglichkeiten und Grenzen der Überwindung der Angst vor dem Sterben und dem frühen Tod, in: Deutsche Zeitschrift für Philosophie 33 (1985) 6, S. 540–543.

Jens-Christian Wagner, Produktion des Todes, Göttingen 2001.

Volker Wahl, Im Dienste gesamtdeutscher Archivarbeit und Literaturforschung. Willy Flachs Direktorat im Goethe- und Schiller-Archiv Weimar 1954 bis 1958, in: Archivistica docet 1 (1999), S. 205–244.

Volker Wahl, Willy Flach (1903–1958), in: Vorstand des Thüringer Archivarverbandes (Hg.), Lebensbilder Thüringer Archivare, Rudolstadt 2001, S. 72–87.

Erich Waldstein, Der Selbstmord in der Schweiz, Diss. Basel 1934.

Edgar Wallisch, »Tödlicher Unfall auf dem S-Bhf. Leninallee« (BZ vom 23.5.87), in: Umweltblätter (1987), Heft 17, S. 23 f.

Joachim Walther, Sicherungsbereich Literatur, Berlin 1996.

Maxie Wander, Guten Morgen, du Schöne, Berlin/Weimar 1980 (EA 1977).

Matthias Wanitschke, Methoden und Menschenbild des Ministeriums für Staatssicherheit der DDR, Köln u.a. 2001.

M. E. Warshauer/M. Monk, Problems in suicide statistics for whites and blacks, in: American Journal of Public Health 68 (1978) 4, S. 383–388.

Hermann Weber, Der Antiquar Georg Pinzke – Schicksal eines vergessenen Kommunisten, in: Die Vitrine 03 (2003) 2, S. 4–11.

Hans Wedler, Rückblick auf zehn Jahre DGS, in: Suizidprophylaxe 9 (1982) 1, S. 49–56.

Hans Wedler, Zu diesem Heft, in: Suizidprophylaxe 13 (1986) 2, S. 97–99.

Rudolf Wegener/Ulrich Hammer/Ulrich Krüger/Jörg Rummel, Der vollendete Suizid – Analyse von 750 Obduktionsfällen –, in: Wissenschaftliche Zeitschrift der Wilhelm-Pieck-Universität Rostock 32 (1983), Naturwissenschaftliche Reihe, Heft 9, S. 115–118.

Karl Weiler, Zur Frage des Zusammenhanges von Selbsttötungen mit Körperschäden, in: Medizinische Monatsschrift 1 (1947), S. 27–32.

Annette Weinke/Gerald Hacke, U-Haft am Elbhang. Die Untersuchungshaftanstalt der Bezirksverwaltung des Ministeriums für Staatssicherheit in Dresden 1945 bis 1989/90, Dresden 2004.

Kurt Weis, Freitod in Unfreiheit, in: Zeitschrift für Rechtspolitik 8 (1975) 4, S. 83–92.

Kurt Weis, der Eigennutz des Sisyphos – Zur Soziologie der Selbstmordverhütung, in: Albin Eser (Hg.), Suizid und Euthanasie als human- und sozialwissenschaftliches Problem, Stuttgart 1976, S. 180–193.

K[urt] Weis, Taking Chances: On the Joys and Dangers of Calculated Risks for the Individual and Society, in: Klaus Böhme u.a. (Hg.), Suicidal Behaviour, Regensburg 1993, S. 455–468.

K[laus] Weise, Soziale Krisen als Notsituation in der Psychiatrie, in: Schulze/Seidel/Göllnitz (Hg.), Akute Krankheitszustände, S. 148–151.

Manfred Weissbecker (Hg.), Erinnerungen an Gerhard Riege. Gedächtnisschrift, Jena 1995.

Rainer Welz, Soziale Unterstützung und die Struktur des sozialen Netzes bei Suizidenten, in: Suizidprophylaxe 13 (1986) 4, S. 281–294.

R. Welz/G. Vössing, Suizide im Alter: Veränderungen der Suizidziffern älterer Menschen in der BRD im zeitlichen Verlauf von 1953 bis 1986, in: Nervenarzt 59 (1988), S. 709–713.

Axel Wendland, Untersuchungen zu der Validität der amtlichen Mortalitätsstatistik der ehemaligen DDR (Untersuchungsstichprobe: Sterbefälle der Stadt Rostock des Jahres 1988), Diss. Rostock 2001.

Siegfried Wenzel, Plan und Wirklichkeit, St. Katharinen 1998.

Falco Werkentin, Politische Strafjustiz in der Ära Ulbricht, Berlin 1997.

G. Wessel/W. Koch, Über das Suizidgeschehen im Kreise Quedlinburg, in: Zeitschrift für die gesamte innere Medizin 18 (1963) 15, S. 677–686.

Julie Dorothea Wessinger, Ueber den Selbstmord bei Frauen in den ersten zehn Jahren nach dem Kriege, Diss. Berlin 1933.

Frank Weymann, Die Analyse, in: ders., Der Erbe. Erzählungen, Berlin 1989 (EA 1978), S. 67–95.

WHO, Regionalbüro für Europa Kopenhagen, Neue Formen des Suizidverhaltens (= Euro Berichte und Studien 74), 1984.

Harry Wichert, Erfassung und Weiterversorgung von Patienten nach einem Selbstmordversuch im Versorgungssektor der Psychiatrischen Klinik der Medizinischen Hochschule Hannover, Diss. Hannover 1981.

Ernest Wichner/Herbert Wiesner (Hg.), Ausstellungsbuch. Zensur in der DDR, Berlin 1991.

Annemarie Wiegand, Selbstmord im Justizvollzug, in: Deutsches Ärzteblatt 81 (1984) 6, S. 341–344.

Annemarie Wiegand, Rückgang der Todesfälle durch Suizid in Berlin – das Ergebnis einer statistischen Fehlerfassung, in: Suizidprophylaxe 14 (1987), S. 199–224.

Erwin F. Wiele, Sozialpsychologische Erfahrungen aus der Betreuung Suicidgefährdeter, in: Psychiatrie, Neurologie und medizinische Psychologie 15 (1963), S. 36–39.

Jörg Wiemers (Hg.), Handbuch der Telefonseelsorge, Göttingen 1995.

Gerd Wiendieck, Zur appellativen Funktion des Suizid-Versuchs – eine sozialpsychologische Studie, Diss. Köln 1972.

G. Wiesner/W. Casper/K. E. Bergmann, Alterssuizidalität in West und Ost: Trend der Suizidmortalität 1961–1989, in: Bundesgesundheitsblatt 35 (1992) 9, S. 442–447.

W. F. Winkler, Über den Wandel in Häufigkeit, Bedingungen und Beurteilung des Suicides in der Nachkriegszeit, in: Der öffentliche Gesundheitsdienst 22 (1960) 4, S. 135–145.

K[urt] Winter (Hg.), Lehrbuch der Sozialhygiene, Berlin 1964.

K[urt] Winter, Psychotherapie aus soziologischer Sicht, in: Kurt Höck/Karl Seidel (Hg.), Psychotherapie und Gesellschaft, Berlin 1976, S. 44–55.

Wissenschaftliche Zeitschrift der Universität Rostock 17 (1968), Mathematisch-Naturwissenschaftliche Reihe, Heft 6/7.

Christa Wolf, Tagebuchauszüge zu »Nachdenken über Christa T.«, in: Angela Drescher, Dokumentation zu Christa Wolf »Nachdenken über Christa T.«, Hamburg–Zürich 1992, S. 193–213.

Christa Wolf, Leibhaftig, München 2002.

Ludwig Wolf, Erfassung und Auswertung normabweichender Verhaltensweisen Strafgefangener in einer Strafvollzugseinrichtung, Diss. Bad Saarow 1987.

Udo Wolff, Suizid. Eine Spezialbibliografie deutschsprachiger psychologischer Literatur, Trier 1993, 2 Teile.

Stefan Wolle, Die heile Welt der Diktatur, Bonn 1998.

Manfred Wolter, Aktion Ungeziefer. Die Zwangsaussiedlungen an der Elbe, Rostock 1997.

Wolfgang Zapf/Steffen Mau, Zwischen Schock und Anpassung. Ostdeutsche Familienbildung im Übergang, in: Informationsdienst Soziale Indikatoren, Ausgabe 20, Juli 1998, S. 1–4.

Karl-Adolf Zech, Er traf den Nerv, in: Deutschland Archiv (1995) 5, S. 587–607.

Rosemarie Zeplin, Die kleine Seejungfrau, in: Dies., Schattenriß eines Liebhabers, Berlin 1982, S. 121–202.

Michael Zientek, Suizide und Suizidversuche. Eine Untersuchung der Einflußgrößen und Erscheinungsformen im Gebiet der Stadt Aachen auf der Basis der Dokumentation des Notarztdienstes und weiterer Ermittlungen im Zeitraum vom 1. Januar 1978 bis 31. Dezember 1982, Diss. Aachen 1985.

Michael Zimmermann, Suicide in the German Novel 1945–89, Frankfurt/M. 2002.

Verena Zimmermann, Den neuen Menschen schaffen. Die Umerziehung von schwererziehbaren und straffälligen Jugendlichen in der DDR (1945–1990), Köln u.a. 2004.

Walter Zöllner, Martin Lintzel, in: Heinz Heitzer/Karl-Heinz Noack/Walter Schmidt (Hg.), Wegbereiter der DDR-Geschichtswissenschaft. Biographien, Berlin 1989, S. 136–148.

Zu den Zwecklügen des Herrn Thedieck, in: Zeitschrift für Geschichtswissenschaft 6 (1958), S. 1354–1358.

Zum Andenken an Karl Griewank, in: Zeitschrift für Geschichtswissenschaft 1 (1953) 6, S. 997–999.

Marianne Zumschlinge, Das Einwirken von Partei und Staat auf die Universitäten von 1945 bis 1971, Pullach 1994.

Hartmut Zwahr, Die Revolution in der DDR 1989/90 – eine Zwischenbilanz, in: Alexander Fischer/Günther Heydemann (Hg.), Die politische »Wende« 1989/90 in Sachsen. Rückblick und Zwischenbilanz, Weimar 1995, S. 231–245.

Charles Zwingmann, Selbstvernichtung, Frankfurt/M. 1965.

Zeitungsartikel

Gisela A(chminow), Sie fassten sich ein Herz …, in: Auf Draht Nr. 14, April 1990, S. 21f.

Uta Alexander/Manfred Kofferschläger, Hintergründe einer bedrückenden Meldung, in: Tribüne vom 19. Dezember 1989, S. 3.

Rainer Bäurich, Ich sehne mich nach Freiheit, in: Welt am Sonntag vom 15. Oktober 1978, S. 4.

Theodor Balk, Erste Hilfe per Telefon, in: Das Magazin, Februar 1968, S. 56f.

Christel Berger, Auskünfte über ein Mädchenschicksal, in: Berliner Zeitung vom 28. Oktober 1981, S. 7.

2. Bericht des Volkskammerausschusses zur Überprüfung von Amtsmißbrauch, Korruption und Bereicherung, in: Tribüne vom 11. Januar, S. 3.

Beschimpft, von der Uni gefeuert, in: Neues Deutschland vom 17. Februar 1992, S. 3.

Heinrich Böll, Reiner Kunzes Prosa: Die Faust, die weinen kann, in: Die Zeit vom 17. September 1976, S, 17f.

Bonner Minister entlarvt Lemmer, in: Junge Welt vom 10. Oktober 1958, S. 1.

BRD: Verzweiflungstat eines Arbeitslosen«, in: Berliner Zeitung vom 19. Januar 1978, S. 2.

Sibylle Cramer, Kampf um Erinnerung, in: Frankfurter Rundschau vom 9. Oktober 1985, Beilage, S. 6.

Datenschutz. Letzte Anschrift, in: Der Spiegel 37 (1983) 49, S. 114–116.

Datenschutz. Merkmal FRTOD, in: Der Spiegel 40 (1986) 38, S. 72–76.

Fred David, In Stasis Aktengruft, in: Profil 21 (1990) 4, S. 43–45.

DDR-Bürger beging Selbstmord wegen Ablehnung von Ausreise-Antrag, in: Berliner Kirchenreport vom 11. Mai 1977, S. 1.

DDR hält traurigen Rekord, in: Rheinische Post vom 15. Juli 1978. (Abgedruckt in: Homa Seidel-Aprin, Zum Selbstmordgeschehen in der Bundesrepublik und den sozialistischen Staaten Osteuropas, Diss. Bonn 1980, S. 78.)

DDR-Funktionär begeht Selbstmord, in: Frankfurter Allgemeine Zeitung vom 20. November 1986, S. 4.

D[ieter] Decke/W[erner] Felber, Signale an die Umwelt, in: Deine Gesundheit (1978) 3, S. 76–78.

Die anderen hinter der Mauer, in: Deutsches Allgemeines Sonntagsblatt vom 22. April 1962, S. 5.

Die anderen hinter der Mauer (II), in: Deutsches Allgemeines Sonntagsblatt vom 29. April 1962, S. 4.

Die DDR hat die höchste Selbstmordrate, in: Die Welt vom 26. September 1990, S. 26.

Entlassen – Sprung in den Tod, in: Berliner Zeitung vom 24. Januar 1978, S. 1.

Siegmar Faust, Bürgermeister in Nöten, in: Die Welt vom 9. Oktober 1985, Sonderbeilage, S. III.

Feuerwasser der Weißen. In den östlichen Ländern nehmen sich viele Menschen aus Existenzangst das Leben, in: Der Spiegel 45 (1991) 11, S. 62, 65.

Asmus Finzen, Selbstmord ist ansteckend, in: Frankfurter Allgemeine Zeitung vom 23. November 1976, S. 7.

Flucht in den Tod, BILD vom 23. August 1961, S. 2.

Michael Foedrowitz, Mit Gift, Strick und Pistole, in: Die Zeit vom 5. Mai 1995, S. 92.

Andreas Friedrich, Der einsame Tod eines »Freiheitskämpfers«, in: Junge Welt vom 25. Juli 1989, S. 4.

Früherer SPD-Politiker unter Stasi-Verdacht verübte Selbstmord, in: Tageszeitung vom 12. Mai 1995, S. 22.

Ursula Gärber, Das vertane Leben des Peter H., in: Schweriner Volkszeitung vom 27. Mai 1987, S. 3.

Joachim G. Görlich, Verzweifelte Rekruten, in: Rheinischer Merkur 32 (1977) 37, S. 14.

Harte Methoden, in: Der Spiegel 26 (1972) 51, S. 44.

René Heilig, Selbstmordkurve steigt – immer mehr suchen den Ausweg im Nichts, in: Neues Deutschland vom 16. März 1991, S. 3.

Lothar Heinke, Hauptsache, Sie hören zu, in: Neue Berliner Illustrierte 44 (1988) 51, S. 30f.

Heinz hatte die ›freie Welt‹ satt. In der DDR findet er endlich Ruhe und Sicherheit, in: Junge Welt vom 3. November 1958, S. 1.

Dieter Herold, »Alle sollen sehen, wie ich sterbe«, in: Stern vom 20. April 1978, S. 50–54.

Roland Hertwig, Ein Freitot und was ihm vorausging, in: Neues Deutschland vom 8. Januar 1992, S. 7. (Rechtschreibfehler im Original; U. G.)

Hans-Dieter Heuer, Verstärkt die proletarische Wachsamkeit! In: Volksstimme vom 8. Juli 1952, S. 2.

Rainer Hildebrandt, Grausame Schicksale in den Strafanstalten der »DDR«, in: Tagesspiegel vom 25. August 1956, S. 3.

Albrecht Hinze, Die Stasi-Zuträger aus Halle, in: Süddeutsche Zeitung vom 8./9. August 1992, S. 12.

Michael Höhn, Jugendarbeit ist »subversiv«, Interview mit einem zur Ausreise gedrängten Pfarrer, in: Rheinischer Merkur vom 24. September 1976, S. 29.

Erich Honecker, Zu aktuellen Fragen bei der Verwirklichung der Beschlüsse unseres VIII. Parteitages, in: Neues Deutschland vom 18. Dezember 1971, S. 3–5.

Erich Honecker, Geistig-kulturelle Entwicklung gehört zur Hauptaufgabe, in: Sonntag 27 (1973) 23, S. 3.

Honeckers Gewerkschafts-Chefin nahm Gift, in: BILD vom 10. Januar 1990, S. 1.

Bernhard Honnigfort, Die wenigsten Freitode gab es zur Wendezeit, in: Frankfurter Rundschau vom 27. September 1993, S. 24.

Klaus Höpcke, Konflikt um das Schicksal eines Lehrers, in: Neues Deutschland vom 28. April 1978, S. 4.

»Ich fordere eine ›Salzgitter-Behörde‹ für ausgegrenzte Ossis«, Peter-Michael Diestel im ND-Interview über das Stasi-Unterlagengesetz, die Gauck-Behörde und andere Unmöglichkeiten, in: Neues Deutschland vom 27./28. Mai 2000, S. 3.

Interview mit der Berliner Sozialhistorikerin und Suizid-Forscherin Dr. Ursula Baumann, in: Ärzte-Zeitung vom 24./25. Mai 2002, S. 15.

Interview mit Robert Havemann, in: »Le Monde« vom 21. Januar 1978, S. 1, 7. (Zit. bei Wolf Oschlies, Jugendselbstmorde in Osteuropa und im intersystemaren Vergleich, Köln 1979, S. 7.)

»19jährige beging Selbstmord«, in: Junge Welt vom 29. Oktober 1958, S. 2.

Klaus Jarmatz, Der Tod eines Lehrers, in: Wochenpost 25 (1978) 17, S. 14.

Klaus Kämpgen, Der Tod des Pfarrers, in: Westdeutsche Allgemeine Zeitung vom 20. September 1978, S. 2.

Fritz Keller, Vom Selbstmorde, in: Sozialistische Zeitung, Köln, April 2002, S. 21.

Friedhelm Kemna, Geflüchteter Arzt sagt aus. Motiv für den Selbstmord: die Mauer, in: Die Welt vom 17. April 1964, S. 3.

Martin J. Kerscher, Selbstmord aus wachsender Existenzangst, in: Leipziger Volkszeitung vom 27. März 1991, S. 3.

Kirchliche Telefonseelsorge in Ost-Berlin sehr beansprucht, in: Tagesspiegel vom 12. Februar 1989, S. 16.

Hans Koch, Kunst und realer Sozialismus, in: Neues Deutschland vom 15./16. April 1978, S. 4.

Uta König, »Wo ist Mama?«, in: Stern vom 2. Mai 1991, S. 80–96.

Harald von Koenigswald, Tragödie eines Gelehrten, in: Christ und Welt vom 14. Januar 1954, S. 6.

Dorothea Körner, Der Leser als Partner, in: Der Morgen vom 6./7. Mai 1978, S. 4.

Paul-Heinz Koesters/Wolf Perdelwitz, Die Angst vor der Angst, in: Stern vom 10. September 1981, S. 256–260.

Heike Krümmel, Notruf für die Seele, in: Die Union vom 24./25. Dezember 1987, S. 9f.

Günter Kunert, Heinrich von Kleist – ein Modell, in: Die Zeit 32 (1977) 49, S. 48.

Frank Kunold, Moskauer Kummernummer, in: Für Dich (1986) 2, S. 21.

Claus Leggewie, Wie ein Alp auf den Seelen, in: Die Zeit 41 (1986) 14, S. 59.
Hans Leyendecker, Angeblicher Serienkiller der DDR ist frei, in: Süddeutsche Zeitung vom 18. Dezember 2003, S. 6.
Hans Leyendecker, Der Mann aus der Zeitung, in: Süddeutsche Zeitung vom 20. September 2004, S. 3.
Marlis Linke, »… noch viel mehr rauskriegen über das Leben und so.«, in: Neues Leben 32 (1984) 3, S. 6 f.
Lore Frisch verübte Selbstmord, in: Deutsche Fragen 8 (1962) 10, S. 200.
LPG-Werber trieben Bauern in den Tod, in: Deutsche Fragen 6 (1960) 5, S. 87.
W. Martin Lüdke über Jurek Becker: »Aller Welt Freund«, Ein starker Abgang?, in: Der Spiegel 36 (1982) 39, S. 237.

Rolf Mainz, Genossen, kommt doch zu uns, in: Die Zeit 31 (1976) 41, S. 34 f.
Christian Malzahn, »Ihr sollt in Tränen ersaufen«, in: Spiegel 47 (1993) 20, S. 111–122.
Ulrich Manitz, »Ein übler Pazifist, der die ganze Klasse verseucht«, in: Die Union vom 15. August 1991, S. 12.
Horst Matthies, Kollateralschaden der Eitelkeit, in: Neues Deutschland vom 14. März 2000, S. 9.
Me., Streit um Selbstmorde, in: Frankfurter Allgemeine Zeitung vom 2. September 1976, S. 8.
Marlies Menge, Sprung in den Tod, in: Die Zeit vom 24. September 1976, S. 14.
Christa Meves, Selbstmord der Schule wegen, in: Rheinischer Merkur vom 13. März 1981, S. 2.
Rolf Michaelis, Zwei Welten in einem Land, in: Die Zeit 31 (1976) 4, S. 33 f.
Peter Michalski, US-Popstar von ›DDR‹-Geheimdienst ertränkt, in: BILD vom 24. Juni 1986, S. 10.
Mitunter schrecklich, in: Der Spiegel 25 (1971) 50, S. 55, 57.
Regina Mönch, Signale aus der Sackgasse, in: Neues Leben 38 (1989) 8, S. 30 f.
Günter Müchler, Daß Hellenbroich Märchen erzählt, gilt als abwegig, in: Kölnische Rundschau vom 5. Februar 1986, o. S.

J. N., Neuer Protest, in: Die Zeit vom 22. September 1978, S. 7.
L. N., Arbeitslosigkeit heute, in: Probleme des Friedens und des Sozialismus 22 (1979) 5, S. 720.

Offener Brief von Detlef Dalk an Bundeskanzler Kohl, Alle anderen Wege des Wachrüttelns bin ich gegangen …, in: Neues Deutschland vom 7./8. März 1992, S. 1.
Henk Ohnesorge, Wollte Pfarrer Guenther in die Bundesrepublik?, in: Die Welt vom 21. September 1978, S. 3.
Ostzone zieht Schlußstrich, in: Neues Deutschland vom 21. April 1948, S. 1.

Pfarrer verbrannte sich vor dem Altar. Zwei Jahre nach dem Opfertod von Brüsewitz, in: BILD vom 20. September 1978, S. 1, 16.
Martin Pfeideler, Tragödien im geteilten Berlin – Hoffnung für Alte und Kranke – Keine Hoffnung für Liebende, in: Deutsche Fragen 9 (1963) 1, S. 18 f.

Politik ist hart, oft auch linke Politik, in: Neues Deutschland vom 19. Februar 1992, S. 1.

Prozeß gegen DDR-Aufseher in Cottbus, in: Berliner Zeitung vom 2. Oktober 1998, S. 32.

Fritz J. Raddatz, Drucken, nicht verlegen, in: Die Zeit vom 15. September 1978, S. 49.

Fritz J. Raddatz über Christa Wolf:»Nachdenken über Christa T.«, Mein Name sei Tonio K., in: Der Spiegel 23 (1969) 23, S. 153 f.

Franz-Josef Rickert, Selbstmord: Jacob-Sisters trauern um ihren Pfarrer, in: BILD am Sonntag vom 24. September 1978, S. 4.

Peter Salden, »Bitte, verzeiht mir diesen Schritt«. Soziale Ängste und Unsicherheit ist jetzt zunehmend ein Motiv für Selbstmörder, in: Wir in Leipzig vom 25./26. August 1990, S. 13.

Klaus-Dieter Schönewerk, Das Gleichmaß, das den Aufschrei dämpfte, in: Neues Deutschland vom 17. Juli 1992, S. 7.

Helfried Schreiter, »Hoffentlich finde ich nun endlich Ruhe«, in: Stern vom 5. November 1987, S. 116, 120, 124, 126.

Bruno Schrep, »Wir sind die Sündenböcke«, in: Der Spiegel 48 (1994) 21, S. 58–71.

Selbstmord durch Not, in: Junge Welt vom 18. Dezember 1958, S. 2.

Selbstmord eines Professors: Er hielt der Stasi-Hysterie nicht länger stand, in: Volksstimme vom 30. Januar 1992, S. 3.

Selbstmord eines SED-Funktionärs, in: Die Welt vom 11. November 1989, S. 4.

Selbstmord. Krankheit zum Tode, in: Der Spiegel 17 (1963) 5, S. 32–44.

Selbstmord nach der Verhaftung des Ehemannes, in: Aus der Zone des Unrechts 2 (1956) 8, n.pag. (S. 10).

Selbstmord wegen Trennung vom Vater, in: Die Welt vom 5. September 1961, S. 2.

Selbstmorde der Funktionäre, in: BILD vom 25. November 1989, S. 4.

24 Selbstmorde an jedem Tag, in: Junge Welt vom 2. Oktober 1958, S. 1.

Selbstverbrennung. Fremd und fern, in: Der Spiegel 24 (1970) 6, S. 86 f.

Georg Siegmund, Selbstmordforschung, in: Bild der Wissenschaft 4 (1967) 7, S. 564–575.

Simone Simmank, Eine späte Berichtigung, in: Volksstimme vom 18. Mai 1990, Beilage, S. 2.

Soldaten in Not, in: Der Spiegel 32 (1978) 46, S. 19.

Sorge um Arbeitsplatz trieb Frau in den Tod, in: Berliner Zeitung vom 28./29. Januar 1978, S. 5.

St., Überrollt, in: Berliner Morgenpost vom 23. September 1987, S. 2.

Stammheim. Jedem bewußt, in: Der Spiegel 31 (1977) 46, S. 24 f.

Steigende Zahl von Selbstmorden, in: Junge Welt vom 10. Oktober 1958, S. 2.

Dietrich Strohmann, Der mißbrauchte Tod, in: Die Zeit von 10. Juni 1977, S. 10.

Karin Struck, Für das Überleben verloren, in: Der Spiegel 36 (1982) 28, S. 149 f.

Suizid. Das Interview, in: Deine Gesundheit (1991) 9, S. 33.

Studie hält 125 Tote an der Mauer für erwiesen, in Berliner Zeitung vom 9. August 2006, S. 28.

Tödlicher Rekord, in: Der Spiegel 26 (1972) 23, S. 50 f.

Manfred Vasold, Immer mehr Menschen leben weiter, in: Frankfurter Allgemeine Zeitung vom 10. Mai 1995, S. N5.

Jörg ter Vehn, Weniger wählen Freitod als letzten Ausweg, in: Leipziger Volkszeitung vom 20. Januar 1992, S. 16.

Vereinigung ist für viele »Kolonisation«, in: Neues Deutschland vom 7./8. März 1992, S. 1.

«Vergreisung« in der Zone nimmt zu, in: Die Welt vom 10. Oktober 1962, S. 1.

Verzweiflungstat nach Monaten ohne Hoffnung, in: Berliner Zeitung vom 25./26. Februar 1978, S. 5.

Vorläufiger Bericht des Untersuchungsausschusses, in: Tribüne vom 1. Februar 1990, S. 5.

Udo Waschelitz, Die kleine Schar der Unbelehrbaren, in: Deutsche Zeitung vom 24. Juni 1977, S. 20.

»Wende-Suizid« blieb aus, in: Leipziger Volkszeitung vom 27. September 1991, Wochenend-Beilage, S. 4.

Westberlin: Trauerfeier für Horst-Dieter Prösch, in: Neues Deutschland vom 26. Oktober 1976, S. 7.

Wo Freidenker ihre Wurzeln und ihre Aufgaben hier und heute sehen, in: Neues Deutschland vom 8. Juni 1989, S. 4.

Sibylle Wirsing, Schwierigkeiten auf dem Weg zum Glück, in: Frankfurter Allgemeine Zeitung vom 23. Dezember 1975, S. 25.

Uwe Wittstock, Der Mann mit dem Strick um den Hals, in: Frankfurter Allgemeine Zeitung vom 19. November 1985, S. 33.

Christoph Wolff, Selbstmord – die letzte Möglichkeit der Flucht?, in: Die Welt vom 9. September 1961, n. pag.

A. Z., Du sollst nicht falsch Zeugnis reden, in: Neues Deutschland vom 31. August 1976, S. 2.

Gerda Zschokke, Eine Anzeige in der Zeitung, in: Sonntag 32 (1978) 20, S. 5.

Veröffentlichungen im Internet (Stand: 30. Juni 2003)

Die Geschichte der Villa Haar (www.stiftunghaar.de).

Help e.V., Presseerklärung vom 17. Januar 2002 (www.help-e-v.de). www. jugendwerkhof.info

Interview mit Freya Klier (www.exil-club.de/html/30_projekte/31_projekte_00/biografien/bio_6/view.htm).

Katja Krackau, Reiner Kunze ist Dichter auf der Lauer, in: Budapester Zeitung vom 12. Mai 2003 (www.budapester.hu).

Rosemarie Kuheim, Deutsches Filmhaus (www.deutsches-filmhaus.de).

Wolf Oschlies, Tödliche Freiheit? Zur Selbstmordentwicklung im postkommunistischen Osteuropa. Teil I: Die Selbstmorde und die Staatensysteme, S. 8. (www.dwelle.de/monitor/dokumentation).

Statistisches Bundesamt (www.gbe-bund.de; www.destatis.de).

Weltgesundheitsorganisation (www.who.int/mental_health/prevention/suicide/country_reports/en/).

Tobias Wunschik, Die Haftanstalt Cottbus und das Ministerium für Staatssicherheit, Vortrag am 6. November 2002 im Forum des Pressehauses der »Lausitzer Rundschau« (www.bstu.de/ddr/widerstand/seiten/vortrag_cottbus.htm).

Audiovisuelle Veröffentlichungen

Tobias Barth, Kalenderblatt vom 9. November 2004, mdr figaro.

Dieter Borkowski, Zum Tod von Prof. Hans Koch, 29. November 1986, Hessischer Rundfunk II, in: BStU, MfS, HA II/6, 105, Bl. 74–77.

Der Fall des Professor Dr. Flach, 11. Dezember 1958, Bayerischer Rundfunk, in: Archiv der Universität Bonn, Personalakten des a.v. Professors Dr. Willy Flach, PA 2022, n.pag.

Ein seltener Fall von Liebe (Joachim Nowotny), Funkmonolog von Kurt Böwe, Erstsendung am 2. Februar 1978, Berliner Rundfunk, in: DRA Potsdam, IDNR: 3001461X00.

Eine Anzeige in der Zeitung (Drehbuch: Juri Kramer), Erstsendung am 7. September 1980 ab 20 Uhr, DDR-Fernsehen, 1. Programm, in: DRA Potsdam, IDNR 12299.

Gefallen am Nichts. Suizidgefährdete Jugendliche, Elf 99 spezial vom 23. April 1991, DFF, in: DRA, IDNR 38114.

Klartext-Magazin (10) vom 24. März 1991, DFF, in: DRA Babelsberg, IDNR 36767.

Lebenszeichen, Erstsendung am 20. April 1984, DDR-Fernsehen, 1. Programm, in: DRA, IDNR 11498.

Steffen Lüddemann, »Ich stürme für Gott die Republik« – Oskar Brüsewitz und das Fanal von Zeitz, Mitteldeutscher Rundfunk 1996.

Polizeiruf 110, »Tödliche Illusion«, Erstsendung am 8. April 1979, DDR-Fernsehen, 1. Programm.

Katarina Schickling, Schlimmer als Knast – Die Jugendwerkhöfe der DDR, Sendung im MDR-Fernsehen am 14.04. 2005 (www.mdr.de/nah_dran/1769717.html).

Silly, LP »Februar«, 1989.

Hans-Georg Soldat, DDR-Kaderpolitik und Roman »Horns Ende«, 28. Juli 1986, RIAS I, in: SAPMO-BArch, DY 30, IV 2/2.039/186, Bl. 106.

Monika Stein, Petra, Kurzhörspiel, Erstsendung am 11. Mai 1989, Radio DDR I.

Gisela Steineckert, Die letzte Seite im Tagebuch, Erstsendung am 15. März 1973, Berliner Rundfunk.

Begrenzt veröffentlichte Literatur

Carmen-Gitta Andrä/Monika Dettbarn, Statistische Analyse des Suizidgeschehens im Bezirk Dresden 1971/1972, Diplomarbeit Dresden 1976. (Privatarchiv Prof. Werner Felber)

S. Arnold, Einige Gedanken zur Bearbeitung nichtnatürlicher Todesfälle, in: Militärjustiz (1983) 4, S. 20–24. (Privatarchiv Prof. Werner Felber)

Achim Berg, Die politisch-operative Sicherung des Haftkrankenhauses Leipzig als zentrale medizinische Einrichtung des Strafvollzuges der Deutschen Demokratischen Republik, Fachschulabschlußarbeit Potsdam 1982, in: BStU, MfS, JHS, MF VVS 001-778/81.

Klaus-Peter Bernstein, Zur kriminalistischen Untersuchung nichtnatürlicher Todesfälle unter dem Aspekt der Aufdeckung von Verschleierungen, insbesondere von Situationsfehlern, Diplomarbeit Berlin 1978, in: BStU, MfS, JHS, MF z.Tgb. Nr. 15/79.

Maja Drechsler, Beichtstuhl ›BILD‹. Eine Anprangerung von Stasi-Mitarbeitern in Halle und ihre Folgen, Diplomarbeit München 2000. (AZG)

Hans-Georg Eichhorn/Jürgen Zech, Zur kriminalistischen Untersuchung von Suiziden unter dem Aspekt der Aufdeckung latenter Tötungsverbrechen, Diplomarbeit Berlin 1977, in: BStU, MfS, JHS, MF z. Tbg. Nr. 169/77.

Eberhard Fischer/Günter Schubert, Das operative Zusammenwirken der Spezialkommission und operativer Diensteinheiten des Ministeriums für Staatssicherheit mit den Organen der Deutschen Volkspolizei bei der Aufklärung und Untersuchung unnatürlicher Todesfälle, Diplomarbeit Potsdam 1975, in: BStU, MfS, JHS 001, Nr. 375/75.

Steffen Heide/Erich Müller, Suizid – Sachsen bleibt seiner Tradition treu, Poster. (Privatarchiv Steffen Heide)

Hans-Rolf Jores, Die kriminalistische Untersuchung der Motive und des modus operandi bei Selbsttötungen, dargestellt am Beispiel des Bereiches der Volkspolizei-Inspektion Berlin Prenzlauer Berg, Berlin 1968. (Privatarchiv Prof. Werner Felber)

Ernst Jung, Analyse von 100 Selbstmordversuchen Strafgefangener aus psychiatrischer Sicht, Diss. Leipzig 1982. (Privatarchiv Prof. Werner Felber)

Erich Lange, Psychologische Probleme des politisch-operativen Wach- und Sicherungsdienstes der Abteilung XIV unter Berücksichtigung des Verhaltens der Untersuchungshäftlinge, Diplomarbeit Potsdam 1973, in: BStU, MfS, JHS, MF VVS 160-254/74.

S. Lohde, Zum Umfang der militärstaatsanwaltschaftlichen Aufklärungspflicht bei Suiziden und versuchten Suiziden, in: Militärjustiz (1985) 2, S. 21–24. (Privatarchiv Prof. Werner Felber)

P. Marr, Einige Probleme der Untersuchung von Suiciden, in: Militärjustiz (1979) 5, S. 10–16. (Privatarchiv Prof. Werner Felber)

Egon Neubauer, Probleme des operativen Zusammenwirkens der Spezialkommission der Linie IX des MfS mit den Militärstaatsanwälten, den Kommandeuren der NVA, den gerichtsmedizinischen Sachverständigen und den Morduntersuchungskommissionen der Abteilung Kriminalpolizei der BdVP während der Aufklärung und Untersuchung von operativ bedeutsamen unnatürlichen Todesfällen in Dienststellen der Nationalen Volksarmee, Diplomarbeit Potsdam 1978, in: BStU, JHS 001, Nr. 228/78.

Ernst-Armin Pickert, Eine Untersuchung zur Problematik der Selbsttötung, Diplomarbeit Berlin 1971. (Privatarchiv Prof. Werner Felber)

[Siegfried] Rataizick u. a., Die aus den politisch-operativen Lagebedingungen und Aufgabenstellungen des MfS resultierenden höheren Anforderungen an die Durchsetzung des Untersuchungshaftvollzuges und deren Verwirklichung in den Untersuchungshaftanstalten des MfS, Potsdam 1984, in: BStU, MfS, JHS, Nr. 2/1961.

Kai Riemer, Das Motiv des Selbstmords in der DDR-Literatur der Siebziger und Achtziger Jahre, Magisterarbeit Leipzig 2003 (vom Verfasser dankenswerterweise zur Verfügung gestellt).

Marita Schulze, Eine sozialhygienische Studie zur Erforschung der Selbstmordziffer der Deutschen Demokratischen Republik, die in internationalen Vergleichen zahlenmäßig relativ hoch erscheint, Diss. Berlin 1969. (Privatarchiv Prof. Werner Felber)

Strafvollzug in Sachsen, Radebeul 1990. (StAL)

Friedrich Wolff, Untersuchungen zum Suizidgeschehen in Magdeburg von 1881–1982, Vortrag vor der Medizinischen Gesellschaft Magdeburg am 9. Februar 1983. (Das Manuskript wurde vom Verfasser dankenswerterweise zur Verfügung gestellt.)

Abkürzungsverzeichnis

Abb.	Abbildung	DRA	Deutsches Rundfunkarchiv
Abt.	Abteilung	DTSB	Deutscher Turn- und Sport-
ABV	Abschnittsbevollmächtigter		bund
	(der Volkspolizei)	DVP	Deutsche Volkspolizei
ADN	Allgemeiner Deutscher		
	Nachrichtendienst	EA	Erstausgabe
ADW	Archiv des Diakonischen	EK	Entlassungskandidat (bei der
	Werkes Berlin		NVA)
AO	Anordnung	EOS	Erweiterte Oberschule
AP	Associated Press		
		FDGB	Freier Deutscher Gewerk-
BArch	Bundesarchiv		schaftsbund
Bde.	Bände	FDJ	Freie Deutsche Jugend
BdVP	Bezirksbehörde der Deut-	FPL	Freundschaftspionierlei-
	schen Volkspolizei		ter(in)
Bez.	Bezirk	FSU	Friedrich-Schiller-Universi-
BfV	Bundesamt für Verfassungs-		tät
	schutz		
BGL	Betriebsgewerkschafts	GBM	Gesellschaft zum Schutz von
	leitung		Bürgerrecht und Menschen-
Bl.	Blatt		würde
BL	Bezirksleitung	Gen.	Genosse
BLHA	Brandenburgisches Landes-	GLA	Badisches Generallandes-
	hauptarchiv		archiv
BND	Bundesnachrichtendienst	GST	Gesellschaft für Sport und
BRD	Bundesrepublik Deutschland		Technik
BStU	Beauftragte(r) für die Unter-		
	lagen des Ministeriums für	Habil.	Habilitation
	Staatssicherheit der ehema-	Hg.	Herausgeber
	ligen DDR	HStADD	Sächsisches Hauptstaatsar-
BT	Bezirkstag		chiv Dresden
BV	Bezirksverwaltung		
		ICD	International Classification
CDU	Christlich-Demokratische		of Diseases
	Union	IM	Inoffizieller Mitarbeiter (des
CIA	Central Intelligence Agency		MfS)
ČSSR	Tschechoslowakische	IMS	Inoffizieller Mitarbeiter Si-
	Sozialistische Republik		cherheit (des MfS)
		Inpol	Informationssystem der Po-
DBD	Demokratische Bauernpartei		lizei
	Deutschlands	ITS	Intensivstation
DDR	Deutsche Demokratische		
	Republik	JHS	Juristische Hochschule (des
DFD	Demokratischer Frauenbund		MfS)
	Deutschlands		
DFF	Deutscher Fernsehfunk	K	Kriminalpolizei
dpa	Deutsche Presseagentur	Kap.	Kapitel

KPdSU	Kommunistische Partei der Sowjetunion	RAW	Reichsbahn-Ausbesserungswerk
KPKK	Kreisparteikontrollkommission	RdB	Rat des Bezirkes
Krs.	Kreis	RIAS	Rundfunk im amerikanischen Sektor
KSZE	Konferenz für Sicherheit und Zusammenarbeit in Europa	SAPMO	Stiftung Archiv der Parteien und Massenorganisationen der DDR (im Bundesarchiv)
KZ	Konzentrationslager		
LAB	Landesarchiv Berlin	SBZ	Sowjetische Besatzungszone
LHASA	Landeshauptarchiv Sachsen-Anhalt	SED	Sozialistische Einheitspartei Deutschlands
LPG	Landwirtschaftliche Produktionsgenossenschaft	SG	Strafgefangene
		SPD	Sozialdemokratische Partei Deutschlands
MA	Militärarchiv	SPO	Schulparteiorganisation
MD	Magdeburg	StAC	Sächsisches Staatsarchiv Chemnitz
MDA	Matthias-Domaschk-Archiv		
MdI	Ministerium des Innern	Stasi	Staatssicherheitsdienst
MER	Merseburg	StAL	Sächsisches Staatsarchiv Leipzig
MfS	Ministerium für Staatssicherheit		
		StGB	Strafgesetzbuch
ML	Marxismus/Leninismus	StVG	Strafvollzugsgesetz der DDR
Mot.-Schütze	Motorisierter Schütze		
		SU	Sowjetunion
		SV	Strafvollzug
ND	Neues Deutschland (Zentralorgan der SED)	S-Versuch	Suizidversuch
NÖS	Neues Ökonomisches System	SZVS	Staatliche Zentralverwaltung für Statistik
n. pag.	nicht paginiert		
Nr.	Nummer	TdV	Telefon des Vertrauens
NS	Nationalsozialismus	Tgb.	Tagebuch
NSDAP	Nationalsozialistische Deutsche Arbeiterpartei	ThHStAW	Thüringisches Hauptarchiv Weimar
NVA	Nationale Volksarmee	ThStA Mgn	Thüringisches Staatsarchiv Meiningen
OL	Oberleutnant	ThStAR	Thüringisches Staatsarchiv Rudolstadt
OV	Operativer Vorgang		
		TS	Telefonseelsorge
PDS	Partei des Demokratischen Sozialismus	TV	Television
PdVP	Präsidium der Volkspolizei	UFJ	Untersuchungsausschuss Freiheitlicher Juristen
PK	Produktivkräfte		
PKZ	Personenkennzahl	U-	Untersuchungs-
POS	Polytechnische Oberschule		
PV	Produktionsverhältnisse	UHA	Untersuchungshaftanstalt
RAF	Rote-Armee-Fraktion	VdgB	Vereinigung der gegenseitigen Bauernhilfe

VDH	Verband Deutscher Historiker	WHO	World Health Organization
VEG	Volkseigenes Gut	WBK	Wehrbezirkskommando
VH	Verhaftete	WKK	Wehrkreiskommando
V-Mann	Verbindungsmann		
VP	Volkspolizei	ZAL	Zentrales Armeelazarett
VPKA	Volkspolizei-Kreisamt	ZDF	Zweites Deutsches Fernsehen
		ZK	Zentralkomitee
WB	West-Berlin	ZPKK	Zentrale Parteikontrollkom-
WBK	Wehrbezirkskommando		mission

Danksagung

Dieses Buch ist das Ergebnis einer fünfjährigen Forschungsarbeit, die oft einer Suche nach der »Nadel im Heuhaufen« glich. Dass es trotzdem möglich war, eine sehr umfangreiche Quellen- und Literaturbasis zur tabuisierten Selbsttötungsproblematik ausfindig zu machen, verdanke ich der Unterstützung zahlreicher Mitarbeiter von Archiven und Bibliotheken, insbesondere aus dem Bundesarchiv in Berlin, dem Brandenburgischen Landeshauptarchiv Potsdam, dem Militärarchiv in Freiburg i. Br., den Sächsischen Staatsarchiven in Dresden, Leipzig und Chemnitz, den Thüringischen Staatsarchiven in Rudolstadt und Weimar, der Abteilung Merseburg des Landeshauptarchivs Sachsen-Anhalt sowie der Deutschen Bücherei Leipzig und der Universitäts- und Landesbibliothek Halle. Eine wichtige Ergänzung waren die von Prof. Werner Felber an der Medizinischen Akademie in Dresden zusammengetragenen medizinischen Publikationen, sowie weitere Dokumente, die von Zeitzeugen zur Verfügung gestellt wurden. Sehr wichtig war zudem die nahezu komplette Sichtung der relevanten und zugänglichen Akten des Staatssicherheitsdienstes. Für die sehr gute Zusammenarbeit möchte ich mich bei Frau Gabriele Steinbach und Herrn Tobias Hollitzer von der Außenstelle Leipzig der BStU herzlich bedanken.

Für die Unterstützung und geduldige Begleitung des Dissertationsprojektes und für die stets sehr hilfreichen wissenschaftlichen Diskussionen möchte ich meinem Betreuer, Prof. Günther Heydemann, besonders herzlich danken.

Dank gilt auch den Mitarbeitern und Studierenden des Lehrstuhls für Neuere und Zeitgeschichte der Universität Leipzig, die mir bei zahlreichen Vorträgen über das Dissertationsprojekt Anregungen und kritische Hinweise gaben.

Wichtig für die konzeptionelle Reifung waren zudem die Diskussionen bei dem im September 2001 von Prof. Alf Lüdtke und Prof. Richard Bessel in Göttingen durchgeführten internationalen Sommerkurs.

Wertvolle Hilfe für die Durchführung kam dann von der »Stiftung zur Aufarbeitung der SED-Diktatur«, die das Projekt nicht nur durch ein Promotionsstipendium, sondern auch durch Diskussionen und die Vermittlung kompetenter Zeitzeugen unterstützt hat. Hierfür sei besonders Dr. Ulrich Mählert gedankt.

Dr. Oliver Werner, Jan Kuhlbrodt und ganz besonders Andreas Kötzing möchte danken, dass sie sich der Mühe unterzogen haben, das Manuskript zu lesen und kritisch zu kommentieren.

Ein herzlicher Dank gilt allen Zeitzeugen, die für Interviews und Auskünfte zur Verfügung standen. Dank auch den Mitarbeitern des Christoph Links Verlages für die sehr angenehme Zusammenarbeit.

Es würde den Rahmen dieses Nachworts sprengen, allen namentlich zu danken, die mir bei den Recherchen mit Rat und Tat geholfen haben. So bleibt mir nur, noch einmal zu bekräftigen, dass ich für die umfangreiche uneigennützige Hilfe und Gesprächsbereitschaft, die ich von vielen Menschen erfahren habe, große Dankbarkeit empfinde.

Leipzig im August 2006   Udo Grashoff

Personenregister

Angaben zum Autor

UDO GRASHOFF

Jahrgang 1966, aufgewachsen in Halle/Saale; Diplom-Biochemiker und Historiker, Autor von Radio-Features für Bayrischen Rundfunk, MDR Figaro, RBB; Ausstellungsmacher (zuletzt Wanderausstellung des Bürgerbüros Berlin: »Der Demokratische Aufbruch. Von einer Bürgerbewegung zur Partei«); 2006 Promotion über »Selbsttötungen in der DDR« an der Universität Leipzig bei Prof. Günther Heydemann; arbeitet und lebt als freier Autor in Leipzig; zahlreiche Veröffentlichungen, zuletzt: »Let me finish«, Headline London 2006, deutsche Fassung: »Ich möchte jetzt schließen. Briefe vor dem Freitod« (Reclam Leipzig, 2004).

FORSCHUNGEN ZUR DDR-GESELLSCHAFT

Gabriele Schnell
Das »Lindenhotel«
Berichte aus dem Potsdamer Geheimdienstgefängnis
160 Seiten, Broschur
12,90 € (D), 13,30 € (A), 22,70 sFr
ISBN 978-3-86153-383-2

Eckhard Jesse (Hg.)
Friedliche Revolution und deutsche Einheit
Sächsische Bürgerrechtler ziehen Bilanz
304 Seiten, Broschur
24,90 € (D), 25,60 € (A), 42,70 sFr
ISBN 978-3-86153-379-5

Christof Geisel
Auf der Suche nach einem dritten Weg
Das politische Selbstverständnis der DDR-Opposition
in den 80er Jahren
336 Seiten, Broschur
24,90 € (D), 25,60 € (A), 42,70 sFr
ISBN 978-3-86153-378-8

Guntolf Herzberg
Anpassung und Aufbegehren
Die Intelligenz der DDR in den Krisenjahren 1956/58
728 Seiten, Broschur
34,90 € (D), 35,90 € (A), 58,50 sFr
ISBN 978-3-86153-377-1

Ch.Links

Ch. Links Verlag, Schönhauser Allee 36, 10435 Berlin, www.linksverlag.de